플루타르코스 영웅전

플루타르코스 영웅전

제1판 1쇄   2010년 5월 10일
제1판 8쇄   2023년 6월 10일
제2판 1쇄   2026년 1월 10일

–

지은이—플루타르코스
옮긴이—천병희
펴낸이—강규순

–

펴낸곳—(주)숲코퍼레이션
출판등록—2004년 3월 4일 제2014-000045호
주소—경기도 파주시 돌곶이길 108-14
전화—(031)944-3139 팩스—(031)944-3039
E-mail—book_soop@naver.com

–

ⓒ 천병희, 2010. Printed in Paju, Korea
ISBN 978-89-91290-33-4 93890
값 36,000원

–

디자인—씨디자인

–

잘못 만들어진 책은 구입하신 서점에서 바꿔드립니다.

BIOI PARALLELOI by PLOUTARCHOS

플루타르코스 영웅전

플루타르코스 지음 | 천병희 옮김

옮긴이 서문
이보다 더 인상적이고 패기 넘치는 영웅은 없다

1. 생애

플루타르코스(Ploutarchos 기원후 50년 이전~120년 이후)는 그리스 중동부 보이오티아(Boiōtia) 지방 카이로네이아(Chairōneia)시의 유서 깊은 집안에서 태어났다. 그는 생애의 마지막 30년을 델포이(Delphoi)의 아폴론 신전에서 사제로 지내며, 고향 도시를 위해 헌신적으로 일했다. 그러나 그전에 그는 아테나이(Athēnai)에서 플라톤학파 철학자인 암모니오스(Ammonios) 문하에서 철학을 공부했고, 적어도 한 번 이상 이집트, 이탈리아, 에스파냐를 여행했으며, 두세 차례 로마를 방문했는데, 이때 강의도 하고 로마의 영향력 있는 명사들과 친분도 쌓았다. 그들 가운데 미니키우스(Gaius Minicius Fundanus)는 107년 집정관을 지냈고, 소시우스(Quintus Sosius Senecio)는 트라이야누스(Traianus) 황제 치세 때 두 번이나 집정관을 지낸 인물로, 우리에게는 『영웅전』이란 이름으로 널리 알려진 『비교 열전』(*Bioi parallēloi*)을 플루타르코스에게서 헌정받았다.

플루타르코스는 집정관을 지낸 메스트리우스(Lucius Mestrius Florus)의 주선으로 루키우스 메스트리우스 플루타르쿠스라는 이름의 로마 시민권자가 되었다. 만년에 그는 로마 황제로부터 명예로운 직함들을 하사받았다고 하나 확실한 자료는 남아 있지 않다. 그는 교육자로서의 그리스와 통치자로서의 로마가 상호보완적인 관계를 유지할 수 있고, 또 그것이 가장 바람직하다고 믿었다.

한 가지 아쉬운 점이 있다면 그리스 문학이 이미 쇠퇴기에 접어든 당시 플루타르코스가 그토록 많은 글을 쓰면서도, 또한 그리스의 주요 작가들의 글을 그토록 광범위하게 인용하면서도 로마의 위대한 시인 베르길리우스(Vergilius)와 오비디우스(Ovidius)에 관해서는 전혀 언급하지 않았다는 점이다. 또한 그와 동시대를 살았던 로마의 저술가들인 타키투스(Tacitus)와 소(小) 플리니우스(Plinius)가 그에 관하여 언급하지 않은 것도 아쉽고 의아하기는 마찬가지다. 거기에는 무엇보다도 「데모스테네스 전」(Demosthenes) 2장에서 고백하고 있듯이 그가 라틴어를 좀 더 열심히 공부하여 라틴 작가들과 활발히 교류하지 않은 탓도 있을 것이다.

2. 작품

4세기경에 작성된 것으로 추정되는 이른바 '람프리아스(Lamprias) 목록'에는 플루타르코스의 작품으로 모두 227개의 제목이 제시되고 있다. 그 가운데 지금 남아 있는 것은 50편의『비교 열전』과 78편의『윤리론집』(*Ethika* 라/*Moralia*)뿐이다. 절반 정도밖에 남지 않은 셈이지만 그래도 누구 못지않게 많은 작품을 쓰고 남겼는데, 그의 저술들은 생애의 마지막 20년 사이에 쓰인 것으로 추정된다.

우리에게는 『영웅전』이라는 이름으로 친숙한 『비교 열전』은 23쌍의 그리스 영웅과 로마 영웅의 일생을 기술한다. 그중 19쌍은 두 사람의 성격과 업적을 비판적으로 비교하고 있다. 그 밖에 로마의 군인 황제 갈바(Galba)와 오토(Otho)의 전기는 아우구스투스(Augustus)에서 비텔리우스(Vitellius)까지 그가 쓴 로마 황제전 가운데 남아 있는 것들이고, 아라토스(Aratos)와 아르타크세르크세스(Artaxerxes)의 전기는 따로 쓰인 제왕전 중 남아 있는 것인데 후세 학자들이 『비교 열전』에 포함시킨 것이다. '람프리아스 목록'에는 레욱트라(Leuktra)와 만티네이아(Mantineia)에서 스파르테군을 격파한 테바이의 영웅 에파메이논다스(Epameinōndas)와 제2차 포이니전쟁 때 카르타고 근처의 자마(Zama) 전투에서 한니발에게 결정타를 가한 대(大) 스키피오(Scipio Africanus Maior)의 전기가 포함되어 있는 것으로 미루어 이들의 전기는 그 후에 없어진 것으로 추정된다.

플루타르코스는 『비교 열전』에서 그리스와 로마 영웅들의 위대한 업적들을 그리되 역사가의 시각에서 정치적인 사실을 객관적으로 기술하는 것이 아니라, 왜 그렇게 행동할 수밖에 없었는지 영웅들의 내면세계와 성격(ethos) 형성에 초점을 맞추고 인물의 특징을 밝혀내고 있다. 그러기 위해 그는 개개 영웅들의 태어난 환경과 성장 과정·성격·기질·행동·미덕·업적 등을 잘 드러내 주는 일화 등에 많은 관심과 열정을 기울였고, 그러한 노력 덕분에 독자들은 영웅들의 생생한 면모를 경험하게 된다.

플루타르코스는 조국의 영광스러운 과거를 흠모하면서도 거기에 외곬으로 집착하지 않고, 떠오르는 로마의 권력을 대세로 받아들였으며 그 앞에 아부하지 않는 직필로 인간의 내면적 위대성을 인상적으로 부각시켰기에 『비교 열전』은 처음 쓰인 이래 지금까지 시대를 초월하여 폭넓게 읽히며, 인물 열전의 원형으로 우리 곁에 있다.

『비교 열전』에서 다루고 있는 영웅들의 이름과 그 순서는 다음과 같다.

테세우스(Theseus) — 로물루스(Romulus)
뤼쿠르고스(Lykourgos) — 누마(Numa)
솔론(Solon) — 푸블리콜라(Publicola)
테미스토클레스(Themistokles) — 카밀루스(Camillus)
페리클레스(Perikles) — 파비우스 막시무스(Fabius Maximus)
알키비아데스(Alkibiades) — 코리올라누스(Coriolanus)
티몰레온(Timoleon) — 아이밀리우스 파울루스(Aemilius Paulus)
펠로피다스(Pelopidas) — 마르켈루스(Marcellus)
아리스테이데스(Aristeides) — 대 카토(Cato Maior)
필로포이멘(Philopoimen) — 플라미니우스(Flaminius)
퓌르로스(Pyrrhos) — 마리우스(Gaius Marius)
뤼산드로스(Lysandros) — 술라(Sulla)
키몬(Kimon) — 루쿨루스(Lucullus)
니키아스(Nikias) — 크랏수스(Crassus)
에우메네스(Eumenes) — 세르토리우스(Sertorius)
아게실라오스(Agesilaos) — 폼페이유스(Pompeius)
알렉산드로스(Alexandros) — 카이사르(Iulius Caesar)
포키온(Phokion) — 소 카토(Marcus Minor)

아기스(Agis)/클레오메네스(Kleomenes)―티베리우스(Tiberius)/가이유스(Gaius) 그락쿠스(Gracchus) 형제

데모스테네스(Demosthenes)―키케로(Cicero)

데메트리오스(Demetrios)―안토니우스(Antonius)

디온(Dion)―브루투스(Brutus)

아라토스

아르타크세르크세스

갈바

오토

이 가운데 테미스토클레스―카밀루스, 퓌르로스―마리우스, 포키온―소 카토, 알렉산드로스―카이사르의 4쌍에는 '비교'가 없다. 그리고 알키비아데스―코리올라누스, 티몰레온―아이밀리우스 파울루스, 에우메네스―세르토리우스는 텍스트에 따라서는 순서가 바뀌어 로마의 영웅이 먼저 나오는 경우도 있다. 또 코리올라누스, 세르토리우스, 알키비아데스, 안토니우스 등은 후세 사람들이 본보기로 삼지 말아야 할 일종의 반면교사(反面教師)들이다.

『윤리론집』은 여러 주제에 관한 78편의 에세이와 대화편으로 되어 있다. 이것들은 처음에 몇 권의 선집 형태로 보급되면서 원래 있던 것이 많이 없어지기도 하고 위작이 끼어들기도 했다. 그러던 중 비잔티움의 성직자 막시모스 플라누데스(Maximos Planudes)가 당시 구할 수 있는 모든 것을 필사하게 했는데, 처음에는 69편을 구했고 이어 9편을 더 구할 수 있었다. 그리고 1296

년 교열본을 내면서 '윤리론집'이라는 중간 제목에 속하는 21편을 맨 앞에 배치했는데 이 중간 제목이 이 작품 전체의 이름이 된 것이다. 그러나 이 중간 제목은 물론이고 작품 전체에는 윤리 문제와 무관한 글이 많이 포함되어 있다.

 이 작품에는 대중적 도덕철학에 관한 글(예컨대 「수다에 관하여」, 「분노의 억제에 관하여」, 「친구와 아첨꾼을 구별하는 방법」), 종교에 관한 글(예건대 「미신에 관하여」, 「신벌(神罰)의 지연에 관하여」, 「신탁의 쇠락에 관하여」) 외에도 당대의 현인들이 모여 여러 주제에 관해 담론하는 9편의 「식사 중의 대화」, 어린 딸을 여의고 슬픔에 잠겨 있는 아내에게 건네는 「아내에게 주는 위로의 글」, 그 밖에 「소크라테스의 수호신」 같은 다양한 글이 포함되어 있다. 『윤리론집』은 몽테뉴를 매료해 『수상록』의 모델이 된 작품이기도 하다.

3. 후세에 끼친 영향

플루타르코스는 동로마제국에서와는 달리 서유럽에서는 5~15세기에 거의 실종되다시피 했다. 그러다가 프랑스의 고위 성직자 J. 아뮈요(Amyot)가 1559년에 『비교 열전』을, 1572년에 『윤리론집』을 프랑스어로 번역하고, T. 노스(North)가 1579년 『비교 열전』(대부분 아뮈요의 프랑스어 번역을 중역)을, P. 홀런드(Holland)가 1603년 『윤리론집』을 영어로 번역함으로써 플루타르코스는 일약 서양에서 가장 많이 읽히는 작가 중 한 사람이 되었다.

 몽테뉴, 셰익스피어, 드라이든, 루소, 에머슨 등은 플루타르코스의 영향을 가장 많이 받은 작가들이다. 이를테면 플루타르코스는 셰익스피어가 비극적 영웅이라는 개념을 만드는 데 결정적인 영향을 끼쳤는데, 셰익스피어의 3편의 로마 극 『코리올라누스』(Coriolanus), 『줄리어스 시저』(Julius Caesar), 『앤토니와 클레오파트라』(Antony and Cleopatra)는 플루타르코스의 영향이 없었다면 쓰일 수 없었을 것이다.

박식함보다는 독창성을 높이 평가하던 19세기에는 역사적 사건을 철학적으로 해석하려는 플루타르코스의 시도가 역사가로서의 안목도, 철학자로서의 깊이도 부족하다는 이유로 적어도 학자들 사이에서는 영향력이 감소되었다. 하지만 근래의 학자들은 플루타르코스 특유의 인간적 자상함(philanthropia), 학자로서의 넓은 안목, 고대사의 사료로서의 가치, 그가 보여주는 역동적인 인생 드라마의 의미를 이해하게 되면서, 또한 그가 그리스와 로마의 도덕적·역사적 전통에 관한 많은 지식을 전수함으로써 서양의 사고방식에 엄청난 영향을 주었다는 사실을 깨닫게 되면서 그를 다시 활발히 연구하고 있다.

4. 『비교 열전』의 출전

주요 출전으로는 헤로도토스(Herodotos―솔론, 테미스토클레스), 투퀴디데스(Thoukydides―테미스토클레스, 페리클레스), 에포로스(Ephoros―페리클레스) 등의 저작, 그리고 알렉산드로스의 전기 작가들, 그 밖에 지금은 남아 있지 않은 역사가들의 저술, 아리스토텔레스(Aristoteles)의 『아테나이인들의 정체(政體)』(Athēnaiōn politeia), 지금은 없어진 『라케다이몬인들의 정체』(Lakedaimoniōn politeia) 등을 들 수 있다. 로마 영웅들의 전기를 쓰는 데는 폴리오(Publius Gaius Asinius Pollio 기원전 76년~기원후 4

년)의 내전에 관한 기록과 델리우스(Dellius)가 쓴 안토니우스의 파르티아 원정기, 키케로(Cicero)의 안토니우스 탄핵 연설, 리비우스(Livius)와 살루스티우스(Sallustius)의 역사서에 나오는 당대의 관련 기록들, 그리고 그리스·로마의 구전 역사를 참고했다.

『영웅전』은 워낙 방대한 작품이라 한 사람의 능력으로 원전을 완역해내기에는 무리가 따른다. 우선적으로 알아야 하는 주요 인물들이라도 원전 번역본이 있어야 한다는 생각에서 고대 그리스와 로마의 가장 중요한 영웅 10명을 뽑아 그들의 전기를 꼼꼼하게 원전 번역하였다. 역사적·정치적 전환점에서 결정적인 역할을 했다고 판단되는 인물들로 선정하였다.

그리스의 영웅 가운데 뤼쿠르고스는 통제된 사회의 이상적인 모형이자 플라톤이 꿈꾼 이상국가의 살아 있는 모델인 스파르테의 입법자였고, 솔론은 아테나이의 입법자로서 비록 부분적인 성공밖에 거두지 못했지만 서로 간의 타협을 통해 배타적인 귀족정치를 청산하고 그런대로 시민들이 받아들일 수 있는 정체(政體)를 도입하려 애썼다. 아테나이를 해상 강국으로 만든 테미스토클레스는 살라미스 해전에서 빛나는 승리를 거두고도 나중에 아테나이에서 추방당해 객사하는데, 한 정치가가 성공하고 실패하는 과정에 작용한 민심이라는 것이 얼마나 변덕스러운지를 잘 보여준다. 페리클레스는 명문 자제이면서도 끝까지 민중의 편에 서서 아테나이의 민주정치를 완성하는 데 크게 기여한 인물이다. 그러나 스파르테와의 원만한 외교를 통해 펠로폰네소스전쟁이라는 30년 가까이 지속된 미증유의 내전을 미리 막을 수 있었으면서도 적극적으로 대처하지 않았다는 비난을 면하기 어려울 것이다. 신화 속의 아킬레우스가 역사에서 되살아난 듯한 알렉산드로스는 젊은 나이에 고대 세계 최초의 거대 제국을 세웠을 뿐 아니라 그리스·로마 시대를 통틀어 그보다 더 인상적이고 패기 넘치는 영웅은 없을 것이다.

  고대 로마 영웅들 가운데 가장 인상적인 또는 가장 파란만장한 삶을 살다 간 다섯 영웅 가운데 '대 카토'는 고대 로마인 특유의 근면하고 검소한 생활 태도와 선공후사(先公後私) 정신으로 로마 공화정의 미덕을 대표하는 인물이며, 그락쿠스 형제는 과두지배체제로 경색되어가던 로마 공화정을 개혁하려다 기득권 세력의 집요한 저항에 부딪혀 쓰러져간 인물들로 개혁이 얼마나 어려운 일인지를 보여준다. 민심 파악과 군사작전의 천재였던 카이사르는 너무도 극적인 삶으로 독자를 매혹한다. 그는 로마를 대표하는 결단의 영웅으로 갈리아를 정복했으며, 내전에서 승리해 독재관이 된 뒤로는 정치적·사회적 개혁을 추진했다. 그런 그가 왜 젊은 나이에 암살을 당하고 말았는가. 그의 죽음을 둘러싼 배경과 극적인 상황들 역시 플루타르코스가 밝혀보고 싶은 주제였을 것이다. 안토니우스는 탁월한 자질과 유리한 조건을 살리지 못하고 허송세월하다가 무비유환의 삶을 살다 간 반면교사다. 그의 전기는 덤으로 로마 부덕(婦德)의 본보기인 옥타비아와, 영원한 로맨스의 주인공 클레오파트라와, 탁월한 자질은 타고나지 못했어도 참모들의 조언을 듣고 유비무환의 삶을 살며 백 년 가까이 지속되던 내전을 종식시킨 아우구스투스의 인물 됨됨이와 그들을 둘러싼 격동기의 드라마틱한 역사를 펼쳐 보여준다. 특히 아우구스투스는 자신의 적이었던 안토니우스와 클레오파트라가 함께 묻히게 했을 뿐 아니라, 손위 누이 옥타비아가 낳은 안토니우스의 딸들이 잘 자라 그 핏줄에서 칼리굴라, 클라우디우스, 네로 세 황제가 태어나고 클레오파트라의 딸 클레오파트라 셀레네가 마우레타니아 왕 유바 2세의 비(妃)가 되는 것을 허용했다. 이는 카이사르가 폼페이우스 일가의 씨를 말린 것과는 대조적이며, 동양에서 역모 사건에 연루되면 삼족 또는 구족을 멸하던 것과도 대조적이다.

지금까지 우리나라에 나온 플루타르코스 『영웅전』의 역서들은 일본어 번역이나 영어 번역에서 중역한 것이 대부분이다. 이러한 중역본들은 원전의 문장을 아예 뭉텅뭉텅 잘라내버리고 번역했다는 점, 장(章) 수를 표시하지 않아 대조나 확인·인용 등이 불가능하고 고유명사의 표기에 일관성이 없으며 오류가 많다는 점 등 몇 가지 문제를 안고 있다. 나는 이런 문제점들을 바로잡아보려고 노력했지만 어느 정도 성공했는지는 전적으로 독자들이 판단할 일이다. 이 역서가 플루타르코스, 나아가 그리스·로마 영웅들에 대한 이해를 한층 심화하는 데 조금이라도 기여한다면 더 바랄 것이 없겠다.

2010년 5월
옮긴이 천병희

일러두기

1. 이 역서의 대본으로는 *Plutarch' Lives*, edited and translated by B. Perrin, 11vols. (Loeb Classical Library) Harvard University Press, 1928의 그리스어 텍스트를 사용했다. 현대어 번역으로는 위 B. Perrin과 R. Waterfield(Oxford World' Classics, 1998), I. Scott-Kilvert(Penguin Books, 1960, 1973)의 영어 번역, W. Ax(Kröner Verlag, ⁶1953)의 독일어 번역 등을 참고했다.
2. 고유명사는 원전대로 그리스어로 읽는 것을 원칙으로 했으나 이탈리아, 시킬리아, 서유럽, 북아프리카 등 로마와 밀접한 관계가 있는 경우에는 라틴어로 읽었다(예: 로메→로마, 카르케돈→카르타고, 안니바스→한니발). 같은 자음이 중복될 경우 둘 다 읽었다. 두 개 이상의 자음이 뒤따르는 모음은 영어나 독일어에서는 대개 짧은 음절이 되는 것과 달리 그리스어와 라틴어에서는 긴 음절이 되는데, 긴 음절이 되자면 뒤따르는 자음들을 반드시 다 읽어야 하기 때문이다. 예컨대 Philippos는 필립포스로, Kassandros는 캇산드로스로 읽었다. 같은 자음이 중복될 경우 이를 된소리 ㄲ, ㄸ, ㅃ, ㅆ으로 읽는 이들이 있는데 된소리는 단자음(單子音)이다.
3. 대조하거나 참고하기 편리하도록 장(章) 수를 표시했다.
4. 본문 뒤에 도량형 환산표, 주요 연대표, 찾아보기 등을 달았다.

차례

옮긴이 서문 • 4
일러두기 • 14

그리스 편

뤼쿠르고스 전 • 17
솔론 전 • 81
테미스토클레스 전 • 145
페리클레스 전 • 205
알렉산드로스 전 • 271

로마 편

마르쿠스 카토 전 • 401
티베리우스 그락쿠스 전 • 455
가이유스 그락쿠스 전 • 487
카이사르 전 • 515
안토니우스 전 • 623

참고문헌 • 753
그리스의 도량형 환산표 • 755
로마의 주화와 도량형 • 757
로마군 편제 • 758
로마의 통치 구조 • 759
그리스 연대표 • 767
로마 연대표 • 771
찾아보기 • 773
주요 지도 • 820

뤼쿠르고스 전

스파르테의 입법자 뤼쿠르고스는 대체로 기원전 800년경 활동했을 것으로 추정되고 있다. 왕족 출신인 그는 그리스의 여러 도시와 크레테섬에서 정체(政體)에 관한 공부를 한 다음 귀국하여 델포이의 아폴론 신탁에 힘입어 새로운 정체를 도입했다. 뤼쿠르고스는 정치·경제·군사·교육·결혼·출산·육아 등에 걸친 포괄적이고도 철저한 개혁을 시도했다. 그 특징을 요약해본다면 2인의 왕과 원로원, 완전 시민들로 구성된 민회(民會)가 서로 세력 균형을 이루게 하는 것이었다. 뤼쿠르고스를 실재한 역사적 인물로 보지 않는 사람들도 있다. 그들의 주장에 따르면, 스파르테는 역사적 상황과 지리적 조건에 맞춰가며 자연스럽게 역사상 유례를 찾기 힘든 '통제국가'로 발전했는데, 이를 후세 사람들이 뤼쿠르고스라는 신화적 인물의 업적으로 돌리고 있다는 것이다. 아무튼 뤼쿠르고스가 도입했다는 스파르테의 정체는 한 국가의 범위를 넘어서 플라톤의 '이상국가'의 모형이 되었을 만큼 서양 정치사 전반에 큰 영향을 미쳤다.

새로운 정체를 도입하기 전 뤼쿠르고스가 찾아간 델포이의 아폴론 신전

1.

입법자 뤼쿠르고스에 관해 확실히 말할 수 있는 것은 거의 아무것도 없다. 그의 가문과 여행과 죽음, 특히 입법자와 정치가로서의 그의 업적에 관해서는 의견이 분분하기 때문이다. 그가 살았던 시기에 관해서조차 역사가들 사이에 의견이 전혀 일치하지 않는다. 철학자 아리스토텔레스를 위시한 한 부류에서는, 이피토스[1]와 동시대인으로 그를 도와 올륌피아 경기 기간의 휴전[2]을 주선한 이가 뤼쿠르고스였다고 말한다. 아리스토텔레스는 올륌피아에 보존되어 있는 원반에 뤼쿠르고스의 이름이 새겨져 있음을 그 증거로 제시한다.[3]

에라토스테네스[4]와 아폴로도로스[5] 같은 사람은 스파르테[6] 왕위 계승자의 명단으로 시대를 계산해본 뒤 뤼쿠르고스가 제1차 올

---

1 이피토스(Iphitos)는 그리스 엘리스(Elis) 지방의 왕으로, 기원전 776년 올륌피아 경기를 창설했다고 한다.
2 펠로폰네소스(Peloponnesos)반도 서북부 엘리스 지방의 소도시 올륌피아에서 경기가 개최되는 기간에는 본토와 해외에 있는 전 그리스인이 안심하고 대회에 참가할 수 있도록 휴전이 선포되었는데, 이것을 '올륌피아 경기 기간의 휴전'(Olympiake ekecheiria)이라고 부른다.
3 지금은 없어진 아리스토텔레스의 『라케다이몬인들의 정체(政體)』(Lakedaimoniōn politeia)에서 언급되었던 것으로 추정된다. 라케다이몬(Lakedaimon)은 라코니케(Lakonike) 지방을 가리킬 때도 있으나, 대개 그 수도인 스파르테를 가리킨다.
4 에라토스테네스(Eratosthenes)는 기원전 3세기의 학자이자 시인, 연대기 작가다.
5 아폴로도로스(Apollodoros)는 기원전 2세기의 연대기 작가다.
6 스파르테(Sparte 라/Sparta)는 스파르타의 그리스어 이름이다.

륌피아 기(紀)[7]보다 여러 해 전 사람임을 밝히고 있다. 티마이오스[8]는 스파르테에는 서로 다른 시기에 두 명의 뤼쿠르고스가 살았는데, 그중 한 명이 이름을 떨치자 두 사람의 행적이 모두 그 한 사람에게 돌려졌을 것으로 추정하고 있다. 티마이오스는 또한 둘 중 더 일찍 태어난 쪽은 호메로스[9]와 가까운 시기에 살았다고 추정하며, 그가 실제로 호메로스와 대면했다고 주장하는 이들도 있다.

크세노폰[10]도 뤼쿠르고스가 헤라클레스의 후손들(Herakleidai) 시대에 살았다고 말하는 대목[11]에서 그가 더 옛사람일 거라는 인상을 준다. 스파르테의 마지막 왕들도 헤라클레스의 후손들이긴 하지만, 크세노폰이 가리키는 헤라클레스의 후손들은 헤라클레스의 자식들과 손자들을 가리키는 것이 분명하기 때문이다.[12]

이 시대의 기록이 뒤죽박죽이라 해도 나는 뤼쿠르고스에 관해 기술하면서 자가당착이 덜 심하고 나름대로 가장 믿음직한 증언을 하는 작가들을 따를 것이다. 시인 시모니데스[13]는 뤼쿠르고스

7　기원전 776~773년.
8　티마이오스(Timaios)는 기원전 3세기에 활동한 역사가다.
9　호메로스(Homeros)는 기원전 730년경에 활동한 서사시인으로『일리아스』(Ilias)와『오뒷세이아』(Odysseia)의 작가다.
10　크세노폰(Xenophon)은 철학자 소크라테스(Sokrates)의 제자로, 아테나이의 역사가이자 철학자, 장군이다.
11　크세노폰,『라케다이몬인들의 정체』10장 참조.
12　고역으로 유명한 그리스의 영웅 헤라클레스(Herakles)의 사후 그 자식들과 손자들은 천신만고 끝에 헤라클레스와 연고가 있는 펠로폰네소스반도를 정복하는데, 스파르테의 두 왕가인 아기스가(Agis家, Agidai)와 에우뤼폰가(Eurypōn家, Eurypontidai)는 이들의 자손으로 헤라클레스의 먼 후손이다.
13　시모니데스(Simonides 기원전 556~468년)는 그리스의 서정시인이다.

가 에우노모스의 아들이 아니라, 뤼쿠르고스와 에우노모스가 프뤼타니스의 아들이라고 말한다. 반면 대부분의 작가들은 그의 계보를 이렇게 말한다. 아리스토데모스는 프로클레스를 낳고, 프로클레스는 소오스를 낳고, 소오스는 에우뤼폰을 낳고, 에우뤼폰은 프뤼타니스를 낳고, 프뤼타니스는 에우노모스를 낳고, 에우노모스는 첫째 부인에게서 폴뤼덱테스를, 둘째 부인 디오낫사에게서 차남 뤼쿠르고스를 낳았다는 것이다. 이것은 디에우튀키다스[14]의 기록인데, 그에 따르면 뤼쿠르고스는 프로클레스의 6세손이고, 헤라클레스의 11세손이다.[15]

2.

뤼쿠르고스의 선조 가운데 가장 추앙받은 이는 소오스였는데, 그의 치세 때 스파르테인들은 헤일로테스들[16]을 노예로 삼고, 아르카디아 지방의 상당 부분을 나누어 받아 자신들의 국토로 삼았다. 전하는 이야기에 따르면, 한번은 소오스가 물도 없는 험한 곳에서 클레이토르[17]인들에게 포위되었을 때 자신과 부하들이 모두 가까운 샘에서 물을 마실 수 있게 해준다면 자신이 정복한 땅

---

14 디에우튀키다스(Dieutychidas)는 그리스의 역사가다.
15 헤라클레스→휠로스(Hyllos)→클레오다이오스(Kleodaios)→아리스토마코스(Aristomachos)→아리스토데모스(Aristodemos)→프로클레스(Prokles)→소오스(Soos)→에우뤼폰(Eurypōn)→프뤼타니스(Prytanis)→에우노모스(Eunomos)→폴뤼덱테스(Polydektes)와 뤼쿠르고스(Lykourgos).
16 헤일로테스들(Heilotes)은 스파르테인들에게 정복당한 라코니케와 멧세니아(Messenia) 지방의 주민들로, 농노 신분으로 농촌에 거주하고 있었다.
17 클레이토르(Kleitor)는 북(北)아르카디아 지방의 도시다.

을 넘겨주겠다고 제안했다. 양쪽이 그렇게 하기로 서약하자 그는 부하들을 모아놓고 누구든 물을 마시지 않는 자에게 자신의 왕국을 주겠다고 했으나 그들은 참지 못하고 모두 물을 마셨다. 마지막으로 샘물 있는 곳으로 내려가 적군이 여전히 지켜보고 있는 앞에서 소오스는 얼굴에 물을 끼얹기만 하고 돌아서며 모두가 다 마신 것은 아니라는 핑계를 대며 땅을 내주지 않았다고 한다. 비록 이런 이유들로 소오스가 추앙받았지만, 에우뤼폰가(家)라는 가문의 이름은 그가 아니라 그의 아들 에우뤼폰에게서 유래한 것이다.

　에우뤼폰은 대중의 호감과 인기를 얻기 위해 처음으로 지나친 왕권의 독재적 성격을 완화한 것 같다. 그렇게 왕권이 완화되자 백성들은 점점 대담해졌으며, 훗날의 왕들은 더러는 대중을 억압하려다 미움을 샀고 더러는 아부하고 나약한 태도를 보임으로써 왕의 지위를 유지했다. 그리하여 무질서와 혼란이 오랫동안 스파르테를 지배했다. 그러다가 뤼쿠르고스의 부왕(父王) 에우노모스가 살해되는 일이 일어났다. 에우노모스는 말다툼을 말리려다 식칼에 찔려 죽어가며 장남인 폴뤼덱테스에게 왕위를 물려주었다.

3.

그 뒤 폴뤼덱테스도 오래지 않아 죽자, 모두가 예상했듯 뤼쿠르고스가 왕위에 오를 수밖에 없었다. 그는 형수가 회임 중이라는 사실이 알려질 때까지 왕위에 있었다. 그러나 이 사실이 알려지자마자 뤼쿠르고스는 형수가 아들을 낳을 경우 왕국은 그의 것이라고 선언하고 자신은 섭정으로서 통치권을 행사했다. 아버지가 없는 왕의 섭정을 라케다이몬인들은 프로디코스(prodikos)라고 불렀다.

그런데 형수는 몰래 사람을 보내, 만약 뤼쿠르고스가 왕이 될 경우 자신과 결혼하겠다면 뱃속의 아이를 지우겠다고 전했다. 그는 그녀의 성품이 미웠지만 그 제안을 거절하지 않고 동조하며 받아들이는 척했다. 그는 형수에게 굳이 태아를 지우려고 약을 먹거나 하여 몸을 상해가며 위험을 무릅쓸 필요가 있느냐며 아이는 태어나자마자 자기가 알아서 없애버리겠다고 했다. 이런 말로 산달이 될 때까지 형수를 속였다. 그리고 형수가 해산할 때가 되자 그는 시종들을 보내 그녀 곁에 앉아 해산을 지켜보되, 여자아이가 태어나면 여인들에게 맡기고 사내아이가 태어나면 자신이 무슨 일을 하고 있든 자기에게 안고 오라고 일렀다.

마침 뤼쿠르고스가 관리들과 함께 저녁식사를 하고 있을 때 하인들이 갓 태어난 사내아이를 안고 왔다. 전하는 이야기에 따르면, 그가 아이를 받아 안고 그 자리에 있던 사람들에게 "스파르테인들이여, 그대들의 왕이 태어났소이다"라고 말한 후 옥좌에 누이고는 카릴라오스[18]라고 이름 지었다고 한다. 그 자리에 있던 이들이 모두 크게 기뻐하며, 그의 고결하고 올곧은 성품에 감격했다.

그는 모두 여덟 달 동안 왕위에 있었다. 그는 그 밖에 다른 점에서도 시민들의 존경을 받았는데, 그가 왕의 섭정으로서 왕권을 쥐고 있었기 때문에 그에게 복종하는 사람들보다는 그의 덕을 흠모해 그와 함께하며 그의 명령을 기꺼이 수행할 각오가 되어 있는 사람들이 더 많았다.

---

18 카릴라오스(Charilaos)는 '백성들의 기쁨'이라는 뜻이다.

그러나 뤼쿠르고스를 시기하여 그토록 젊은 그의 권력이 커지는 것을 막으려는 일파도 있었다. 특히 모후(母后)가 된 형수의 친척들과 가족들이 그러했는데, 그들은 모후가 모욕을 당했다고 믿었다. 한번은 그녀의 오라비 레오니다스가 대담하게 험담을 하며 뤼쿠르고스가 언젠가는 왕이 되려는 마음을 품고 있노라고 말했다. 그것은 그를 의심받게 하고, 어린 왕에게 불상사가 일어날 경우 뤼쿠르고스가 음모를 꾸몄다고 고발당하도록 선수를 치려는 속셈이었다. 모후도 그와 비슷한 비방의 말을 퍼뜨렸다. 뤼쿠르고스는 괴롭기도 하고 무슨 일이 일어날지 몰라 두렵기도 했다. 그는 의심을 사지 않기 위해 조카가 다 자라 왕위를 이을 후계자를 낳을 때까지 나라 밖으로 여행을 떠나기로 결심했다.

4.

그렇게 그는 스파르테를 떠나 먼저 크레테[19]에 도착했다. 그곳에서 그는 여러 형태의 정체(政體)를 공부하고, 명망 있는 사람들과 친분을 쌓았다. 그는 그 나라의 법률 가운데 어떤 것은 고향으로 돌아가 적용해볼 양으로 진심으로 감탄하며 받아들였고, 또 어떤 것은 경멸할 뿐이었다. 그곳에서 그는 현명한 정치가 가운데 한 명으로 간주되던 탈레스와 가깝게 사귀며 스파르테로 가도록 탈레스를 설득했다. 탈레스는 서정시인으로 행세하며 예술로 자신의 실체를 은폐했지만, 사실은 가장 강력한 입법자들이 하는 일을 하고 있었다. 어떤 면에서 그의 노래들은 복종과 조화를 권유

---

19   크레테(Krete 라/Creta)는 그리스 남동쪽 지중해에 있는 섬이다.

했기 때문이다. 그의 노래들의 이런 면은 질서정연하고 차분한 음악과 율동으로 더욱 고조되어, 그것을 듣는 사람은 자신도 모르는 사이에 성품이 나긋나긋해져 당시 그곳에 팽배하던 적대심을 버리고 고귀한 것을 함께 추구하게 되었다. 어떤 의미에서 뤼쿠르고스에게 탈레스는 백성들을 교화하기 위한 구상의 선구자였던 셈이다.

뤼쿠르고스는 크레테에서 아시아[20]로 항해했다. 전하는 이야기에 따르면, 마치 의사가 건강하지 못한 병든 신체를 건강한 신체와 비교하듯이, 낭비적이고 사치스러운 이오니아[21]의 생활방식과 검소하고 엄격한 크레테의 생활방식을 비교함으로써 양쪽의 생활방식과 정체의 이런저런 차이점을 연구하기 위해서였다고 한다.

아시아에서 처음으로 그는 호메로스의 시를 알게 되었는데, 아마도 크레오퓔로스[22]의 자손들이 그 작품을 보관하고 있었던 것 같다. 그는 쾌락과 방종을 부추기는 구절 못지않게 그 시들이 내포하고 있는 정치적·교육적 요소에도 진지하게 주목해야 함을 깨닫고 고향으로 가져가기 위해 그 시행들을 열심히 베끼고 모았

---

20 여기서 아시아란 소아시아를 말한다.
21 이오니아(Ionia)는 소아시아 서부 스뮈르나(Smyrna)에서 남쪽으로 밀레토스(Miletos)에 이르는 해안 지대와 그 앞바다의 부속 도서를 포함하는 지방이다.
22 크레오퓔로스(Kreophylos)는 호메로스의 제자였다고도 하고 친구였다고도 하고 사위였다고도 한다. 오늘날 학자들은 호메로스가 기원전 730~700년경에 활동한 것으로 추정하는데, 그렇다면 플루타르코스가 말하는 뤼쿠르고스의 활동 시기보다 훨씬 늦다.

다. 호메로스의 시들은 헬라스[23]인들 사이에서 막연하게나마 벌써 알려져 있었고, 그 시들이 우연히 여기저기로 옮겨진 까닭에 소수 사람들은 그중 일부를 갖고 있었지만 처음으로 그 시들을 본격적으로 알린 것은 뤼쿠르고스였다.

아이귑토스[24]인들은 뤼쿠르고스가 그들을 방문해 전사(戰士) 계급을 나머지 계급과 분리한 것을 본 후 깊은 감명을 받아 그것을 스파르테에 적용했으며, 기술자와 수공업자가 정부에 참여하지 못하게 함으로써 스파르테의 정체를 진실로 세련되고 순수한 것으로 만들었다고 믿고 있다. 아무튼 이들의 이러한 주장은 몇몇 헬라스 역사가들도 뒷받침한다. 그러나 뤼쿠르고스가 리뷔에와 이베리아로 갔으며, 인디아[25]까지 가서 나체 수도자들과 어울렸다고 말한 사람은, 내가 알기로, 스파르테인인 힙파르코스의 아들 아리스토크라테스 말고는 아무도 없다.

5.

라케다이몬인들은 뤼쿠르고스가 떠나고 없는 것이 아쉬워 여러 번 사람을 보내 돌아오라고 했다. 그들이 보기에 그들의 왕들[26]은 이름과 명예뿐이지 대중과 다른 점이 아무것도 없는 데 반해, 뤼쿠르고스는 타고난 지도자로 사람들을 따르게 하는 힘이 있었기 때문이다. 사실은 왕들도 그가 와 있는 것이 싫지 않았으니, 그가

---

23 헬라스(Hellas)는 그리스, 헬라스인들(Hellenes)은 그리스인들의 그리스어다.
24 아이귑토스(Aigyptos)는 이집트의 그리스어 이름이다.
25 리뷔에(Libye)는 북아프리카 또는 아프리카의, 이베리아(Iberia)는 캅카스 주변 지역의, 인디아(India)는 인도의 그리스어 이름이다.
26 스파르테에는 2인의 공동 왕이 있었다.

있음으로 해서 대중이 자신들을 덜 무례하게 대할 거라고 믿었던 것이다. 그는 이런 심적 상태에 있는 백성에게로 돌아와 곧장 혁명에 착수하고 정체를 바꾸기 시작했다. 법률의 부분적인 변경은 아무 소용이 없다고 보고, 그는 마치 의사가 쇠약하여 온갖 질병에 걸린 환자를 다루듯 일을 처리해야 한다고 믿었다. 의사는 먼저 약물과 하제(下劑)로 기존 체질을 조금씩 바꾸고 지금까지와는 다른 새로운 식이요법을 시작한다. 그는 이렇게 하기로 작정하고 먼저 델포이[27]로 갔다. 신에게 제물을 바치고 신탁(神託)을 구한 다음 저 유명한 신탁을 갖고 돌아갔으니, 그 신탁에서 퓌티아[28]는 그에게 "신에게 사랑받는 이" "인간이라기보다는 신"이라고 말을 건네면서 신은 좋은 법을 구하는 그의 기도를 들어주어 세상에서 가장 훌륭한 정체를 약속했노라고 말했다.

이에 고무되어 뤼쿠르고스는 스파르테의 지도자들을 자기편으로 끌어들이며 자신이 하려는 일을 도와달라고 부탁했다. 그는 먼저 친구들에게 은밀히 자신의 계획을 설명했고, 같은 방법으로 점점 더 많은 사람과 접촉하며 동조자를 모았다. 때가 무르익자 그는 30명의 지도자에게 날이 밝는 대로 무장하고 광장으로 가라고 명령했으니, 반대파를 겁주고 기선을 제압하기 위해서였다. 그 가운데 가장 탁월한 20명의 명단을 헤르밉포스[29]가 기록해

---

27 델포이(Delphoi 라/Delphi)는 그리스 포키스(Phokis) 지방의 파르낫소스(Parnassos)산 남쪽 사면에 자리잡고 있는 도시로, 아폴론의 신탁소로 유명했다.
28 델포이 아폴론 신전의 예언녀로, 그녀가 신을 대신해 신의(神意)를 알려주었다.
29 헤르밉포스(Hermippos)는 그리스의 역사가다.

두었다. 그러나 뤼쿠르고스의 모든 개혁 작업에 가장 적극적으로 참여하고 특히 그의 법률 개혁을 지지한 사람은 아르트미아다스였다고 한다.

소요가 시작되자 카릴라오스왕은 모든 것이 자신에 대한 음모인 줄 알고 겁이 나서 청동 신전[30]으로 도망쳤다. 그러나 진상을 파악하고 신변을 보장받자 그는 피난처에서 나와 그들의 행동에 가담했으니, 그는 본성이 어질었던 것이다. 그래서 공동 왕인 아르켈라오스가 젊은 왕을 격찬하던 자들에게 "사악한 자들에게도 어진 카릴라오스가 어떻게 선한 사람이 될 수 있겠는가?"라고 말했다 한다.

뤼쿠르고스의 수많은 개혁 가운데 으뜸가는 위업은 원로원 창설이다. 원로원은 플라톤의 말처럼[31] 왕들의 과열되기 쉬운 통치를 완화하고 중대한 사안에 대등한 표결권을 가짐으로써 국가에 안정과 절제를 가져다주었다. 종전에는 정체가 공중에 떠 있어 어떤 때는 왕들을 좇아 참주정치(僭主政治)로 기우는가 하면, 어떤 때는 대중을 좇아 민주정치로 기울기도 했다. 그러나 지금은 원로원이 바닥짐 역할을 하여 국가라는 배를 평평한 용골 위에 올려놓음으로써 국가는 가장 안정적이고 질서 있게 정돈되었다. 28명의 원로원 의원은 민주주의에 대항해야 할 때는 왕들의 편에 서고, 참주정치의 출현을 막아야 할 때는 백성의 힘을 강화해주었다.

아리스토텔레스에 따르면, 원로원 의원의 수가 28명이 된 것은

---

30 '청동 신전'이란 스파르테의 아크로폴리스에 있던 아테나 여신의 신전이다.
31 플라톤(Platon), 『법률』(*Nomoi*) 691e 참조.

처음 뤼쿠르고스와 함께한 30명 가운데 2명이 겁이 나서 계획을 포기했기 때문이다. 그러나 스파이로스[32]에 따르면, 뤼쿠르고스의 계획에 가담한 것은 처음부터 28명이었다. 아마도 28은 7에 4를 곱한 수인 데다 그 구성 성분의 합(合)과 같으며,[33] 6 다음으로 완전수이기 때문인지도 모르겠다. 그러나 내 생각에, 뤼쿠르고스가 원로원 의원 수를 28명으로 정한 까닭은 28명에 2인의 왕을 합하면 모두 30명이 되기 때문인 듯하다.

6.

이런 형태의 정부를 구성하는 데 열의를 가진 뤼쿠르고스는 델포이에서 그에 관한 신탁을 받아오게 했는데, 그 신탁을 사람들은 '레트라'[34]라고 부른다. 그 내용은 이러하다.

"제우스[35] 쉴라니오스[36]와 아테나[37] 쉴라니아에게 신전을 지어 바치고, 백성을 '퓔레'(phylē)별로 '오베'(Ōbē)별로 나누고, 지도자들을 포함해 30명으로 구성된 원로원을 창설한 뒤, 때때로 바

---

32 스파이로스(Sphairos)는 스토아 철학자로, 스토아학파의 창시자인 제논(Zenon)의 제자였다. 스파르테의 정체와 뤼쿠르고스에 관한 글을 썼다고 한다.
33 28의 약수 중 28을 제외한 나머지 약수 1, 2, 4, 7, 14의 합이 28이므로 28은 완전수다.
34 레트라(rhētra)는 '말' '협약' '법규'라는 뜻의 그리스어다.
35 제우스(Zeus)는 그리스신화에서 최고신이다.
36 쉴라니오스(Syllanios 여성형은 Syllania)는 텍스트에 따라 Scyllanios 또는 Hellanios라고 읽기도 하는데 무슨 뜻인지 알 수 없다.
37 아테나(Athena 또는 Athene)는 올륌포스 12신 가운데 한 명으로, 전쟁과 공예의 여신이다.

뷔카와 크나키온38 사이로 소집해(appellazein) 법안을 발의하고 부결하되, 결정권과 권력은 백성이 갖게 하라."39

이 구절에서 '퓔레'와 '오베'란 백성을 부족별·씨족별로 나누고 구분하는 것을 말하고, '지도자들'(archagetai)이란 왕들을 말하며, '소집한다'(appellazein) 함은 백성을 소집한다는 말인데, 이는 그런 정체를 갖도록 권유한 장본인인 퓌토40의 신 아폴론에게서 유래한 말이다. 바뷔카는 지금은 케이마르로스(Cheimarros), 크나키온은 오이누스(Oinous)라고 불린다. 그러나 아리스토텔레스는 크나키온은 '강'이고, 바뷔카는 '다리'라고 말한다. 아무튼 이 두 지점 사이에서 그들은 회의를 열었는데, 따로 회의장도 없고 그런 목적에 마땅한 다른 시설물도 없었기 때문이다.41

뤼쿠르고스는 그런 회의장에 모이면 백성들이 조각이나 그림이나 무대 장식이나 지나치게 호화롭게 장식된 지붕 따위에 시선이 끌려 허튼 생각으로 마음이 흐릿해지고 허황해지는 까닭에 그런 것들이 원만한 회의 진행에 도움이 되기는커녕 오히려 방해가 된다고 믿었다. 이렇게 모인 백성이 법안을 발의할 수는 없었으니, 원로원 의원과 왕들이 발의한 법안을 받아들이거나 거부할

---

38   바뷔카(Babyka)와 크나키온(Knakion)은 스파르테 옆을 흐르는 에우로타스(Eurotas)강의 작은 지류들인 듯하다.
39   도리에이스족(Dorieis)의 방언으로 쓰인 스파르테의 이 초기 기록은 뒷부분이 다소 파손되어 있고 나머지 부분에 대해서도 해석이 분분하다. 이 기록을 플루타르코스는 지금은 남아 있지 않은 아리스토텔레스의 『라케다이몬인들의 정체』에서 발견한 것 같다.
40   퓌토(Pythō)는 델포이의 옛 이름이다.
41   초기에는 노천에서 회의를 열었으나 나중에는 대부분의 그리스 도시에 별도로 회의장을 지었으며, 때로는 극장을 회의장으로 쓰기도 했다.

권한만이 있었다. 그러나 나중에 백성이 첨가하거나 삭제하는 방식으로 발의된 법안의 의미를 전도하거나 왜곡하기 시작하자, 폴뤼도로스왕과 테오폼포스왕[42]이 레트라에 "백성들이 왜곡된 법안에 투표하면 원로원 의원과 왕들은 이에 거부권을 행사할 수 있다"는 조항을 삽입했다.

그것은 발의된 법안에 대한 백성들의 수정과 변경이 최선의 국익에 어긋난다는 구실을 대며 표결한 것을 비준하지 않고 회의를 즉시 파할 수 있음을 의미한다. 그리고 두 왕은 이 추가 조항을 신이 승인했노라고 시민을 설득했다. 튀르타이오스[43]의 다음 시행은 그 점을 상기시키는 것 같다.

> 그들은 포이보스[44]의 목소리를 듣고는 퓌토로부터 신탁을,
> 　　반드시 이루어지는 신의 말씀을 고향으로 가져왔노라.
> 회의에서 주도권은 스파르테의 사랑스러운 도시를 돌보는,
> 　　신의 사랑을 받는 왕들의 몫이고,
> 그다음이 원로들이고, 그다음이 백성의 남자들인데,
> 　　그들은 전도되지 않은 올바른 레트라에 호응하노라.[45]

42　폴뤼도로스(Polydoros)와 테오폼포스(Theopompos)는 기원전 760년경부터 700년까지 스파르테를 통치했다.
43　기원전 7세기 그리스의 비가(悲歌) 시인으로, 스파르테 정체의 찬미자다.
44　포이보스(Phoibos)는 아폴론의 별명 중 하나로 '빛나는 자' '정결한 자'라는 뜻이다.
45　튀르타이오스, 『좋은 정부』(*Eunomia*) 단편 4 West.

7.

이와 같이 뤼쿠르고스는 혼합 정체를 만들었다.[46] 그러나 그 안에서도 과두제적 요소는 여전히 섞이지 않은 채 우세했다. 그것이 '끓어오르며 거품을 튀기는' 것을 보자 뤼쿠르고스의 후계자들은 플라톤의 말처럼,[47] '그것에 감독관[48]의 권력이라는 재갈을 물렸다.' 최초의 감독관인 엘라토스와 그의 동료들이 선출된 것은 뤼쿠르고스가 죽은 지 약 130년 뒤인 테오폼포스 치세 때였다.

전하는 이야기에 따르면, 그가 물려받은 것보다 자식들에게 물려준 왕권이 더 적다고 아내가 나무라자 "아니오, 더 많이 물려주는 것이오. 더 오래갈 테니까 말이오"라고 말했다 한다. 실제로 스파르테의 왕들은 과도한 요구를 하지 않아 시기와 위험을 피할 수 있었다. 그들은 멧세니아[49]와 아르고스[50]의 왕들이 권력을 조

---

46 왕들에 의한 참주제와 원로들에 의한 과두제와 백성에 의한 민주제를 말한다.
47 플라톤, 『법률』 692a.
48 감독관(ephoros 복수형 ephoroi)은 스파르테의 최고 관리로 기원전 5세기 말부터 해마다 5명씩 시민에 의해 선출되었는데, 왕을 견제하고 사법권을 행사하고 장군을 소환하고 외국과 조약을 맺는 등 막강한 권한을 행사했다. 마땅한 연호가 없던 때라 최고 연장자의 이름을 따서 '아무개가 감독관이었던 해'라는 표현으로 연호를 대신했다. 플루타르코스는 뤼쿠르고스를 기원전 880년경에 활동한 것으로, 감독관 제도는 기원전 750년경에 시작된 것으로 보고 있는데, 이는 아리스토텔레스의 『정치학』(Politika) 1313a 26을 따른 듯하다. 참고로, 크세노폰은 감독관 제도를 뤼쿠르고스가 도입한 것으로 보고 있다(『라케다이몬인들의 정체』 8장 참조).
49 멧세니아는 펠로폰네소스반도의 서남부 지방이다.
50 아르고스(Argos)는 펠로폰네소스반도의 북동부에 있는 도시다. 아르고스라는 이름은 때로 이 도시의 주변 지역인 아르골리스(Argolis) 지방을 가리키기도 한다.

금도 포기하지 않거나 백성에게 내주려 하지 않다가 당한 것과 같은 운명은 겪지 않았다. 라케다이몬인들의 친척[51]이자 이웃인 멧세니아와 아르고스의 백성과 왕들이 서로 반목하다 실정(失政)한 것을 보면, 뤼쿠르고스가 지혜롭고 선견지명이 있는 사람임이 명확히 드러난다. 그들은 처음에 스파르테인들과 같은 조건에서 출발했고 영토의 분배에서는 오히려 더 유리한 것처럼 보였으나 행운은 그리 오래가지 못했다. 왕들의 오만과 백성의 불복종 때문에 기존의 제도들이 붕괴되자, 혼합 정체를 만들어준 것이 스파르테인들에게는 진실로 축복이었음이 밝혀졌던 것이다. 그러나 이것은 나중 일이다.

8.

뤼쿠르고스의 제도 개혁 가운데 두 번째이자 가장 혁명적인 것은 토지의 재분배였다. 당시에는 극심한 불평등이 지배적이었다. 아무 생계수단도 없는 무산 대중이 도시에 큰 부담이 되었고, 부는 소수에게 집중되어 있었다. 교만과 시기, 범죄와 사치, 그리고 국가의 심각한 고질병인 부와 가난을 추방하기 위해 뤼쿠르고스는 토지를 모두 공동출자해 다시 분배함으로써 저마다 동등한 조건에서 동등한 수입원을 가지고 살아갈 수 있도록 시민을 설득했다. 앞으로 누구든 우월해지고 싶으면 탁월함이 기준이 되어야 하며, 사람과 사람 사이에는 악행에 대한 비난과 선행에 대한 칭찬에 의하지 않고는 어떤 차이와 불평등도 없을 거라고 했다.

---

[51] 헤라클레스의 후손들이 펠로폰네소스반도를 정복했을 때 그들은 이 세 지역을 제비뽑기로 나누어 가졌다.

뤼쿠르고스는 말을 실행에 옮기며 라코니케의 나머지 땅을 3만 필지로 나누어 페리오이코스[52]들에게 분배해주었으며, 스파르테시에 속하는 라코니케 땅을 9천 필지로 나누어 9천 명의 스파르테인들에게 나누어주었다. 그러나 어떤 이들의 주장에 따르면, 뤼쿠르고스는 스파르테인들에게 6천 필지만 나눠주고 3천 필지는 나중에 폴뤼도로스가 추가한 것이라고 한다. 또 다른 주장에 따르면, 뤼쿠르고스가 나눠준 4500필지에나 폴뤼도로스가 4500필지를 추가한 것이라고 한다.

각자에게 할당된 필지는 매년 남편을 위한 보리 70메딤노스[53]와 아내를 위한 12메딤노스, 그에 비례하는 양의 포도주와 올리브유를 생산하기에 충분했다. 뤼쿠르고스는 이 정도 식량이면 다른 것 없이도 체력과 건강을 증진하기에 충분하리라 생각했다. 전하는 이야기에 따르면, 뤼쿠르고스는 나중에 외국에 나갔다가 돌아오는 길에 마침 수확을 끝낸 농촌을 지나게 되었는데, 고만고만한 곡식 더미들이 나란히 서 있는 것을 보고는 미소를 지으며 옆에 있던 사람들에게, 라코니케 전체가 마치 최근에 수많은 형제들끼리 나누어 가진 재산처럼 보인다고 말했다 한다.

52 페리오이코스(perioikos 복수형 perioikoi '주변에 사는 사람'이라는 뜻)들은 헤라클레스의 후손을 자처하는 도리에이스족에게 정복된 라코니케와 멧세니아 지방의 선주민들로 인신의 자유는 있었지만 공납과 병역의 의무를 지고 있었다.

53 메딤노스(medimnos)는 건량(乾量)의 단위로, 1메딤노스는 약 51.8리터다('도량형 환산표' 참조). 남편 몫에 가솔들의 몫과 공동식사 비용이 포함되었던 것 같다.

9.

뤼쿠르고스는 불평등과 불공평을 완전히 없애기 위해 가재도구도 나누려고 했다. 하지만 재산의 직접 몰수를 받아들일 준비가 되어 있지 않은 스파르테인들을 보고 그는 에돌아 정치적 수단으로써 그들의 탐욕을 극복했다. 먼저 그는 금화와 은화를 모두 거둬들이고 철전(鐵錢)만 사용하게 했다. 무겁고 부피가 큰 철전에 얼마 안 되는 가치밖에 부여하지 않았으므로 10므나[54]의 가치를 보관하는 데도 집안에 큰 창고가 필요했고, 그것을 운반하는 데는 황소 한 쌍이 필요했다. 일단 이러한 법령이 효력을 발휘하자 온갖 종류의 범죄가 라케다이몬에서 사라졌다. 그도 그럴 것이 감출 수도 없고, 소유하고 있어도 남이 부러워하지 않고, 잘게 잘라도 아무 이득이 안 되는 것을 대체 누가 훔치거나 뇌물로 받거나 빼앗거나 약탈하려 들겠는가? 전하는 이야기에 따르면, 뤼쿠르고스가 사용하게 한 철전은 쇠가 발갛게 달았을 때 식초에 넣어 식힌 까닭에 너무 물러서 다른 용도로는 활용할 수 없었다고 한다.

다음에 그는 쓸모없고 불필요한 기술들을 추방했다. 추방하지 않더라도 그것들은 대부분 옛 주화를 따라 떠났을 것이다. 그것들의 생산품을 사줄 시장이 없어졌기 때문이다. 철전은 헬라스의 다른 곳으로 운반될 수 없었고, 운반이 된다 해도 그곳에서 아무런 가치도 없고 웃음거리만 될 뿐이었다. 따라서 아무도 외국의 하찮은 물건들을 살 수 없었고, 화물은 그들의 항구로 들어오지

---

54 므나(mna)는 고대 그리스의 주화 단위이자 무게 단위로, 1므나는 433그램이다. 당시 주화의 가치는 대개 그 무게만큼의 가치가 있었다고 한다.

않았다. 라코니케 땅에는 수사학 교사도, 떠돌이 예언자도, 포주도, 금은 세공사도 발을 들여놓지 않았다. 그들에게 지불할 돈이 그곳에는 없었기 때문이다. 활력과 영양분을 대주던 것들을 점점 박탈당하게 되자 사치는 저절로 소멸했다.

게다가 많은 재산을 지닌 사람들이라고 해서 가난한 사람들보다 나을 것이 아무것도 없었다. 그들의 부는 공개적으로 과시될 방법이 없어 하릴없이 집안에만 틀어박혀 있었다. 그리하여 침대, 의자, 식탁 같은 꼭 필요한 일용 세간이 그들에 의해 가장 탁월하게 제작되고, 크리티아스[55]의 말에 따르면 코톤(kōthōn)이라는 라코니케의 컵은 원정 나간 전사들 사이에서 매우 쓸모 있기로 이름났다고 한다. 그것은 전사들이 가끔 싫어도 마실 수밖에 없는 물의 불쾌한 색깔을 그 자체의 색깔로 보이지 않게 해주고, 불룩한 배가 진흙이 섞인 침전물을 안에다 붙들어둠으로써 마시는 사람의 입으로는 깨끗한 물만 들어가게 했다. 이 또한 입법자 덕분이었다. 그들의 기술자들이 불필요한 작업에서 해방됨으로써 꼭 필요한 작업에서 솜씨를 보여주기 시작했기 때문이다.

10.

이제 뤼쿠르고스는 부에 대한 열망을 근절할 요량으로 세 번째이자 가장 정교한 개혁으로 사치를 더욱더 세차게 배격했는데, 그것은 백성이 함께 모여 정해진 음식을 먹게 하는 공동식사제도를 도입하는 것이었다. 그리하여 그들이 집에서 식탁 가의 값비싼

---

[55] 크리티아스(Kritias)는 아테나이의 작가로 '30인 참주' 중 한 명이다.

의자에 비스듬히 누워 자신을 하인들과 요리사들의 손에 맡긴 채 게걸스러운 동물처럼 은밀히 자신을 살찌우고, 온갖 욕망과 과식에 빠져들어 긴 잠과 더운 목욕과 많은 휴식과 어떤 의미로는 일상적 간병을 필요로 하게 됨에 따라 성격뿐 아니라 몸까지 망치는 일은 없어졌다.

그것은 실로 놀라운 업적이었다. 그러나 테오프라스토스[56]의 말처럼 부를 바람직스럽지 않은 것으로 만들고, 공동식사와 검소한 음식으로 부를 부가 아니게 만든 것은 더 큰 업적이었다. 부자들이 가난한 사람들과 함께 같은 식사를 한 까닭에 재물이 많아도 쓸 수도, 즐길 수도, 볼 수도, 보일 수도 없었던 것이다. 그리하여 태양 아래 모든 도시 가운데 오직 스파르테에서만 부(富)의 신은 눈이 멀어[57] 그림처럼 생기 없이 꼼짝 않고 누워 있다는 널리 알려진 속담이 현실로 나타났다. 집에서 부자들이 미리 배불리 먹고 나서 공동식사에 참여하는 것은 허용되지 않았다. 나머지 다른 사람들이 함께 먹거나 마시지 않는 자를 유심히 지켜보고 있다가 그를 자제력이 없는 자라고, 공동식사를 하기에는 너무 유약한 자라며 나무랐기 때문이다.

11.

이러한 개혁은 무엇보다도 스파르테의 부자들을 들끓게 했다고

---

56 테오프라스토스(Theophrastos)는 아리스토텔레스의 뒤를 이어 소요학파의 수장이 된 그리스 철학자다.
57 부의 신(Ploutos)은 가끔 악한 자들을 편들어주기 때문에 눈이 먼 것으로 생각되곤 했다.

한다. 그리하여 그들은 뤼쿠르고스에게 반대하는 당을 만들고 무리를 이루어 윽박지르고 분개했다. 결국 수많은 사람들에게 돌팔매질을 당하며 뤼쿠르고스가 광장에서 뛰어 달아나는 일이 생겼다. 그는 다른 사람들을 모두 앞질러 신전에 피신할 수 있었다. 그러나 다른 점에서는 비열하지 않았지만 참을성 없고 성질 급한 젊은이 알칸드로스가 바짝 뒤쫓아오더니 그가 돌아서는 순간 지팡이로 쳐서 그의 한쪽 눈알을 빼버렸다. 그러나 뤼쿠르고스는 그런 상해를 입고도 굴복하기는커녕 동포 시민에게 대항하며 피투성이가 된 얼굴과 망가진 눈을 보여주었다. 그러자 그 광경을 본 그들은 몹시 부끄럽고 무안해하며 알칸드로스를 그에게 넘겨주고는 다들 분개하며 집까지 그를 호송해주었다. 뤼쿠르고스는 그들을 치하하고 나서 돌려보낸 뒤 알칸드로스를 집으로 데리고 들어가서는 말이나 행동으로 해를 입히지 않고 늘 시중들던 하인들과 시종들을 내보내더니 대신 그에게 시중을 들라고 명령했다. 본성이 고결한 젊은이는 말없이 시키는 대로 했다. 젊은이는 뤼쿠르고스와 함께 생활하며 그의 온유함과 마음의 평정, 금욕적 생활방식과 지칠 줄 모르는 근면을 알게 되어 열렬한 추종자가 되었다. 그리하여 젊은이는 친지들과 친구들에게 뤼쿠르고스가 괴팍하거나 잘난 체하지 않고 누구보다도 부드럽고 점잖다고 말하곤 했다. 뤼쿠르고스는 젊은이를 그와 같이 벌주고 그와 같이 처벌했으니, 그것은 곧 행실이 나쁘고 버릇없는 젊은이를 가장 절도 있고 가장 신중한 사람으로 만드는 것이었다.

   뤼쿠르고스는 자신이 당한 불상사를 기념해 아테나 옵틸리티스(Optilitis)에게 신전을 지어 바쳤는데, 그곳의 도리에이스족[58]은 눈을 옵틸로스(optilos)라고 하기 때문이다. 그러나 라코니케의 정체에 관해 논문을 쓴 디오스코리데스[59]를 위시한 몇몇은 뤼쿠르고스가 눈을 맞았지만 시력을 잃은 게 아니라, 오히려 시력을 회복한 것을 감사하는 뜻에서 여신에게 신전을 지어 바친 거라고 말한다. 어쨌거나 스파르테인들은 이런 불상사가 일어난 이후에는 회의장에 지팡이를 가져가는 관습을 버렸다.

12.

공동식사를 크레테인들은 안드레이아(andreia),[60] 라케다이몬인들은 피디티아(phiditia)라고 하는데, 그 까닭은 공동식사가 우의(philitia)—피디티아는 필리티아의 l을 d로 바꾼 것이다—를 증진시키거나 검소함과 절약(pheido)을 몸에 배게 하기 때문이다. 그러나 어떤 이들의 주장처럼 '음식물'(diaita) 또는 '먹기'(edōdē)라는 뜻의 에디티아(editia)에 다른 말에서 가져온 첫 글자가 덧붙은 것일 수도 있다. 공동식사에서는 15명 안팎의 사람들이 한 조를 이루었는데, 각 구성원은 매달 1메딤노스의 보릿가루, 8쿠스[61]의 포도주, 5므나의 치즈, 2와 2분의 1므나의 무화과,[62] 그리고 찬거리를 구입하기 위한 소액의 돈을 냈다. 그 밖에도 어떤 이가 수

---

58 도리에이스족은 아카이오이족(Achaioi)·아이올레이스족(Aioleis)·이오네스족(Iōnes 또는 Iaones)과 더불어 그리스 민족을 구성한 4대 부족의 하나로, 맨 마지막으로 서북부에서 남하해 주로 펠로폰네소스반도에 거주했다.
59 디오스코리데스(Dioscorides)는 기원전 또는 기원후 1세기의 그리스 작가다.
60 '남성 전용 구역'으로 번역할 수 있을 것이다.
61 쿠스(chous)는 고대 그리스의 액량(液量) 단위로, 1쿠스는 3.25리터다.
62 우리가 사용하는 단위로 환산하면 약 52리터의 보릿가루와 26리터의 포도주, 2.2킬로그램의 치즈와 1.1킬로그램의 무화과다.

확의 만물을 제물로 바치거나 사냥하러 나갔을 때는 그중 일부를 공동식사 조에 보냈다. 제물을 바치거나 사냥을 나갔다 늦게 돌아온 사람에게는 집에서 식사하는 것이 허용되었으나, 그 밖의 사람들은 공동식사에 참석해야 했다. 이러한 공동식사 관습은 오랫동안 엄격히 지켜졌다. 아기스[63]왕이 아테나이인들에게 이기고 원정에서 돌아와 아내와 함께 집에서 식사하고 싶으니 자기 몫을 보내달라고 했을 때, 폴레마르코스[64]들은 이를 거절했다. 그리고 이튿날 그가 화가 나서 관습에 따라 바쳐야 하는 제물을 바치지 않았을 때 폴레마르코스들은 그에게 벌금을 물렸다.

소년들도 마치 수행(修行) 학교에 다니듯 공동식당을 찾곤 했다. 그곳에서 그들은 정치 토론을 경청하고 자유민에게 어울리는 오락을 구경하곤 했다. 또 그곳에서 남을 즐겁게 해주고 야비하지 않게 농담하는 법, 불쾌감을 드러내지 않고 농담을 참고 견디는 법도 배웠다. 실제로 농담을 참고 견디는 것은 라케다이몬인의 특징으로 여겨졌다. 누군가 참고 견딜 수 없을 정도의 농담을 했을 때, 항의만 하면 농담은 바로 중단되었다.

가장 나이 많은 구성원은 공동식당에 구성원이 들어올 때마다 일일이 문을 가리키며 "제우스에 맹세코, 이 문밖으로는 한마디 말도 나가지 못하오"라고 말했다. 공동식사 조에 가입하기를 원하는 자는 다음과 같은 방법으로 심사를 거쳤다고 한다. 공동식

---

63 기원전 418년 동(東)아르카디아(Arcadia) 지방의 만티네이아(Mantineia)에서 아테나이인들에게 이긴 아기스(Agis) 2세를 말하는 듯하다.
64 폴레마르코스(polemarchos)는 국왕 직속의 6명의 참모장으로, 출전 중에는 국왕과 함께 식사했다.

사 조의 구성원이 각자 빵조각을 손에 쥐고 있다가 하인이 바구니를 머리에 이고 돌면 그것을 마치 투표용 조약돌처럼 말없이 바구니에 던져넣는데, 가입에 찬성하면 그대로 던져넣고, 반대하면 먼저 손안에서 그것을 찌그러뜨렸다. 찌그러진 빵조각은 속이 빈 투표용 조약돌[65]과 같은 의미를 가졌다. 바구니에서 찌그러진 빵조각이 하나라도 발견되면 지원자의 가입은 거부당했다. 모든 구성원이 사이좋게 지내기를 원했기 때문이다. 이렇게 거부당한 지원자를 그들은 '캇디코스 당했다'[66]고 표현했는데, 이는 빵조각을 던져넣는 바구니의 이름 '캇디코스'(kaddichos)에서 유래한 말이다.

그들은 음식 가운데 검은 고깃국을 으뜸가는 진미로 여겼는데, 연장자들은 국에 든 고깃점에는 손도 대지 않고 젊은이들을 위해 남겨두었다. 그들에게는 고깃국 한 사발이면 진수성찬이었던 것이다. 전하는 이야기에 따르면, 폰토스[67]의 왕들 중 한 명이 이 고깃국을 먹어보고 싶어 라케다이몬의 요리사를 샀는데, 먹어봐도 맛이 없자 요리사가 "전하, 이 고깃국을 맛보시려면 먼저 에우로타스[68]강에서 목욕을 하셔야 하옵니다"라고 말했다 한다.

공동식사를 마치면 포도주를 조금 마시고 나서 횃불을 밝히지 않고 집으로 돌아갔다. 그들은 이때도 다른 여행길에서도 불을 밝히는 것이 허용되지 않았으니, 어두운 밤에 겁 없이 대담하게

---

[65] 아테나이 법정에서 배심원들이 투표할 때 무죄판결에는 속이 비지 않은 투표석을, 유죄판결에는 속이 빈 투표석을 사용했다.
[66] 그리스어 kekaddisthai는 '퇴짜맞다'라는 뜻이다.
[67] 폰토스(Pontos)는 소아시아의 흑해 남안 지방이다.
[68] 에우로타스는 라코니케 지방의 강으로, 스파르테 옆을 흐른다.

길을 가는 데 익숙해지기 위해서였다. 공동식사제도에 관해서는 이쯤 해두자.

13.

그는 법률을 성문화하지 않았는데, 이른바 레트라 가운데 하나가 그것을 금했기 때문이다. 뤼쿠르고스는 국가의 번영과 탁월성에 기여하는 가장 본질적이고 중대한 원칙은 시민의 습관과 태도에 뿌리내리고 있어야만 든든하고 변함이 없으며, 젊은이 각자에게 입법자 역할을 하는 교육에 의한 강요보다 이러한 성향이 오히려 더 강한 구속력이 있다고 생각했다. 그리고 사업상의 계약과 같은 소소한 문제와 필요에 따라 세부사항이 바뀔 수 있는 경우는 성문화한 강요와 고정된 관행으로 규정하는 것보다 그때그때 필요에 따라 교육받은 자들이 결정하는 대로 수정해나가는 편이 더 낫다고 생각했다. 그는 입법의 기능을 교육에 일임한 것이다.

이러한 이유에서 레트라 가운데 하나가, 앞서 말했듯이 성문법의 사용을 금지한 것이다. 그 밖에 집을 지을 때 천장을 만드는 데에는 도끼만 사용하고 문을 만드는 데에는 톱만 쓰고 다른 연장은 사용하지 말라고 규정함으로써 사치를 금하는 레트라도 있었다. 훗날 에파메이논다스[69]는 식탁 앞에서 "이런 식사는 배신을 조장하지 않겠지"라고 말했다는데, 그 이치를 먼저 깨달은 이가 뤼쿠르고스였으니, 그런 집은 배신과 사치를 조장하지 않는다고

---

69 에파메이논다스(Epameinondas)는 테바이(Thēbai)의 장군으로 기원전 371년에는 레욱트라(Leuktra)에서, 기원전 362년에는 만티네이아에서 스파르테군에게 이겼다.

생각한 것이다. 사실 그런 소박한 서민 주택에 은 다리가 달린 긴 의자나 자줏빛 깔개나 황금 잔이나 그런 것들에 따라다니는 온갖 사치품을 끌어들일 만큼 몰취미하고 멍청한 사람은 아무도 없을 것이다. 오히려 긴 의자는 집에, 의복은 긴 의자에, 나머지 살림살이와 세간은 의복에 맞춰질 수밖에 없을 것이다. 전하는 이야기에 따르면, 이러한 검소함이 몸에 배어 있던 레오튀키다스[70] 1세는 코린토스[71]에서 저녁식사를 하다가 값비싼 판자로 장식되어 있는 그 집 지붕을 보고는 주인에게 이곳에서는 나무가 네모나게 자라느냐고 물었다고 한다.

뤼쿠르고스의 세 번째 레트라는 같은 적과 반복해서 전쟁하는 것을 금하고 있는데, 적이 자신을 방어하는 데 익숙해져 유능한 전사가 되지 못하게 하려는 것이었다. 바로 그 때문에 스파르테인들은 훗날 아게실라오스왕을 몹시 원망했는데, 그들의 말인즉 그가 계속해서 자주 보이오티아[72]에 쳐들어가 전쟁함으로써 테바이인들을 라케다이몬인들의 적수로 만들어놓았다는 것이었다. 그래서 왕이 부상당한 것을 보고 안탈키다스[73]는 "전쟁을 원하지도 않고 할 줄도 모르던 테바이인들에게 전쟁하는 법을 가르쳐주시더니 수업료를 두둑이 받으셨군요"라고 말했다. 그들은 그런

---

70 레오튀키다스(Leotychidas)는 기원전 7세기 말 에우뤼폰가 출신의 스파르테 왕이다.
71 중부 그리스와 펠로폰네소스반도를 이어주는 지협(地峽)에 있는 부유한 상업도시다.
72 보이오티아(Boiōtia)는 그리스의 중동부 지방으로, 그 수도가 테바이다.
73 안탈키다스(Antalkidas)는 아게실라오스왕이 통치할 때의 유명한 스파르테인이다. 아게실라오스는 기원전 378년 테바이를 공격하다가 부상당했다.

규정들을 레트라라고 일컬었는데, 그것을 신에게서 받아온 신탁이라고 여겼기 때문이다.[74]

14.

뤼쿠르고스는 입법자에게 교육보다 더 중요하고 보람 있는 일은 없다고 생각하고는 결혼과 출산을 조절함으로써 처음부터 이 문제와 씨름하기 시작했다. 뤼쿠르고스는 남편들이 자주 원정 나가고 없는 사이에 여자들이 상당한 자유와 권위를 누리게 되는 것을 막을 수가 없어 여자들을 적절히 통제하려던 시도를 포기하고 말았다는 아리스토텔레스의 주장은 사실이 아니다. 아닌 게 아니라 원정 중에는 남자들이 아내들에게 집안의 통제권을 맡길 수밖에 없어 과분한 경의를 표하며 '여주인'이라는 칭호를 주기는 했다.[75] 그러나 사실 뤼쿠르고스는 여자들을 위해서도 할 수 있는 배려는 아끼지 않았다.

그는 소녀들이 달리기, 레슬링, 원반던지기, 창던지기로 신체를 단련하게 했으니, 태아가 자궁 안에 뿌리내릴 때 건강한 신체에서 건강하게 출발해 더 잘 자라게 하고 임산부는 달이 찰 때까지 체력을 유지하여 산고(産苦)를 더 쉽고 더 잘 견뎌내게 하려는 것이었다. 그는 소녀들에게 연약함과 집안에만 틀어박혀 있는 버릇과 온갖 여성다움을 버리게 하려고, 소년들과 마찬가지로 속옷

---

[74] 레트라는 '말해진 것' '계약' '합의'라는 뜻인데, 플루타르코스는 여기서 '신의 지시'라는 뜻으로 보고 있다.

[75] 플루타르코스는 여기서 지금은 남아 있지 않은 아리스토텔레스의 『라케다이몬인들의 정체』를 염두에 두고 있으나, 아리스토텔레스의 『정치학』 1269b 32~1270a 8에도 비슷한 주장이 서술되어 있다.

차림으로 행진하고, 어떤 축제에서는 젊은 남자들이 보는 앞에서 춤추고 노래하는 습관을 들이게 했다.

소녀들은 잘못 처신하는 젊은이들을 일일이 놀려대며 좋게 나무라기도 하고 찬사를 받을 만한 젊은이들의 업적을 노래로 엮어 열거하기도 했는데, 이 모든 것이 젊은이들에게 야심과 경쟁심을 불러일으켰다. 용감한 행동으로 칭찬받고 소녀들 사이에서 호평받은 자는 칭찬에 우쭐해하며 자리를 떴기 때문이다. 한편 소녀들의 장난기 어린 조롱은 엄중한 질책 못지않게 젊은이들을 아프게 찔렀다. 왕들과 원로들이 다른 시민들과 함께 구경 삼아 나와 있을 때는 특히 더 그랬다.

소녀들의 속옷 차림에는 수치스러운 데라곤 전혀 없었다. 부끄럼은 있어도 음란한 데라곤 없었기 때문이다. 오히려 그것은 그들을 소박함에 익숙해지게 했고, 건강한 신체에 대한 욕구를 불러일으켰다. 그것은 여성에게 자긍심을 주었으니, 남성 못지않게 자기들에게도 탁월함과 야망의 길이 열려 있다고 느꼈기 때문이다. 그 결과 그들은 레오니다스의 아내 고르고[76]처럼 말하고 생각하는 법을 배우게 되었다. 외지인처럼 보이는 어떤 여인이 "남자들을 지배하는 것은 그대들 라케다이몬의 여인들뿐이지요"라고 말하자, 고르고는 "남자들을 낳아주는 것은 우리들뿐이니까요"라고 말했다 한다.

---

[76] 고르고(Gorgo)는 클레오메네스(Kleomenes)왕의 딸로, 페르시아전쟁 때 테르모퓔라이의 좁은 고갯길에서 300명의 스파르테 결사대와 함께 옥쇄한 레오니다스왕의 아내다.

15.

소녀들이 속옷 차림으로 행렬에 합류하고, 젊은이들이 보는 앞에서 경기에 참가하는 이런 관행들은 결혼을 촉진하기도 했다. 젊은이들은 논리적 필연성보다는, 플라톤이 한 말처럼[77] 성적 필연성에 끌리기 때문이다.

뿐만 아니라 뤼쿠르고스는 결혼하지 않은 남자들에게서는 명예를 박탈했으니, 그들은 젊은 남녀의 속옷 차림 축제를 관람할 수 없었고, 관리들의 명령에 따라 겨울에는 속옷 차림으로 광장 주위를 행진하면서 자신들은 국법을 어긴 탓에 이런 벌을 받아 마땅하다는 내용의 노래를 지어 부르며 신세타령을 하게 했다. 젊은이들이 연장자에게 으레 보이는 경의와 명예도 그들은 받지 못하게 했다. 따라서 데르퀼리다스[78]는 명망 있는 장군이었지만 그가 들어왔을 때 한 젊은이가 자리를 양보하지 않으며 "그대는 언젠가 내게 자리를 양보해줄 아들을 아직 낳지 않았으니까요"라고 말했을 때 아무도 그 젊은이를 나무라지 않았다.

그들은 여인들을 납치하여 결혼했는데, 결혼하기에 너무 어린 소녀가 아니라 한창때인 성숙한 여인들을 대상으로 삼았다. 여인이 납치되어 오면 이른바 신부 들러리가 그녀를 맡아 머리를 짧게 깎고 남자의 외투를 입히고 남자의 샌들을 신긴 다음 어둠 속에서 짚으로 된 매트리스 위에 혼자 누워 있게 했다. 그러면 신랑은 여느 때처럼 공동식탁에서 저녁을 먹은 뒤 술에 취하거나 녹

---

77 플라톤, 『국가』 5. 458d.
78 데르퀼리다스(Derkyllidas)는 기원전 411~389년에 활동한 스파르테의 장군으로, 주로 아테나이와 페르시아를 상대해 싸웠다.

초가 되지 않은 맑은 정신으로 신부가 누워 있는 방으로 몰래 들어가, 그녀의 허리띠를 풀고는 안고 가 침대에 뉘었다. 그러고 나서 신랑은 잠깐 신부와 함께 있다가 다른 젊은이들과 함께 자려고 평상시의 숙소로 조용히 돌아갔다. 이러한 만남은 이후에도 계속되었다. 신랑은 낮 시간을 또래의 젊은이들과 보내고 밤에도 그들과 같이 자다가 몰래 신부를 찾곤 했는데, 집안에서는 누구에게 들킬까 봐 두렵고 겁이 나 몹시 조심했다. 한편 신부는 틈나는 대로 둘이서 몰래 만나기 위해 그와 공모하여 꾀를 짜냈다. 이러한 만남은 상당 기간 계속되는데, 어떤 신랑은 햇빛 아래서 아내의 얼굴도 제대로 보지 못한 채 아이 아버지가 되기도 했다.

이런 만남은 절제와 자제력을 길러주었을 뿐 아니라, 부부가 무절제한 교합에 물리거나 지치지 않고 그들의 몸에 생식력이 넘치고 애정이 새롭고 신선할 때 서로 결합할 수 있게 해주었다. 그래서 그들이 헤어질 때는 늘 서로의 마음속에 그리움과 애정의 불을 다시 지필 수 있는 감정이 남아 있었다.

이처럼 결혼을 정결하고 예의 바른 것으로 만든 다음 뤼쿠르고스는 남자들을 아낙네 같은 헛된 투기심(妬忌心)에서 해방시켰으니, 결혼 생활에서 온갖 방종과 음란을 멀리한다는 조건 아래 자식을 생산하는 일에 그럴 가치가 있는 다른 남자들을 참가하게 한 것이다. 달리 말해 그는 그런 일은 도저히 용납할 수 없으며, 그런 일을 용인하느니 살인과 전쟁도 불사하겠다는 자들을 웃음거리로 만들었던 것이다. 예컨대 젊은 아내와 사는 나이 많은 남자가 고귀하고 덕망 있는 어떤 젊은이를 좋아하고 높이 평가하게 되었다면 그를 아내에게 소개해 그런 고귀한 아버지에게서 태어난 아내의 자식을 자기 아이로 입양할 수 있었다. 그런가 하면 쓸 만한 남자가 다른 남자와 결혼해 훌륭한 자식들을 낳아주고 그 몸가짐 또한 조신한 어떤 여자에게 감탄하게 되었다면, 그녀의 남편에게 동의를 얻은 후 그녀와 교합함으로써 말하자면 비옥한 땅에 씨를 뿌려 고귀한 자들의 혈족이 될 고귀한 아들들을 얻을 수 있었다.

첫째, 뤼쿠르고스는 아이들을 아버지들의 사유재산이 아니라 국가의 공동재산으로 보았으며, 따라서 시민이 아무 부모에게서 되는대로 태어나는 게 아니라 가장 훌륭한 부모에게서 태어나기를 원한 것이다. 둘째, 그는 이 문제에 관한 다른 민족의 입법에는 어리석음과 위선이 많다고 여겼다. 그들은 자신의 암캐와 암말들을 위해서는 가장 훌륭한 수컷들을 구해주려고 그 주인들에게 친분을 내세우거나 돈을 지불하면서도 자신의 아내들은 방 안에 가두어놓고 지키며 자신들이 바보이든 노쇠했든 병들었든 자신만이 그녀들과 아이들을 가질 권리가 있다고 주장한다는 것이다. 나쁜 부모에게서 태어난 아이들은 누구보다도 그들을 소유하며 길러준 이들에게 나쁘며, 반대로 좋은 부모에게서 태어난 아이들은 누구보다도 그들을 소유하며 길러준 이들에게 훌륭하다는 것을 모르는 처사라는 것이다.

이러한 그들의 행동은 원래 육체적 건강과 국가의 이익에 부합되는 것으로 후세 사람들이 그들의 여자들에게 덮어씌우는 음탕함과는 거리가 멀었으니, 그들은 간통이라는 것이 무엇인지 전혀 몰랐던 것이다. 실제로 먼 옛날 스파르테 사람 게라다스[79]가 전

---

79 게라다스(Geradas)에 관해서는 알려진 바가 없다. 플루타르코스, 『윤리론집』(*Ēthika* 라/*Moralia*) 중 「라케다이몬인들의 어록」(*Apophthegmata Lakōnika*

하는 이야기가 보존되어 있는데, 어떤 이방인에게서 스파르테인들 사이에서는 간통자들이 어떤 벌을 받느냐는 질문을 받자 그는 "이방인이여, 우리 사이에 간통자란 없소이다"라고 대답했다. 이방인이 "한 명 있다고 가정해보시오!"라고 하자 게라다스는 "그의 벌금은 타위게톤산[80] 너머로 고개를 숙이고는 에우로타스강 물을 마실 만큼 큰 황소가 되겠지요"라고 말했다. 이방인이 깜짝 놀라며 "어떻게 그렇게 큰 황소가 있을 수 있단 말이오?"라고 묻자, 게라다스는 미소 지으며 "어떻게 스파르테에 간통자가 있을 수 있단 말이오?"라고 대답했다. 결혼에 대한 뤼쿠르고스의 배려에 관해서는 이쯤 해두자.

16.

아이를 기르는 것은 아버지가 마음대로 할 수 있는 일이 아니었다. 부족의 어른들이 어린아이를 공식적으로 심사하는 레스케[81]라는 곳으로 아버지가 아이를 데려가면 아이가 튼튼하고 건장할 경우 그들은 아버지에게 아이를 기르라고 명령하며 아이에게 9천 필지 중 한 필지를 배정해주었다. 그러나 아이가 불구이거나 기형일 경우 그들은 아이를 타위게톤산 기슭에 있는 깊은 구덩이 이른바 아포테타이[82]로 보냈다. 처음부터 건강과 체력을 타고나지 못한

라/*Apophthegmata Laconica*) 228b~c에 게라다타스(Geradatas)라는 이름으로 나온다.
80 라코니케 지방과 멧세니아 지방의 경계를 이루는 산맥으로 해발고도 2407미터다.
81 레스케(lesche)는 '공회당' '집회장'이라는 뜻이다.
82 아포테타이(Apothetai)는 '내다 버리는 곳'이라는 뜻이다.

아이는 아이 자신을 위해서나 국가를 위해서나 죽는 편이 더 낫다고 믿었기 때문이다.

같은 이유에서 스파르테의 여인들은 갓난아이를 물이 아니라 포도주에 목욕시켰는데, 갓난아이의 체질을 검사해보려는 것이었다. 갓난아이가 간질병이 있고 병약할 경우 물 타지 않은 포도주[83]에 경련을 일으키며 의식을 잃지만, 건강할 경우 오히려 더 단련되고 체질이 강해진다는 말이 있었기 때문이다.

그곳에서는 보모들에게도 각별한 주의와 기술이 필요했다. 보모들은 갓난아이들에게 배내옷을 입히지 않음으로써 팔다리와 몸통을 자유롭게 사용하는 법을 훈련시켰다. 또한 보채지 않고, 음식 투정을 하지 않고, 어둠을 무서워하지 않고, 혼자 있는 것을 두려워하지 않고, 품위 없이 성질을 부리거나 울음보를 터뜨리지 않도록 아이들을 가르쳤다. 그래서 이방인들은 자신들의 아이를 위해 기꺼이 라케다이몬의 보모를 사가곤 한 것이다. 예컨대 아테나이 사람 알키비아데스의 보모 아뮈클라도 라케다이몬 사람이었다고 한다.[84]

하지만 플라톤에 따르면,[85] 페리클레스[86]는 알키비아데스의 교육을 조퓌로스라는 평범한 노예에게 맡겼다고 한다. 그러나 뤼쿠르고스는 스파르테인들의 아들들을 사온 또는 고용한 개인 교사

---

83 고대 그리스인들은 포도주에 물을 타서 마셨다.
84 아테나이의 정치가 겸 장군인 알키비아데스(Alkibiades)의 보모 아뮈클라(Amykla)에 관해서는 플루타르코스, 『영웅전』 「알키비아데스 전」 1장 2절 참조.
85 플라톤, 『알키비아데스』 I. 122b 참조.
86 기원전 5세기 중엽 아테나이의 정치가로, 알키비아데스의 보호자였다.

들에게 맡기지 않았을뿐더러 아버지가 제각각 아들을 양육하고 교육하는 것도 허용하지 않았다. 뤼쿠르고스는 아이들이 일곱 살이 되면 국가가 아이들을 맡아 여러 집단으로 나누게 했으니, 그곳에서 아이들은 같은 규칙과 제도 아래 함께 놀고 배우는 데 익숙해졌다.

그들 가운데 지혜가 출중하고 싸움에 가장 용감한 소년이 집단의 우두머리가 되었다. 다른 소년들은 그를 주시하며 그의 명령에 복종하고 그가 내리는 벌을 감수했으니, 소년들의 교육은 일종의 복종 연습이었다. 그 밖에도 소년들의 놀이를 지켜보던 어른들은 때로는 모의 전투와 토론을 부추겨 소년들마다 얼마나 용감하고 전투에 임해 물러서지 않는지 타고난 성격을 정확히 알아냈다.

소년들은 읽고 쓰기를 필요한 만큼만 배웠으며, 나머지 교육은 순순히 복종하고, 어려움을 견디고, 전투에서 이기는 법을 배우는 일에 바쳐졌다. 따라서 나이가 많아질수록 체력 훈련이 증가되었다. 소년들은 머리는 짧게 깎고, 맨발로 다녔으며, 대개 속옷 차림으로 노는 데 익숙해졌다. 열두 살이 되면 키톤[87]을 입지 않고 해마다 외투 한 벌을 지급받았다. 살갗은 단단하고 건조했고, 목욕을 하거나 몸에 기름을 바르는 일은 드물었다. 그런 호강을 경험하는 것은 1년에 며칠밖에 되지 않았다. 소년들은 조별 또는 집단별로 마른풀로 만든 침대에서 함께 잠을 잤는데, 그것은 그들이 에우로타스강 변에서 자라는 갈대의 우듬지를 칼을 쓰지 않

---

87 키톤(chiton 라/tunica)은 무릎까지 내려오는 소매가 짧은 셔츠다.

고 손으로 꺾어 모아온 것이었다. 겨울에는 마른풀에다 엉겅퀴의 관모를 섞었는데, 이 식물은 따뜻한 성질이 있는 것으로 알려졌기 때문이다.

17.

소년들이 이 나이가 되면 좋은 가문의 젊은이 중에서 동성 애인이 생겨 나돌아 다닐 때 동행해주었다. 어른들도 관심의 끈을 놓지 않고 소년들의 훈련장을 자주 찾아 소년들이 힘과 재치를 겨루는 것을 유심히 관찰했는데, 건성으로 그러는 것이 아니라 어떤 의미에서는 자신들 모두가 모든 소년들의 아버지이자 개인 교사이자 보호자라는 생각으로 그렇게 했다. 그리하여 언제 어디서나 소년들 곁에는 반드시 그들의 잘못을 지적하고 벌할 사람이 있었던 것이다.

그 밖에도 도시에서 가장 고귀하고 탁월한 남자가 '소년들의 목자(牧者)'[88]로 임명되었다. 그의 지시에 따라 각 집단의 소년들은 이른바 '에이렌'[89] 중에서 가장 지혜롭고 전의가 넘치는 자를 손수 임명해 자신들을 맡겼다. '에이렌'은 소년반을 갓 졸업한 자에게 붙이는 이름이고, '준(準)에이렌'[90]은 소년들 가운데 최고참을 말한다. 그리하여 스무 살 소년인 '에이렌'이 모의 전투에서 부하들을 지휘했고, 실내에서는 소년들에게 식사 시중을 들게 했다.

---

88 그리스어로 paidonomos.
89 에이렌(eirēn)은 '총각'이라는 뜻으로, 여기서는 스무 살 된 소년을 가리킨다.
90 '준에이렌'(melleirēn)은 열아홉 살 된 소년을 말한다. 플루타르코스는 열아홉 살까지를 소년으로 보고 있다.

그는 큰 아이들에게는 나무를 해오고, 작은 아이들에게는 채소를 가져오라고 명령했다. 그러면 아이들은 더러는 남새밭에 들어가, 더러는 아주 교활하고 조심스레 남자들의 공동식당에 몰래 들어가 훔쳐 왔다. 훔치다 잡힌 아이는 조심성 없고 서툰 도둑이라며 흠씬 매질을 당했다. 아이들은 음식물도 닥치는 대로 훔치는가 하면, 사람들이 자거나 주의가 소홀한 틈을 노리는 기술도 익혔다. 그러다 잡힌 아이는 매질하고 굶겼다. 먹을거리가 부족해 자력으로 허기와 싸우다 보니 아이들은 대담하고 교활해질 수밖에 없었다.

이것이 빈약한 식사의 주된 목적이라면, 라케다이몬인들에 따르면, 두 번째 목적은 키를 크게 하는 것이라고 한다. 생명력이 방해받지 않는다면, 다시 말해 과도한 음식물 섭취에 짓눌려 몸이 밑으로 옆으로 퍼지지 않고 가벼운 까닭에 오히려 위로 오른다면, 몸이 자유롭고 쉽게 자랄 수 있어 빈약한 식사는 키가 크는 데 도움이 된다. 빈약한 식사는 몸매를 아름답게 만드는 것으로 생각되었다. 여위고 가냘픈 몸매는 신체의 여러 부위를 구분해주지만, 과도한 영양 섭취로 육중하고 뚱뚱해진 몸매는 그런 구분이 생기지 않기 때문이다. 같은 이유에서 임신 중에 관장(灌腸)을 하는 여자들은 여위지만 잘생기고 섬세한 아이를 낳는다. 어머니에게서 받은 체질이 가벼워 아이가 쉽게 모양을 갖출 수 있기 때문이다. 그렇지만 이런 결과가 생기는 원인에 관해서는 더 연구해 봐야 할 것이다.

18.

소년들이 장난삼아 도둑질을 하는 것은 아니었다. 전하는 이야기에 따르면, 새끼 여우를 훔쳐 외투 아래 숨겨 오던 한 소년은 도둑질한 것을 들키느니 차라리 짐승의 발톱과 이빨에 배가 찢겨 죽는 쪽을 택했다고 한다. 이 이야기는 매우 신빙성이 있어 보인다. 오늘날 상당수 라케다이몬 소년들이 아르테미스 오르티아[91]의 제단에서 매 맞아 죽는 것을 우리는 보았기 때문이다.[92]

에이렌은 저녁을 먹은 뒤 긴 의자에 비스듬히 기대 누워 어떤 소년에게는 노래를 시키고, 어떤 소년에게는 "누가 가장 훌륭한 남자냐?" 또는 "너는 이 사람의 행동을 어떻게 생각하느냐?" 등 신중한 대답을 유도하는 질문을 던지곤 했다. 이 때문에 아주 어려서부터 소년들은 올바른 판단을 내리고 시민의 처신에 관심을 갖는 버릇을 들였던 것이다. 왜냐하면 누가 훌륭한 시민이냐, 또는 누가 평판이 나쁘냐는 질문을 받고도 대답을 못하면 탁월함에 욕심이 없는 아둔한 소년으로 여겨졌기 때문이다.

그리고 대답은 근거와 논거가 있어야 할 뿐 아니라 짧고 간결한 표현으로 압축되어야 했다. 틀린 대답을 하는 소년은 그 벌로 에이렌에게 엄지손가락을 깨물렸다. 또한 에이렌은 때로는 어른들과 관리들이 보는 앞에서 소년들을 벌줌으로써 자신의 벌이 적절하고 타당한지 보게 했다. 그는 벌주는 동안 제지받지 않았는

---

91 아르테미스(Artemis)는 제우스와 레토(Lētō)의 딸로, 사냥과 순결과 출산과 달의 여신이다. 오르티아(Orthia)는 라케다이몬 지방에서의 아르테미스의 별명이다.
92 라케다이몬에는 아르테미스의 제단에서 다른 사람들이 매질을 하는 동안 소년들이 되도록 많은 치즈를 낚아채게 하는 의식이 있었는데, 인내력 경쟁에서 이긴 소년들에게는 기념비를 세워주었으며 그중 몇 개는 아직도 남아 있다고 한다.

데, 그의 벌이 지나치게 가혹하거나 반대로 지나치게 무르거나 관대할 때는 소년들이 떠나고 난 뒤 질책이 따랐다.

소년들의 동성 애인들도 명예와 불명예를 소년들과 함께했다. 실제로 그들 가운데 한 명은 좋아하는 소년이 싸우는 중에 괴성을 질러 관리에게 벌금을 문 적이 있었다고 한다. 게다가 이런 종류의 사랑[93]은 스파르테인들 사이에서는 높이 평가되어 점잖은 숙녀들도 미혼의 소녀들을 사랑하곤 했다. 하지만 사랑의 경쟁 같은 것은 없었다. 오히려 두 남자가 같은 소년을 사랑하면 그것을 두 사람 사이에 우정을 맺는 계기로 삼아 그때부터는 함께 사랑하는 소년을 되도록 고귀하게 만들려고 둘이서 힘을 모았다.

19.

소년들은 날카로우면서도 우아하고 적은 말 속에 많은 성찰을 담는 방법으로 말하는 법을 배웠다. 앞서 말한 바와 같이,[94] 뤼쿠르고스는 무겁기만 할 뿐 가치는 별로 없는 철전을 만들게 했으나, 그와는 반대로 말은 단순하고 짧은 표현에 깊은 의미를 많이 담게 했다. 그는 소년들이 긴 침묵을 지킴으로써 적절한 대답을 생각할 수 있도록 했다. 성생활을 자제하지 못하는 남자의 씨가 대개 생산력이 떨어져 결실을 맺지 못하듯, 말을 자제하지 못하는 사람의 말은 공허하고 무의미하기 마련이다.

한번은 어떤 앗티케[95]인이 라케다이몬의 칼이 짧다고 조롱하며

---

93 동성애를 말한다.
94 9장 참조.
95 앗티케(Attike 라/Attica)는 그리스의 남동 지방으로, 그 수도가 아테나이다.

마술사가 무대 위에서 힘들이지 않고 삼켰다고 말하자, 아기스[96] 왕이 "그래도 우리의 이 단검은 어김없이 적에게 가 닿지요"라고 대답했다. 게다가 내가 보기에, 라케다이몬인들의 말은 짧아 보이지만 어김없이 핵심을 찌르며 듣는 사람의 생각을 사로잡는 것 같다.

어록으로 미루어 뤼쿠르고스도 짧고 의미심장하게 말한 듯하다. 예컨대 그는 정부 형태와 관련해 도시에 민주주의를 세우기를 요구하는 사람에게 "그대부터 먼저 집안에 민주주의를 세우시구려"라고 말했다. 그리고 왜 그렇게 적고 값싼 제물을 마련하느냐고 묻는 사람에게 그는 "우리가 신을 공경하는 일을 거르는 일이 없도록 하려는 것이오"라고 말했다. 그리고 운동경기와 관련해 그는 시민이 손을 드는 일[97]이 없는 경기에만 참가하게 했다고 한다. 그가 시민에게 보낸 서찰에도 비슷한 대답이 들어 있었다고 한다. 어떻게 해야 적의 침입을 막을 수 있겠느냐는 질문에 "가난하게 지냄으로써, 그리고 아무도 남보다 더 위대해지기를 바라지 않음으로써"라고 그는 대답했다. 또 성벽에 관한 물음에는 "도시는 벽돌이 아니라 전사들로 둘러싸여야 제대로 된 성벽을 가졌다 할 수 있지요"라고 대답했다. 하지만 이 서찰들과 또 이와 유사한 서찰들을 과연 신빙성 있는 것으로 믿어야 할지, 믿지 말아야 할지는 판단하기 쉽지 않다.

---

96 기원전 330년대에 통치한 아기스 3세를 말한다.
97 손을 드는 것은 항복의 표시다.

20.

스파르테인들이 장황한 이야기를 싫어했다는 것은 다음 어록이 입증해준다. 누군가 시의에 맞지 않게 중대한 일을 논의하기 시작하자, 레오니다스왕[98]은 "여보게, 그대의 말은 옳으나 시의에 맞지 않네그려"라고 말했다. 뤼쿠르고스의 조카인 카릴라오스는 "왜 당신 숙부는 소수의 법령밖에 만들지 않았느냐?"는 물음에 "많은 말이 필요하지 않은 사람들에게는 법령도 많이 필요가 없지요"라고 대답했다. 공동식당에 초대받았을 때 소피스트[99] 헤카타이오스[100]가 한마디 말도 하지 않았다고 어떤 사람들이 비판하자 아르키다미다스[101]는 "말할 줄 아는 사람은 말할 때도 아는 법이지요"라고 대답했다.

앞서 말한 날카로우면서 우아한 말이란 이런 것들이다. 데마라토스[102]는 어떤 성가신 자가 뜬금없는 질문들로 괴롭히며 "스파르테인들 가운데 누가 가장 훌륭한가요?"를 묻고 늘어지자 "그대를 가장 닮지 않은 사람이겠지요"라고 대답했다. 어떤 사람이 올

---

98 주 76 참조.
99 기원전 5세기경 고대 그리스에서 돈을 받고 젊은이들에게 웅변술을 비롯해 여러 가지 지식과 기능을 가르치던 편력 교사들. 진리의 상대성을 주장해 '궤변학파'라 불렸다.
100 헤카타이오스는 회의주의자 퓌르론(Pyrrhon)의 제자로, 트라케(Thraike) 지방에 있는 압데라(Abdera) 출신의 소피스트다.
101 아르키다미다스(Archidamidas)는 기원전 305~275년에 스파르테의 왕이었던 아르키다모스(Archidamos) 4세를 말하는 듯하다.
102 데마라토스(Demaratos)는 에우뤼폰가 출신의 스파르테 왕으로, 추방당했다가 기원전 480년 페르시아 왕 크세르크세스(Xerxes)의 군대를 따라 그리스로 돌아왔다.

림피아 경기를 훌륭하고 공정하게 치른다고 엘리스인들을 칭찬하자, 아기스[103]왕은 "엘리스인들이 4년에 단 하루 공정하게 처신하는 것이 뭐 그리 대단하단 말이오?"라고 말했다. 어떤 이방인이 호의를 보이며 자기는 고향 도시에서 라케다이몬을 사랑하는 사람으로 불린다는 말을 반복하자, 테오폼포스[104]는 "여보시오, 그대의 나라를 사랑하는 사람으로 불리는 편이 그대에게는 더 나을 것이오"라고 말했다.

어느 아테나이의 웅변가가 라케다이몬인들은 무식하다고 선언하자 파우사니아스[105]의 아들 플레이스토낙스[106]는 "옳은 말이오. 우리야말로 그대들에게서 나쁜 것을 하나도 배우지 못한 유일한 헬라스인들이니까요"라고 말했다. 누군가 그곳에는 얼마나 많은 스파르테인들이 있느냐고 물었을 때, 아르키다미다스는 "여보시오, 악인들을 물리치기에는 충분할 만큼 많이 있지요"라고 말했다.

농담을 통해서도 그들의 성격을 판단할 수 있다. 그들은 아무렇게나 되는대로 말하는 것이 아니라 곱씹어 생각해볼 만한 사상

---

103 여기서 아기스는 에우뤼폰가 출신의 스파르테 왕으로, 기원전 427~400년에 스파르테를 통치했다.
104 아기스가 출신의 스파르테 왕으로, 기원전 700년경에 통치했다.
105 파우사니아스(Pausanias)는 스파르테 왕 클레옴브로토스(Kleombrotos) 1세의 아들이다. 기원전 479년 플라타이아이(Plataiai) 전투에서 페르시아의 육군을 궤멸하고 북상해 뷔잔티온(Byzantion)을 점령했으나, 독선과 오만으로 동맹군들의 미움을 사게 되어 파란만장한 삶을 살다가 스파르테의 아테나 신전으로 도망쳐 들어갔다가 굶어 죽었다.
106 플레이스토낙스(Pleistonax)는 아기스가 출신의 스파르테 왕으로, 기원전 459~409년에 통치했다.

이 내포되지 않는 말은 입 밖에 내지 않는 버릇이 있었다. 예컨대 그들 중 한 명이 누군가 꾀꼬리 소리를 흉내 내는 것을 들어보라고 초청받았을 때, "나는 이미 진짜 꾀꼬리 소리를 들었는걸요"라고 말했다.

참주정의 불길을 끄려던 그들을 청동 갑옷으로 무장한 아레스[107]가 죽였으니, 그들은 셀리누스[108]의 성문들 옆에서 죽었던 것이다.

이런 묘비명을 읽은 어떤 사람은 "그들은 죽어 마땅해. 참주정의 불길을 완전히 꺼버렸어야지"라고 말했다.
한 청년은 죽을 때까지 싸우는 싸움닭 몇 마리를 주겠다고 약속하는 사람에게 "사양하겠소. 주시려거든 상대를 죽일 때까지 싸우는 싸움닭이나 몇 마리 주시구려!"라고 말했다. 또 다른 사람은 몇 사람이 옥외 변소의 걸상에 앉아 있는 것을 보고는 "나는 일어나 연장자에게 자리를 양보할 수 없는 곳에는 앉지 않았으면 좋겠소!" 하고 말했다. 이들 어록의 특징은 훈련에 대한 사랑보다는 지혜에 대한 사랑이야말로 라케다이몬인들의 특질이라는 주장을 뒷받침한다.

21.

그들은 말의 완성도와 순수성 못지않게 시와 음악 교육에도 진

---

107 아레스(Ares 라/Mars)는 그리스신화에서 전쟁의 신이다.
108 셀리누스(Selinous)는 시켈리아 남해안에 있는 도시다.

지한 관심을 두었다. 실제로 그들의 노래는 기를 살리고 열성적이며 효과적인 활동을 유발하는 자극제 역할을 했다. 그들의 시와 노래의 형식은 단순하고 꾸밈이 없고, 주제는 진지하고 교훈적이었다. 그것들은 대부분 스파르테를 위해 죽은 자들을 행복한 자라고 찬미하는가 하면, 겁쟁이들은 비참하고 불운한 삶을 살다 간 자라며 비난했으며, 연령대에 맞는 용맹을 약속하거나 자랑스레 들려주는 것이었다.

이를 증명하기 위해 마지막 범주에 속하는 노래를 하나 인용하는 것도 나쁘지 않을 것이다. 그들은 축제 때 연령별로 세 개의 합창가무단을 구성하는데, 먼저 노인들로 이루어진 합창가무단이 이렇게 노래한다.

    우리는 전에 용감한 젊은이였다네.

그러면 한창때의 젊은이들로 구성된 합창가무단이 화답한다.

    우리는 지금 그러하니, 원한다면 똑똑히 보세요.

세 번째로 소년들의 합창가무단이 노래한다.

    우리는 언젠가 훨씬 더 용감해지리라.

간단히 말해 누군가 오늘날에도 몇 가지 표본이 남아 있는 라케다이몬의 시를 연구해 그들이 적군을 향해 진격하며 피리 반주에 맞춰 부르던 행진곡에 익숙해진다면, 테르판드로스[109]와 핀다로스[110]가 용기를 음악과 결부시키는 것에 동의하게 될 것이다. 테르판드로스는 라케다이몬인들에 관해 이렇게 적고 있다.

> 그곳에서는 젊은 전사들의 창과 맑은 목소리의 무사 여신이 번성하고
> 그곳에서는 정의의 여신이 넓은 가로들 위를 거닌다.

또한 핀다로스는 이렇게 말한다.

> 그곳에는 원로들의 회의와
> 젊은 전사들의 싸워 이기는 창과
> 합창가무단과 무사 여신과 축제의 기쁨이 있다네.[111]

두 시인 모두 라케다이몬인들을 가장 음악적이면서 동시에 가장 호전적인 사람들로 그리고 있다.

> 감미로운 키타리스[112] 연주가 무쇠 무기와 균형을 이룬다.

---

109 기원전 7세기 중엽에 활동한 그리스 레스보스(Lesbos)섬 출신의 서정시인이자 음악가다.
110 핀다로스(Pindaros 기원전 518~446년 이후)는 그리스 보이오티아 지방 출신의 서정시인이다. 그리스 4대 경기의 우승자들을 노래한 그의 『승리의 송시』(*Epinikia*)는 그리스 합창서정시의 최고 걸작으로 평가받는다.
111 『그리스의 서정시인들』(*Poetae Lyrici Graeci*) 핀다로스 단편 199 Bergk.
112 키타리스(kitharis) 또는 키타라(kithara)는 뤼라(lyra)를 개량한 것으로, 뤼라는 똑같은 길이의 일곱 현으로 만든 고대 그리스의 발현악기다.

이것은 라케다이몬의 시인[113]이 한 말이다. 실제로 전투 개시 직전에 왕은 무사 여신들에게 제물을 바치며 전사들에게 그들이 받은 훈련과 그들이 내린 결정을 일깨워주었으니, 그들이 목숨을 걸고 기록에 남을 무훈을 세우게 하려는 것이었다.

22.

전시(戰時)에는 더없이 엄격한 규율을 늦춰주면서 머리를 손질하거나 무기와 옷을 장식하는 것을 허용했으며, 젊은이들이 군마처럼 전투를 앞두고 우쭐대며 콧김을 내뿜는 것을 보고 좋아했다. 그래서 그들은 청년기에서 벗어나자마자 머리를 길게 기르고, 특히 위험을 앞두고는 모발이 윤기가 나고 가지런하도록 신경을 썼으니, 장발이 미남은 더욱 돋보이게 하면서 추남은 더욱 무서워 보이게 한다는 뤼쿠르고스의 말을 가슴에 새겼던 것이다.

전쟁 중 그들은 훈련도 덜 했고, 젊은이들의 생활방식도 덜 제약받고 덜 엄격한 편이었다. 그리하여 그들은 전쟁 준비보다 전쟁이 더 많은 휴식을 가져다주는 유일한 국민이었다. 마침내 밀집대형을 이룬 그들의 시야에 적군이 들어오면 왕은 으레 암염소를 제물로 바친 뒤 모든 전사들에게 머리에 화관을 쓰도록 이르고, 피리 연주자들에게 카스토르[114] 찬가를 연주하도록 명령했다. 그러고 나서 그가 전투가를 선창했다. 그들이 한 치의 흐트러

---

113 기원전 7세기 말에 활동한 알크만(Alkman)을 말한다.
114 카스토르(Kastor 라/Castor)와 폴뤼데우케스(Polydeukes 라/Pollux)는 제우스와 스파르테 왕비 레다(Leda) 사이에서 태어난 쌍둥이 형제로, 스파르테군의 수호신이었다.

짐 없이 탄탄한 밀집대형을 이룬 채 피리의 리듬에 맞춰, 차분하고 담담한 마음으로 노래의 곡조에 맞춰 위험을 향해 행진하는 모습은 장엄하기도 하고 무섭기도 했다. 마음가짐이 이러한 자들을 사로잡은 것은 공포나 지나친 분노가 아니라 희망과 용기, 신은 내 편이라는 믿음으로 가득 찬 확고한 결의였다.

왕은 적군을 향해 진격을 시작할 때 여러 경기에서 우승한 화관[115]을 쓴 적이 있는 자의 호위를 받았다. 전하는 이야기에 따르면, 어떤 스파르테인이 올륌피아 경기에서 거액의 뇌물 제의를 받았으나 거절하고 레슬링 경기에서 상대방을 힘겹게 이겼는데, 누가 "라케다이몬인이여, 그대가 경기에서 이겨 얻은 게 대체 무엇이오?"라고 묻자, 그는 미소 지으며 "나는 적과 싸울 때 나의 왕 앞에서 싸우게 될 것이오"라고 말했다 한다.

스파르테군은 적군이 흩어져 도망치기 시작하여 승리가 확실해지면 일단 진격을 멈추고 철수했다. 싸우기를 포기하고 물러선 자들을 베어 죽이는 것은 헬라스인답지 못한 비열한 짓이라고 여겼던 것이다. 그렇게 하는 것은 고상하고 도량 넓은 행동일 뿐 아니라 유익한 점도 있었다. 스파르테인들이 저항하는 자들만 죽이고 항복하는 자들은 살려준다는 것을 알게 되자, 적군은 저항하기보다 도망치는 편이 더 유리하다고 믿기 시작했기 때문이다.

---

[115] 고대 그리스에는 4대 경기대회가 있었는데 그리스인은 전쟁을 하다가도 중단하고 경기에 열중했다. 이들 대회에는 운동경기를 비롯하여 음악과 시와 연극 등의 장르가 포함되었다. 올륌피아, 퓌토, 이스트모스(Isthmos), 네메아(Nemea) 경기에서는 우승자에게 화관을 씌워주었다. 규모가 작은 경기에서는 상금을 주었다고 한다.

23.

소피스트 힙피아스[116]에 따르면, 뤼쿠르고스는 뛰어난 전략가로 전투에도 몇 차례 참전한 적이 있다고 한다. 필로스테파노스[117]는 기병대를 '울라모스'[118] 단위로 나눈 것을 뤼쿠르고스의 업적으로 돌리고 있는데, 뤼쿠르고스의 편제에서 '울라모스'는 방진(方陣)을 이룬 50명의 기병대였다. 그러나 팔레론[119] 사람 데메트리오스[120]에 따르면, 뤼쿠르고스는 군사작전에 참여한 적이 없고 평화로울 때 국법을 제정했다고 한다. 실제로 올륌피아 경기 기간의 휴전이라는 발상은 그가 온유하고 평화적인 성품의 소유자임을 말해주는 듯하다.

몇몇 사람의 주장을 헤르밉포스[121]가 기록해둔 바에 따르면, 처음에 뤼쿠르고스는 이피토스[122]와 그의 계획에 아무런 관심이 없었고 다른 일로 그곳에 갔다가 경기를 관람하게 되었는데, 뒤에서 "동료 시민을 축제에 참가하도록 권하지 않다니 참으로 놀라운 일이로군!" 하며 자신을 나무라는 소리가 들리기에 주위를 둘

---

116 힙피아스는 기원전 5세기 말 엘리스 출신의 소피스트로 소크라테스와 동시대인이었다.
117 필로스테파노스(Philostephanos)는 기원전 3세기의 학자다.
118 울라모스(oulamos)는 '집단' '무리'라는 뜻이다.
119 팔레론(Phalēron)은 기원전 5세기 초 페르시아전쟁이 일어난 뒤 아테나이와 서쪽의 페이라이에우스(Peiraieus)가 성벽으로 연결되기 전까지 아테나이의 주요 항구였다.
120 데메트리오스(Demetrios 기원전 350년경~283년경)는 아테나이의 정치가 겸 철학자로 친(親)마케도니아파였다.
121 주 29 참조.
122 주 1 참조.

러보았다. 그렇게 말했을 만한 사람이 아무도 보이지 않자 그는 신의 목소리라는 결론을 내렸다는 것이다. 그래서 그는 이피토스와 협력해 축제를 더 큰 규모로 조직하고 더 튼튼한 토대 위에 올려놓도록 도와주었다는 것이다.

24.

스파르테인들의 교육은 성인이 된 뒤에도 계속되었다. 아무도 제멋대로 살아서는 안 되고, 시내에서의 생활은 병영에서의 생활과 다르지 않았다. 사람들은 자신이 자신의 것이 아니라 나라의 것이라고 여겼기에 규정된 삶을 살며 공공의 일로 시간을 보냈다. 그래서 그들은 다른 임무가 부과되지 않는 시간에는 언제나 소년들을 감독하며 유용한 것을 가르치거나 연장자들에게서 유용한 것을 배웠다.

뤼쿠르고스가 스파르테 시민에게 베푼 축복 가운데 하나는 엄청난 여가였다. 그는 그들에게 기술에 종사하는 것을 일절 금했고, 그리하여 그들은 부를 쌓기 위해 돈을 모으느라 애쓰고 노력할 필요가 전혀 없었다. 부는 이제 더이상 선망의 대상도 존경의 대상도 되지 못했기 때문이다. 게다가 헤일로테스들[123]이 그들을 위해 농토를 경작하여 앞서 말한 바 있는[124] 분량의 공물을 바쳤다. 한번은 어떤 스파르테인이 아테나이의 법정이 열려 있는 동안 그곳에 가 있다가 어떤 아테나이인이 일을 하지 않는다는 이유로 벌금형을 받고 몹시 속상해하며 동정하고 위로하는 친구들

---

123 주 16 참조.
124 8장 참조.

에 둘러싸여 집으로 가고 있다는 말을 듣고, 자유민처럼 산다는 이유로 벌금형을 받은 그 사람을 가리켜달라고 주위에 있는 사람들에게 부탁한 적이 있었다. 이것은 그들이 기술과 돈벌이에 전념하는 것을 얼마나 노예다운 일로 간주하는지 말해준다. 금화와 은화가 사라지면서 그들 사이에 당연히 소송도 사라졌다. 탐욕과 결핍이 설 자리를 잃었다. 대신 균등한 부와 단순한 생활방식의 안락함이 그 자리를 채웠다. 그들은 싸움터에 나가 있지 않은 동안에는 합창을 곁들인 가무와 잔치, 축제와 사냥, 체력단련과 집회로 모든 시간을 보냈다.

25.

30세가 안 된 남자들은 시장에 가는 일이 없었고, 필요한 살림살이는 친척이나 애인들을 통해 구했다. 나이가 더 많은 사람들도 훈련하거나 '레스케'[125]라 부르는 집회장에서 하루의 대부분을 보내는 대신 늘 시장에서 서성거리는 게 눈에 띄는 것을 수치스러운 일로 여겼다. 그들은 집회장에 모이면 서로 품위 있게 시간을 보냈으며 돈벌이나 상거래에 관해서는 서로 일절 언급하지 않았다. 대신 대부분의 시간을 선행을 칭찬하고 악행을 징치하는 일로 보내되 농담과 웃음을 곁들였으니, 그래야만 더 쉽게 가르치고 고칠 수 있기 때문이다.

실제로 뤼쿠르고스 자신도 마냥 엄격하기만 한 것은 아니었다. 소시비오스[126]에 따르면, 뤼쿠르고스는 웃음의 신을 새긴 작은 입

---

125 주 81 참조.
126 소시비오스(Sosibios)에 관해서는 달리 알려진 바가 없다.

상을 봉헌한 적이 있고, 엄격한 편인 생활방식을 감미롭게 풀어주려고 술자리 같은 회식 모임에서는 기분전환을 위해 적절히 농담을 하게 했다고 한다.

간단히 말해 그는 시민들을 혼자서는 살고 싶지도 않고 살 수도 없도록 훈련시켜놓았다. 그들은 벌떼처럼 늘 공동체의 유기적 구성원이 되어 지도자를 중심으로 뭉치고, 열광과 명예욕으로 거의 황홀경에 빠져 전적으로 조국을 위해 헌신하는 데 익숙해졌다. 이러한 기질은 몇몇 사례에서도 엿볼 수 있다. 예컨대 파이다레토스[127]는 자신이 300인[128]에 뽑히지 못하자 나라에 자기보다 더 나은 남자가 300명이나 있는 것을 흐뭇하게 생각하는 양 환한 얼굴로 돌아갔다.

페르시아 왕의 장군들에게 파견된 사절단 가운데 한 명인 폴뤼크라티다스[129]는 사절단이 사적인 자격으로 온 것이냐, 공적인 자격으로 온 것이냐는 물음에 "우리가 성공하면 공적인 자격이요, 실패하면 사적인 자격입니다"라고 대답했다. 또 한번은 몇몇 암피폴리스인들이 라케다이몬에 왔다가 브라시다스[130]의 어머니 아르길레오니스를 예방했다. 브라시다스가 스파르테인답게 훌륭하게 죽었느냐는 그녀의 물음에 그들이 그를 격찬하기 시작하며

---

127 파이다레토스(Paidaretos)는 키오스(Chios)섬에 파견된 스파르테 총독이다.
128 '300인'(hoi triakosioi)이란 '힙페이스'(Hippeis '기병대'라는 뜻)라는 엘리트 집단을 말한다.
129 폴뤼크라티다스(Polykratidas)에 관해서는 달리 알려진 바가 없다.
130 브라시다스(Brasidas)는 펠로폰네소스전쟁 초기에 마케도니아와 트라케의 경계를 이루는 스트뤼몬(Strymon)강 하류의 동안(東岸)에 있는 암피폴리스(Amphipolis)를 아테나이인들에게서 빼앗은 스파르테의 장군이다.

스파르테에 그와 견줄 만한 사람은 아무도 없었다고 말하자 그녀는 "나그네들이여, 그렇게 말하지 마시오. 브라시다스가 훌륭하고 용감한 것은 사실이지만, 라케다이몬에는 그보다 더 훌륭한 사람이 얼마든지 있다오"라고 대답했다.

26.

앞서 말했듯이,[131] 처음에는 뤼쿠르고스가 자신에게 협력한 자 가운데서 원로원 의원을 직접 임명했으나, 나중에 사망으로 결원이 생기자 60세 이상의 남자 가운데 자질이 가장 뛰어난 것으로 판단되는 사람으로 보충하게 했다. 세상의 어떤 경쟁도 이보다 중대하고 치열한 것 같지는 않았다. 그것은 날쌘 자 중에서 가장 날쌘 자를, 강한 자 중에서 가장 강한 자를 뽑는 것이 아니라, 훌륭하고 지혜로운 자 가운데 가장 훌륭하고 지혜로운 자를 뽑는 것이었기 때문이다. 그리고 뽑힌 사람은 자신의 탁월함에 대한 상(賞)으로 평생 동안 국가의 최고 권력이라고 할 수 있는 것을 소유했다. 그는 시민의 삶과 죽음, 명예와 불명예 같은 인생의 모든 중대사를 결정할 권한을 가졌기 때문이다.

원로원 의원을 뽑는 방법은 이러했다. 민회가 소집되면 우선 그중에서 몇 사람을 선발하여 가까운 방에 격리해 볼 수도 보일 수도 없게 하고, 민회의 고함소리만 들을 수 있게 했다. 다른 경우에도 그렇지만 여기서도 후보자들의 우열은 함성에 의해 결정되었기 때문이다. 원로원 의원 후보자들은 한꺼번에 소개되는 것이

---

131 5장 참조.

아니라 제비뽑기로 결정된 순서에 따라 한 명씩 소개되며 말없이 민회장을 지나갔다. 그러면 격리되어 있던 판관들이 서판을 가지고 있다가 후보자별로 함성의 크기를 기록했는데, 그 함성이 어떤 후보자에게 쏟아지는 것인지는 모르는 채 다만 그 큰 함성의 후보자가 첫 번째, 두 번째, 세 번째 또는 몇 번째에 소개되었다는 것만 기록했다. 그리고 가장 길고 요란한 함성을 받은 자를 당선자로 선언했다. 그러면 당선자는 머리에 화관을 쓰고 신전들을 차례차례 찾았는데, 수많은 청년들이 뒤따르며 그를 칭송하고 찬양했으며 여인들도 상당수 뒤따라가며 그의 탁월함을 노래로 읊으며 그의 인생을 축복했다. 친척들과 친구들은 저마다 그를 위해 그가 지나가는 길목에 음식상을 차려놓고 "이 상은 그대의 명예를 높이고자 도시가 차린 것이라오"라고 말하곤 했다.

당선자는 한 바퀴 돌고 나서 자신의 공동식탁으로 간다. 그곳에서의 일정은 여느 때와 마찬가지이나 당선자에게는 1인분의 몫이 더 주어진다. 그러면 그는 그것을 잘 받아둔다. 저녁식사가 끝나고 나면 그는 공동식당 문간에 모여 있던 친척 여인 중에서 가장 존경하는 여인에게로 다가가 따로 두었던 몫을 주며 탁월함의 상으로 받은 것을 탁월함의 상으로 그녀에게 주는 것이라고 말한다. 그러면 그녀는 나머지 여인의 축하를 받으며 그들에게 둘러싸인 채 집으로 호송된다.

27.

뤼쿠르고스는 또 라케다이몬인들을 위해 장례에 관한 탁월한 규정을 만들었다. 첫째, 시신을 시내에 매장하고 신전 근처에 뫼 쓰는 것을 금하지 않음으로써 그는 죽음에 관한 미신을 일소했다.

이는 젊은이들이 자라면서 그런 것에 자연히 익숙해져 당황하지 않게 하고, 시신을 만지거나 무덤 사이를 지나간다 해도 죽음에 오염되지 않음을 보여주기 위해서였다.

둘째, 그는 시신과 함께 아무것도 묻지 못하게 했다. 매장할 때 자포(紫袍)와 올리브 잎사귀로 덮어주는 것이 전부였다. 그는 또 전사자(戰死者)와 여사제(女司祭)를 제외하고는 묘비에 죽은 사람 이름을 새기는 것을 금했다. 그는 애도 기간을 열하루로 줄였다. 열이틀째 되는 날에 그들은 데메테르[132]에게 제물을 바치고 탈상해야 했다. 뤼쿠르고스는 안 해본 것 없이 할 수 있는 일은 다 했지만, 중요한 일에는 언제나 권선징악의 요소를 가미했으니, 온 도시를 훌륭한 본보기로 가득 채워 그들이 그런 본보기와 늘 마주치고 접촉함으로써 선(善)을 향해 나아가는 형성기에 감화받게 한 것이다.

이런 이유에서 그는 라케다이몬인들이 마음대로 조국을 떠나 외국을 돌아다니는 것을 금했으니, 외국의 관습을 받아들이거나 훈련도 안 되어 있고 다른 정치제도 아래 사는 사람들의 생활방식을 모방하지 못하게 하려는 것이었다. 실제로 그는 특별한 이유도 없이 외국에서 스파르테로 몰려든 사람들을 몰아냈는데, 이는 투퀴디데스의 말처럼,[133] 그들이 자신의 정치제도를 모방하고

---

132 데메테르(Demeter 라/Ceres)는 그리스신화에서 농업과 곡식의 여신이며, 그녀의 딸 페르세포네(Persephone 라/Proserpina)는 저승의 신 하데스(Hades 라/Pluto)의 아내다.

133 그리스 역사가 투퀴디데스(Thoukydides 기원전 460년경~399년경)의 『펠로폰네소스전쟁사』(*Ho polemos tōn Peloponnēsiōn kai Athēnaiōn* 정확하게는 '펠로폰네소스인들과 아테나이인들 사이의 전쟁'이라는 뜻) 2권 39장 페리클

유익한 도덕적 교훈을 배워갈까 두려웠기 때문이 아니라 악의 교사가 되지 않을까 두려웠기 때문이었다.

이방인들이 들어오면 이방의 생각들도 들어오기 마련인데, 새로운 생각은 새로운 결단을 낳고, 새로운 결단은 기존 정치 질서의 조화를 파괴하는 수많은 감정과 선택을 낳는다. 뤼쿠르고스는 백성들이 이방에서 전염병을 옮겨오는 것을 막는 것보다 나라가 나쁜 관습에 감염되는 것을 막는 것이 더 중요하다고 여겼다.

28.

이 모든 것에서 불의와 오만은 흔적조차 찾아볼 수 없다. 그러나 어떤 이들은 뤼쿠르고스의 법이 용기를 증진하는 데는 효과적이지만 정의를 증진하기에는 결함이 있다고 주장한다. 아리스토텔레스의 말처럼,[134] 스파르테인들의 '크륍테이아'[135]라는 이른바 암행 감찰이 뤼쿠르고스가 도입한 제도 중 하나라면, 플라톤이 뤼쿠르고스와 그의 정체에 관해 그런 의견을[136] 가질 만도 하다.

'크륍테이아'는 다음과 같은 것이었다. 젊은이들의 지도자들은 가끔 가장 사려 깊어 보이는 젊은이들을 선발하여 단검과 필요한 만큼의 식량만 주어 방방곡곡으로 내보냈다. 젊은이들은 낮에는 으슥한 곳에 뿔뿔이 흩어져 숨었으나, 밤에는 한길로 내려와

레스의 장례 연설 참조. 앞으로 이 책은 권수와 장수만 표시한다.
[134] 지금은 남아 있지 않은 『라케다이몬인들의 정체』에서 인용한 것으로 생각된다.
[135] '크륍테이아'(krypteia)는 '암행 감찰'이라는 뜻으로, 스파르테의 젊은이들이 나라를 돌아다니며 노예 계급인 헤일로테스들을 감시하는 일을 말한다.
[136] 플라톤, 『법률』 633b.

헤일로테스들을 눈에 띄는 대로 잡아 죽였다. 때로는 헤일로테스들이 일하고 있는 들판을 가로질러가 그들 가운데 가장 건장하고 힘센 자들을 죽이기도 했다.

투퀴디데스가 『펠로폰네소스전쟁사』에서 말하기를,[137] 스파르테인들에 의해 가장 용감한 것으로 판단된 헤일로테스들은 해방되었다는 표시로 머리에 화관을 쓰고 신전을 차례차례 순방하다가 얼마 뒤 모두 행방불명되었는데 그 수가 2천 명이 넘는다고 했다. 그리고 그때에도 그 뒤에도 그들이 어떻게 죽었는지 말해줄 수 있는 사람은 아무도 없다는 것이다. 특히 아리스토텔레스에 따르면,[138] 감독관[139]들은 공직에 취임하자마자 맨 먼저 헤일로테스들에게 선전 포고를 했는데, 그들을 죽이더라도 양심의 가책을 느끼지 않기 위해서였다.

스파르테인들은 다른 방법으로도 헤일로테스들에게 가혹하고 잔인하게 대했다. 예컨대 스파르테인들은 그들에게 물 타지 않은 포도주를 억지로 많이 마시게 하고는 공동식당으로 데려가서 술취한다는 것이 어떤 것인지 젊은이들에게 보여주기도 했다. 그들은 또 헤일로테스들로 하여금 저속한 노래를 부르고 저속한 춤을 추게 함으로써 웃음거리가 되게 했고, 자유민에게 어울릴 만한 것은 노래하거나 춤추지 못하게 했다. 전하는 이야기에 따르면, 그래서 나중에 테바이인들이 라코니케 지방에 쳐들어와서[140] 포

---

137 4권 80장 참조.
138 주 134 참조.
139 주 48 참조.
140 테바이인들은 기원전 371~362년에 라코니케 지방을 몇 차례 침입했다.

로로 잡은 헤일로테스들에게 테르판드로스와 알크만과 라케다이몬인인 스펜돈[141]의 노래들을 불러보라고 했으나, 주인이 허용하지 않았다는 이유로 헤일로테스들은 거절했다고 한다. 그리하여 "라케다이몬에서 자유민은 세상에서 가장 자유롭지만, 노예는 가장 예속되어 있다"는 주장이 양자 사이의 극명한 대조에 의해 사실임이 입증된 셈이다.

그러나 내 생각에는, 스파르테인들이 헤일로테스들을 이렇듯 학대한 것은 나중에, 특히 대지진[142] 이후에 시작된 일이다. 그때 헤일로테스들과 멧세니아인들이 공모해 스파르테인들을 공격함으로써 온 나라를 쑥대밭으로 만들고 도시를 누란의 위기에 빠뜨렸기 때문이다. 다른 예에서 볼 수 있는 그의 온유하고 올곧은 성격으로 미루어 '크륍테이아' 같은 이런 혐오스러운 조치를 뤼쿠르고스의 탓으로 돌릴 수는 없을 것이다. 그 점은 신탁도 입증해주었다.[143]

29.

드디어 뤼쿠르고스의 중요한 제도들이 라케다이몬인들의 관습에 뿌리를 내리고 그의 정체가 충분히 성장해 자력으로 지탱하고 유지할 수 있게 되었다. 플라톤에 따르면,[144] 신은 우주가 탄생해 최초의 운동을 하는 것을 보고는 마음이 흐뭇했다고 하는데, 뤼

---

141 스펜돈(Spendōn)은 라케다이몬의 시인이다.
142 기원전 464년. 투퀴디데스, 1권 101~102장 참조.
143 5장 참조.
144 『티마이오스』(*Timaios*) 37c 참조.

쿠르고스도 자신의 입법이 작동하며 시행되자 그 아름다움과 위대함에 기쁨과 만족을 느꼈다. 그래서 그는 인간의 선견지명만이 그런 일을 해낼 수 있는 한 자신의 입법이 멸하지도 변하지도 않고 후세에 전해지기를 열망했다.

그래서 그는 모든 백성을 민회에 소집해놓고 이미 취해진 조치로도 국가의 번영과 미덕을 증진하기에 충분하겠지만 아직도 가장 중차대한 일이 남아 있다며, 그것은 델포이의 신에게 물어보기 전에는 공표할 수 없다고 했다. 그러니 자기가 델포이에서 돌아올 때까지 기존의 법을 준수하되 바꾸거나 변경하지 말라고 당부하며, 그곳에서 돌아오면 신이 좋다고 생각하는 대로 행하겠다고 했다. 그러자 그들은 모두 이에 찬동하며 그에게 길을 떠나라고 했다. 뤼쿠르고스는 두 명의 왕과 원로원 의원들과 이어서 나머지 시민들로부터 그가 돌아올 때까지 기존의 정체를 유지하고 지키겠다는 맹세를 받은 다음 델포이를 향해 길을 떠났다. 신탁소에 도착하자 그는 신에게 제물을 바치고 자기가 제정한 법이 과연 국가의 번영과 탁월함을 증진하기에 충분할 만큼 훌륭하냐고 물었다. 뤼쿠르고스가 제정한 법이 훌륭하여 국가가 그의 정체를 유지하는 동안에는 더없이 추앙받게 될 거라고 신이 대답했다. 뤼쿠르고스는 이 신탁을 받아 적어 스파르테로 보냈다. 한편 그는 신에게 다시 제물을 바치고는 친구들과 아들과 작별했다. 그는 동포 시민들을 영원히 맹세에서 풀어주지 않고 바로 그 자리에서 자진(自盡)하기로 결심한 것이다. 그는 사는 것이 아직은 짐스럽지 않고 죽는 것도 두렵지 않은 나이였으며, 친지들도 충분히 행복을 누리는 것 같았다. 하지만 그는 곡기를 끊고 굶어 죽었다. 정치가는 죽으면서도 국가에 봉사해야 하는 만큼 정치가의 인생 종말은 무익한 것이 아니라 일종의 덕행(德行)이 되어야 한다는 것이 그의 생각이었다. 그는 더없이 훌륭한 일을 성취한 만큼 자신에게는 죽음이 행복의 진정한 완성이 되고, 시민에게는 자신의 죽음을 통해 자신이 생전에 베푼 모든 축복의 수호자가 되고자 했다. 그들은 그가 돌아올 때까지 그의 정체를 준수하겠다고 맹세했기 때문이다.

그의 기대는 어긋나지 않았다. 그의 도시는 500년 동안 뤼쿠르고스의 법을 준수하면서 질서와 명성에 힘입어 헬라스에서 오랫동안 일등 국가였기 때문이다. 그 500년 동안 14명의 왕이 그의 뒤를 이었으나 아르키다모스의 아들 아기스[145]에 이를 때까지는 그들 중 어느 누구도 그의 법에 손대지 않았다. 감독관 제도는 정체를 약화시키기보다는 오히려 강화시키는 역할을 했는데, 백성 편을 드는 것처럼 보였지만 사실은 귀족 계급의 힘을 더 강화시켰기 때문이다.

30.

아기스왕의 재위 기간에 처음으로 금화와 은화가 스파르테로 흘러들어왔고, 그것들과 더불어 탐욕과 부에 대한 열망이 나라를 엄습했다. 그것은 뤼산드로스[146] 탓이었다. 뤼산드로스는 돈에 부

---

145 아르키다모스의 아들 아기스는 에우뤼폰가 출신의 스파르테 왕으로, 기원전 427~400년에 통치했다.

146 뤼산드로스(Lysandros)는 스파르테의 해군 사령관으로, 기원전 404년 아테나이인들의 항복을 받음으로써 기원전 431년에 시작된 펠로폰네소스전쟁을 종식시켰다.

패하지 않았지만 뤼쿠르고스의 법을 어기고 전쟁에서 금과 은을 가지고 돌아옴으로써 나라를 부에 대한 사랑과 사치로 가득 채웠다. 뤼쿠르고스의 법이 건재할 때 스파르테는 정체를 갖고 있었다기보다는 금욕적인 현인(賢人)의 삶을 살았다.

시인들이 전하는 이야기에 따르면, 헤라클레스는 몽둥이를 들고 사자가죽을 걸친 채 온 세상을 돌아다니며 포악무도한 폭군들을 응징한다고 했다. 이처럼 스파르테도 사절단의 지휘봉과 외투만으로 주민이 흔쾌히 동의하는 가운데 헬라스를 통치하며 여러 나라에서 불법적인 권력 집단을 해체하고 독재정권을 전복하고 전쟁을 중재하고 당파싸움을 종식시켰는데, 때로는 방패 하나 움직이지 않고 사절 한 명만으로 그렇게 했다. 마치 우두머리가 나타나면 벌떼가 그 주위로 질서정연하게 몰려들듯이, 그 사절의 명령에 모두들 즉시 복종했기 때문이다. 스파르테는 그만큼 질서와 정의가 넘쳐났던 것이다.

그러므로 나로서는 라케다이몬인들은 복종할 줄 알아도 통치할 줄은 모른다고 주장하는 자들을 도무지 이해할 수 없다. 그들은 테오폼포스왕의 말을 자주 인용하는데, 스파르테가 안전한 것은 그곳의 왕들이 통치할 줄 알기 때문이라고 어떤 이가 말하자 왕은 "아니, 오히려 시민들이 복종할 줄 알기 때문이지요"라고 말했다. 무엇보다도 사람들은 통치할 능력이 없는 자들에게는 복종하기를 거부하며, 복종이란 통치자가 가르치는 학습인 것이다. 훌륭한 지도자가 훌륭한 추종자들을 만드는 법이다. 마치 기마술(騎馬術)의 마지막 완성이 말을 온순하고 고분고분하게 만드는 데 있듯이, 왕권(王權)의 임무는 사람들이 기꺼이 복종하게 만드는 데 있다.

실제로 라케다이몬인들은 다른 헬라스인들에게 복종뿐만 아니라 부하가 되고 신하가 되고 싶은 욕구를 심어주었다. 사람들은 그들에게 함대나 돈이나 중무장 보병들이 아니라 스파르테인 지휘자를 한 명 보내달라고 요청했다. 그리고 스파르테인 지휘자를 얻게 되면 그들은 마치 시켈리아[147]인들이 귈립포스[148]를, 칼키디케[149]인들이 브라시다스를, 아시아[150]에 사는 모든 헬라스인들이 뤼산드로스와 칼리크라티다스와 아게실라오스[151]를 대한 것과 같은 존경심과 외경심으로 그를 대했다. 이들은 어디서나 백성과 관리들의 조정자이자 단속자라고 불렸고, 스파르테인들의 도시 전체가 품위 있는 생활과 안정된 정부의 교사 또는 스승으로 간주되었다.

바로 이 점을 염두에 두고 스트라토니코스[152]는 아테나이인들은 비의(秘儀)와 행렬을 인도하게 하고, 엘리스인들은 그 방면에 탁월한 재능이 있으니 경기를 주관하게 하고, 라케다이몬인들은 이들이 실수하면 잘못 감독한 벌로 매를 맞게 하자고 농담 삼아 제안한 것 같다. 이것은 아마도 우스갯소리일 것이다. 그러나 소

---

147 시켈리아(Sikelia 라/Sicilia)는 시칠리아의 그리스어 이름이다.
148 귈립포스(Gylippos)는 기원전 414~413년 쉬라쿠사이(Syrakousai 라/Syracusae)인들이 아테나이인들에게 승리하도록 도와준 스파르테 장군이다 (투퀴디데스, 7권 참조).
149 칼키디케(Chalkidike)는 마케도니아 지방에 있는 반도다.
150 소아시아를 말한다.
151 칼리크라티다스(Kallikratidas)와 아게실라오스(Agesilaos)는 기원전 408~395년 소아시아와 에게해 연안 지방에서 군대를 지휘하던 스파르테 장군이다.
152 스트라토니코스(Stratonikos)는 기원전 4세기의 키타라 연주자다.

크라테스의 제자인 안티스테네스[153]는 테바이인들이 레욱트라 전투가 끝난 뒤 기고만장하는 것을 보고 스승을 때려눕힌 후 우쭐대는 어린 소년들과 같다고 말한 적이 있었다.

31.

뤼쿠르고스의 주된 관심사는 자신의 도시가 다른 많은 도시를 지배하게 하는 것이 아니었다. 오히려 그는 한 도시 전체의 행복도 한 개인의 행복과 마찬가지로 탁월함과 내부 화합에 달려 있다고 생각했다. 그래서 그의 조치와 제도의 목적은 자신의 백성이 자유롭고 자족적이고 절제를 지키되 가능한 한 오래 그런 상태로 머물게 하는 것이었다. 정체에 관한 그의 구상은 플라톤, 디오게네스,[154] 제논[155]과 이 주제에 관한 논문으로 인정받은 모든 사람들에 의해 받아들여졌다. 하지만 그들은 글과 말만 후세에 남겼을 뿐이다. 뤼쿠르고스는 글과 말을 남기지 않았지만 어느 누구도 모방할 수 없는 정체를 실제로 탄생시켰다. 그리고 그는 현인이면 반드시 갖추어야 한다는 자질은 이론에서나 가능하다고 주장하는 자들에게 한 도시 전체가 지혜에 대한 사랑에 전념할 수 있다는 것을 보여주었으니, 헬라스의 정치가 중에 그가 가장 널리 알려진 것은 당연하다 할 것이다. 그래서 아리스토텔레스는, 뤼쿠르고스가 라케다이몬에 성소를 갖고 있고 그에게는 해마다

---

153 안티스테네스(Antisthenes)는 소크라테스의 제자로 견유학파의 창시자다.
154 디오게네스(Diogenes)는 기원전 4세기의 그리스 철학자로, 견유학파의 창시자 가운데 한 사람이다.
155 제논은 기원전 4세기 말의 그리스 철학자로, 스토아 철학의 창시자다.

신에게처럼 제물이 바쳐지는 만큼 그곳에서 최고의 명예를 누리는 것은 사실이지만 마땅히 누려야 할 만큼의 명예를 누리지는 못하고 있다고 말하는 것이다.

전하는 이야기에 따르면, 뤼쿠르고스의 유해가 고향으로 옮겨졌을 때 그의 무덤에 벼락이 떨어졌는데, 이는 죽어서 마케도니아의 아레투사[156]에 묻힌 에우리피데스[157]를 제외하고는 그 뒤의 저명인사에게는 좀처럼 일어나지 않은 일이다. 그래서 에우리피데스의 찬미자들은 그가 사후에 겪었던 일은 신의 사랑을 받으며 가장 경건한 삶을 살다 간 사람에게만 일어난다며 시인 에우리피데스에 대한 자신들의 평가를 뒷받침해주는 중요한 증거로 여기고 있다.

뤼쿠르고스가 키르라[158]에서 죽었다고 주장하는 사람들도 있다. 그러나 아폴로테미스[159]는 그가 엘리스로 옮겨져 그곳에서 죽었다고 주장하며, 티마이오스[160]와 아리스토크세노스[161]는 그가 크레테에서 생을 마감했다고 주장한다. 아리스토크세노스는 크레테에 가면 페르가미아[162] 근처 대로변에 있는 그의 무덤을 그곳 사람들이 가리켜준다고 덧붙인다. 전하는 이야기에 따르면, 뤼쿠

---

156 아레투사(Arethousa)는 마케도니아 동부 지방의 도시다.
157 에우리피데스(Euripides 기원전 485년경~406년)는 그리스 3대 비극작가 가운데 한 사람이다.
158 키르라(Kirrha)는 델포이 근처 코린토스만에 있는 항구도시다.
159 아폴로테미스(Apollothemis)에 관해서는 달리 알려진 바가 없다.
160 주 8 참조.
161 아리스토크세노스(Aristoxenos)는 기원전 4세기에 활동한 작가로, 철학자들의 전기와 법률, 음악에 관한 책을 썼다.
162 페르가미아(Pergamia)는 크레테섬에 있는 한 지역이다.

르고스에게는 안티오로스라는 외아들이 있었는데, 그가 자식 없이 죽자 가문의 대가 끊겼다고 한다.

그러나 친구들과 친척들은 그를 기념하여 그 뒤 오랫동안 정기적인 모임을 가졌는데, 자신들이 모이는 날을 일컬어 '뤼쿠르고스의 날들'이라고 했다. 힙파르코스의 아들 아리스토크라테스[163]에 따르면, 뤼쿠르고스가 크레테에서 죽자 그곳 친구들이 시신을 화장하고 그의 요청에 따라 유골을 바다에 뿌렸는데, 이는 그의 유해가 라케다이몬으로 돌아가게 되면 백성들이 그가 돌아왔으니 이제는 맹세에서 해방되었다는 핑계로 자신의 정체를 바꾸는 것을 방지하려는 것이었다고 한다. 뤼쿠르고스에 관해서는 이쯤 해두자.

---

[163] 힙파르코스(Hipparchos)의 아들 아리스토크라테스(Aristokrates)는 기원전 또는 기원후 1세기에 활동한 스파르테 출신 작가로 스파르테에 관한 글을 썼다.

솔　　론　　전

고대 그리스의 일곱 현인 중 한 명인 솔론(기원전 640년경~560년경)은 아테나이의 귀족 출신으로, 시인이자 정치가 겸 입법자로 활동했다. 그는 기원전 594/593년에 아르콘(archon)으로 선출되어 귀족과 평민 사이에서 조정자 역할을 하게 되면서 양측 모두에게 강력한 보호자가 되고자 했다. 평민들의 기대처럼 토지를 재분배하지는 않았지만 인신과 농토를 담보로 한 채무를 탕감하고 금지했으며, 독자적인 화폐와 도량형을 도입하고 올리브를 제외한 다른 농산물을 수출하지 못하게 함으로써 부자 지주들의 잉여 농산물이 국내에서 소비되도록 했다. 솔론의 가장 큰 업적은, 시민들이 신분이 아니라 재산등급에 따라 각종 관직에 진출하게 한 것이다. 처음에는 그 효과가 미미하여 귀족도 평민도 불만스러워했지만, 결국 이러한 조치는 페리클레스의 민주정치로 이어졌다. 솔론이 없었더라면 참주정치가 아테나이를 지배하여 아테나이인들은 민주주의의 '창조자'가 되지 못했을지도 모른다. 솔론은 시를 써서 자신의 정책을 알리곤 했는데, 지금은 270행 정도가 남아 있다. 그중에는 "나는 늙어가면서도 언제나 많은 것을 배운다"라는 유명한 시구가 있다.

〈참주 살해자〉, 기원전 477년에 제작된 그리스 청동 원작의 로마 복제본

1.

문법학자 디뒤모스[1]는 『솔론의 법전에 관하여 아스클레피아데스에게 보내는 답변』에서 솔론의 아버지는 에우포리온이라고 한 필로클레스의 말을 인용하고 있다. 그러나 이것은 솔론에 관해 글을 쓴 다른 사람들의 의견과 일치하지 않는다. 그들의 일관된 주장에 따르면, 솔론은 엑세케스티데스의 아들이며, 엑세케스티데스는 나라에서 보통의 재산과 영향력밖에 없어도 코드로스[2] 왕의 후손인 만큼 으뜸가는 가문에서 태어났다고 한다. 폰토스[3] 출신의 헤라클레이데스[4]에 따르면, 솔론의 어머니는 페이시스트라토스[5]의 어머니와 종자매간이었다고 한다. 솔론과 페이시스트라토스는 절친한 친구였는데, 둘이 인척간이기도 하거니와, 몇 사람의 주장에 따르면, 솔론이 페이시스트라토스의 젊음이 넘치는 아름다운 용모를 열정적으로 사랑했기 때문이라고 한다.

바로 그런 이유에서 훗날 그들이 정치적 적대자가 되었을 때, 적대 관계에도 불구하고 서로에게 거칠고 무자비한 감정까지 품지는 않은 것 같다. 오히려 이전의 호감이 그들의 마음속에 그대로 남아

---

1   디뒤모스(Didymos)는 기원전 1세기 이집트 알렉산드레이아 출신의 유명한 학자이며, 4000여 권의 책을 썼다고 한다.
2   코드로스(Kodros 라/Codrus)는 아테나이의 마지막 왕이다.
3   폰토스(Pontos 라/Pontus)는 소아시아의 흑해 남안 지방이다.
4   헤라클레이데스(Herakleides)는 기원전 4세기의 플라톤학파 철학자이자 작가다.
5   페이시스트라토스(Peisistratos 기원전 600년경~527년)는 솔론의 개혁으로 빚어진 혼란을 틈타 아테나이의 참주(僭主)가 된 장군이다.

제우스의 불의 화염이 아직도 살아서 연기를 내뿜으며[6]

애정의 소중한 추억을 고이 간직하고 있었다. 솔론이 아름다운 젊은이들에게 무감각하지 않았고, "권투선수가 주먹다짐을 벌이듯"[7] 에로스에 맞서 싸울 만큼 대담하지 못했다는 것은 그의 시(詩)들을 통해서도 추론할 수 있을 것이다.

솔론은 노예들이 몸에 올리브유를 바르고 체력단련을 하거나 소년을 사랑하는 것을 금하는 법안을 발의했는데, 이는 그런 일을 존경스럽고 품위 있는 사람들이 하는 일로 분류함으로써 어떤 의미에서는 자격이 없는 자들에게 금한 것을 자격이 있는 자들에게 권장하려는 것이었다. 한편 페이시스트라토스도 카르모스라는 소년을 사랑했으며, 성화경주자(聖火競走者)들이 횃불에 불을 붙이는 아카데메이아[8]에 사랑의 신 에로스의 입상을 봉헌했다고 한다.

---

[6] 에우리피데스, 『박코스 여신도들』(*Bakchai*) 8행.
[7] 소포클레스, 『트라키스 여인들』(*Trachiniai*) 441행.
[8] 아카데메이아(Akademeia)는 원래 아테나이의 북서부 콜로노스(Kolonos) 언덕 가까이에 있는, 영웅 아카데모스(Akademos)에게 바쳐진 올리브 숲속의 성소였다. 고전시대에는 정원과 작은 숲으로 둘러싸인 체조장으로 쓰이기도 했다. 이곳에 기원전 380년경 플라톤이 학교를 세운 뒤로 아카데메이아라는 이름은 플라톤학파를 뜻하게 되었다. 이 학교는 기원후 529년 기독교화한 동로마 황제 유스티니아누스(Iustinianus)가 아테나이의 철학 학교들을 폐쇄할 때까지 약 900년 동안 존속했다.

2.

헤르밉포스[9]에 따르면, 솔론은 아버지가 여러 가지 자선사업으로 재산을 축낸 뒤에도 자신을 도와주려는 친구들을 어렵지 않게 찾아냈을 테지만, 언제나 남을 도와주던 가문에서 태어났는지라 남의 도움 받는 것이 부끄러워 젊은 나이에 장삿길에 나섰다고 한다. 그러나 솔론이 여행한 것은 돈벌이를 위해서라기보다는 경험을 쌓고 지식을 얻기 위해서였다고 주장하는 사람들도 있다. 꽤 나이가 들어서도 "나는 늙어가면서도 언제나 많은 것을 배운다"[10]고 말한 것으로 미루어 그가 지혜를 사랑한 것은 확실한 것 같다. 게다가 그는 부를 찬미하기는커녕 다음의 두 사람이 똑같은 부자라고 말했다.

> 한 사람은 많은 금과 은과,
> 밀을 가져다주는 넓은 들판과
> 말들과 노새들을 갖고 있고, 다른 사람은
> 가진 것이라곤 일용할 양식과 살을 가려줄 옷과
> 발을 감싸줄 신발과, 자식과 고운 아내가 생긴다면
> 이들과 함께 지낼 얼마간의 세월밖에 없다 하더라도.[11]

그러나 다른 곳에서 그는 이렇게 말한다.

---

9 「뤼쿠르고스 전」 주 29 참조.
10 『그리스의 서정시인들』 솔론 단편 18 Bergk.
11 같은 책, 솔론 단편 24.

나는 돈을 갖기를 열망한다. 그러나 부정하게 벌고
싶지는 않다. 정의는 늦게 와도 어김없이 오는 것이므로.[12]

사실 올바른 정치가라면 넘쳐나는 부를 소유하려고 지나치게 마음을 써서도 안 되겠지만 필요에 충당할 수 있을 만큼의 재산을 멸시해서도 안 될 것이다.

헤시오도스[13]에 따르면, 그 당시에 "일은 수치가 아니었다."[14] 직업을 갖는다는 것이 천하게 여겨지지 않았고, 상인이라는 직업은 이방의 풍속에 익숙하게 해주고 이방의 왕들과 친구가 되게 해주고 실무 경험을 많이 쌓게 한 까닭에 사실은 높이 평가받았다. 어떤 상인들은 대도시의 창건자가 되기도 했다. 예컨대 프로티스는 로다노스[15]강 가에 살던 켈토이족[16]의 호감을 사서 맛살리아[17]시의 창건자가 되었다. 탈레스[18]와 수학자 힙포크라테스도 장삿길에 나선 적이 있으며, 플라톤도 아이귑토스[19]에서 올리브유를 팔아 체류비로 썼다고 한다.

---

12 같은 책, 솔론 단편 13.
13 헤시오도스(Hesiodos)는 기원전 700년경에 활동한 그리스의 교훈 시인이다. 그의 작품으로는 『신들의 계보』(*Theogonia*), 『일과 날』(*Erga kai hemerai*)이 남아 있다.
14 『일과 날』 311행.
15 로다노스(Rhodanos)는 프랑스 론(Rhône)강의 그리스어 이름이다.
16 켈토이족(Keltoi)은 켈트족의 그리스어 이름이다.
17 맛살리아(Massalia)는 프랑스 마르세유(Marseille)시의 그리스어 이름이다.
18 탈레스(Thales)는 소아시아 밀레토스(Miletos)시 출신의 그리스 자연철학자다.
19 아이귑토스(Aigyptos)는 이집트의 그리스어 이름이다.

3.

따라서 솔론의 생활이 사치스럽고 화려한 것이나, 그가 자신의 시들에서 쾌락에 관해 철학자답지 않게 거침없이 이야기하는 것은 그의 상인으로서의 생활 탓이라고 여겨진다. 그는 큰 위험을 수없이 겪다 보니 그에 대한 보상을 여러 가지 사치와 향락에서 찾았던 것이다. 그러나 그가 자신을 부자보다는 빈자로 분류했음은 다음 시행에서 분명히 드러난다.

> 가끔은 악한 자들이 부자로 살고, 선한 자들은 가난하다.
> 그러나 나는 나의 탁월함을 그들의 부와
> 바꾸지 않으리라. 탁월함은 지속되지만
> 돈은 날마다 주인을 바꾸기 때문이라네.[20]

솔론은 처음에 진지한 의도 없이 여가 시간을 보내기 위해 재미로 시를 쓴 듯하다. 그러나 나중에는 철학적 교훈을 시행에 담고 정치적 문제를 시에 많이 짜넣었는데, 역사적 기록을 제공할 뿐만 아니라 자신의 행위를 정당화하고 때로는 아테나이인들을 격려하고 충고하고 나무라기 위해서였다. 어떤 작가는 솔론이 자신의 법을 서사시 형식으로 반포하려 했다고 주장하면서, 다음과 같은 서사(序詞)를 인용하고 있다.

우리는 먼저 크로노스의 아드님이신 제우스 왕에게 기도합

---

[20] 『그리스의 서정시인들』 솔론 단편 15 Bergk.

시다.
그분께서 우리의 이 법에 행운과 명성을 내려주시기를.[21]

윤리학 분야에서 솔론은 당시 대부분의 현인들처럼 정치 철학에 특히 관심이 많았다. 자연학 분야에서 그의 생각은 다음 시행에서 명백히 알 수 있듯 매우 단순하고 구식이었다.

구름에서 눈과 우박의 힘이 생기고
천둥은 번개의 섬광에 뒤이어 온다.
바람은 바다를 휘저어놓지만, 바람이
불지 않으면 바다만큼 평온한 것도 없다.[22]

대체로 그 무렵 실생활의 필요를 넘어서서 사색할 수 있었던 현인은 탈레스뿐이었던 것 같고, 나머지 사람들[23]은 정치가로서의 탁월함 덕분에 현인이라는 명성을 얻었다.

---

21 같은 책, 솔론 단편 31.
22 같은 책, 솔론 단편 12.
23 고대 그리스의 이른바 '일곱 현인'의 명단은 다음과 같다. 밀레토스의 탈레스, 아테나이의 솔론, 프리에네(Priēnē 소아시아 이오니아 지방의 뮈칼레곶에 있는 도시)의 비아스(Bias), 스파르테의 킬론(Chilōn), 린도스(Lindos 로도스섬에 있는 도시)의 클레오불로스(Kleoboulos), 코린토스의 페리안드로스(Periandros), 미튈레네(Mitylene 또는 Mytilene 레스보스섬에 있는 도시)의 핏타코스(Pittakos)다.

4.

　전하는 이야기에 따르면, 현인들은 델포이에서 만난 적이 있고, 그 뒤 다시 코린토스에서 만난 적이 있는데, 그곳에서 페리안드로스가 그들을 위해 일종의 회합과 향연을 주선했다고 한다. 그러나 그들의 명예와 명성을 높여준 것은 세발솥 사건인데, 그들 사이에 세발솥이 돌자 저마다 사양하고 다음 사람에게 양보하며 겸손과 호의로 서로를 압도하려 했다는 것이었다.

　전하는 이야기에 따르면, 코스[24] 사람 몇이서 그물을 당기고 있는데 밀레토스[25]에서 온 나그네 몇 명이 보지도 않고 그물 안에 든 것을 샀다고 한다. 그런데 그물 안에는 황금으로 만든 세발솥이 들어 있었다. 전설에 따르면 그것은 헬레네[26]가 트로이아에서 귀향하던 길에 어떤 옛 신탁을 기억하고는 그곳에 던진 것이라고 한다.

　처음에는 세발솥을 두고 나그네들과 어부들 사이에 논쟁이 벌어졌으나, 나중에는 그들의 나라들이 싸움을 맡아 전쟁을 하게 되었다. 그러자 퓌티아[27]가 그 세발솥을 가장 현명한 자에게 주라고 선언했다. 세발솥은 맨 먼저 밀레토스의 탈레스에게 보내졌다. 코스인들은 그 세발솥 때문에 밀레토스의 주민 전체를 상대로 전쟁을 벌였지만, 그것을 탈레스 한 사람에게 선사하는 것에

24　소아시아 카리아(Karia) 지방의 할리카르낫소스시 앞바다에 있는 섬이다.
25　소아시아 이오니아 지방의 도시로 마이안드로스(Maiandros)강 하구에 있다.
26　헬레네(Helene)는 스파르테 왕 메넬라오스(Menelaos)의 아내인데, 그녀가 트로이아 왕자 파리스(Paris)에게 납치됨으로써 트로이아전쟁이 일어나게 된다. 그녀는 10년 전쟁에서 트로이아가 함락된 뒤 남편과 함께 귀향한다.
27　델포이의 아폴론 신전에서 아폴론의 뜻을 전달해주던 예언녀.

는 순순히 응했기 때문이다. 그러나 탈레스는 비아스가 자기보다 더 현명하다며 세발솥을 비아스에게 보냈다. 그러자 비아스는 또 그것을 자기보다 더 현명하다는 다른 사람에게 보냈다. 그리하여 그들이 서로 사양하며 양보하자 세발솥은 돌고 돌아 마침내 다시 탈레스에게로 돌아왔다. 그리하여 세발솥은 마침내 밀레토스에서 테바이로 옮겨져 그곳에 모셔진 이스메노스[28]의 아폴론에게 봉헌되었다.

그러나 테오프라스토스[29]에 따르면, 맨 처음 프리에네의 비아스가 세발솥을 받았다가 그것을 밀레토스의 탈레스에게 보냈다고 한다. 그리하여 그것이 일곱 현인 사이를 한 바퀴 돈 다음 다시 비아스에게 돌아오자 결국 델포이로 보내졌다는 것이다. 이것이 더 널리 알려진 이야기다. 그런데 그들이 서로 돌린 선물은 델포이에서 볼 수 있는 그 세발솥이 아니라 크로이소스[30]가 그곳으로 보낸 그릇이었다고 말하는 사람들이 있는가 하면, 바튀클레스[31]

---

28   이스메노스(Ismenos)는 그리스 보이오티아 지방의 강이다. 이 강가에 아폴론의 신전이 있어 아폴론은 이스메니오스(Ismenios '이스메노스의'라는 뜻)라는 별명을 얻었다.
29   「뤼쿠르고스 전」주 56 참조.
30   크로이소스(Kroisos 라/Croesus)는 기원전 560년경~546년 소아시아 서부 뤼디아(Lydia) 지방의 마지막 왕으로, 전설적인 거부(巨富)였다. 그는 "그대가 할뤼스(Halys)강을 건너면 큰 왕국을 멸하게 되리라"는 델포이의 신탁에 고무되어 할뤼스강을 건너 페르시아 제국으로 진격하다가 페르시아 왕 퀴로스(Kyros)에게 참패하여 그토록 강성하던 나라를 잃고 포로가 된다. 그는 화형을 선고받고 화장용 장작더미에 올려졌으나 전에 델포이에 값진 선물들을 바친 덕분에 아폴론에 의해 구출되었다고도 하고, 또 다른 주장에 따르면 인생의 부침에 관해 솔론(Solon)이 경고한 말을 그가 되뇌는 것을 듣고 퀴로스가 살려주었다고도 한다. 28장 참조.

가 그곳에 두고 간 잔이라고 말하는 사람들도 있다.

5.

솔론은 한번은 아나카르시스[32]와, 또 한번은 탈레스와 개인적으로 만난 적이 있는데, 이에 관해서는 다음과 같은 이야기가 전해진다.

한번은 아나카르시스가 아테나이를 찾아가 솔론의 집 문을 두드리며 자기는 이방인으로서 그와 주인과 나그네로서 우의를 다지기 위하여 왔노라고 말했다. 우의라면 집에서[33] 다지는 편이 더 나을 것이라고 솔론이 대답하자, 아나카르시스가 "맞아요. 그대는 마침 집에 있으니 나와 주인과 나그네 간의 우의를 다질 수 있겠군요"라고 말했다. 그러자 솔론은 그의 재치에 감탄하여 그를 반가이 맞이하고 한동안 자기 집에 머물게 했다.

이때 벌써 솔론은 정치에 관여하며 법을 입안하고 있었다. 아나카르시스는 이 사실을 알고는 시민의 불의와 탐욕을 성문법으로 제어할 수 있다는 솔론의 믿음을 비웃으며, 성문법이란 거미줄과 같은 것이어서 약하고 작은 것이 걸려들면 붙잡을 수 있어도 힘있고 돈 있는 자가 걸려들면 갈기갈기 찢어진다고 했다. 이에 대해 솔론은 협약을 어겨 어느 쪽도 덕 될 것이 없다면 사람들은 협약을 지킨다며, 자기는 정직이 범죄보다 더 낫다는 것을 모

---

31 바튀클레스(Batykles)는 그리스의 조각가다.
32 아나카르시스(Anacharsis)는 스퀴타이족(Skythai) 왕의 아우로 세상을 두루 돌아다닌 여행가이며, 일곱 현인에 포함되기도 한다.
33 여기서 '집에서'(oikoi)는 '고향에서'라는 뜻이다.

두가 알 수 있도록 시민에게 자신의 법을 맞추는 중이라고 말했다 한다. 그러나 결과는 솔론의 기대보다는 아나카르시스의 예측대로 되었다. 또한 아나카르시스는 민회에 참석했다가 헬라스인들 사이에서는 현명한 자들이 발의하지만 그것을 결정하는 것은 바보들이라고 말했다 한다.

6.

솔론은 밀레토스로 탈레스를 찾아갔다가 그가 결혼하여 자식을 두는 일에 전혀 관심이 없는 것에 놀랐다고 한다. 탈레스는 그때는 아무 말도 하지 않다가, 며칠 뒤 어떤 이방인을 시켜 열흘 전에 아테나이를 떠나 방금 도착한 것처럼 말하게 했다. 아테나이에 무슨 새로운 일이라도 있더냐고 솔론이 묻자, 어떻게 대답해야 할지 지시를 받은 그 사람은 이렇게 대답했다. "아무 일도 없었소. 한 젊은이의 장례식이 있었고 전 시민이 그 장례식에 참석했다는 것 외에는 말이오. 그들 말로는, 그 젊은이의 아버지는 탁월함에서 모든 시민을 능가하는 걸출한 인물이라고 했소. 하지만 그 아버지는 장례식에 참석하지 않았는데, 그들 말로는 장기간 외국 여행 중이라 하더군요." "불운한 사람 같으니라고!" 하고 솔론이 말했다. "그 사람 이름이 무엇이었지요?"라고 묻자 "이름을 듣긴 들었는데 생각이 안 나는군요." 하고 그 사람이 말했다. "그의 지혜와 정의감이 널리 사람의 입에 오르내렸다는 것 외에는 말이오."

그 사람이 대답할 때마다 더욱더 마음이 죄어들자, 솔론은 고통을 견디다 못해 그 이방인에게 자기 이름을 대며 죽은 이가 솔론의 아들이더냐고 물었다. 그 사람이 그렇다고 하자, 솔론은 주먹으로 머리를 치며 슬픔에 압도된 사람처럼 말하고 행동하기 시작했다. 그러자 탈레스가 그의 손을 잡고 웃으며 말했다. "오오, 솔론이여! 이래서 나는 결혼하여 자식 두기를 꺼리는 것이라오. 가장 강한 그대조차 거기에 압도되니 말이오. 그러나 그 이야기에 놀라지는 마시오. 사실이 아니니까요." 헤르밉포스에 따르면, 이것은 스스로 아이소포스[34]의 정신을 이어받았다고 말하곤 하던 파타이코스[35]가 들려준 이야기라고 한다.

7.

그러나 잃게 될까 두려워 필요한 것을 가지기를 포기하는 것은 불합리하고 점잖지 못한 행동이다. 그런 논리라면 부나 명예나 지혜를 얻게 되어도 잃을까 두려우니 좋아하지 말아야 할 것이다. 세상에서 가장 중요하고 즐거운 재산인 탁월함조차도 병이나 약물에 의해 사라지는 것을 종종 볼 수 있지 않은가. 탈레스도 비록 결혼은 하지 않았지만 친구와 친척과 조국을 갖기를 피하지 않는 한 결코 근심에서 완전히 자유로울 수 없었다. 실제로 그는 생질인 퀴비스토스를 아들로 입양했다고 하지 않는가.

혼은 애정의 능력을 타고나며, 따라서 사랑한다는 것은 혼에게는 지각하고 사고하고 기억하는 것만큼이나 자연스러운 일이다. 혼이 이런 능력을 발휘하게 되면, 집안에서 사랑할 만한 대상을 발견하지 못할 경우 이질적인 대상에 집착하게 된다. 그러면 마치 합법적인 상속자가 없는 집이나 토지인 양, 이 애정의 능력을

---

34 아이소포스(Aesopos)는 우화 작가 이솝의 그리스어 이름이다.
35 파타이코스(Pataikos)는 그리스의 우화 작가다.

남의 자식이나 서자나 하인이 침탈하고 점유하여 자신들을 사랑하게 할 뿐 아니라 자신들을 위해 걱정하고 염려하게 만든다. 그리하여 흔히 볼 수 있듯이, 결혼하여 자식 두는 일에 반론을 펴던 몰인정한 사람조차 하인이나 첩의 자식이 병들거나 죽으면 슬픔을 이기지 못해 괴성을 지르며 비탄하는 것이다. 그 가운데 어떤 이는 개나 말이 죽어도 슬픔에 압도되어 부끄러운 모습을 보이기도 한다. 그러나 또 다른 이는 귀한 자식이 죽어도 심하게 괴로워하거나 부끄러운 모습을 보이지 않고 이성의 지시에 따라 여생을 보낸다.

운명의 타격에 대처하도록 이성에 의해 훈련받지 못한 사람들은 끝없는 고통과 두려움에 내맡겨지기 마련인데, 그것은 애정 때문이 아니라 허약함 때문이다. 그런 사람들은 자신들이 원하는 것을 갖고 있어도 그것을 즐기지 못하고, 미래에 그것을 잃게 될까 봐 끝없는 고통과 전율과 불안에 시달린다. 우리는 가난해짐으로써 재산을 잃을 것에 대비하고, 친구를 갖지 않음으로써 친구를 잃을 것에 대비하고, 자식을 갖지 않음으로써 자식의 죽음에 대비할 것이 아니라, 이성으로써 모든 불행에 대비해야 할 것이다. 하지만 지금 이 상황에서 나는 이 주제에 관해 너무 장황하게 이야기한 것 같다.

8.

아테나이인들은 살라미스[36]섬을 두고 메가라[37]인들과 지루하고

---

36 살라미스(Salamis)는 아테나이 서쪽 사로니코스(Saronikos)만에 있는 섬과 그 섬에 있는 도시로, 원래는 아이기나(Aigina)섬에 속하다가 기원전 600년

힘겨운 전쟁을 하다가 지칠 대로 지치자 법을 만들어 앞으로 어느 누구도 아테나이가 살라미스에 대한 권리를 주장해야 한다는 내용의 글을 쓰거나 말하지 못하게 했고, 어기면 사형에 처하게 했다.

솔론은 이러한 처사를 치욕으로 여겼는데, 상당수 젊은이들이 선전 포고를 위한 조치를 취하고 싶어도 법 때문에 감히 발의하지 못하는 것을 보았다. 그래서 그는 실성한 척하며 가족을 시켜 자기가 제정신이 아니라는 소문을 퍼뜨리게 했다. 그리고 나서 몰래 비가체(悲歌體) 이행연구(二行聯句)로 시를 지어 암송할 수 있도록 연습한 다음, 머리에 펠트 모자를 쓰고[38] 느닷없이 광장으로 뛰어나갔다. 군중이 운집하자 그는 전령이 서는 돌 위에 올라 다음과 같이 시작하는 시를 암송했다.

나는 그리운 살라미스에서 전령으로 왔소이다,
장광설 대신 정돈된 시행으로 된 노래를 가지고서.[39]

경 메가라인들에게 점령되었으나 곧 솔론의 주도로 아테나이인들에게 정복된다. 이 섬 주위의 해협에서 기원전 480년 아테나이 함대가 페르시아 함대를 궤멸함으로써 페르시아전쟁은 사실상 막을 내리고 아테나이가 그 뒤 50년 동안 그리스 세계의 패권을 쥐게 된다.
37 메가라는 아테나이 서쪽 코린토스 지협(地峽)의 동쪽에 있는 도리에이스족의 도시로 동남쪽으로 살라미스와 마주보고 있다.
38 환자라는 표시인지 정신이상자라는 표시인지 알 수 없다.
39 『그리스의 서정시인들』 솔론 단편 1~2 Bergk. 이 시는 지금 8행만 남아 있는데, 살라미스를 포기했다고 아테나이인들을 나무라며 어서 가서 쟁취하라는 내용이다.

이 시의 제목은 '살라미스'이며, 매우 우아한 100행으로 이루어져 있다. 솔론이 이 시를 암송하자 친구들은 그를 찬양하기 시작했고, 특히 페이시스트라토스는 그의 말에 복종하라고 시민을 격려하고 재촉했다. 그래서 그들은 법을 폐지하고 솔론을 앞세워 전쟁을 재개했다.

이 전쟁에 관해 널리 알려진 이야기는 다음과 같다. 솔론이 페이시스트라토스와 함께 콜리아스[40]곶으로 함대를 이끌고 가보니 아테나이의 모든 여인들이 그곳에서 데메테르 여신에게 관례에 따라 제물을 바치고 있었다. 그래서 솔론은 심복 한 명을 살라미스로 보내 탈영병인 체하며 메가라인들에게 만약 아테나이의 으뜸가는 여인들을 잡고 싶다면 되도록 빨리 그와 함께 콜리아스곶으로 항해하도록 이르라고 했다. 그러자 그의 말을 믿은 메가라인들이 그의 배에 군사들을 태워 보냈다. 솔론은 섬에서 배가 돌아오는 것을 보자마자 여인들은 비키게 하고 젊은이들 중 아직 수염이 나지 않은 자들에게 여인들의 옷과 머리띠와 샌들을 착용하고 옷 안에 단검을 숨긴 채 적군이 하선하고 배가 자신들 수중에 들어올 때까지 바닷가에서 유희하고 춤추라고 명령했다.

모든 일이 그가 명령한 대로 행해졌다. 메가라인들은 자신들이 본 것에 이끌려 배를 가까운 해안에 대놓고 그들이 여인들인 줄 알고 붙잡기 위해 서로 앞다투어 뛰어내렸다. 그리하여 그들은 한 명도 도망치지 못하고 모두 죽었으며, 아테나이인들은 지체 없이 함대를 이끌고 건너가 살라미스섬을 차지했다.

---

40 콜리아스(Kōlias)는 아테나이의 외항 팔레론의 남동쪽에 있는 앗티케 지방의 곶으로, 아프로디테와 데메테르 여신의 오래된 신전이 있었다.

9.

그러나 일설에 따르면, 살라미스섬은 그렇게 함락된 것이 아니라고 한다. 솔론은 먼저 델포이의 신에게서 다음과 같은 신탁을 받았다.

> 전에 이 섬에 살던 이 섬의 수호 영웅[41]들에게 제물을 바쳐 달래도록 하라. 그들은 지금 아소피아[42] 계곡의 품에 안겨 얼굴을 지는 해 쪽으로 향한 채 죽어 누워 있다.

그래서 솔론은 밤에 살라미스섬으로 배를 타고 건너가 영웅 페리페모스와 퀴크레우스에게 제물을 바쳤다. 그리고 아테나이인들 중 500명의 자원자를 뽑으며 살라미스섬을 함락할 경우 이 섬의 최고 요직을 맡기겠다고 법령으로 약속한 뒤 30개의 노로 젓는 전함의 호송을 받으며 다수의 어선에 나눠 타고 출항해, 에우보이아[43] 쪽으로 튀어나온 살라미스의 한 방파제 앞에 닻을 내렸다. 살라미스 시내에 있던 메가라인들은 무슨 일이 일어나고 있는지 막연히 풍문으로만 듣고는 서둘러 무장을 갖추고 출전하는

---

41 고대 그리스인들은 '영웅'들은 사후에도 기도에 응답하는 능력이 있는 것으로 믿었다.
42 아소피아(Asōpia)는 그리스 보이오티아 지방을 흐르는 아소포스(Asopos)강의 계곡을 일컫는다.
43 에우보이아(Euboia)는 그리스 보이오티아 지방 앞바다에 있는 섬으로, 그리스에서는 크레테 다음으로 큰 섬이다. 살라미스와 에우보이아는 서로 보이지 않을 만큼 멀리 떨어져 있어 살라미스에서 '에우보이아 쪽으로 튀어나왔다'는 표현은 적절치 않은 듯하다. 그래서 '니사이아(Nisaia 메가라의 항구) 쪽으로 튀어나온'이라고 읽는 텍스트도 있다.

한편 배 한 척을 보내 적정을 정탐해 오게 했다. 그런데 이 배가 가까이 오자 솔론이 나포하여 그들을 감금했다. 그리고 그 배에 아테나이인들 가운데 가장 유능한 자들을 태우고 되도록 눈에 띄지 않게 살라미스시로 항해하라고 명령했다. 그사이 그는 나머지 아테나이인들을 데리고 뭍길로 메가라인들을 공격했는데, 그들이 싸우고 있는 동안 배를 타고 간 아테나이인들이 도시를 기습하여 함락했다.

나중에 생긴 일련의 의식(儀式)들이 이 이야기가 사실임을 입증해주는 것 같다. 이들 의식이 진행되는 동안 앗티케의 배 한 척이 섬에 다가가는데, 그 선원들은 처음에는 침묵을 지키다가 나중에는 함성을 지르며 공격한다. 이어 한 사람이 완전무장한 채 승리의 환성을 올리며 밖으로 뛰어나와 뭍길로 공격하는 전우들에게 알리기 위해 스키라디온곶으로 달려간다. 그 바로 옆에는 에뉘알리오스[44]의 신전이 있는데, 솔론이 메가라인들을 이긴 기념으로 세운 것이다. 전쟁에서 이긴 뒤 솔론은 휴전을 선포하고 전쟁에서 살아남은 메가라인들을 모두 풀어주었다.

10.

그럼에도 불구하고 메가라인들이 여전히 전쟁을 걸어와 양쪽이 서로 큰 피해를 입게 되자 마침내 라케다이몬인들을 분쟁의 중재자 겸 재판관으로 삼게 되었다. 대부분의 작가들에 따르면, 솔론은 이때 호메로스의 권위의 덕을 톡톡히 보았는데, '함선의 목

---

[44] 에뉘알리오스(Enyalios)는 전쟁의 신 아레스(Ares)의 별명 중 하나로, 전쟁의 여신 에뉘오(Enyō)에서 유래했다.

록'45에 한 행을 삽입해 재판을 받는 동안 다음과 같이 읽었던 것이다.

> 아이아스46는 살라미스에서 함선 열두 척을 이끌고 와
> 아테나이인들이 서 있는 곳에다 세웠다.47

그러나 아테나이인들은 이 이야기를 허튼소리로 여기고 있다. 그들에 따르면, 아이아스의 두 아들 필라이오스와 에우뤼사케스가 아테나이의 시민이 되어 자신들의 섬을 아테나이에 넘겨주고 앗티케 지방에 정착해, 한 명은 브라우론에 다른 한 명은 멜리테에 살았다는 것을 솔론이 재판관들에게 입증했다는 것이다. 실제로 앗티케 지방에는 필라이오스에서 이름을 따온 필라이다이라는 마을이 있는데, 페이시스트라토스는 바로 그 마을에서 태어났다. 또한 솔론은 메가라인들의 주장을 반박하기 위해 살라미스에서는 사자(死者)들이 메가라식이 아니라 아테나이식으로 매장되었다는 점을 지적했다고 한다. 메가라인들은 사자의 얼굴이 동쪽을 향하도록 묻는데, 아테나이인들은 서쪽을 향하도록 묻는다는 것이다.

---

45 '함선의 목록'이란 『일리아스』 2권의 뒷부분으로, 여기서 호메로스는 트로이아전쟁에 참가한 그리스군의 장수와 군사들의 수, 그들이 타고 온 함선의 수를 열거하고 있다.
46 아이아스(Aias 라/Aiax)는 살라미스 왕 텔라몬(Telamon)의 아들로, 트로이아전쟁 때 그리스군 장수 가운데 아킬레우스 다음으로 용감했다.
47 『일리아스』 2권 557~8행. 이 가운데 두 번째 행을 솔론이 삽입했다는 것이다.

그러나 메가라 출신의 헤레아스[48]는 이를 반박하면서 메가라인들도 사자의 얼굴이 서쪽을 향하게 하며, 더 중요한 것은 아테나이인들은 무덤 하나에 시신 한 구를 매장하지만 메가라인들은 살라미스의 선주민처럼 하나의 무덤에 시신을 서너 구씩 매장한다고 주장한다. 하지만 아테나이인들에 따르면, 솔론은 아폴론 신이 살라미스를 이오네스족[49]의 땅이라고 말한 여러 가지 신탁의 도움을 받았다고 한다. 이 사건의 재판은 다섯 명의 스파르테인이 맡았는데, 크리톨라이다스, 아몸파레토스, 휩세키다스, 아낙실라스, 클레오메네스가 그들이다.

11.

이 사건으로 솔론은 유력한 명사가 되었다. 그러나 그는 델포이 신전을 위한 연설을 통해 헬라스인들 사이에 더욱더 이름을 날렸는데, 이 연설에서 그는 헬라스인들은 키르라[50]인들이 신탁을 모욕하는 것을 더이상 수수방관하지 말고 신탁을 구하고 델포이인들을 도와 신이 존경받을 수 있게 해야 한다고 주장했다. 사실 암피크튀오니아 동맹[51]국들이 전쟁을 시작한 것은 그의 설득에 따른 것이었다. 누구보다도 아리스토텔레스가 이를 확인하며 퓌

---

48   헤레아스(Hēreas)는 메가라 출신의 역사가다.
49   「뤼쿠르고스 전」 주 58 참조.
50   「뤼쿠르고스 전」 주 158 참조.
51   암피크튀오니아(Amphiktyonia) 동맹이란 봄에는 델포이의 아폴론 신전에서, 가을에는 테르모퓔라이 고갯길 근처 안텔레에 있는 데메테르 신전에서 함께 제물을 바치는 12개 인근 국가가 맺은 동맹이다. 이 국가들은 델포이 신전을 관리하고 그곳에서 4년마다 개최되던 퓌토 경기를 주관했다.

토[52] 경기의 우승자 명단에서 이 구상을 솔론의 공으로 돌리고 있다. 그러나 헤르밉포스에 따르면, 사모스[53] 출신 에우안테스는 솔론이 이 전쟁에서 장군으로 임명된 것은 아니라고 주장한다. 그리고 실제로 웅변가 아이스키네스[54]는 그런 말을 하지 않고 있으며, 델포이의 기록[55]에도 아테나이인들의 장군은 솔론이 아니라 알크마이온이었다고 한다.

12.

당시 아테나이는 퀼론[56] 사건으로 빚어진 대량 학살 때문에 오랫동안 고통받고 있었다. 이 사건의 전말은 다음과 같다. 당시 아르콘[57]이었던 메가클레스가 아테나 여신의 신전에 피신해 있던 퀼론과 그의 일당에게 아래로 내려와 재판을 받으라고 설득했다.

---

52   퓌토(Pythō)는 델포이의 옛 이름이다. 퓌토 경기는 올륌피아 경기, 이스트모스 경기, 네메아 경기와 더불어 고대 그리스의 4대 경기 중 하나였다.
53   사모스(Samos)는 소아시아 이오니아 지방의 섬이다.
54   아이스키네스(Aischines)는 기원전 4세기 아테나이의 웅변가다.
55   여기서 언급되는 '델포이의 기록'에 관해서는 달리 알려진 바가 없다.
56   퀼론(Kylōn)은 아테나이인이다.
57   아르콘(Archon '통치자'라는 뜻)은 아테나이를 포함해 대부분의 그리스 도시국가에서 사법권과 행정권을 가진 최고 관리들에게 주어진 이름이다. 기원전 11세기경 왕정이 끝나면서 아테나이에서는 귀족 계급에서 선출된 세 명의 아르콘이 정부를 맡았다. 이들의 임기는 처음에는 10년이었으나, 기원전 683년부터는 1년이었으며 기원전 487년부터는 추첨으로 임명되었다. 그중 아르콘 에포뉘모스(eponymos '이름의 원조'라는 뜻)는 수석 아르콘으로 그의 임기에 해당하는 해는 당시에는 널리 쓰이는 연호가 없어 '아무개가 아르콘이었던 해'라는 식으로 그의 이름에서 연호를 따온 까닭에 그렇게 불리게 되었던 것이다.

일당은 여신상에 줄을 매고 여신의 보호를 받기 위해 줄을 손에서 놓지 않으며 아래로 내려왔다. 그러나 그들이 존엄한 여신들[58]의 신전에 이르렀을 때 줄이 저절로 끊어졌다. 그러자 메가클레스와 동료 아르콘들은 여신이 탄원자로서의 그들의 권리를 인정하지 않는 것으로 여겨 그들을 붙잡아 성역 바깥에 있던 자들은 돌로 쳐 죽이고 제단으로 피신한 자들은 그곳에서 학살했다. 오직 아르콘들의 아내들에게 탄원한 자들만이 목숨을 건질 수 있었다.[59] 이 사건으로 인해 아르콘들은 '저주받은 자들'이라고 불리며 증오의 대상이 되었다.

한편 퀼론의 잔당은 다시 득세하여 메가클레스 일파와 끊임없이 파쟁을 일삼았다. 당시 극에 달한 파쟁은 백성들마저 두 파로 갈라놓았다. 그래서 이미 명성이 자자하던 솔론은 아테나이의 저명인사들과 힘을 모아 두 정파 사이에 중재자로 나섰다. 그는 저주받은 것으로 여겨지던 자들에게 재판을 받고 명문가에서 뽑은 300명의 배심원 판결에 따르도록 간청하고 타이르고 설득했다. 플뤼아[60] 구역 출신의 뮈론이 기소했고 피고들은 유죄가 인정되었다. 저주받은 자들 가운데 살아 있는 자들은 추방되고, 죽은 자들 시신은 무덤에서 파헤쳐져 앗티케의 경계 밖으로 내던져졌다.

이런 와중에 메가라인들이 다시 공격해오자 아테나이인들은 니사이아[61]를 잃고 또다시 살라미스에서 쫓겨났다. 도시는 점점

---

58 '존엄한 여신들'(hai semnai theai)이란 복수의 여신들(Erinyes)을 일컫는 별명 가운데 하나다.
59 기원전 636년경에 있었던 일이다. 헤로도토스, 『역사』(*Histories Apodexis*) 5권 71장과 투퀴디데스, 1권 126장 참조.
60 플뤼아(Phlya)는 앗티케 지방의 한 구역으로, 아테나이 북동쪽에 있다.

미신적 공포와 환영(幻影)의 노리개가 되었으며, 예언자들은 자신들이 바치는 제물들을 보고 여러 가지 저주와 오염을 빨리 정화해야 한다고 예언했다.

이런 상황에서 그들은 크레테에 사람을 보내 파이스토스[62]의 에피메니데스를 불러오게 했는데, 페리안드로스를 일곱 현인의 한 명으로 여기지 않는 이들 중 더러는 대신 그를 포함시킨다. 그는 신의 사랑을 받을 뿐만 아니라 신들에 관한 일에는 신비스러운 혜안을 가진 사람으로 간주되었다. 그래서 당시 사람들은 그를 발테라는 요정의 아들이며 새로운 쿠레스[63]라고 불렀다. 그는 아테나이에 도착하여 솔론의 친구가 되어 여러모로 도와주며, 솔론이 입법할 수 있는 길을 닦아주었다. 그는 아테나이인들이 종교의식을 더 세심하게 지키게 했고, 장례식에 이어 곧장 제물을 바치게 하고 또 그때까지 여인들이 따르곤 하던 잔인하고 야만적인 관행을 폐지함으로써 더 온건히 애도하게 했다.

그러나 에피메니데스의 최대 업적은 여러 가지 속죄와 정화 의식을 도입하고 예배 장소를 새로 개장함으로써 아테나이를 경건하고 봉헌된 도시로 만들어 사람들이 정의를 준수하고 서로 화목하게 살 마음을 이끌어냈다는 것이다. 전하는 이야기에 따르면, 그는 무뉘키아[64]를 한참 동안 살펴보다가 옆에 있던 사람들에게

---

61   니사이아는 메가라의 항구다.
62   파이스토스(Phaistos)는 크레테의 남해안에 있는 항구도시다.
63   쿠레테스(Kourētes)는 아기 제우스를 맡아 기른 레아(Rhea) 여신의 시종들이다. 쿠레스(Koures)는 쿠레테스의 단수형이다.
64   아테나이의 외항 페이라이에우스(Peiraieus)의 아크로폴리스로, 그곳의 반도뿐 아니라 아테나이도 내려다볼 수 있어 가끔 적군이 그곳에 진을 치곤

"사람들은 얼마나 미래를 내다보지 못하는가! 저곳이 이 도시에 어떤 재앙을 가져다줄지 안다면 아테나이인들은 자신들의 치아로라도 저곳을 씹어 먹을 텐데!"라고 말했다 한다.

탈레스도 그와 비슷한 선견지명이 있었다고 한다. 전하는 이야기에 따르면, 탈레스는 자기가 죽거든 시내의 보잘것없고 허술한 장소에 묻으라고 당부하면서 그곳이 언젠가는 밀레토스의 광장이 될 거라고 예언했다 한다. 아무튼 아테나이인들은 에피메니데스에게 크게 경의를 표하며 많은 돈과 큰 명예를 주었다. 그러나 그는 신성한 올리브나무[65] 가지나 하나 달라고 하더니 그것을 가지고 고향으로 돌아갔다.

13.

이제 퀼론으로 인한 혼란도 가라앉고, 앞서 말했듯이[66] 저주받은 자들도 추방되자, 아테나이인들은 정부 형태에 관한 오래된 정쟁에 다시 휘말렸는데, 도시는 서로 다른 지형만큼이나 많은 당파로 나뉘었다. 산악당[67]은 철저한 민주주의를, 평야당[68]은 철저한

했다.
65 아테나 여신과 포세이돈이 앗티케 지방의 영유권을 두고 다툴 때 포세이돈은 삼지창으로 아테나이의 아크로폴리스를 쳐 짠물이 나는 샘을 하나 선물하고 아테나는 올리브나무를 선물로 주어 아테나이인들에 의해 아테나이의 수호신으로 선택되었다고 한다. 이 나무는 그 뒤 신성시되어 잘 보존되었다고 한다. 헤로도토스, 『역사』 8권 55장 참조.
66 12장 참조.
67 '산악당'의 그리스어는 Diakrioi로, 대리석 산지로 유명한 펜텔리콘(Pentelikon)산 북쪽 앗티케 지방 북동 지역인 디아크리아(Diakria)의 주민이라는 뜻이다.

과두정치를 지지했다.

한편 해안당[69]은 중간 형태의 혼합형 정부를 지지하며 다른 두 당에 맞서 그 어느 쪽도 득세하지 못하게 했다. 당시에는 빈부 격차가 극에 달해 있었다. 도시는 누란의 위기에 놓였고, 혼란을 가라앉히고 종식시키자면 참주정치(僭主政治)를 도입하는 수밖에 없어 보였다.[70]

모든 평민들은 부자들에게 빚을 지고 있었다. 평민들은 부자들의 땅을 경작하고 소출의 6분의 1을 바치거나(그래서 그들은 헥테모리오이[71] 또는 날품팔이들[72]이라고 불렸다), 제 몸을 담보로 돈을 빌려 채권자의 처분에 자신을 맡겨 더러는 고향에서 노예가 되고 더러는 외국에 노예로 팔려갔다. 또 많은 사람들이 채권자의 등쌀에 어쩔 수 없이 제 자식을 팔거나(그것을 막을 법이 없었다), 외국으로 도주했다.

그러나 그들 가운데 강인한 사람들은 단결해 이 사태를 수수방관만 할 것이 아니라 믿음직한 사람을 지도자로 뽑아 채무자를 해방하고 토지를 재분배하고 정부 형태를 완전히 바꾸자고 서로 격려하기 시작했다.

---

68 '평야당'의 그리스어 Pedieis는 '평야의 지주들'이라는 뜻이다.
69 '해안당'의 그리스어 Paraloi는 앗티케의 남쪽 및 동쪽 해안 지대인 파랄리아(Paralia)의 주민이라는 뜻이다.
70 기원전 6세기 그리스에서는 정치적 긴장을 틈타 참주(tyrannos)라는 독재자가 권력을 장악하는 경우가 허다했다.
71 헥테모리오이(hektēmorioi)는 '6분의 1'이라는 뜻으로, 사실은 소출의 6분의 1을 바치는 것이 아니라 6분의 1을 갖는 농부를 말한다.
72 '날품팔이들'의 그리스어는 thētes이다.

14.

이때 아테나이인들 가운데 가장 지혜로운 사람들은 솔론을 주목하기 시작했다. 그들이 보기에 솔론만이 당시의 과오들에서 멀리 벗어나 있었다. 그만이 부자들의 불의에 연루되지 않고 가난한 사람들의 곤경에 빠져 있지 않았기 때문이다. 그래서 그에게 앞으로 나서서 불화를 종식시켜달라고 간청했다. 그러나 레스보스[73] 출신 파니아스[74]의 기록에 따르면, 솔론은 도시를 구하기 위해 양쪽 모두를 속였다. 즉 가난한 사람들에게는 토지를 재분배해주겠다고, 부자들에게는 그들의 채권을 보장해주겠다고 몰래 약속했다고 한다. 그러나 솔론이 한 말에 따르면, 그는 한쪽의 탐욕과 다른 쪽의 오만이 두려워 처음에는 정계에 입문하기를 한참이나 망설였다고 한다.

아무튼 솔론은 필롬브로토스 후임으로 아르콘에 선출되어[75] 분쟁을 조정하고 입법할 권한을 부여받았다. 부자들은 그가 부자이기 때문에, 가난한 자들은 그가 정직하기 때문에 기꺼이 받아들였다. 그가 선출되기 전 평등은 전쟁을 낳지 않는다는 취지로 한 그의 발언이 널리 퍼졌는데, 이 발언은 가진 자들의 마음에도, 못 가진 자들의 마음에도 들었다고 한다. 가진 자들은 그가 가치와 자질에 입각한 평등을, 못 가진 자들은 수와 양에 입각한 평등을 두고 그렇게 말한 거라고 믿었기 때문이다.

---

73   레스보스는 에게해 북동부에 있는 섬이다.
74   파니아스(Phanias)는 기원전 4세기에 활동한 레스보스섬 출신의 소요학파 철학자이자 역사가다.
75   기원전 594년.

그리하여 양쪽 모두 희망에 들떠 있었고, 그들의 지도자들은 솔론에게 거듭 참주정치의 도입을 권유하며 일단 권력을 쥐게 된 이상 더 자신만만하게 도시를 장악하라고 설득했다. 양쪽 어디에도 속하지 않는 수많은 아테나이인들도 이제 토론과 입법으로 변혁을 일으키기는 힘들고 어렵다고 보고 가장 정의롭고 가장 지혜로운 사람이 나서서 국사(國事)를 주관한다는 것이 나쁘지 않다고 생각했다. 또 일설에 따르면, 솔론은 퓌토[76]에서 다음과 같은 신탁을 받았다고 한다.

그대는 배 한가운데 앉아 키잡이의 임무를 수행하되,
키를 꼭 잡도록 하라. 많은 아테나이인들이 그대 편이다.

절친한 친구들은 단지 그 명칭 때문에 독재정치를 꺼리는 솔론을 심하게 나무라며, 독재정치도 권력을 쥔 자의 자질에 의해 즉시 합법적인 통치가 될 수 있다고 주장했다. 그들은 전에는 에우보이아[77]의 튄논다스[78]를, 지금은 미튈레네인들이 자신들의 참주로 뽑은 핏타코스[79]를 그 선례로 들었다.
그러나 어떤 논리도 솔론의 결심을 흔들 수 없었다. 전하는 이야기에 따르면, 그는 친구들에게 참주정치는 즐거운 곳이기는 하지만 거기서는 내려가는 길이 없다고 말했다 한다. 또한 그는 어

76 주 52 참조.
77 주 43 참조.
78 튄논다스(Tynnōndas)에 관해서는 달리 알려진 바가 없다.
79 주 23 참조.

떤 시에서 포코스에게 이렇게 적고 있다.

> 그리고 내 조국에 인정을 베풀고
> 참주정치와 무자비한 폭력을 삼가고
> 내 이름을 오욕으로 더럽히지 않았으니,
> 나는 부끄러울 것이 없다. 생각건대, 그것은
> 오히려 나를 만인 위에 우뚝 서게 할 것이다.[80]

이로 미루어 솔론은 입법 활동 전에도 명성이 자자했음을 알 수 있다. 그는 참주정치를 거부한 탓에 많은 사람들의 놀림감이 된 것과 관련해 다음과 같이 쓰고 있다.

> 솔론은 속이 깊지 못하고 생각이 모자라는 사람이다.
> 신이 복을 내려주어도 그는 스스로 거절했다.
> 그의 그물이 물고기로 가득 찼을 때 그는 그물을
> 당기지 않았다. 용기가 없고 정신이 없어서.
> 나 같으면 권력과, 무한한 부와, 단 하루라도 좋으니
> 아테나이인들을 통치할 기회가 주어진다면,
> 내가 나중에 껍질이 벗겨져 가죽부대가 되고
> 내 혈통이 지상에서 완전히 지워져도 좋으련만![81]

---

80 『그리스의 서정시인들』 솔론 단편 32 Bergk.
81 같은 책, 솔론 단편 33.

15.

솔론은 자신의 시에서 하층 대중이 자신에 관해 이렇게 말했다고 했다. 그는 비록 참주가 되기를 거절했지만 국사를 처리함에 있어 지나치게 부드럽지도 않았고, 힘있는 자들에게 고분고분하지도 않았으며, 법을 제정함에 있어 자기를 뽑아준 자들의 환심을 사려 하지도 않았다. 그는 현재의 상태가 괜찮은 곳에는 약을 쓰거나 수술을 하지 않았다. 나라를 완전히 뒤죽박죽으로 만들어놓았다가는 나중에 다시 일으켜 세우고 최선의 상태로 재조립하기가 힘에 부치지 않을까 두려웠던 것이다. 그는 백성들이 설득에 따르거나 권위에 순종할 것으로 예상되는 사항에 대해서만 개혁을 추진했다. 그의 말처럼,

> 힘과 정의가 서로 협력하도록 하며.[82]

그래서 나중에 아테나이인들을 위해 최선의 법을 제정했느냐고 누군가 물었을 때, 그는 "그들이 받아들일 수 있는 최선의 법을 제정했지요"라고 대답한 것이다.

요즘 작가들에 따르면, 아테나이인들은 사물의 추악한 면을 사랑스럽고 우아한 표현으로 그럴듯하게 위장하는 습관이 있었다고 한다. 예컨대 창녀를 '여자 친구'로, 세금을 '기부금'으로, 도시의 주둔군을 '수비대'로, 감옥을 '큰집'으로 말이다. 그런데 이러한 발상의 원조는 빚의 탕감을 '짐 덜어주기'[83]라고 일컬은 솔

---

82 같은 책, 솔론 단편 36.
83 그리스어로 '여자 친구'는 hetaira, '기부금'은 syntaxis, '수비대'는 phylax, '큰

론이 아닌가 싶다. 그가 첫 번째로 취한 조치는, 남아 있는 모든 부채를 탕감해주고 앞으로는 채권자가 채무자의 인신을 담보로 돈을 빌려주는 것을 법으로 금한 것이다.

그러나 안드로티온[84]을 포함한 몇몇 작가들의 주장에 따르면, 가난한 자들을 위해 그가 취한 조치는 빚 탕감이 아니라 이자 경감이었는데, 아테나이인들은 이 온정적 조치에 만족하여 이 조치뿐 아니라 동시에 이루어진 도량형의 확대와 통화 가치 절상[85]에 대해서도 '짐 덜어주기'라는 이름을 붙였다는 것이다. 그는 이전에는 73드라크메[86]에 불과하던 1므나를 100드라크메로 바꿈으로써 지불액은 같아도 가치는 줄어들어 채무자들은 채권자들에게 조금도 손해를 끼치지 않으면서 큰 이득을 보았던 것이다. 그러나 대부분의 작가들은 '짐 덜어주기'란 모든 빚의 탕감을 의미한다는 데 의견을 같이하고 있으며, 솔론의 시들도 이런 해석을 뒷받침해준다. 왜냐하면 그는 자신의 시들에서 저당 잡힌 농토로부터 다음과 같은 일이 일어난 것을 자랑스러워하고 있기 때문이다.

집'은 oikēma, '짐 덜어주기'는 seisachtheia다.
84 안드로티온(Androtiōn)은 기원전 4세기의 아테나이 역사가다.
85 아리스토텔레스, 『아테나이인들의 정체』 10장 1절 참조.
86 당시 그리스의 화폐단위는 다음과 같다.

탈란톤(talanton)	므나(mna)	드라크메(drachmē)	오볼로스(obolos)
1	60	6,000	36,000
	1	100	600
		1	6

곳곳에 서 있던 저당 금액을 새긴 저당 돌들이 제거되고,
전에는 노예였던 땅이 지금은 해방되었노라.[87]

그는 채무에 인신이 저당 잡혀 있는 동포 시민들을 외국에서 도로 데려왔고 국내에서 종살이하던 자들도 해방시켜주었다.

그들은 이제 더이상 앗티케 말을 하지 못했으니
그만큼 오랫동안 이국땅을 떠돌아다녔던 것이다.
그리고 고향에서 수치스러운 종살이를 하던 자들도[88]

이 조치 때문에 솔론은 평생 가장 곤혹스러운 경험을 하게 되었다고 한다. 그는 빚을 탕감해주기로 결심하고 그것을 합리화할 수 있는 적당한 논리와 그것을 실행에 옮길 적당한 계기를 찾던 중 절친한 친구인 코논과 클레이니아스와 힙포니코스 등에게 토지 문제는 건드리지 않고 빚을 탕감해주기로 결심했노라고 털어놓았다. 그러자 그들은 지체 없이 이런 신뢰를 악용하여 입법되기 전에 부자들에게 거금을 빌려 방대한 토지를 매입했다. 그 뒤 곧 법령이 발표되자 그들은 재산은 그대로 향유하면서 채권자에게 빚 갚기를 거절했다.[89] 이 사건으로 솔론은 엄청나게 욕을 먹고 호된 비판을 받았는데, 솔론이 피해자 가운데 한 명이 아니라 그들과 한패라고 생각했기 때문이다. 그러나 그는 곧 5탈란톤으

---

87 『그리스의 서정시인들』 솔론 단편 36; 4~5행 Bergk.
88 같은 책, 솔론 단편 36; 9~12행.
89 아리스토텔레스, 같은 책, 6장 2절 참조.

로 그러한 오해를 풀 수 있었다. 왜냐하면 그는 5탈란톤을 빌려주었는데 스스로 채무를 탕감해줌으로써 맨 먼저 자신의 법령을 지킨 것으로 밝혀졌기 때문이다. 로도스[90] 출신의 폴뤼젤로스를 포함해 몇몇 사람은 그 액수가 15탈란톤이었다고 한다. 한편 그의 친구들은 평생 동안 '빚 떼어먹은 자들'[91]이라고 불렸다.

16.

그러나 이 조치로 솔론은 어느 쪽도 만족시키지 못했다. 부자들은 채권을 빼앗긴 것에 불만이었고, 가난한 사람들은 더욱더 불만이었는데, 그것은 그가 자신들의 기대와는 달리 토지를 재분배해주지 않았고, 뤼쿠르고스가 그랬듯이 만인에게 동등하고 평등한 생활방식을 강요하지 않았기 때문이었다. 뤼쿠르고스는 헤라클레스의 11세손으로[92] 수년간 라케다이몬[93]의 실질적인 왕이었다. 그러므로 그는 상당한 특권과 권위와 친구들이 있었고, 그것들을 자신의 정체를 유지하는 데 적절히 이용할 줄 알았다. 또한 그는 설득보다 힘에 의지했는데, 그러다가 한쪽 눈을 잃기도 했으나 어떤 시민도 가난한 사람이나 부자가 될 수 없게 함으로써 국가의 안전과 통일을 가장 효과적으로 보장할 수 있었다.

그러나 솔론은 중류층의 평범한 시민에 지나지 않아 그런 국가적인 큰일을 해낼 수 없었다. 그는 자신의 지위가 오로지 시민의

---

90   로도스(Rhodos)는 소아시아 서남부 카리아(Karia) 지방 앞바다에 있는 섬이다.
91   그리스어로는 chreōkopidai(단수형 chreōkopidēs)다.
92   「뤼쿠르고스 전」 주 15 참조.
93   「뤼쿠르고스 전」 주 3 참조.

의지와 신뢰에 달려 있다고 보고 주어진 권력을 최대한 이용했다. 그럼에도 솔론은 대부분의 아테나이인들의 기대를 충족시키지 못함으로써 그들의 감정을 상하게 했는데, 다음은 그가 한 말이다.

> 한때 그들은 내게 엄청난 기대를 걸더니
> 지금은 화가 나서 적인 양 나를 흘겨본다.[94]

그리고 누군가 다른 사람이 같은 권력을 가졌더라면, 다음과 같은 상황이 벌어졌을 거라고 덧붙였다.

> 그는 백성들을 제어하지 않았거나, 휘저은 우유에서
> 자신을 위해 크림을 걷어낼 때까지 멈추지 않았을 것이다.[95]

그러나 아테나이인들은 곧 솔론이 행한 개혁의 이점을 알아차리고는 사적인 불평을 그치고 공적인 제물을 바치며 그것을 '짐 덜어주기'라고 불렀다. 또 솔론에게 정체를 개혁하고 새로 입법할 권한을 부여하며 그에게 어떤 제약도 가하지 않고 관직, 민회, 법정, 회의 등 국가의 모든 기능을 일임했다. 그는 이들 각 기관에 필요한 재산 자격과 인원수와 회의 횟수를 정하되 기존 제도를 자신의 생각대로 폐지할 수도 유지할 수도 있었다.

---

94 『그리스의 서정시인들』 솔론 단편 34 Bergk.
95 아리스토텔레스, 같은 책, 7장 1절.

17.

맨 먼저 솔론은 드라콘[96]이 제정한 법 가운데 살인죄에 관한 것만 남겨두고 모두 폐지했다. 드라콘의 법은 너무 가혹하고 형량이 무거웠다. 거의 대부분의 범죄에 대해 사형(死刑)이라는 한 가지 벌이 정해져 있어서, 나태로 인해 유죄선고를 받은 자도 사형에 처해졌고, 채소나 과일을 훔친 자도 신전을 털거나 살인한 자와 같은 벌을 받았다. 그래서 훗날 데마데스[97]는 드라콘의 법은 잉크가 아니라 피로 쓰였다는 명언을 남겼던 것이다. 전하는 이야기에 따르면, 드라콘은 왜 대부분의 범죄를 사형으로 다스리느냐는 물음에, 그가 보기에 작은 범죄도 사형을 받아 마땅하며 그보다 더 무거운 형벌이 없어 큰 범죄에도 사형을 적용할 수밖에 없었노라고 대답했다 한다.

18.

두 번째로 솔론은 모든 관직을 종전대로 부유층에게 맡겨두되, 대중에게도 지금까지는 참여할 수 없었던 정부의 다른 기구에 참여할 기회를 주기 위해 아테나이 시민의 재산 자격을 다시 평가하게 했다.[98] 말린 것과 말리지 않은 것[99]을 합쳐 1년에 500메딤노스[100]의 수입이 있는 자들을 첫 번째 계층으로 삼고, '펜타코시오

---

96 드라콘(Drakōn 라/Draco)은 기원전 620년경 아테나이의 입법자로, 아테나이의 법률은 그에 의해 처음으로 성문화되었다.
97 데마데스(Dēmadēs)는 기원전 4세기의 아테나이 웅변가다.
98 아리스토텔레스, 같은 책, 7장 3~4절 참조.
99 '말린 것과 말리지 않은 것'이란 대개 포도주, 올리브유, 곡물을 말하는 것 같다. 「뤼쿠르고스 전」 8장과 12장 참조.

메딤노이'[101]라고 불렀다. 두 번째 계층은 말 한 필을 먹일 수 있고 1년에 300메딤노스의 수입이 있는 자들로 구성되었는데, '힙파다 텔룬테스'[102]라고 불렀다. 세 번째 계층에 속한 자들은 '제우기타이'[103]라고 불렀는데, 이들의 1년 수입은 말린 것과 말리지 않은 것을 합쳐 200메딤노스였다. 나머지는 모두 '테테스'[104]라고 불렀는데, 이들은 관직에 취임하는 것은 허용되지 않았으나 민회에 참석하고 배심원으로 활동함으로써 정치에 참여했다. 처음에는 배심원으로 활동한다는 것이 대수롭지 않은 듯 보였으나 나중에는 대단히 중요한 의미를 갖게 되었다. 대부분의 분쟁이 배심원 손으로 넘어갔기 때문이었다. 솔론은 관리들이 심판하게 되어 있는 사건도 원할 경우 민중 법정에 항소할 수 있도록 했다.

뿐만 아니라 솔론은 민중 법정에 힘을 실어주기 위해 일부러 법을 모호한 문장으로 성문화했다고 한다. 그리하여 분쟁 당사자들은 법조문으로 분쟁을 해결할 수 없게 되자 언제나 배심원들이 결정해주기를 원하게 되었다. 그래서 모든 분쟁이 배심원들에게

---

100 그리스어 metron이 정확히 얼마나 많은 양인지 알 수 없으나 문맥상 메딤노스를 말하는 것 같다. 1메딤노스는 약 52리터다.
101 '펜타코시오메딤노이'(Pentakosiomedimnoi)는 '500메딤노스짜리'라는 뜻이다.
102 '힙파다 텔룬테스'(Hippada Telountes)는 '기사 세(稅)의 납입자'라는 뜻으로, 흔히 '힙페이스'(Hippeis '기사들'이라는 뜻)라고도 한다.
103 '제우기타이'(zeugitai 단수형 zeugitēs)는 쟁기질할 수 있는 '한 쌍의 소를 가진 자들'이라는 뜻인 듯하나, 이들이 전쟁터에서 중무장 보병(hoplites)으로 활동한 까닭에 '한 명에를 메고 싸우는 자들'이라는 의미가 내포된 것으로 볼 수도 있다.
104 주 72 참조.

맡겨지자 어떤 의미에서는 그들이 법을 주관하게 되었다. 다음 시행에서 솔론은 이에 대한 공로를 자신에게 돌리고 있다.

> 민중에게 나는 적당한 권력과 충분한 특권을 주었고,
> 그 이상도 그 이하도 주지 않았다.
> 나는 또 권세와 엄청난 부를 가진 자들 역시
> 아무런 피해를 입지 않도록 배려해주었다.
> 나는 튼튼한 방패를 들고 서서 양편의 앞을 가려주었고,
> 어느 편도 부당하게 우위를 유지하지 못하게 했다.[105]

그럼에도 솔론은 대중은 힘이 약해 보호해줄 필요가 있다고 생각하고 피해 입은 사람을 위해 시민이면 누구나 소송을 제기할 수 있게 해놓았다. 따라서 어떤 사람이 습격당해 얻어맞거나 부상당하면 그럴 능력과 의지만 있으면 누구든 가해자를 고발하고 소추할 수 있었다. 이런 방법으로 입법자는 현명하게도 시민이 한 몸의 여러 지체들로서 남의 불행을 공감하고 동정하는 데 익숙해지게 만들었던 것이다. 이러한 취지의 법과 잘 부합되는 솔론의 말이 남아 있다. 그는 어떤 도시가 가장 살기 좋은 곳이냐는 질문에 "불의를 당한 자들 못지않게 불의를 당하지 않은 자들도 불의를 저지른 자들을 벌주려고 나서는 도시겠지요"라고 대답했다.

---

[105] 『그리스의 서정시인들』 솔론 단편 5 Bergk. 아리스토텔레스, 같은 책, 12권 1장 참조.

19.

솔론은 매년 선출된 전임 아르콘들로 구성된 아레이오스 파고스[106] 회의체를 창설했는데, 그 자신도 아르콘이었던 까닭에 여기에 참여했다. 또한 그는 민중이 반항적이 되고 빚이 탕감된 까닭에 대담해진 것을 보고는 네 부족에서 각각 100명씩 뽑아 400명으로 구성된 또 다른 회의체를 만들었다.[107] 이 회의체의 기능은 민회에 앞서 공무를 심의하는 것인데, 어떤 안건도 이러한 사전 심의를 거치지 않고는 민회에 제출하지 못하게 되어 있었다. 그러고 나서 그는 상위의 회의체에는 국정 전반을 감독하고 법을 수호하는 임무를 맡겼다. 국가가 두 개의 회의체라는 닻을 내리고 정박하면 파도에 덜 들까불리게 되고 백성의 동요도 막을 수 있으리라 생각한 것이다.

대부분의 작가들이 아레이오스 파고스 회의체는 솔론이 창설했다고 주장한다. 그리고 그들의 견해는, 드라콘은 어디서도 아레이오스 파고스 회원들[108]을 거명하지 않고 살인 사건의 경우 언제나 에페테스[109]들을 언급하고 있다는 사실에 의해 뒷받침되고 있다. 그러나 솔론 법의 열세 번째 판(板)에는 다음과 같은 문구의 그의 법 8조가 포함되어 있다.

---

106 아레이오스 파고스(Areios pagos 라/Areopagus)는 '아레스의 언덕'이라는 뜻이다. 이것은 아테나이의 아크로폴리스 서쪽에 있는 이 언덕을 가리키기도 하고, 그곳에 있는 회의체를, 나중에는 최고재판소를 가리키기도 한다.
107 아리스토텔레스, 같은 책, 8장 4절 참조.
108 그리스어로는 Areopagitai다.
109 에페테스(ephetes 복수형 ephetai)는 아테나이의 살인 사건 전담 재판관이다.

솔론이 아르콘이 되기 전에 공민권을 박탈당한 모든 시민은 권리를 회복한다. 단, 아레이오스 파고스 회원이나 에페테스들이나 시청에서 수석 아르콘들에 의해 살인죄나 모살죄나 참주정치를 도입하려 했다는 죄목으로 유죄선고를 받은 자들과, 이 법이 공표될 때 망명 중인 자는 제외된다.

이것은 솔론이 아르콘이 되어 입법하기 전에 아레이오스 파고스 회의체가 있었음을 말해준다. 만일 솔론이 처음으로 아레이오스 파고스 회의체에 재판권을 부여했다면, 어떻게 사람들이 솔론 이전에 아레이오스 파고스에서 유죄선고를 받을 수 있겠는가? 물론 법조문의 표현이 모호하고 불완전할 수도 있을 것이며, 그래서 그 뜻은 법이 공표되었을 때 그러한 죄목으로 아레이오스 파고스 회원이나 에페테스들이나 의장단[110]에 의해 유죄선고를 받은 자들은 공민권을 박탈당하고, 다른 죄목으로 유죄선고를 받은 자들은 권리를 회복한다는 것일 수도 있을 것이다. 그러나 이것은 독자가 판단할 문제다.

20.

솔론의 이런저런 법 가운데 가장 특이하고 역설적인 것은, 당파싸움이 벌어졌을 때 어느 편에도 가담하지 않는 자의 공민권을 박탈하도록 규정해놓은 법이다.[111] 솔론의 의도는 아마도 사람들

---

110 '의장단'(prytaneis)이란 이 장의 앞부분에서 언급된 400인 회의체의 10분의 1로 구성된 위원회를 말한다.
111 아리스토텔레스, 같은 책, 8장 5절 참조.

이 공익에는 무감각하거나 무관심하면서 사적인 이익과 안전만 도모하거나 조국의 고통과 혼란에 동참하지 않는 것을 자랑스럽게 여기며 어느 쪽이 우세해지는지 옆에서 안전하게 기다릴 것이 아니라, 더 낫고 더 정의로운 편에 즉시 가담해 위험을 같이하며 그들을 도와야 한다는 것이리라.

불합리하고 우스꽝스러운 솔론의 또 다른 법은, 상속녀[112]가 법률에 의해 어떤 남자의 통제와 권위의 지배를 받게 되었는데 그 남편이 성불구자인 경우 남편의 가까운 친척 가운데 한 남자와 교합할 권리가 있다는 것이다. 그러나 이 법이야말로 남편 구실을 할 능력도 없으면서 돈 때문에 상속녀와 결혼함으로써 법의 보호 아래 자연에 폭행을 가하는 자들에 대한 현명한 조치라고 주장하는 자들도 있다. 왜냐하면 그들은 상속녀가 누구든 마음에 드는 남자와 교합할 수 있다는 것을 보게 되면, 결혼을 포기하든지 아니면 자신의 탐욕과 무례에 대한 벌로 치욕뿐인 결혼을 지속해야 하기 때문이다. 그리고 상속녀가 아무 남자가 아니라 남편의 친척 중 한 사람을 선택함으로써 그녀의 아이가 남편의 가문에 속하게 한 것도 현명한 조치다.

신부가 신랑과 함께 마르멜로 열매[113]를 먹은 뒤 신랑과 한방에 들도록 정한 것이나 상속녀의 남편에게 매달 빠짐없이 세 번씩 교합하게 한 것도 이러한 취지에 부합한다. 설령 둘 사이에 아이

---

112 상속녀(epiklēros)는 아테나이 법에서 가족의 재산을 상속한 미혼녀를 말하는데, 상속녀는 재산이 가문 밖으로 유출되지 못하도록 가까운 친척 남자와 결혼하여 재산을 물려줄 자식을 낳게 되어 있었다고 한다.
113 마르멜로 열매(kydōnion mēlon)는 씨가 많아 다산을 상징하기 때문에 결혼과 관계 있는 열매가 된 듯하다.

가 생기지 않는다 해도 그렇게 하는 것은 남편이 정숙한 아내에게 보여줘야 하는 경의요 애정의 표시이며, 그런 경우 발생할 수 있는 이런저런 불만을 해소하고 둘 사이의 말다툼이 완전한 결별로 이어지지 않게 해주기 때문이다.

그 밖에 결혼에 관한 다른 조항에서 솔론은 지참금을 없애고, 신부는 옷 세 벌과 비싸지 않은 약간의 세간 외에 다른 것은 아무것도 가져가지 못하게 했다. 그는 결혼이 돈이나 이익을 목적으로 하는 것이 아니라 부부가 서로 사랑하고 애정을 나누고 자식을 얻기 위해 동거하는 일이 되기를 원했기 때문이다. 아닌 게 아니라 디오뉘시오스[114]는 어머니가 그의 신하 가운데 한 명과 결혼하고 싶다고 했을 때, 자신은 비록 국법을 어기고 참주가 되었지만 자연의 법을 어기고 서로 나이가 맞지 않는 결혼을 주선할 수 없다고 했다. 그런 부조화는 어떤 도시에서도 허용되어서는 안 되며, 서로 나이도 맞지 않고 애정도 없으며 결혼 기능을 수행하기는커녕 그 목적에 어긋나는 결합은 용납되어서는 안 될 것이다. 진정한 아르콘이나 입법자라면 젊은 아내와 결혼하는 노인을 보고, 시인이 필록테테스[115]에게 한 말을 하게 될 것이다.

가련한 자여, 그대는 결혼하기 딱 알맞구려![116]

---

114 기원전 4세기 초 시칠리아 쉬라쿠사이(Syrakousai 라/Syracusae)시의 참주였던 디오뉘시오스(Dionysios) 1세를 말하는 듯하다.
115 필록테테스(Philoktētēs)는 트로이아전쟁 때 그리스군 최고의 명궁이다.
116 소포클레스의 『필록테테스』가 아니라 지금은 없어진 작가 불명의 드라마에서 인용한 것이다.

그리고 돈 많은 노파의 집에서 젊은이가 그녀와 어울리며 수자고처럼 피둥피둥 살찌는 것을 보게 되면 거기서 빼내어 남편이 필요한 미혼녀에게 줄 것이다. 이 주제에 관해서는 이쯤 해두자.

21.

사람들의 칭찬을 받은 솔론의 또 다른 법은 고인(故人)을 비방하는 것을 금하는 법이다. 고인을 신성시하는 것은 경건한 일이고, 그 자리에 없는 사람을 공격하지 않는 것은 올바른 일이며, 증오가 영원히 지속되지 못하게 하는 것은 정치적 수완이기 때문이다. 그는 또 신전이나 법정이나 관청에서 살아 있는 사람을 비방하는 것도 금했다. 이를 어긴 자는 비방당한 사람에게 3드라크메를 지불하고, 국고에 2드라크메를 더 내야 했다. 언제나 분노를 억제하지 못한다는 것은 참을성 없고 훈련받지 못했다는 징표이기 때문이다. 그러나 분노를 억제한다는 것은 어려운 일이고 어떤 사람들에게는 불가능하다. 그리고 입법자가 다수를 비효과적으로 벌주기보다는 소수를 효과적으로 벌주기를 원한다면 법의 실효성을 고려해야 한다.

솔론은 또 유언에 관한 법으로도 명성을 얻었다. 이전에는 유언이 허용되지 않았고, 고인의 전 재산은 가족에게 물려주어야 했다. 그러나 솔론은 자식이 없는 경우 누구에게나 마음대로 재산을 물려줄 수 있게 함으로써 혈연보다는 우정을, 의무보다는 호의를 더 중시했으며, 각자의 재산을 진정한 의미에서 그 자신의 재산이게 했다. 그러나 그는 유증(遺贈)을 아무 제약 없이 무조건 허용하는 것이 아니라, 질병이나 약물이나 감금이나 아내의 억지나 설득의 영향을 받지 않은 유증만을 허용했다. 그는 매우 정당하고 적절하게도 누군가를 자신의 이익에 어긋난 짓을 하도록 설득하는 것은 그렇게 하도록 강요하는 것과 다름없다고 생각하고는, 기만과 강요를, 그리고 쾌락과 고통을 같은 범주에 포함시켰던 것이다. 사람이 가진 이성의 힘을 빼앗을 수 있다는 점에서 이것들은 똑같다는 것이 그의 생각이었다.

솔론은 또 외출하는 여자들의 외관과 애도하는 방법, 축제 때의 처신 등에 관해서도 법으로 규제했다. 여자들은 외출할 때 옷을 세 벌 이상 입거나, 1오볼로스 가치 이상의 먹을거리나 마실거리를 갖고 다니거나, 길이가 1페퀴스[117]가 넘는 바구니를 들고 다니거나 하는 것을 금했고, 앞에 등(燈)을 단 사륜거를 타지 않고는 밤에 여행하는 것을 허용하지 않았다. 그 밖에도 상주(喪主)들이 제 살을 찢거나, 틀에 박힌 만가를 사용하거나, 남의 장례식에 대곡(代哭)하는 관행을 철폐했다. 그는 무덤가에서 소를 제물로 바치는 것도, 세 벌 이상의 옷을 고인과 함께 묻어주는 것도, 매장할 때를 제외하고는 집안이 아닌 다른 사람들의 무덤을 찾는 것도 금했다. 이런 관행들은 오늘날의 법에 의해서도 대부분 금지되어 있다. 그러나 오늘날의 법은 법을 어기는 자들은 남자답지 못한 허약한 태도를 보이며 지나치게 오래 애도했다는 이유로 여성감찰위원회[118]에 의해 처벌받도록 규정하고 있다.

---

117 1페퀴스(pechys 라/cubitus)는 44.4센티미터다.
118 '여성감찰위원회'(gynaikonomoi)는 당시 그리스의 많은 도시들, 특히 과두 정부가 수립된 도시에서는 어디나 있었다고 한다.

22.

솔론은 살기가 더 안전하다 하여 사람들이 사방에서 계속 앗티케로 유입되어 도시는 인파로 넘쳐나는데 나라는 대부분 불모이고 가난하며, 선원들은 대가를 지불할 수 없는 자들을 위해서는 물건을 수입하지 않는 속성을 파악하고는, 시민들의 관심을 제조술(製造術) 쪽으로 돌리고 아버지로부터 제조술 가운데 한 가지도 배우지 못한 아들은 아버지를 부양할 의무를 지지 않는다는 법을 만들었다.

뤼쿠르고스가 당면한 문제는 전혀 성격이 달랐다. 그의 나라에는 외지인들이 유입되지 않았고, 그 영토도 에우리피데스의 말처럼 "많은 사람들에게도 넓고, 아니 갑절이나 되는 사람들에게도 충분했다."[119]

그리고 무엇보다도 온 라케다이몬 땅에는 헤일로테스들이 넘쳐났는데, 그들에게 아무 일도 시키지 않는 것보다는 지속적인 노고와 고난으로 기를 꺾어놓는 것이 국익을 위해 상책이라고 생각되었다. 그러므로 뤼쿠르고스가 힘든 수공 일에서 시민들을 해방시켜 전쟁에만 주력하여 이 한 가지 기술만 익히고 습득하게 한 것은 잘한 일이었다.

그러나 솔론은 자신의 법에 상황을 맞추기보다는 상황에 자신의 법을 맞춰야만 했다. 그는 나라 형편이 땅을 경작하는 사람만 겨우 먹고살 만큼 양식을 생산하고 직업이 없어 일하지 않는 대중을 부양할 능력이 없음을 알고는, 모든 기술에 위엄을 부여하

---

[119] 에우리피데스의 현존하지 않는 비극에서 인용한 것이다.

는 한편 아레이오스 파고스 회의체에 명해 각자의 생계수단을 조사하여 직업이 없는 자들을 벌주게 했다.

솔론의 더 가혹한 조치는, 폰토스의 헤라클레이토스에 따르면, 사생아들에게는 아버지를 부양할 의무를 면제해주었다는 것이다. 결혼이라는 미풍양속을 무시하는 자는 자식을 얻기 위해서가 아니라 자신의 쾌락을 위해 여자를 데려가는 것이 분명한 만큼 그것은 당연한 응보인 셈이다. 그런 자는 자식들에게 세상에 태어났다는 것 자체를 치욕으로 만든 까닭에 자식들이 자신을 부양하지 않는다고 나무랄 여지조차 남겨두지 않았던 것이다.

23.

그러나 여자들에 관한 솔론의 법들은 대체로 매우 불합리해 보인다. 예컨대 그는 현장에서 잡힌 간부(姦夫)는 죽일 수 있게 하면서 동시에 자유민 여자를 납치한 자에게는 100드라크메의 벌금을, 자유민 여자를 유혹한 자에게는 20드라크메의 벌금을 물렸다. 그는 공공연히 몸을 파는 여자들, 말하자면 창녀들을 이 규정에서 제외했는데 그들은 대가를 치르는 남자들에게 공공연히 다가가기 때문이었다. 그는 또 남자와 동침했다는 것을 발견하기 전에는 어느 누구도 결혼하지 않은 딸이나 누이를 팔지 못하게 했다.

그러나 같은 범행을 어떤 때는 사정없이 엄중하게 처벌하고, 어떤 때는 경미한 벌금을 부과함으로써 관대하고 가볍게 처벌한다는 것은 불합리하다. 하지만 아마 그 시대에는 도시에 돈이 귀해서 돈을 마련하기 어려웠을 것이고, 그럴 경우에는 벌금형도 중형이 될 수 있었을 것이다. 아무튼 제물(祭物)의 가치로 따져본다면, 그는 양 한 마리와 1메딤노스의 곡식은 1드라크메의 가치가 있는 것으로 간주했다. 그는 또 이스트모스 경기의 우승자에게는 100드라크메를, 올륌피아 경기의 우승자에게는 500드라크메를 상으로 주었고, 늑대 한 마리를 가져온 자에게는 5드라크메를, 늑대 새끼 한 마리를 가져온 자에게는 1드라크메를 주었다. 팔레론의 데메트리오스[120]에 따르면, 이들 금액은 각각 소 한 마리 값과 양 한 마리 값이었다고 한다. 솔론이 열여섯 번째 판(板)에서 정해놓은 값들은 정선된 제물들의 값이어서 여느 제물들의 값보다 몇 배나 더 비쌀 수도 있겠지만, 그래도 오늘날에 견주면 싼 편이다.

아테나이인들은 먼 옛날부터 늑대와 전쟁을 치러왔는데, 그것은 그들의 나라가 농경보다는 목축에 더 적합했기 때문이다. 또한 일설에 따르면, 아테나이인들의 네 부족 이름은 원래 이온[121]의 아들에게서 유래한 것이 아니라, 그들이 종사한 여러 종류의 생업에서 유래한 것이라고 한다. 그리하여 전사(戰士)들은 호플리타이, 기술자들은 에르가데이스, 농부들은 겔론테스, 목초지에서 양떼와 염소떼를 치는 일로 시간을 보내는 자들은 아이기코레이스라고 불렀다는 것이다.[122]

---

120 「뤼쿠르고스 전」 23장 참조.
121 아폴론 또는 아테나이 왕 크수토스(Xouthos)의 아들로 이오네스족의 선조다.
122 플루타르코스는 여기에서 아테나이인들의 네 부족 이름인 호플레테스(Hopletes), 아르가데이스(Argadeis), 겔론테스(Gelontes), 아이기코레이스(Aigikoreis)의 어원을 나름대로 밝히고 있으나, 헤로도토스는 『역사』 5권 66장에서 이들 이름은 이온의 네 아들에게서 유래한 것이라고 주장하고 있다. 대부분의 학자들도 첫 번째 이름은 호플라(hopla '무기'라는 뜻), 두 번째 이름은 에르곤(ergon '일'이라는 뜻), 세 번째 이름은 게(ge '대지' '땅'이

앗티케 땅에는 연중 내내 흐르는 강이나 호수나 수량이 풍부한 샘이 없어 물이 귀한 편이었고, 주민들 대부분은 우물을 파서 이용했다. 그래서 솔론은 1힙피콘의 거리 안에 공동우물이 있을 경우 그 우물을 사용하게 하는 법을 만들었다. 1힙피콘은 4스타디온의 거리다.[123] 그보다 더 멀리 떨어져 있을 경우에는 주민들이 자력으로 우물을 파게 했다. 그러나 자신의 땅을 10바토스[124] 깊이까지 파도 물이 나오지 않을 경우에는 이웃사람의 우물에서 하루에 두 번씩 6쿠스[125]들이 물항아리를 채울 수 있게 했다. 솔론은 일하지 않는 자를 지원해주기보다는 어려운 사람을 돕는 것이 자신의 의무라고 생각한 것이다.

솔론은 또 나무를 심을 때의 여러 가지 규제에서도 전문가다운 지식을 보여주었다. 그는 이웃사람의 땅에서 5푸스[126] 이내에는 아무도 나무를 심지 못하게 했는데, 무화과나무와 올리브나무는 9푸스 이내의 들판에 심지 못하게 했다. 멀리까지 뿌리를 뻗는 이 나무들은 근처의 다른 나무의 영양분을 섭취하고 때로는 해로운 분비물을 발산함으로써 피해를 줄 수 있기 때문이다. 구덩이나 도랑을 파려면 그 깊이만큼 이웃의 땅에서 떨어져 파야 했고, 벌통을 설치할 때는 다른 사람이 이미 설치해놓은 벌통들에서 300푸스 이상 떨어진 곳이어야 가능했다.

라는 뜻), 네 번째 이름은 아익스(aix '염소'라는 뜻)와는 무관한 것으로 보고 있다.

123 1스타디온은 177.6미터이므로 1힙피콘(hippikon)은 700미터 정도의 거리다.
124 1바토스(bathos)는 1.8 미터다.
125 1쿠스(chous)는 3.25리터다.
126 1푸스(pous)는 29.6센티미터다.

24.

솔론은 1차 생산물 가운데 올리브유만 외국에 수출하는 것을 허용했고, 그 밖의 것들은 수출을 금했다. 누가 금수 품목을 수출하려는 경우 아르콘이 엄숙하게 저주하거나, 아니면 그 자신이 국고에 100드라크메를 내게 했다. 이 법은 그의 첫 번째 판에 새겨져 있다. 따라서 옛날에는 무화과 수출이 금지되어 있었고, 무화과를 수출하는 자들을 알려주거나 지적해주는 자들을 쉬코판테스[127]라고 불렀다는 말은 전혀 근거 없는 주장이 아닌 듯하다. 솔론은 또 짐승에게 입은 상해에 관한 법도 제정했다. 그 법에 따르면 무는 버릇이 있는 개는 3페퀴스 길이의 칼을 씌우게 했는데, 그것은 기발한 안전조치였다.

귀화한 시민에 관한 솔론의 법에도 어리둥절케 하는 대목이 있다. 그는 자기 나라에서 영구 추방된 자나 온 가족을 데리고 아테나이에 와서 생업에 종사하는 자에게만 시민권을 허용했다. 전하는 이야기에 따르면, 그가 그렇게 한 것은 다른 부류의 외지인을 몰아내기보다는 시민이 될 것이 확실시되는 특정 부류만을 아테나이로 초청하려는 조치였다고 한다. 조국을 떠나지 않을 수 없던 자들과 목적의식을 갖고 조국을 떠난 자라야 신뢰할 수 있다고 생각한 것이다.

솔론의 입법 가운데 또 다른 특징은 시청의 공공식탁에서 식사하는 관행에 관한 규제였는데, 그곳에서 식사하는 관행을 그는

---

127 '쉬코판테스'(sykophantes)는 원래 '법을 어기고 무화과(sykon)를 수출하는 자를 지적해주는(phainō) 자'라는 뜻이지만 나중에는 '무고자'라는 뜻으로 쓰였다.

'파라시테인'[128]이라고 불렸다. 같은 사람이 그곳에서 자주 식사하는 것을 금지하는 한편, 그럴 의무가 있는데도 나오지 않으면 벌주었는데, 전자는 탐욕스럽다고, 후자는 공공의 이익을 무시한다고 여겼기 때문이다.

25.

그는 모든 법이 100년 동안[129] 효력을 발휘하게 해놓았다. 이 법들은 '악소네스'[130] 또는 목판(木板)에 쓰였는데, 이 목판은 그것이 들어 있는 장방형 액자와 함께 돌게 되어 있었다. 이 목판의 일부가 오늘날까지 시청에 보존되어 있는데, 아리스토텔레스에 따르면 그것은 '퀴르베이스'[131]라고 불렸다 한다. 희극시인 크라티노스[132]도 어딘가에서 이렇게 말한다.

그들의 퀴르베이스가 오늘날에는 보리를 찧는 데에 쓰이고 있소.

---

128 '파라시테인'(parasitein)은 원래 '함께 또는 나란히 식사하다'란 뜻이지만 나중에는 '식객(食客) 노릇을 하다'라는 뜻으로 쓰였다.
129 아리스토텔레스, 같은 책, 7장 2절 참조. 헤로도토스는 1권 29장에서 10년이라고 말한다.
130 '악소네스'(axōnes 단수형 axōn)는 '축' '굴대'라는 뜻이다. 악소네스와 뒤에 나오는 퀴르베이스가 어떻게 생겼으며 어떻게 돌리게 되어 있었는지, 즉 세워서 돌렸는지 눕혀서 펼쳤는지는 알 수 없다.
131 '퀴르베이스'(kyrbeis 단수형 kyrbis)는 법령을 알리기 위한 피라미드 모양의, 돌리게 되어 있는 기둥이다.
132 크라티노스(Kratinos)는 아테나이의 희극시인으로 페리클레스와 동시대인이다.

솔론과 드라콘의 이름으로 나는 그렇다고 맹세하오.[133]

그러나 몇몇 사람의 주장에 따르면, 퀴르베이스라는 말은 엄밀히 말해 의식과 제물에 관한 목판에만 사용되고, 나머지는 모두 악소네스라 불렀다고 한다. 아무튼 400인 대표회의의 의원들은 솔론의 법을 지키겠다고 공동으로 맹세했고, 입법위원[134]은 각자 연단으로 쓰이던 광장의 돌에서 어떤 조항이든 이 법을 어길 경우 자기 자신만큼이나 큰 황금 입상을 델포이에 봉헌하겠다고 맹세했다.

솔론은 달이 불규칙하다는 것을, 말하자면 달의 운동은 해가 지고 뜨는 것과 완전히 일치하지 않고 때로는 하루 중에도 달이 해를 따라잡아 추월하는 것을 알아차렸다. 그래서 그는 그런 날을 묵은 날이자 새 날이라 부르게 하고, 그런 날 가운데 해와 달이 일치하기 이전 부분은 끝나가는 달에, 나머지 부분은 방금 시작되는 달에 포함시키게 했다.

이 달이 이울고 새 달이 차기 시작하면[135]

---

133 코크(Kock), 『앗티케 희극시인들의 단편』(*Comicorum Atticorum Fragmenta*) 1권 94쪽.
134 매년 법률 개정하는 일을 맡았던, 나중에 추가된 여섯 명의 아르콘을 말한다.
135 호메로스, 『오뒷세이아』 16권 162행, 19권 307행. 거지로 변장한 오뒷세우스는 "오뒷세우스가 대체 언제쯤 돌아올 것이냐?"는 물음에 충직한 돼지치기 에우마이오스와 아내 페넬로페에게 그렇게 대답했다.

그는 아마도 처음으로 호메로스의 이 시행을 제대로 이해한 것 같다. 또한 그는 그다음 날을 초하룻날이라 불렀다. 20일부터는 날수를 보태는 식이 아니라 달이 이우는 현상에 맞춰 30일에서 빼나가는 식으로 날짜를 거꾸로 계산했다.[136]

솔론의 법이 일단 효력을 발휘하자마자 날마다 사람들이 찾아와 그의 법을 칭찬하거나 비난하는가 하면, 이러저러한 조항을 삽입하거나 삭제하라고 충고했다. 그리고 수없이 많은 사람들이 질문거리를 안고 찾아와 개별 조항의 의미와 목적이 무엇인지 자세히 설명해달라고 졸라댔다.

그는 그렇게 하는 것은 불가능하지만 그렇게 하지 않았다가는 미움을 사리란 걸 알고 이러한 번거로움에서 완전히 벗어나고 시민의 흠잡기와 헐뜯기를 피하기 위해(그 자신이 말했듯이 "큰일에는 모두를 만족시키기 어렵기"[137] 때문이다), 선주(船主)로서 여행할 일이 있다는 핑계로 아테나이인들에게서 10년 동안 외국에 나가 있어도 좋다는 허가를 받은 다음 출항했다. 그는 그사이에 아테나이인들이 자신이 만든 법에 익숙해지기를 기대했다.

26.

솔론은 맨 먼저 아이귑토스로 가서, 그의 말처럼 "네일로스[138]가

---

136 21일은 이우는 달에서 열흘, 22일은 아흐레 하는 식으로 계산해나가면 29일은 이우는 달의 두 번째 날이고 30일은 '묵은 날이자 새 날'이 된다.
137 『그리스의 서정시인들』 솔론 단편 7 Bergk.
138 네일로스(Neilos)는 나일강의 그리스어 이름이다.

카노보스[139]의 해안 근처에서 물을 쏟아붓고 있는 곳에"[140] 머물렀다. 그는 또 한동안 아주 유식한 사제들인 헬리우 폴리스[141] 출신 프세노피스와 사이스[142] 출신 송키스와 더불어 철학을 공부하느라 시간을 보냈다. 플라톤에 따르면,[143] 그는 이들에게서 사라진 섬 아틀란티스 이야기를 듣고는 시 형식을 빌려 헬라스인들에게 소개하려 했다고 한다.[144]

다음에 솔론은 퀴프로스[145]로 배를 타고 가 그곳의 여러 왕 가운데 한 명인 필로퀴프로스에게 각별한 환대를 받았다. 필로퀴프로스는 테세우스의 아들 데모폰이 클라리오스강 변에 세운 자그마한 도시를 차지하고 있었는데, 그곳은 방어하기는 쉬웠으나 다른 점에서는 불편하고 척박했다. 그래서 솔론은 그에게 아래쪽에 있는 평야로 옮겨 그곳에다 더 널찍하고 쾌적한 도시를 건설하라고 설득했다. 솔론은 또 그곳에 머무르며 신도시 건설을 감독했고, 그곳이 가장 살기 좋고 안전한 곳이 되도록 정비하는 데 도움을 주었다. 그 결과 많은 이주민이 몰려 필로퀴프로스는 다른 왕들의 선망의 대상이 되었다. 그래서 그는 솔론에게 영광을 돌리기 위해 전에는 아이페이아라고 부르던 도시의 이름을 솔로이라

---

139 카노보스(Kanōbos 라/Canopus)는 나일강의 서쪽 하구 옆에 있는 도시다.
140 『그리스의 서정시인들』 솔론 단편 28 Bergk.
141 헬리우 폴리스(Hēliou polis '태양신 헬리오스의 도시'라는 뜻)는 태양신의 신전으로 유명한 하부 이집트의 도시다.
142 사이스(Sais)는 나일강 삼각주에 있는 도시다.
143 플라톤, 『티마이오스』 22a 참조.
144 플라톤, 『티마이오스』 21c~23d, 『크리티아스』(*Kritias*) 108d 참조.
145 퀴프로스(Kypros 라/Cyprus)는 지중해 북동부에 있는 섬으로, 소아시아의 킬리키아 지방에서 남쪽으로 80킬로미터쯤 떨어져 있다.

고 개명했다.

솔론은 이 도시의 건설에 관해 어떤 언급도 하지 않고 있다. 하지만 그는 자신의 비가에서 필로퀴프로스에게 말을 걸며 이렇게 말한다.

> 그대와 그대의 후손들은 이 도시에서 오래오래
> 솔로이인들을 다스리며 사시기를!
> 그리고 나는 날랜 배를 타고 이 유명한 섬을 떠날 때
> 보랏빛 화관의 퀴프리스[146]께서 안전하게 인도해주시기를!
> 여신께서는 그대의 이 도시에 은총과 영광을 내리시고,
> 나에게는 내 조국으로의 무사 귀환을 허락해주시기를![147]

27.

솔론이 크로이소스를 만났다는 것을 어떤 사람들은 연대기에 근거해 지어낸 이야기에 지나지 않는다고 생각한다.[148] 그러나 이 이야기가 그토록 유명하고 여러 작가에 의해 인증되고, 무엇보다도 솔론의 성격에 맞고 그의 도량과 지혜에 어울린다면, 나는 이를 이른바 연대기 도표에 근거해 거부하는 데 동의할 수 없다. 연대기 도

---

146 퀴프리스(Kypris)는 아프로디테 여신의 별명 중 하나로, 그녀가 바다거품에서 태어난 뒤 맨 먼저 퀴프로스섬에 상륙한 까닭에 그런 별명이 붙었다.
147 『그리스의 서정시인들』 솔론 단편 19 Bergk.
148 솔론은 기원전 594/3년에 아르콘이었고, 크로이소스는 기원전 560년경~546년에 뤼디아의 왕이었다. 솔론이 뤼디아를 방문했다면 그 이전의 왕이 다스릴 때였을 것이다. 그러나 헤로도토스는 『역사』 1권 29~34장에서 두 사람이 만난 것으로 그리고 있다.

표는 무수한 작가에 의해 수정되고 있지만 오늘날까지도 그 모순점을 해결하는 방향으로 조금도 나아가지 못하고 있기 때문이다.

아무튼 전해 내려오는 이야기에 따르면, 솔론은 크로이소스의 초청을 받아 사르데이스[149]로 가서, 마치 난생처음 내륙에서 바닷가로 여행하는 사람과 비슷한 경험을 했다고 한다. 그런 사람이 강을 볼 때마다 바다라고 생각하듯이, 솔론도 궁전의 뜰을 지나다가 수많은 조신(朝臣)들이 잘 차려입고는 시종과 호위대에 둘러싸여 으스대며 걷는 것을 볼 때마다 그들을 크로이소스라고 생각했으니 말이다. 마침내 그가 왕을 알현하자 왕은 가장 엄숙하고 호화로운 광경을 보여주려는 듯 보석과 물들인 옷과 더없이 휘황하고 비범하고 탐스러운 금패물을 온몸에 두르고 있었다.

그러나 솔론은 그와 마주섰을 때 자신이 본 것에 놀라지 않았고, 그의 기대와 달리 일언반구도 없었다. 오히려 지각 있는 사람이라면 솔론이 그런 속되고 시시한 것들을 경멸한다는 것을 한눈에 알 수 있었다. 그래서 왕은 신하들에게 명해 보물창고의 문을 활짝 열고 그를 두루 안내하며 자신의 나머지 살림살이와 사치품들을 보여주게 했다. 그러나 그럴 필요는 없었다. 솔론은 그를 보고 그의 됨됨이를 판단할 수 있었기 때문이다. 아무튼 솔론이 구경을 마치고 나서 다시 크로이소스에게 안내되어 왔을 때, 그는 솔론에게 자기보다 더 행복한 사람을 본 적이 있느냐고 물었다. 솔론은 본 적이 있다며, 그 사람은 바로 자신의 동료 시민인 텔로스라고 말했다.

---

149 사르데이스(Sardeis 라/Sardis 또는 Sardes)는 소아시아 뤼디아 지방의 수도다.

텔로스는 쓸 만한 사람으로 평판이 좋은 아들들을 남겼고 별로 어려운 줄 모르고 살다가 조국을 위해 싸우다 영광스럽게 죽었기 때문이라고 그는 설명했다. 그러자 당장 크로이소스는 솔론이 금과 은이 많은 것을 행복의 척도로 삼지 않고, 모든 권세와 통치권보다 한 평범한 개인의 삶과 죽음을 더 높이 평가하는 걸 보니 덜 떨어진 괴짜라고 판단했다.

그럼에도 왕은 그에게 텔로스 말고 자기보다 더 행복한 사람을 본 적이 있느냐고 다시 물었다. 이번에도 솔론은 본 적이 있다며, 형제간의 우애와 어머니에 대한 효성이 지극한 두 사람 클레오비스와 비톤의 이름을 댔다. 그의 설명에 따르면, 그들은 어머니가 탄 사륜거가 소들이 느려 지체되자 몸소 어깨에 멍에를 메고 어머니가 탄 사륜거를 헤라의 신전으로 끌고 갔다는 것이다. 그리하여 어머니는 시민으로부터 행복하다는 칭송을 받으며 기뻐했고, 두 아들은 제물을 바치고 술을 마신 뒤 가서 잠자리에 들었으나 다시는 일어나지 못하고 죽은 채 발견됨으로써 그토록 큰 영광에 고통 없는 편안한 죽음을 보탰으니 금상첨화가 아니고 무엇이겠느냐는 것이었다.

그러자 크로이소스가 분통을 터뜨리며 말했다. "그대에게는 내가 아예 행복한 사람 축에도 못 든단 말이오?" 그러자 솔론은 왕에게 아첨하고 싶지도 않고 더 자극하고 싶지도 않아 이렇게 말했다. "오오! 뤼디아인들의 왕이시여, 신은 우리 헬라스인들에게 그다지 많지 않은 복을 내려주셨소. 그리고 생각건대, 우리의 지혜가 왕에게 어울리게 화려하지 못하고 백성에게 어울리게 소심하다는 것은 우리가 그다지 많지 않은 복을 받았다는 사실로 설명될 수 있을 것이오. 우리의 이런 평범한 지혜는 인생이란 흥망

성쇠를 거듭한다는 것을 깨닫고는 우리가 지금 잘나간다고 해서 기고만장하거나, 아직도 바뀔 시간이 남아 있는 한 어떤 사람의 행운을 찬탄하는 것을 금하고 있소. 우리들 각자에게 다가오는 미래는 변화무쌍하고 불확실하오. 그래서 우리는 인생이 끝날 때까지 신이 행운을 내려준 사람만을 행복하다고 여기지요. 아직도 살아서 인생의 위험을 무릅쓰고 있는 사람을 행복하다고 하는 것은 아직 경기가 진행 중인데 어떤 선수를 우승했다고 선언하며 영관을 씌워주는 것만큼이나 불합리하고 효력도 없지요." 이렇게 말하고 솔론은 괴로워하는 크로이소스 곁을 떠났고, 그의 잘못을 질책하지는 않았다.

28.

마침 그때 우화 작가 아이소포스가 크로이소스의 초청으로 사르데이스로 건너와 존경받고 있다가 환대받지 못하는 솔론이 안타까워 그에게 조언을 해주었다. "솔론이여, 왕들과 이야기할 때는 되도록 말을 적게 하든지 되도록 듣기 좋은 말을 해야 하오." 그러자 솔론은 "아니지요. 되도록 말을 적게 하든지 되도록 유익한 말을 해야지요"라고 대답했다.[150]

그때는 크로이소스가 이렇듯 솔론을 경멸했다. 그러나 나중에 그는 전쟁에서 퀴로스[151]에게 패하여 도시를 잃고 그 자신은 사로

---

150 이 일화는 다른 문헌에는 나오지 않는다.
151 퀴로스(Kyros 라/Cyrus)는 페르시아 제국을 세워 기원전 559년부터 529년까지 통치했다. 크세노폰은 자신의 저서 『퀴로스의 교육』(*Kyrou paideia*) 8권 7장 6절에서 그를 이상적인 군주로 그리고 있다.

잡혀 화형을 당하게 되었다. 그는 모든 페르시아인들과 퀴로스가 지켜보는 가운데 사슬에 묶여 화장용 장작더미에 오르더니 세 번이나 있는 힘을 다해 목청껏 "오오, 솔론!" 하고 소리쳤다. 그러자 퀴로스가 이를 이상히 여기고 그에게 사람을 보내 솔론이 도대체 어떤 사람 또는 어떤 신이기에 이 절망적인 상황에서 그만 부르는 것이냐고 물어보게 했다.

그러자 크로이소스가 숨김없이 말했다. "그 사람은 헬라스의 현인 가운데 한 명입니다. 나는 그를 초빙한 적이 있는데, 내게 필요한 것을 듣거나 배우고 싶어서가 아니라 당시 내가 누리던 행복을 그가 보고는 나중에 그 증인이 되기를 바랐던 것이지요. 이제야 나는 행복이라는 것이 갖고 있을 때의 이익보다 잃었을 때의 손해가 더 크다는 것을 알게 되었습니다. 왜냐하면 그것이 내 것일 때 내가 누리는 이익이라야 소문과 남들의 의견뿐이지만, 그것을 잃으면 무서운 고통과 치유할 수 없는 재앙을 실제로 당해야 하니까요. 솔론은 당시 상황에서 지금 이러한 미래를 예견하고는 나더러 인생의 종말을 바라보며, 불확실한 것을 믿고 대담해져서 오만을 떨지 말라고 일러주었던 것이지요."

이 말을 전해 들은 퀴로스는 크로이소스보다 더 현명한 사람이었던지라 바로 자기 앞에 있는 본보기에서 솔론의 말이 사실로 확인되었다고 여겼다. 그래서 그는 크로이소스를 풀어주었을 뿐 아니라 살아 있는 내내 존중해주었다. 그리하여 솔론은 한마디 말로 한 왕을 구하고 다른 왕을 가르쳤다는 명성을 얻게 되었던 것이다.

29.

 그러나 솔론이 외국에 나가 있는 동안 아테나이인들은 다시 당파싸움을 시작했다. 평야당은 뤼쿠르고스가, 해안당은 알크마이온의 아들 메가클레스가, 산악당은 페이시스트라토스가 이끌었다. 산악당에는 상당수 테테스의 무리가 포함되어 있었는데 그들은 부자를 철천지원수로 여겼다. 그리하여 도시가 아직 솔론의 법을 지키고는 있지만 이미 모두들 변혁을 바랐고 다른 형태의 정부를 원했다. 각 당파가 평등을 기대해서가 아니라 변혁이 일어나면 더 우세해져 적대하는 당들을 완전히 제압할 수 있으리라 믿었기 때문이다.

 솔론이 돌아왔을 때 아테나이는 이런 상황에 처해 있었다. 만인의 존경을 한 몸에 받지만 이미 그는 연로하여 이전처럼 공식석상에 나가 연설을 하고 정치 활동을 할 힘이 없었다. 그는 개인적으로 각 당파의 지도자들을 만나 서로 화해시키고 이견을 해소시키려고 노력했는데, 페이시스트라토스가 그의 말을 가장 잘 듣는 것처럼 보였다. 페이시스트라토스는 대화할 때 사근사근하고 상냥했고, 가난한 사람들을 잘 도와주었으며, 정치적 갈등도 합리적이고 온건하게 해결하려 했다. 그는 또 자신이 타고나지 못한 자질들도 그럴듯하게 꾸밀 줄 알았기 때문에 실제로 그런 자질을 갖고 있는 사람들보다도 신뢰를 받았다. 그래서 그는 조심스럽고 질서를 사랑하는 철저한 민주주의자로서, 기존 질서를 전복하고 변화를 꾀하는 자들은 누구든 적대시할 것으로 생각되었다. 이런 점에서 그는 실제로 대부분의 사람들을 속였다. 하지만 솔론은 재빨리 그의 본성을 꿰뚫어보고 누구보다도 먼저 그의 음모를 간파했다. 그러나 솔론은 그를 적대시하지 않고 순화시키며 좋은 말로 타이르려 했다. 실제로 솔론은, 만약 그가 제1인자가 되려는 야심을 버리고 참주가 되겠다는 욕망을 치유한다면 그야말로 천성적으로 탁월함을 지향할 모범적인 시민이 될 것이라고, 그는 물론이고 다른 사람들에게도 말했다. 이때쯤 테스피스[152]와 동료 시인들의 주선으로 비극이 공연되기 시작했는데, 아직 경연이 시작되기 이전 일이기는 하지만 이 새로운 볼거리에 끌려 많은 사람들이 몰려들었다. 솔론은 원래 듣고 배우기를 좋아하던 터에 이제 연로하여 더욱더 여가와 여흥에, 나아가 음주와 음악에 몰두한 까닭에 테스피스가 옛날 관습에 따라 자신의 비극에서 배우 노릇 하는 것을 보러 갔다.[153]

공연이 끝난 뒤 솔론은 테스피스를 찾아가 그토록 많은 사람들 앞에서 그따위 거짓말을 하다니 부끄럽지도 않으냐고 물었다. 테스피스가 장난삼아 그런 것을 말하고 행하는 것은 해로울 것이 없다고 대답하자, 솔론은 지팡이로 땅을 치며 "하지만 우리가 그런 장난을 이토록 칭찬하고 존중한다면 머지않아 인생의 중대사에서도 그런 것을 발견하게 될 것이오"라고 말했다.

30.

페이시스트라토스는 일부러 자기 몸에 상처를 낸 다음[154] 수레를 타고 광장으로 나가 자신의 정치적 견해 때문에 적들이 자기에게

---

152 비극의 창안자로 알려진 테스피스(Thespis)는 기원전 534년경 처음으로 경연에 참가했다.
153 소포클레스도 초기에는 자신이 쓴 비극의 주연을 맡았다.
154 헤로도토스, 『역사』 1권 59장 참조.

음모를 꾸민 것이라고 민중을 선동하기 시작했다. 그리하여 군중이 분개하여 고함을 지르자, 솔론이 가까이 다가서서 "힙포크라테스의 아들이여, 그대는 호메로스의 오뒷세우스 역을 잘못하고 있구려. 그는 적을 속이기 위해 자신을 학대했지만[155] 그대는 동료 시민들을 오도하기 위해 그렇게 하니 말이오"라고 말했다.

그 후 군중은 페이시스트라토스를 위해 싸울 각오를 하고는 민회를 열었다. 여기서 아리스톤이 몽둥이를 들고 다니는 사람 50명을 페이시스트라토스에게 호위대로 붙여주자는 발의를 하자 솔론이 일어서서 이의를 제기하며 자신의 시에 써놓은 것과 같은 논거를 제시했다.

> 그대들은 교활한 자의 혀와 말에 넋을 잃고 말았구려.
> 그대들은 저마다 여우의 발자국으로 걷고 있지만
> 함께 모이게 되면 그대들의 얕은꾀도 바닥이 드러나리라.[156]

그러나 가난한 자들이 열광적으로 그를 지지하는데 부자들은 겁을 먹고 몸을 사리는 것을 보자 솔론은 자신이 한쪽 무리보다는 더 현명하고 다른 쪽 무리보다는 더 용감하다는 말을 남기고 그곳을 떠났다. 말하자면 무슨 일이 일어나고 있는지 모르는 자들보다는 지혜롭고, 알면서도 참주정치에 맞서기를 두려워하는

---

155 오뒷세우스가 아내의 구혼자들을 응징하기 위해 거지로 변장하고 자신의 집에 찾아든 것을 말한다.
156 『그리스의 서정시인들』 솔론 단편 11; 7, 5, 6행 Bergk. 플루타르코스는 시행의 순서를 바꾸어 인용하고 있다.

자들보다는 용감하다는 뜻이다. 그리하여 민회는 아리스톤의 발의를 통과시켰으나, 호위대의 수를 엄격히 제한하지 않고 페이시스트라토스가 원하는 만큼 유지하며 공석에도 대동하게 하자 그는 결국 아크로폴리스를 점유해버렸다.

이런 일이 일어나 도시가 혼란에 빠지자 메가클레스[157]는 다른 알크마이오니다이족[158]과 더불어 지체 없이 도망쳤다. 하지만 솔론은 이제 고령자가 되어 자신을 지지해줄 자가 아무도 없음에도 광장에 나가 동료 시민에게 연설하며, 그들의 어리석음과 허약함을 나무라는가 하면 그들을 분기시키며 자유를 포기하지 말라고 격려하기도 했다. 이때 그는 참주정치를 초기에 막는 것이 더 쉬운 일이지만, 이미 뿌리 내려 자랄 대로 자란 참주정치의 뿌리를 뽑아 제거하는 것은 더 위대하고 영광스러운 일이라는 명언을 남겼다.

그러나 겁에 질려 아무도 가세하지 않자 그는 집으로 물러가더니 자신의 무구(武具)를 집어들어 대문 앞 좁은 길에 내다 놓으며 "나로서는 조국과 법을 지키기 위해 내가 할 수 있는 일은 다했노라"고 말했다. 그때부터 그는 두문불출하며 친구들이 망명하라고 해도 듣지 않고 시를 써서 아테나이인들을 나무랐다.

> 그대들이 이런 고생을 하는 것은 그대들이
> 비겁한 탓이니, 신들을 원망하지 마라.

---

[157] 여기에 나오는 메가클레스(Megakles)는 퀼론 일당을 학살한 메가클레스(12장 참조)의 손자로, 추방되었다가 귀국했다.
[158] 알크마이오니다이족(Alkmaiōnidai)은 아테나이의 명문가 중 하나다.

그대들은 호위대를 붙여주며 찬탈자의 힘을 키우더니,
그로 인해 지금은 비참한 노예가 되었구려.[159]

31.

이 말 때문에 참주가 그를 죽일 것이라고 나무라며 대체 무얼 믿고 그런 정신 나간 짓을 했느냐고 사람들이 묻자 그는 "내 노년을 믿고 그랬다오"라고 대답했다. 그러나 페이시스트라토스는 일단 권력을 장악하자 솔론을 자기편으로 끌어들이기 시작했다. 그가 솔론에게 경의를 표하고 호의를 보이며 자신의 궁전에 초대하자, 솔론은 사실상 그의 조언자가 되는가 하면 그의 여러 가지 조치를 승인하기도 했다. 페이시스트라토스가 자신이 먼저 지키고 친구들에게도 그렇게 하도록 강요함으로써 솔론의 법을 대부분 존속시켰기 때문이다. 예컨대 이미 참주가 된 그가 살인죄로 소환되어 적법하게 자신을 변호하기 위해 아레이오스 파고스에 출두했으나, 원고가 출두하지 않았다.

페이시스트라토스는 손수 다른 법들도 만들었는데, 그중 하나는 전쟁에서 불구가 된 사람을 국비로 부양하는 것이었다. 그러나 헤라클레이데스에 따르면, 그전에 벌써 솔론이 테르십포스라는 불구자를 위해 그런 취지의 법을 통과시킨 적이 있는데 페이시스트라토스는 그것을 모방했을 뿐이라는 것이다. 그러나 테오프라스토스의 보고에 따르면, 무노동(無勞動)을 금하는 법을 만들어 나라의 생산력을 높이고 도시를 더 평온하게 만든 것은 솔

---

159 『그리스의 서정시인들』 솔론 단편 11; 1~4행 Bergk.

론이 아니라 페이시스트라토스라고 한다.

솔론은 사라진 섬 아틀란티스의 이야기 또는 전설에 관한 대작(大作)을 쓰기 시작했는데,[160] 그 주제는 특히 아테나이와 밀접한 관계가 있다고 사이스의 학자들에게서 들었기 때문이었다. 하지만 결국 그는 계획을 포기하고 말았는데, 플라톤이 전하는 것처럼 여가가 없어서가 아니라 너무 늙어서 그런 방대한 작품을 완성하지 못할 것 같은 두려움 때문이었다. 그에게 여가가 많았다는 것은 그 자신의 여러 시행이 증언하고 있다.

나는 늙어가면서도 언제나 많은 것을 배운다.[161]

요즘 나에게는 퀴프로스에서 태어나신 여신[162]과 디오뉘소스[163]와

무사 여신[164]들의 작업이 마음에 드니, 인간에게 즐거움을 주기 때문이다.[165]

32.

플라톤은 사라진 아틀란티스라는 주제가 마치 버려진 낙토(樂土)

---

160 솔론이 그런 작품을 썼다는 증거는 어디에도 남아 있지 않아 플라톤의 상상이 아닌가 싶다. 주 144 참조.
161 『그리스의 서정시인들』 솔론 단편 18 Bergk.
162 미와 사랑의 여신 아프로디테(Aphrodite)를 말한다
163 디오뉘소스(Dionysos), 일명 박코스(Bakchos 라/Bacchus)는 주신(酒神)이다.
164 무사(Mousa 라/Musa 복수형 Mousai 라/Musae)는 시가(詩歌)의 여신이다.
165 『그리스의 서정시인들』 솔론 단편 26 Bergk.

의 일부로 솔론과의 인척 관계[166]에 의해 어떤 의미에서는 자신의 것이라도 되는 양 대작(大作)을 만들기를 열망하며, 일찍이 어떤 이야기나 신화나 시에서도 볼 수 없었을 만큼 거창한 현관과 울타리와 안뜰을 설계하는 일로 작품을 시작했다. 그러나 그는 늦게 시작한 까닭에 작품보다 먼저 삶을 마감했다. 그래서 우리는 플라톤이 이미 써놓은 부분을 읽고 기뻐할수록 마저 완성하지 못한 부분이 더 애석하게 생각되는 것이다. 아테나이시의 신전 가운데 올륌포스의 주신(主神) 제우스의 신전이 그러하듯, 플라톤의 지혜가 구상한 수많은 이름다운 작품 가운데 오직 사라진 아틀란티스의 이야기만 완성되지 못했기 때문이다.[167]

폰토스 사람 헤라클레이데스의 보고에 따르면, 솔론은 페이시스트라토스가 참주가 된 뒤에도 오래 살았다고 한다. 그러나 에레소스[168] 사람 파니아스[169]에 따르면, 솔론은 2년을 넘기지 못했다고 한다. 페이시스트라토스의 참주정치는 코미아스가 아르콘이었을 때[170] 시작되었는데, 파니아스에 따르면 솔론은 코미아스에 이어 헤게스트라토스가 아르콘이 되었을 때 죽었기 때문이다. 솔론의 시신은 화장되어 살라미스섬에 뿌려졌다는 이야기는 너무나 황당하여 도무지 믿기지 않는 우화처럼 들리지만, 철학자

---

166 디오게네스 라에르티오스(Diogenes Laertios 기원후 3세기 말)의 『유명 철학자들의 생애와 견해』(*Bioi kai gnōmai tōn en philosophia eudokimēsantōn*) 3권 1장에 따르면 플라톤은 솔론의 동생의 후손이라고 한다.
167 아틀란티스 신화의 단편은 플라톤의 『크리티아스』에 들어 있다.
168 에레소스(Eresos)는 레스보스섬에 있는 도시다.
169 주 74 참조.
170 기원전 561~560년.

아리스토텔레스[171]를 포함하여 다수의 저명 학자들이 그렇게 기록하고 있다.

---

171 아마도 지금은 없어진 저술에 기록되어 있었던 듯하다.

테미스토클레스 전

테미스토클레스(기원전 524년경~459년경)는 아테나이의 정치가다. 아르콘으로 당선되자 페이라이에우스를 항구로 개발하기 시작했고, 라우레이온 은광(銀鑛)의 막대한 수입으로 아테나이의 전함을 70척에서 200척으로 증강하자고 아테나이인들을 설득했다. 제2차 페르시아전쟁에 대비하고 있던 그는 장군직에 선출되자 기원전 480년 페르시아의 막강 함대를 살라미스의 좁은 수로(水路)로 유인하여 그들의 수적 우세를 무의미하게 만듦으로써 완승을 거두고 아테나이가 해상 강국으로 발돋움하는 계기를 마련했다. 전후 테미스토클레스는 스파르테에 맞서 아테나이의 세력을 확고히 굳히려 노력했지만, 기원전 470년대 말 정적들에게 도편추방당한다. 그는 아르고스에 망명해 있다가 역모에 가담했다는 누명을 쓰고 아시아로 건너가 페르시아 왕의 태수로 있다가 죽었다. 반(反)그리스 활동을 해달라는 페르시아 왕의 요청을 받고 자살했다는 설도 있다.

테미스토클레스의 흉상

1.

테미스토클레스의 경우,[1] 미래의 출세를 보장하기에는 집안이 너무 한미했다. 그의 아버지 네오클레스는 프레아르로이 구역과 레온티스 부족에 속하는[2] 사람으로, 아테나이에서 그다지 저명인사는 아니었다. 그리고 외가 쪽으로 따진다면, 어머니의 묘비명이 말해주듯 그는 재류외인(在留外人)이었다.[3]

> 내 이름은 아브로토논이고 트라케[4] 여인이에요. 하지만 헬라스인들에게
> 나는 큰 인물을 낳아주었지요. 테미스토클레스가 내 아들이니까요.[5]

그러나 파니아스[6]의 기록에 따르면, 테미스토클레스의 어머니는 트라케 여자가 아니라 카리아[7] 여자이며, 이름도 아브로토논

---

1   맨 앞의 한두 문단이 없어진 것으로 추정된다.
2   기원전 6세기 말 클레이스테네스(Kleisthenes) 개혁 때 아테나이 시민들은 열 개의 부족(phyle)으로, 앗티케 지방은 약 139개 구역(區域 dēmos)으로 나뉘었다.
3   당시 명문가의 아테나이인들이 외국 여자와 결혼하는 경우가 드물지 않았지만, 거기서 태어나는 아이들은 기원전 451년의 법령에 따라 재류외인(metoikos) 취급을 받았다.
4   트라케(Thraike)는 마케도니아 동쪽에 있는 지방으로, 당시 그곳 사람들은 미개한 야만인으로 여겨졌다.
5   아테나이오스(Athenaios 기원후 200년경에 활동), 『학자들의 만찬』(*Deipnosophistai*) 13권 576절.
6   「솔론 전」 주 74 참조.
7   카리아(Karia 라/Caria)는 소아시아 서남부 지방이다.

이 아니라 에우테르페라고 한다. 그리고 네안테스[8]는 그녀의 출신 도시가 카리아의 할리카르낫소스라고 덧붙이고 있다.

테미스토클레스 같은 아테나이의 재류외인들은 퀴노사르게스 연무장(演武場)에 회원으로 등록한 경우가 많았는데, 성문 밖에 위치한 그곳은 헤라클레스에게 바쳐진 곳이었다. 헤라클레스도 적출의 신이 아니라 어머니가 인간인 탓에 신들 사이에서 일종의 재류외인이었던 것이다.[9] 그러나 테미스토클레스는 퀴노사르게스로 나가 자기와 함께 연습하자고 명문가의 자제들을 설득했다. 그리고 이런 책략에 성공함으로써 그는 재류외인들과 토박이 아테나이인들의 차별을 철폐했다는 평을 들었다.

하지만 그가 뤼코미다이가(家)와 관계가 있는 것은 확실한 듯하다. 왜냐하면 시모니데스[10]의 보고에 따르면, 뤼코미다이가의 소유로 플뤼아 구역에 있던 성년식 성소가 페르시아인들의 손에 불탔을 때 그는 자비로 중수하여 벽화로 장식했다고 하기 때문이다.

2.

출신은 비록 한미했지만 테미스토클레스는 아이일 때부터 격정적이고 천성적으로 영리했으며 일을 크게 벌이고 정치에 관심이 많았다는 데 대해서는 모두들 의견을 같이하고 있다. 예컨대 공

---

8 네안테스(Neanthes)는 기원전 3세기의 역사가다.
9 그리스의 대표적인 영웅 헤라클레스는 12고역을 치러내어 사후에 신의 반열에 오르지만, 제우스와 인간인 알크메네(Alkmene) 사이에서 태어난 아들이다.
10 「뤼쿠르고스 전」 주 13 참조.

부가 바쁘지 않은 여가 시간에 그는 다른 소년들처럼 놀이에 빠지거나 빈둥거리는 것이 아니라 연설문을 작성해 혼자 연습하다 들키곤 했다. 그의 연설문은 다른 소년을 탄핵하거나 변호하는 내용이어서, 그의 선생은 그에게 "애야, 너는 시시한 사람이 아니라 좋든 나쁘든 큰 인물이 되겠구나"라고 말하곤 했다.

그는 학업에서도 인격을 도야하고 자유롭고 세련된 취미를 갖게 해주는 과목에는 이해가 느리고 마지못해 배웠다. 자신이 타고난 재능을 믿고는 지혜와 실무에 이론적으로만 접근하는 데 대해 나이답지 않게 냉담한 것이다.

그리하여 그는 나중에 자유롭고 세련된 사교 모임에서 스스로 교양 있다고 자처하는 사람들 틈에서 조롱거리가 되면 자기는 뤼라나 다른 현악기의 현을 조율할 줄은 몰라도 작고 시시한 도시를 맡아 영광스럽고 큰 도시로 만들 줄은 안다는 식으로 무례한 변명을 하지 않을 수 없었다.

하지만 스테심브로토스[11]에 따르면, 테미스토클레스는 아낙사고라스[12]의 제자였으며, 자연철학자 멜릿소스[13]의 강의도 들었다고 한다. 그러나 이는 시대착오적이다. 사모스의 포위 때 멜릿소스가 대적하고 아낙사고라스가 가까이 지낸 것은 페리클레스이

---

11 스테심브로토스(Stēsimbrotos)는 기원전 5세기의 소피스트이자 작가다.
12 아낙사고라스(Anaxagoras)는 기원전 5세기의 그리스 철학자로, 이오니아 지방의 클라조메나이(Klazomenai) 출신이지만 아테나이로 건너가 페리클레스와 가까이 지냈다.
13 멜릿소스(Melissos)는 사모스섬 출신의 그리스 철학자로 엘레아(Elea)학파의 핵심 인물 중 한 명이다. 그는 기원전 441년 사모스 함대를 지휘해 아테나이 함대를 격파했다.

며, 페리클레스는 테미스토클레스보다 훨씬 젊기 때문이다. 따라서 테미스토클레스는 프레아르로이 구역의 므네시필로스의 제자라는 주장이 더 신빙성 있어 보인다. 므네시필로스는 웅변가도 이른바 자연철학자도 아니고, 당시 지혜로 통하던 것, 즉 정치적 재능과 실천적 지식에 몰두해 있었는데, 그는 그것을 마치 철학 학파의 가르침인 양 솔론으로부터 대를 이어 물려받았던 것이다. 그런데 그의 후계자들은 그런 가르침을 변론술과 결합해 정치 활동이 아니라 웅변술에 적용하기 시작했는데, 그들이 이른바 소피스트[14]들이다. 그러니까 테미스토클레스가 정계에 입문했을 때 가까이 지냈던 것은 므네시필로스였던 것이다.

그러나 테미스토클레스는 청년기의 초기에는 충동적인 행동 탓에 한결같지 못하고 안정감이 없었다. 타고난 본성에 따라 행동한 것인데, 타고난 본성이란 이성과 교육에 의해 제어되지 않을 경우 행동을 극단에서 극단으로 이끌며 사람을 타락시키기 쉬운 까닭이다. 그는 훗날 가장 드센 망아지가 적절한 훈련과 교육을 받기만 하면 가장 좋은 말이 된다고 말함으로써 그 점을 인정하고 있다. 이것을 빌미로 몇몇 작가는 아버지가 아들의 상속권을 박탈했다든가 어머니가 아들의 나쁜 평판 때문에 자살했다는 따위의 이야기를 지어냈는데, 그것은 허구라고 생각된다. 그와는 반대로 다른 작가들은 그가 정계에 입문하는 것을 막아볼 양으로 아버지가 바닷가에 버려진 낡은 삼단노선들의 잔해를 가리키며 백성들도 쓸모없어진 지도자를 저렇게 다룬다는 점을 암시해주

---

14 「뤼쿠르고스 전」주 99 참조.

었다는 이야기를 들려주고 있다.

3.

아무튼 테미스토클레스는 젊어서부터 일찌감치 정치에 관심이 많았고, 명성을 얻고 싶은 충동에 사로잡혔던 것 같다. 그런 충동 때문에 그는 처음부터 일인자가 되겠다는 욕망에서 도시의 실력자들과 일인자들의 적대감에 과감히 맞섰다. 특히 뤼시마코스의 아들 아리스테이데스는 그의 영원한 적대자였다. 두 사람 사이의 적대감은 소년시절부터 싹트기 시작한 듯하다. 철학자 아리스톤의 보고에 따르면, 두 사람은 케오스섬 출신의 미남 스테실라오스를 사랑했는데, 그 이후로 둘은 사회생활에서도 서로 적대하게 되었다고 한다.

그러나 두 사람 사이의 알력은 생활방식과 성격 차이 때문에 더 커졌을 것이다. 아리스테이데스는 성격이 부드럽고 보수적이었다. 그가 정계에 입문한 것도 호감을 사고 명성을 얻기 위해서가 아니라 안전과 정의에 부합하는 국가의 이익을 극대화하기 위해서였다. 그래서 아리스테이데스는 테미스토클레스가 백성을 부추겨 큰일들을 벌이며 굵직굵직한 개혁 정책을 도입하자 자꾸만 그에게 반대하고 그의 영향력이 커지는 것을 막을 수밖에 없었던 것이다.

전하는 이야기에 따르면, 실제로 테미스토클레스는 명예욕과 큰일을 해내고 싶은 열정에 사로잡혀, 아직 젊은 나이인데도 페르시아인들과의 마라톤 전투[15]가 끝난 뒤 밀티아데스 장군이 장안의 화젯거리가 되었을 때 눈에 띄게 혼자 생각에 푹 잠겨 잠도 이루지 못하고 늘 찾던 술자리도 멀리했다고 한다. 사람들이 생활의 변화를 이상히 여기고 그 까닭을 묻자 그는 밀티아데스의 전승 기념비 때문에 잠을 이룰 수가 없다고 대답했다 한다. 다른 사람들은 모두 마라톤에서 페르시아인들이 패함으로써 전쟁이 끝났다고 생각했다. 그러나 그는 그것이 더 큰 싸움의 시작에 불과하다고 생각하고 그 싸움에 전(全) 헬라스의 대표 선수로 나서기 위해 몸에 기름을 바르고[16] 도시를 훈련시키기 시작했으니, 무슨 일이 다가오는지 먼 미래까지 내다보았던 것이다.

4.

그리하여 테미스토클레스만이 용감하게 백성들 앞에 나서서 라우레이온[17]의 은광에서 나오는 수입을 아테나이인들이 서로 나누어 갖던 관행을 중단하고 그 돈으로 대(對)아이기나[18] 전쟁[19]을 위해 삼단노선들을 건조하자고 제의했다. 그 전쟁은 당시 헬라스에서 가장 격렬한 전쟁이었는데, 아이기나섬 주민들은 대규모 함대로 제해권을 장악하고 있었다. 그래서 테미스토클레스는 그만큼 쉽게 아테나이인들이 자신의 주장에 동조하게 할 수 있었다. 그는 굳이 다레이오스와 페르시아인들을 내세워 겁줄 필요가 없었다. 사실 그들은 멀리 떨어져 있어 그들이 쳐들어올 것이라고 심각하게 우려하는 사람들은 별로 없었다. 그는 자신이 원하던 함

---

15 기원전 490년.
16 레슬링 선수처럼.
17 라우레이온(Laureion)은 앗티케 지방 남쪽에 있는 은광으로 유명한 산이다.
18 아이기나(Aigina)는 사로니코스(Saronikos)만에 있는 섬으로, 아테나이에서 남서쪽으로 20킬로미터쯤 떨어져 있다.
19 기원전 484~483년.

대를 얻기 위해 아이기나에 대한 시민들의 적개심과 시기심을 시의적절하게 이용하기만 하면 되었던 것이다. 그 결과 아테나이인들은 그 돈으로 100척의 삼단노선을 건조해 그 함대로 살라미스 해협에서 크세르크세스에 대항해 싸웠다.[20]

그 뒤부터 그는 아테나이인들의 생각을 조금씩 바다 쪽으로 돌리게 유인했다. 그의 주장인즉 그들의 육군은 가장 가까운 이웃[21]에게도 적수가 되지 못하지만, 해군력으로는 페르시아인들을 물리칠 수 있을 뿐 아니라 헬라스의 패권을 쥘 수 있다는 것이었다. 그리하여 그는 그들을 플라톤의 말처럼,[22] '든든한 중무장 보병들' 대신 선원과 바다 사공으로 만들었다. 그 과정에서 그는 "테미스토클레스는 동료 시민들에게서 창과 방패를 빼앗고 아테나이의 백성들을 노 젓는 의자와 노로 강등했다"는 비난을 들었다. 그리고 스테심브로토스의 보고에 따르면, 그는 밀티아데스의 반대를 무릅쓰고 이 정책을 관철했다고 한다.

이 정책을 관철하는 과정에서 그가 아테나이 정체의 완전성과 순수성을 훼손했느냐 아니냐는 철학자들이 고찰해야 할 문제다. 아무튼 당시 헬라스인들은 해군력에 의해 구원받았고, 불에 탄 아테나이시를 다시 일으켜 세운 것은 테미스토클레스의 이 삼단노선들 덕분이라는 것은 누구보다도 크세르크세스가 증언해주고 있다. 크세르크세스는 육군이 건재함에도 해전에서 패하자 자신은 헬라스인들의 적수가 되지 못한다고 믿고 도주한 것이다. 그

---

20 기원전 480년.
21 앗티케 지방의 북서부와 맞닿아 있는 보이오티아 지방의 주민을 말한다.
22 플라톤, 『법률』 706c.

가 마르도니오스[23]를 뒤에 남겨둔 것은, 내가 보기에 헬라스인들을 제압하기보다는 그들의 추격을 막으라는 뜻이었던 것 같다.

5.

몇몇 작가에 따르면 테미스토클레스는 금전욕이 강했는데, 그것은 그가 선심 쓰기를 좋아했기 때문이라고 한다. 그는 제물을 바칠 때 사람들을 청하기를 좋아했고, 그들에게 돈을 아끼지 않다 보니 많은 수입이 필요했다. 한편 그가 몹시 쩨쩨하고 인색했다고 비난하며, 선물로 받은 음식물조차 내다 팔았다고 주장하는 사람도 있다. 말 사육사 필리데스에게 망아지 한 마리를 달라고 했다 거절당하자 테미스토클레스는 그의 집안을 당장 목마(木馬)로 만들겠다고 위협했는데, 그것은 필리데스의 친척이 필리데스를 고소하게 하여 그와 친척들 사이에 송사가 벌어지게 하겠다는 암시였다.

일찍이 테미스토클레스보다 더 야심 많은 사람은 없었다. 예컨대 그는 아직 젊고 세상에 별로 알려지지 않았을 때, 아테나이에서 인기 있던 키타라[24] 연주자인 헤르미오네[25] 출신의 에피클레스

---

23 마르도니오스(Mardonios)는 다레이오스 1세의 조카이자 사위로, 기원전 480년 살라미스 해전에서 페르시아 함대가 궤멸하고 크세르크세스가 페르시아로 퇴각한 뒤 그리스에 남아 분전하다가 기원전 479년 보이오티아 지방의 플라타이아이(Plataiai)에서 전사했다.
24 키타라(kithara)는 길이가 같은 일곱 현으로 된 발현악기 뤼라를 소리가 더 잘 울리도록 개량한 것이다.
25 헤르미오네(Hermione)는 펠로폰네소스 아르골리스 지방의 동해안에 있는 해안도시다.

를 설득해 자기 집에서 연주하게 했는데, 많은 사람들이 자기 집을 알아내어 가끔 자기를 보러 오기를 원했기 때문이다. 한번은 올륌피아에 갔을 때 그는 만찬과 천막과 다른 기물의 화려함에서 키몬을 능가하려다 헬라스인들의 기분을 상하게 했다. 키몬은 젊은 데다 명문가 출신이라 사람들은 그에게 그런 것들을 허용해야 한다고 생각했다. 그러나 테미스토클레스는 아직 유명해지지도 않은 데다 그런 경비를 감당할 재력도 없던 터라, 지나치게 돋보이려는 그의 태도는 과시욕에 불과하다는 비난을 들었다.

그리고 비극경연대회는 초창기인 당시에도 경쟁이 치열했는데, 그가 코레고스[26]로서 경연에서 우승했을 때 자신의 우승을 기념해 다음과 같은 내용의 현판을 걸게 했다. "프레아르로이 구역의 테미스토클레스가 코레고스였고, 프뤼니코스가 극작가였으며, 아데이만토스가 아르콘이었노라."[27]

테미스토클레스는 대중과 친밀했는데, 그것은 첫째 그가 시민의 이름을 일일이 즉석에서 부를 수 있었고, 둘째 개인적인 거래 관계에서 믿음직한 중재자 노릇을 했기 때문이다. 그는 장군직에 있을 때 케오스 출신의 시모니데스에게서 부적절한 부탁을 받자 "가락에 맞지 않게 노래를 짓는다면 그대는 좋은 시인이 되지 못할 것이오. 나 또한 법을 어기면서까지 호의를 베푼다면 현명한 관리가 되지 못하겠지요"라고 대답하기도 했다. 그는 한 번 더 시모니데스를 놀려준 적이 있는데, 시모니데스 자신은 못난 얼굴에

---

[26] 코레고스(chorēgos)란 자기가 속한 부족의 이름으로 연극 경연에서 드라마의 코로스 의상과 훈련 비용을 대주던 재력가를 말한다.
[27] 기원전 477/6년.

도 자주 초상화를 그리게 하면서 코린토스인들이 크고 아름다운 도시에 산다고 비난하는 것은 우스운 일이라고 말한 것이다. 그는 대중의 인기에 힘입어 득세하고 마침내 반대당을 이기고 아리스테이데스를 도편추방(陶片追放)[28]하는 데 성공했다.

6.

마침내 메디아[29]인이 헬라스로 내려오고[30] 있을 때 아테나이인들은 아직까지도 누구를 장군으로 뽑아야 할지 의논 중이었다. 전하는 이야기에 따르면, 다른 사람들은 모두 자신들이 직면한 위험이 두려워 장군직 후보를 자진하여 사퇴했지만, 에우페미데스의 아들 에피퀴데스만은 장군직에 오르기를 열망했다. 그는 민중 선동가로 연설은 뛰어났지만 성격이 유약하고 뇌물에 약한 편이

28　도편추방(ostrakismos)은 기원전 508/7년 클레이스테네스가 아테나이에 도입했는데, 백성이 기피하는 저명인사를 재산은 몰수하지 않고 10년 동안 추방하는 제도다. 매년 민회(ekklēsia)에서 그해에 도편추방을 실시할 것인지 아닌지를 표결에 부쳐, 실시하기로 표결할 경우 시민은 질그릇 조각(ostrakon)에다 국가 안전을 위해 추방할 필요가 있다고 생각되는 인물 이름을 긁었는데 최다 득표자가 추방되었다. 맨 처음 도편추방당한 사람은 전 참주 힙피아스(Hippias)의 친척인 힙파르코스(Hipparchos)였다(기원전 487년). 처음에는 참주정치를 부활하거나 페르시아에 협력할 우려가 있는 자들이 대상이었으나, 나중에는 아리스테이데스, 테미스토클레스, 키몬 같은 저명인사들도 도편추방되었다. 그 이름이 알려진 마지막 희생자는 휘페르볼로스(Hyperbolos)인데, 그는 기원전 417년에 추방되었다.
29　메디아는 카스피해 남쪽 지방이다. 여기서 '메디아인'이란 페르시아 왕이라는 뜻이다.
30　페르시아는 그리스보다 고지대에 자리잡고 있기 때문에 '내려오다'라고 표현했다.

었다. 하지만 십중팔구 선거에서는 그가 장군으로 뽑힐 것 같았다. 그러자 테미스토클레스가 그런 사람이 장군이 될 경우 일을 완전히 망쳐놓지 않을까 두려워 뇌물을 주고 에피퀴데스의 야심을 매수해버렸다고 한다.[31]

테미스토클레스는 페르시아 왕이 항복 표시로 흙과 물을 요구하도록 보낸 사절단[32]에 섞여 있던 통역관을 처치한 일로 크게 칭찬을 들었다. 그는 통역관 노릇을 하던 자를 붙잡아 야만인의 명령을 전하는 데 감히 헬라스 말을 사용한 죄를 물어 사형에 처하도록 특명을 내렸던 것이다.

그는 젤레이아[33] 출신의 아르트미오스를 처치한 일로도 찬사를 들었다. 테미스토클레스의 발의로 그자는 메디아인들의 황금을 가져와 헬라스인들에게 나눠준 죄로 본인은 물론이고 그 자식들과 전 가족이 공민권을 박탈당한 것이다.

하지만 테미스토클레스의 가장 큰 업적은 헬라스의 내전을 종식시켜 헬라스의 도시가 서로 화해하고 페르시아와 전쟁 중에는 상호간의 적대행위를 뒤로 미루도록 설득한 것이었다. 이 일을 해내는 데[34] 그를 가장 많이 도와준 사람은 아르카디아[35] 출신의

---

31   에피퀴데스(Epikydes) 이야기는 다른 문헌에는 나오지 않는다.
32   그리스를 침공하기에 앞서 기원전 491년에는 다레이오스가, 기원전 481년에는 크세르크세스가 그리스에 사절단을 보내 항복의 표시로 흙과 물을 받아 오게 했다.
33   젤레이아(Zeleia)는 트로이아 근처 이데(Ide)산 기슭에 있는 도시다.
34   아르카디아 테게아(Tegea)시 출신의 케일레오스가 아테나이인들을 돕도록 스파르테인들에게 조언한 것은 기원전 480년이 아니라 기원전 479년 플라타이아이 전투 직전이었다고 한다. 헤로도토스, 『역사』 9권 9장 참조.
35   아르카디아는 그리스 펠로폰네소스반도의 내륙지방이다.

케일레오스였다고 한다.

7.

테미스토클레스는 통수권을 장악하자마자 시민들을 삼단노선들에 태우고 도시를 떠나 헬라스에서 되도록 멀리 떨어진 바다에서 페르시아인들을 맞도록 설득하려고 했다. 그러나 이러한 계획이 심한 반대에 부딪히자 테미스토클레스는 라케다이몬인들과 함께 템페[36] 계곡으로 대군을 이끌고 갔는데, 그곳에서 침공을 저지하고 텟살리아를 방어할 참이었다. 그때까지만 해도 텟살리아가 페르시아 편이 될 줄은 아무도 몰랐기 때문이다. 그러나 그 뒤 군대가 목적을 달성하지 못한 채 그곳에서 철수하자 텟살리아인들은 페르시아 왕의 편이 되었다. 이어서 보이오티아 지방에 이르기까지 전 헬라스가 페르시아 편이 되자, 그제야 아테나이인들은 바다에서 싸워야 한다는 테미스토클레스의 조언에 귀를 기울일 마음이 내켰다. 그리하여 그는 해협[37]을 지키도록 함대와 함께 아르테미시온[38]으로 파견되었다.

그곳에서 헬라스인들은 에우뤼비아데스와 라케다이몬인들이

---

36 템페(Tempe)는 그리스 북동부 텟살리아 지방의 올륌포스산과 옷사(Ossa)산 사이에 있는 계곡으로, 페네이오스(Peneios)강이 관류하고 있다.

37 여기서 '해협'이란 보이오티아 지방과 그 맞은편에 있는, 그리스에서 크레테 다음으로 큰 섬인 에우보이아 사이의 좁고 긴 에우리포스(Euripos) 해협을 가리킨다. 당시의 조선술과 항해술로는 에게해를 가로지르거나 에우보이아섬 밖을 돌아 아테나이로 남하한다는 것이 쉬운 일이 아니었기 때문에 아테나이인들은 페르시아 함대가 해협을 통과하는 것을 막으려고 한 것이다.

38 아르테미시온(Artemision)은 에우보이아섬 북쪽에 있는 곳이다.

지휘권을 맡도록 요청했으나, 아테나이인들은 자신들의 함선 수가 나머지를 다 합친 것보다 더 많았기 때문에 남들에게 종속되기를 거부했다. 테미스토클레스는 그렇게 하는 것이 얼마나 위험한지 알아차리고 자신의 지휘권을 에우뤼비아데스에게 넘겼을 뿐 아니라, 만약 아테나이인들이 전쟁에서 용맹을 떨치게 되면 앞으로는 헬라스인들이 기꺼이 그들에게 복종하게 해주겠다고 약속함으로써 그들의 자존심을 달랬다. 그리하여 그는 헬라스를 구하는 데 가장 많이 기여했으며, 용기에서는 적군을, 너그러움에서는 동맹군을 능가했다는 큰 명성을 얻도록 아테나이인들을 누구보다도 앞장서서 인도했다는 평을 들었던 것이다.

페르시아 함대가 아페타이[39]에 도착하자 에우뤼비아데스는 자신을 향하고 있는 적함의 수에 겁을 먹었다. 게다가 또 다른 200척의 함선이 퇴로를 차단하기 위해 스키아토스[40]섬의 북쪽을 우회하고 있다는 것을 알고 그는 가장 짧은 길로 헬라스로 되돌아가 펠로폰네소스와 연락을 취하며 육군으로 함대를 엄호하려 했는데, 바다에서는 페르시아 왕의 군대를 이길 수 없다고 생각한 것이다. 그러자 에우보이아인들은 헬라스인들이 자신들을 버리지나 않을까 두려워 몰래 테미스토클레스와 협상하기 시작했고, 펠라곤을 시켜 그에게 거금을 보냈다. 헤로도토스의 보고에 따르면,[41] 그는 이 돈을 받아 에우뤼비아데스에게 건네주었다고 한다.

---

39 아페타이(Aphetai)는 텟살리아 지방의 마그네시아만에 있는 곳으로, 아르테미시온곶 맞은편에 있다.
40 스키아토스(Skiathos)는 아르테미시온곶 북동쪽에 있는 작은 섬이다.
41 헤로도토스, 『역사』 8권 5장 참조.

동료 시민들 가운데 테미스토클레스의 계획에 가장 강력하게 반대한 사람은 신성한 배[42]의 선장인 아르키텔레스였는데, 그는 선원들에게 품삯을 지불할 돈이 없어 귀향하기를 열망한 것이다. 그래서 테미스토클레스는 선원들의 감정을 더욱더 부추겨 선장에게 몰려가 그의 저녁식사마저 빼앗게 했다.

아르키텔레스가 이런 사태에 상심하여 낙담하고 있을 때 테미스토클레스는 그에게 빵과 고기가 든 상자 밑바닥에 은화 1탈란톤을 넣어 보내며, 당장 저녁을 먹고 해가 뜨면 선원들을 잘 보살펴주라고 했다. 그렇게 하지 않으면 적군에게서 뇌물을 받았다고 공개적으로 그를 고발하겠다고 했다. 이것은 레스보스 사람 파니아스가 전하는 말이다.

8.

그때 에우보이아 해협에서 페르시아인들의 함대와 싸운 전투는 전쟁 전체의 결과에는 결정적인 영향을 주지 못했으나, 헬라스인들은 이 전투에서 말할 수 없이 귀중한 경험을 얻었다. 왜냐하면 위험을 무릅쓰고 몸소 싸워봄으로써 그들은 육박전을 벌이며 용감하게 싸울 줄 아는 전사들에게는 수많은 함선도, 찬란한 선수(船首) 장식도, 요란한 호언장담도, 야만적인 전투가도 두려움의 대상이 될 수 없다는 것을 배웠기 때문이다. 핀다로스[43]는 아르테미시온 해전에 관해 다음의 시를 지었을 때, 이 점을 잘 알고 있었던 것 같다.

---

42 '신성한 배'(hiera naus)가 어떤 배인지 알 수 없다.
43 「뤼쿠르고스 전」 주 110 참조.

그곳에서 아테나이인들의 아들들은 자유의 찬란한 초석을 놓았도다.[44]

승리는 역시 용기에서 비롯되기 때문이다.

아르테미시온은 헤스티아이아[45] 위에서 북쪽을 향해 뻗어 있는 에우보이아의 해안들 가운데 하나다. 거의 맞은편 텟살리아 해안에는 올리존[46]이 있는데, 그곳은 전에 필록테테스[47]가 다스리던 땅이다. 아르테미시온에는 프로세오이아[48]라는 별명을 가진 아르테미스[49] 여신의 조그마한 신전이 하나 있는데, 주위에는 나무가 우거져 있고 반듯한 하얀 대리석 석판들이 신전 외벽을 둘러싸고 있다. 이 돌을 손으로 문지르면 사프란의 색과 향기가 묻어난다. 그 석판 중 하나에는 다음과 같은 비가체의 대구(對句)가 새겨져 있다.

바다로 뻗어 있는 이곳에서 아테나이인들의 아들들이
  아시아 땅에서 온 잡다한 적군을 해전에서 제압했도다.

---

44 『그리스의 서정시인들』 핀다로스 단편 77 Bergk.
45 헤스티아이아(Hestiaia)는 에우보이아섬의 북쪽에 있는 도시로, 훗날 오레오스(Oreos)로 이름이 바뀌었다.
46 올리존(Olizōn)은 텟살리아의 마그네시아반도에 있는 해안도시다.
47 필록테테스는 트로이아전쟁 때 그리스군 최고의 명궁이었다.
48 프로세오이아(Proseōia)는 '동쪽을 향하고 있는'이라는 뜻으로, 아르테미스 여신의 별명 가운데 하나다.
49 아르테미스는 아폴론의 쌍둥이 누이로서 사냥과 순결과 달의 여신이다.

그들은 메디아인들의 군대를 격파했다는 증거로
처녀신 아르테미스에게 이 기념물을 세웠도다.[50]

바닷가에는 깊이 파보면 모래와 뒤범벅이 된 채 불에 탄 듯한 검은 잿가루가 나오는 곳이 있는데, 부서진 함선과 사자의 시신들이 바로 이곳에서 불태워진 것으로 믿어지고 있다.

9.

그러나 그들은 테르모퓔라이[51]에서 아르테미시온으로 보낸 사자들에게서 레오니다스[52]가 전사하고 크세르크세스가 고갯길을 장악했다는 소식을 듣고 남쪽의 헬라스 내륙으로 철수했다. 이때 전쟁에서 크게 용맹을 떨치고 고무되어 있던 아테나이인들이 후미를 맡았다. 테미스토클레스는 해안을 따라 항해하며 적군이 상륙하거나 보급을 위해 정박할 만한 곳이 눈에 띌 때마다 잘 보이게 바위에 글을 써두었는데, 그 바위 가운데 일부는 그가 우연히 발견한 것이고, 일부는 정박지나 급수장 근처에 손수 세운 것들이었다. 그는 이 글에서 이오니아인들에게 기회가 나는 대로 그들의 선조이자 그들의 자유를 위해 모든 위험을 감수하고 있는[53]

---

50 『그리스의 서정시인들』 Bergk, 3부 480쪽 참조.
51 테르모퓔라이는 텟살리아 지방과 그 남쪽의 로크리스(Lokris) 지방을 연결하는 좁은 고갯길로 한쪽은 바다에 닿아 있고 한쪽은 가파른 암벽에 둘러싸여 수비하기 이로운 곳이다. 그러나 적이 능선에 나 있는 오솔길을 아는 경우라면 측면을 포위당할 수 있는 약점이 있다.
52 레오니다스는 스파르테 왕으로, 페르시아군의 남진을 막기 위해 테르모퓔라이 고갯길을 지키다가 300명의 결사대와 함께 옥쇄했다.

아테나이인들의 편에 가담하라고, 그것이 안 되면 전투 중에 페르시아군을 방해하고 혼란에 빠뜨리라고 촉구했다. 이러한 책략으로 그는 이오니아인들을 자기편에 가담하게 하거나, 페르시아인들이 그들을 의심하게 함으로써 혼란이 조장되기를 바랐다.

그사이 크세르크세스가 도리스[54] 지방을 지나 포키스[55] 지방으로 쳐내려와서 포키스인들의 도시들을 불사르고 있었지만 헬라스인들은 그들을 도우러 가지 않았다. 아테나이인들은 자신들이 다른 헬라스인들을 도우러 아르테미시온으로 배를 타고 갔듯이, 헬라스인들에게 보이오티아로 나아가 그곳에서 적군과 맞서 앗티케를 지켜달라고 간청했다. 그러나 아테나이인들의 이런 간청에 귀를 기울이는 사람은 아무도 없었다. 연합군은 펠로폰네소스반도를 떠나기를 거부했으며, 이스트모스[56] 서쪽에 전 병력을 집결시킬 양으로 지협을 가로질러 바다에서 바다까지 방벽을 쌓기

---

53 이오니아 지방은 스뮈르나(Smyrna)에서 남쪽으로 밀레토스에 이르는 소아시아의 서부 해안 지방과 그 부속 도서들로 구성되어 있었는데, 그곳의 주민들은 기원전 1000년경 앗티케 지방에서 이주한 이오네스족의 후손들로 호메로스를 비롯해 초기 그리스의 시인들과 철학자들을 많이 배출했다. 그래서 페르시아가 서쪽으로 세력을 확장하면서 해안 지방의 그리스인들과 충돌하게 되자 아테나이가 적극적으로 그들을 지원해주었는데, 이것을 핑계로 페르시아가 그리스를 침공한 것이다.

54 도리스(Dōris)는 그리스의 중동부 지방으로, 에우보이아섬 북동부와 마주 보고 있다.

55 포키스(Phōkis)는 보이오티아 서쪽에 있는 그리스 중부 지방으로, 신탁으로 유명한 델포이는 이 지방에 속한다.

56 이스트모스(Isthmos)는 보통명사로는 '지협'(地峽)이라는 뜻이지만 고유명사로는 대개 코린토스시 동쪽에 있는 지협을 말하는데, 이곳을 막으면 펠로폰네소스반도로 출입하기가 어려워진다.

시작했다.

그러자 아테나이인들은 이러한 배신에 분개했고, 완전히 외톨토리가 되어 낙담하고 의기소침해졌다. 그들은 혼자서 그토록 많은 적군과 싸울 엄두가 나지 않았던 것이다. 그 상황에서는 도시를 버리고 함선들에 승선하는 것 외에는 선택의 여지가 없었다. 그러나 그들은 대부분 그런 계획이라면 듣기도 싫었다. 적군에게 신들의 신전과 선조들의 무덤을 내줘야 한다면, 그들은 그런 조건으로 승리하는 것을 원하지도 않았고, 구원이라는 것이 무슨 의미가 있는지 이해할 수 없었던 것이다.

10.

그러자 테미스토클레스는 사람의 논리로는 대중을 설득할 수 없음을 알고, 마치 비극시인이 기계장치를 도입하듯[57] 하늘의 조짐과 신탁을 끌어들였다. 그는 하늘의 조짐으로는 당시 아크로폴리스의 성역에서 사라진 것으로 믿어지던 뱀에 관한 이야기[58]를 이용했다. 사제들은 날마다 뱀에게 바치던 제물이 입도 대지 않은 채 그대로 남아 있는 것을 발견하고는, 테미스토클레스가 시키는 대로 아테나 여신이 도시를 버리고 떠나가며 자신들에게 바다로 가는 길을 가리켜주더라고 대중에게 알렸던 것이다.

그는 또 대중을 설득하기 위해 저 유명한 신탁[59]을 다시 써먹었

---

57 흔히 비극의 종결부에 신이 기중기 같은 기계장치를 타고 나타나서 얽히고 설킨 갈등을 해소하는 경우가 있는데, 이런 신을 '기계장치를 타고 나타나는 신'(deus ex machina)이라고 한다.
58 헤로도토스, 『역사』 8권 41장 참조.
59 같은 책, 7권 141장 참조.

는데, 신탁에서 말하는 '나무 성벽'(teichos xylinon)이란 자신들의 함대를 두고 한 말이며, 아폴론 신이 이 신탁에서 살라미스를 '무섭다'거나 '잔인하다'고 하지 않고 '신성하다'고 한 것은 이 섬이 언젠가는 헬라스인들에게 큰 행운을 의미하게 될 것이기 때문이라고 말했다. 일단 자신의 의견이 우세해지자 그는, 도시는 아테나이의 수호여신 아테나에게 지켜달라고 맡기고, 장정들은 모두 처자와 노예를 위해 최선의 안전책을 마련한 다음 삼단노선들에 오르게 하자는 법안을 제출했다. 이 법안이 통과되자 대부분의 아테나이인들은 처자를 트로이젠[60]으로 보냈고, 트로이젠인들은 이들을 따뜻하게 맞아주었다. 그들은 공금으로 이들을 부양하기로 법안을 통과시켰다. 그들은 한 세대에 하루 2오볼로스씩 지급했고, 아이들은 어디서나 과일을 따 먹을 수 있게 해주었으며, 나아가 아이들을 위해 교사들을 고용할 비용도 대주었다. 이 법안을 발의한 사람은 니카고라스였다.

  이때 아테나이인들은 공금이 바닥나, 아리스토텔레스에 따르면,[61] 아레이오스 파고스 의원들이 전함에 승선하는 전사들에게 각각 8드라크메[62]의 선금을 지불함으로써 삼단노선들에 선원을 태우는 데 가장 크게 기여했다고 한다. 그러나 클레이데모스[63]에 따르면, 이 역시 테미스토클레스의 계략 덕분이었다. 그의 말에 따르면, 아테나이인들이 도시를 버리고 페이라이에우스[64] 항으로

---

60 트로이젠은 펠로폰네소스반도 아르골리스 지방의 도시로, 칼라우레이아(Kalaureia)섬 맞은편에 있다.
61 아리스토텔레스, 『아테나이인들의 정체』 23장 1절 참조.
62 약 24일 치 급료에 해당하는 돈이다.
63 클레이데모스(Kleidēmos)는 기원전 4세기의 아테나이 역사가다.

내려가고 있을 때 아테나 여신의 신상에서 고르고[65]의 머리 장식이 없어졌음이 밝혀지자 테미스토클레스는 그것을 찾는다는 핑계로 닥치는 대로 샅샅이 뒤지다가 사람들의 휴대품에서 많은 돈을 발견하고 그것을 압수해 배에 타고 있던 선원들에게 충분한 급료와 식량을 지급할 수 있었다는 것이다.

이와 같이 도시 전체가 배를 타고 바다로 나가니, 참으로 처참한 광경이었다. 그러나 그들의 용감한 행위에 감탄을 금치 못하는 이들도 있었으니, 그들은 가족들을 다른 곳으로 보내고 부모들의 울부짖는 소리와 눈물과 포옹에도 흔들리지 않고 살라미스 섬으로 건너갔기 때문이다. 그러나 수많은 노인들이 여행하기에는 너무 늙어서 뒤에 남고, 집에서 기르는 애완동물들이 배에 오르는 주인 옆을 뛰어다니며 애타게 짖어대는 광경도 처참하기는 마찬가지였다. 전하는 이야기에 따르면, 그중 한 마리였던, 페리클레스[66]의 아버지 크산팁포스의 개는 차마 주인과 떨어질 수가

---

64 페이라이에우스(Peiraieus)는 아테나이의 외항이다.
65 고르고 자매들(Gorgones 단수형 Gorgo 또는 Gorgon)은 세 명인데, 스텐노(Sthenno '힘센 여자'라는 뜻)·에우뤼알레(Euryale '멀리 떠돌아다니는 여자'라는 뜻)·메두사(Medousa 라/Medusa '여왕'이라는 뜻)가 그들이다. 그중 다른 두 명은 불사(不死)의 몸이고 메두사만이 죽을 운명을 타고났는데, 고르고라 하면 보통 메두사를 말한다. 그들은 대지의 서쪽 끝에 살았는데 머리털은 뱀으로 되어 있고 몸은 용의 비늘로 덮여 있었으며, 또 눈길이 매서워 그것이 응시하게 되면 누구든 돌로 변했다고 한다. 영웅 페르세우스(Perseus)가 아테나 여신이 준 청동 거울을 이용해 직접 보지 않고도 목을 베어 그녀의 머리를 아테나 여신에게 바치자, 여신은 그것을 자신의 방패 또는 일종의 갑옷인 아이기스(Aigis)의 한가운데에 고정해 적을 돌로 변하게 했다고 한다.
66 「뤼쿠르고스 전」주 86 참조.

없어 바다로 뛰어들어 주인의 삼단노선을 따라 헤엄치다 살라미스의 해안에 떠밀렸으나 기진맥진해 그 자리에서 죽었다고 한다. 오늘날에도 사람들은 '개의 무덤'이라는 곳을 가리켜주는데, 바로 그곳이 그 개가 죽은 곳이라고 한다.

11.

이런 것들이 테미스토클레스가 이룩한 업적이다. 그러나 그는 더 큰 업적을 이룩하게 되어 있었다. 테미스토클레스는 시민들이 아리스테이데스를 그리워하고 있다는 것을 알았을 때 그가 혹시 페르시아 편에 가담해 헬라스의 일을 망쳐놓지 않을까 두렵기도 하여(그는 전쟁이 나기 몇 년 전 테미스토클레스와의 정쟁에서 패해 도편추방되었기 때문이다), 추방된 자들이 귀국 후 다른 시민들과 함께 헬라스를 위해 말과 행동으로 최선을 다해 봉사할 기회를 한시적으로 주자는 법안을 발의한 것이다.

에우뤼비아데스는 스파르테의 후광에 힘입어 함대를 지휘하고는 있었지만, 위험에 처하자 우유부단한 모습을 보이며 펠로폰네소스인들의 보병이 집결해 있던 이스트모스로 출항하고 싶어했다. 그러자 테미스토클레스가 그 계획에 반대했는데, 그가 저 유명한 말을 한 것은 이때였다고 한다. 에우뤼비아데스가 그를 향해 "테미스토클레스여, 경기에서 너무 일찍 출발하는 자들은 채찍질을 당하게 되지요"라고 말하자, 테미스토클레스는 "그렇겠지요. 하지만 뒤에 처지는 자들은 영관(榮冠)을 얻지 못하지요"라고 대답한 것이다. 그리고 에우뤼비아데스가 내리칠 것처럼 지휘봉을 쳐들자 테미스토클레스는 "칠 테면 치시오. 하지만 그 전에 내 말을 들어보시오"라고 말했다. 그러자 에우뤼비아데스가 그의 침착함에 감탄해 그에게 말해보라고 하자, 그는 자신의 입장에 동조하도록 에우뤼비아데스를 설득하려 했다.

그러나 이때 누군가 나서서 나라도 없는 주제에 아직도 버리고 배신할 수 있는 나라를 가진 자들에게 가르치려 드는 것은 적절치 못하다고 말하자, 테미스토클레스는 이런 말로 그에게 반박했다. "이 가련한 자여, 우리 아테나이인들이 집과 성벽을 버리고 떠난 것은 사실이지만, 그것은 그런 생명 없는 것들 때문에 종살이를 하는 것이 옳지 못하다고 여겼기 때문이오. 우리는 아직도 헬라스에서 가장 큰 도시를 갖고 있소. 200척의 삼단노선 말이오. 지금 그대들이 그것에 의해 구원받기를 원한다면 그대들을 도와줄 준비가 되어 있소. 하지만 그대들이 또다시 우리를 배신하고 떠나간다면, 그때는 당장 우리 아테나이인들이 잃었던 것보다 훨씬 더 좋은 자유로운 나라를 세웠다는 소문이 온 헬라스에 쫙 퍼지게 될 것이오."

테미스토클레스가 이렇게 말하자 에우뤼비아데스는 생각에 잠겼고 아테나이인들이 자기를 버리고 떠나지 않을까 겁이 났다. 그리고 에레트리아[67] 사람이 그에게 반박하려 하자, 그는 "그대들은 오징어떼처럼 칼만 있지 담력도 없는 주제에 전쟁에 관하여 무슨 할 말이 그리 많단 말이오?"라고 말했다.

12.

일설에 따르면, 테미스토클레스가 자신의 함선 갑판 위에서 이런

---

[67] 에레트리아(Eretria)는 에우보이아섬에 있는 도시다.

말을 하고 있을 때 올빼미 한 마리가 왼쪽에서 오른쪽[68]으로 함대 위를 날아 지나가더니 돛대 위에 앉는 모습이 보였다고 한다. 그것이 헬라스인들이 테미스토클레스의 계획에 동조해 바다에서 적군을 맞아 싸울 준비를 하게 된 주된 이유였다고 한다. 그러나 적의 함대가 앗티케 앞바다에 도착해 팔레론만을 점령함으로써 인근 해안이 시야에서 사라지고, 페르시아 왕이 친히 육군을 거느리고 바닷가까지 내려와 그의 전 군세가 위용을 드러내자, 헬라스인들은 적군이 이렇게 합류하는 것을 보고는 테미스토클레스가 한 말들을 잊기 시작했다. 그리고 펠로폰네소스인들은 또다시 이스트모스 쪽으로 애타게 눈길을 돌렸고 누가 다른 방향을 말하면 화를 내곤 했다. 실제로 그들은 그날 밤 철수하기로 결정하고 선원들에게 항해할 준비를 해두라는 지시까지 내려둔 상태였다.

그러자 테미스토클레스는 헬라스인들이 좁은 수로(水路)가 주는 지리적 이점을 포기하고 여러 도시로 분산될 것이라는 생각에 분통을 터뜨리다가 잠시 곰곰이 생각한 끝에 유명한 시킨노스 사건을 꾸몄다.

시킨노스는 페르시아인 전쟁포로로, 테미스토클레스를 흠모하여 그 자녀들의 개인 교사 노릇을 하고 있었다. 테미스토클레스는 시킨노스를 몰래 크세르크세스에게 보내 다음과 같은 말을 전하도록 했다. "아테나이인들의 장군 테미스토클레스는 대왕의 편이 되어 헬라스인들이 달아나려 한다는 것을 맨 먼저 알려드리고

---

68 고대 그리스인들은 독수리 등이 왼쪽에서 오른쪽으로 날아 지나가면 길조로 여겼다.

싶어하옵니다. 그는 대왕께서 그들이 달아나도록 내버려두지 말고 전열을 가다듬기 전에, 그리고 육군과 합류하기 전에 그들의 해군을 섬멸하도록 대왕께 촉구하고 있나이다."

크세르크세스는 이 전갈을 호의에서 보낸 것이라 믿고는 크게 기뻐하며 즉시 함장들에게 명령을 내려, 함대의 본대는 느긋하게 싸울 준비를 하되 함선 200척을 급파해 사방에서 해협을 봉쇄하고 살라미스와 이웃 섬들 사이의 수로를 막아 단 한 명의 적군도 달아나지 못하게 했다.

이런 일이 진행되는 동안 뤼시마코스의 아들 아리스테이데스가 맨 먼저 알아차리고 테미스토클레스의 막사를 찾아왔다. 그는 테미스토클레스를 좋아하지 않았다. 아니, 앞서 말했듯이, 그가 도편추방된 것은 테미스토클레스 탓이었다. 그러나 테미스토클레스가 막사에서 나오자 그는 자신들이 포위되었음을 알려주었다. 테미스토클레스는 그의 성격이 고결함을 알아차리고 이럴 때 찾아준 것에 감명을 받아 시킨노스 사건을 모두 털어놓으며, 헬라스인들이 그를 더 신뢰하고 있는 만큼 자기를 도와 그들을 붙들어두고, 해협에서 적을 맞아 싸우도록 그들을 격려해달라고 부탁했다.

그러자 아리스테이데스는 테미스토클레스의 작전을 칭찬한 다음 다른 장군들과 삼단노선들의 함장들을 찾아다니며 전투에 합류하도록 촉구했다. 그런데도 그들이 그의 말을 믿어야 할지 망설이고 있을 때 파나이티오스가 지휘하는 테노스[69]의 삼단노선

---

69 테노스(Tēnos)는 퀴클라데스 군도(Kyklades) 중 하나로, 안드로스(Andros)섬과 델로스(Dēlos)섬 사이에 있다.

한 척이 적군에서 이탈하여 다가오더니 그들이 포위되었음을 알려주었다. 그리하여 마침내 헬라스인들은 어쩔 수 없이 용감하게 위험에 맞서지 않을 수 없게 되었다.

13.

날이 밝자 크세르크세스는 높은 곳에 자리잡고 앉아 자신의 함대가 배치되어 있는 모양새를 내려다보고 있었다. 파노데모스[70]에 따르면, 그가 자리잡은 곳은 헤라클레스 신전 위쪽으로, 그곳은 살라미스섬이 좁은 수로에 의해 앗티케 지방과 떨어져 있는 곳이다. 그러나 아케스토도로스[71]에 따르면, 앗티케와 메가라의 접경 지역에 있는 이른바 뿔봉의 꼭대기였다고 한다. 그는 황금 왕좌 하나를 갖다놓게 했고, 가까이에는 수많은 서기(書記)들을 머물게 했는데 그들의 임무는 전투에서 일어나는 일을 빠짐없이 기록하는 것이었다.

한편 테미스토클레스는 기함(旗艦) 옆에서 제물을 바치고 있었다. 그곳에 세 명의 전쟁포로가 끌려 나왔는데, 그들은 더없이 준수한 용모에 화려한 옷을 입고 황금 장신구들을 차고 있었다. 전하는 말에 따르면, 그들은 왕의 누이인 산다우케와 아르타위크테스의 아들들이었다. 예언자 에우프란티데스가 그들을 보는 순간, 제물로 바친 짐승의 내장에서 크고 환한 불길이 솟아오르고 오른쪽에서 재채기 소리가 들렸는데 그것은 길조였다.[72] 그러자 그는

---

70 파노데모스(Phanodēmos)는 기원전 4세기의 아테나이 역사가다.
71 아케스토도로스(Akestodōros)는 기원전 3세기(?)의 작가다.
72 고대 그리스인들은 재채기 소리와 제물의 내장이 활활 타는 것을 길조로

테미스토클레스의 손을 잡으며 젊은이들을 봉헌하고[73] 기도한 다음 날고기를 먹는 디오뉘소스[74]에게 모두 제물로 바치라고 했다. 그렇게 하면 헬라스인들은 구원받고 승리할 것이라고 했다. 테미스토클레스는 예언자의 엄청나고 무시무시한 지시에 충격을 받았으나, 대중은 대개 위기의 순간에 합리적인 방법보다는 비합리적인 방법으로 구원받기를 원하는지라 이구동성으로 디오뉘소스를 부르며 포로들을 제단으로 끌고 가더니 예언자가 시키는 대로 그들을 제물로 바치도록 강요했다. 이것은 레스보스 사람 파니아스가 전하는 이야기인데, 그는 철학자이자 역사 기술에도 경험이 없지는 않은 사람이다.

14.

페르시아 쪽 함선들의 수에 관해 비극시인 아이스퀼로스는 확실히 알고 있는 양 자신의 비극 『페르시아인들』에서 이렇게 말한다.

> 내가 알기로, 크세르크세스는 일천 척의 함선을
> 거느리고 있었다. 그 밖에 쾌속선은 이백 하고도
> 일곱 척이었다. 이것이 함선 전체의 수였다.[75]

여겼다.
73 봉헌 의식은 앞머리를 잘라 불에 던지는 것으로 시작된다.
74 주신 디오뉘소스가 '날고기를 먹는'이라는 별명을 얻게 된 것은, 에우리피데스의 비극 『박코스 여신도들』에서 볼 수 있듯이, 박코스 축제 때 박코스 여신도들이 살아 있는 짐승을 갈기갈기 찢어 죽이기 때문인 듯하다.
75 341~343행.

앗티케의 함선은 100척 하고도 80척이었다. 함선들마다 갑판 위에서 싸울 전사들이 18명씩 타고 있었는데, 그 가운데 4명은 궁수이고 나머지는 중무장 보병이었다.

테미스토클레스는 싸울 장소 못지않게 싸울 시간도 잘 선택한 듯하다. 그는 늘 그러하듯 바다에서 바람이 세차게 불어오고 파도가 해협을 지나갈 시간이 될 때까지는 자신의 삼단노선들을 페르시아 함대 쪽으로 이물을 향하도록 배치하지 않았다. 바람은 평평하고 얕은 헬라스의 함선에는 불리할 것이 없으나, 고물이 우뚝하고 갑판이 높고 움직임이 굼뜬 페르시아의 함선에는 치명적이었다. 바람이 덮쳐 페르시아 함선이 빙글빙글 돌면서 헬라스인들에게 옆구리를 드러내면, 헬라스인들이 세차게 덤벼들었기 때문이다. 그들은 테미스토클레스 쪽을 주시하고 있었는데, 무엇을 어떻게 해야 하는지 그가 가장 잘 보고 있다고 믿었기 때문이다. 그를 주시한 또 다른 이유는 크세르크세스의 제독으로서 용맹무쌍하고 왕제(王弟)들 중 가장 강하고 의로운 아리아메네스가 그와 맞서며 마치 성벽 위에 있기라도 한 양 높은 배에서 화살을 쏘아대고 창을 던져댔기 때문이다.

그러나 한배를 탄 데켈레이아[76] 출신의 아메이니아스와 파이아니아[77] 출신의 소클레스가 아리아메네스에게 덤벼들었다. 그리하여 두 척의 배가 이물끼리 충돌하며 청동 부리들로 단단히 얽히

---

76 데켈레이아(Dekeleia)는 앗티케 지방의 한 구역으로, 아테나이에서 북동쪽으로 22킬로미터쯤 떨어져 있다.
77 파이아니아(Paiania)는 앗티케 지방의 한 구역으로 휘멧토스(Hymettos)산 동쪽에 있다.

자 아리아메네스가 그들의 삼단노선에 오르려고 했다. 그러나 두 사람은 물러서지 않고 아리아메네스를 창으로 쳐서 바다에 내던졌다. 난파선 사이를 이리저리 떠밀려 다니던 아리아메네스의 시신은 아르테미시아[78]가 알아보고는 크세르크세스에게 가져다주게 했다.

15.

전투가 이런 단계에 이르렀을 때, 전하는 말에 따르면, 엘레우시스[79] 쪽에서 갑자기 환한 불빛이 비치며 메아리가 트리아[80] 들판을 지나 바다까지 들려왔는데, 마치 수많은 군중이 행렬을 지어 나아가며 비의의 신 이악코스[81]를 호송할 때 내는 환호성처럼 들렸다고 한다. 그리고 소리가 들려오는 곳에서 구름이 조금씩 하늘로 피어오르는 것 같더니 바다 쪽으로 내려와 삼단노선들 위에 앉았다고 한다.[82] 다른 사람들은 무장한 전사들의 환영(幻影)

---

78 아르테미시아(Artemisia)는 카리아의 여왕이다.
79 엘레우시스(Eleusis)는 아테나이에서 서북쪽으로 20킬로미터쯤 떨어진, 데메테르 여신의 비의로 유명한 해안도시다. 이곳에서 데메테르가 저승의 신 하데스에게 납치되었던 딸 페르세포네를 돌려받았다고 한다.
80 트리아(Thria)는 엘레우시스에서 북동쪽으로 5킬로미터쯤 떨어져 있는 구역으로 그곳과 엘레우시스 사이에 있는 들판을 트리아 들판(Thriasion pedion)이라고 한다.
81 이악코스(Iakchos 라/Iacchus)는 엘레우시스 비의 때 데메테르, 페르세포네와 함께 추앙받던 신으로, 데메테르의 아들이라고도 하고, 페르세포네의 아들이라고도 하고, 박코스의 다른 이름이라고도 한다. 엘레우시스 비의의 주된 행사는 '신성한 길'을 따라 아테나이에서 엘레우시스로 행렬을 지어 나아가는 것인데, 이때 행렬에 참가한 군중은 "이악코스여, 오! 이악코스여"(Iakch' o Iakche)라고 외치곤 했다.

이 헬라스의 삼단노선들을 지켜주려고 손을 내민 채 아이기나섬에서 다가오는 모습을 보았다고 믿었다. 그들은 이들을 아이아코스[83]의 자손들로 여겼는데, 전투가 시작되기 전에 이들에게 도와달라고 간절히 기도했기 때문이다.

맨 먼저 적선을 나포한 것은 아테나이의 함장 뤼코메데스였다. 그는 적선의 선수장식(船首裝飾)을 베어내어 플뤼아[84]에서 월계관을 쓴 아폴론에게 바쳤다. 해협이 좁아 페르시아 함선들은 모두가 한꺼번에 공격하지 못하고 서로 방해가 된 까닭에, 나머지 헬라스인들은 대등한 싸움을 벌이며 저녁이 될 때까지 저항하던 적군을 물리쳤다. 그리하여 그들은, 시모니데스의 말처럼,[85] 헬라스인들이든 비헬라스인들이든 해전 사상 일찍이 그 유례를 찾아볼 수 없는 더없이 찬란한 업적이라고 할 저 멋지고 유명한 승리를 쟁취했으니, 이는 해전에 참가한 전사들의 용기와 하나로 뭉친 열성 덕분이지만 테미스토클레스의 현명한 판단 덕분이기도 했다.

16.

전투가 끝난 뒤 크세르크세스는 자신의 실패에 여전히 분통을 터뜨리며 제방을 쌓으려 했으니, 해협을 막은 다음 살라미스로 육

---

82 헤로도토스, 『역사』 8권 65장 참조.
83 아이아코스(Aiakos)는 제우스의 아들로 아이기나섬의 왕이며, 사후에는 저승에서 재판관이 되었다. 그의 아들로는 펠레우스(Peleus)와 텔라몬이 있는데, 전자는 아킬레우스의 아버지, 후자는 아이아스의 아버지다.
84 플뤼아는 앗티케 지방의 한 구역으로, 아테나이 북동쪽에 있다.
85 『그리스의 서정시인들』 Bergk, 3부 423쪽 참조.

군을 이끌고 가 헬라스인들을 칠 참이었다. 그러자 테미스토클레스는 아리스테이데스의 의중을 떠볼 양으로 함대를 이끌고 헬레스폰토스[86] 해협으로 가서 그곳에 놓여 있는 선교(船橋)를 파괴하자고 제의했다. "에우로페[87]에서 아시아를 잡기 위해서 말이오"라고 그는 덧붙였다.

그러나 아리스테이데스는 그 계획이 마음에 들지 않아 이렇게 대답했다. "지금까지 우리는 인생을 편안하게 살아가는 야만인과 싸웠소. 그러나 우리가 그토록 많은 군세를 거느린 자를 헬라스에 가두고 두려움 때문에 행동에 나설 수밖에 없게 만든다면, 그는 더이상 황금 일산(日傘) 아래 편안히 앉아 전쟁을 구경만 하지 않을 것이오. 오히려 무슨 짓이든 감행하고, 위험 때문에 만사를 친히 감독하고, 이전의 잘못을 바루고, 매사에 더 나은 조언에 귀를 기울일 것이오." 그러면서 그는 이렇게 덧붙였다. "그러니 테미스토클레스여, 우리는 그곳에 이미 놓여 있는 다리를 끊을 것이 아니라 가능하다면 그 옆에 다리 하나를 더 놓아야 할 것이오. 그자를 되도록 빨리 헬라스 땅에서 내쫓으려면 말이오." "좋습니다" 하고 테미스토클레스가 말했다. "그렇게 하는 것이 최선의 해결책이라고 생각된다면 지금이야말로 우리 모두 그자를 되도록 빨리 헬라스에서 내쫓을 방책을 강구할 때요."

일단 이 계획이 받아들여지자마자 테미스토클레스는 전쟁 포로들 중에서 아르나케스라는 이름을 가진 내시(內侍)를 보내 다

---

86 헬레스폰토스(Hellespontos)는 에게해와 마르마라(Marmara)해를 잇는 지금의 다르다넬스(Dardanelles) 해협의 그리스어 이름이다.
87 에우로페(Europe)는 유럽의 그리스어 이름이다.

음과 같은 전갈을 전하게 했다. "헬라스인들은 제해권을 장악한 만큼 헬레스폰토스로 항해하여 그곳에 놓여 있는 다리를 해체하기로 결정했소이다. 하지만 나 테미스토클레스가 그대를 염려하는 마음에서 충고하건대, 그대는 서둘러 바다를 건너 고향땅으로 돌아가시오. 그사이 나는 헬라스의 연합군을 온갖 방법으로 지연시키며 추격을 늦추도록 할 것이오."

페르시아 왕은 이 말을 듣자 간담이 서늘해져 부랴부랴 철수하기 시작했다. 테미스토클레스와 아리스테이데스가 현명했다는 것은 나중에 대(對)마르도니오스 전투에서 입증되었다. 왜냐하면 헬라스인들은 플라타이아이에서 크세르크세스 군대의 일부와 싸웠을 뿐인데도 자칫 모든 것을 잃을 뻔했기 때문이다.

17.

헤로도토스에 따르면,[88] 도시들 중에서는 아이기나가 감투상(敢鬪賞)을 받고, 참전한 사람들 중에서는 샘이 나서 그럴 마음이 내키지 않으면서도 만장일치로 테미스토클레스에게 일등상을 주었다고 한다. 장군들이 이스트모스로 철수해 그곳에 있는 포세이돈[89]의 제단에서 투표용 조약돌을 집어 들었을 때, 각자 감투상 1호는 자신이고 2호는 테미스토클레스라고 선언했기 때문이다. 그리고 라케다이몬인들은 그를 스파르테로 데려가 에우뤼비아데스에게는 감투상으로, 그에게는 지략상으로 각각 올리브 관을 하나

---

88 헤로도토스, 『역사』 8권 93장 참조.
89 포세이돈(Poseidon)은 바다의 신이다. 고대 그리스 4대 경기의 하나인 이스트모스 경기는 포세이돈을 경배하는 축제 경기였다.

씩 주었다. 또한 그들은 그에게 시내에서 제일 좋은 전차 한 대를 주고, 300명의 장정을 딸려 보내 국경까지 호위해주었다.

또한 전하는 이야기에 따르면, 다음번 올륌피아 경기가 개최되어 테미스토클레스가 경기장에 들어서자 관중은 선수들에게는 관심을 보이지 않고 온종일 그를 바라보고 외지의 방문객들에게 그를 가리키며 찬탄과 갈채를 보냈다고 한다. 그리하여 그도 마음이 흐뭇하여 "헬라스를 위한 내 노고가 이제야 결실을 거두나 보다"라고 친구들에게 고백했다고 한다.

18.

테미스토클레스에 관한 기록들로 미루어, 그는 천성적으로 명예욕이 매우 강한 것 같다. 예컨대 그는 아테나이 시민들에 의해 제독으로 선출되었을 때 공사(公私)를 불문하고 일을 그때그때 처리하지 않고 급한 일도 출항 예정일까지 미루었는데, 그것은 그가 많은 일을 일시에 처리하고 온갖 사람들과 면담함으로써 막강한 권세를 가진 대단한 인물이라는 인상을 주기 위해서였다.

한번은 바닷가에 떠밀려온 페르시아인들의 시신들이 황금 팔찌를 끼고 황금 목걸이를 두르고 있는 것을 보고는 그 자신은 지나치면서 동행하던 친구에게 그들을 가리키며 "자네가 가지게. 자네는 테미스토클레스가 아니니까"라고 말했다. 전에는 자신을 냉대했지만 나중에는 이름을 날리게 된 자신에게 구애하던 미소년 안티파테스에게 그는 "소년이여, 때늦기는 하지만 이제야 우리는 둘 다 제정신이 돌아왔네그려"라고 말했다.

그는 아테나이인들이 진심으로 자신을 존경하고 감탄하는 것이 아니라 플라타너스 취급을 한다며, 날씨가 궂으면 가지 밑으로 피신하지만 날씨가 좋아지기만 하면 가지를 쳐 자라지 못하게 한다고 말하곤 했다. 또 어떤 세리포스[90] 사람이 그가 이름을 날리게 된 것은 그의 공적이 아니라 그의 도시 덕분이라고 하자, 그는 "옳은 말이오. 내가 세리포스 사람이었다면 이름을 날리지 못했을 것이오. 하지만 당신은 아테나이 사람이었다 해도 이름을 날리지 못했을 것이오"라고 말했다.

한번은 동료 장군 한 명이 자신도 아테나이시를 위해 공을 세웠다고 믿고는 테미스토클레스에게 건방지게 굴며 자신의 공을 그의 공에 견주려 했을 때, 그는 "한번은 축제일과 그 이튿날 사이에 말다툼이 벌어졌다오. 그 이튿날이 축제일에게 '너는 분주하고 피곤하게 만들지만, 내가 다가오면 모두들 미리 마련된 것들을 느긋하게 즐기지'라고 말했지요. 그러자 축제일이 '맞는 말이야. 하지만 내가 없으면 너는 존재하지 않았겠지'라고 대답했지요. 마찬가지로 살라미스의 그날 내가 없었더라면 당신들이 지금 어디 있겠소?"라고 말했다.

테미스토클레스는 어머니에게, 또 간접적으로는 자기에게 대장 노릇을 하는 자기 아들이야말로 헬라스에서 가장 힘있는 세도가라고 농담 삼아 말하며, 헬라스인들은 아테나이인들이 호령하고, 아테나이인들은 그가 호령하고, 그는 아들의 어머니가 호령하고, 어머니는 아들이 호령하기 때문이라고 했다.

매사에 남다르기를 원한 그는 어떤 부동산을 팔려고 내놓으면서 중개인을 시켜 그 부동산을 사면 쓸 만한 이웃을 덤으로 얻게

90　세리포스(Seriphos)는 퀴클라데스 군도 가운데 작은 섬으로, 에게해 서남쪽에 있다.

된다고 선전하게 했다. 그리고 두 남자가 그의 딸에게 구혼했을 때, 그는 사람 없는 돈보다는 돈 없는 사람을 원한다며 부자 남자보다는 유능한 남자를 골랐다. 그의 어록(語錄)에서 그는 그러한 사람이었다.

19.

이런 큰 위업이 성취되자마자 그는 지체 없이 아테나이시를 재건하고 요새화하기 시작했다. 테오폼포스[91]의 보고에 따르면, 그는 이 계획에 반대하지 못하도록 스파르테의 감독관[92]들을 돈으로 매수했다고 하나, 대부분의 작가들[93]은 그가 그들을 속였다고 말한다. 그가 사절 자격으로 스파르테를 방문했을 때 스파르테인들은 아테나이인들이 도시를 요새화하고 있다고 그를 비난했다. 한편 아이기나인들은 폴뤼아르코스를 파견해 같은 취지의 항의를 했다. 그러나 테미스토클레스는 이를 부인하며 그들더러 아테나이로 사람들을 파견해 직접 살펴보라고 했는데, 이렇게 지연시키면 성벽을 쌓을 시간을 벌 수 있을 뿐 아니라 아테나이인들이 이들 파견대를 자신의 안전을 위한 볼모로 붙들어두기를 원했기 때문이다. 이것은 실제로 일어난 일이었다. 라케다이몬인들은 사실을 알게 되었을 때 그를 해하지 않고 분노를 감추며 그를 돌려보냈던 것이다.

---

91 테오폼포스(Theopompos)는 기원전 4세기의 키오스(Chios)섬 출신의 역사가다.
92 「뤼쿠르고스 전」 주 48 참조.
93 투퀴디데스, 1권 90~92장 참조.

그 뒤 그는 페이라이에우스를 항구로 개발하기 시작했는데, 그곳 포구들의 유리한 지형을 알아보았고[94] 또 도시 전체를 바다와 연결하고 싶었기 때문이다. 그가 추구하는 정책은 어떤 의미에서 아테나이의 옛 왕들이 시행한 정책과는 상반된 것이었다. 전하는 이야기에 따르면, 옛 왕들의 관심사는 백성을 바다에서 끌어들여 항해가 아니라 농사로 살아가는 데 익숙해지게 하는 것이었다. 그러기 위해 그들은 아테나 여신과 포세이돈이 나라의 영유권을 다툴 때 아테나가 재판관들 앞에서 신성한 올리브나무가 돋아나게 하여 경쟁에서 이겼다는 이야기를 퍼뜨렸다고 한다.

그러나 테미스토클레스는 희극시인 아리스토파네스[95]의 말처럼, "페이라이에우스를 아테나이시에 잇대는"[96] 것이 아니라, 아테나이시가 페이라이에우스에, 육지가 바다에 의존하게 만들었던 것이다. 그 결과 귀족 세력이 줄어든 만큼 평민 세력이 늘어나 마침내 자신감을 갖게 되었는데, 이제 정치의 주도권은 선원들과 갑판장들과 키잡이들의 손에 넘어갔기 때문이다. 그래서 바다를 바라보도록 세워진 프뉙스[97] 언덕의 연단(演壇)을 훗날 30인 참주[98]가 내륙 쪽으로 돌려놓았다. 민주주의는 아테나이의 해양

---

94 그전에 아테나이 전함들은 파도를 막아주지 못하는 팔레론만 해안에 정박해 있었다.
95 아테나이의 고(古)희극을 대표하는 작가로, 현재 11편의 작품이 남아 있다.
96 아리스토파네스, 『기사』(Hippēs) 815행.
97 아테나이 아크로폴리스 서쪽에 있는 언덕으로, 그곳에서 아테나이의 민회가 열렸다.
98 펠로폰네소스전쟁(기원전 431~404년)에서 아테나이가 패한 직후 스파르테 장군 뤼산드로스(Lysandros)의 후견 아래 아테나이의 국정을 전단(專斷)하며 민주정부를 폐지하고 과두정부를 세우려 한 30인 참주를 말한다. 그

제국에서 비롯되었고, 농사짓는 사람은 과두정치를 덜 싫어한다고 그들은 생각한 것이다.

20.

그러나 테미스토클레스는 아테나이의 제해권을 확보하기 위해 더 큰 계획을 품고 있었다. 크세르크세스가 철수한 뒤 헬라스의 함대가 파가사이[99]에 입항하여 겨울을 보내고 있을 때, 그는 아테나이인들 앞에 나가 연설하며 자기는 마음속에 아테나이의 안전과 이익을 보장해주는 어떤 계획을 품고 있으나 공개적으로 언급할 수는 없다고 했다. 그러자 아테나이인들이 그것을 아리스테이데스에게만 말한 뒤 그가 찬성하면 그대로 실행하라고 했다. 그래서 그는 아리스테이데스에게 자신의 계획이란 헬라스인들의 함대를 정박해 있는 그곳에서 불사르는 것이라고 말해주었다. 그러자 아리스테이데스가 민중 앞에 나서며 테미스토클레스가 실행하려는 계획보다 더 이로운 계획도 없겠지만, 그보다 더 불의한 계획도 없을 것이라고 말했다. 그 말을 들은 아테나이인들은 테미스토클레스에게 그 계획을 포기하라고 명령했다.

암피크튀오니아 동맹[100] 회의에서 라케다이몬인들이 메디아

들은 민주파 시민 1500명을 처형하고 재산을 몰수하는 등 공포정치를 일삼다가 과격파를 주도하던 크리티아스(Kritias)가 민주파인 트라쉬불로스(Trasyboulos)에게 패하여 전사하자 엘레우시스로 도망쳤는데, 이로써 아테나이에 민주정이 회복된다.

99 파가사이(Pagasai)는 텟살리아 지방의 파가사이만에 있는 항구도시다.
100 「솔론 전」주 51 참조.

인[101]과의 전쟁에 참가하지 않은 도시는 모두 동맹에서 배제하자고 제안했다. 테미스토클레스는 텟살리아인들과 아르고스[102]인들과 또 테바이[103]인들마저 동맹회의에서 배제될 경우 라케다이몬인들이 표결을 완전히 좌우지하고 무엇이든 마음대로 하지 않을까 두려웠다. 그래서 그는 이들 도시를 옹호하는 말을 했고, 전쟁에 참가한 것은 31개 도시뿐이고 그나마 대부분 작은 도시여서 만일 헬라스의 다른 도시가 배제된다면 2, 3개의 큰 도시가 회의를 좌우지하게 되어 참을 수 없는 상황이 벌어질 것이라는 점을 지적함으로써 사절단의 마음을 바꿔놓았다. 무엇보다도 이 일로 인해 그는 라케다이몬인들의 미움을 샀다. 그래서 그들은 키몬의 명예를 높여줌으로써 그를 테미스토클레스의 정적으로 키우려 한 것이다.

21.

그는 또 동맹국들의 미움을 샀는데, 배를 타고 섬들을 돌아다니며 돈을 우려내려 했기 때문이다. 예컨대 그가 안드로스[104]인들에게 돈을 요구했을 때, 헤로도토스에 따르면,[105] 그들이 주고받은 말은 이러했다. 그가 자기는 설득과 강요[106]라는 두 여신을 모시고 왔다고 말하자, 안드로스인들은 자기들에게도 가난과 무능[107]

---

101 주 29 참조.
102 「뤼쿠르고스 전」 주 50 참조.
103 「뤼쿠르고스 전」 주 72 참조.
104 안드로스는 퀴클라데스 군도의 하나로 에우보이아섬의 남단에서 가깝다.
105 헤로도토스, 『역사』 8권 111장 참조.
106 그리스어로는 Peithō와 Bia다.

이라는 위대한 두 여신이 있어서, 돈을 주지 못하게 막는다고 했다고 한다.

로도스 출신의 서정시인 티모크레온[108]은 자신의 노래에서 테미스토클레스를 신랄하게 비난하고 있다. 그의 주장인즉 테미스토클레스는 뇌물을 받고 다른 추방자들은 복귀시키면서 주인과 손님으로 지내던 친구인 자기는 방치했는데, 이 모두가 돈 때문에 그랬다는 것이었다. 그의 노래는 다음과 같다.

그대가 파우사니아스[109]나 크산팁포스[110]나
레오튀키다스[111]를 찬양할지라도, 나는 신성한 아테나이 출신의
하나뿐인 의인(義人) 아리스테이데스를 찬양하노라.
레토[112] 여신은 거짓말쟁이이자 사기꾼이자 배신자인
테미스토클레스를 싫어하시므로. 그자는 더러운 뇌물을 받고

---

107 그리스어로는 Penia와 Aporia다.
108 티모크레온(Timokreōn)은 기원전 5세기 전반에 활동한 로도스 출신의 서정시인으로, 그의 작품은 약간의 단편이 인용 형태로 남아 있다. 페르시아인들이 로도스섬에 들어왔을 때 티모크레온은 그들에게 협력했다고 한다.
109 파우사니아스(Pausanias)는 스파르테의 섭정으로 기원전 479년 플라타이아이 전투 때 그리스군을 지휘했다. 그는 훗날 페르시아인들과 공모해 모반을 꾀하다가 발각되어 스파르테의 아테나 신전에 피신했으나, 스파르테인들이 신전 주위로 담을 쌓은 까닭에 굶어 죽었다.
110 크산팁포스는 페리클레스의 아버지로(10장 참조) 살라미스 해전 이후 아테나이의 함대를 지휘했으며, 기원전 479년 소아시아 뮈칼레(Mykale) 전투에서 페르시아의 육군과 해군에 크게 이겼다.
111 스파르테 왕으로, 뮈칼레 전투에서 크산팁포스와 함께했다.
112 레토는 제우스의 아내로 아폴론과 아르테미스의 어머니다.

자기와 주객 간이었던 티모크레온을 고향 이알뤼소스[113]로 복귀시키기를 거절하고는 은화 세 탈란톤을 챙겨 가지고 배를 타고 떠났다네, 파멸을 향하여.
그자는 어떤 추방자들은 부당하게 복귀시키는가 하면 어떤 자들은 추방하고, 또 어떤 자들은 죽이기까지 했다네, 지갑을 가득 채우며. 이스트모스 경기 때 그자는 손님 앞에 식은 고기 내놓으며 주인 행세를 하다 웃음거리가 되었다네. 그들은 그걸 먹으며 테미스토클레스가 망하기를 기도했다네.

테미스토클레스가 유죄선고를 받고 추방되자, 티모크레온은 다음과 같이 시작되는 노래에서 보다 거침없이 더 공개적으로 그를 매도했다.

무사 여신이여, 내 노래는
적절하고도 옳은 만큼
온 헬라스 땅에 알려지게 하소서!

전하는 이야기에 따르면, 티모크레온은 메디아인들에게 협력한 죄로 추방되었는데, 테미스토클레스도 그가 유죄라고 투표했다고 한다. 그래서 테미스토클레스가 메디아인들에게 협력했다고 고소당했을 때, 티모크레온은 다음과 같은 시를 지어 그를 비난했다고 한다.

---

113 이알뤼소스(Ialysos)는 로도스섬의 도시다.

그러니까 티모크레온만이 메디아인들에게 협력한 게 아니라, 나쁜 자들이 더 있는 게로구나. 나만 꼬리가 잘린 게 아니라, 다른 여우들도 꼬리가 잘렸으니 말이야.

22.

마침내 동료 시민들마저 그를 시기하여 그를 중상모략하는 말을 듣고 맞장구치게 되자, 그는 민회에서 자주 자신의 업적을 언급하지 않을 수 없었고 그럴수록 싫증나는 존재가 되었다. 한번은 짜증을 내는 사람들에게 그는 "어째서 그대들은 같은 사람들에게 자주 혜택을 입게 되는 것에 싫증을 내는 것이오?"라고 말했다. 그는 또 아르테미스의 신전을 짓고 그녀에게 '최선의 조언자'[114]라는 별명을 지어주며 자신이야말로 아테나이시와 헬라스인들에게 최선의 조언을 했다는 점을 암시함으로써 대중의 감정을 상하게 했다.

테미스토클레스는 이 신전을 멜리테[115] 구역에 있는 자기 집 근처에 세웠다. 그곳은 오늘날 사형집행인들이 처형당한 범죄자의 시신을 던져버리고 목매어 죽은 자들의 옷가지와 올가미를 내다버리는 곳이다. 우리 시대에도 '최선의 조언자' 아르테미스의 신전에 테미스토클레스의 작은 입상이 하나 있었는데, 그 입상으로 미루어 그는 영웅적인 기개뿐만 아니라 영웅다운 풍모를 갖추고 있었던 것 같다.

---

114 그리스어로 Aristoboule다.
115 멜리테(Melitē)는 앗티케 지방의 한 구역으로 아테나이시에 포함된다.

마침내 아테나이인들은 그를 도편추방하여[116] 그의 명성과 권위를 훼손했다. 그것은 어떤 사람의 권세가 압도적이어서 민주주의적 평등과 양립할 수 없다고 여겨질 경우 으레 행하던 일이었다. 왜냐하면 도편추방은 처벌의 수단이 아니라 탁월한 자들을 비하하기 좋아하고 그렇게 특권을 박탈함으로써 한풀이를 하는 시기심을 달래고 진정시키는 수단이었기 때문이다.

23.

테미스토클레스가 아테나이에서 추방된 뒤 아르고스에 머무는 동안, 파우사니아스 사건[117]이 아테나이의 정적들에게 그를 공격할 빌미를 주었다. 아그라울레[118] 구역 출신으로 알크마이온의 아들인 레오보테스가 테미스토클레스를 반역죄로 고발하자 스파르테인들이 고발을 지지하고 나섰다. 파우사니아스는 테미스토클레스와 절친한 사이였음에도 처음에는 자신의 역모 계획을 테미스토클레스에게 숨기다가 그가 나라에서 추방되어 분해하는 것을 보자 자신의 음모에 가담하기를 청하며 페르시아 왕에게서 받은 편지를 테미스토클레스에게 보여주었고, 헬라스인들이야말로 비열하고 배은망덕하다며 그들에 대한 테미스토클레스의 분노를 부추겼다.

테미스토클레스는 파우사니아스의 권유를 물리치고 어떤 형태로든 그에게 연루되기를 거절했으나, 둘 사이의 대화를 누구에

---

116 기원전 472년.
117 주 109 참조.
118 아그라울레(Agraule)는 앗티케 지방의 한 구역이다.

게도 말하지 않았고 파우사니아스의 음모를 고발하지도 않았다. 그는 파우사니아스가 자진해 음모를 포기하거나, 아니면 그토록 황당하고 터무니없는 일을 그토록 이치에 어긋나게 무턱대고 추구하는 만큼 어떻게든 발각될 것이라고 예상한 것이다.

그래서 파우사니아스가 죽은 뒤 이 사건과 관련해 테미스토클레스를 의심받게 하는 몇몇 서찰과 문서가 발견되었던 것이다. 그러자 라케다이몬인들은 그에게 야유를 퍼붓고, 그를 시기하는 아테나이 시민들은 그를 고발했다. 그는 몸소 출두해 자기변호를 하지는 못했으나 무엇보다도 자신에 대한 이전의 고발 내용을 이용해 서면으로 자기변호를 했다. 그는 이 서찰에서, 자기는 동료 시민들 앞에서 정적들에 의해 언제나 남을 지배하려 하며 남에게 지배당할 기질도 의사도 없다고 무고당한 만큼, 자신을 헬라스와 함께 페르시아인들이나 나라의 적들에게 팔아넘긴다는 것은 있을 수 없는 일이라고 써 보냈다.

그러나 백성들은 고발인들의 말에 귀가 솔깃해져서 사람들을 보내 그를 체포하여 전 헬라스의 법정에 서게 하라고 명령했다.

24.

그러나 테미스토클레스는 이 사실을 먼저 듣고서 케르퀴라[119]로 건너갔는데, 그곳에서 그는 공적인 은인으로 인정받고 있었다. 케르퀴라와 코린토스 사이에 분쟁이 벌어졌을 때 그는 코린토스가 케르퀴라에 20탈란톤을 지불하고 레우카스[120]는 두 나라가 공

---

119 케르퀴라(Kerkyra 또는 Korkyra 라/Corcyra)는 그리스 북서쪽 이오니아해에 있는 지금의 코르푸(Corfu)섬이다.

동의 식민지로 다스리라는 판결을 내림으로써 적대감을 해소해 주었기 때문이다.

그는 그곳에서 에페이로스[121]로 피신했다. 그리고 아테나이인들과 라케다이몬인들이 여전히 추격해오자 그는 몰롯시아[122]인들의 왕 아드메토스에게 피신함으로써 어렵고 거의 절망적인 도박을 했다. 아드메토스는 아테나이인들에게 무엇을 요청했다가 당시 권력의 절정에 있던 테미스토클레스에게 무참히 거절당한 터라 그 후 그에게 원한을 품게 되었고, 잡히기만 하면 복수할 것이 분명했기 때문이다. 그러나 당시의 절망적인 상황에서 왕의 묵은 원한보다는 동족의 시기심이 더 무서웠던 테미스토클레스는 왕의 자비에 자신을 맡겼다. 그는 이상하고 그 나라에만 있는 특이한 방법으로 아드메토스에게 탄원했는데, 아드메토스의 어린 아들을 안고 화롯가에 부복했다. 이런 식의 탄원을 몰롯시아인들은 가장 신성시하고 사실상 거절할 수 없는 유일한 탄원으로 여겼다.

그러나 일설에 따르면, 왕비 프티아가 테미스토클레스에게 이런 방식의 탄원을 일러주며 그와 함께 아들을 화롯가에 앉히게 했다고 한다. 또 일설에 따르면, 아드메토스 자신이 추격자들에게 부득이한 종교상의 이유를 들어 그를 넘겨주지 않기 위해 그런 탄원 장면을 미리 준비했다가 연출했다고 한다.

120 레우카스(Leukas)는 케르퀴라 서남쪽에 있는 섬으로, 같은 이름의 도시가 있다.
121 에페이로스(Epeiros 라/Epirus)는 그리스 북서 지방이다.
122 몰롯시아(Molossia)는 에페이로스 지방의 한 지역이다.

스테심브로토스[123]의 보고에 따르면, 테미스토클레스의 아내와 자식들은 아카르나이[124] 구역 출신의 에피크라테스가 빼돌려 그에게 보내주었는데, 에피크라테스는 나중에 이 일 때문에 키몬에게 유죄선고를 받고 처형당했다고 한다. 그러나 훗날 스테심브로토스는 이상하게도 테미스토클레스의 처자를 잊었든지, 아니면 테미스토클레스로 하여금 처자를 잊게 만든 것 같다. 왜냐하면 그의 말에 따르면, 테미스토클레스는 시켈리아[125]로 배를 타고 가 참주 히에론[126]에게 사위로 삼아달라며 그 대가로 헬라스인들을 그에게 복속시키겠다고 약속했으나 거절당하자 배를 타고 아시아로 갔기 때문이다.

25.

그러나 그것은 사실이 아닌 것 같다. 왜냐하면 테오프라스토스[127]가 『왕권에 관하여』[128]에서 주장하고 있는 바에 따르면, 히에론이 올륌피아에 경주마들을 보내고[129] 그 말들을 위해 화려하게 치장한 천막을 지었을 때, 테미스토클레스가 헬라스인들 앞에서 연설하며 참주의 천막을 뜯어버리고 그의 말들이 경주에 참가하지 못

---

123 주 11 참조.
124 아카르나이(Acharnai)는 앗티케 지방의 가장 큰 구역으로 북서쪽에 있다.
125 시켈리아(Sikelia 라/Sicilia)는 시킬리아의 그리스어 이름이다.
126 여기서 히에론(Hierōn)은 시켈리아 남동쪽의 쉬라쿠사이시의 참주였던 히에론 1세(재위 기간 기원전 478~467년)를 말한다.
127 「뤼쿠르고스 전」 주 56 참조.
128 그리스어로는 *Peri basileias*다.
129 고대 그리스의 전차경주는 인기 종목 중 하나였는데, 우승상은 마부가 아니라 말들의 임자가 차지했다.

하게 하라고 촉구한 적이 있기 때문이다.

그리고 투퀴디데스에 따르면,[130] 테미스토클레스는 육지를 가로질러 바다[131]로 가서 퓌드나[132]에서 배를 타고 떠났는데, 동승한 승객은 아무도 그가 누군지 몰랐다고 한다. 그러나 배가 역풍에 밀려 당시 아테나이인들이 포위하고 있던 낙소스[133]로 다가가자 덜컥 겁이 난 그가 선주와 키잡이에게 자신의 정체를 밝힌 뒤 때로는 애원하기도 하고, 때로는 처음부터 자기가 누군지 알면서도 뇌물을 받고 배에 태운 것이라고 아테나이인들에게 고발하겠다고 으름장을 놓기도 하며 낙소스섬 옆을 지나 아시아로 향하도록 그들을 강요했다고 한다.

친구들이 그의 재산 가운데 상당 부분을 빼돌려 아시아로 보내주었다. 그런데도 발각되어 국고에 몰수된 금액은 테오폼포스에 따르면 100탈란톤, 테오프라스토스에 따르면 80탈란톤이나 되었다고 한다. 하지만 정계에 입문하기 전 그의 재산은 3탈란톤의 가치도 되지 않았다.

26.

퀴메[134]에 도착했을 때 그는 해안 지대의 수많은 주민들이, 그중에서도 특히 에르고텔레스와 퓌토도로스가 자기를 잡으려고 지

---

130 투퀴디데스, 1권 137장 참조.
131 에게해.
132 마케도니아의 해안도시로 테르메(Therme 훗날의 Thessalonike)만 서쪽에 있다.
133 낙소스(Naxos)는 퀴클라데스 군도에서 가장 큰 섬이다.
134 퀴메(Kyme)는 소아시아 서북부 아이올리스 지방의 도시다.

키고 있다는 것을 알게 되었다. 페르시아 왕이 그의 목에 200탈란톤이라는 현상금을 걸어둔 까닭에, 돈벌이가 되면 무슨 짓이든 하는 자들에게 그러한 사냥은 수지맞는 장사였던 것이다.

그래서 그는 아이가이라는 소도시로 피신했다. 그곳에서 그를 아는 사람은 주인인 니코게네스 말고는 아무도 없었다. 니코게네스는 아이올리스 지방의 갑부로 내륙의 유력자들과도 잘 아는 사이였는데, 테미스토클레스는 그의 집에 숨어 며칠을 지냈다. 그런데 하루는 제물을 바치고 나서 저녁을 먹은 뒤 니코게네스의 자녀들을 가르치던 개인 교사 올비오스가 갑자기 신이 들려 다음과 같은 시행을 읊었다.

밤이 말하고, 밤이 조언하고, 밤이 그대에게 승리를 안겨주게 하라!

그날 밤 테미스토클레스는 침상에 누워 꿈을 꾸었는데, 뱀 한 마리가 그의 배를 친친 감으며 목으로 기어오르다 얼굴에 닿는 순간 독수리로 변해 날개로 그를 에워싸더니 바닥에서 들어올려 먼 곳으로 채어가는 것이었다. 그러자 그곳에 전령이 들고 다니는 것과 같은 황금 지팡이가 모습을 드러냈고, 독수리가 그를 안전하게 그 위에 내려놓자 그는 절망적인 두려움과 불안감에서 구원받은 듯한 느낌이 드는 것이었다.[135]

아무튼 니코게네스는 그가 여행을 계속할 수 있는 방도를 찾아

---

135 독수리는 전장에서 페르시아 왕의 휘장이고, 전령의 지팡이는 평화의 상징이며, 뱀이 독수리로 변신한 것은 운명의 결정적인 전환점을 뜻한다.

냈다. 대부분의 야만족들, 특히 페르시아인들은 천성적으로 여자들을 의심해 잔인하고 모질게 감시했다. 그들은 결혼한 아내뿐 아니라 돈을 주고 사온 여종이나 첩들도 감시한 까닭에 이들은 외부인들에게 얼굴을 보이지 않았고, 여행할 때는 차일을 치고 사방에 장막을 친 사륜거를 타고 다녔다. 니코게네스가 이런 종류의 탈것을 마련하게 하자 테미스토클레스는 그것을 타고 안전하게 여행했고, 그의 수행원들은 길에서 만난 사람들이 물어올 때마다 자신들은 이오니아 출신의 헬라스 계집을 왕의 조신(朝臣) 가운데 한 명에게 데려가는 중이라고 대답했다.

27.

투퀴디데스[136]와 람프사코스[137] 출신 카론[138]의 보고에 따르면, 그때는 크세르크세스가 죽은 뒤라 테미스토클레스가 만난 것은 그의 아들 아르타크세르크세스[139]였다고 한다. 한편 에포로스,[140] 디논,[141] 클레이타르코스,[142] 헤라클레이데스[143] 등은 그가 찾아간 것

---

136 투퀴디데스, 1권 137장 참조.
137 람프사코스(Lampsakos)는 헬레스폰토스 해협에 있는 소아시아의 도시다.
138 카론(Charon)은 기원전 5세기의 역사가다.
139 아르타크세르크세스(Artaxerxes)라는 이름을 가진 페르시아 왕이 여러 명 있는데, 여기서는 '긴 손의'(Makrocheir 라/Longimanus)라는 별명을 가진 아르타크세르크세스 1세를 말한다.
140 에포로스(Ephoros)는 기원전 4세기의 역사가다.
141 디논(Dinōn 또는 Deinon)은 기원전 4세기의 역사가로, 페르시아의 역사에 관해 방대한 저술을 남겼다고 하나 지금은 남아 있지 않다.
142 클레이타르코스(Kleitarchos)는 디논의 아들로, 알렉산드로스 대왕 시기의 유명한 역사가다.
143 「솔론 전」주 4 참조.

은 크세르크세스였다고 주장한다. 이 시대의 연대기적 사료들이 정립된 것은 아니라 해도 투퀴디데스의 견해는 그러한 사료들과 일치하는 것 같다.

아무튼 무서운 시련을 겪게 된 테미스토클레스는 맨 먼저 대신 (大臣)인 아르타바노스를 만나, 자신은 헬라스인인데 왕도 특별한 관심을 쏟고 있는 중차대한 일로 왕을 알현하고 싶다고 말했다. 그러자 재상이 대답했다. "이방인이여, 사람들의 관습은 서로 다른 법이오. 옳고 그른 것은 나라마다 달라도 자신들의 관습을 존중하고 보존하는 것은 누구나 다 옳다고 생각하오. 그대들 헬라스인들은 자유와 평등을 가장 높이 평가한다고 들었소. 하지만 우리는 왕을 존중하고, 만물을 보존해주시는 신의 화신으로서 왕앞에 부복하는 것을 우리의 훌륭한 관습 중에서도 가장 훌륭하다고 생각하오. 우리의 이러한 관습을 인정하고 왕 앞에 부복하겠다면 그대는 왕을 알현하고 진언할 수 있을 것이오. 하지만 이와 생각이 다르다면, 그대는 왕에게 그대의 말을 전해줄 다른 중재자를 구해야 하오. 왕이 부복하지도 않는 사람의 알현을 허락하는 것은 우리의 관습에 어긋나기 때문이오."

이 말을 듣고 테미스토클레스는 그에게 말했다. "아르타바노스여, 내가 이리로 온 것은 왕의 명성과 권세를 늘려주기 위해서였소. 그렇게 하는 것이 페르시아인들의 명예를 높여주시는 신의 뜻이라면, 나도 그대들의 관습에 따를 뿐 아니라 지금 왕에게 부복하는 자들의 수를 더 늘릴 것이오. 그러니 이런 일로 왕에게 진언하고자 하는 나의 말을 가로막는 일이 없게 하시오." 그러자 아르타바노스가 "어떤 헬라스인이 찾아왔다고 말할까요? 그대는 지략이 뛰어난 사람 같으니 말이오"라고 말했다. "그 대답은, 아르타바노스여," 테미스토클레스가 대답했다. "어느 누구도 왕보다 먼저 들어서는 안 될 것이오."

이것은 파니아스가 전하는 이야기다. 에라토스테네스[144]는 자신의 논문 『부에 관하여』[145]에서 테미스토클레스가 대신과 면담한 것은 대신과 결혼한 에레트리아[146] 출신의 여인 덕분이었다는 보고를 덧붙이고 있다.

28.

어쨌거나 그는 왕 앞으로 안내되자 부복하고 난 뒤 말없이 서 있었다. 왕이 통역을 시켜 누구냐고 묻자 그는 이렇게 대답했다.

"전하, 이렇게 전하를 찾아온 저는 아테나이 사람 테미스토클레스로 헬라스인들에게 쫓겨난 추방자이옵니다. 저는 페르시아인들에게 많은 피해를 주었으나 제가 준 피해보다 제가 준 이익이 더 많사옵니다. 헬라스가 안정을 되찾고 제 고향이 구원받아 그대들에게도 호의를 베풀 기회가 주어졌을 때 저는 그대들을 추격하지 못하도록 헬라스인들을 말렸기 때문이옵니다.

저는 무슨 일이 일어나든 그것을 제 현재 불행의 귀결로 받아들일 것이옵니다. 저는 전하께서 자비롭게 화해를 제의하신다면 전하의 호의를 받아들일 것이오나, 전하께서 아직도 원한을 품고 계신다면 용서를 빌 각오를 하고 이리로 왔나이다.

아무튼 전하께서는 고향에 있는 제 적들을 제가 페르시아인들

---

144 「뤼쿠르고스 전」 주 4 참조.
145 그리스어 이름은 *Peri ploutou*다.
146 주 67 참조.

에게 베푼 선행의 증인으로 삼으십시오. 그러시면 제 불행으로 전하의 복수심을 만족시키기보다는 넓은 도량을 과시하는 기회로 삼으실 수 있을 것이옵니다. 저를 살려주신다면 전하께서는 전하의 탄원자를 구해주시게 될 것이오나, 저를 죽이신다면 전하께서는 헬라스인들의 적을 죽이시게 되기 때문이옵니다."

그렇게 말하고 나서 테미스토클레스는 신이 보낸 전조들을 언급하며, 니코게네스의 집에서 꾼 꿈 이야기와 도도네[147]의 제우스에게서 받은 신탁 이야기를 늘어놓았다. 그는 신과 이름이 같은 사람을 찾아가라는 명령을 받고는 페르시아 왕을 찾아가라는 뜻이라는 결론을 내렸는데, 그것은 두 분 다 실제로 대왕(大王)이시자 또 대왕으로 불리시기 때문이라고 했다.

페르시아 왕은 이 말을 듣고 아무 대꾸도 하지 않았지만 그의 자신감과 용기에 감탄을 금할 수 없었다. 그러나 그는 나중에 측근들 앞에서 이는 더없이 큰 행운이라며 자축했고, 자신의 적들이 늘 그런 마음을 가져 그들 중 가장 탁월한 인물들을 내쫓게 해달라고 아리마니오스[148]에게 기도했다고 한다. 그러고 나서 그는 신들에게 제물을 바치고는 즉시 술을 마시기 시작했고, 밤에는 자다가 세 번이나 "나는 아테나이 사람 테미스토클레스를 수중에 넣었다"고 환성을 올렸다고 한다.

---

147 도도네(Dōdōnē)는 그리스의 에페이로스 지방에 있던 마을로, 그곳에는 제우스의 오래된 신탁소가 있었다.
148 아리마니오스(Arimanios 영/독/Ahriman)는 조로아스터교에서 악의 신이다.

29.

 이른 아침, 측근들을 불러모은 왕은 테미스토클레스를 데려오게 했다. 테미스토클레스는 자신이 들어갈 때 성문 앞 경비병들이 자신의 이름을 알고는 적의를 보이며 욕설을 퍼붓자 예감이 썩 좋지 않았다. 더구나 그가 앞으로 나아가다 대신인 록사네스 옆을 지나는 순간, 왕은 좌정해 있고 다른 사람들은 침묵을 지키는 가운데 록사네스가 성난 어조로 나직이 "뱀같이 교활한 이 헬라스 놈아, 대왕의 수호신께서 너를 이리로 데려온 것이로구나!"라고 말했다.

 그러나 왕의 면전으로 나아가 다시 한 번 부복하자 왕은 그를 환영하며 다정하게 말을 건넸다. 왕은 그에게 200탈란톤을 빚지고 있다며, 그가 자수했으니 그를 잡아오는 자에게 주기로 한 현상금은 그 자신이 받아 마땅하다는 것이었다. 그 밖에도 왕은 그에게 많은 것을 약속하며 겁내지 말라고 격려했고, 헬라스의 사정에 관해 말하고 싶은 것은 무엇이든 솔직히 말할 수 있게 해주었다.

 테미스토클레스가 대답하기를, 사람의 말이란 수놓은 양탄자와 같아 펼치면 여러 가지 문양을 드러내지만 말아버리면 그 문양을 감추거나 일그러뜨리는 만큼 시간이 필요하다고 했다. 왕은 그 비유가 마음에 들어 그에게 원하는 만큼 시간을 주었다. 테미스토클레스는 1년을 요구했고, 그 기간 동안 통역 없이 왕과 직접 대화할 수 있을 만큼 충분히 페르시아어를 배웠다. 궁전 밖 백성들은 이러한 대담들이 헬라스의 사정에 관한 것이라고만 생각했다. 하지만 왕이 그 무렵 궁정 생활과 측근들과 관련해 대대적인 개혁을 실시하자 고관들은 테미스토클레스가 왕에게 자유롭게 이야기할 수 있다는 점을 악용해 감히 자기들에게 해를 입히려 한다고 믿고 그를 시기하기 시작했다.

사실 그는 다른 이방인들보다 더 많은 특권을 누리고 있었다. 그는 왕이 사냥 나갈 때나 실내에서 소일할 때도 함께 시간을 보냈고, 모후(母后)도 알현하는 친근한 사이가 되었으며, 왕명에 따라 마고스[149]들의 강의를 듣기도 했다.

한번은 선물을 줄 터이니 무엇이든 청해보라는 명령을 받은 스파르테 사람 데마라토스가 자신의 티아라[150]를 페르시아의 왕들처럼 곧추 쓰고는 말을 타고 사르데이스시를 지나가보고 싶다고 하자, 왕의 사촌인 미트로파우스테스가 데마라토스의 티아라를 만지며, "그대의 이 티아라는 덮어줄 골이 없구려.[151] 그대가 천둥만 가진다고 제우스가 되겠는가!"라고 말했다. 데마라토스의 그런 청에 화가 난 왕은 그를 내치며 결코 용서해주지 않을 듯 보였다. 그러나 테미스토클레스가 왕에게 사정해 그와 화해하도록 설득했다.

전하는 이야기에 따르면, 이후의 페르시아 왕들은 자신들의 재위 기간 동안 페르시아와 헬라스의 관계가 더 긴밀해지자, 헬라스인 조언자를 구할 때마다 각자에게 궁정에서 테미스토클레스

---

149 마고스(Magos 라/Magus 복수형 Magoi 라/Magi)들은 페르시아의 사제계급으로, 별을 보고 점을 치는 일도 맡았다.
150 티아라(tiara)는 페르시아인들이 쓰던 원추형 두건인데, 윗부분이 앞으로 구부러진 채 턱 밑에 노끈으로 고정시키게 되어 있었다. 왕이 쓰는 이른바 '곧추선 티아라'(tiara orthe)는 원통형으로, 윗부분은 곧추서고 아랫부분에는 푸른 줄과 흰 줄이 나 있었다.
151 '골이 비었다'는 뜻이다.

보다 더 유력한 지위를 보장해주겠다고 서면으로 약속했다고 한다. 테미스토클레스 자신도 이때 이미 거물이 되어 많은 사람이 그의 환심을 사려고 했다. 한번은 잘 차려진 진수성찬을 앞에 두고 자식들에게 이렇게 말했다 한다. "얘들아, 우리가 전에 망하지 않았더라면 지금 성공하지 못했을 것이다."[152]

대부분의 작가들에 따르면, 빵과 포도주와 고기를 대주도록 그에게 세 개의 도시, 즉 마그네시아[153]와 람프사코스와 뮈우스[154]가 주어졌다고 한다. 그러나 퀴지코스[155] 사람 네안테스[156]와 파니아스는 두 개의 도시, 즉 페르코테[157]와 팔라이스켑시스[158]를 덧붙이며, 이 도시는 그에게 침구와 의복을 대주게 되어 있었다고 한다.

30.

한번은 그가 헬라스에 관한 일로 해안 지대로 내려가고 있을 때, 상부 프뤼기아[159]의 태수로 있던 에픽쉐스라는 페르시아인이 그를 암살할 음모를 꾸미고 있었다. 그는 테미스토클레스가 사자 머리[160]라고 불리는 마을에 도착해 야영하면 암살하려고 벌써 오

---

152 투퀴디데스, 1권 138장.
153 마그네시아는 소아시아 카리아 지방의 도시로, 마이안드로스(Maiandros) 강 변에 있다.
154 뮈우스(Myous)는 소아시아 카리아 지방의 도시로, 마이안드로스강 변에 있다.
155 퀴지코스(Kyzikos)는 소아시아 북서부에 있는 도시다.
156 주 8 참조.
157 페르코테(Perkōtē)는 소아시아 뮈시아(Mysia) 지방의 도시다.
158 팔라이스켑시스(Palaiskepsis)는 소아시아 서부에 있는 도시다.
159 프뤼기아(Phrygia)는 소아시아 중북부 지방이다.

래전부터 피시다이족[161] 몇 명을 준비해두고 있었다. 그러나 전하는 이야기에 따르면, 테미스토클레스가 그날 한낮에 잠시 잠이 들었을 때 신들의 어머니[162]가 꿈에 나타나 그에게 이렇게 말했다 한다. "테미스토클레스여, 사자를 만나지 않으려면 사자 머리를 피하도록 하라. 나의 이러한 호의에 대한 대가로 네 딸 므네시프톨레마를 내 여사제로 만들어야 하느니라."

테미스토클레스는 그 꿈에 큰 충격을 받아 여신에게 감사 기도를 올리고 나서 한길을 버리고 다른 길로 둘러감으로써 문제의 마을을 비켜 갈 수 있었고, 마침내 밤이 되자 야영을 했다. 그런데 테미스토클레스의 천막을 운반하던 짐 싣는 짐승들 중 한 마리가 강물에 빠지는 바람에 그의 하인들이 물이 뚝뚝 듣는 장막들을 말리려고 널어두었다.

그 순간 피시다이족이 칼을 빼들고 다가갔고, 거기에서 말리고 있는 것이 무엇인지 달빛 아래서는 똑똑히 볼 수가 없어 테미스토클레스가 든 천막인 줄로 알고 그 안에서 잠들어 있는 그의 모습을 발견하게 되리라고 믿었다. 그들이 가까이 다가가 장막을 들추는 순간 호위대가 그들을 덮쳐 체포했다. 이렇게 위기를 모면하게 되자 그는 여신의 현몽(現夢)에 깊은 감명을 받아 마그네시아에 딘뒤메네를 위해 신전을 짓고 자신의 딸 므네시프톨레마

160 그리스어로는 Leontokephalos다.
161 피시다이족(Pisidai)은 소아시아 남동부 내륙지방에 살던 부족이다.
162 '신들의 어머니'(mētēr tōn theōn)란 소아시아의 지모신(地母神) 퀴벨레(Kybele), 일명 '위대한 어머니'(Magna Mater)를 말한다. 그녀는 프뤼기아 지방의 딘뒤몬(Dindymon)산에 자주 나타난다 하여 딘뒤메네(Dindymēnē)라고도 일컬어진다.

를 여신의 여사제로 만들었다.

31.

테미스토클레스는 사르데이스로 가서 여가를 이용해 그곳의 신전들과 수많은 봉헌물들을 구경하다가 어머니[163]의 신전에서 이른바 '물 길어 나르는 소녀'를 보았다. 그것은 높이 2페퀴스[164]의 청동상으로, 그가 아테나이의 급수 감독관으로 있을 때 공공 용수를 빼돌려 도용하던 자들에게서 거두어들인 벌금으로 제작해 봉헌하게 한 것이었다. 그 봉헌물이 포로로 잡혀 있는 것을 보자 마음이 안됐든지, 아니면 자신이 페르시아 왕을 섬기며 얼마나 큰 명예와 권세를 누리는지 아테나이인들에게 과시하고 싶었든지, 그는 뤼디아의 태수를 찾아가 소녀상을 아테나이로 돌려보낼 수 없는지 물었다. 그러나 야만인은 화를 내며 이 사실을 왕에게 서면으로 보고하겠다고 으름장을 놓았다. 그러자 테미스토클레스는 겁이 나서 태수의 후궁들에게 도움을 청하러 갔고, 돈으로 이들의 호감을 사 태수의 노여움을 달랠 수 있었다.

그 뒤 그는 여전히 페르시아인들의 미움을 살까 두려워 더 조심스럽게 처신했다. 테오폼포스[165]에 따르면, 그는 아시아를 두루 여행하지 않고 마그네시아에 정착해 많은 선물을 거둬들이고 페르시아의 높은 귀족 못지않게 존경받으며 오랫동안 걱정 없이 살았다. 왕은 나라 안 정사에 여념이 없어 헬라스에 관한 일에는 전

---

163 퀴벨레.
164 1페퀴스(pēchys)는 44.4센티미터다.
165 주 91 참조.

혀 관심이 없었기 때문이다.

그러나 마침내 아이귑토스가 아테나이의 도움을 받아 반란을 일으키고, 헬라스의 삼단노선들이 퀴프로스와 킬리키아[166]까지 동진해오고 키몬이 제해권을 장악하자, 왕은 헬라스인들에게로 관심을 돌려 그들이 자신의 영토로까지 세력을 확장해오는 것을 제지하기 위해 반격을 시도하지 않을 수 없었다. 그리하여 마침내 군대가 출동하고 장군들이 여기저기 파견되자, 마그네시아의 테미스토클레스에게도 약속대로 헬라스의 문제를 해결하라고 왕이 그에게 명령한다는 취지의 전갈이 도착했다.

그러나 테미스토클레스는 동포들에게 복수하는 것도 내키지 않았고, 전쟁을 통해 누리게 될 명예와 권세에도 고무되지 않았다. 어쩌면 그는 헬라스의 다른 위대한 장군들은 차치하고 키몬이 당시 혁혁한 전공을 세우고 있던 터라 자신의 과업은 이루어질 수 없다고 생각했는지도 모른다. 그러나 무엇보다도 그는 자신의 영광스러운 업적들과 지난날의 전승기념비들에 먹칠하기가 부끄러웠다.

아무튼 그는 자신의 인생을 적절히 마감하는 것이 상책이라고 결정하고는 신들에게 제물을 바치고 나서 친구들을 불러 모아놓고 작별인사를 하고는 중론에 따르면 소 피[167]를, 또 몇몇 사람의 주장에 따르면 약효가 빠른 독약을 마셨다. 그리하여 그는 생의 대부분을 정치가와 장군으로 보내다가 마그네시아에서 65세를

---

166 킬리키아(Kilikia 라/Cilicia)는 소아시아 남동 지방이다.
167 소 피는 독이 없기 때문에, 그가 병들어 죽었다는 투퀴디데스의 주장(1권 138장 참조)이 신빙성 있어 보인다.

일기로¹⁶⁸ 세상을 떠났다. 전하는 이야기에 따르면, 왕은 그가 죽은 이유와 방법을 듣고 그를 더욱더 존경하게 되었고 그의 친구들과 가족을 계속 따뜻하게 보살펴주었다고 한다.

32.

테미스토클레스는 세 아들 아르켑톨리스, 폴뤼에욱토스, 클레오판테스를 남겼는데, 이들은 알로페케¹⁶⁹ 구역 출신인 뤼산드로스의 딸 아르킵페의 소생이다. 그중 클레오판테스에 관해 철학자 플라톤은 더없이 훌륭한 기수(騎手)이긴 하지만 다른 방면으로는 쓸모없는 인물이라고 말한다.¹⁷⁰ 이들보다 먼저 태어난 아들 가운데 네오클레스는 어릴 때 말에 물려 죽고, 디오클레스는 외조부 뤼산드로스에게 입양되었다. 테미스토클레스에게는 딸도 여럿 있었는데, 그중 둘째 부인 소생인 므네시프톨레마는 배다른 오라비 아르켑톨리스와, 이탈리아는 키오스¹⁷¹섬 출신의 판토이데스와, 쉬바리스는 아테나이 사람 니코메데스와 결혼했다. 테미스토클레스가 죽은 뒤 그의 조카 프라시클레스가 배를 타고 마그네시아로 건너가 오라비들의 동의를 얻어 니코마케와 결혼하고, 막내딸 아시아를 맡아 길렀다.

마그네시아의 광장에는 테미스토클레스의 거대한 무덤이 있다. 안도키데스¹⁷²는 「나의 동료들에게」¹⁷³라는 연설¹⁷⁴에서 아테

---

168 투퀴디데스, 1권 138장 참조.
169 알로페케(Alōpekē)는 앗티케 지방의 한 구역이다.
170 『메논』(*Menon*) 93d 참조.
171 키오스(Chios)는 이오니아 지방 앞바다의 섬이다.
172 안도키데스(Andokides)는 기원전 5세기에 활동한 아테나이의 웅변가다.

나이인들이 그의 유골을 몰래 빼돌려 사방으로 흩어버렸다고 주장하지만, 이는 믿을 만한 말이 못 된다. 그것은 아테나이의 민중에 맞서도록 과두제 지지자들을 선동하려고 지어낸 말이기 때문이다. 그리고 퓔라르코스[175]가 자신의 역사에 비극에서처럼 신들이 타고 나타날 기계장치를 도입하고 테미스토클레스의 아들들인 네오클레스와 데모폴리스를 등장시키는 것은 오로지 감동과 동정심을 불러일으키기 위해서다. 그의 이야기가 지어낸 것이라는 것은 삼척동자라도 알 수 있다.

지지학자(地誌學者) 디오도로스[176]는 『유명 분묘에 관하여』[177]에서, 확실한 사실이라기보다는 추측이라고 전제하면서 제법 큰 항구 페이라이에우스에서 가까운 알키모스 맞은편에는 팔꿈치 같은 곳이 하나 튀어나와 있는데, 그 곳을 돌아 물이 잔잔한 만(灣) 안으로 들어가면 제법 큰 대좌(臺座)가 하나 있고 그 위에 제단 모양의 구조물이 있는데, 그것이 테미스토클레스의 무덤이라고 말한다. 디오도로스는 희극시인 플라톤[178]의 다음 시행이 자신의 견해를 뒷받침한다고 믿는다.

---

173 그리스어로는 *Pros tous hetairous*다.
174 이 연설문은 지금 남아 있지 않다.
175 퓔라르코스(Phylarchos)는 기원전 3세기의 그리스 역사가다. 그는 역사에 지나치게 극적인 요소를 도입한다는 비판을 자주 받았다고 한다.
176 디오도로스(Diodoros)는 기원전 3세기의 그리스 저술가다.
177 그리스어로 Peri mnēmatōn이다.
178 여기 나오는 플라톤은 철학자가 아니라 기원전 5세기의 아테나이 희극시인이다.

그대의 무덤은 명당(明堂)에 자리잡고 있으니
항해하는 상인들에게 언제나 길라잡이가 되리라.
그대의 무덤은 들어올 때나 나갈 때나 그들을 바라볼 것이며
배들이 서로 속력을 다투는 모습도 구경하게 되리라.

테미스토클레스의 자손들에게는 특전이 주어졌는데, 그것은 마그네시아에서 오늘날까지도 유지되고 있다. 그 특전을 지금은 철학자 암모니오스[179]의 학교에서 내 학우이자 친한 친구인 아테나이의 테미스토클레스가 누리고 있다.

---

179 암모니오스(Ammonios)는 플라톤학파의 철학자로 플루타르코스의 스승이었다.

페리클레스 전

페리클레스(기원전 495년경~429년)는 아테나이의 정치가다. 명문 귀족 출신이지만 민주정치의 철저한 옹호자로 살면서 아테나이를 그리스의 정치·문화의 중심으로 만들었다. 에피알테스가 피살되고 키몬이 도편추방당한 후 아테나이에서 가장 영향력 있는 정치가가 된 그는 민중의 환심을 살 만한 정책으로 큰 인기를 얻으면서 연속하여 열다섯 번이나 장군(strategos)직에 선출된다. 아테나이와 외항 페이라이에우스를 연결하는 성벽을 완성하는 한편, 기원전 446년 이집트를 지원하던 아테나이 해군이 괴멸하자 델로스 동맹의 금고를 아테나이로 옮겨와 아테나이가 델로스 동맹의 중심이 되게 한다. 아테나이 및 그 동맹국과 스파르테 및 그 동맹국 사이에 벌어진 펠로폰네소스전쟁(기원전 431~404년)에 페리클레스가 어느 정도 책임이 있는지는 알 수 없으나, 그가 통치하던 시기가 아테나이의 전성기였음을 부인할 사람은 아무도 없다. 또한 그는 파르테논 신전 등 아름다운 건축물을 다수 신축함으로써 아테나이의 면모를 일신하고 '페리클레스의 황금시대'를 활짝 열었다. 수천 년이 지난 지금도 그곳을 찾는 관광객의 발길이 끊이지 않는 것은 페리클레스 덕분이라고 할 수 있을 것이다.

페리클레스 흉상

1.

한번은 카이사르[1]가 부유한 이방인들이 로마에서 강아지와 새끼 원숭이를 품에 안고 다니며 귀여워하는 것을 보고는 그들의 나라에서는 여인들이 아이를 낳지 못하느냐고 물은 적이 있다. 그것은 우리가 타고난 사랑과 정을 마땅히 사람에게 쏟아야 할 텐데도 동물에게 낭비하는 자를 나무라는 진실로 제왕다운 꾸지람이었다. 마찬가지로 우리의 혼은 본성상 배우기를 좋아하고 보기를 좋아하는 만큼, 볼 가치도 들을 가치도 없는 것을 생각하느라 아름답고 유익한 것을 소홀히 하는 자들이야말로 비난받아 마땅하지 않겠는가?

우리의 감각은 외부 세계의 인상에 수동적으로 대응하므로 유용한 것이든 유용하지 않은 것이든 모든 인상을 받아들이지 않을 수 없다. 그러나 자신의 이성을 사용하려는 자는 누구나 그때그때 마음 내키는 대로 방향을 정할 수 있고, 일단 결정하면 힘들이지 않고 방향을 바꿀 수도 있다. 따라서 우리는 단순히 보기 위해서가 아니라 봄으로써 교화되기 위해 최선의 것을 추구해야 하는 것이다.

예컨대 어떤 색채가 산뜻하고 쾌적해 시력을 증진시키게 되면 눈에 적합하듯이, 그와 마찬가지로 이성적 능력도 자신을 매혹하여 자신의 고유한 미덕으로 인도하는 그러한 대상들을 보도록 우리는 방향을 잡아주어야 한다.

그러한 대상은 미덕에서 우러나온 행위에서 찾을 수 있는데,

---

1 여기서 카이사르란 율리우스 카이사르가 아니라 로마 초대 황제인 가이유스 율리우스 카이사르 옥타비아누스, 일명 아우구스투스(Augustus)를 말한다.

그러한 행위는 그것을 추구하는 자에게 경탄과 모방하고픈 욕구를 불러일으킨다. 그러나 다른 경우 행위에 경탄은 하되 곧바로 그 행위를 모방하려는 욕구는 수반되지 않는다. 오히려 우리는 흔히 어떤 작품에서 쾌감을 느끼면서도 장인(匠人)은 멸시한다. 예컨대 우리는 향수와 자포(紫袍)를 좋아하면서도 염색공과 향수 제조자를 천한 기술자로 여기는 것이다.

그래서 이스메니아스[2]가 피리 연주의 달인이라는 말을 들었을 때, 안티스테네스[3]는 "그는 보잘것없는 사람이오. 그렇지 않다면 피리 연주의 달인이 되지 않았을 것이오"라는 명언을 남겼던 것이다. 그리고 언젠가 필립포스[4]도 술자리에서 우아하고 능숙하게 현악기를 연주하던 아들에게 "그렇게 아름답게 현악기를 연주하다니, 너는 부끄럽지도 않으냐?"고 말한 것이다. 왕은 짬을 내어 다른 사람이 현악기를 연주하는 것을 듣는 것으로도 충분하며, 그런 경연에 참관하기만 해도 무사 여신들에게 큰 경의를 표하는 것이다.

2.

저급한 일에 직접 종사하는 사람은 쓸데없는 일에 수고를 아끼지 않음으로써 자신이 아름다운 일에는 무관심하다는 것을 증명

---

2 이스메니아스(Ismenias)는 테바이의 귀족으로, 피리 연주의 달인이었다고 한다.
3 안티스테네스(Antisthenes)는 소크라테스의 제자로, 그의 방대한 저술은 현재 단편만 남아 있다.
4 필립포스(Philippos)는 마케도니아의 왕으로, 알렉산드로스 대왕의 아버지다.

해 보인다. 장래가 촉망되는 젊은이라면 피사[5]의 제우스 상[6]이나 아르고스의 헤라 상을 보고 페이디아스[7]나 폴뤼클레이토스[8]가 되고 싶어하지 않으며, 아나크레온[9]이나 필레타스[10]나 아르킬로코스[11]의 시가 마음에 든다고 해서 그들처럼 되고자 하지도 않는다. 어떤 작품이 우아하고 마음을 끈다고 해서 그것을 제작한 사람이 반드시 존경받아 마땅한 것은 아니기 때문이다. 따라서 모방하고 싶다는 욕구와 동화되고 싶다는 충동과 열망을 불러일으키지 않는 것들은 보는 사람에게 아무 도움도 되지 않는 것이다.

그러나 탁월함에서 우러나온 행위는 당장 그러한 행위에 찬탄을 보내는 동시에 행위자들과 겨뤄보고 싶다는 마음이 들게 한다. 우리는 우연히 주어지는 좋은 것들은 소유하고 즐기고 싶어 하지만, 탁월함에서 우러나오는 행위들은 실행하고 싶어한다. 게다가 우리는 우연히 주어진 좋은 것들은 누군가에게서 받기를 원

---

5 피사(Pisa)는 올륌피아 주위의 작은 지역인데, 여기에서처럼 흔히 올륌피아라는 뜻으로도 쓰인다.
6 올륌피아의 제우스 신전에 모셔놓은 황금과 상아로 만든 거대한 제우스 상을 말한다.
7 페이디아스(Pheidias)는 아테나이 파르테논 신전의 아테나 여신상을 제작한 조각가로, 고대 그리스의 걸출한 조각가 중 한 명이다.
8 폴뤼클레이토스(Polykleitos)는 페이디아스와 동시대에 살던 조각가로, 〈창을 든 남자〉(Doryphoros)와 〈머리띠를 맨 남자〉(Diadoumenos) 등의 걸작을 남겼다.
9 아나크레온(Anakreon)은 기원전 6세기의 그리스 연애 시인이다.
10 필레타스(Philētas)는 기원전 4세기 말에서 3세기 초에 활동하던 그리스 연애 시인이다.
11 아르킬로코스(Archilochos)는 기원전 7세기에 활동하던 그리스 풍자 시인이다.

하지만, 탁월함에서 우러나온 행위는 다른 사람들이 우리에게서 받기를 원한다. 선한 것은 우리를 능동적으로 자신에게로 끌어당기며 당장 우리에게 행동하도록 촉구한다. 선한 것은 모방을 통해서만 보는 이의 성격을 형성하는 것이 아니라, 단순히 행위를 고찰하는 것만으로도 결단을 촉구하기 때문이다.

그래서 나도 영웅전을 계속 써야 한다고 결심했다. 제10권인 이 책에서 나는 페리클레스와, 한니발과 처절하게 싸운 파비우스 막시무스[12]의 생애를 기술할 것이다. 이 두 사람의 탁월함은 서로 비슷하다. 특히 온유함과 올바름, 백성들과 동료 관리의 어리석음을 참는 능력에 힘입어 두 사람은 그들의 조국에 크게 이바지했다. 이러한 평가가 옳은지 아닌지는 내가 쓴 것을 읽고 독자가 판단할 일이다.

3.

페리클레스는 아카만티스 부족 사람으로, 콜라르고스 구역 출신이며 친가도 외가도 최고 명문가였다. 그의 아버지 크산팁포스는 뮈칼레에서 페르시아 왕의 장군들에게 승리했고, 그의 어머니 아가리스테는 클레이스테네스[13]의 질녀였다. 클레이스테네스는 페이시스트라토스 일족을 추방하고 참주정치를 철폐한 뒤 입법을

---

12 파비우스 막시무스(Fabius Maximus)는 제2차 포이니전쟁 때의 로마 장군으로, 정면대결을 피하며 지연전술로 한니발의 예봉을 꺾어놓았다.
13 아테나이의 명문가 출신인 클레이스테네스(Kleisthenes)는 기원전 510년에 참주 페이시스트라토스의 아들들인 힙피아스(Hippias)와 힙파르코스(Hipparchos)를 몰아내고, 훗날 일련의 개혁을 통해 기원전 5세기 아테나이 민주정치의 기초를 다졌다.

하고 시민 사이의 화목과 국가의 안전을 증진시키도록 가장 잘 조절된 통치체제를 확립했다.

아가리스테는 사자를 낳는 꿈을 꾼 지 며칠 뒤 페리클레스를 낳았다.[14] 그의 신체는 나무랄 데 없이 균형이 잡혔으나, 다만 머리가 지나치게 긴 편이었다. 그의 조상(彫像)을 보면 대부분 투구를 쓰고 있는데, 이는 아마도 그의 기분을 상하지 않게 하려는 조각가들의 배려였던 것 같다. 그러나 앗티케의 시인들은 그를 '스키노스 머리'라고 부르곤 했는데, 스키노스는 여기서 스킬라, 즉 해총(海蔥)의 다른 이름이다. 희극시인 크라티노스[15]는 자신의 희극 『케이론[16]들』에서

> 파쟁의 여신과 오래된 크로노스[17]가
> 서로 살을 섞어
> 폭군 중에서도 가장 무서운
> 폭군을 낳으니, 신들은 그를
> '머리를 모으는 자'[18]라 부른다.

라고 말하고 있으며, 또 자신의 희극 『네메시스』[19]에서는

14　헤로도토스, 『역사』 6권 131장 참조.
15　「솔론 전」 주 132 참조.
16　케이론(Cheiron 라/Chiron)은 반인반마의 켄타우로스(Kentauros)족 가운데 한 명으로, 이아손(Iason)·아킬레우스(Achilleus) 같은 영웅들의 교사였다.
17　크로노스(Kronos)는 티탄(Titan) 신족 가운데 한 명으로, 제우스의 아버지다.
18　'머리를 모으는 자'(kephalēgeretes)는 '구름을 모으는 자'(nephēgeretes)라는 제우스의 별명에 대한 패러디다.

> 오소서, 제우스여, 손님들[20]과 우두머리들의 보호자시여!

라고 말한다. 텔레클레이데스[21]는 그가 큰 곤경에 처해 때로는 무거운 머리로 아크로폴리스에 앉아,

> 때로는 방 안에 혼자 앉아 침상이 열한 개나
> 들어갈 만큼 큰 머리에서 엄청난 소리를 지른다.

라고 말한다. 또한 에우폴리스[22]는 자신의 희극 『구역들』에서 저승에서 환생한 민중선동가들에 관해 일일이 알아보다가 마지막으로 페리클레스의 이름이 들리자 이렇게 말한다.

> 너는 바로 하계(下界)에 있는 자들의 우두머리를 데리고 올라왔구나!

4.

대부분의 작가들에 따르면, 페리클레스의 음악 선생은 다몬이었는데, 다몬이라는 이름의 첫 음절은 짧게 발음해야 한다고 한다.

---

19 네메시스(Nemesis)는 그리스신화에서 응보의 여신이다.
20 여기서 '손님들'이란 외지인이라는 뜻으로, 페리클레스가 부모 중 한쪽이 아테나이인일 경우 그 자녀들에게도 아테나이 시민권을 부여한 것을 비꼬는 말이다.
21 텔레클레이데스(Telekleides)는 기원전 5세기의 아테나이 희극시인이다.
22 에우폴리스(Eupolis)는 기원전 5세기의 아테나이 희극시인이다.

그러나 아리스토텔레스에 따르면,[23] 그는 퓌토클레이데스[24]에게서 음악 공부를 했다고 한다. 그런데 다몬은 진정한 소피스트였던 것으로 보이며, 그에게 음악은 자신의 소피스트적인 재능을 대중 앞에 숨기기 위한 평계에 불과했다. 그는 페리클레스와 친하게 지내면서 실제로는 트레이너와 지도자가 운동선수를 가르치듯 페리클레스에게 정치를 가르쳤다. 그러나 아테나이인들은 뤼라가 다몬에게는 한낱 평계에 불과하다는 것을 바로 알아차리고 그를 친(親)참주적 음모꾼으로서 도편추방했다.

그리하여 그는 희극시인들의 놀림감이 되었다. 실제로 희극시인 플라톤은 누군가를 시켜 그에게 이렇게 말을 걸게 하고 있다.

먼저 내게 말해주시오! 제발 부탁이오. 그대는
페리클레스를 가르친 케이론이라고 하니 말이오.

페리클레스는 또한 엘레아[25] 출신의 제논[26]에게서 배웠다. 제논은 파르메니데스와 마찬가지로 자연철학을 연구하며 상대방을 논박하고 궁지에 몰아넣는 비범한 반론의 기술을 개발했다. 그에

---

23 아리스토텔레스의 발언은 남아 있지 않다.
24 퓌토클레이데스(Pythokleides)에 관한 아리스토텔레스의 발언은 남아 있지 않고, 플라톤의 발언은 남아 있다. 『프로타고라스』(*Protagoras*) 316e 참조.
25 엘레아(Elea 라/Velia)는 이탈리아반도 남서부 루카니아(Lucania) 지방의 해안도시다.
26 여기서는 스토아학파를 창시한 퀴프로스섬 키티온시 출신의 제논이 아니라, 파르메니데스(Parmenides)의 제자로 이른바 엘레아학파에 속한 그리스 철학자를 가리킨다.

관해 플레이우스[27] 출신의 티몬[28]이 다음 시행에서 이렇게 언급하고 있다.

> 양날의 혀로 누구든지 닥치는 대로 공격하는
> 크고 강력한 힘을 가진 제논이여!

페리클레스와 가장 가까이 지내며 민중선동가의 어떤 호소보다 힘있는 위엄을 심어주고 타고난 품위를 더 높여준 사람이 있었는데, 그는 다름 아닌 클라조메나이[29] 출신의 아낙사고라스[30]다. 동시대인들은 그에게 '이성'[31]이라는 별명을 붙여주었다. 아마도 자연 연구에서 보여준 그의 탁월한 통찰력에 탄복했든지, 아니면 그가 처음으로 우주 질서의 원리로서 우연이나 필연이 아니라 이성을, 혼돈에 불과했을 덩어리에서 동종의 원소를 공유하는 실체들을 따로따로 구분하는 순수한 이성을 설정했기 때문일 것이다.

5.

페리클레스는 아낙사고라스를 한없이 경외하며 차츰 하늘의 현상들에 대한 심오한 사변에 심취하게 되었다. 아낙사고라스 덕분

---

27 플레이우스(Phleious)는 펠로폰네소스반도의 아소포스강 상류에 있는 도시다.
28 티몬(Timon)은 기원전 3세기 회의파 철학자 겸 풍자 시인이다.
29 클라조메나이(Klazomenai)는 소아시아 이오니아 지방의 도시다.
30 아낙사고라스는 기원전 5세기 초의 그리스 철학자다.
31 그리스어로 nous다.

에 페리클레스는 마음가짐이 고결하고 진지해졌으며, 말투는 고상해 천민들의 수단방법을 가리지 않는 뻔뻔스러움에서 벗어나 있었다. 또한 그 덕분에 페리클레스는 웃음으로 일그러지지 않는 단정한 용모, 점잖은 태도, 말하는 동안 감정으로 인해 흐트러지지 않는 옷매무시, 차분한 억양, 그 밖에 듣는 이들을 탄복시키는 많은 다른 특성을 갖게 되었다.

아무튼 한번은 광장에서 급한 볼일을 보는데 어떤 파렴치한 불한당이 온종일 그를 모욕하고 욕설했다. 그래도 그는 묵묵히 참다가 저녁이 되자 태연자약하게 집으로 돌아가는데, 그자가 뒤따라오며 온갖 욕설을 퍼붓는 것이었다. 어느새 날이 어둑어둑해지자 그는 하인을 시켜 횃불을 들고 그자를 안전하게 집에 데려다주게 했다.

그러나 시인 이온[32]에 따르면, 페리클레스가 사람들을 대할 때 방종하고 오만했으며, 그의 호언장담에는 남에 대한 교만과 멸시가 많이 섞여 있었다고 한다. 반면 이온은 사람들을 대할 때 보여준 재치와 공손함과 교양 있는 말투로는 키몬을 칭송한다. 그러나 이온의 말은 신뢰할 것이 못 된다. 그는 마치 비극 4부작에 사튀로스극이 포함되듯,[33] 탁월함에 익살이 포함되기를 요구하기

---

32 이온(Ion)은 기원전 5세기에 활동한 키오스섬 출신의 그리스 시인 겸 회고록 작가다.

33 고대 아테나이의 비극경연대회에서는 결선에 진출한 세 명의 작가가 각각 3편의 비극과 1편의 사튀로스극으로 이루어진 4부작으로 우열을 가렸다. 사튀로스극이란 코로스가 주신(酒神) 디오뉘소스의 종자들인 반인반수의 사튀로스들로 분장한 까닭에 붙여진 이름이다. 형식은 비극에 가깝지만, 우스꽝스러운 주제를 다루거나 주제를 우스꽝스럽게 다루기 때문에 내용

때문이다. 페리클레스의 엄숙한 태도를 사람들이 인기를 얻기 위한 욕심이자 교만에 지나지 않는다고 말했을 때, 제논은 그들도 그처럼 인기를 얻으려 노력해보라고 나무라며, 겉으로라도 고상한 척하다 보면 자신도 모르는 사이에 고상한 것에 익숙해져서 고상한 것을 좋아하게 될 것이라고 했다.

6.

페리클레스가 아낙사고라스와 가까이 지냄으로써 얻은 것은 이뿐이 아니었다. 페리클레스는 아낙사고라스 덕분에 미신을 초월하게 된 것으로 보인다. 미신은 하늘의 여러 현상을 보고 놀라는 데서 생기는데, 그것은 그런 현상들의 원인을 모르고 그 분야에 무지하여 신들이 개입하는 것이 아닐까 두려워 떠는 사람이 느끼게 되는 감정이다. 그러나 자연철학은 그러한 무지를 해소하고, 소심하고 불안한 미신을 합리적인 희망에 기초한 흔들리지 않는 경건함으로 대치한다.

전하는 이야기에 따르면, 어느 날 페리클레스에게 그의 농장에서 뿔이 하나인 숫양의 머리를 보내왔다. 튼튼하고 강한 뿔이 이마 한가운데 나 있는 것을 본 예언자 람폰은 지금 투퀴디데스[34]와 페리클레스의 두 정파로 분산되어 있는 도시의 권력이 결국 이 전조를 받은 사람에게 집중될 것이라고 풀이했다.

그러나 아낙사고라스는 숫양의 두개골을 두 쪽으로 자르더니,

은 희극에 가깝다.

[34] 여기서 투퀴디데스(Thoukydides)는 역사가가 아니라 멜레시아스(Melēsias)의 아들로, 아테나이의 정치가다.

뇌가 제자리를 가득 메우지 못하고 달걀처럼 길쭉하게 뿔의 뿌리가 나 있는 곳으로 쏠려 있음을 보여주었다. 그때는 아낙사고라스가 그 자리에 있던 사람들의 갈채를 받았다고 한다. 그러나 얼마 뒤 투퀴디데스가 타도되고 국가의 모든 권력이 페리클레스에게 넘어갔을 때는 람폰이 갈채를 받았다.

내가 보기에, 자연철학자도 예언자도 다 옳았던 것 같다. 한 사람은 전조의 원인을, 다른 사람은 그 의미를 제대로 해석했기 때문이다. 한 사람이 하는 일은 어떤 일이 왜 어떻게 일어나는지 밝히는 것이었고, 다른 사람이 하는 일은 그것이 일어난 목적과 의미를 밝히는 것이었기 때문이다. 어떤 현상의 원인을 밝히게 되면 그것의 전조로서의 의미가 소멸된다고 주장하는 이들은 자신들이 신적인 전조의 원인을 밝혀내지 못하게 하는 동시에 징 소리, 횃불의 불빛, 해시계의 그림자같이 인간이 고안해낸 전조들도 없애고 있다는 점을 알지 못한다. 이런 것들은 제각각 원인적 준비 과정을 거쳐 전조로 기능하도록 만들어진 것들이기에 하는 말이다. 그렇지만 이 문제에 관해서는 다른 논문에서 논의해야 할 것이다.

7.

젊었을 때 페리클레스는 민중을 몹시 경계했다. 그는 참주 페이시스트라토스와 외모가 비슷했고, 또 나이 많은 사람들은 감미로운 목소리와 유창하고 민첩한 화술에서 두 사람이 닮은 것에 놀라움을 금치 못했다. 게다가 그는 부자에다 명문가 출신이고 친구들도 큰 영향력을 행사한 까닭에 혹시 도편추방을 당하지나 않을까 전전긍긍했다. 그래서 처음에는 정치를 멀리하며 전쟁터에서 유능하고 용감한 군인이 되었다.

그러나 아리스테이데스가 죽고,[35] 테미스토클레스가 추방당하고, 키몬은 전쟁을 치르느라 자주 헬라스 밖에 나가 있게 되자, 페리클레스는 드디어 민중의 편이 되기로 결심했다. 그는 본성상 민주주의자가 아닌데도 소수의 부자들 대신 다수의 가난한 사람들을 지지한 것이다. 그는 참주가 되려 한다는 의심을 살까 두렵기도 하고, 또 키몬이 귀족들의 열렬한 옹호자가 되어 상류층의 각별한 사랑을 받는 것을 보고는 대중의 호감을 사기 위해 노력했는데, 그렇게 함으로써 자신의 안전을 확보하고 키몬에게 대항할 힘을 얻으려는 것이었다.

그는 생활방식도 즉시 바꾸었다. 시내에서는 오직 광장과 시청으로 걸어가는 그의 모습만 볼 수 있었다. 어떤 저녁식사 초대에도 응하지 않았고, 그런 종류의 즐거운 모임은 모두 포기했다. 정계에 몸담고 있던 기나긴 세월 동안 그는 저녁 먹으러 친구 집에 간 적이 단 한 번도 없었다. 친척인 에우륍톨레모스 집에서 거행되던 결혼식에 참석한 것 말고는. 그러나 그 자리에서도 신들에게 헌주할 때까지만[36] 참석하고 곧 일어났다. 격의 없이 어울리다 보면 위엄을 지키기가 쉽지 않고, 친하게 사귀다 보면 체면을 유지하기가 어려운 법이다. 하지만 진정한 탁월함에서는 가장 뚜렷하게 드러나는 특징이 가장 아름다워 보이고, 진실로 위대한 사람들의 처신에서는 낯선 사람들이 보고 있을 때의 동료들과의 친교만큼 감탄스러운 것은 없다.

35　기원전 468년경.
36　'본격적인 주연(酒宴)이 시작되기 전까지만'이라는 뜻이다.

그러나 페리클레스는 민중과 계속해서 접촉하기를 피했고, 민중이 금세 싫증내지 않도록 민중 앞에 이따금 모습을 드러냈다. 그는 기회가 될 때마다 연설을 한 것도 아니고, 항상 민중에게 다가간 것도 아니고, 크리톨라오스[37]의 말마따나 살라미니아호(號)[38]처럼 급한 사안에만 드물게 모습을 드러냈다. 그 밖의 일들은 친구들이나 다른 연설가들이 처리하도록 했다. 전하는 이야기에 따르면, 에피알테스는 이들 중 한 명이었다고 한다. 그는 아레이오스 파고스의 권력을 해체하고는 시민들에게 플라톤의 말처럼,[39] "물 타지 않은[40] 자유"를 듬뿍 따라주었다. 그리하여 그런 자유로 말미암아 민중은 희극시인들 말마따나, 야생마처럼

더이상 참고 고분고분 복종하려 하지 않고
에우보이아[41]를 물어뜯고 여러 섬들[42]을 짓밟았다.

8.

페리클레스는 자신의 연설을 마치 악기인 양 자신의 생활방식과

---

37 크리톨라오스(Kritolaos)는 기원전 2세기의 소요학파 철학자다.
38 살라미니아호(Salaminia)는 아테나이의 관용선(官用船)으로 급한 일이 있을 때만 띄웠다.
39 『국가』 562c 참조.
40 '물 타지 않은'이라는 표현은 고대 그리스인들이 포도주를 물로 희석해 마시던 것에서 유래한다.
41 오랫동안 아테나이의 속국이었던 에우보이아는 기원전 446년 반란을 일으켰으나 진압되었다.
42 페르시아전쟁이 끝난 이듬해인 기원전 478년 창설된 델로스(Delos) 동맹에 가입한 그리스의 여러 섬은 사실상 아테나이 제국의 속국이나 다름없었다.

원대한 이상에 맞게 조율했는데, 이때 아낙사고라스의 이론을 활용하여 자신의 수사학에 자연철학의 색깔을 입혔던 것이다. 그가 신과 같은 플라톤의 말처럼,[43] 타고난 재능에 덧붙여 고매한 사상과 완벽한 실천력을 익힐 수 있었던 것은 자연철학 덕분이었으며, 자신이 배운 것을 언변술에 적용함으로써 그는 다른 웅변가를 훨씬 능가할 수 있었다. 그리하여 그는 '올륌포스의 주인'[44]이라는 별명을 얻게 된 것이라고 한다.

하지만 어떤 사람은 그가 건축물들로 도시를 장식했기 때문에, 다른 사람들은 정치가와 장군으로서의 업적 때문에 그가 그런 별명을 얻게 되었다고 믿고 있다. 그런 명성을 얻게 된 것은 어쩌면 그의 여러 가지 자질 덕분일 수도 있을 것이다. 그러나 당대의 희극시인들은 그를 겨냥해 진심으로 또는 장난삼아 말의 화살을 날려보내며 그가 그런 별명을 갖게 된 것은 무엇보다도 언변 때문이었음을 분명히 하고 있다. 그들의 말인즉, 민중에게 열변을 쏟아내기 위해 그는 '천둥을 치고' '번개를 치며' '혀 안에 무서운 벼락을 갖고 다닌다'는 것이었다.

페리클레스의 달변에 관해서라면 멜레시아스의 아들 투퀴디데스가 농담 삼아 한 말이 아직도 기록으로 남아 있다. 투퀴디데스는 귀족들의 정파에 속했고, 페리클레스와는 오랜 기간 정적이었다. 언젠가 라케다이몬인들의 왕 아르키다모스가 투퀴디데스와 페리클레스 가운데 누가 레슬링을 더 잘하느냐고 물었을 때, 투퀴디데스는 "내가 레슬링에서 그자를 내던져도 그자는 넘어지

43　『파이드로스』(*Phaidros*) 270a 참조.
44　'올륌포스의 주인'(*Olympios*)은 제우스의 별명이다.

지 않았다고 우기다가 결국 논쟁에서 이겨, 그자가 넘어지는 것을 본 사람들의 마음마저 바꿔놓을 것이오"라고 말했다.

그러나 페리클레스는 연설할 때 매우 조심스러웠다. 연단을 향해 나아갈 때면 그는 당장의 주제에 맞지 않는 말은 한마디도 본의 아니게 입 밖에 나오지 않게 해달라고 신들에게 기도하곤 했다. 그는 자신이 발의한 법령 외에는 거의 아무것도 기록으로 남기지 않아 소수의 어록만이 알려져 있는데, 이를테면 아이기나는 페이라이에우스의 눈병이니 제거해야 한다고 촉구한 말이나, 전쟁이 이미 펠로폰네소스로부터 그들을 내리덮치는 것이 보인다고 한 그의 말이 이에 속한다. 한번은 동료 장군으로 함께 해전[45]에 참가한 소포클레스[46]가 어느 미소년의 용모를 보고 찬탄해 마지않자 그는 "소포클레스여, 모름지기 장군이라면 손만 깨끗해야 하는 것이 아니라 눈도 깨끗해야 합니다"라고 말했다.

스테심브로토스에 따르면, 그는 사모스전쟁에서의 전사자들을 위한 장례식 연설에서 그들이 신들처럼 불사의 존재가 되었다고 말했다. 그는 "우리는 신들을 볼 수는 없지만 그분들이 받는 명예와 그분들이 베푸는 축복을 통해 그분들이 불사의 존재라고 믿는 것이오. 그 점에서는 조국을 위해 목숨을 바친 이들도 마찬가지요"라고 말했다.

9.

투퀴디데스는 페리클레스의 정치를 일종의 귀족정치라고 기술

---

[45] 기원전 440~439년의 대사모스 해전.
[46] 비극작가 소포클레스.

하고 있다.[47] '이름만 민주정치지 실제로는 제일인자의 정부'라는 것이다. 그러나 다른 많은 이들의 주장에 따르면, 그가 처음으로 이민을 위해 해외 국유지를 분배해주고, 축제 참가 보조금을 지원해주고,[48] 공공봉사에도 일당을 지불하게 함으로써[49] 민중에게 나쁜 버릇을 들인 탓에 그때까지 검소하고 자족하던 민중이 그의 정책의 영향을 받아 사치스럽고 방종해졌다는 것이다. 따라서 그의 정책이 이렇게 변한 이유가 무엇인지 세밀히 따져보기로 하자.[50]

앞서 말했듯이, 페리클레스는 처음에 키몬의 명성에 맞서야 했기 때문에 민중의 인기를 얻으려 했다. 그러나 키몬은 페리클레스보다 재산이 많아서 돈을 이용해 빈민들의 환심을 샀다. 키몬은 아테나이인들에게는 누구든 원하기만 하면 날마다 식사를 제공했고, 나이 많은 사람들에게는 옷을 입혀주었으며, 자신의 농장들 울타리를 허물어 누구든 원하는 사람은 과일을 따 먹게 했다. 페리클레스는 이런 종류의 민중선동에서 열세에 놓이자, 아리스토텔레스의 보고에 따르면,[51] 오아 구역 출신인 다모니데스의 조언에 따라 공금을 민중에게 분배해주는 수법을 쓰게 되었다고 한다.

---

47 투퀴디데스, 2권 65장 참조.
48 극장에 입장하는 아테나이 시민들은 2오볼로스의 보조금을 받았다.
49 배심원으로 선출된 시민들은 2오볼로스의 일당을 받았는데, 나중에는 3오볼로스로 인상되었다.
50 페리클레스가 민중선동가의 방법을 버리고 정치적인 사안들에 정책으로 접근한 이유에 관해서는 15장 참조.
51 아리스토텔레스, 『아테나이인들의 정체』 27장 4절 참조.

그는 곧 축제 입장권과 배심원 수당과 그 밖에 다른 보수와 선물들로 대중을 매수하여, 아레이오스 파고스 회의체의 영향력에 대항하는 데 그들을 끌어들였다. 그는 이 회의체의 회원이 아니었다. 그는 추첨에 의해 아르콘 에포뉘모스나 테스모테테스나 아르콘 바실레우스나 아르콘 폴레마르코스로 임명된 적이 없었기 때문이다.[52] 이들 관직은 이전부터 추첨으로 배정되었는데, 이들 관직에 있을 때 능력을 입증해 보인 사람만이 아레이오스 파고스 회원으로 올라갈 수 있었다. 그런 이유에서 페리클레스는 일단 민중의 인기를 얻게 되자 더욱더 아레이오스 파고스 회의체의 권력을 꺾어버렸던 것이다. 그리하여 에피알테스의 발의로 이 회의체는 대부분의 사법권을 박탈당했을 뿐 아니라, 키몬도 친(親)라케다이몬적이고 반(反)민중적이라는 이유로 도편추방되었다. 키몬으로 말하자면, 부와 가문에서 어디에 내놓아도 빠지지 않았고, 내가 앞서 그의 생애에서 기술했듯이 페르시아인들과 싸워 여러 차례 혁혁한 승리를 거두어 도시를 돈과 전리품으로 가득 채웠던 사람이다. 민중 사이에서 페리클레스의 힘은 그만큼 막강했다.

10.

그런데 도편추방을 당하게 되면 법적으로 10년 동안 나라 밖에 나가 있어야 했다. 그러나 그사이[53] 라케다이몬인들이 대군을 이끌고 타나그라[54] 지역으로 침입해오자 아테나이인들은 즉시 그

---

52 「솔론 전」주 57 참조.
53 기원전 457년.

들을 치러 출격했다. 그리하여 키몬은 추방 생활에서 돌아와 무장을 하고 자기 부족 사람들의 전열에 들어가 섰으니, 동료 시민과 위험을 함께함으로써 행동을 통해 친라케다이몬파라는 비난에서 벗어나고 싶었던 것이다. 그러나 페리클레스의 친구들은 힘을 모아 아직도 추방자라는 이유로 그를 내쫓았다.

페리클레스도 이 전투에서 누구 못지않게 용감하게 싸우며 가장 눈에 띄게 자신을 위험에 내맡겼던 것 같다. 그리고 페리클레스가 친라케다이몬파라고 고발한, 키몬의 친구들은 이 전투에서 모조리 전사했다. 앗티케 경계에서 참패한 데다 이듬해 봄에 힘겨운 전쟁이 예상되자 아테나이인들은 자신들의 행동을 크게 후회하고 키몬을 아쉬워하기 시작했다. 페리클레스는 이러한 분위기를 알아채고 지체 없이 민중의 소원을 들어주었으니, 키몬을 소환하는 법안을 몸소 발의한 것이다. 그리하여 키몬이 돌아와 두 도시 사이에 평화협정을 맺는 데 성공했다. 라케다이몬인들은 페리클레스와 그 밖에 다른 민중 지도자들에게 적대적이었던 만큼 키몬에게는 호의적이었기 때문이다.

일설에 따르면 키몬의 누이 엘피니케의 주선으로 두 사람 사이에 비밀협정이 체결되기 전까지 페리클레스는 키몬의 소환을 위한 법안을 발의하지 않았다고 한다. 그 비밀협정은 키몬이 200척의 함대를 이끌고 나가 국외에서 군대를 지휘하며 페르시아 왕의 영토를 병합하는 동안 페리클레스는 시내에서 권력을 행사한다는 내용이었다고 한다. 엘피니케는 그 이전에도 키몬이 반역죄로

---

54 타나그라(Tanagra)는 보이오티아 지방의 도시다.

사형당할 처지가 되었을 때 페리클레스에게 선처를 부탁한 적이 있었던 것으로 믿어지고 있다. 당시 민중이 임명한 검찰관 중 한 명이었던 페리클레스는 엘피니케가 다가와 오라비를 위해 탄원하자 미소 지으며 "엘피니케여, 그대는 너무 늙었소이다. 이런 일을 감당하기에는 너무 늙었단 말이오"라고 말했다. 아무튼 그는 형식적으로라도 자신의 업무를 수행하기 위해 단 한 번만 발언했고, 재판이 끝날 무렵에는 검찰관 중에서 키몬에게 가장 덜 해를 입혔다.

이로 미루어 페리클레스가 친구이자 정책의 동반자인 민중 지도자 에피알테스의 명성을 시기하고 질투하여 그의 암살을 사주했다는 이도메네우스[55]의 고발을 어떻게 믿을 수 있겠는가? 나는 그가 도대체 어디서 이런 독기 어린 모함들을 꾸며내어, 설령 결점이 전혀 없지는 않다 하더라도 생각하는 것이 고상하고 명예심이 강하여 그런 야만적이고 야수 같은 감정이 도저히 발붙일 수 없는 사람에게 던져대는 것인지 알 수가 없다.

에피알테스는 민중에게 해를 입히는 자들에게 가차없이 해명을 요구하며 소추한 만큼 과두제 지지자들에게는 공포의 대상이었다. 그래서 그의 적들이 음모를 꾸며 타나그라의 아리스토디코스를 시켜 몰래 죽이게 했다는 것이다. 이것은 아리스토텔레스의 주장이다.[56] 한편 키몬은 퀴프로스에서 함대를 지휘하다가 전사했다.[57]

---

55 기원전 3세기에 활동한 소아시아 람프사코스 출신의 작가다.
56 아리스토텔레스, 같은 책, 25장 4절 참조.
57 기원전 449년. 투퀴디데스, 1권 112장 참조.

11.

귀족들은 그전에 이미 페리클레스가 시민 중 제일인자가 되었음을 알아차리고, 아테나이 정부가 완전한 독재정부가 되지 않도록 누가 정치적으로 그와 맞서 그의 권력을 약화시켜주기를 바랐다. 그리하여 알로페케 구역 출신의 투퀴디데스[58]를 내세워 페리클레스와 맞서게 했는데, 그는 생각이 깊은 사람으로 키몬의 인척이었다. 키몬만큼 위대한 전사는 아니었지만 그는 웅변가이자 정치가로서는 한 수 위였다. 그는 시내의 동정을 유심히 관찰하고 페리클레스와 연단에서 대결함으로써 곧 두 정파 사이에 균형을 잡아나갔다.

그는 이른바 '귀족들'이 여태까지 그랬듯이 여기저기 흩어지고 대중과 섞임으로써 그들의 가치가 수에 의해 흐려지는 것을 용납하지 않고, 그들을 따로 가려내어 하나의 단체로 결집시켜 그들의 집단적 영향력에 힘을 실어줌으로써 말하자면 평형추 노릇을 하게 한 것이다.

아테나이에는 겉으로 드러나지 않아도 처음부터 무쇠에서 볼 수 있는 것과 같은 숨은 균열이 나 있어 민중 정파와 귀족 정파 간의 갈등을 암암리에 예고하고 있었다. 그러나 이들 두 사람의 경쟁심과 명예욕으로 말미암아 국가에 깊은 골이 생기면서 한 정파는 '민중', 다른 한 정파는 '소수자'[59]라고 불리게 되었다. 그래서 페리클레스는 이때 특히 민중에게 고삐를 늦춰주며 그들의 마음에 드는 정책을 개발했다. 그는 계속해서 대중을 위해 도시에서

---

58   멜레시아스의 아들.
59   그리스어로는 각각 dēmos와 oligoi다.

구경거리와 회식과 행렬을 제공했으며, 몰취미하다고 할 수 없는 여러 가지 쾌락으로 시민들을 어린아이들처럼 즐겁게 해주었다. 그는 또 해마다 60척의 삼단노선을 내보내, 많은 시민들이 급료를 받고 여덟 달 동안 배를 타고 다니면서 항해술을 배우고 익히도록 장려했다.

그 밖에도 그는 케르소네소스[60]에 이주민 1천 명을,[61] 낙소스섬에 500명을, 안드로스섬에 그 절반을, 비살티아[62]인들과 함께 살도록 트라케[63]에 1천 명을, 그리고 쉬바리스가 있던 자리 바로 옆에 투리오이[64]라는 이름으로 재건된 이탈리아의 식민시에 다른 이주민을 보냈다. 그렇게 함으로써 그는 도시를 일하지 않는 게으름뱅이들과 공연히 분주한 선동가의 무리로부터 해방시키고, 민중의 가난을 덜어주고, 동맹국들에 수비대를 주둔시킴으로써 겁을 주어 반란을 꾀하지 못하게 하려 한 것이다.

12.

아테나이를 가장 쾌적하게 장식해주고, 다른 민족에게 가장 큰

---

60 케르소네소스(Chersonēesos)는 보통명사로는 '반도'라는 뜻이지만, 고유명사로 쓰일 때는 대개 헬레스폰토스 해협 서쪽에 있는 트라케의 케르소네소스를 말한다.
61 기원전 447년.
62 비살티아(Bisaltia)는 마케도니아의 동부 지방이다.
63 트라케는 그리스 북쪽, 마케도니아의 동쪽에 있는 넓은 지역이다.
64 기원전 510년경 이탈리아의 타렌툼(Tarentum)만에 있던 쉬바리스(Sybaris)시가 경쟁 관계에 있던 이웃 도시 크로톤(Kroton)에 의해 완전히 파괴되자, 기원전 444년 아테나이인들이 주축이 되어 바로 그 옆에 투리오이(Thourioi 라/Thurii)시를 건설했다.

경탄의 대상이 되고, 그 옛날 헬라스의 힘과 영광이 지어낸 이야기가 아님을 유일하게 입증해주는 것을, 말하자면 신전들의 건축을 페리클레스의 적들은 그의 정책 중에서 가장 심하게 헐뜯고 비방했다. 그들은 민회에서 목청을 돋워 소리쳤다. "아테나이 국민은 헬라스인들의 공금을 델로스섬에서 옮겨와[65] 스스로 보관함으로써 이미 명성을 잃고 악평을 듣고 있소. 이에 대한 가장 그럴듯한 명분도, 말하자면 페르시아인들에게 빼앗길까 두려워 공금을 옮겨와 안전한 요새에서 지키고 있다는 명분도 이제는 페리클레스 때문에 내세울 수 없게 되었소. 헬라스는 자신이 심한 모욕을 당했으며 폭군에 예속되었다고 생각할 게 틀림없소. 페르시아인들과의 전쟁에 대비한다는 명분으로 강제로 거두어들인 기금으로 도시에 금박을 입히고 치장하여, 우리 도시가 허영심 많은 여자처럼 값비싼 돌들과 조각들과 수천 탈란톤의 값어치가 있는 신전들을 걸치고 있는 것을 보게 되면 말이오."

이에 대해 페리클레스는 민중에게 말하기를, 아테나이인들은 동맹국들을 지켜주고 페르시아인들을 막아주는 한 기금의 사용처에 관해 동맹국들에 해명할 의무가 없다고 했다. "그들은 군마도, 전함도, 중무장 보병도 제공하지 않고 돈만 댔소. 그런데 돈은, 받는 사람이 그 대가로 약속한 용역을 제공하는 한, 주는 사람 것이 아니라 받는 사람의 것이오. 아테나이가 전쟁을 수행하는 데 필요한 것을 충분히 갖추고 나서 남은 돈을, 일단 완성된 후에는 영원한 영광을 가져다주고 완성되기까지는 번영을 가져다줄

---

65 델로스 동맹의 기금은 기원전 454년 델로스에서 아테나이로 옮겨졌다.

사업에 사용하는 것은 당연한 일이오. 그리하여 온갖 종류의 사업과 수요가 창출되어 모든 예술과 모든 손에 일감을 주고, 도시 전체가 고용될 것이오. 그러면 도시는 자신을 장식할 뿐 아니라 자체의 재원으로 자신을 부양하게 될 것이오."

실제로 한창때의 젊은이들은 페리클레스의 여러 차례에 걸친 해외 원정에 참가함으로써 공공 기금에서 급료를 받았다. 또한 그는 조직화되지 못한 기술자들이 돈벌이에서 배제되는 것도 원치 않았고, 그렇다고 일도 하지 않고 게으름을 부리며 급료를 받는 것도 싫어서, 민중에게 대규모 건설과 장기간에 걸쳐 여러 가지 기술을 요하는 공공 사업 계획들을 과감하게 제시했다. 그것은 국내에 남아 있는 사람도 전함의 승무원 또는 수비대나 원정대에 몸담고 있는 사람들 못지않게 공공 기금으로 급료를 받도록 기회를 제공하자는 것이었다.

그러자니 석재, 청동, 상아, 황금, 흑단, 삼나무 같은 재료가 필요했다. 또 이것들을 정교하게 다듬자니 목수, 조각가, 놋갓장이, 석공, 염색공, 금 세공사와 상아 세공사, 화공, 자수공, 돋을새김을 할 사람이 필요했다. 또 이것들을 운반하자니 바닷길에서는 상인과 선원과 수로 안내인이, 뭍길에서는 수레 제작공, 견인용 동물 조련사, 마부, 밧줄 만드는 사람, 직조공, 피혁공, 도로를 건설할 인부, 광부가 필요했다. 마치 장군이 휘하의 군대를 거느리듯, 각각의 기술은 숙련되지 못한 무식한 일꾼들의 무리를 거느리고 있었으며, 이들은 도구가 손에, 몸이 혼에 복종하듯 조수로서 일했다. 그리하여 그런 수요에 따라 거의 모든 연령과 유형의 아테나이인들에게 남아도는 기금이 분배되었다.

13.

그리하여 웅장하고 비할 데 없이 우아한 건축물들이 우뚝 솟아올랐으니, 장인들이 서로 뛰어난 솜씨를 겨루었기 때문이다. 그러나 가장 놀라운 것은 그런 건축물들이 세워지는 속도였다. 각각의 건축물은 완성되는 데 여러 세대가 걸릴 것으로 생각되었지만 모두 한 정부의 전성기에 완성되었다. 그러나 전하는 이야기에 따르면, 언젠가 아가타르코스가 자기는 힘들이지 않고 빨리 형상들을 그렸다고 자랑하는 것을 듣고 있다가 제욱시스[66]가 "나는 오랜 기간 공을 들이지요"라고 말했다 한다. 아닌 게 아니라 날림 작업은 예술 작품에 지속적인 가치와 완전한 아름다움을 부여하기 힘들다. 반면에 힘든 창작 작업에 투자된 시간은, 그렇게 태어난 작품은 오래오래 존속된다는 점에서 후한 이자를 지불해주는 법이다. 그래서 페리클레스의 건축물들은 더욱더 놀라운 것이다. 단기간에 완성되었지만 영원한 생명을 누리고 있으니 말이다. 각각의 건축물들은 완성되는 순간 이미 고풍스러운 아름다움을 간직하고 있었고, 지금까지도 이제 막 완성되었을 때와 같은 활력을 뿜어낸다. 그리하여 그의 건축물들에는 영원한 싱그러움이 꽃피어, 마치 시들지 않는 젊음과 나이를 모르는 활력을 들이마신 듯 세월을 타지 않는 것처럼 보인다.

이 사업의 총감독은 페이디아스였지만, 개별 건축물에는 그 밖에도 위대한 건축가들과 장인들이 참여했다. 예컨대 칼리크라테스와 이크티노스는 길이가 100푸스나 되는 파르테논 신전을 지

---

[66] 아가타르코스(Agatharkos)와 제욱시스(Zeuxis)는 둘 다 고대 그리스의 유명한 화가다.

었고, 코로이보스는 엘레우시스에 비의의 신전을 짓기 시작해 바닥에 원주들을 세우고 그것들을 평방(平枋)들로 연결했다. 그러나 그가 죽자 크쉬페테 구역 출신인 메타게네스가 프리즈와 위쪽 원주들을 올렸다. 또 콜라르고스 구역 출신인 크세노클레스는 지성소 위에다 높다랗게 둥근 채광창을 냈다. '긴 성벽'[67]을 쌓는 계약은 칼리크라테스가 따냈는데, 페리클레스가 그것을 쌓자고 제안했을 때 소크라테스는 자기도 그 제안을 들었다고 말한다.[68] 크라티노스는 이 공사가 더디게 진행된 것을 이런 말로 놀려대고 있다.

> 페리클레스는 이미 오래전부터 이 공사를 말로만 추진할 뿐, 행동으로는 한 치도 진척시키지 않는다네.

오데이온[69] 내부는 여러 줄의 좌석과 수많은 기둥이 있고 천장은 하나의 정점에서 사방으로 경사지게 되어 있었는데, 전하는 이야기에 따르면 페르시아 왕의 천막을 모방한 것으로, 이 역시 페리클레스의 감독 아래 지어진 것이다. 그래서 크라티노스는 희극 『트라케의 여인들』에서 또다시 그를 놀려대고 있다.

---

67 '긴 성벽'(makron teichos)이란 아테나이시와 페이라이에우스 항을 잇는 성벽으로, 도시가 포위될 경우 해상에서 보급을 받으려고 쌓은 것이다.
68 플라톤, 『고르기아스』 455e 참조.
69 오데이온(Ōideion 라/Odeum)은 '음악당'이라는 뜻으로, 아크로폴리스의 남쪽 사면 디오뉘소스 극장 동쪽에 세워진 이 건물에서 음악 경연대회가 개최되었다.

보라, 저기 스키노스[70] 머리의 제우스[71]가
머리에 오데이온을 모자처럼 쓰고 다가오는구나!
하긴 이제는 도편추방도 무사히 넘겼으니까.

페리클레스는 명예욕이 강한지라 오데이온을 지으면서 음악 경연이 판아테나이아제[72]의 일부로 개최되도록 하는 법안을 통과시켰다. 또한 그는 스스로 심사위원으로 선출되어 경연 참가자들이 어떻게 피리를 연주하고 노래하고 키타라를 연주해야 하는지에 대한 규정을 정했다. 음악 경연대회는 그때도 그 이후에도 오데이온에서 개최되었다.

아크로폴리스의 프로퓔라이아[73]는 건축가 므네시클레스가 지었는데 5년 만에 완성되었다. 그것을 짓고 있을 때 아테나 여신이 이 건축물을 외면하는 것이 아니라 오히려 동참하여 완성되도록 도와주고 있다는 것을 보여주는 놀라운 일이 일어났다. 기술자 가운데 가장 유능하고 열성적인 사람이 미끄러져 높은 곳에서 떨어졌는데 워낙 중상인지라 의사들도 포기하고 말았다. 그래서 페리클레스는 크게 낙담했으나 꿈에 여신이 나타나 치료제를 처방

---

70 3장 참조.
71 페리클레스를 비꼬아 하는 말이다.
72 판아테나이아제(Panathenaia)는 아테나이의 수호신 아테나 여신을 위한 가장 중요한 축제로 해마다 개최되었으나, 4년마다 특히 화려하게 진행되었다. 이때는 음악 경연 외에도 행렬, 육상경기, 전차경주가 개최되었다.
73 프로퓔라이아(Propylaia)는 아테나이의 아크로폴리스로 들어가는 기념비적인 출입문으로, 페리클레스 시대에 지은 건축물 중에서 파르테논 신전 다음으로 유명하다.

해주어 부상자를 고생시키지 않고 금세 낫게 해줄 수 있었던 것이다. 이를 기념해 그는 아크로폴리스에, 그전에 이미 설치해놓았던 제단 옆에다 '치유의 여신 아테나'[74]의 청동상을 세웠다.

페이디아스는 여신의 황금 입상을 제작했는데, 대리석판에는 제작자로서 그의 이름이 새겨져 있다. 페이디아스는 거의 모든 일을 관장했고, 앞서 말했듯이 페리클레스와의 친분에 힘입어 모든 기술자를 감독했다. 그리하여 어떤 이들은 그를 시기했고, 또 어떤 이들은 공사를 구경하러 온 자유민 여자들과 페리클레스가 몰래 만날 수 있도록 그가 주선한다는 비방을 했다. 그러자 희극 시인들이 이 이야기를 받아 페리클레스에게 욕설을 퍼부으면서, 그가 자신의 친구이자 부관이었던 메닙포스의 아내와 놀아나고 있고, 그의 친구 퓌리람페스가 그토록 새를 많이 치는 것도 페리클레스가 사귀는 여인들에게 공작을 선물하기 위해서라며 중상모략을 일삼았다.

점잖지 못하게 살아가는 인간들이 기회 있을 때마다 자기보다 더 나은 사람을 모략하여 대중의 질시라는 악령에게 제물로 바치는 것이 뭐 그리 놀라운 일이란 말인가? 타소스 출신인 스테심브로토스도 감히 페리클레스가 며느리를 유혹했다는 끔찍하고 불경하고 터무니없는 이야기를 지어내어 공개적으로 그를 비방하지 않았던가! 역사에서 진실을 찾아내기란 어렵고 힘든 일일 것이다. 후세 사람에게는 시간의 경과가 진실을 아는 데 장애물이 되고, 누군가의 생애와 행적을 규명하려는 동시대인들에게는 때

---

[74] 그리스어로 Athena Hygieia.

로는 시기와 원한이, 또 때로는 호감과 아부가 진실을 왜곡하기 때문이다.

14.

투퀴디데스와 그의 정파는 페리클레스가 공금을 낭비하고 국고를 바닥낸다고 아우성을 쳐댔다. 그래서 페리클레스가 민회에서 민중에게 자신이 과연 너무 많이 지출하느냐고 물었다. 그들이 그렇다고 말하자 그는 "좋아요. 그렇다면 지출을 여러분이 아니라 내 부담으로 하시오. 대신 나는 모든 작품에 내 이름을 새기게 하겠소"라고 말했다. 페리클레스가 그렇게 말하자마자, 그들은 그의 아량에 탄복했는지 아니면 그의 작품들이 가져다줄 영광에 자신들도 참여하고 싶었든지 그더러 마음껏 공금을 쓰라고, 한 푼도 아끼지 말고 쓰라고 아우성쳤다. 마침내 페리클레스는 위험을 무릅쓰고 투퀴디데스와의 정쟁을 도편추방으로 몰고 갔다. 그리고 거기에서 이겨 투퀴디데스를 추방하고 반대파를 와해해버렸다.

15.

그렇게 정쟁이 끝나자 아테나이는, 말하자면 골이 메워지며 하나로 통합되었다. 이제 페리클레스는 아테나이는 물론이고 공물, 육군, 함대, 여러 섬, 바다, 헬라스 국가들과 비헬라스 국가들에서 비롯되는 막강한 힘, 예속된 종족들이나 우호적인 왕들이나 동맹을 맺은 왕조들이 지켜주고 있는 통치권 등 아테나이와 관련된 모든 업무를 장악했다. 그러나 이때부터 그는 완전히 딴사람이 되어, 더이상 민중에게 고분고분하지 않았고 바람처럼 변덕스러운 대중의 요구를 들어주려 하지 않았다. 오히려 지금까지의 느슨하고 무른 통치 형태를 화려하고 부드러운 선율로 여기고는 이제는 귀족정과 왕정으로 음정을 높였다. 그러나 그가 자신의 권력을 도시의 이익을 위해 정직하고 확고하게 사용한 까닭에 민중은 대체로 자진하여 그의 설득과 지시에 따랐다.

하지만 민중이 그의 정책에 분개하는 때도 더러 있었다. 그럴 때면 그는 고삐를 죄며 유익한 일을 하도록 그들을 강요했다. 그것은 마치 현명한 의사가 복잡한 만성병 환자에게 때로는 무해한 쾌락을 처방하고 때로는 쓰지만 효험 있는 치료제를 처방하는 것과도 같았다. 아테나이인들처럼 큰 나라를 갖고 있는 군중 사이에서는 예상할 수 있듯이 온갖 변덕이 기승을 부리기 마련인데, 페리클레스만이 그런 변덕을 그때그때 제압할 수 있었다. 주로 민중의 희망과 두려움을 두 개의 키처럼 이용해 그들이 오만할 때는 제때에 제동을 걸고 의기소침할 때는 북돋워주고 위로해주었던 것이다.

그리하여 그는 웅변술이란 플라톤의 말처럼[75] 마음을 끄는 수단이고, 웅변술의 가장 중요한 과제는 성격과 감정을 알아내는 것인데 성격과 감정은 혼(魂)의 현과 같아서 능숙하게 뜯고 쳐주기를 요구한다는 것을 보여주었다. 그가 권력을 쥐게 된 것은 웅변가로서의 능력 때문만이 아니라, 투퀴디데스의 말처럼,[76] 일생 동안 쌓아올린 명성과 신뢰 덕분이기도 했다. 그는 명백히 뇌물에 무관심하고 초연했다. 그는 큰 도시를 가장 크고 부유한 도시

75 『파이드로스』 271c 참조.
76 투퀴디데스, 2권 65장 8장 참조.

로 만들고, 권력에서 왕들과 참주들을 능가했다. 이들 가운데 몇몇은 실제로 그를 자기 아들의 후견인으로 삼았다. 그러나 그는 아버지가 물려준 재산을 1드라크메도 늘리지 않았다.

16.

그의 권력을 사실 그대로 전해주는 것은 투퀴디데스뿐이다.[77] 희극시인들은 악의적으로 헐뜯으며 그와 그의 동료들을 신(新)페이시스트라토스 일족이라 일컬었고, 그의 탁월함은 너무 억압적이어서 민주주의와 양립할 수 없는 만큼 참주가 되지 않겠다고 맹세할 것을 그에게 요구했다. 텔레클레이데스[78]는 아테나이인들이 그에게

묶거나 풀어주라고 도시들의 공물과 도시들 자체를,
쌓거나 도로 헐어버리라고 돌로 된 성벽들을,
그리고 그 도시들의 조약, 군세, 권력, 평화, 부와 행복을

맡겼다고 말한다. 그리고 그것들은 한때의 절정기나 잠시 반짝하다가 지나가버리는 인기 정책의 산물이 아니었다. 40년 동안[79]이나 그는 에피알테스, 뮈로니데스, 레오크라테스, 키몬, 톨미데스,[80] 투퀴디데스 같은 인물들 사이에서 제일인자였으며, 투퀴디

---

77 투퀴디데스, 2권 65장 8~10장 참조.
78 주 21 참조.
79 기원전 469년부터 429년까지.
80 뮈로니데스(Myronides), 레오크라테스(Leokrates), 톨미데스(Tolmides)는 아테나이의 장군들이다.

데스가 실각하여 도편추방을 당한 뒤에도 자그마치 15년 동안이나 해마다 장군[81]으로 취임함으로써 중단 없이 지속적으로 권력을 행사할 수 있었다. 이 기간 동안 그는 뇌물에 오염되지 않도록 자신을 지켰다.

하지만 그가 돈벌이에 전혀 관심이 없었던 것은 아니었다. 그는 아버지에게서 물려받은 정당한 재산을 소홀히 관리하여 날리고 싶지도 않고, 공적인 용무로 바쁜데 그것 때문에 성가신 일이 생겨 시간을 빼앗기기도 싫어서 가장 쉽고 정확한 처리 방법을 택했다. 그는 해마다 소출을 몽땅 판 다음 살림에 필요한 것을 그때그때 시장에서 따로따로 사들였다. 그래서 아들들이 성장하자 페리클레스는 아들들에게 인기가 없었다. 며느리들도 후하지 않다고 그를 향해 불평을 털어놓았다. 그날그날 하루분의 생활비를 주기 때문에 넉넉한 대갓집에서처럼 쓰고 남는 것이 전혀 없고 지출과 수입이 딱 맞아떨어졌기 때문이다. 에우앙겔로스라는 페리클레스의 하인 한 명이 이렇듯 꼼꼼하게 살림을 꾸려나갔는데, 그는 재능을 타고났거나 페리클레스에게 훈련을 받은 까닭에 가정 경제에서는 어느 누구 못지않았던 것이다.

페리클레스의 이러한 처신은 아낙사고라스의 지혜와는 일치하지 않았다. 아낙사고라스는 고매한 사상에 심취해 집을 떠났으며 농토를 경작하지 않고 양떼가 거기서 풀을 뜯게 했다. 하지만 생각건대, 사변 철학자의 삶과 정치가의 삶은 다르다. 철학자는 고상한 이상을 품고 있어 도구와 외적인 사물이 필요 없지만, 정

---

[81] 아테나이에서는 기원전 501년부터 각 부족마다 한 명씩 모두 열 명의 장군(stratēgos)이 해마다 민회에서 선출되었는데, 재선의 제약은 없었다.

치가는 인류의 공통된 필요를 위해 자신의 재능을 활용하는 만큼 부를 단순히 생활필수품이 아니라 고상한 사물들 중 하나로 여겨야 한다. 그 예를 우리는 가난한 사람들을 도와준 페리클레스에게서 볼 수 있을 것이다.

전하는 이야기에 따르면, 페리클레스가 공무로 한창 바쁠 때 아낙사고라스는 이제 늙어 돌봐주는 사람도 없이 외투를 머리에 뒤집어쓴 채 자진해 굶어 죽으려고 침상에 누워 있었다고 한다. 페리클레스가 이 소식을 전해 듣고 깜짝 놀라 곧장 달려가 노인의 신세보다는 나랏일의 조언자를 잃게 된 자신의 신세를 한탄하며 제발 살아달라고 간곡히 애원했다고 한다. 그러자 아낙사고라스가 머리에 뒤집어쓴 외투자락을 내리며 "페리클레스, 등불이 필요한 사람들이 등에 기름을 붓는 법이라네"라고 말했다 한다.

17.

아테나이의 세력이 점점 커지는 것을 라케다이몬인들이 못마땅히 여기기 시작하자, 페리클레스는 아테나이의 민중이 더 원대한 포부를 품고 더 큰 일들을 해낼 수 있다는 자신감을 갖게 하고자, 에우로페에 살든 아시아에 살든, 작은 도시에 살든 큰 도시에 살든 모든 헬라스인들에게 아테나이의 회의에 사절단을 파견해주기를 청하는 법안을 발의했다. 페르시아인들이 불태워버린 헬라스의 신전들을 새로 짓는 일과, 페르시아인들과 전쟁하는 동안 헬라스의 이름으로 신들에게 서약한 제물을 바치는 일과, 누구든 안심하고 항해할 수 있도록 바다의 안전과 평화를 확보하는 문제를 논의하자는 것이었다.

그러기 위해 아테나이는 50세가 넘은 시민 20명을 파견했다.

그중 5명은 아시아와, 레스보스와 로도스 사이에 있는 여러 섬들의 이오네스족과 도리에이스족을 초청했고, 다른 5명은 헬레스폰토스의 여러 지역과 뷔잔티온에 이르기까지 트라케의 여러 지역을 방문했다. 또 다른 5명은 보이오티아와 포키스와 펠로폰네소스로, 그리고 거기서 로크리스를 거쳐 아카르나니아와 암브라키아에 이르기까지 이웃나라로 파견되었다. 나머지 5명은 에우보이아섬을 경유해 오이테산 기슭의 주민들과 멜리스만과 프티아의 아카이오이족과 텟살리아인들에게로 가서 그들더러 헬라스의 평화와 공동 관심사를 논의하는 회의에 참석하라고 설득했다. 그러나 성과는 없었고 도시들은 한곳에 모이지 않았다. 전하는 이야기에 따르면, 라케다이몬인들이 은밀히 그 계획에 반대해 아테나이인들의 노력이 펠로폰네소스에서 첫 번째 좌절을 맛본 것이라 한다. 내가 여기서 이 사건을 언급한 것은 페리클레스의 기백과 원대한 생각을 보여주기 위해서다.

18.

그는 무엇보다도 군사작전에서 신중하기로 유명했다. 그는 많은 불확실성과 위험이 따르는 전투를 자진해 감행하지도 않았고, 큰 위험을 무릅썼다가 빛나는 성공을 거두어 위대한 장군으로 찬탄받는 사람들을 부러워하지도 본보기로 삼지도 않았다. 그는 시민들에게 늘 말하기를, 자기가 마음대로 할 수만 있다면 그들은 죽지 않고 영원토록 살게 될 것이라고 했다. 톨마이오스의 아들 톨미데스가 이전의 행운과 전쟁으로 얻은 큰 명성을 믿고 시기가 좋지 않을 때 보이오티아로 침공할 준비를 갖추고는 가장 용감하고 명예욕이 강한 장정 약 1천 명을 자신의 용병들과 나란히 자원

병으로서 함께 출전하도록 설득하는 것을 보았을 때, 페리클레스는 민회에서 그를 만류하며, 만일 그가 자기 말을 듣고 싶지 않다면 가장 현명한 조언자인 시간을 기다려보는 게 상책일 것이라는 명언을 남겼다. 그러나 며칠 뒤 톨미데스가 코로네이아 전투에서 패해 전사하고 많은 용감한 시민들도 함께 죽었다는 소식이 전해졌을 때 페리클레스는 선견지명이 있는 애국자임이 밝혀져 시민들은 그를 더욱더 높이 평가하고 호감을 갖게 되었다.

19.

페리클레스의 원정 가운데 가장 인기를 끌었던 것은 케르소네소스 원정이었다. 그 원정은 그곳에 사는 헬라스인들을 구원해주었기 때문이다. 그는 아테나이 이주민 1천 명을 데리고 가서 그곳의 도시들에 남자의 힘을 늘려주었을 뿐 아니라, 그곳의 지협에다 바다에서 바다까지 방벽을 쌓아 케르소네소스반도에 몰려다니던 트라케인들의 침입을 막았다. 변경에 야만족들이 살고 있고 도적떼가 출몰해 늘 전쟁에 시달려온 지역이었는데 이제 그가 그렇게 함으로써 이 전쟁에 종지부를 찍었던 것이다.

그러나 그가 아테나이 밖에서도 찬탄의 대상이 되고 명성을 얻게 된 것은 100척의 삼단노선을 이끌고 메가라의 페가이 항을 출발해 펠로폰네소스반도를 일주했을 때였다.[82] 그는 전에 톨미데스가 그랬듯이, 여러 해안 지방을 유린했을 뿐 아니라 전함들에서 중무장 보병들을 이끌고 내륙으로 깊숙이 쳐들어갔다. 그러자

---

82 기원전 453년.

적군은 그가 다가오는 것이 무서워 성벽 안으로 피신했다. 오직 시퀴온인들만이 그에게 대항하며 네메아에서 싸웠다. 그러나 그는 이들을 패퇴시키고 전승기념비를 세웠다. 그다음 그는 아테나이의 우방인 아카이아에서 병력을 지원받아 전함들에 태우고 함대를 이끌고 맞은편 해안으로 다가갔다. 거기서 그는 아켈로오스 강 하구 앞을 지나 아카르나니아 지방을 유린했다. 그리고 오이니아다이인들을 성벽 뒤에 가두고 그들의 영토를 약탈한 뒤 귀국했다. 그리하여 그는 자신이 적들에게는 무시무시하지만 동료 시민들에게는 결단성 있으면서도 안전을 지켜주는 지도자임을 보여주었다. 원정에 참가한 사람들에게는 우연한 사고조차도 일어나지 않았기 때문이다.

20.

그는 또 눈부시게 훌륭한 장비를 갖춘 대함대를 이끌고 흑해로 항해해 가서,[83] 그곳의 헬라스 도시들에는 그들의 청을 들어주고 따뜻하게 대해주었으나, 이웃의 야만족 국가들과 그들의 왕들과 권력자들에게는 아테나이의 엄청난 군세와, 원하는 곳이면 어디든지 항해해 가서 그곳의 제해권을 완전히 장악하는 두려움 모르는 용기를 보여주었다. 그는 또 라마코스 휘하에 전함 13척과 육군을 남겨 시노페의 참주 티메실레오스에게 맞서 그곳에서 추방당한 사람들을 도와주게 했다. 나중에 참주와 그의 지지자들이

---

[83] 기원전 436년경. 아테나이 장군이 보스포로스 해협 동쪽에 대군을 이끌고 나타난 것은 이때가 처음이다. 곡물이 부족한 아테나이로서는 이 지역 국가들에서 곡물을 수입하기 위해 흑해 항로를 확보하는 것이 시급한 일이었다.

도시에서 추방당하자 페리클레스는 600명의 자원자로 하여금 아테나이에서 시노페로 항해해 가서 시노페인들과 함께 살되 참주와 그의 지지자들이 전에 갖고 있던 집과 땅은 그들끼리 나누어 갖게 하는 법안을 통과시켰다.

그러나 그 밖에 다른 일에서 그는 동료 시민들의 충동에 양보하지 않았다. 예컨대 그들이 자신들의 힘과 행운에 도취되어 다시 아이귑토스를 공략하고[84] 페르시아 제국의 해안 지방에 반란을 조장하자고 열을 올렸을 때 그는 거기에 휩쓸리지 않았다. 그때 이미 많은 사람이 시켈리아에 대한 불운하고 불길한 사랑의 포로가 되어 있었는데, 이런 사랑은 훗날 알키비아데스 같은 웅변가들에 의해 활활 타오를 것이었다.[85] 심지어 튀르레니아[86]와 카르케돈[87]의 공략을 꿈꾸던 사람들도 있었는데, 당시 아테나이의 광대한 영토와 만사형통하던 운세를 생각할 때 전혀 근거 없는 희망도 아니었다.

---

84 기원전 450년대 아테나이의 이집트 해상 원정은 실패로 끝났다. 투퀴디데스, 1권 104장, 109~110장 참조.
85 아테나이의 시켈리아 원정 함대가 기원전 413년 전멸한 일에 관해서는 「니키아스 전」 12~28장, 「알키비아데스 전」 17~19장 참조.
86 튀르레니아(Tyrrhenia)는 로마 북서쪽에 있는 에트루리아(Etruria)의 그리스어 이름이다. 그리스 문명은 에트루리아인들을 거쳐 로마인들에게 전수되었다.
87 카르케돈(Karchēdōn)은 카르타고(Carthago)의 그리스어 이름이다. 카르타고인들은 페니키아인들의 후손으로 지중해 제해권을 놓고 처음에는 시칠리아섬과 남(南)이탈리아에 식민시들을 건설한 그리스인들과 충돌했으며, 나중에는 세 번에 걸친 포이니전쟁에서 로마인들에게 패해 로마의 속주민이 되었다.

21.

그러나 페리클레스는 그들의 무절제한 소망을 억제하고 지나친 개입을 제한하며, 이미 얻은 것을 지키고 굳히는 데 그들의 힘을 썼다. 그는 라케다이몬인들을 억제하는 것을 중요한 과제로 여겼고 실제로 온갖 방법으로 그들에게 맞섰다. 이러한 태도는 무엇보다도 신성전쟁[88]에서 잘 나타난다. 라케다이몬인들이 델포이로 원정대를 보내 당시 포키스인들이 차지한 그곳의 신전을 델포이인들에게 넘겨주었다. 그러나 라케다이몬인들이 떠나자마자 페리클레스는 원정대를 보내 신전을 도로 포키스인들에게 넘겨주었다. 그리고 라케다이몬인들은 델포이인들에게서 받은, 남보다 먼저 신탁에 물어볼 수 있는 특권[89]을 신전에 있는 청동 늑대 이마에 새기게 한 적이 있었는데, 페리클레스도 아테나이인들을 위해 포키스인들에게서 이런 특권을 얻어 같은 늑대의 오른쪽 옆구리에 새기게 했다.

22.

페리클레스가 아테나이의 세력을 헬라스 안에 국한하기를 잘했다는 것은 나중에 일어난 일련의 사건에 의해 입증되었다. 먼저 에우보이아인들이 반란을 일으키자[90] 그는 군대를 인솔해 그 섬으로 건너갔다. 그 뒤 곧 메가라인들이 적군에게로 넘어갔고, 라

---

[88] 신성전쟁(ho hieros polemos)이란 암피크튀오니아 동맹(「솔론 전」 주 51 참조)에 가입한 나라들 사이의 전쟁으로, 여기서는 기원전 448년경에 일어난 전쟁을 말한다.
[89] 그리스어로 promanteia다.
[90] 기원전 446년.

케다이몬인들의 왕 플레이스토낙스 휘하의 적군이 앗티케의 변경을 위협하고 있다는 보고를 받았다. 그래서 페리클레스는 앗티케에서의 전쟁을 위해 에우보이아에서 급히 군대를 철수했다. 그러나 그는 수도 많고 용감한 적군의 중무장 보병들이 도전해와도 감히 맞붙어 싸우지는 않았다. 오히려 그는 플레이스토낙스가 아직 어린 까닭에 감독관들이 보호자 겸 조언자로 딸려 보낸 클레안드리다스의 말을 가장 잘 듣는다는 사실을 알아내고 이 사람의 정직성을 몰래 시험해보려 했다. 오래 지나지 않아 페리클레스는 그를 뇌물로 매수해 앗티케에서 펠로폰네소스인들을 철수하도록 설득하는 데 성공했다.

원정군이 돌아와 여러 도시로 흩어지자 라케다이몬인들은 격분하여 자신들의 왕에게 무거운 벌금을 물렸다. 왕은 벌금을 다 물 수가 없어서 라케다이몬을 떠났고, 자진해 망명한 클레안드리다스에게는 사형이 선고되었다. 그는 나중에 시켈리아에서 아테나이인들에게 이긴 퀼립포스의 아버지였다. 자연은 탐욕을 마치 유전병인 양 아들에게도 심어준 것 같다. 왜냐하면 퀼립포스도 빛나는 업적을 이룬 뒤 탐욕에 사로잡혀 수치스럽게도 스파르테에서 추방되었기 때문이다. 이에 관해서는 뤼산드로스의 생애에서 자세히 밝힌 바 있어 이쯤 해두겠다.[91]

23.

페리클레스가 이 전쟁의 경비 명세서를 제출했을 때, 거기에는

---

91 「뤼산드로스 전」(Lysandros) 16장 참조.

'필요 경비' 명목으로 10탈란톤의 지출이 잡혀 있었다. 민중은 자세히 알려거나 비밀을 캐려고도 하지 않고 그것을 승인했다. 그러나 철학자 테오프라스토스를 비롯한 몇몇 작가의 주장에 따르면, 페리클레스는 해마다 스파르테로 10탈란톤을 보내 그 돈으로 그곳 관리들을 달래어 전쟁을 모면했는데, 그가 사려던 것은 평화가 아니라 시간이었다고 한다. 그것은 한가할 때 준비해두었다가 더 효과적으로 전쟁을 수행하려는 의도에서였다고 한다.

아무튼 이제 그는 다시 반란군에게 신경을 쓰기 시작했으니, 전함 50척과 중무장 보병 5천 명을 거느리고 에우보이아로 건너가 그곳의 도시들을 제압했다. 칼키스에서는 '기사 계급'[92]이라고 불리는 부유하고 명망 있는 자들을 추방하는 것으로 만족하더니, 헤스티아이아의 주민들은 모조리 추방하고 그들 대신 아테나이인들을 정착시켰다. 그가 헤스티아이아의 주민들에게만 이런 가혹한 벌을 내린 것은 그들이 앗티케의 배를 나포해 승무원들을 죽였기 때문이다.

24.

그 뒤 아테나이인들과 라케다이몬인들 사이에 30년 동안의 평화협정이 체결되자, 페리클레스는 사모스인들이 밀레토스인들과의 전쟁을 중단하라는 명령에 복종하지 않았다는 이유로 사모스 원정을 승인하는 법안을 통과시켰다.[93]

그런데 페리클레스가 사모스에 대해 이런 조치를 취한 것은 아

---

92 그리스어로는 hippobotai로, 원래는 '말을 먹이는 자들'이라는 뜻이다.
93 기원전 440년.

스파시아를 기쁘게 해주기 위해서였다는 소문이 파다한 만큼, 그녀가 도대체 어떤 기술이나 능력이 있었기에 으뜸가는 정치가들을 마음대로 주무르고 철학자들에게도 긴 찬사의 주제가 되었는지 여기서 자세히 짚고 넘어가는 게 적절할 것이다. 그녀가 밀레토스 출신이며, 악시오코스의 딸이었다는 데 대해서는 모두들 동의한다. 그리고 그녀가 가장 영향력 있는 남자들을 공략한 것은 그 옛날 이오니아 여인이었던 타르겔리아를 흠모한 결과였다고 한다. 타르겔리아는 외모도 잘생겼지만 매력과 기지가 넘쳤다. 그녀는 수많은 헬라스 남자들과 사귀면서, 자신과 가까이 지내던 남자들을 페르시아 왕의 편이 되게 했고, 가장 힘있고 영향력 있는 이 사람들의 도움으로 헬라스의 도시들[94]에 페르시아에 대한 호감의 씨를 은밀히 뿌렸다.

일설에 따르면, 페리클레스가 아스파시아를 높이 평가한 것도 그녀의 정치적 식견 때문이었다고 한다. 실제로 소크라테스도 가끔 제자들을 데리고 그녀를 방문했고, 그의 친구들도 그녀의 이야기를 들으러 부부 동반으로 그녀를 찾았다. 그녀가 집안에 젊은 창녀들을 두고 정직하지도 점잖지도 못한 직업에 종사하고 있었는데도 말이다. 아이스키네스[95]에 따르면, 양 장수 뤼시클레스는 출생도 품성도 보잘것없었지만 페리클레스가 죽고 난 뒤 아스파시아와 동거한 덕분에 아테나이의 유명 인사가 되었다고 한다. 플라톤의 대화편 『메네크세노스』의 첫 부분은 수사학자들에 대

---

94 소아시아에 있는 그리스인 거주 도시들을 말한다.
95 아이스키네스(Aischines)는 소크라테스의 제자로, 소크라테스를 주 화자로 하는 대화편을 여러 편 썼다고 하나 남아 있지는 않다.

한 패러디로 쓰이긴 했지만, 적어도 수많은 아테나이인들이 그녀를 찾은 것은 수사학을 배우기 위해서였다는 평가는 틀림없는 사실인 것 같다.

그러나 아스파시아에 대한 페리클레스의 집착은 애정의 성격이 더 강한 것 같다. 그의 아내[96]는 그와 가까운 친척으로 처음에 힙포니코스와 결혼해 '부자'라는 별명이 붙은 칼리아스를 낳아주었고, 페리클레스와 결혼해서는 크산팁포스와 파랄로스라는 두 아들을 낳아주었다. 나중에 두 사람의 결혼 생활이 원만하지 못하게 되자 그는 그녀를 본인의 동의를 얻어 다른 남자에게 아내로 주고, 자신은 아스파시아를 취해 극진히 사랑했다. 전하는 이야기에 따르면, 그는 하루에 두 번씩, 집에서 나갈 때와 광장에서 돌아올 때마다 그녀를 포옹하고 입맞추었다고 한다.

아스파시아는 당대의 희극들에서 새로운 옴팔레,[97] 새로운 데이아네이라[98]로 불렸고, 때로는 헤라[99]로도 불렸다. 크라티노스는 다음 시행에서 그녀를 노골적으로 첩이라고 불렀다.

> 음탕의 여신이 파렴치한 첩인 아스파시아를 낳아
> 그의 헤라가 되게 했도다.

---

96 이름은 알려져 있지 않다.
97 옴팔레(Omphale)는 소아시아 뤼디아 지방의 여왕으로, 헤라클레스가 살인죄를 속죄하기 위해 그녀에게 노예로 팔려갔을 때 실 잣는 일을 시켰다고 한다.
98 데이아네이라(Deianeira)는 헤라클레스의 아내다.
99 헤라(Hēra)는 제우스의 누이이자 아내다. 페리클레스는 흔히 헤라클레스와 제우스에 견주어지기도 했다.

그녀는 그에게 사생아를 한 명 낳아준 것 같다. 에우폴리스가 희극 『구역들』에서 그를 시켜 그 사생아에 관해

뭣이, 내 사생아가 살아 있단 말인가?

라고 묻게 하자, 뮈로니데스가 이렇게 대답하고 있다.

그는 오래전에 남자가 되었을 것이오.
어머니가 창녀였다는 오명에 기가 죽지 않았더라면 말이오.

아스파시아는 너무나 유명해져서, 들리는 이야기로는, 페르시아의 왕권을 놓고 왕이었던 형과 전쟁을 벌였던 퀴로스[100]조차도 애첩의 이름을 밀토에서 아스파시아로 개명했다고 한다. 밀토는 포카이아[101] 출신으로 헤르모티모스라는 사람의 딸이었는데, 퀴로스가 전사한 뒤 왕에게 포로로 끌려갔다가[102] 나중에 궁전에서 큰 영향력을 행사했다. 내가 글을 쓰고 있는 동안 이런 일들이 머리에 떠오르기에 차마 모른 척하고 넘어갈 수 없었다.

---

100 퀴로스(Kyros) 2세가 형 아르타크세르크세스(Artaxerxes)의 왕권을 탈취하려고 진격하다가 바뷜론 근처에서 전사한 이야기는 크세노폰의 『페르시아 원정기』(*Anabasis*) 1권 참조.
101 포카이아(Phōkaia)는 이오니아 지방의 해안도시다.
102 크세노폰, 『페르시아 원정기』 1권 10장 참조.

25.

다시 사모스인들과의 전쟁으로 돌아가자. 페리클레스는 아스파시아의 간청으로 밀레토스인들을 위해 이 전쟁을 승인하는 법안을 통과시켰다는 비난을 들었다. 두 도시[103]는 프리에네[104]의 영유권을 놓고 전쟁 중이었는데, 사모스인들은 전세가 유리해지자 분쟁을 중단하고 중재를 받아들이라는 아테나이인들의 명령을 듣지 않았다. 그러자 페리클레스가 함대를 이끌고 가서 그곳의 과두정부를 해체하고 지도자 50명과 같은 수의 아이들을 인질로 잡아 렘노스로 보냈다.

전하는 이야기에 따르면, 인질들은 저마다 그에게 보석금으로 1탈란톤을 내겠다고 했고, 도시에 민주정부가 들어서는 것을 원치 않는 자들도 저마다 얼마만큼의 탈란톤을 내겠다고 했다 한다. 그 밖에 사모스인들에게 특히 호의적이던 페르시아 태수 핏수트네스도 금화 1만 스타테르[105]를 보내며 사모스시를 위해 탄원했다. 그러나 페리클레스는 그러한 돈들을 한 푼도 받지 않고 사모스인들을 처음 결심한 대로 처리하고는 민주정부를 세운 뒤 함대를 이끌고 아테나이로 돌아갔다.

그러나 핏수트네스가 그들을 위해 렘노스에서 인질들을 빼내주고 전쟁 물자까지 대주자 사모스인들은 곧 반란을 일으켰다. 그래서 페리클레스는 또다시 함대를 이끌고 그들을 치러 갔다. 가서 보니 그들은 손놓고 있거나 겁에 질리기는커녕 제해권을 두

---

103 사모스섬에는 같은 이름의 도시가 있었다.
104 사모스의 동쪽, 밀레토스의 북쪽, 뮈칼레곶에 있는 도시다.
105 스타테르(statēr)는 페르시아의 화폐단위로 2드라크메에 해당한다.

고 아테나이와 결전을 벌일 각오를 단단히 하고 있었다. 트라기아이[106]섬 앞바다에서 벌어진 치열한 해전에서 페리클레스는 빛나는 승리를 거두었으니, 44척의 전함으로 70척을 무찔렀고 그중 20척은 보병 수송선이었던 것이다.

26.

페리클레스는 승리하자 적의 함대를 추격해 항구를 장악하고는 사모스시를 포위하기 시작했다. 그러나 사모스인들은 여전히 용기를 잃지 않고 밖으로 나와 성벽 앞에서 그를 맞아 싸웠다. 하지만 규모가 더 큰 또 다른 함대가 아테나이에서 도착해 사모스인들이 완전히 갇히게 되자, 페리클레스는 삼단노선 60척을 이끌고 성난 바다로 나갔는데, 대부분의 전거에 따르면, 사모스인들을 도우러 오던 포이니케[107]의 함대를 맞아 사모스에서 되도록 멀리 떨어진 곳에서 싸우기 위해서였다고 한다. 그러나 스테심브로토스에 따르면, 퀴프로스를 공격하기 위해서였다고 하는데 그의 말은 믿기 어렵다.

의도가 무엇이었든 그는 실수를 한 듯하다. 그가 함대를 이끌고 출발하자마자 당시 사모스의 장군 중 한 명이었던, 이타게네스의 아들 철학자 멜릿소스가 남아 있는 적선의 수가 적고 적장들도 전투 경험이 없는 것을 우습게 여기고 아테나이인들을 공격하도록 동료 시민들을 설득했기 때문이다. 이어서 벌어진 전투에

---

106 트라기아이(Tragiai 또는 Tragia)는 사모스에서 남쪽으로 20킬로미터쯤 떨어진 섬이다.
107 포이니케(Phoinike)는 페니키아(Phoenicia)의 그리스어 이름이다.

서 승리를 거둔 사모스인들은 많은 적군을 사로잡고 다수의 적선을 파괴했다. 그리하여 그들은 제해권을 확보하고 전쟁 물자를 전에 없이 넉넉히 비축할 수 있었다. 아리스토텔레스에 따르면, 페리클레스도 그보다 앞서 벌어진 해전에서 멜릿소스에게 패퇴했다고 한다.[108]

사모스인들은 보복하기 위해 포로로 잡힌 아테나이인들의 이마에 올빼미 문신을 새겼다. 아테나이인들이 전에 그들에게 사마이나[109] 문신을 새겼기 때문이다. 사마이나는 이물이 돼지 코처럼 위로 휜 배로 삼단노선보다 더 널찍하고 불룩해 원양선으로도 쾌속선으로도 적합했다. 그런 배가 사마이나라는 이름을 갖게 된 것은 참주 폴뤼크라테스의 지시에 따라 사모스에서 처음 건조되었기 때문이다. 아리스토파네스의 다음 시행은 이 문신 사건을 암시하는 것이라고 한다.

사모스의 백성들은 참 글자도 많은가 봐![110]

27.

아무튼 페리클레스는 자신의 함대가 괴멸했다는 소식을 듣고 급히 도우러 왔다. 그를 맞아 멜릿소스가 싸웠으나, 페리클레스는 적군을 패퇴시키고 곧장 그들의 도시에 담장을 둘렀다. 그는 동

---

108 현재 남아 있는 아리스토텔레스의 저술에서는 그런 말을 찾아볼 수 없다.
109 그리스어로 samaina다.
110 지금은 남아 있지 않은 그의 희극 『바빌론인들』(*Babylōnioi*)에서 인용했다고 한다.

료 시민들의 부상과 위험을 감수하느니 돈과 시간이 들더라도 우위를 확보해 도시를 함락할 작정이었다. 그러나 지연 작전에 짜증을 내며 싸우고 싶어 안달이 난 아테나이인들을 제지하기란 여간 어려운 일이 아니었다. 그래서 그는 전군(全軍)을 여덟 패로 나누어 제비를 뽑게 한 다음, 흰 콩을 뽑은 패는 다른 패들이 싸우는 동안 실컷 먹고 편안히 쉬게 했다. 그래서 멋진 하루를 보낸 사람들은 그런 날을 '흰 날'이라고 불렀는데, 그것은 흰 콩에서 유래한 말이다.

에포로스[111]에 따르면 그는 이때 공성무기를 사용했는데, 그가 감탄한 이 신무기를 대준 것은 기술자 아르테몬이었다고 한다. 아르테몬은 절름발이인지라 그의 감독이 급히 필요한 작업장들로 가마에 실려 다닌 까닭에 페리포레토스[112]라는 별명이 붙었다고 한다. 그러나 폰토스 출신의 헤라클레이데스[113]는 아나크레온[114]의 시에서 아르테몬 페리포레토스가 사모스전쟁이 일어나기 여러 세대 전 사람으로 언급된다는 이유로 이를 반박한다. 아나크레온에 따르면, 아르테몬은 사치스러운 생활에 절어 있는 유약하고 겁 많은 사람으로 대부분의 시간을 집안에 틀어박혀 살았는데, 머리에 무엇이 떨어질까 두려워 하인 두 명을 시켜 머리 위로 청동 방패를 들고 다니게 했다고 한다. 그리고 부득이 외출하게 될 때는 자신을 야트막한 가마에 태워 거의 땅에 닿을 정도로 낮

111　에포로스(Ephoros)는 기원전 4세기의 역사가다.
112　페리포레토스(periphoretos)는 '이리저리 운반되는 사람'이라는 뜻이다.
113　「솔론 전」주 4 참조.
114　주 9 참조.

게 운반하게 했는데, 그런 연유에서 페리포레토스라는 별명이 붙었다고 한다.

28.

포위된 지 아홉 달 만에 사모스인들이 항복하자,[115] 페리클레스는 그들의 성벽을 허물고 전함들을 몰수하고 무거운 벌금을 부과했다. 사모스인들은 그중 일부를 당장 지불하고 나머지는 정해진 기한에 맞춰 갚기로 하고 이를 보증하기 위해 인질들을 제공했다. 사모스 출신인 두리스[116]는 아테나이인들과 페리클레스가 매우 잔인했다고 비난하며 여기에 비극적인 이야기를 덧붙이고 있다. 그러나 이에 관해서는 투퀴디데스도, 에포로스도, 아리스토텔레스도 보고한 적이 없다. 페리클레스가 사모스의 삼단노선들의 선장과 승무원들을 밀레토스의 광장으로 끌고 가 형벌 기둥에 묶게 한 뒤 열흘 동안 심한 고통을 당하게 하고 나서 마침내 몽둥이로 머리를 쳐 죽이고 그들의 시신을 매장하지 말고 땅에 버리라고 명령했다는 이야기는 사실이 아닌 듯하다. 아무튼 두리스는 개인적인 이해관계가 걸려 있지 않은 경우에도 사실대로 진술하지 않는 경향이 있는 만큼, 이 경우에는 십중팔구 아테나이인들을 중상하기 위해 조국의 참상을 과장해서 끔찍하게 그린 것이 아닌가 싶다.

  페리클레스는 사모스를 제압한 뒤 아테나이로 돌아와 이 전쟁에서 목숨을 잃은 전사자들을 위해 성대하게 장례를 치르게 했는

---

115 기원전 439년 초.
116 두리스(Douris)는 기원전 4세기의 사모스 출신 역사가다.

데, 관례에 따라 무덤 옆에서 한 추도 연설로 찬사를 한몸에 받았다. 그가 연단에서 내려왔을 때, 여러 여인들이 그의 손을 잡으며 운동경기의 우승자인 양 그의 머리에 화관과 머리띠를 묶어주었다. 그러나 엘피니케는 그에게 다가오더니 이렇게 말했다. "페리클레스, 그대의 행위는 참으로 찬사와 화관을 받아 마땅하군요. 그대는 내 오라버니 키몬처럼 포이니케인들이나 메디아인들과 싸우다가 그런 것이 아니라, 우리의 동맹국이자 동족인 도시를 제압하다가 용감한 시민들을 이토록 많이 잃었으니 말이에요." 엘피니케가 이렇게 말하자 페리클레스는 조용히 미소 지으며 그녀에게 다음과 같은 아르킬로코스[117]의 시행을 인용했다고 한다.

그대 같은 노파는 머리에 향유를 바를 필요가 없을 텐데요.[118]

이온[119]에 따르면, 페리클레스는 사모스를 제압한 것을 몹시 자랑스럽게 여기며, 아가멤논[120]은 야만족의 도시를 함락하는 데 10년이 걸렸지만 자기는 이오니아에서 으뜸가는 가장 강력한 도시를 함락하는 데 아홉 달밖에 걸리지 않았다고 말했다 한다. 아닌 게 아니라 그의 이러한 자기 평가가 부당하다고는 할 수 없을 것이다. 승패를 예측하기 어려웠고 큰 위험이 수반된 전쟁이었기 때문이다. 만일 투퀴디데스의 말처럼[121] 사모스시가 하마터면 아

---

117 주 11 참조.
118 '그대는 남의 일에 개입하기에는 너무 늙었다'는 뜻인 듯하다.
119 주 32 참조.
120 아가멤논(Agamemnon)은 트로이아전쟁 때 그리스군 총사령관이었다.
121 투퀴디데스, 8권 76장.

테나이인들에게서 제해권을 빼앗을 뻔했다면 말이다.

29.

얼마 뒤 펠로폰네소스전쟁의 물결이 이미 일기 시작했을 때, 페리클레스는 코린토스인들과 교전[122] 중인 케르퀴라[123]에 원군을 보내 그토록 강력한 해군을 가진 섬나라를 펠로폰네소스전쟁이 일어나기 전에 자기들 편으로 삼자고 아테나이 민중을 설득했다. 민중이 원군을 보내는 데 찬성하자 페리클레스는 키몬의 아들 라케다이모니오스를 파견하며 그를 조롱하려는 듯 달랑 함선 10척만 딸려 보냈다. 키몬 집안은 라케다이몬인들과 각별히 친한 사이였다. 그래서 페리클레스는 라케다이모니오스가 원정대를 지휘해 별다른 전공을 세우지 못할 경우 더욱더 친라케다이몬적이라는 의심을 사게 할 요량으로 가고 싶어하지 않는 그에게 함선 몇 척을 주어 보냈던 것이다.

간단히 말해 페리클레스는 키몬의 아들들이 크는 것을 제지하려는 경향이 있었는데, 그가 내세우는 이유인즉 이름만 보더라도 그들은 토박이가 아니라 외지인이자 이방인이라는 것이었다. 왜냐하면 그중 한 명은 이름이 라케다이모니오스이고, 다른 한 명은 텟살로스이고, 또 다른 한 명은 엘레이오스였기 때문이다. 또한 그들은 모두 아르카디아 여인의 아들들로 여겨졌다.

그리하여 페리클레스는 이들 삼단노선 10척 때문에 심한 비판을 받았다. 그 이유인즉 그가 도움이 필요한 아테나이의 친구들

---

122 기원전 433년.
123 「테미스토클레스 전」주 119 참조.

에게는 거의 도움을 주지 못하고 아테나이를 비방하는 적들에게는 전쟁을 일으킬 큰 구실을 주었다는 것이다. 그래서 또다시 더 많은 함선을 케르퀴라로 보냈는데, 이 함선들은 전쟁이 끝난 뒤에야 그곳에 도착했다.[124]

코린토스인들은 이러한 조치에 분개해 라케다이몬에서 아테나이인들을 비난했다. 그러자 메가라인들도 자기들은 아테나이인들이 장악하고 있는 모든 광장과 항구에서 배제되고 쫓겨났는데, 이는 헬라스인들의 보편적 권리와 서로 간의 맹약에 어긋난다고 불평을 토로했다. 아이기나인들도 자신들이 아테나이인들에게 억울하고 불의한 일을 당했다고 여겼지만 공공연히 아테나이인들을 고발할 용기가 없어 몰래 라케다이몬인들에게 호소했다. 이때 코린토스의 식민시이면서도 아테나이에 예속되어 있던 도시인 포티다이아[125]가 반란을 일으켰는데, 이것이 전쟁의 발발을 더욱 재촉했다.

그럼에도 불구하고 아테나이로 잇달아 사절단이 파견되었고, 라케다이몬인들의 왕 아르키다모스는 동맹국들을 달래고 그들의 불만을 대부분 평화적으로 해결하려고 노력했다. 따라서 아테나이인들이 메가라인들에 대한 법령을 철회하고 그들과 화해하라는 권고를 받아들이기만 했더라면 아테나이인들이 전쟁에 휘말릴 다른 이유는 없어 보였다. 따라서 페리클레스야말로 이런 해결책에 누구보다도 반대했고, 메가라인들에 대해 적대감을 견지

---

124 투퀴디데스, 1권 50장 참조.
125 포티다이아(Potidaia 또는 Poteidaia)는 동(東)마케도니아 팔레네(Pallene)반도에 있는 도시다.

하도록 민중을 부추긴 만큼 이 전쟁의 책임은 전적으로 페리클레스에게 있었다.

30.

전하는 이야기에 따르면, 이 문제를 논의하기 위해 라케다이몬의 사절단이 아테나이에 왔을 때 페리클레스가 법령이 새겨진 명판(銘板)을 뜯어내는 것은 법이 금하고 있다는 핑계를 대자 사절 가운데 한 명인 폴뤼알케스가 이렇게 말했다 한다. "그렇다면 명판을 뜯어내지 마시고 벽 쪽으로 돌려놓으시오. 그것을 금하는 법은 없을 테니까요." 그것은 재치 있는 제안이었지만 페리클레스는 딱 잘라 거절했다. 그는 아마도 메가라인들에게 사적인 원한이 있었던 것 같다.

그러나 그는 공적으로는 메가라인들이 데메테르와 페르세포네 여신에게 바쳐진 엘리우시스의 신성한 땅을 세속적인 목적으로 점유했다고 비난하며, 그들에게 전령을 보내되 같은 전령이 라케다이몬인들에게도 가서 메가라인들을 규탄하게 하자는 법안을 발의했다. 페리클레스의 이 법안은 그의 조치를 합리적이고 인간적인 방법으로 합리화하려는 것이었다. 그러나 이 일로 파견된 전령 안테모크리토스가 살해되고 그것이 메가라인들의 책임이라고 믿어지자, 카리노스가 그들에 대해 앞으로 아테나이는 메가라와 불구대천의 원수가 되고, 앗티케 땅에 발을 들여놓는 메가라인은 누구든 사형에 처하고, 장군들은 선서식 때 해마다 두 번씩 메가라 땅을 침입하겠다는 맹세를 덧붙이고, 안테모크리토스의 장례를 지금은 디퓔론[126]이라 부르는 트리아[127] 문 옆에서 성대하게 치러야 한다는 취지의 법안을 발의했다.

그러나 메가라인들은 자신들은 안테모크리토스를 죽이지 않았다고 부인했고, 아테나이인들이 자신들을 미워하는 것은 페리클레스와 아스파시아의 책임이라고 비난하며 아리스토파네스의 희극 『아카르나이 구역민들』 중에서 널리 구전되는 유명한 시행을 인용했다.

아테나이의 젊은이 몇 명이 어울려 내기를 하다가 대취하여
메가라에 가서 시마이타라는 창녀를 납치해 왔소.
그러자 이에 분개한 메가라인들이
그 앙갚음으로 아스파시아의 창녀 두 명을 납치해 갔소.[128]

31.

법안이 통과된 진정한 이유를 밝혀내기는 쉽지 않다. 그러나 법안이 취소되지 않은 것은 페리클레스의 책임이라고 모두들 입을 모아 말한다. 하지만 그들 가운데 일부는 그가 고매한 정신과 아테나이시의 최선의 이익에 대한 명확한 인식에서 메가라에 대한 법안 철회를 거부한 것이라고 주장한다. 그는 적이 법안 철회를 요구하는 것은 양보 가능성을 타진하기 위한 시험으로 보았고, 양보는 곧 자신의 약점을 인정하는 것으로 여겼기 때문이라는 것이다. 한편 다른 사람들은 그가 라케다이몬인들을 무시한 것은 일종의 오만과 투쟁심과 권력 과시욕 때문이었다고 말하고 있다.

---

126 디퓔론(to Dipylon)은 '이중 문'이라는 뜻이다.
127 트리아(Thria)는 앗티케 지방의 한 구역이다.
128 『아카르나이 구역민들』(Acharnēs) 524행 이하.

그러나 그에 대한 가장 고약한 비난이자 가장 많은 작가들이 증언하는 비난은 다음과 같은 것이다. 앞서 말했듯이, 조각가 페이디아스는 아테나 여신상을 제작하는 일을 맡았는데, 페리클레스의 친구로서 큰 영향력을 행사한 까닭에 많은 사람들이 샘이 나서 그를 미워했다. 또 어떤 사람들은 페리클레스가 연루될 경우 아테나이의 민중이 어떤 판결을 내릴지 떠보려고 그를 이용하려 했다. 그래서 이들은 페이디아스의 조수인 메논을 설득해 탄원자로 광장에 앉아 페이디아스를 고발하더라도 처벌받지 않게 해달라고 요구하도록 사주했다. 민중은 그의 요구를 받아들였고, 페이디아스는 민회에서 소추당했으나 횡령죄는 입증되지 않았다. 왜냐하면 페이디아스는 처음부터 페리클레스의 조언에 따라 입상에 쓰인 황금을 모두 떼어내 저울에 달 수 있도록 입혀놓았는데, 페리클레스가 페이디아스를 고발한 자들더러 황금을 떼어내어 달아보라고 명령했기 때문이다.

그러나 페이디아스가 미움과 시기를 사게 된 진정한 이유는 그의 작품들이 호평을 받았으며, 특히 그가 아테나 여신의 방패에 아마조네스족[129]과의 전투 장면을 부조하면서 두 손으로 돌을 들어올리는 대머리 노인으로 자신을 새겨넣고, 페리클레스를 빼닮은 사람이 한 아마조네스족과 싸우는 멋진 모습을 새겨넣었기 때문이다. 페리클레스를 빼닮은 자는 얼굴 앞에 창을 들고 있었는데, 그러한 손의 위치는 닮았다는 사실을 감추려고 교묘하게 구

---

[129] 아마조네스족(Amazones)은 그리스신화에서 흑해 남안에 거주하던 호전적인 여인족이다. 이들은 아테나이에 침입했다가 영웅 테세우스(Theseus)에게 격퇴당했다.

상된 듯하지만, 그러한 사실은 어느 쪽에서 보아도 금방 눈에 띄었다.

페이디아스는 감옥으로 끌려가 거기서 병사했다. 그러나 일설에 따르면, 페리클레스의 적들이 페리클레스의 명예를 깎아내리기 위해 그를 독살했다고 한다. 하지만 민중은 글뤼콘의 발의로 고발인 메논의 공과금을 면제해주고, 장군들에게 명해 그의 안전을 보장해주었다.

32.

그 무렵 아스파시아도 불경죄[130]로 고발되었다. 희극시인 헤르밉포스[131]가 그녀를 소추했는데, 그는 그녀가 자기 집에서 페리클레스와 자유민 여인들이 몰래 만나게 해주었다고 고발했다. 그리고 디오페이테스는 신들을 믿지 않거나 하늘의 현상들에 관한 이론을 가르치는 자들은 소추되어야 한다는 법안을 발의했는데, 그것은 아낙사고라스를 빌미로 페리클레스를 치려는 것이었다. 민중은 기다렸다는 듯 이런 중상모략을 받아들였다. 그런 상황에서 드라콘티데스의 발의로, 페리클레스는 최고 당국자들에게 자신이 사용한 공금의 명세서를 제출하고 배심원들은 아크로폴리스에 있는 여신의 제단에 갖다놓은 투표용 조약돌로 판결을 내려야 한다는 취지의 법안이 통과되었다. 그러나 법안의 이 조항은

---

130 '불경죄'란 아스파시아를 뚜쟁이로 가정하고, 그런 여자는 종교의식에 참가해서는 안 되는데 아스파시아는 참가해왔다는 뜻인 듯하다.
131 헤르밉포스(Hermippos)는 기원전 5세기에 활동한 아테나이의 희극시인이다.

하그논에 의해 수정되었는데, 그는 명칭이야 횡령죄가 됐든 수뢰죄가 됐든 배임죄가 됐든 이 사건을 평상시처럼 1500명의 배심원 앞에서 심판받게 하자고 발의한 것이다.

아이스키네스에 따르면, 아스파시아는 비 오듯 눈물을 흘리며 배심원들에게 호소한 페리클레스를 빼낼 수 있었으나, 아낙사고라스는 안전이 염려되어 아테나이에서 내보냈다. 페리클레스는 페이디아스 사건으로 민중과 충돌한 적이 있는지라 자신이 재판을 받게 될까 두려워 이미 연기를 내뿜고 있던 임박한 전쟁에 불을 질러 활활 타오르게 했다. 그럼으로써 자신에 대한 고발을 무산시키고 민중의 질시를 가라앉힐 수 있으리라 기대한 것이다. 중대사나 큰 위험이 닥칠 때마다 도시는 그의 권위와 능력 탓에 오직 그에게만 자신을 맡겼기 때문이다. 바로 이러한 이유들에서 페리클레스는 아테나이의 민중이 라케다이몬인들의 요구를 들어주는 것을 허용하지 않았다고 한다. 그러나 사실을 아는 사람은 아무도 없다.

33.

라케다이몬인들은 페리클레스만 실각하면 아테나이인들을 주무르기가 훨씬 수월하리라는 것을 알고 그들더러 퀼론의 저주를 받은 자들[132]을 몰아내라고 명령했는데, 투퀴디데스의 보고에 따르면,[133] 페리클레스의 외가 쪽이 이 사건에 연루되어 있었다. 그러나 이 시도는 의도한 것과는 정반대되는 결과를 가져왔으니, 페리클레스는 의심을 사고 비난을 듣는 대신 시민들에게 전보다 더 신뢰와 존경을 받았던 것이다. 적들이 누구보다도 그를 미워하고 두려워했기 때문이다. 그래서 그는 아르키다모스가 펠로폰네소스인들을 거느리고 앗티케로 쳐들어오기 전에, 만일 아르키다모스가 다른 것은 다 유린하더라도 자신과의 우의를 생각해서든 정적들에게 비방할 기회를 주기 위해서든 자신의 재산만 남겨둔다면 자신의 토지와 그 농장들을 도시에 기증하겠다고 공언하였다.

이제 라케다이몬인들과 그들의 동맹국들은 아르키다모스왕이 지휘하는 대군을 이끌고 앗티케로 침입했다. 그들은 나라를 황폐화시키며 아카르나이 구역까지 진격해 그곳에 진을 쳤으니, 이쯤 되면 아테나이인들은 자존심이 상하고 화가 나 참다못해 자기들과 싸울 것이라고 믿었던 것이다. 그러나 페리클레스는 도시의 운명을 걸고 6만 명의 펠로폰네소스와 보이오티아 중무장 보병(첫 번째로 침입한 군사들의 수는 그만큼 많았던 것이다)과 맞서 싸우는 것은 무서운 모험이라고 생각했다. 그는 싸우기를 열망하고 적군이 입히는 피해를 보고 괴로워하는 자들을 달래려고, 나무는 베거나 잘라도 금세 자라나지만 사람은 죽고 나면 되찾기가 쉽지 않다고 말했다.

페리클레스는 자신의 판단에 반하는 행동을 강요당할까 두려워 민회를 개최하기를 거부했다. 오히려 성난 바다에서 폭풍이 배를 내리덮치면 키잡이가 모든 것을 단단히 묶고 돛을 접고 자신의 기술만 믿을 뿐 멀미하며 겁에 질린 승객의 눈물과 간청은 거들떠보지도 않듯이, 그는 도시의 성문들을 걸어 잠그고 도시의 요소요소에 안전을 위해 수비대를 배치하고 자신의 판단에 의지할 뿐 시민의 고함 소리와 불평불만은 귓등으로 들었다. 친구

---

132 「솔론 전」 12장 참조.
133 투퀴디데스, 1권 126장 참조.

들은 우르르 몰려와 공세를 취하라고 간청했고, 정적들은 우르르 몰려와 위협하고 그의 전술을 조롱했다. 희극의 합창가무단들은 노래로 그를 조롱했고, 비겁하게도 적군에게 모든 것을 맡긴다며 그의 지도력을 매도했다. 클레온도 이미 그를 공격하기 시작했으니, 그를 향한 시민의 분노를 발판 삼아 스스로 민중의 지도자가 되려는 것이었다. 우리는 그것을 헤르밉포스의 다음과 같은 단단장격 시행에서 볼 수 있다.

> 사튀로스들의 왕이여, 어째서 그대는 손에
> 창을 들려 하지 않고 전쟁에 관해
> 그럴듯한 말만 늘어놓는 것이오?
>   텔레스의 배짱을 갖고 있으면서.
> 누군가 주머니칼을 꺼내어 숫돌에
> 갈려고만 해도 그대는 겁이 나
> 이를 덜덜 떨지 않는가!
>   불같은 클레온에게 쏘이기라도 한 양.

34.

그러나 페리클레스는 그 어떤 것에도 끄덕하지 않고 모욕과 적대감을 말없이 침묵으로 참아냈다. 그는 100척의 전함을 펠로폰네소스로 보냈으나 자신은 동행하지 않고 뒤에 남아 펠로폰네소스인들이 철수할 때까지 도시를 단단히 지키고 있었다. 적군이 철수한 뒤에는 전쟁으로 고통받은 민심을 달래기 위해 각종 보조금을 지급함으로써 인기를 만회했으며, 정복한 땅을 나눠주자고 제안했다. 예컨대 그는 아이기나 주민들을 모두 몰아낸 뒤 그들의 섬을 제비뽑기로 아테나이인들에게 분배해주었다. 그들은 적들도 전쟁으로 고통받는 것을 보고는 다소나마 위안이 되었다. 함대는 펠로폰네소스 주위를 항해하며 여러 지역과 마을들과 소도시들을 유린하고, 페리클레스 자신은 메가라 땅으로 쳐들어가 그곳을 쑥대밭으로 만들었기 때문이다.[134] 펠로폰네소스인들은 육지에서는 아테나이인들에게 큰 해를 입혔으나 바다에서는 적지 않은 피해를 입었음이 분명했다. 그리하여 그들은 페리클레스가 예언했듯이, 전쟁을 그토록 오래 끌지 못하고 곧 포기하고 말았을 것이다. 만일 어떤 초자연적인 힘이 인간의 계획을 방해하지 않았더라면 말이다.

무엇보다도 역병(疫病)이 아테나이인들을 덮쳐 꽃다운 젊은이들과 국력을 앗아갔다.[135] 심신 양면으로 고통에 시달리게 되자 그들은 페리클레스에게 사납게 덤벼들었고, 마치 정신착란을 일으킨 사람이 의사나 아버지를 공격하듯 그를 해코지하려 했다. 그들은 정적들의 사주를 받아 그렇게 행동했는데, 정적들의 말인즉 역병이 발생한 것은 수많은 농촌 주민들을 도시로 몰아넣은 탓에 그들 다수가 늘 그랬듯이 야외에서 신선한 공기를 마시며 활동하는 대신 한여름에도 작은 집과 숨막히는 오두막에서 득실대며 집안에만 틀어박혀 있는 나태한 생활을 하기 때문이라는 것이었다.

정적들은 이 모든 것이 페리클레스의 책임이라고 했다. 그가

---

134 기원전 431년 여름.
135 기원전 430년 봄.

농촌 주민들을 성벽 안으로 몰아넣고는 일거리도 주지 않고 가축처럼 가둔 채 서로 병을 옮기도록 내버려두었고, 기분전환이나 휴식 같은 것은 전혀 제공하지 않았기 때문이라는 것이었다.

35.

이런 고통을 덜어주면서 동시에 적군을 괴롭히기 위해 그는 150척의 전함에 승무원들을 배치하고 수많은 중무장 보병과 기병들을 태운 뒤 출항하려던 참이었다. 그토록 강력한 군사력에 아테나이인들은 큰 기대를 걸었고, 적군은 적잖이 두려워했다. 그런데 전함들에 승무원들을 배치하고 페리클레스가 자신의 삼단노선에 오르는 순간 해가 가려지며 암흑천지가 되자 모두들 이것을 무서운 전조로 여기고 겁에 질렸다. 페리클레스는 자신의 키잡이가 겁을 먹고 어쩔 줄 몰라 하는 것을 보자 자신의 외투로 키잡이의 눈앞을 가리고는 이것을 무서운 일 또는 무서운 일의 전조라고 생각하는지 물었다. "그렇지 않아요"라고 키잡이가 대답하자, 그는 말했다. "그렇다면 이것과 일식 사이에 무슨 차이가 있겠는가? 일식은 내 외투보다 더 큰 것에 의해 발생한다는 것 말고는." 아무튼 철학의 여러 학파에서 이런 이야기가 전해지고 있다.

그리하여 페리클레스는 출항했으나 준비한 만큼의 성공은 거두지 못한 것 같다. 그는 신성한 도시 에피다우로스[136]를 포위해 함락할 수 있을 것으로 기대했으나 역병 때문에 실패했다. 역병은 아테나이인들만 공격한 것이 아니라 그들의 군대와 접촉하는

---

136 에피다우로스(Epidauros)는 아르골리스 지방의 사로니코스만에 있는 도시로, 의신(醫神) 아스클레피오스(Asklepios)의 큰 신전이 있다.

사람들은 모조리 섬멸해버렸다. 그래서 그는 자기에게 화가 난 아테나이인들을 위로하고 격려하려 했다. 그러나 그들의 노여움은 달랠 수 없었고 마음을 바꾸도록 설득할 수도 없었다. 그리하여 마침내 그들은 손에 투표용 조약돌을 집어 들었고 그의 운명의 주인이 되어 그에게서 장군직을 빼앗고 벌금을 물렸는데, 그 금액은 가장 적게는 15탈란톤, 가장 많게는 50탈란톤이었다고 한다. 이도메네우스에 따르면 이 사건에 관한 기록에 언급된 소추자는 클레온이었으며, 테오프라스토스에 따르면 심미아스였으며, 폰토스 출신의 헤라클레이데스는 라크라티데스를 언급하고 있다.

36.

하지만 민중이 그에게 안겨준 고통은 그것으로 끝났다. 벌이 한 번 쏘고 나면 침을 잃어버리듯 대중은 그를 쏘자마자 노여움을 잊어버렸던 것이다. 그러나 그는 개인적인 일로 마음이 편하지 못했으니, 역병으로 적잖은 친구를 잃은 데다 한동안 가정불화에 시달렸던 것이다.

그의 적자들 중 장남인 크산팁포스는 원래 낭비벽이 심한 데다 에필뤼코스의 손녀이자 티산드로스의 딸로 사치를 좋아하는 젊은 여자와 결혼했는데, 돈을 한꺼번에 조금씩밖에 주지 않는 아버지의 꼼꼼함에 불만이 많았다. 그래서 아들은 아버지의 친구 한 명에게 사람을 보내어 페리클레스의 지시라며 돈을 빌려 오게 했다. 나중에 그 친구가 빚을 갚을 것을 요구하자 페리클레스는 빚을 갚기는커녕 그를 상대로 소송을 제기했다.

그러자 크산팁포스가 젊은 혈기에 격분해 공공연히 아버지를 욕하기 시작했다. 처음에는 사람들을 웃길 요량으로 집안에서 아버지의 처신과 아버지가 소피스트들과 나누는 대화를 떠벌리고 다녔다. 예컨대 5종경기에서 어떤 운동선수가 투창을 던져 본의 아니게 파르살로스[137] 사람 에피티모스를 맞혀 죽였는데, 가장 엄밀한 의미에서 사고에 책임이 있는 것은 투창이냐, 투창을 던진 사람이냐, 아니면 경기의 심판들이냐 하는 문제를 놓고 페리클레스가 온종일 프로타고라스[138]와 토론하더라는 것이었다. 게다가 스테심브로토스에 따르면, 자기 아내가 페리클레스와 정을 통했다고 중상하고 다닌 것도 크산팁포스였으며, 젊은이와 아버지 사이의 불화는 아들이 죽을 때까지 해소되지 않았다고 한다. 크산팁포스는 역병이 창궐할 때 병들어 죽었다.

  이때 페리클레스는 누이도 잃고, 친척과 친구와 국정 운영에 큰 힘이 되던 사람 대부분을 잃었다. 그는 이런 재앙들에도 불구하고 고결하고 위대한 정신을 포기하지 않았으며, 가장 가까운 친척의 장례식 때나 무덤가에서도 눈물을 보이지 않았다. 마지막 남은 적자인 파랄로스를 잃을 때까지는. 그는 이 타격에 기진맥진했으나 평소의 자세를 흐트러뜨리지 않고 위대한 정신을 견지하려 했다. 그러나 시신에 화환을 얹는 순간 그 광경에 압도되어 갑자기 울음을 터뜨리며 눈물을 쏟았는데, 그것은 그가 살아오는 동안 여태까지 한 번도 보이지 않았던 행동이었다.

---

137 파르살로스(Pharsalos)는 텟살리아 지방의 도시다.
138 프로타고라스(Prōtagoras)는 트라케의 압데라(Abdera) 출신 소피스트로, "인간이 만물의 척도다"라는 유명한 말을 남겼다.

37.

아테나이시는 전쟁을 수행하기 위해 다른 장군들과 정치가들을 시험해보았으나, 그들 가운데 어느 누구도 그러한 중책에 합당한 무게와 권위를 갖고 있는 것 같지 않자 페리클레스를 그리워하게 되어 그에게 연단과 장군직을 맡아주기를 청했다.[139] 슬픔에 의기소침해져 집에서 누워 지내던 그를 알키비아데스와 그 밖의 친구들이 정계에 복귀하도록 설득했다. 민중은 자신들의 배은망덕을 그에게 사과했다. 다시 국정 운영을 맡고 장군으로 선출되자 그는 자신이 전에 발의한 사생아의 시민권에 관한 법률을 철회해달라고 민중에게 간청했다. 그 까닭은 그에게 대를 이을 후계자가 없어 그의 이름과 가문이 소멸되는 일이 없게 하려는 것이었다.

그 법의 내용은 다음과 같다. 앞서 말했듯이, 페리클레스는 오래전 권력의 정상에 있고 적자들이 있을 때 부모가 모두 아테나이인인 사람만이 아테나이 시민으로 간주되어야 한다는 법안을 발의한 적이 있었다.[140] 그런데 아이귑토스의 왕이 아테나이 백성에게 4만 메딤노스의 밀을 선물로 보내며 시민들에게 나눠주라고 했을 때, 페리클레스의 법에 따르면 서출이지만 그때까지는 남의 눈에 띄지 않아 문제가 되지 않던 사람들에 대한 소송이 줄을 이었고, 그들 가운데 많은 사람들이 밀고자들 때문에 고통을 받았다. 그 결과 5천 명 가까운 사람들이 완전 시민이 아닌 것으로 드러나 노예로 팔려갔다. 이 조사 결과 진정한 아테나이인으로 인정받아 시민권을 유지한 사람들은 그 수가 1만 4040명이었다.

---

139 기원전 429년.
140 기원전 451~450년.

그토록 많은 사람들에게 가혹하게 적용되었던 법률이 그 법을 발의한 사람에 의해 철회된다는 것은 매우 이례적인 일이었다. 그러나 민중은 페리클레스가 그때 집안일로 당하고 있던 고통을 그의 오만과 자만에 대한 벌로 여기고 오히려 그를 측은히 여겼다. 그들은 그가 가혹한 벌을 받았으니 그런 청은 인간이라면 청할 수도 있고 허용할 수도 있는 것이라 생각하고 그가 자신의 서자를 씨족 명단에 올리고 자신의 이름을 주도록 허용했다. 이 아들이 나중에 아르기누사이[141] 해전에서 펠로폰네소스인들을 패배시키고 나서[142] 아테나이 백성에 의해 동료 장군들과 함께 처형당한 바로 그 아들이다.

38.

이때쯤 페리클레스도 역병에 걸린 듯하다. 그러나 그의 경우 다른 사람들의 경우처럼 역병이 격렬하게 침범한 것이 아니라 여러 가지 증세를 보이는 가운데 만성적으로 진행되며 서서히 체력을 마모시키고 고결한 정신을 훼손했다. 아무튼 테오프라스토스는 자신의 『성격론』에서 사람의 성격은 상황에 따라 변하느냐, 그리고 성격은 육체적인 고통을 이기지 못하고 이전의 탁월함들을 버릴 수 있느냐 하는 문제를 논의하다가, 페리클레스는 몸져누웠을 때 문병차 찾아온 친구 가운데 한 명에게 그런 어리석은 짓을 할 만큼 상태가 악화되었음을 말해주려는 듯, 여인들이 자신의 목에

---

141 아르기누사이(Arginousai)는 소아시아 아이올리스 지방 앞바다에 있는 세 개의 작은 섬이다.
142 기원전 406년.

걸어준 부적을 보여주었다고 보고한다.

페리클레스의 죽음이 임박했을 때[143] 가장 훌륭한 시민들과 살아남은 친구들이 병석에 둘러앉아 그의 탁월함과 남다른 능력에 관해 이야기하며 모든 업적과 전승기념비의 수를 세고 있었다. 그는 아테나이시의 상승(常勝) 장군으로서 9개의 전승기념비를 세웠기 때문이다. 그들은 이런 대화를 하면서 그가 의식을 잃어 자신늘이 하는 말을 알아듣지 못할 것이라고 믿었다. 그러나 그는 그들이 하는 말을 유심히 듣고 있다가 갑자기 끼어들어, 그들은 자신의 능력 못지않게 운이 따른 덕분이기도 하고, 이미 수많은 장군들도 해낸 일들은 칭찬하고 기억하면서도 정작 자신의 가장 아름답고 가장 위대한 업적은 언급하지 않는다며, "그것은 나로 인해 상복을 입은 아테나이인은 한 사람도 없다는 것이오"라고 덧붙였다.

39.

페리클레스는 수많은 업무와 주위의 심한 적대감 속에서도 합리성과 온유함을 견지한 성격도 성격이지만, 고결한 정신 때문에라도 찬탄받아 마땅하다. 왜냐하면 그는 방대한 권력을 행사함에 있어 시기와 증오가 자신의 행동에 영향을 미치지 못하게 했고, 어떤 적도 화해할 수 없는 적으로 대하지 않았기 때문이다. 그리고 생각건대, 그의 성격이 자애롭고 막강한 권력을 행사하면서도 생활이 깨끗하고 오염되지 않았다는 사실만으로도 '올륌포스의

---

[143] 그는 기원전 429년 여름에 세상을 떠났다.

주인'이라는 다소 유치하고 으스대는 듯한 별명이 그에게 적합해 이에 이의를 제기하기 어려울 것 같다. 우리가 신들을 우주의 지배자이자 왕들이라고 생각하는 것도 신들이 선의 장본인이고 악의 장본인이 아니기 때문이다.

그러나 그와 달리 시인들은 무지한 환상들로 우리를 혼란스럽게 하며 자신들의 이야기에서조차 자가당착에 빠지고 있다. 그들은 신들의 거처는 안전하고 조용하고, 바람도 구름도 알지 못하며, 언제나 맑은 대기 속에서 더없이 밝은 빛을 받고 있다고 말함으로써 그러한 생활방식이 축복받은 불사신에게 가장 잘 어울린다고 암시하면서도, 신들 자신은 불만과 악의와 분노와, 지각 있는 인간들에게도 어울리지 않을 그 밖에 다른 감정들로 가득 차 있는 것으로 그리기 때문이다. 그러나 이 주제에 관해 고찰하는 일은 다른 논문에서 할 일인 듯하다.

그가 죽은 뒤 일어난 일련의 사건으로 아테나이인들은 곧 그의 가치를 알게 되어 그를 몹시 아쉬워했다. 그가 살았을 때 그의 권력에 자신들이 억압받고 출세하지 못했다고 믿었던 사람들은 그가 세상을 떠나자마자 다른 웅변가들과 민중지도자들을 시험해보았으나, 그처럼 위엄 있으면서도 겸손하고, 온유하면서도 진지한 사람은 일찍이 태어난 적이 없다는 결론에 이르렀다.

남들의 시샘을 사 독재정치니 참주정치니 하고 비난받던 그의 권력이 국가를 지켜주는 보루였음이 밝혀진 셈이다. 왜냐하면 치유할 수 없는 화근으로 자라나지 못하도록 그가 늘 억제하고 눈에 띄지 않게 한 온갖 부패와 해악이 이제는 국가를 덮쳤기 때문이다.

알 렉 산 드 로 스 　 전

알렉산드로스(기원전 356~323년)는 마케도니아 왕 필립포스 2세의 아들로 태어나 철학자 아리스토텔레스에게 사사했다. 그가 마케도니아의 기병대를 이끌고 남하해 그리스의 카이로네이아 전투에서 그리스 연합군에게 승리함으로써 처음으로 군사적 통찰력을 보여준 것은 18세 때였다. 그는 아드리아해에서 인도에 이르는 대제국을 건설한 군인이요 지도자로 세계를 무대로 정복 활동을 편 최초의 영도자였다. 그의 동방 원정 제1목표는 모든 사람들의 마음속에 화해와 평화, 공동의 이익을 심어주자는 것이었다. 그는 강도떼처럼 피정복국을 휩쓸고 다니며 약탈하지 않았고 그의 통치력은 알렉산드로스 개인의 인간성과 인격에서 나왔다. 알렉산드로스는 지상에 존재하는 모든 사람들이 하나의 정부 밑에 있기를 바랐으며 모두가 한 나라의 국민임을 일깨워주려고 했다. 기원전 323년 바뷜론에 입성한 알렉산드로스는 열병으로 열흘을 앓다가 6월 10일 32세를 일기로 숨을 거두었다.

알렉산드로스는 고대 세계에서 가장 광대한 제국을 건설하기도 했지만, 그의 가장 지속적인 업적은 그리스의 언어와 제도를 동방 세계에 뿌리내리게 하여 헬레니즘이라는 새로운 시대를 개척했다는 점이다.

헤라클레스 모습을 한 알렉산드로스

1.

이 책에서 나는 알렉산드로스 대왕과, 폼페이우스를 타도한 카이사르의 생애를 기술하고자 한다. 이들의 업적이 굉장히 많은 만큼 나는 머리말 대신 독자들에게, 내가 이들의 널리 알려진 행적을 모두 언급하지 못하거나 개별 행적을 세세히 기술하지 못하고 대부분을 요약하더라도 양해해달라고 부탁드리는 바이다. 내가 쓰려는 것은 역사가 아니라 전기이며, 한 인간의 미덕 또는 악덕이 언제나 그의 가장 탁월한 행적에서 드러나는 것만은 아니며, 수천 명이 전사한 전투나 엄청난 전쟁 장비나 도시의 포위보다는 오히려 우연한 발언이나 농담 같은 하찮은 일에서 한 인간의 성격이 더 분명히 드러나기 때문이다.

화가가 모델을 닮은 초상화를 그릴 때 성격이 잘 드러나는 얼굴과 눈의 표정에 의지하고 신체의 다른 부분에는 신경을 좀 덜 쓰듯이, 나도 마땅히 한 인간의 속내를 드러내는 행위들에 치중해 그것들에 의지해 그들의 생애를 그리고, 그들의 위대한 업적과 전투들은 다른 사람들에게 맡길 것이다.

2.

알렉산드로스는 부계로 따지면 카라노스[1]의 자손이니 헤라클레스의 후손이고, 모계로 따지면 네옵톨레모스[2]의 자손이니 아이아

---

1 카라노스(Karanos)는 기원전 9세기경 마케도니아 왕국을 건설한 인물로 알려져 있다.
2 네옵톨레모스(Neoptolemos)는 『일리아스』(*Ilias*)의 주인공 아킬레우스의 아들로, 트로이아전쟁이 끝나고 귀국하던 도중 그리스 북서부 몰롯시아(Molossia)에 정착해 왕국을 세웠다.

코스³의 후손인 셈이다.⁴ 이것이 정설로 되어 있다. 전하는 이야기에 따르면, 알렉산드로스의 아버지 필립포스는 알렉산드로스의 어머니 올륌피아스와 같은 시기에 사모트라케⁵에서 비의에 입문했다가, 아직도 젊은 그가 부모를 여읜 그녀를 사랑하게 되어 그녀의 오라비 아륌바스의 승낙을 받아 약혼했다고 한다. 결혼식을 올리기 전날 밤 그녀는 천둥소리가 요란한 가운데 자신의 배에 벼락이 떨어지더니 거기서 섬광이 일며 사방팔방으로 불길이 번지다가 꺼지는 꿈을 꾸었다.

결혼하고 얼마 뒤 필립포스도 자신이 아내의 배에 봉인하는 꿈을 꾸었는데, 그 봉인에는 사자의 형상이 각인되어 있는 듯했다. 다른 예언자는 모두 염려하며 필립포스더러 아내를 잘 간수해야 할 것이라고 말했지만, 텔멧소스⁶ 출신 아리스탄드로스⁷는 빈 것에 봉인하는 법은 없으니 여인이 임신을 했다고, 그것도 본성이 사자처럼 용감한 아들을 임신했다고 말했다. 또 한번은 올륌피아스가 자고 있을 때 뱀 한 마리가 그녀 곁에 길게 누워 있는 것이 보였다. 그 무엇보다도 이 때문에 필립포스는 아내에 대한 사랑과 애정이 식어 그 뒤로는 아내의 잠자리를 자주 찾지 않게 되었

---

3 아이아코스(Aiakos)는 아이기나섬의 왕으로, 펠레우스(Peleus)의 아버지이자 아킬레우스의 할아버지다.
4 이 계보에 따르면 알렉산드로스는 그리스의 대표적인 두 영웅 헤라클레스와 아킬레우스의 후손인 셈이다.
5 사모트라케(Samothraike)는 에게해 북쪽 트라케 앞바다에 있는 섬이다.
6 텔멧소스(Telmēssos)는 소아시아 서남부 뤼키아 지방의 도시다.
7 아리스탄드로스(Aristandros)는 훗날 알렉산드로스의 동방 원정 때 예언자로 동행한다. 31장과 33장 참조.

다고 한다. 그는 아내가 자기에게 마술을 걸거나 마약을 쓸까 겁이 났든지, 아니면 그녀가 더 높은 존재의 배우자라고 믿고 그녀와 교합하기를 꺼렸기 때문이리라.

그러나 이에 관해서는 다른 이야기도 전해온다. 이 지방의 모든 여인은 먼 옛날부터 오르페우스[8]의 의식과 디오뉘소스의 축제에 열광적으로 참여했는데, 그들은 클로도네스와 미말로네스[9]라고 불렸다. 그들은 에도네스족[10]과 하이모스[11]산 주위에 사는 트라케 여인의 관습을 많이 흉내 냈는데, 그런 이유에서 트레스케우에인[12]이라는 말은 무절제하고 방종한 의식을 의미하게 된 것 같다. 그런데 올륌피아스는 여느 여자들보다 심하게 신이 들려 광적인 의식에 더 열성적으로 참여했다. 그리고 그녀는 축제 행렬에 길들인 큰 뱀들을 갖고 들어갔는데, 가끔 뱀들이 담쟁이덩굴과 의식용 바구니에서 기어나오거나 여인들의 지팡이와 화관을 친친 감아 구경하던 남자들을 놀라게 했다.

---

8 오르페우스(Orpheus)는 그리스의 전설적인 가인(歌人)이다.
9 클로도네스(Klōdōnes)와 미말로네스(Mimallones)는 주신 디오뉘소스, 일명 박코스 여신도들에 대한 마케도니아인들의 명칭이다.
10 에도네스족(Ēdōnes 또는 Ēdōnoi)은 스트뤼몬강 변에 살던 트라케의 한 부족이다.
11 하이모스(Haimos)는 도나우강 하류의 남쪽에 있는 지금의 발칸(Balkan)산맥이다.
12 트레스케우에인(Thrēskeuein)은 '의식을 거행하다'는 뜻의 동사로, 플루타르코스는 이 단어가 '트라케 여인들'이라는 뜻의 그리스어 Thrēissai에서 유래한 것으로 보고 있다.

3.

아무튼 필립포스는 그런 환영을 본 뒤 메가로폴리스의 카이론을 델포이로 보내 아폴론 신에게서 신탁을 받아오게 했는데, 신은 필립포스더러 암몬[13]에게 제물을 바치고 그 신을 가장 공경하라고 명령하며, 신이 뱀의 모습으로 아내와 동침하는 것을 문틈으로 엿보다가 그가 한쪽 눈을 잃을 운명이라는 것도 경고했다고 한다. 에라토스테네스[14]에 따르면, 올륌피아스는 원정길에 오른 알렉산드로스를 바래다주었을 때 그에게만 출생의 비밀을 털어놓으며 그의 출생에 합당한 포부를 지니도록 촉구했다고 한다. 그러나 다른 사람들의 주장에 따르면, 그녀는 그런 소문에 화를 내며 "알렉산드로스는 제발 내가 헤라[15] 여신의 질투를 사는 일일랑 그만두었으면 좋겠어"라고 말했다 한다.

아무튼 알렉산드로스는 마케도니아인들이 로오스[16]라고 부르는 헤카톰바이온[17] 달의 초엿새에 태어났는데, 이날은 에페소스에 있던 아르테미스[18] 여신의 신전이 불탄 날이기도 하다.[19] 이 우연의 일치를 두고 마그네시아의 헤게시아스[20]는 그런 큰 화재도 진화할 수 있을 만큼 썰렁한[21] 말을 했는데, 그의 말인즉 아르테

---

13 암몬(Ammon)은 북아프리카에서의 제우스의 별명이다.
14 「뤼쿠르고스 전」 주 4 참조.
15 헤라는 그리스신화에서 제우스의 결혼한 아내다.
16 그리스어로 Lōos다.
17 헤카톰바이온(Hekatombaion)은 앗티케 달력의 첫째 달로 지금의 7월에 해당한다.
18 「뤼쿠르고스 전」 주 91 참조.
19 기원전 356년 7월 20일경이다.
20 헤게시아스(Hegesias)는 기원전 3세기의 역사가다.

미스는 알렉산드로스를 받느라 정신이 없었으니 신전이 불길에 휩쓸려도 개의치 않았다는 것이었다. 그러나 그때 에페소스에 있던 모든 마고스[22]들은 신전의 재해를 또 다른 재해의 전조로 보고는 자신들의 뺨을 때리면서 그날은 아시아에게 파멸과 재앙을 낳았다고 외치며 시내를 뛰어다녔다고 한다.

그때 포티다이아를 함락한 필립포스에게 동시에 세 가지 반가운 소식이 전해졌다. 그중 한 가지는 파르메니온이 대접전 끝에 일뤼리아[23]인들을 이겼다는 것이고, 다른 한 가지는 그의 경주마가 올륌피아 경기에서 우승했다는 것이고, 세 번째 소식은 알렉산드로스가 태어났다는 것이었다. 그는 이러한 소식을 듣고 그러잖아도 마음이 흐뭇했는데, 예언자들이 그의 아들은 세 가지 승리와 동시에 태어났으니 장차 불패(不敗)의 인물이 될 것이라고 선언하자 더욱더 마음이 흐뭇했다.

4.

알렉산드로스의 모습은 뤼십포스의 조상(彫像)들에 가장 잘 드러나 있는데, 알렉산드로스는 뤼십포스만이 자신의 모습을 조각할 자격이 있다고 여겼다. 훗날 알렉산드로스의 많은 후계자들과 친구들이 흉내 내려고 한 특징들, 이를테면 고개를 다소 왼쪽으로 기울인 듯한 자세와 정감이 넘치는 듯한 눈빛 등을 뤼십포스가

21　'썰렁하다' 함은 여기서 '부적절하다' '부자연스럽다'는 뜻인 듯하다.
22　마고스(Magos 라/Magus 복수형 Magoi 라/Magi)들은 페르시아의 사제계급으로, 별을 보고 점을 치는 일도 맡았다.
23　일뤼리아(Illyria)는 그리스 북서부 지방이다.

가장 정확히 포착해냈기 때문이다. 한편 아펠레스는 알렉산드로스가 벼락을 휘두르는 모습을 그렸지만 그의 피부색을 정확히 재현하지 못하고 너무 어둡고 가무잡잡하게 그렸다. 전하는 이야기에 따르면, 알렉산드로스는 피부색이 희고, 특히 가슴과 얼굴은 불그스름한 빛을 띠고 있었다고 한다. 게다가 아리스토크세노스의 회고록에서 읽은 바에 따르면, 알렉산드로스의 살갗에서는 더없이 기분 좋은 냄새가 났고, 온몸과 입에서 향기가 뿜어 나와 입고 있던 옷에 밸 정도였다고 한다.

그것은 아마도 몸 안에서 체액이 불같이 뜨거운 체온과 섞이기 때문인 듯하다. 테오프라스토스의 이론에 따르면, 향기란 습기가 가열될 때 생기는 것이기 때문이다. 그래서 세상에서 건조하고 더운 지역들에서 가장 좋은 향료가 가장 많이 생산되는 것이다. 왜냐하면 태양이 식물의 몸에서 부패의 원인이 되는 습기를 제거해버리기 때문이다. 그리고 알렉산드로스가 술을 좋아하고 성마른 것도 그의 체열 때문인 듯하다.

소년시절부터 이미 그의 자제력은 사람들 눈에 띄었다. 다른 점에서는 성급하고 격정적이었지만 육체적 쾌락에는 탐닉하지 않았고, 그런 것들을 즐기더라도 상당한 절제를 보였기 때문이다. 오히려 그는 공명심이 많아 생각하는 것이 나이에 비해 진지하고 고매한 편이었다. 그는 아버지처럼 명예라면 종류와 출처를 가리지 않고 추구하지는 않았다. 예컨대 필립포스는 소피스트처럼 자신의 웅변 능력을 자랑스럽게 여겼고, 자신이 올륌피아의 전차 경주에서 우승한 것을 주화(鑄貨)에 새기게 했다. 그러나 알렉산드로스는 친구들이 준족(駿足)인 그에게 왜 올륌피아의 달리기 경주에 참가하지 않느냐고 물었을 때 "왕들을 상대로 경주를 한다면야 참가하지"라고 대답한 것이다.

알렉산드로스는 운동경기에는 대체로 관심이 없었던 것 같다. 그는 비극시인들과 피리 연주자들과 키타라 연주자들과 음송 시인들뿐만 아니라 온갖 종류의 사냥과 목검 시합을 위해서는 수많은 경기를 개최했지만, 권투와 팡크라티온[24]을 위해 상품을 제공하는 데에는 관심을 보이지 않았다.

5.

한번은 페르시아 왕의 사절단이 왔을 때 필립포스가 출타 중이어서 알렉산드로스가 그들을 영접해 호의적인 태도와 현명한 질문으로 호감을 샀다. 그는 아이들처럼 시시한 질문을 하는 것이 아니라, 도로들의 길이와 내륙으로 여행하는 방법과 전쟁에 임하는 왕의 태도와 페르시아인들의 용맹과 군세에 관해 질문한 것이다. 그래서 사절단은 놀라움을 금치 못하며, 필립포스의 소문이 자자한 재능도 아들의 모험심과 원대한 포부에는 비할 바가 아니라고 생각했다.

아무튼 필립포스가 유명한 도시를 함락했다거나 이름난 전투에서 승리했다는 소식이 전해질 때마다 알렉산드로스는 기뻐하기는커녕 같은 나이 또래의 친구들에게 "얘들아, 아버지께서 모든 것을 먼저 정복하시니, 내가 너희들과 함께 세상에 보여줄 위업은 이러다 하나도 남지 않겠어"라고 말하곤 했다. 쾌락과 부가 아니라 용맹과 명성을 추구한 만큼, 그는 아버지에게서 더 많이

---

[24] 팡크라티온(pankration)은 권투와 레슬링과 킥복싱을 합쳐놓은 경기다.

받을수록 자력으로 이룩할 수 있는 것은 더 줄어든다고 믿었던 것이다. 그는 나라가 부강해질수록 성취의 기회는 대부분 아버지에게 돌아갈 것이라고 생각하고는, 부와 사치와 쾌락을 제공할 나라가 아니라 투쟁과 전쟁과 명성을 떨칠 기회를 제공할 나라를 원했다.

당연한 일이지만 알렉산드로스를 보살피도록 많은 사람들이 교사와 개인 교사와 스승으로 임명되었다. 그 가운데 우두머리는 레오니다스였는데, 그는 성격이 엄격한 사람으로 올륌피아스의 친척이었다. 그는 자신의 직책이 고상하고 명예로웠던 만큼 개인 교사라는 이름을 부끄럽게 여기지 않았으나, 남들은 그의 타고난 위엄과 왕비와의 친척 관계 때문에 그를 알렉산드로스의 양부 겸 사부라고 불렀다. 그리고 아카르나니아 출신의 뤼시마코스도 개인 교사 직함과 역할을 맡게 되었는데, 그는 그다지 교양 있는 사람은 아니었으나 자신을 포이닉스,[25] 알렉산드로스를 아킬레우스, 필립포스를 펠레우스라고 부르곤 했기 때문에 인기를 얻어 레오니다스에 이어 두 번째 자리를 차지했다.

6.

하루는[26] 텟살리아 사람 필로네이코스가 부케팔라스[27]라는 말 한 마리를 몰고 와서 13탈란톤에 사라고 했다. 그래서 그들은 말을

---

[25] 포이닉스(Phoinix)는 아킬레우스의 사부다. 『일리아스』 9권 432~496행 참조.
[26] 알렉산드로스는 이때 열네 살쯤 되었던 것으로 추정된다.
[27] 부케팔라스(Boukephalas '황소 머리'라는 뜻)는 어깨에 황소 머리 낙인이 찍힌 텟살리아산 준마의 이름이다.

시험해보려고 들판으로 데려갔으나 성질이 사나워 다룰 수조차 없어 보였다. 그 말은 사람이 타는 것을 용납하지 않고, 필립포스의 시종들이 소리쳐도 듣지 않고, 누구든 접근하면 뒷다리로 섰다. 기분이 상한 필립포스는 그 말이 전혀 길들여지지 않은 사나운 말이라 여겨 끌고 가라고 명했다. 그러자 가까이 서 있던 알렉산드로스가 "저들이 미숙하고 심약해 말을 다룰 줄 모르는 탓에 저런 말을 놓치고 마는구나!"라고 말했다. 필립포스는 처음에는 잠자코 있었으나, 알렉산드로스가 그런 말을 되풀이하며 몹시 안타까워하는 것을 보고 물었다. "네가 지금 연장자들을 비난하고 있구나. 그들보다 네가 더 잘 안다는 것이냐, 아니면 말을 더 잘 다룰 수 있다는 것이냐?" 그러자 알렉산드로스는 "아무튼 저 말이라면 제가 남보다 더 잘 다룰 수 있습니다"라고 대답했다. "만약 저 말을 다루지 못한다면 네가 주제넘은 말을 한 죄로 무슨 벌금을 물겠느냐?"라고 아버지가 말하자, 그는 "맹세코, 저 말의 값을 제가 치르겠습니다"라고 말했다.

그러자 폭소가 터져 나왔다. 아버지와 아들 사이에 벌금의 액수가 정해지자 알렉산드로스는 곧장 말에게 달려가 고삐를 잡더니 말을 태양 쪽으로 돌려세웠다. 아마도 그는 말이 자기 앞에 길게 드리워져 이리저리 춤추는 제 그림자를 보고 겁먹은 것임을 알아차린 듯했다. 그리고 그는 잠시 말과 나란히 달리며 손으로 쓰다듬어주다가 말이 용기와 기운이 넘쳐 보이자 눈치채지 못하게 외투를 벗어던지고는 가볍게 말 등에 올라 단단히 자리잡았다. 그리고 잠시 동안은 고삐를 죄어 때리거나 휙 잡아채지 않고 말을 세웠다. 그러나 말이 두려움을 털어버리고 달리고 싶어하는 것을 보았을 때 그는 고삐를 늦춰주었고, 나중에는 호통을 치고

발로 배를 걷어차며 앞으로 내몰았다.

필립포스와 일행은 처음에는 마음이 조마조마해 아무 말도 하지 못했으나, 알렉산드로스가 제대로 방향을 바꿔 늠름하고 의기양양하게 돌아오자 모두들 환성을 올렸다. 전하는 이야기에 따르면 그의 아버지는 기뻐서 눈물을 흘렸고, 말에서 내린 아들의 머리에 입맞추며 "얘야, 너는 네게 맞는 왕국을 찾도록 해라. 마케도니아는 네게 너무 작구나"라고 말했다 한다.

7.

필립포스는 아들이 고집이 있어 강요하면 반항하지만 이성에 호소하면 고분고분 의무를 이행한다는 것을 알아차리고는, 자신도 아들에게 명령하기보다는 설득하려 했다. 그는 또 아들을 교육하고 지도하는 것이 시와 음악과 일반 교양과목 교사들에게 전적으로 맡기기에는 중차대한 일이라서, 그리고 소포클레스의 말처럼

수많은 재갈과 동시에 수많은 키잡이가 필요한 일이라서[28]

철학자들 중에서도 가장 유명하고 가장 박식한 아리스토텔레스를 초빙해[29] 그의 명성에 걸맞은 후한 보수를 지급했다. 아리스토텔레스가 태어난 스타게이라[30]시는 전에 필립포스가 파괴

---

28 이 시행은 소포클레스의 현존 비극들에는 나오지 않는다.
29 알렉산드로스가 열세 살 되던 해에.
30 스타게이라(Stageira)는 마케도니아 동부 칼키디케(Chalkidike)반도에 있는 도시다.

한 적이 있었지만 이제 다시 짓게 하고 망명하거나 노예가 된 시민들을 도로 불러오게 했다. 필립포스는 스승과 제자가 공부하고 담론할 수 있는 장소로 미에자 부근에 있는 요정들의 성소를 정해주었는데, 그곳 사람들은 오늘날까지도 방문객들에게 아리스토텔레스의 돌의자들과 그늘진 산책로들을 알려준다. 알렉산드로스는 스승에게서 윤리학과 정치학 강의만 들은 것이 아니라, 철학자들이 구전(口傳)[31]이니 비전(秘傳)[32]이니 하며 일반 학생들에게는 공개하지 않는 심오한 비결(秘訣)까지 배웠던 듯하다.

왜냐하면 알렉산드로스는 아시아 원정 중 아리스토텔레스가 이들 분야에 관한 저술을 몇 권 출판했다는 말을 듣고 철학의 이름으로 그에게 솔직한 서찰을 써 보냈는데, 그 내용은 다음과 같다. "알렉산드로스가 아리스토텔레스 선생님께 문후드립니다. 선생님께서 구전을 출판하신 것은 잘못하신 일입니다. 왜냐하면 제가 배운 이론들이 만인의 공동 재산이 된다면 무엇으로 제가 남들을 능가할 수 있겠습니까? 저는 권력보다는 최선의 것들에 관한 지식에서 남들을 능가하고 싶습니다. 부디 건강하십시오." 아리스토텔레스는 답장에서 자존심이 상한 제자를 달래고 자신의 행위를 변명하기 위해 문제의 이론들은 출판되었지만 출판된 것이 아니라고 말했다. 실제로 형이상학에 관한 그의 저술은 가르치거나 배우는 데는 아무 쓸모가 없고, 단지 이미 이 분야에서 교육받은 사람들을 위한 비망록으로 쓰였던 것이다.

---

31   그리스어로 akroamatika다.
32   그리스어로 epoptika다.

8.

　알렉산드로스가 의술(醫術)에도 관심을 쏟게 된 것은 누구보다도 아리스토텔레스 덕분이었다. 그의 서찰에서 알 수 있듯이, 알렉산드로스는 의술의 이론만을 좋아한 것이 아니라 실제로 병든 친구들에게 도움을 주고 이러저러한 약물과 섭생을 처방해주었기에 하는 말이다. 그는 천성적으로 배우기를 좋아하고 책 읽기를 좋아했다. 그는 『일리아스』를 전술의 교본으로 여겼고 또 그렇게 일컬었다. 그는 '작은 상자의 일리아스'[33]라고 불리는 아리스토텔레스의 교열본을 갖고 다니며, 오네시크리토스[34]의 보고에 따르면, 단검과 함께 늘 베개 밑에 간직했다.

　아시아 내륙에서 다른 책들을 구할 수 없게 되자 그는 하르팔로스에게 명해 책을 좀 보내게 했다. 그러자 하르팔로스는 알렉산드로스에게 필리스토스[35]의 책들과 에우리피데스, 소포클레스, 아이스퀼로스의 비극과 텔레스토스와 필로크세노스의 디튀람보스[36]를 보내주었다.

　처음에 알렉산드로스는 아리스토텔레스를 숭배했고, 그 자신의 말처럼 아버지 못지않게 사랑했다. 왜냐하면 아버지는 그에게 생명을 주었으나 아리스토텔레스는 훌륭하게 사는 법을 가르쳐주었기 때문이다. 그러다 나중에 아리스토텔레스를 의심하게 되었는데, 해코지할 정도는 아니라도 철학자에 대한 그의 호감에서

33　26장 참조.
34　오네시크리토스(Onōsikritos)는 알렉산드로스의 동방 원정에 종군한 역사가다.
35　필리스토스(Philistos)는 기원전 4세기의 시칠리아 출신 역사가다.
36　디튀람보스(dithyrambos)는 주신 디오뉘소스를 찬미하는 합창서정시다.

이전처럼 뜨거운 열성은 찾아볼 수 없었으니, 이것은 두 사람 사이가 멀어졌다는 증거였다. 그러나 그가 타고나기도 했지만, 나이 들면서 더욱 성숙해진 철학을 향한 사랑은 결코 식지 않았다. 그 증거로 그는 아낙사르코스[37]를 존중했고, 크세노크라테스[38]에게 50탈란톤을 기증했으며, 단다미스와 칼라노스[39]에게도 큰 관심을 보였다.

9.

필립포스가 뷔잔티온[40]으로 원정을 떠나고 없는 사이에[41] 알렉산드로스는 16세밖에 되지 않았지만 마케도니아의 섭정 겸 옥새 관리자로 뒤에 남게 되었다. 이 기간에 그는 반란을 일으킨 마이도이족[42]을 무찌르고 그들의 도시를 함락한 뒤 야만인들을 몰아내고 각지에서 이민자를 받아 헬라스 식민시를 세우고는 알렉산드로폴리스라고 개명했다. 그는 또 카이로네이아 전투에도 참가해 헬라스 연합군과 싸웠는데,[43] 전하는 이야기에 따르면, 그가 맨 먼

---

37 28장 참조.
38 크세노크라테스(Xenokrates)는 기원전 339년 아카데메이아학파의 두 번째 수장이 되었다.
39 단다미스(Dandamis)와 칼라노스(Kalanos)는 인도의 현인들이다. 65장과 69장 참조.
40 뷔잔티온(Byzantion 라/Byzantium)은 보스포로스 해협에 자리잡은 도시로, 지금의 이스탄불이다.
41 기원전 340년.
42 마이도이족(Maidoi)은 서트라케의 스트뤼몬강 변에 살던 부족이다.
43 기원전 338년의 이 전투에서 패배함으로써 그리스 도시국가들은 군주국인 마케도니아에 예속된다.

저 테바이인들의 신성 부대[44] 대열을 돌파했다고 한다. 지금도 케피소스강 가에서 사람들은 당시 알렉산드로스가 그 옆에다 천막을 쳤다 해서 알렉산드로스 떡갈나무라고 불리는 오래된 떡갈나무를 가리켜 보여준다. 그리고 거기서 멀지 않은 곳에 마케도니아 전사자들의 합동 묘지가 있다.

당연한 일이지만, 이 공적으로 필립포스는 아들을 애지중지하게 되어 마케도니아인들이 알렉산드로스를 자신들의 왕이라 부르고 필립포스를 자신들의 장군이라 불러도 싫어하지 않았다. 그러나 필립포스의 여러 차례에 걸친 결혼[45]과 애정행각으로 인한 가정불화가 규방에서 시작해 온 나라에 번지면서 부자간에 빈번한 갈등을 조장했는데, 질투와 복수심이 강한 여인 올륌피아스가 알렉산드로스를 부추김으로써 이러한 갈등의 골은 더 깊어졌다. 필립포스가 나이 많은데도 불구하고 새파랗게 젊은 소녀 클레오파트라에게 반해 그녀와 결혼했을 때[46] 부자 사이의 갈등은 앗탈로스로 인해 밖으로 표출되었다. 그녀의 백부인 앗탈로스가 술에 취해 필립포스와 클레오파트라 사이에서 왕위를 이을 적법한 세자[47]가 태어나도록 기도하자고 마케도니아인들에게 촉구했다.

---

44 신성 부대(hieros lochos)는 테바이의 명문가에서 가려 뽑은 300명의 중무장 보병으로 이루어진 정예 부대. 이 부대는 150쌍의 동성애자들로 이루어져 유난히 결속력이 강했다. 이 부대는 기원전 371년 레욱트라에서, 기원전 362년 만티네이아에서 스파르테군을 격파하는 데 부분적으로 기여했으나 독자적으로 전쟁을 수행하기에는 병력이 너무 적었다. 기원전 338년 아테나이와 테바이 연합군이 필립포스에게 패할 때 끝까지 싸우다가 옥쇄했다.
45 마케도니아의 왕들은 일부다처제를 따랐다.
46 기원전 337년.
47 올륌피아스는 에페이로스 출신인 데 반해, 클레오파트라는 마케도니아의

그 말에 알렉산드로스가 격분해 "뭣이, 이 악당아! 지금 네가 나를 서자 취급하는 것이냐?"라고 소리지르며 그의 머리에 술잔을 던졌다. 그러자 필립포스가 그를 향해 벌떡 일어서서 칼을 빼들었으나, 두 사람 모두에게 다행스럽게도 분노와 술 때문에 그는 발을 헛디뎌 바닥에 넘어졌다. 그러자 알렉산드로스가 그를 조롱하며 "여러분, 보시오. 여기 이분은 에우로페에서 아시아로 건너갈 준비를 한다면서 긴 의자에서 긴 의자로 넘어가다 넘어져 누워 있군요"라고 말했다. 술자리에서 이런 소동이 있은 뒤 필립포스는 알렉산드로스에게 올륌피아스와 함께 에페이로스로 가서 살라고 했고 자신은 일뤼리콘에 머물렀다.

그사이 코린토스 사람 데마라토스가 필립포스를 찾아왔는데, 그는 마케도니아 왕가의 오랜 친구로서 속에 있는 말을 거리낌없이 털어놓는 사람이었다. 수인사를 나눈 뒤 필립포스가 헬라스인들이 서로 화목하게 지내는지 묻자, 그는 "필립포스여, 그대는 자기 집은 그토록 큰 불화와 재앙으로 가득 채워놓고 헬라스를 걱정하시다니, 참 잘하는 짓이군요"라고 대답했다. 이 말에 필립포스는 다시 정신을 차리고 알렉산드로스에게 사람을 보냈고, 데마라토스의 도움으로 집으로 돌아오도록 설득할 수 있었다.

10.

카리아 태수 픽소다로스는 필립포스와 서로 사돈이 됨으로써 군사동맹을 맺을 양으로 자신의 장녀를 필립포스의 아들 아르리다

명문가 출신이었다.

이오스에게 시집보내고 싶어했는데, 아리스토크리토스를 마케도니아로 보내 이 일을 처리하게 했다. 그러자 또다시 친구들과 어머니 쪽으로부터 필립포스가 명문가와의 혼사를 이용해 아르리다이오스에게 왕위를 물려줄 음모를 꾸민다고 모함하는 말들이 알렉산드로스의 귀에 들어왔다. 이런 이야기에 당황한 나머지 알렉산드로스는 비극 배우 텟살로스를 카리아로 보내, 서자에다 정신박약자인 아르리다이오스는 무시해버리고 오히려 알렉산드로스를 사위로 삼도록 픽소다로스와 협상하게 했다. 픽소다로스에게는 이 제안이 이전 계획보다 적잖이 마음에 들었다.

그러나 이를 눈치챈 필립포스는 알렉산드로스와 가까운 친구인, 파르메니온의 아들 필로타스를 데리고 아들의 방으로 가서, 한낱 카리아인에 야만족 왕의 노예에 지나지 않는 자의 사위가 되고 싶어한다면 그것은 비열하고 그의 높은 지위에 걸맞지 않은 짓이라고 아들을 심하게 나무라고 엄하게 꾸짖었다. 그리고 텟살로스는 사슬로 묶어 마케도니아로 돌려보내라고 코린토스인들에게 서찰을 보냈다. 그리고 아들의 다른 친구 가운데 하르팔로스와 네아르코스와 에리귀이오스와 프톨레마이오스를 마케도니아에서 추방했다. 그러나 뒷날 알렉산드로스는 이들을 모두 불러들여 가장 높은 영직(榮職)에 앉혔다.

그리고 앗탈로스와 클레오파트라의 지시로 모욕당한 파우사니아스가 아무런 배상을 받을 수 없어 필립포스를 암살했을 때, 그 책임의 대부분은 올륌피아스에게 돌아갔다. 그녀가 젊은이의 분기를 돋워 그런 짓을 하도록 부추겼다는 것이었다. 그러나 알렉산드로스도 혐의에서 완전히 자유로울 수는 없었다. 왜냐하면 파우사니아스가 모욕당한 뒤 알렉산드로스를 만나 자신의 신

세타령을 했을 때, 알렉산드로스는 그에게 에우리피데스의 비극
『메데이아』에서 다음과 같은 단장격 시행을 낭송했기 때문이다.

장인과 신랑과 신부를.[48]

어쨌거나 알렉산드로스는 음모에 가담한 자들을 색출해 처벌
했고, 자신이 없는 사이에 클레오파트라를 모질게 학대했다고[49]
올륌피아스에게 불쾌감을 감추지 않았다.

11.

그리하여 알렉산드로스는 20세의 나이에 왕국을 물려받았으나,
그때 왕국은 심한 시기와 끔찍한 증오와 사방으로부터의 위험에
시달리고 있었다. 이웃의 야만족 부족들은 예속을 감수하려 하지
않고 조상 전래의 왕권 통치를 갈망했으며, 헬라스는 비록 필립
포스가 무력으로 정복하긴 했어도 마케도니아의 멍에에 길들일
만큼 충분한 시간이 흐르지 않았다. 필립포스는 단지 사태를 바
꾸고 혼란에 빠뜨렸을 뿐, 그의 경험 부족으로 헬라스인들은 그
가 죽었을 때 크게 요동치며 동요하고 있었다. 마케도니아인들은
이러한 상황이 염려되어, 알렉산드로스가 강제력을 쓰지 않고 헬

---

48 『메데이아』 288행. 메데이아는 죽어야 할 사람들의 명단을 읊고 있는데, 장
인이란 코린토스 왕 크레온을, 신랑이란 그녀의 남편 이아손을, 신부란 크
레온의 딸을 말한다. 여기서는 앗탈로스와 필립포스와 클레오파트라를 암
시한 말이다.
49 올륌피아스는 얼마 전에 필립포스와 결혼한 클레오파트라와 그녀의 어린
아들을 죽이게 했다.

라스를 완전히 포기하고, 야만족 중 반란을 일으킨 부족들을 유화정책으로 되찾고 그들의 반란 시도를 사전에 다독여야 한다고 생각했다.

그러나 알렉산드로스는 그와 정반대되는 논리에서 출발해 대담한 자신감으로 마케도니아의 안전을 확보하기로 결심했다. 그는 자신이 조금이라도 양보하는 기미를 보이면 사방의 적들이 일시에 자신을 덮칠 것이라고 확신했다. 그래서 야만족들의 반란과 그곳에서의 전투를 재빠르게 마무리했다. 그는 군대를 이끌고 이스트로스[50]강까지 진격해 트리발로이족[51]의 왕 쉬르모스와 큰 전투를 벌여 승리를 거두었다. 이어 테바이인들이 반란을 일으키고 아테나이인들이 그들에게 동조하고 있다는 소식을 전해 듣고 지체 없이 군대를 이끌고 테르모퓔라이 고갯길을 지나 남하하며, 자신이 일뤼리콘인들과 트리발로이족 사이에 있을 때는 소년이라고, 텟살리아에 도착했을 때는 애송이라고 불렀던 데모스테네스[52]에게 아테나이의 성벽 앞에서는 어른임을 보여주겠노라고 선언했다.

테바이에 진격한 그는 테바이인들에게 자신들의 행동을 회개할 기회를 주고 싶어, 그들의 지도자들인 포이닉스와 프로튀테스를 넘겨주기만을 요구하며 귀순하는 자는 누구든 처벌하지 않겠다고 선언했다. 그러나 테바이인들은 필로타스와 안티파트로스

---

50 이스트로스(Istros)는 도나우강의 하류를 말한다.
51 트리발로이족(Triballoi)은 도나우강 하류의 남안에 살던 트라케의 부족 중 하나다.
52 데모스테네스(Dēmosthenes)는 아테나이의 웅변가로, 마케도니아에 굴복하지 말고 끝까지 싸우라고 그리스인들을 격려했다.

를 넘겨달라고 응수하며 누구든 자기들을 도와 헬라스를 해방하고자 하는 자는 자기들 편에 가담하라고 선언했다.

그러자 알렉산드로스는 마케도니아인들에게 공격 명령을 내렸다. 테바이인들은 자신들보다 몇 배나 더 많은 적을 맞아 용전분투했으나, 카드메이아[53]의 성채에 주둔해 있던 마케도니아의 수비대가 출격해 배후에서 공격하자, 그들 대부분은 포위되어 싸우던 자리에서 도살되었고 도시는 함락되어 약탈당하고 허물어졌다. 알렉산드로스가 그렇게 한 주된 이유는 헬라스인들이 이 잔혹한 조치에 겁을 먹고 앞으로는 고개를 숙이고 고분고분해지기를 기대했기 때문이다. 그러나 그는 동맹군들의 불만을 들어주지 않을 수 없었다고 자신의 조치를 변호했다. 포키스인들과 플라타이아이인들이 테바이인들을 고발했기 때문이다. 그래서 그는 사제들과, 마케도니아인들과 주객(主客) 사이인 사람들 전부와, 핀다로스[54]의 자손들과, 반란에 반대표를 던졌던 사람들을 가려낸 다음 나머지는 모두 노예로 팔아버렸는데, 그 수가 3천 명이 넘었다. 전사자들의 수도 6천 명이 넘었다.[55]

12.

그때 이 도시를 덮쳤던 수많은 참사 가운데 하나는 몇몇 트라케인이 양갓집 귀부인인 티모클레이아의 집에 침입한 사건이었다.

53　카드메이아(Kadmeia)는 테바이시의 성채다.
54　「뤼쿠르고스 전」주 110 참조.
55　아테나이와 스파르테와 더불어 그리스 역사에서 중요한 역할을 한 테바이를 이렇게 말살함으로써 알렉산드로스는 다른 그리스인들에게 자신에게 반항하면 어떻게 되는지 본때를 보여주려 한 것 같다.

사병들이 그녀의 재물을 약탈하는 사이 그들의 대장은 그녀를 겁탈하고 욕보인 다음 금은보화를 어디에다 감춰두었는지 물었다. 금은보화를 감춰둔 것을 시인한 그녀는 그만을 데리고 정원으로 가더니 그에게 우물을 가리키며 도시가 함락되는 사이 가장 값진 재물들을 손수 그 안에 던져버렸다고 말했다. 그리하여 트라케인이 허리를 구부리고 우물 속을 살피는 사이, 그 뒤로 다가가 그를 밀어 우물에 빠뜨리고는 돌을 마구 던져 그를 죽였다. 트라케인들이 그녀를 붙잡아 손을 묶고는 알렉산드로스에게 끌고 갔을 때, 그는 안색과 걸음걸이를 보고는 그녀가 기품 있고 고결한 인물임을 한눈에 알아보았다. 그녀가 자신을 인도하는 자들을 따라가는 모습은 그만큼 담담하고 겁이 없었던 것이다. 이어서 그녀가 누구냐는 왕의 물음에 자신은 헬라스인들의 자유를 위해 필립포스에 맞서 싸우다가 카이로네이아에서 전사한 지휘관 테아게네스의 누이라고 대답했다. 그녀의 대답과 행동에 감탄한 알렉산드로스는 그녀더러 자유의 몸으로 자녀들을 데리고 떠나라고 명령했다.

13.

그는 또 아테나이인들이 테바이의 불행을 지나치게 동정했음에도 불구하고 아테나이인들과 화해했다. 말하자면 아테나이인들은 엘레우시스의 비의가 시작되었는데도 애도의 표시로 축제마저 중단했을 뿐 아니라, 자신들의 도시로 피난 온 테바이인들에게 온갖 호의를 보였던 것이다. 그럼에도 알렉산드로스 또한 이제는 사자처럼 분기가 가라앉았기 때문이든, 아니면 테바이인들에 대한 더없이 잔혹하고 야만적인 행위를 자비로운 행위로 상쇄

하고 싶어서든, 아테나이인들의 모든 허물을 덮어주었을 뿐 아니라 자기에게 무슨 불상사가 일어날 경우 아테나이가 헬라스의 패자(覇者)가 될 것이 틀림없으니 정치 정세를 면밀히 살피라고 충고까지 해주었다.

전하는 이야기에 따르면, 훗날 그는 테바이인들에게 잔인하게 대한 것을 가끔 후회했으며, 이를 회고하며 많은 사람들을 온유하게 대했다고 한다. 아무튼 그는 자신이 술에 취해 클레이토스를 살해한 일과, 마케도니아인들이 인디아인들에게 겁을 먹어 원정의 목적을 달성하지 못하고 자신의 명성을 빼앗아간 것을 디오뉘소스의 노여움과 복수 탓으로[56] 돌렸다고 한다. 그래서 그때 살아남은 테바이인들 가운데 나중에 그에게 부탁하러 갔다가 뜻을 이루지 못한 사람은 한 명도 없었다. 테바이와 관련해서는 이쯤 해두자.

14.

그 전해에[57] 코린토스의 이스트모스에서 헬라스인들의 회의가 개최되었는데, 여기서 그들은 알렉산드로스의 지휘 아래 페르시아 원정에 참가하기로 표결하고 그를 총사령관으로 공표했다. 많은 정치가와 철학자들이 찾아와 축하 인사를 하자, 마침 코린토스에 머무르던 시노페[58] 출신의 디오게네스[59]도 인사하러 오리라고 그

---

56 주신 디오뉘소스의 아버지는 제우스이지만 어머니는 테바이 왕 카드모스의 딸 세멜레(Semele)이므로 테바이는 디오뉘소스의 고향인 셈이다.
57 기원전 334년 초봄.
58 시노페(Sinōpe)는 흑해 남안의 소아시아 폰토스 지방에 있는 해안도시다.
59 「뤼쿠르고스 전」 주 154 참조.

는 내심 기대하게 되었다.

그러나 교외인 크라네이온에서 계속 여가를 즐길 뿐 이 철학자가 알렉산드로스에게 전혀 관심을 보이지 않자 알렉산드로스는 몸소 그를 보러 갔다. 가서 보니 그는 햇볕을 쬐며 누워 있었다. 많은 사람들이 자기에게 다가오는 것을 보자 디오게네스는 몸을 좀 일으켜 알렉산드로스를 응시했다. 알렉산드로스가 그에게 인사하며 원하는 것이 있느냐고 물었다. 그러자 디오게네스는 "예, 햇볕을 가리지 않게 조금만 비켜서주시오"라고 대답했다. 알렉산드로스는 이 말에 깊은 감명을 받았으며, 자신을 그렇게 멸시할 수 있는 사람의 도도함과 당당함에 감탄을 금치 못했다고 한다. 그래서 그는 떠나면서 디오게네스를 비웃고 조롱하던 자신의 부하들에게 "정말이지, 내가 만일 알렉산드로스가 아니라면 디오게네스가 되고 싶소"라고 말했다 한다.

알렉산드로스는 페르시아 원정을 앞두고 아폴론 신의 신탁을 듣고자 델포이로 갔다. 그런데 마침 그날은 신탁을 내리는 것이 법으로 금지되어 있는 신탁 없는 날들 중 하루였다. 처음에 그는 예언녀를 불러오도록 사람을 보냈으나, 그녀가 법이 금한다며 그의 청을 거절하자 몸소 가서 그녀를 억지로라도 신전으로 끌고 오려고 했다. 그러자 그의 열성에 두 손 들었다는 듯 그녀가 "그대에게는 못 이기겠네요, 내 아들이여!"라고 말했다. 이 말을 들은 알렉산드로스는 그녀에게서 원하던 신탁을 얻었으니 더이상의 신탁은 원치 않는다고 말했다.

그가 원정길에 오르려고 했을 때 하늘이 보낸 여러 전조가 나타났다. 예컨대 레이베트라[60]에 모셔놓은 오르페우스의 삼나무 목상(木像)이 그때 땀을 줄줄 흘렸다. 이 전조를 보고 모두들 대경

실색했으나, 아리스탄드로스는 알렉산드로스에게 염려하지 말라며, 그의 업적들은 노래와 이야기가 될 것인즉 시인들과 가인들은 그것을 찬양하느라 힘이 들어 비지땀을 흘리게 될 것이라고 했다.

15.

알렉산드로스 군대의 규모에 관해서는 가장 적게 말하는 사람들은 보병 3만에 기병 4천 명이라 적고 있고, 가장 많게 말하는 사람들은 보병 4만 3천에 기병 5천 명이라 적고 있다. 아리스토불로스[61]에 따르면, 그는 군대의 보급을 위한 군자금으로 70탈란톤 이상은 갖고 있지 않았으며, 두리스[62]에 따르면 30일분의 보급품밖에 없었으며, 오네시크리토스[63]에 따르면 200탈란톤을 빚지고 있었다. 군자금이 그렇게 빈약했음에도 그는 측근들의 생활 형편을 알아보고는 어떤 자에게는 농토를, 어떤 자에게는 마을을, 또 어떤 자에게는 고을이나 항구의 소득을 나눠주기 전에는 배에 오르지 않았다. 이렇듯 왕실 재산이 분배되어 거의 바닥나자 페르딕카스가 그에게 물었다. "전하, 전하 자신을 위해서는 무엇을 남겨두시렵니까?" 알렉산드로스가 "희망을 남겨두었소이다"라고 대답하자, 페르딕카스가 "그렇다면 같이 원정길에 오르는 우리도

---

60   레이베트라(Leibēthra)는 올림포스산 동쪽 산기슭에 있는 마케도니아 지방의 도시다.
61   아리스토불로스(Aristoboulos)는 기원전 4세기의 역사가로, 알렉산드로스의 동방 원정에 참가했다.
62   「페리클레스 전」 주 116 참조.
63   주 34 참조.

그 희망을 함께할 겁니다"라고 말했다. 그러고 나서 페르딕카스가 자신에게 배정된 재산을 반납하자 알렉산드로스의 다른 측근 가운데 몇 명도 그렇게 했다. 그러나 재산을 받거나 요구하는 자들에게는 그런 선물이 아낌없이 주어졌다. 알렉산드로스가 마케도니아에 갖고 있던 재산은 대부분 그렇게 분배되었다. 이런 기개와 마음가짐으로 그는 헬레스폰토스 해협을 건넜다.[64]

일단 일리온[65]에 도착하자 알렉산드로스는 아테나 여신에게 제물을 바치고 영웅들에게 헌주했다. 그는 몸에 기름을 바르고 측근들과 함께 관습에 따라 알몸으로 경주를 한 다음 아킬레우스의 비석에 화환을 바치며 아킬레우스야말로 살아서는 성실한 친구[66]를 만나고, 죽어서는 위대한 전령[67]을 만났으니 행복하다고 찬양했다. 그가 돌아다니며 시내를 구경하고 있을 때 누군가 그에게 알렉산드로스[68]의 뤼라를 보고 싶으냐고 물었다. 그러자 알렉산드로스가 그 뤼라에는 전혀 관심이 없고, 아킬레우스가 영웅들의 명성과 행적을 노래하던 뤼라[69]를 보고 싶다고 대답했다.

---

64 기원전 334년.
65 일리온(Ilion)은 트로이아의 다른 이름이다.
66 파트로클로스(Patroklos)를 말한다. 아킬레우스와 파트로클로스, 아가멤논의 아들 오레스테스(Orestes)와 퓔라데스(Pylades)는 서양 문학에서 우정의 본보기다.
67 호메로스를 말한다. 아킬레우스는 호메로스의 『일리아스』의 주인공이다.
68 여기서 알렉산드로스는 스파르테 왕비 헬레네를 납치해감으로써 트로이아 전쟁을 일으킨 트로이아 왕자 파리스의 별명이다.
69 아킬레우스가 울적한 마음을 달래기 위해 혼자 영웅들의 행적을 노래하던 일에 관해서는 『일리아스』 9권 185~191행 참조.

16.

그사이 다레이오스[70] 휘하의 장군들은 대군을 모아 그라니코스[71]의 도강 지점에 배치했다. 그래서 알렉산드로스는 페르시아에 들어가 그곳을 정복하기 위해서는, 말하자면 아시아의 문간에서부터 싸우지 않을 수 없게 되었다. 하지만 대부분의 마케도니아인들은 강의 수심이 깊고, 싸우면서 기어올라야 할 맞은편 강기슭이 가파르고 울퉁불퉁한 것에 겁이 났다. 그런가 하면 달에 관한 관습을 지켜야 한다고 생각하는 자들도 있었다. 왜냐하면 마케도니아의 왕들은 대개 다이시오스[72] 달에는 출정하지 않았기 때문이다. 그러나 알렉산드로스는 다이시오스 달을 제2의 아르테미시오스[73] 달이라고 부르게 함으로써 이러한 이의 제기에 대처했다. 그리고 파르메니온이 그날은 너무 늦었다며 도강의 위험을 제기하자, 알렉산드로스는 일단 헬레스폰토스 해협을 건넌 다음 그라니코스 앞에서 물러선다면 헬레스폰토스 해협이 창피해서 얼굴을 붉힐 것이라며 기병 13개 대대를 이끌고 강물 속으로 뛰어들었다.

---

70 여기서 다레이오스(Dareios 라/Darius)는 다레이오스 3세를 말한다.
71 그라니코스(Granikos)는 트로이아 동남쪽 이데(Ide)산에서 발원해 프로폰티스해로 흘러드는 강으로, 기원전 334년 이 강의 하구에서 약 10킬로미터 상류에 있던 도강 지점에서 알렉산드로스는 페르시아 원정의 첫 승리를 거두었다.
72 다이시오스(Daisios)는 지금의 5~6월에 해당하는 마케도니아의 달 이름으로, 그리스에서는 수확의 계절이다.
73 아르테미시오스(Artemisios)는 지금의 4월에 해당하는 마케도니아의 달 이름으로, '제2의 아르테미시오스'란 여기서 윤달을 넣어 다이시오스 달을 피한다는 뜻이다.

사람을 휩쓸어가며 세차게 물결치는 강물 속으로 뛰어들어 빗발치듯 날아오는 적군의 무기를 헤치고 강력한 보병과 기병이 지키고 있는 가파른 강기슭으로 나아간다는 것은 현명한 장군의 작전이 아니라 미치광이의 어리석은 행동처럼 보였다. 그럼에도 그는 기어코 강을 건너려 했다. 그리고 천신만고 끝에 축축하고 진흙 때문에 미끌미끌한 맞은편 강기슭에 이르러, 뒤따라 건너던 그의 부대들이 대오를 갖추기도 전에 곧장 그곳에서 공격해오는 적군과 맞붙어 일대일로 혼전을 벌이지 않을 수 없었다. 적군은 함성을 지르며 압박해왔고, 말들에게 말들이 맞서도록 하며 창으로 찔러댔으며, 창이 부러지자 칼을 휘둘렀다. 수많은 적군이 알렉산드로스에게 덤벼들었다. 그는 방패와, 투구 양쪽에 꽂혀 있는 놀랍도록 커다란 흰 깃털 장식 때문에 눈에 띄었다. 그는 가슴받이의 이음매에 창을 맞았으나 부상당하지는 않았다. 두 적장 로이사케스와 스피트리다테스가 동시에 덤벼들자 그는 한 명의 공격을 피하며 가슴받이를 입고 있던 로이사케스를 창으로 찔렀으나 창이 부러지자 칼을 빼들고 싸웠다. 두 사람이 뒤엉켜 싸우는 동안 스피트리다테스가 옆에서 덤벼들며 말 위에서 몸을 일으킨 채 알렉산드로스의 머리를 페르시아의 전부(戰斧)로 힘껏 내리쳤다. 그러자 투구의 관모 장식과 한쪽 깃털이 꺾였으나, 투구가 그 가격을 간신히 막아내어 도끼날은 그의 머리털 끝 자락을 건드렸다. 스피트리다테스가 또다시 내리치려고 팔을 들었을 때 '검은' 클레이토스[74]가 먼저 창으로 그의 몸 한가운데를 꿰뚫었

---

74 기병대장 클레이토스(Kleitos)를 '검은'이라고 하는 것은 보병대장인 '흰' 클레이토스와 구별하기 위해서다.

다. 동시에 로이사케스도 알렉산드로스의 칼에 맞아 쓰러졌다.

알렉산드로스의 기병대가 이렇듯 위험한 격전을 벌이는 사이, 마케도니아인들의 방진(方陣)이 강을 건너와 양쪽 보병이 맞붙었다. 그러나 적군은 완강하게 저항하지도 오래 버티지도 못하고, 헬라스 용병대를 제외하고는 모두 등을 돌려 달아났다. 헬라스 용병들은 어떤 언덕 위에 집결해 알렉산드로스에게 살려달라고 빌었다. 그러나 그는 이성보다는 분노에 이끌려 맨 선두에서 그들을 공격하다가 말이 옆구리에 칼을 맞는 바람에 말을 잃었고 (그것은 부케팔라스가 아니라 다른 말이었다) 전사자와 전상자의 대부분도 그곳에서 위험을 무릅쓰거나 전사했으니, 그들은 절망에 빠지긴 했어도 싸울 줄 아는 자들과 맞붙어 싸웠기 때문이다.

이 전투에서 페르시아인들은 보병 2만 명과 기병 2500명을 잃었다고 한다. 알렉산드로스 편에서는, 아리스토불로스에 따르면 모두 34명이 전사했는데 그중에 9명이 보병이었다고 한다. 알렉산드로스는 이들의 청동상을 세우게 했는데, 그 청동상들은 뤼십포스가 제작했다.[75] 그는 이 승리를 헬라스인들과 공유하고 싶어 특히 아테나이인들에게 노획한 방패 300개를 보내고, 나머지 전리품들에는 모두에게 감사하며 다음과 같은 더없이 야심적인 글을 새기게 했다. "필립포스의 아들 알렉산드로스와, 라케다이몬인들을 제외한 전 헬라스인들이 아시아에 살고 있는 야만인들에게서 이 전리품들을 노획했노라."[76] 그러나 그는 페르시아인들에

---

75 보병을 제외한 25명 기병들의 군상(群像)은 마케도니아의 디온(Dion)시에 세워졌는데 기원전 148년 로마인들이 마케도니아를 정복하고 로마로 가져갔다.

게서 노획한 술잔과 자포(紫袍) 같은 물건들은 소수만 제외하고 모두 자신의 어머니에게 보냈다.

17.

이 전투는 일시에 알렉산드로스에게 유리하도록 상황을 크게 바꿔놓았다. 그는 해안 지대에 대한 페르시아 지배의 보루였던 사르데이스의 항복을 받았고, 그 주변 지역도 거기에 추가했다. 할리카르낫소스[77]와 밀레토스만이 반항했는데, 이 도시들은 힘으로 밀어붙여 함락했고, 주변 지역들도 모두 복속시켰다.[78] 그리고 나서 그는 다음 진로에 관해 결단을 내리지 못하고 있었다. 때로는 다레이오스를 만나 모든 것을 걸고 단판에 승부를 가리고 싶은 충동을 느끼는가 하면, 때로는 먼저 자원이 풍부한 해안 지대를 손에 넣고 군대를 훈련시켜 힘을 강화한 다음 페르시아 왕을 향해 내륙으로 진격하는 편이 더 나을 것 같았다. 그때 뤼키아의 크산토스시 근처에 있는 샘이 저절로 넘쳐흐르며 바닥에서 청동판 하나가 나왔는데, 거기에는 페르시아인들의 제국이 헬라스인들에 의해 멸망할 것임을 예언해주는 옛 문자가 새겨져 있었다. 이 예언에 고무된 알렉산드로스는 포이니케와 킬리키아에 이르기까지 해안 지대를 서둘러 소탕했다. 팜퓔리아[79] 해안을 따라 나아가

---

76 알렉산드로스가 그리스인들을 포함시키는 것은 자신의 동방 원정을 기원전 480년 페르시아인들의 그리스 침공에 대한 응징으로 보았기 때문이다.
77 할리카르낫소스(Halikarnassos)는 남(南)에게해의 페르시아 해군기지였다.
78 알렉산드로스는 기원전 334년 가을까지 소아시아의 해안 지대를 정복했다. 그리고 그곳의 그리스 도시들에서 친페르시아적 과두정부 세력을 몰아내고 민주정부를 세우는 데 주력했다.

던 그의 행군은 많은 역사가들에게 놀랍고 과장된 이야깃거리를 제공했다. 평소에는 난바다에서 거친 파도가 밀려와 가파른 산기슭의 바윗길을 잘 드러내지 않던 바다가 어떤 신적인 섭리에 의해 알렉산드로스 앞에서 뒤로 물러났다는 것이었다. 메난드로스도 자신의 희극 가운데 한 편에서 이 기적을 조롱하고 있다.

> 이건 꼭 알렉산드로스와 같다니까. 내가 누군가를 찾으면
> 그가 저절로 내 앞에 나타나고, 내가 어디선가 바다를
> 건너야 할 때는 나를 위해 바다가 열릴 테니 말일세.[80]

그러나 알렉산드로스 자신은 서찰들에서 그런 기적에 관해서는 전혀 언급하지 않고 뤼키아의 파셀리스시에서 출발해 이른바 사다리[81]라는 고갯길로 해서 팜퓔리아를 통과했다고 말한다. 그래서 그는 파셀리스에서 며칠을 머물렀던 것이다. 그 기간에 그는 파셀리스의 시민이었던 죽은 테오덱타스[82]의 입상이 광장에 세워진 것을 보았다. 그는 어느 날 저녁식사 후에 거나하게 취한 채 한 무리의 술꾼들을 데리고 광장으로 가서 입상에 화환들을 잔뜩 걸어줌으로써 아리스토텔레스와 철학 덕분에 알게 된 사람에게 멋있고 유쾌한 방법으로 경의를 표했다.

---

79 뤼키아와 동쪽의 킬리키아 사이에 있는 소아시아의 한 지방이다.
80 현재 남아 있는 메난드로스의 희극에는 이런 구절이 없다.
81 그리스어로 klimax다.
82 테오덱타스(Theodektas)는 약 50편의 비극을 쓴 작가로 아리스토텔레스의 제자였다.

18.

그 뒤 알렉산드로스는 피시다이족[83] 가운데 저항하던 세력들을 모두 제압하고 프뤼기아[84] 지방을 장악했다.[85] 그런 다음 그는 그 옛날 미다스왕의 거처였다는 고르디온[86]시를 함락한 뒤[87] 층층나무의 껍질로 멍에에 고정되어 있던 유명한 수레를 보았고, 누구든 그 매듭을 푸는 사람이 전 세계의 왕이 될 운명이라는 이야기를 들었다. 그곳 토박이들은 그 이야기를 굳게 믿고 있었다. 대부분의 작가들에 따르면, 그 매듭은 여러 가닥으로 교묘히 얽혀 그 끄트머리들이 드러나지 않은 까닭에 알렉산드로스는 어찌할 바를 몰라 칼로 쳐서 매듭을 풀었는데, 그러자 여러 가닥의 끄트머리가 드러났다. 그러나 아리스토불로스에 따르면, 그는 멍에 띠를 고정해놓은 나무못을 뽑은 다음 멍에를 제거함으로써 아주 쉽게 매듭을 풀었다고 한다.

이어서 그는 파플라고니아와 캅파도키아를 정복한 다음,[88] 다레이오스의 해군 제독 가운데 한 명으로 여러모로 알렉산드로스

---

83 「테미스토클레스 전」 주 161 참조.
84 「테미스토클레스 전」 주 159 참조.
85 알렉산드로스는 소아시아 남쪽 해안 지대를 따라 시데(Side)까지 동진하다가 기원전 333년 봄 내륙으로 북진해 프뤼기아 지방으로 진격했다.
86 먼 옛날 프뤼기아 왕국의 수도로, 앙퀴라(Ankyra 지금의 Ankara)의 서쪽에 있다.
87 기원전 333년 3월.
88 알렉산드로스는 프뤼기아의 북쪽과 동남쪽에 있는 파플라고니아(Paphlagonia)와 캅파도키아(Kappadokia)를 실제로 정복한 것이 아니라 앙퀴라에서 그들의 항복을 받은 다음 킬리키아 지방의 수도 타르소스(Tarsos 또는 Tarsoi)로 남하한 것으로 알려져 있다.

를 괴롭히고 한없이 귀찮게 할 것으로 예상되던 멤논[89]이 죽었다는 소식을 듣고 이에 고무되어 내륙으로 진격하려던 결심을 더욱 굳혔다. 이때 다레이오스도 이미 수사[90]를 떠나 해안 지대로 내려오고 있었는데, 그는 60만이나 되는 대군을 인솔하고 있어 자신의 병력 규모에 의기양양했고, 마고스들이 개연성에 따르기보다는 그의 마음에 들도록 해몽한 어떤 꿈에 고무되어 있었다. 다레이오스는 마케도니아인들의 방진은 화염에 싸여 있고, 알렉산드로스는 전에 자신이 왕의 급사(急使)였을 때 입고 다니던 긴 옷을 입고 자신에게 시중들다가 벨로스[91]의 신전 안으로 들어가더니 자취를 감추는 꿈을 꾸었던 것이다. 신이 이 꿈으로 다레이오스에게 암시하고자 한 것은 아마도 마케도니아인들은 찬란하게 빛나는 위업을 달성할 것이고, 알렉산드로스는 마치 다레이오스가 일개 급사에서 왕이 되면서 아시아의 지배자가 되었듯이, 아시아의 지배자가 되어 큰 영광을 누리다가 요절하게 되리라는 것이었으리라.

---

89 멤논(Memnon)은 로도스섬 출신의 그리스인 용병으로, 할리카르낫소스시가 알렉산드로스에게 함락될 때 도망해 페르시아 함대의 제독이 되었다. 기원전 333년 그는 소아시아 앞바다의 여러 도시를 함락하며 승승장구하다가 그곳에서 전사했다. 페르시아인들은 그가 소아시아 앞바다의 섬들뿐만 아니라 그리스 본토에서도 반란을 일으키도록 부추김으로써 알렉산드로스의 배후를 위협할 수 있으리라고 기대했다.
90 수사(Sousa)는 페르시아 제국의 수도다.
91 벨로스(Bēlos)는 바빌로니아의 종교의식에서 최고신으로 숭배받았던 바알(Baal)의 그리스어 이름이다.

19.

알렉산드로스가 킬리키아에 오래 체류하는 것은 겁이 났기 때문이라 믿은 다레이오스는 더욱더 자신감을 갖게 되었다. 그러나 알렉산드로스가 지체한 것은 병이 났기 때문이었다. 누구는 과로한 탓이라 하고, 누구는 그가 퀴드노스[92]강의 얼음처럼 차가운 물에서 목욕을 한 탓이라고 한다. 아무튼 의사들은 아무도 그를 치료할 자신이 없었다. 그들은 그의 상태가 약으로 치료하기에는 너무 위독하다고 보았고 치료에 실패할 경우 마케도니아인들이 자신들을 규탄하지나 않을까 두려웠던 것이다. 그러나 아카르나니아 출신의 필립포스는 왕이 위독한 것을 보자 서로의 우정을 믿고, 또 목숨을 거는 한이 있더라도 있는 재주를 다해 왕과 위험을 함께하지 않는 것은 수치스러운 일이라 여기고 약을 조제하더니 만약 출전할 기운을 회복하고 싶다면 믿고 마시라고 왕을 설득했다.

그사이 파르메니온의 진영에서 필립포스를 조심하라는 내용의 서찰을 보냈는데, 이유인즉 다레이오스가 필립포스에게 알렉산드로스를 죽이기만 하면 선물을 많이 주고 사위로 삼겠다고 약속했다는 것이었다. 이 서찰을 읽은 알렉산드로스는 측근 중 누구에게도 보이지 않고 베개 밑에 넣어두었다. 그리고 필립포스가 정해진 시간에 약사발을 들고 왕의 심복들과 함께 방에 들어왔을 때, 알렉산드로스는 그에게 서찰을 건네고 자신은 조금도 의심하지 않는다며 흔쾌히 약을 받았다. 그것은 무대 위에 올릴 만큼 놀

---

92 퀴드노스(Kydnos)는 킬리키아 지방의 강으로 타르소스시를 관류한다.

라운 장면이었다. 한 사람은 서찰을 읽고 다른 사람은 약을 마시다가 둘이 동시에 서로의 얼굴을 바라보았지만 표정은 서로 달랐다. 왕의 환하고 밝은 얼굴 표정에는 필립포스에 대한 선의와 신뢰가 나타나 있었다. 한편 필립포스는 그러한 모함에 제정신을 잃고 하늘을 향해 두 손을 들어 신들을 증인으로 부르며 침상 옆에 무릎을 꿇고는 알렉산드로스에게 안심하고 자신의 처방을 따르라고 간청했다.

처음에는 약이 환자를 완전히 압도해, 말하자면 환자의 체력을 뒤로 밀어붙여 깊숙한 곳에 묻어버렸다. 그리하여 환자는 말이 나오지 않고 현기증이 나다가 거의 완전히 의식을 잃었다. 그러나 필립포스의 도움으로 그는 다시 의식을 찾았다. 다시 기운을 차린 그는 마케도니아인들 앞에 모습을 드러냈는데, 그들은 알렉산드로스를 직접 보기 전에는 아무래도 안심이 되지 않았던 것이다.

20.

이때 다레이오스의 군대에 마케도니아에서 망명한 아뮌타스라는 자가 있었는데, 그는 알렉산드로스의 성격을 잘 알고 있었다. 그는 다레이오스가 알렉산드로스를 공격하려고 좁은 고갯길로 들어가고 싶어하는 것을 보고, 지금 있는 곳에 그대로 머물라고 간청하면서 그의 대군으로는 탁 트인 넓은 들판에서 수가 적은 군대와 싸우는 편이 유리할 것이라고 했다. 적군이 먼저 달아나 알렉산드로스를 놓치게 될까 두렵다고 다레이오스가 대답하자 아뮌타스는 "전하, 그 점이라면 염려하지 마소서. 그는 전하를 향해 다가올 것이며, 아니 어쩌면 벌써 다가오고 있을지도 모르옵니다"라고 말했다. 그러나 다레이오스는 아뮌타스의 조언을 듣지 않고 천막을 걷어 킬리키아로 행군했다. 그와 때를 같이해 알렉산드로스도 그를 공격하려고 쉬리아로 진격했다.

　두 사람은 밤에 서로를 놓치고는 되돌아섰는데, 알렉산드로스는 이러한 우연을 요행으로 여기며 고갯길에서 적군을 만나려고 서둘렀고, 다레이오스는 고갯길에서 자신의 군대를 빼내어 전에 야영지로 쓰던 곳으로 되돌아가고 싶어했다. 그는 자신이 한쪽은 바다로 막히고 다른 한쪽은 산으로 막힌 채 그 사이로 피나로스 강이 흐르는 지역으로 뛰어든 것은 실수라는 것을 알아차렸던 것이다. 그곳 지형은 기병대에는 적합하지 않고, 군대를 여러 개의 소부대로 나눈, 수가 적은 적군에는 유리했다.

　행운이 알렉산드로스에게 전투를 위해 이상적인 지형을 제공한 것은 사실이지만, 정작 승리는 그런 행운보다는 그가 갖춘 장군으로서의 자질 덕분이었다. 왜냐하면 그는 수적으로 열세임에도 불구하고 페르시아인들의 군대가 자신을 포위하지 못하게 했을 뿐 아니라, 오히려 아군의 오른쪽 날개를 적의 왼쪽 날개 밖으로 전개해 적의 측면을 공격함으로써 저항하던 페르시아인들을 패주시켰기 때문이다. 이때 선두 대열에서 싸우던 알렉산드로스는 적군의 칼에 넓적다리를 다쳤다. 카레스[93]에 따르면, 그 상처는 알렉산드로스가 다레이오스와 일대일로 싸우다가 입은 것이라고 한다. 그러나 알렉산드로스는 이 전투에 관해 안티파트로스에게 써 보낸 서찰에서 상처를 입힌 자가 누구라는 말은 하지 않고, 단검에 넓적다리를 다쳤으나 상처의 후유증은 심각하지 않다고만

93　카레스(Chares)는 알렉산드로스의 역사가다.

적고 있다.

알렉산드로스는 그곳에서 빛나는 승리를 거두고, 적병 10만 명 이상을 죽였으나,[94] 4~5스타디온[95]쯤 앞에서 도망치던 다레이오스를 사로잡지는 못했다. 그러나 그는 다레이오스의 수레와 활을 노획했다. 그가 추격에서 돌아와 보니 마케도니아인들은 페르시아인들의 진영에서 재물을 나르느라 여념이 없었다. 페르시아인들은 장비의 대부분을 다마스코스에 남겨두고 가볍게 무장하고 싸움터로 향했는데도 그 재물은 엄청난 양이었다. 그러나 마케도니아인들은 화려하게 차려입은 시종들과 가구들과 수많은 보물이 가득 든 다레이오스의 천막은 그를 위해 손대지 않았다. 그는 당장 무장을 벗고 목욕하러 가며 "자, 우리 가서 다레이오스의 욕조에서 전투에서 흘린 땀을 씻어내도록 합시다!"라고 말했다. 그러자 측근 가운데 한 명이 "제우스 신에 맹세코, 그것은 다레이오스의 욕조가 아니라 알렉산드로스의 욕조지요. 정복당한 자들의 재산은 마땅히 정복한 자의 것이어야 하고 또 그렇게 불려야 하니까요"라고 말했다. 그리고 대야며 항아리며 목욕통들과 향유 단지들이 모두 황금으로 정교하게 만들어진 것을 보았을 때, 그리고 현관방에서 향신료와 향료들의 놀라운 향기가 났을 때, 그리고 그곳을 지나 널찍하고 높다란 천막으로 들어가 화려한 의자와 식탁들과 그 위에 차려진 진수성찬을 보았을 때 알렉산드로스는 측근들을 돌아다보며 "왕이 된다는 것이 이런 것인가 보구려!"[96]라고 말했다.

---

94   기원전 333년 11월의 잇소스(Issos 또는 Issoi) 전투.
95   1스타디온(stadion)은 177.6미터다.

21.

 알렉산드로스가 막 저녁식사를 하려는데, 포로들 사이에 섞여 있던 다레이오스의 어머니와 아내와 결혼하지 않은 두 딸이 다레이오스의 수레와 활을 보더니 그가 죽은 줄 알고 가슴을 치며 통곡하더라고 누군가 알려주었다. 알렉산드로스는 자신의 성공보다는 그녀들의 불행에 더 깊은 감명을 받아 한동안 잠자코 있다가 레온나토스를 보내 다레이오스는 죽지 않았으며 그녀들은 알렉산드로스를 겁낼 필요가 없다고 전하게 했다. 그는 아시아의 패권을 놓고 다레이오스와 싸우고 있지만 그녀들은 다레이오스가 왕이었을 때 당연한 권리로 여기던 것을 다 갖게 될 것이라고 전하게 했다.

 그의 이러한 상냥한 전언이 다레이오스의 여인들을 안심시켰지만 그의 행동은 더 인간적이었다. 그는 전사한 페르시아인들을 그녀들이 원하는 대로 매장하도록 허락해주고, 이를 위해 전리품 중에서 의복과 장신구를 갖다 쓰게 했다. 그는 또 그녀들이 시종들과 이전에 누리던 특권들도 모두 유지하게 했으며 수입을 늘려주기까지 했다. 이들 고귀하고 정숙한 여인들이 포로가 되었을 때 그에게서 받은 가장 명예롭고 가장 제왕다운 호의는 모욕감을 주는 말이나 암시를 듣지도 느끼지도 않았다는 것이다. 마치 적진이 아니라 처녀 사제들의 신성불가침한 성역에서 보호받는 것처럼 그녀들은 남자들이 보이지도 들리지도 않는 곳에서 살았다.

---

96 다레이오스의 생활방식을 찬탄하는 것이 아니라, 측은하게 여겨서 한 말이다.

하지만 다레이오스가 남자들 가운데 가장 미남이고 가장 키가 크 듯 다레이오스의 아내도 왕비들 중에서 가장 미인이며, 딸들도 부모를 닮았다는 소문이 돌았다.

그러나 알렉산드로스는 적에게 이기는 것보다 자신에게 이기는 것이 더 제왕답다고 여겼는지 여인들을 건드리지 않았다. 사실 결혼하기 전에 그가 가까이한 유일한 여인은 다마스코스에서 포로가 된, 멤논의 아내 바르시네뿐이었다. 그녀는 헬라스식 교육을 받고 성질이 곰살궂으며 왕족의 혈통을 타고났다. 그녀의 아버지 아르타바조스는 페르시아 공주의 아들이었다. 그래서 알렉산드로스는, 아리스토불로스에 따르면, 파르메니온의 권유로 그토록 좋은 가문에서 태어난 아름다운 여인을 가까이하기로 결심하게 되었다. 그러나 남달리 얼굴도 잘생기고 키도 훤칠한 다른 페르시아 여인들을 볼 때면 그는 페르시아 여인들은 눈에 고문(拷問)이라고[97] 농담을 던졌다. 그는 그녀들의 신체의 아름다움에 자신의 절제와 극기의 아름다움을 대비시키며 마치 생명 없는 입상들인 양 그녀들 곁을 지나쳤다.

22.

해안 지대에 배치된 군대의 사령관인 필로크세노스가 자신과 함께 있는 타라스[98] 출신의 테오도로스라는 노예 상인이 빼어나게 잘생긴 미소년 두 명을 팔려고 내놓았다는 걸 서찰로 알리며 그

97　헤로도토스, 『역사』 5권 18장 참조.
98　타라스(Taras 라/Tarentum)는 남이탈리아의 항구도시로, 지금의 타란토(Taranto)의 그리스어 이름이다.

들을 사겠느냐고 물었을 때, 알렉산드로스는 발끈하며 도대체 필로크세노스가 자기를 얼마나 우습게 보았으면 그런 수치스러운 것을 조달하느라 시간 낭비를 하느냐며 측근들에게 몇 번씩이나 호통을 쳤다. 그리고 필로크세노스에게 직접 야단치는 서찰을 보내며 테오도로스와 그의 상품들은 당장 내쫓으라고 명령했다. 또 코린토스에서 미남으로 소문난 크로빌로스라는 젊은이를 사서 선물하고 싶다는 서찰을 보내온 하그논도 야단쳤다.

그리고 파르메니온 휘하의 마케도니아인 병사 다몬과 티모테오스가 용병들의 아내들을 욕보였다는 말을 들었을 때 그는 파르메니온에게 서찰을 보내, 만일 유죄가 입증되면 그들은 인류를 파멸시키려고 태어난 야수들인 만큼 사형에 처하라고 명령했다. 그리고 그는 이 서찰에서 이렇게 밝혔다.

"나 자신에 관해 말하자면, 나는 다레이오스의 아내를 본 적도 없고 보기를 원한 적도 없으며, 남들이 내 면전에서 그녀의 미모에 관해 말하는 것조차 용납하지 않았음이 드러날 것이오."

또한 그는 자신이 죽게 되어 있다는 것을 수면과 교합(交合)이 가장 분명히 일깨워준다고 말하곤 했는데, 피로도 쾌락도 인간의 타고난 약점이라는 한 뿌리에서 비롯되었다고 받아들인 것 같다.

알렉산드로스는 음식도 극히 절제했다. 그의 이런 점은 수많은 본보기 중에서도 특히 그가 '어머니'라고 부르며 카리아의 여왕에 봉한 아다[99]에게 준 회답에 잘 드러나 있다. 은혜에 보답하려고 날마다 별미와 케이크를 보내주던 아다는 나중에는 아예 가

---

99 아다(Ada)는 픽소다로스(10장 참조)의 누이이자 후계자다.

장 솜씨 좋기로 이름난 요리사와 제빵사를 보냈다. 그러자 알렉산드로스는 이를 정중히 거절하며, 자신의 개인 교사였던 레오니다스에게서 이미 이들보다 더 훌륭한 요리사들을 받았다고 말했다. 그것은 맛있는 아침식사를 위해서는 야간 행군을 하고, 맛있는 저녁식사를 위해서는 아침을 적게 먹는 것이라고 했다. "바로 그 레오니다스가 내 침상과 옷장 서랍들로 다가가 어머니께서 그 안에다 나를 위해 맛있는 음식이나 불필요한 것들을 숨겨두시지 않았는지 살펴보곤 했지요"라고 그는 말했다.

23.

알렉산드로스는 널리 알려진 것만큼 술에 탐닉한 것은 아니었다. 그가 술꾼이라는 평을 듣게 된 것은 술자리에 오래 앉아 있었기 때문이다. 그러나 사실은 긴 대화를 하며 마시기보다는 이야기하는 데 시간을 더 많이 보냈다. 그것도 여가가 많을 때에 한해서였다. 그는 급히 처리할 일들이 있으면 여느 장군들처럼 술에도, 잠에도, 운동에도, 사랑에도, 구경거리에도 붙들리지 않았다. 그토록 짧았으면서도 가장 위대한 업적들로 가득 찬 그의 생애가 이를 입증해준다.

그러나 한가할 때는 잠자리에서 일어나 먼저 신들에게 제물을 바치고 나서 꼿꼿이 앉아[100] 아침식사를 했다. 그런 다음 남은 하루를 사냥을 하거나, 재판을 하거나, 작전을 세우거나, 독서로 보냈다. 급하지 않은 행군에서는 도중에 궁술을 연마하거나, 달리

---

100 '저녁식사 때처럼 반쯤 기대 눕지 않고'라는 뜻이다.

는 전차에 뛰어오르거나 뛰어내리는 연습을 하곤 했다. 왕실 일기에서 알 수 있듯이, 가끔은 기분전환을 위해 여우나 새를 사냥하기도 했다. 일단 야영지를 정하고 나면 목욕을 하거나 몸에 기름을 바르며 주방장과 수석 제빵사에게 저녁식사 준비가 제대로 되었는지 물었다.

그는 날이 어두워진 뒤 늦게야 반쯤 누운 채 저녁식사를 들기 시작했는데, 손님들에게 음식이 공평하게 배분되고 어느 누구도 홀대받지 않도록 식탁에서 놀랍도록 세심한 주의를 기울였다. 그러나 앞서 말했듯이, 대화하기를 좋아해서 술자리에 오래 앉아 있곤 했다. 여느 때는 모든 왕들 중 가장 상냥하고 매력이 넘치던 그였지만 술자리에서는 가끔 불쾌할 정도로 허풍이 세어 말단 졸병 같았다. 스스로 허풍을 쳤을 뿐 아니라 아첨꾼의 감언이설에 귀가 솔깃해지기도 했는데, 그것은 자리를 같이한 사람들 중 점잖은 이들에게는 괴로운 일이었다. 그들은 아첨꾼들과 경쟁하기도 싫지만, 알렉산드로스를 칭찬하는 데 뒤지기도 싫었던 것이다. 전자는 창피하게 여겨졌고, 후자는 위험했기 때문이다. 술자리가 파하면 그는 목욕을 하고 잠을 잤는데 가끔은 한낮까지 잤다. 가끔은 온종일 잘 때도 있었다.

그는 별미에 대해서도 자제심이 강했다. 그래서 해안 지대에서 보내온 진귀한 과일이나 물고기를 측근들에게 일일이 나눠주며 자신을 위해서는 아무것도 남기려 하지 않았다. 그러나 저녁 상은 항상 푸짐했다. 그가 성공을 거듭하면서 그 비용은 1만 드라크메[101]에 이르렀다. 그러나 그것을 한도로 정하고, 남이 그를 접대할 때도 이 한도를 초과하지 못하게 했다.

24.

잇소스 전투[102]가 끝난 뒤 그는 다마스코스로 군대를 파견해 페르시아인들의 돈과 짐과 아이들과 아내들을 잡아두게 했다. 이 기회에 가장 횡재한 것은 텟살리아인들의 기병대였다. 잇소스 전투에서 혁혁한 전공을 세운 그들을 부자로 만들어주려고 알렉산드로스가 일부러 보냈던 것이다. 그러나 전리품이 남아돌아 군대 전체가 부자가 되었다. 그때 처음으로 금과 은과 여인들과 페르시아풍 생활방식을 맛본 마케도니아인들은 마치 발자국을 찾아낸 개떼처럼 추격하며 페르시아인들의 부를 찾아내려고 혈안이 되었다.

하지만 알렉산드로스는 먼저 해안 지대를 장악하기로 결심했다. 그가 도착하자 퀴프로스의 여러 왕들이 지체 없이 찾아와 그에게 항복했고, 튀로스를 제외한 포이니케[103] 전역이 항복했다. 그는 육지 쪽에서는 토루(土壘)를 쌓고 공성기를 사용하며 바다 쪽에는 삼단노선 200척을 배치해 일곱 달 동안 튀로스를 포위 공격했다.[104] 그러던 어느 날 밤 그는 헤라클레스가 성벽 위에서 손을 내밀며 자신을 부르는 꿈을 꾸었다. 또 많은 튀로스인들은 아폴론이 자신들에게 나타나더니 지금 도시 안에서 일어나는 일이 못마땅해 알렉산드로스에게 간다고 말하는 꿈을 꾸었다. 그러자

---

101 로마의 장군 겸 정치가인 루쿨루스(Lucius Licinius Lucullus 기원전 114년경~57년)는 하루 저녁식사 비용으로 5만 드라크메를 지출했다(「루쿨루스전」 41장 참조). 로마 황실의 만찬은 더 화려했을 것이다.
102 기원전 333년 11월.
103 포이니케(Phoinike)는 페니키아(Phoenicia)의 그리스어 이름이다.
104 기원전 332년 1월부터 8월까지.

튀로스인들은 아폴론 신을 적군에게 투항하다가 잡힌 사람처럼 다루었으니, 신의 거대한 신상을 밧줄로 묶고 못을 쳐 좌대에 고정시키며 아폴론 신을 알렉산드로스의 부역자라고 불렀다.

알렉산드로스는 다른 꿈도 꾸었다. 사튀로스가 나타나 멀찍이 떨어져서 자신을 놀려대기에 손을 내밀어 잡으려 했으나 요리조리 피하다가 몇 번의 추격 끝에 결국에는 붙잡고 마는 꿈이었다. 예언자들은 사튀로스라는 말을 두 부분[105]으로 나누며 "튀로스는 그대의 것이 될 것이다"라고 그럴듯하게 해몽했다. 오늘날에도 그곳 사람들은 알렉산드로스가 그 옆에서 사튀로스의 꿈을 꾸었다는 샘을 가리켜준다.

포위 공격하던 도중에 알렉산드로스는 안틸리바노스[106]산맥에 살고 있던 아라비아인들을 정벌했다. 그는 이 원정길에서 포이닉스[107]보다 허약하지도 늙지도 않았다며 동행하겠다고 우기던 자신의 개인 교사 뤼시마코스를 구하느라 목숨을 거는 위험을 감수해야 했다. 산이 가까워지자 군사들은 말을 뒤에 남겨두고 걸어서 가야만 했다. 대부분의 군사들은 훨씬 앞서갔으나, 뤼시마코스는 지칠 대로 지쳐 뒤에 처졌다. 날은 이미 저물고 적군이 가까이 있는지라 알렉산드로스는 그를 차마 뒤에 두고 갈 수가 없어 격려하며 동행했다. 그러느라 그는 자기도 모르는 사이에 소수의 수행원들만을 거느린 채 주력부대와 떨어져 황량한 곳에서 어두

---

105 sa('너의'라는 뜻)와 tyros로 나눈다는 뜻이다.
106 안틸리바노스(Antilibanos)는 레바논 동쪽에 남북으로 뻗어 있는 산맥으로, 해발고도 2700미터다.
107 주 25 참조.

운 혹한의 밤을 보내지 않으면 안 되었다. 그때 그는 적군이 피워 놓은 수많은 화톳불이 멀리서 여기저기 흩어진 채 타오르는 것을 보았다. 그는 자신의 몸이 민첩한 것을 믿고는 위험을 함께함으로써 곤경에 처한 마케도니아인들을 늘 격려하곤 하던 터라, 이번에도 가장 가까이서 불타고 있던 화톳불로 달려가 그 옆에 앉아 있던 두 야만인을 단검으로 처치하고 불타는 장작개비 하나를 낚아채어 부하들에게로 돌아왔다. 그리하여 그의 부하들이 크게 불을 피우자, 적군의 일부는 놀라서 당장 달아났고 일부는 공격해오다가 격퇴되었다. 그들은 그날 밤 나머지 시간을 안전하게 보냈다. 이것은 카레스가 전하는 이야기다.

25.

튀로스시의 포위 공격은 다음과 같이 끝났다. 알렉산드로스는 격전을 치른 뒤 지친 군사들 대부분은 쉬게 하고 소수만 이끌고 성벽을 공격했다. 적군이 휴식을 취하지 못하게 하려는 것이었다. 그때 예언자 아리스탄드로스가 제물을 바치고 나서 전조를 살펴보더니 주위에 서 있던 사람들에게 도시는 틀림없이 그달 안으로 함락될 것이라고 장담했다. 그러자 사람들이 그를 조롱하며 웃어댔다. 그날이 그달의 마지막 날이었기 때문이다. 그러나 언제나 그의 예언의 권위를 세워주려던 알렉산드로스는 그가 당황해하는 것을 보자 그날을 30일이 아니라 그믐 사흘 전, 즉 스무여드레로 계산하라고 명령했다. 그러고 나서 나팔수들을 시켜 공격 신호를 보내게 하며 처음 의도보다 더 세차게 성벽을 공격했다. 공격이 점점 가열되면서 진영에 남아 있던 부대들도 좀이 쑤셔 공격 중인 전우들을 돕고자 떼 지어 몰려들자 튀로스인들은 전투를 포기했다. 그리하여 알렉산드로스는 그날로 도시를 함락했다.

그 뒤 그가 쉬리아에서 가장 큰 도시인 가자를 포위 공격하고 있을 때,[108] 새가 공중에서 떨어뜨린 흙덩이 하나가 알렉산드로스의 어깨 위로 떨어졌다. 그 뒤 새는 어느 공성무기 위에 앉았다가 불시에 밧줄을 단단하게 꼬는 데 쓰는 힘줄들의 그물에 걸렸다. 이때도 전조는 아리스탄드로스가 예언한 대로 실현되었으니, 알렉산드로스가 어깨에 부상을 입고 도시를 함락할 것이라고 그가 예언한 것이다.

그는 어머니 올륌피아스와 누이 클레오파트라와 친구들에게 많은 전리품을 보낼 때 개인 교사 레오니다스에게도 유향 500탈란톤과 몰약(沒藥) 100탈란톤을 보냈는데, 문득 소년시절의 소망이 머리에 떠올랐기 때문이다. 알렉산드로스가 어느 날 제물을 바치며 두 손으로 향을 듬뿍 집어 제단 위의 불에다 뿌리는 것을 보고는 레오니다스가 "알렉산드로스 왕자님, 향료가 나는 곳을 정복하게 된다면 그때는 향을 이렇게 듬뿍 뿌리셔도 되겠지요. 하지만 지금은 갖고 있는 것을 아껴 쓰도록 하세요"라고 말한 것 같다. 그래서 지금 알렉산드로스는 그에게 "그대가 더이상 신들에게 인색할 필요가 없도록 유향과 몰약을 넉넉히 보냅니다"라고 서찰을 써 보냈던 것이다.

26.

하루는 다레이오스의 재물과 짐을 맡고 있던 자들이 그중에서

---

[108] 기원전 332년 9~10월.

가장 값져 보이는 작은 상자 하나를 그에게 보내왔다. 그래서 그는 측근들에게 어떤 값진 물건을 그 안에 보관하는 것이 가장 합당하다고 생각하는지 물었다. 의견이 분분하자 알렉산드로스는 『일리아스』의 필사본[109]을 그곳에 안전하게 보관하겠다고 말했다. 다수의 신뢰할 만한 역사가들이 이 일화가 사실임을 증언하고 있다. 알렉산드레이아[110]인들이 헤라클레이데스를 근거로 내세우며 주장하는 바가 사실이라면, 알렉산드로스에게 호메로스는 게으르거나 쓸모없는 원정길의 동반자가 아니었던 듯하다. 그들의 말에 따르면, 알렉산드로스는 아이귑토스를 정복한 뒤 자신의 이름으로 불리게 될 크고 인구가 많은 헬라스의 도시를 건설하고 싶어, 건축가들의 조언에 따라 부지를 선정해 측량하고 울타리를 치던 중이었다고 한다. 그리고 그날 밤 그는 이상한 꿈을 꾸었는데, 점잖게 생긴 한 백발 노인이 다가서더니 다음의 시행을 낭송하는 것이었다.

> 그런데 아이귑토스의 맞은편 큰 너울 이는 바다 한가운데에
> 섬이 하나 있는데, 사람들은 그 섬을 파로스라고 부르지요.[111]

그러자 알렉산드로스는 잠자리에서 벌떡 일어나 지금은 제방으로 육지와 연결되어 있지만 당시에는 카노보스[112] 하구 조금 북

---

109 아리스토텔레스의 교열본을 말하는 것 같다.
110 알렉산드레이아(Alexandreia)는 이집트 북부에 있는 알렉산드리아의 그리스어 이름이다.
111 『오뒷세이아』 4권 354~355행.
112 카노보스(Kanōbos)는 나일강의 서쪽 하구 옆에 있는 도시다.

쪽에 있는 섬이었던 파로스[113]로 갔다. 그리고 그곳 지형의 빼어난 점을 보고—그곳은 바다와 커다란 석호(潟湖) 사이로 뻗어 있는, 널찍한 지협과도 비슷한 길고 가느다란 지대로, 끝 부분은 큰 포구를 이루고 있었다—그는 호메로스는 다른 점에서도 찬탄받아 마땅하지만 더없이 현명한 건축가라고 말하며, 이 지형에 맞는 도시의 설계도를 작성하라고 명령했다.

그러나 백묵이 없어서 사람들이 보릿가루를 가져와 검은 땅에 뿌리며 원형을 표시했는데, 그것은 중심에서 가장자리로 방사상으로 뻗은 직선들에 의해 동일한 구획으로 나누어져 있어 그 모양이 마치 군용 외투[114] 같았다. 왕은 그 설계도면이 매우 마음에 들었다. 바로 그때 느닷없이 강과 석호에서 크고 작은 온갖 종류의 새떼가 구름처럼 몰려오더니 그곳에 앉아 보릿가루를 남김없이 먹어치우는 것이었다. 알렉산드로스는 이 전조에 크게 당황했다.

그러나 예언가들이 그것은 그가 세우려는 도시는 그 자체가 부강할 뿐 아니라 수많은 민족의 유모(乳母)가 될 전조라고 풀이하며 그를 안심시켰다. 그러자 그는 공사를 맡은 자들에게 공사를 계속하라 이르고 자신은 암몬의 신전을 향해 길을 떠났다.[115] 그곳으로 가는 길은 멀고 험난한 고생길이었으며 두 가지 위험이 따랐다. 첫째는 물이 부족한 사막 길을 여러 날 계속 가야 한다는

---

113 파로스(Pharos)는 나중에 고대 세계의 7대 불가사의 가운데 하나인 팔각 등대가 세워졌던 곳이다.
114 그리스어로 chlamys다.
115 기원전 332년 겨울.

것이고, 둘째는 여행자들이 발이 푹푹 빠지는 광대한 사막을 건널 때 세찬 남풍이 덮칠 수 있다는 것인데, 그 옛날 캄뷔세스[116]의 군대가 바로 그런 일을 당했다고 한다. 바람이 온 들판에 모래 물결을 일으켜 5만이나 되는 군사가 매몰되어 죽었던 것이다.[117] 알렉산드로스와 동행하는 자들은 거의 모두 이런 일들을 상기했지만, 일단 그가 무엇을 하기로 작정하면 그의 마음을 바꾸기란 어려웠다. 행운은 그의 공격에 굴복함으로써 그의 결심을 굳혀주었고, 그가 매사에 보이는 열정은 그의 야심을 꺾을 수 없는 것으로 만들어 결국 그는 적들뿐 아니라 장소와 시간까지 굴복시켰기 때문이다.

27.

아무튼 이번 여행길에서 그가 어려운 고비마다 신에게서 받은 가호는 나중에 받은 신탁보다 더 믿음을 주었다. 어쩌면 신탁이 믿음을 준 것은 이와 같은 신의 가호 때문이었다고 말할 수 있을 것이다. 우선 여행하는 동안 하늘에서 많은 양의 비가 그것도 자주 내려 갈증의 두려움을 해소해주었고, 건조한 모래에 물기가 스며들어 축축하고 단단해졌으며, 공기도 더 맑아져 숨쉬기가 편했다. 또 길라잡이들이 이용하곤 하던 표지들이 파묻힌 탓에 여행자들이 뿔뿔이 흩어져 길을 헤매고 있을 때 까마귀떼가 나타나 길라잡이 노릇을 하며 여행자들이 따라오면 앞에서 빨리 날고 여

---

[116] 캄뷔세스(Kambyses 재위 기간 기원전 530~522년)는 대 퀴로스(Kyros)에 이어 페르시아 왕이 되어 기원전 525년 이집트를 정복했다.
[117] 헤로도토스, 『역사』 3권 26장 참조.

행자들이 뒤처지며 천천히 다가오면 기다려주곤 했다. 더욱 놀라운 일은, 칼리스테네스[118]에 따르면, 까마귀떼가 밤에 길을 잃은 자들을 울음소리로 되불러오고 제 궤도에 진입할 때까지 그들의 머리 위에서 까옥까옥 울었다는 것이다.

알렉산드로스가 사막을 건너 목적지에 도착했을 때, 암몬의 예언자가 그에게 환영 인사를 하며 그의 아버지인 신이 아들인 그에게 보내는 인사라고 했다. 알렉산드로스는 그에게 아버지를 살해한 자들 가운데 복수를 면한 자들이 있는지 물었다. 그러자 예언자가 그에게 그의 아버지는 필멸의 존재가 아닌 만큼 말을 가려 해야 한다고 일러주었다. 그래서 알렉산드로스는 질문을 바꾸어 필립포스의 살해자들은 모두 벌을 받았는지 물었다. 그러고 나서 그는 자신의 제국에 관해, 자신이 온 인류를 다스릴 운명을 타고났는지 물었다. 신이 대답하기를, 그는 그렇게 될 것이며 필립포스는 충분한 보상을 받았다고 했다. 그러자 알렉산드로스는 신에게 거창한 제물을 바치고 사제들에게는 거금을 주었다.

대부분의 작가들은 그가 받은 신탁에 관해 이상과 같이 적고 있다. 그러나 알렉산드로스는 어머니에게 보낸 서찰에서 자신은 어떤 은밀한 예언을 받았는데 귀국한 뒤 단둘이 있는 자리에서 말하고 싶다고 했다. 어떤 이들에 따르면, 예언자가 호의를 보이려고 "오 파이디온!"[119]이라고 인사하려다 헬라스 말이 서툴러 맨 끝에 'n' 대신 그만 's'를 써서 "오 파이디오스!"[120]라고 그에게

---

118 칼리스테네스(Kallisthenes)는 알렉산드로스의 페르시아 원정에 동행한 기원전 4세기 말의 그리스 역사가다.
119 "오 파이디온!"(Ō paidion)은 그리스어로 '오 내 아들이여!'라는 뜻이다.

인사를 하게 되었다. 그런데 알렉산드로스는 그의 잘못된 발음을 듣고 매우 기뻐했으며, 그것이 계기가 되어 신이 그에게 "오 제우스의 아들이여!"라고 인사했다는 소문이 퍼졌다고 한다. 전하는 이야기에 따르면, 알렉산드로스는 아이귑토스에서 철학자 프삼몬의 강의를 들었는데, 각자를 지배하고 통치하는 것은 신적인 것이므로 만인은 신의 지배를 받는다는 그의 발언을 가장 흔쾌히 받아들였다고 한다. 그러나 신은 만인의 공통된 아버지이지만 그 중에서도 가장 훌륭한 자들을 자기 자식으로 삼는다는, 이 주제에 관한 알렉산드로스 자신의 견해와 발언이 더 철학적이다.

28.

알렉산드로스는 대체로 비(非)헬라스인들에게는 오만하게, 그리고 자신이 신의 아들임을 확신하는 사람으로 대했으나, 헬라스인들에게는 자신의 신성을 적절한 한계 내에서 드물게 내세웠다. 그러나 사모스에 관해 아테나이인들에게 써 보낸 서찰에서는 예외적으로 "나라면 이 자유롭고 영광스러운 도시를 그대들에게 주지 않았을 것이오. 하지만 그대들은 당시 그대들의 주인이며 나의 아버지라고 불리던 분(필립포스를 말한다)에게 이 도시를 받아 여태껏 간직하고 있구려"라고 말했다. 하지만 훗날 화살에 맞아 심한 통증을 느꼈을 때 그는 "친구들이여, 여기 흐른 것은 피이며,

---

120 "오 파이디오스!"(Ō paidios)는 그리스어로 '오 제우스의 아들이여!'라는 뜻이다.

축복받은 신들의 몸속에 흐르는 것과 같은 영액(靈液)이"[121]

아니오"라고 말했다.

또 언젠가 한번은 요란한 천둥소리에 모두 겁에 질렸을 때 그 자리에 있던 소피스트 아낙사르코스[122]가 알렉산드로스에게 "제우스의 아드님이신 그대도 저렇게 천둥을 칠 수 있습니까?"라고 물었다. 그러자 알렉산드로스가 웃으며 "나는 그대가 바라듯이 내 친구들을 놀라게 하고 싶지 않소이다. 그대는 내 식탁에 태수들의 머리 대신 물고기만 보인다고 내 만찬을 경멸하나 보구려!"라고 대답했다. 실제로 아낙사르코스는 알렉산드로스가 작은 물고기 몇 마리를 헤파이스티온에게 보내는 것을 보고는, 쾌락과 즐거움은 아무것도 누리지 못하거나 남들보다 더 많이 누리지 못하면서도 엄청난 노고와 위험을 감수하며 명망을 좇는 자들을 깔보고 무시하는 양, 그런 취지의 발언을 했다고 한다. 아무튼 앞서 말한 것으로 미루어 알렉산드로스는 자신의 신성에 대한 믿음에 현혹되거나 우쭐대지는 않고, 남들을 복속시키는 데 이용했음이 분명하다.

29.

아이귑토스에서 포이니케로 돌아갔을 때[123] 알렉산드로스는 신

---

121 『일리아스』 5권 340행.
122 아낙사르코스(Anaxarchos)는 데모크리토스의 제자로, 알렉산드로스의 페르시아 원정에 참가했다. 그는 회의파의 창시자 퓌르론(Pyrrhon)의 스승이기도 하다.
123 기원전 331년 초.

들을 위해 제물을 바치고 축제 행렬과 디튀람보스와 비극경연대회를 개최했다. 이들 경연은 무대 장치도 으리으리했지만 참가집단을 봐도 입이 벌어졌다. 아테나이에서는 각 부족에서 제비로 뽑힌 부유한 시민들이 그러하듯, 여기서는 퀴프로스섬의 왕들이 코레고스[124]가 되어 놀랄 만한 명예욕으로 서로 경쟁했기 때문이다. 그중에서도 살라미스[125] 왕 니코크레온과 솔로이[126] 왕 파시크라테스가 가장 치열한 경쟁을 벌였다. 당대 가장 유명한 배우들의 비용을 대는 일이 제비뽑기에 의해 이들에게 배정되었기 때문인데, 파시크라테스는 아테노도로스의 비용을, 니코크레온은 알렉산드로스가 가장 선호하던 텟살로스의 비용을 댔다. 그러나 알렉산드로스는 심사단의 표결에 따라 텟살로스가 우승자로 선포될 때까지는 일절 선호한다는 내색을 하지 않았다. 알렉산드로스는 자리를 뜨며 자기는 심사단의 결정에 동의하지만, 텟살로스가 지는 것을 보느니 차라리 자신의 왕국 일부를 기꺼이 내놓았을 거라고 말했다 한다.

하지만 아테노도로스는 디오뉘소스 축제의 연극 경연에 참가하지 못한 탓에 아테나이인들에 의해 벌금형을 선고받았던 터라 자기를 위해 아테나이인들에게 서찰을 써달라고 부탁했는데, 알렉산드로스는 그렇게 하기를 거절했지만 자신의 지갑에서 벌금에 해당하는 금액을 그들에게 보내주었다. 또 스카르페[127] 출신

---

124 코레고스(chorēgos)는 합창가무단(choros)의 의상비와 훈련 비용을 담당하는 부유한 시민들을 말한다.
125 여기서 살라미스는 퀴프로스섬에 있는 도시다.
126 여기서 솔로이(Soloi)는 퀴프로스섬 북서부에 있는 항구도시다.
127 중부 그리스 테르모퓔라이 근처에 있는, 로크리스 지방의 도시다.

뤼콘이 극장에서 멋진 연기를 펼치다가 10탈란톤을 요구하는 시행을 희극 대사에 삽입하자 알렉산드로스는 웃으며 그에게 그 돈을 주었다.

다레이오스가 측근들 편에 그에게 서찰을 보내[128] 포로들의 몸값으로 1만 탈란톤을 받고, 에우프라테스강 서쪽의 모든 영토를 점유하고, 자신의 딸 가운데 한 명과 결혼하는 조건으로 친구 겸 동맹군이 되어달라고 간청하자, 알렉산드로스는 이를 측근들에게 알렸다. 파르메니온이 "내가 알렉산드로스라면 이를 받아들이겠습니다"라고 말하자, 알렉산드로스는 "정말이지, 나도 수락하겠소. 내가 파르메니온이라면 말이오"라고 말했다. 그러나 다레이오스에게 그는, 만약 자기에게 오면 예의를 다 갖출 것이나 그러지 않으면 즉시 그를 향해 진격할 거라고 답장을 써 보냈다.

30.

그러나 얼마 뒤 다레이오스의 아내가 출산 중에 사망하자 그는 이런 답장을 보낸 것을 후회했다. 분명 그는 자신의 넓은 도량을 보일 수 있는 기회를 놓친 것이 마음 아팠던 듯하다. 그래서 그는 왕비의 장례를 성대히 치르게 했다. 그런데 왕실 여인들과 함께 포로가 되었던 규방의 내시 가운데 한 명인 테이레오스라는 자가 진영에서 도망친 다음 말을 타고 다레이오스에게 달려가 왕비가 사망했다는 소식을 전했다. 그러자 왕은 머리를 치고 통곡하

---

128 아르리아누스(Arrianus)에 따르면 다레이오스가 그런 내용의 서찰을 보낸 것은 그가 튀로스시를 포위하고 있었을 때라고 한다. 『알렉산드로스의 아나바시스』(*Alexandrou anabasis*) 2권 25장 1절 참조.

며 "아아 슬프도다, 페르시아인들의 악령이여! 왕의 누이 겸 아내가 살아서 포로가 된 것도 모자라서, 죽어서는 왕실의 장례식조차 빼앗기다니!"라고 소리쳤다. 그러자 내시가 "전하, 왕비마마의 장례와 왕비마마께서 신분에 어울리는 모든 명예를 받은 일에 관해서라면, 페르시아인들의 악령을 원망할 까닭이 없사옵니다. 스타테이라 왕비마마께서는 살아 계실 적에, 또 모후와 자녀분들께서도 전에 누리시던 큰 축복을 하나도 빠짐없이 다 누리셨사옵니다. 주님인 오로마스데스[129]께서 다시 한 번 찬란히 빛나게 해주실 전하의 용안의 빛을 바라보시는 것 외에는 말이옵니다. 왕비마마께서는 돌아가신 뒤에도 성대한 장례식을 빼앗기기는커녕 적군의 눈물로 공경받으셨나이다. 알렉산드로스는 전투할 때 무서운 만큼 승리한 뒤에는 온유하기 때문이옵니다"라고 말했다.

이 말을 듣자 다레이오스는 마음이 흔들리고 괴로운 나머지 터무니없는 의심을 품고는 내시를 천막 안 깊숙한 곳으로 데려가서 말했다. "네가 페르시아인들의 행운과 마찬가지로 나를 버리고 마케도니아인들의 편이 된 것이 아니라면, 나 다레이오스가 여전히 네 주인이라면, 미트라스[130]의 위대한 빛과 네 왕의 오른손을 공경하는 마음에서 말해보아라. 내가 지금 슬퍼하고 있는 스타테이라의 죽음은 그녀가 당한 불행 가운데 가장 작은 것이 아니었더냐? 그녀가 살아 있는 동안 내게 더 비참한 일이 일어난 것은 아니었더냐? 차라리 내가 잔인하고 무자비한 적을 만났더라면 내 비참한 운명이 적어도 내 명예에는 더 어울리지 않았겠느

---

129 오로마스데스(Ōromasdes)는 페르시아의 신이다.
130 미트라스(Mithras)는 페르시아의 신이다.

냐? 도대체 무슨 사연이 있기에 젊은 남자가 적의 아내에게 그토록 경의를 표할 수 있단 말인가?"

다레이오스가 채 말을 끝내기도 전에 테이레오스가 그의 발 앞에 엎드려 제발 고정하시어 알렉산드로스에게는 부당한 짓을 하지 마시고, 죽은 아내 겸 누이는 욕되게 하지 마시고, 저에게서는 불운에 대한 가장 큰 위안을, 즉 인간의 본성을 초월할 수 있는 적에게 졌다는 믿음을 빼앗지 마시고, 오히려 알렉산드로스가 페르시아 남자들에게 보인 용기보다 더 큰 절제를 페르시아 여인들에게 보인 것을 찬탄해야 할 것이라고 간청했다. 내시가 자신의 말이 진실임을 입증하기 위해 가장 엄숙한 맹세를 하며 알렉산드로스의 자제력과 너그러움의 본보기를 주워섬기는 동안 다레이오스는 측근들이 있는 곳으로 나가 하늘을 향해 두 손을 들고 기도했다.

"나의 집안과 왕국의 신들이시여, 무엇보다도 페르시아의 국운이 내가 전에 받았던 그대로 또다시 번영을 구가하게 해주소서. 그래야만 내가 승리해, 가장 소중한 것들을 모두 잃었을 때 알렉산드로스에게 신세졌던 것을 갚을 수 있겠나이다. 하오나 신들의 시기와 영고성쇠의 법칙에 의해 이제 운명의 시간이 다가와 페르시아인들의 제국이 종말을 고해야 한다면, 알렉산드로스 말고는 어느 누구도 퀴로스의 옥좌에 앉지 못하게 하소서!"

그때 그가 이렇게 행동하고 말했다는 데 대해서는 대부분의 역사가들이 동의하고 있다.

31.

알렉산드로스는 에우프라테스강 서쪽의 전 지역을 정복한 다음,

100만 대군¹³¹을 이끌고 내려오고 있던¹³² 다레이오스를 향해 진격했다. 도중에 그의 측근 가운데 한 명이 지루함을 달래주려고 그에게 이야기하기를, 진영 주변의 민간인들¹³³이 두 패로 나뉘어 놀이를 했는데 패마다 장군 겸 지도자 한 명씩을 뽑아 한 명은 알렉산드로스라고 부르고 다른 한 명은 다레이오스라고 불렀다고 했다. 그리고 그들은 처음에는 멀리서 서로 흙덩이를 던져댔으나, 나중에는 주먹으로 치고받다가 마지막에는 경쟁심이 끓어올라 돌과 막대기로 싸웠는데, 지금은 수가 불어나 말리기가 어렵게 되었다고 했다.

이 말을 듣고 알렉산드로스는 지도자끼리 일대일로 싸우게 하라고 명령했다. 그리고 알렉산드로스라고 불리는 자에게는 그 자신이, 다레이오스라고 불리는 자에게는 필로타스가 무구(武具)를 주었다. 전군(全軍)이 이 싸움을 지켜보았는데, 그들은 이 싸움을 어떤 의미에서 미래사의 전조로 보았던 것이다. 격렬한 싸움 끝에 알렉산드로스라고 불리는 자가 이겨, 열두 마을과 페르시아 복장을 입어도 좋다는 특권을 상으로 받았다. 아무튼 에라토스테네스는 그렇게 보고하고 있다.

---

131 다레이오스의 군대는 기껏해야 보병 10만 명에 기병 3만 4000명이었을 것으로 추산된다. 다레이오스는 그리스군에 비해 5 대 1로 우세한 기병대에 많은 기대를 걸었던 것 같다.
132 소아시아 해안 지대는 표고가 낮고 페르시아에 이르는 내륙지방은 표고가 높아서, 해안 지대에서 내륙지방으로 들어갈 때는 '올라간다'(anabaino 명사형 anabasis)고 하고 내륙지방에서 해안 지대로 나올 때는 '내려온다'(katabaino 명사형 katabasis)고 한다.
133 '진영 주변의 민간인들'(hoi akolouthoi '따라다니는 자들'이라는 뜻)이란 군대를 따라다니던 상인들과 창녀들 같은 비전투원들을 말한다.

다레이오스와의 대결전은, 대부분의 작가들의 말처럼, 아르벨라[134]가 아니라 가우가멜라[135]에서 벌어졌다. 가우가멜라는 '낙타의 집'이라는 뜻인데, 이 마을이 그런 이름을 얻게 된 것은 옛날에 낙타를 타고 적군에게서 도주한 어떤 왕이 이곳에 그 낙타의 거처를 정하고 몇몇 마을을 지정해 거기에서 나오는 수입으로 낙타를 먹이게 했기 때문이다. 보에드로미온[136] 달 들어 아테나이에서 비의가 시작될 무렵 월식이 있었고,[137] 월식 뒤 열하루째 되는 날 밤 양군은 서로 가시거리 안에 들어왔다. 다레이오스는 부대들을 무장시키고는 햇불 빛을 받으며 열병식을 거행했다. 그러나 알렉산드로스는 마케도니아인들이 자고 있는 동안 예언자 아리스탄드로스와 함께 자신의 천막 앞에서 시간을 보냈는데, 그와 더불어 어떤 비밀 의식을 거행하며 공포의 신[138]에게 제물을 바쳤다. 그사이 그의 노장(老將)들과 특히 파르메니온은 니파테스[139] 산과 고르뒤아이아[140] 지방의 산들 사이의 평야가 온통 페르시아의 화톳불로 환히 밝혀진 것을 보고, 또 마치 광대한 바다에서 들려오듯 적진에서 웅성거리는 수많은 소음이 뒤섞여 들려오는 것을 듣고는 적군의 수에 놀라 서로 의논한 끝에, 밝은 대낮에 공격

---

134 아르벨라(Arbela)는 티그리스강 상류에 있는 아시리아 지방의 도시다.
135 가우가멜라(Gaugamēla)는 아르벨라 바로 서쪽에 있는 마을이다.
136 앗티케 달력의 세 번째 달로, 대체로 지금의 9월에 해당한다.
137 기원전 331년 9월 20일.
138 그리스어로 Phobos다.
139 니파테스(Niphates)는 아르메니아 지방의 산이다.
140 고르뒤아이아(Gordyaia)는 티그리스강 상류 지방으로, 아르메니아, 아시리아, 메소포타미아에 맞닿아 있다.

을 개시해 그런 대군을 격퇴하기란 힘들고 어려운 일이라는 결론을 내렸다. 그래서 그들은 왕이 제물 바치는 의식을 끝내자마자 다가가, 밤에 적을 공격함으로써 다가올 싸움에서 가장 무서운 국면인 수적 열세를 어둠으로 가리자고 설득했다. 그러나 그는 그들에게 "나는 승리를 훔치지 않소"라는 기억에 남을 대답을 했다. 그러자 더러는 그 대답이 유치하고 공허하게 들려 그가 그토록 큰 위험을 앞두고 농담하는 줄 알았다. 그러나 더러는 그가 현재의 어려운 상황에도 자신감을 갖고 미래를 정확히 예측한 것으로 보았다. 말하자면 그는 다레이오스가 패배할 경우 전에 패배의 책임을 산과 고갯길과 바다의 탓으로 돌렸듯 이번에는 밤과 어둠의 탓으로 돌리면서 또다시 공격을 시도할 엄두를 내지 못하게 하기로 작정했다는 것이었다. 왜냐하면 다레이오스는 그토록 광대한 영토에서 그토록 많은 병력을 충원할 수 있는 한 전투 장비나 병력이 부족해서 전쟁을 포기하지는 않을 테고, 오직 밝은 대낮에 이론의 여지 없이 패배해 자신의 열세를 확인함으로써 투지와 희망을 상실할 때라야 전쟁을 포기할 것이 확실하기 때문이었다.

32.

그들이 물러간 뒤 알렉산드로스는 자신의 천막에 누워 그날 밤 나머지 시간을 평소보다 더 숙면했다고 한다. 그리하여 이른 아침에 장수들이 그에게 왔다가 그가 아직도 자고 있는 것에 깜짝 놀라 자신들의 책임 아래 병사들에게 일단 아침식사부터 하라는 명령을 내렸다. 그리고 나서 시간이 촉박해 파르메니온이 그의 천막으로 들어가 침상 옆에 서서 그의 이름을 두세 번 불렀다. 그가 잠을 깨자, 파르메니온이 그에게 도대체 어찌하여 일생일대의 큰 싸움을 앞두고 있는 것이 아니라 벌써 승리한 것처럼 잠들 수 있었느냐고 물었다. 그러자 알렉산드로스는 미소 지으며 대답했다. "뭐라고 했소? 그대는 전투를 회피하는 다레이오스를 추격하느라 이 광활하고 황량한 나라를 헤매지 않게 된 것만으로도 우리가 이미 승리한 거나 다름없다고 생각하지 않는단 말이오?" 알렉산드로스는 전투가 시작되기 전뿐만 아니라 실제로 전투가 벌어졌을 때도 자신의 건전한 판단력을 믿는 사람의 위대함과 의연함을 보여주었다.

전투가 시작되자 파르메니온 휘하의 왼쪽 날개가 뒤로 밀리며 고전을 면치 못했는데, 박트리아인들의 기병대가 마케도니아인들을 맹렬히 공격하고, 마자이오스가 기병대를 보내 방진 밖으로 돌아 마케도니아군의 군수물자를 지키던 자들을 공격하게 했기 때문이다. 파르메니온은 이 두 가지 돌발 사태에 당황해 알렉산드로스에게 전령들을 보내, 전방에서 후방으로 강력한 지원부대를 속히 보내주지 않으면 진영도 군수물자도 끝장난다고 전했다. 그 순간 알렉산드로스는 자기 휘하의 군사들에게 공격 명령을 내리려던 참이었다. 파르메니온의 전언을 듣자 알렉산드로스는 파르메니온은 제정신이 아니거나 이성을 잃었으며, 흥분한 나머지 승리자는 적군의 재물도 차지하게 되지만 패배자는 재물이나 노예들을 염려할 것이 아니라 어떻게 하면 명예롭게 싸우다가 영광스럽게 죽을 것인지 염려해야 한다는 것을 잊어버린 거라고 소리쳤다.

알렉산드로스는 파르메니온에게 이런 전언을 보낸 다음 투구를 썼다. 나머지 전투 장비들은 그가 천막을 떠날 때 벌써 갖추고 있었다. 허리띠를 매게 되어 있는 시켈리아산(産) 조끼를 입고 그 위에 이중의 아마포로 된 가슴받이를 입었는데, 이것은 잇소스에서 노획한 전리품 중 하나였다. 그의 투구는 테오필로스의 작품으로 강철로 만들어졌지만 광을 낸 은처럼 번쩍였다. 투구에는 역시 강철로 만든 목가리개가 달려 있었는데 거기에는 보석들이 박혀 있었다. 그의 칼은 키티온[141]의 왕이 선물로 준 것으로 놀랍도록 단단하며 가벼웠다. 그는 검술을 익혀 전투 때 주로 칼을 썼다. 그는 또 여느 무구보다 더 공들여 만든 외투를 입고 있었는데, 그것은 옛날의 장인(匠人)인 헬리콘의 작품으로 로도스시가 그에게 경의를 표하기 위해 보낸 선물이었다. 그는 이것도 전투 때 입고 다녔다.[142] 그는 방진을 짜거나 군사들을 격려하거나 명령을 내리거나 사열할 때면 이미 한창때가 지난 부케팔라스를 아끼려고 다른 말을 타고 다녔다. 그러나 그가 전투 행위에 돌입할 때면 부케팔라스가 끌려 나왔고, 그가 말 등에 오르는 순간 공격은 개시되었다.

33.

그때 알렉산드로스는 텟살리아인들과 다른 헬라스인들에게 긴 연설을 했다. 그리고 그들이 자신들을 페르시아인들에게로 인솔해달라고 큰 소리로 격려하자 그는 창을 왼손에 바꿔 들고 오른손을 하늘로 쳐들고는 신들을 부르며, 칼리스테네스에 따르면,

---

141 키티온(Kition)은 퀴프로스섬의 남해안에 있는 도시다.
142 알렉산드로스의 무장에 관한 묘사는 『일리아스』 11권 15~46행을 모방한 듯하다.

만일 자기가 진실로 제우스의 아들이라면 헬라스인들을 지켜주고 강하게 해달라고 기도했다 한다. 그때 예언자 아리스탄드로스가 흰 외투를 입고 황금 머리띠를 두른 채 대열들 앞을 말을 타고 가다가 군사들에게 독수리 한 마리를 가리켰는데, 독수리는 잠시 알렉산드로스의 머리 위를 맴돌더니 적군을 향해 곧장 날아가는 것이었다. 그 광경을 본 군사들이 사기충천해 서로 격려의 함성을 지르는 가운데 기병대는 전속력으로 적군을 향해 돌진했고, 그 뒤를 이어 방진이 노도처럼 굴러갔다.

양군의 선두 대열들이 교전하기도 전에 페르시아인들이 후퇴하자 맹렬한 추격전이 시작되었고, 알렉산드로스는 패퇴하는 적군을 다레이오스가 머물고 있던 중군(中軍)을 향해 밀어붙였다. 알렉산드로스는 멀리서 정렬해 있는 근위기병대의 두터운 대열들 사이로 다레이오스를 보았다. 다레이오스는 키도 훤칠하고 얼굴도 잘생긴 헌헌장부로서 높다란 전차 위에 우뚝 서 있었는데, 그의 전차 주위에는 번쩍이는 무구들로 무장한 수많은 기병들이 밀집대형을 이루고 그를 지키며 적군을 맞을 태세를 갖추고 있었다. 그러나 알렉산드로스가 무시무시한 모습으로 가까이 다가오며 도망치는 자들을 버티고 선 자들에게로 밀어붙이는 것이 보이자 그들도 겁에 질려 대부분 뿔뿔이 흩어졌다. 하지만 가장 용감한 명문가 자제들은 끝까지 버티다가 자신들의 왕 앞에서 살해되어 무더기로 쓰러졌는데, 그들은 죽어가면서도 기병들과 말들의 다리를 잡고 늘어져 적군의 추격을 방해했다.

한편 다레이오스는 전쟁의 온갖 공포가 눈앞에 펼쳐지고, 자기를 지켜주려고 앞에서 대열을 이루고 있던 군사들이 자기를 향해 뒤로 밀리고, 바퀴들이 시신 무더기에 걸리고 엉켜서 전차를 돌려 달아나는 것도 쉽지 않고, 말들도 수많은 시신에 둘러싸이고 갇혀 뒷다리로 서며 마부를 당황하게 하자 전차와 무기를 버리고 새끼를 낳은 지 얼마 안 되는 암말을 타고 달아났다. 만일 이때 파르메니온이 또 다른 기병들을 보내, 적군의 강력한 부대가 여전히 그곳에 버티며 물러가려 하지 않으니 와서 도와달라고 알렉산드로스에게 요청하지 않았더라면 다레이오스는 달아나지 못했을 것이다.

파르메니온은 이제 늙어서 용맹이 무뎌졌기 때문이든, 칼리스테네스의 말처럼 알렉산드로스의 권세가 점점 커지고 강해지는 것을 시기하고 질시해서든, 대체로 이 전투에서 나태하고 무성의했다는 비난을 면치 못했다. 왕은 그러한 요청에 기분이 상했으나 그때는 군사들에게 사실을 말하지 않고, 날이 저물어 살육을 중단하고 싶다는 이유로 나팔을 불게 해 군사들을 뒤로 물렸다. 그러고 나서 그는 군대의 일부가 위협받고 있다는 곳으로 말을 달리다가 도중에 적군이 완패해 도주했다는 보고를 들었다.

34.

전투가 이렇게 끝나자 페르시아인들의 제국은 완전히 붕괴된 것으로 간주되었다. 그리하여 알렉산드로스는 아시아의 왕으로 선포된 다음 신들에게 성대한 제물을 바치고 측근들에게는 부와 집과 태수직을 선물로 나누어주었다. 그리고 그는 헬라스인들의 호감을 사고 싶어, 이제는 참주정이 모두 철폐되었으니 앞으로는 그들이 자신들의 법에 따라 살아도 좋다는 내용의 서찰을 써 보냈다. 특히 플라타이아이인들에게는, 그들의 선조들이 자유를 위한 전쟁에서 자신들의 영토를 헬라스인들에게 전쟁터로 제공한 까닭에,[143] 자신들의 도시를 재건해도 좋다는 내용의 서찰을 써 보냈다. 그는 또 이탈리아의 크로톤[144]시 주민들에게도 그들의 운동선수인 파윌로스의 기백과 용기를 기려 전리품의 일부를 보냈으니, 페르시아전쟁 때 다른 이탈리아인들은 모두 도와달라는 헬라스인들의 요청을 거절했는데 파윌로스는 자비로 함선 한 척을 의장(艤裝)하여 살라미스로 가서 위험을 함께한 것이다. 그만큼 알렉산드로스는 모든 형태의 용기에 대해 호의적이었고, 선행의 수호자 겸 친구였다.

35.

그러고 나서 그는 지체 없이 항복해온 바빌로니아 땅 전체를 통과했다. 행군 중에 그는 특히 마치 샘에서처럼 대지의 갈라진 틈에서 불길이 끊임없이 흘러나오는 것을 보고 놀라움을 금치 못했다. 그 갈라진 틈에서 멀지 않은 곳에는 나프타가 호수를 이룰 만큼 많이 흐르고 있었다. 나프타는 다른 점에서는 아스팔트와 비슷하지만, 불기운에 민감해 화염이 닿기도 전에 그 화염을 에워싼 빛에 의해서도 발화해 때로는 그 사이에 있는 공기에도 불을 지른다. 그것의 성질과 힘을 보여주려고 바빌로니아인들은 알렉산드로스의 숙소에 이르는 거리에다 그것을 가볍게 뿌려놓았다가, 날이 저물자 거리의 맞은편 끝에 서서 젖은 지점들에다 횃불

---

[143] 기원전 480년 살라미스 해전에서 페르시아 함대가 궤멸한 뒤에도 그리스 본토에는 여전히 페르시아 육군의 일부가 남아 치열한 접전을 벌이다가, 기원전 479년 플라타이아이 전투에서 패함으로써 아시아로 완전히 철군했다.

[144] 크로톤(Kroton)은 남이탈리아의 도시다.

을 갖다댔다. 첫 지점에 금세 불이 붙더니 눈 깜짝할 사이에 화염이 맞은편 끝으로 번지며 거리 전체가 불바다가 되었다.

왕이 목욕하고 몸에 향유를 바를 때 시중을 들기도 하고 적절한 농담으로 기분을 전환시켜주곤 하던 자 가운데 아테노파네스라는 아테나이인이 있었다. 그때 마침 욕실에서 얼굴은 우스꽝스러울 정도로 못생겼지만 뛰어난 가수였던 스테파노스라는 소년이 알렉산드로스의 시중을 들고 있었는데, 아테노파네스가 "전하, 스테파노스에게 나프타를 한번 시험해보지 않으시렵니까? 만일 나프타가 이 애의 몸에서 불이 붙어 꺼지지 않는다면 그것의 힘은 감당할 수 없고 무시무시한 것임이 틀림없을 것이옵니다"라고 말했다. 어쩐 일인지 소년도 실험에 응하겠다고 자진해 나섰다. 그래서 사람들이 소년에게 나프타를 바르고 불을 갖다대자 소년의 몸은 온통 화염에 휩싸였다. 알렉산드로스는 어찌할 바를 모르고 두려움에 떨었다. 마침 많은 시종들이 물이 든 물통을 손에 들고 옆에 서 있었기에 망정이지, 그러지 않았다면 소년이 구출되기 전에 불이 사방으로 번졌을 것이다. 소년의 온몸에 붙은 불을 간신히 껐지만, 불을 끄고 난 후 소년은 심하게 앓았다.

따라서 신화가 사실임을 입증하기 위하여 몇몇 사람이, 메데이아[145]가 머리띠와 긴 옷에 바른 약이 다름 아닌 나프타라고 주장하는 것은 당연한 일이다. 그들의 주장인즉, 불은 이런 물건들 자

---

[145] 에우리피데스, 『메데이아』 참조. 이 비극에서 메데이아는 남편 이아손(Iason)이 자기를 버리고 코린토스의 공주와 결혼하려 하자 남편의 배신을 응징하기 위해 공주에게 독약이 묻은 드레스와 머리띠를 선물로 보내 그녀가 그것을 입어보다가 죽게 만든다.

체에서 난 것도 아니고 저절로 난 것도 아니며, 어떤 이가 화염을 가까이 가져갔을 때 눈에 보이지 않게 순식간에 인화되어 발생했다는 것이다. 왜냐하면 조금 떨어진 곳에서 다가오는 불의 광선과 유출은 일반적인 물체에는 빛과 온기만 주지만, 마르고 구멍이 많거나 충분히 기름기를 머금은 물체 속에서는 한데 모여 활활 타오르며 물체 자체를 변형시키기 때문이다.

 나프타의 생성에 관해서는 ……146인지, 아니면 반대로 화염에 연료 역할을 하는 이 액체가 기름기 많고 불타기 쉬운 토양에서 흘러나오는 것인지 의견이 분분했다. 왜냐하면 바빌로니아의 토양은 화기(火氣)가 많아 보리의 낟알들이, 땅이 열기 때문에 요동이라도 치듯 가끔 땅에서 튕겨져 공중으로 튀어 오르고, 그래서 그곳 주민들은 더운 계절에는 물을 채운 가죽부대들 위에서 자기 때문이다. 하르팔로스는 이 지방의 감독관으로 남게 되었을 때 왕실의 정원과 산책로를 헬라스의 식물들로 장식하려고 애썼는데, 다른 식물들은 잘 살았지만 담쟁이덩굴은 예외였다. 이것만은 토양이 부양해주지 않고 죽였던 것이다. 이 식물이 토양을 견디지 못하는 것은, 토양은 화기가 많은데 이 식물은 서늘한 기운을 좋아하기 때문이다. 이런 여담(餘談)도 적절한 한계만 벗어나지 않는다면, 비판적인 독자라 해도 심하게 나무라지는 않으리라 믿는다.

---

146 텍스트의 일부가 파손되어 있다.

36.

알렉산드로스는 수사의 주인이 되고 난 뒤 궁전에서 4만 탈란톤의 주화와 말할 수 없이 많은 세간과 다른 재물들을 발견했다. 그중에는 헤르미오네[147]에서 가져온 무게가 5천 탈란톤이나 되는 자포(紫袍)도 있었는데 190년 동안이나[148] 보관되어 있었는데도 색상이 여전히 선명했다고 한다. 그 이유는 자주색을 물들일 때는 꿀을 사용하고 흰색을 물들일 때는 흰 올리브유를 사용하면, 꿀과 흰 올리브유가 많은 세월이 지난 뒤에도 퇴색하지 않고 선명한 광휘를 유지해주기 때문이라고 한다. 디논[149]에 따르면, 페르시아의 왕들은 네일로스강과 이스트로스[150]강의 물을 길어오게 하여 그들의 제국이 얼마나 크며, 그들이 온 세상의 주인이라는 것을 확인해주는 증거로 다른 보물들과 함께 보관하게 했다고 한다.

37.

알렉산드로스는 수사를 지나 페르시스[151] 지방으로 진격했는데, 그곳은 산이 많은 데다 다레이오스가 그곳으로 도주한 까닭에 페르시아의 정예 부대들이 지키고 있어 진입이 어려웠다. 하지만

---

147 헤르미오네(Hermione)는 펠로폰네소스반도의 동부에 있는 항구도시다.
148 다레이오스 1세가 왕위에 오르던 기원전 521년에 취득한 것으로 생각된다.
149 「테미스토클레스 전」 주 141 참조.
150 주 50 참조.
151 페르시스(Persis)는 걸프만 바로 동쪽에 있는 지금의 이란의 파르스(Fars) 지방으로, 주도(州都)는 페르시아 제국의 옛 수도 페르세폴리스(Persepolis)에서 멀지 않다.

알렉산드로스는 아버지는 뤼키아인이고 어머니는 페르시아인이어서 두 가지 말을 할 수 있는 길라잡이를 만났는데, 그는 그다지 에돌아가지 않는 우회로를 통해 그를 페르시스로 안내해주었다. 알렉산드로스가 아직 소년이었을 적에 델포이의 예언녀 퓌티아가, 페르시아인들을 향해 진격하는 알렉산드로스에게 '늑대'[152]가 길라잡이가 될 거라고 예언한 것은 바로 그를 두고 한 말이라고 한다.

이 지방에서는 수많은 포로들이 학살되었다. 그렇게 하는 것이 유리하다고 생각되어 페르시아인들을 도륙하라는 명령을 내렸다고 알렉산드로스 자신이 서찰에 적고 있기에 하는 말이다. 그곳[153]에서도 수사에서만큼 많은 주화가 발견되었으며, 그곳에서 발견된 다른 세간과 재물을 운반하는 데 노새 1만 쌍과 낙타 5천 마리가 필요했다고 한다.

한 무리의 병사들이 궁전으로 난입하다가 부주의하게도 크세르크세스의 거대한 입상을 넘어뜨렸다. 알렉산드로스는 그 입상을 보자 그 앞에 멈춰 서서 마치 살아 있는 사람에게 말하듯 "그대는 헬라스를 침략했으니 그대로 누워 있게 내버려두고 지나갈까, 아니면 그대의 큰 배포와 용기를 보아 그대를 다시 일으켜 세울까?"라고 했다. 그는 한참 동안 생각에 잠겨 있다가 결국 지나가버렸다.

때는 마침 겨울이라 군사들을 쉬게 하려고 그곳에서 그는 넉 달을 보냈다. 알렉산드로스가 처음으로 황금 닫집 밑의 왕좌에

---

152 '늑대'의 그리스어 lykos는 '뤼키아인'의 그리스어 Lykios와 발음이 비슷하다.
153 페르세폴리스.

앉았을 때 아버지 때부터 그에게 우호적이던 코린토스 사람 데마라토스가 노인답게 갑자기 울음을 터뜨리며, 알렉산드로스가 다레이오스의 왕좌에 앉는 것을 보기 전에 죽은 헬라스인들은 큰 기쁨을 빼앗긴 거라고 말했다 한다.

38.

그 뒤 알렉산드로스는 다레이오스를 향해 다시 진격하려고 하던 중에 전우들이 베푸는 술자리에 초대받게 되었다. 여인들도 애인들을 만나러 그곳에 왔다가 함께 주연에 참가했다. 이 여인들 중에서는 나중에 아이귑토스의 왕이 된 프톨레마이오스[154]의 정부(情婦)였던 타이스가 가장 유명했는데, 그녀는 앗티케 출신이었다. 술자리가 무르익자 타이스는 알렉산드로스를 칭송도 하고 즐겁게 해주려고 입을 열었다. 그러나 그녀의 말은 그녀의 고향 풍습에는 맞을지 몰라도 그녀의 처지에서는 지나친 것이었다. 말하자면 그녀는 자기가 아시아를 돌아다니느라 온갖 고생을 했지만 페르시아인들의 으리으리한 왕궁에서 이렇게 호사스러운 술자리에 참석함으로써 충분한 보상을 받았으나, 밖으로 나가 흥청망청 돌아다니며 전에 아테나이를 잿더미로 만든[155] 크세르크세스의 집에 불을 지른다면 더 기쁠 것이라며, 알렉산드로스를 수행하는 여인들이 헬라스의 유명한 육해군 장군들보다 헬라스를 위해 페르시아인들에게 더 통쾌한 복수를 했다는 소문이 사람들 사이에

---

154 알렉산드로스가 죽은 뒤 프톨레마이오스(Ptolemaios)가 이집트에 세운 왕국은 클레오파트라 대에 이르러 로마인들에게 멸망했다.
155 기원전 480년.

퍼지도록 알렉산드로스가 보는 앞에서 불을 지르고 싶다고 말한 것이다. 그녀의 이러한 제의에 박수갈채가 쏟아지고 전우들이 그렇게 하라고 촉구하자, 왕은 그들의 요청을 받아들여 벌떡 일어서더니 머리에 화관을 쓰고 손에 횃불을 든 채 앞장섰다. 술자리에 참석한 다른 사람들은 술에 취해 흥청망청 떠들어대며 뒤따라가 왕궁을 에워쌌고, 다른 마케도니아인들도 무슨 일이 벌어지고 있는지 듣고는 횃불을 들고 신이 나서 몰려들었다. 왜냐하면 그들은 왕궁을 불지르고 파괴한다는 것은 곧 알렉산드로스의 생각이 다시 고향으로 향하고 있고 그가 야만인들 사이에 정착할 의사가 없음을 뜻하는 것이기를 바랐기 때문이다. 어떤 이들은 그것이 이렇듯 충동적인 행위라고 주장하지만, 또 어떤 이들은 계획된 행위였다고 주장한다. 아무튼 알렉산드로스가 금세 후회하고는 불을 끄도록 명령했다는 데 대해서는 의견이 일치하고 있다.

39.

알렉산드로스는 원래 선심을 잘 쓰는 편이지만, 재물이 늘어나면서 더욱더 많이 베풀었다. 그는 또 선물할 때는 성의를 다했는데, 솔직히 말해 베푸는 자는 성의를 다해야만 호감을 사는 법이다. 몇 가지만 예를 들어보겠다. 파이오니아[156]인들의 대장 아리스톤이 적을 죽이고 그 머리를 가져와 알렉산드로스에게 보여주며 "전하, 우리 고장에서는 이런 선물에는 황금 잔으로 보답하옵니다"라고 말하자, 알렉산드로스는 웃으며 "그것은 빈 잔이었겠

---

156 파이오니아(Paionia)는 북(北)마케도니아에 있는 지방이다.

지요. 하지만 나는 물 타지 않은[157] 포도주를 가득 채워 그대를 위해 건배한 다음 잔을 주겠소"라고 말했다. 또 한번은 마케도니아의 어느 병사가 왕의 황금을 실은 노새를 몰다가 짐승이 지치자 그 짐을 자기 어깨에 메고 운반하려 했다. 그때 그 병사가 몹시 힘들어하는 것을 보고 사정을 파악한 왕은 그 병사가 짐을 내려놓으려 하자 "포기하지 말게나. 자네 천막까지 계속해서 메고 가기만 하면 이 짐은 자네 것일세"라고 말했다.

알렉산드로스는 대개 선물을 달라는 사람보다는 자신의 선물을 거절하는 사람에게 더 역정을 냈다. 그래서 그는 포키온[158]에게 만약 자신의 호의를 거절한다면 앞으로는 친구로 여기지 않겠다고 서찰을 써 보냈던 것이다. 그리고 그는 자신과 공놀이를 하던 젊은이 가운데 한 명인 세라피온에게는, 아무것도 요구하지 않았기 때문에 아무것도 주지 않았다. 한번은 세라피온이 공을 받을 때마다 다른 사람들에게만 던져주자 왕이 마침내 "왜 내게는 안 주는 게냐?"라고 물었다. 세라피온이 "전하께서는 요구하지 않으시니까요"라고 말하자, 왕은 이에 웃음을 터뜨리며 그에게 많은 선물을 베풀었다. 그런데 왕과 함께 술을 마시며 농담을 하는 재사(才士) 가운데 한 명인 프로테아스가 한번은 왕의 노여움을 샀던 것 같다. 그자의 친구들이 사정을 하고 프로테아스 자신도 눈물을 흘리며 용서를 빌자, 마침내 왕은 이미 용서해주었다고 말했다. 그자가 "그러시다면 전하, 제게 먼저 증거물을 주셔야죠"라고 말하자 왕은 그에게 5탈란톤을 주라고 명령했다.

---

157 고대 그리스인들은 대개 포도주를 물에 희석해 마셨다.
158 포키온(Phōkion)은 아테나이의 청렴한 정치가다.

그의 측근들과 호위병들이 그가 나누어준 부를 얼마나 과시했는지는 그의 어머니 올륌피아스가 그에게 보낸 서찰을 보면 쉽게 알 수 있다. 그녀는 그 서찰에서 그에게 "이제는 전하께서 좋아하고 존중하는 자들에게 다른 방법으로 호감을 나타내도록 하십시오. 지금 전하께서는 그들 모두를 왕과 대등하게 만들어 그들이 많은 친구들을 사귀게 만드시지만, 정작 전하 자신은 친구들을 잃어가고 있습니다"라고 썼던 것이다. 올륌피아스는 그에게 이런 취지의 서찰들을 자주 써 보냈지만 그는 그 서찰들을 비밀에 부쳤다. 그러나 딱 한 번 그와 함께 서찰을 읽곤 하던 헤파이스티온이 이미 개봉되어 있던 서찰을 여느 때처럼 읽었을 때, 그는 그것을 막지 않고 자신의 손가락에서 인장 반지를 뽑아 비밀을 지키라는 뜻으로 헤파이스티온의 입술에 날인했다.

전에 다레이오스의 궁전에서 가장 권세가 컸던 마자이오스의 아들이 이미 태수직에 있었는데도 알렉산드로스가 그를 그보다 더 큰 또 다른 지방의 태수로 임명하려 하자, 그는 이를 사양하며 "전하, 전에는 다레이오스가 한 명뿐이었는데, 전하께서는 지금 여러 명의 알렉산드로스를 만드셨나이다"라고 말했다. 그 밖에도 알렉산드로스는 파르메니온에게 수사에 있던 바고아스의 집을 주었는데, 그 안에서는 1천 탈란톤의 값어치가 있는 의복이 발견되었다고 한다. 알렉산드로스는 또 안티파트로스에게 서찰을 써 보내, 그의 목숨을 노리는 음모가 있으니 호위대를 데리고 다녀야 한다고 일러주었다. 그는 또 어머니에게도 많은 선물을 보냈으나 나랏일과 군사작전에 그녀가 개입하는 것은 허용하지 않았으며, 그것 때문에 어머니에게 잔소리와 불평을 들어도 꾹 참았다. 그러나 한번은 안티파트로스가 올륌피아스를 비난하는 장문의 서찰을 써 보냈을 때, 알렉산드로스는 어머니의 눈물 한 방울이 이런 서찰 1만 장을 지워버린다는 것을 안티파트로스가 모르고 있다고 말했다.

40.

알렉산드로스가 보아하니, 측근들은 점점 사치에 빠져들고 낭비가 심해지며 속물스러워지고 있었다. 예컨대 테오스[159] 출신 하그논은 장화에 은으로 된 징을 박고 다녔고, 레온나토스는 레슬링을 할 때 몸에 뿌리기 위해 낙타떼를 동원해 아이귑토스에서 모래를 실어 오게 했으며, 필로타스는 사냥할 때 길이가 100스타디온이나 되는 그물을 가지고 다녔다. 그들은 목욕할 때 올리브유 대신 몰약을 몸에 발랐고, 안마사들과 시동(侍童)들에게 둘러싸여 있었다.

그래서 알렉산드로스는 알아듣도록 그들을 점잖게 나무랐다. 그토록 큰 싸움을 많이 해본 그들이 남에게 노고를 지우는 자들보다는 남을 위해 노고를 불사하는 자들이 더 단잠을 잔다는 것을 잊어버릴 수 있다니, 그리고 그들의 생활방식을 페르시아인들의 생활방식과 비교해보더라도 사치한다는 것은 가장 노예다운 일이지만 노고한다는 것은 가장 제왕다운 일이라는 것을 알지 못하다니 참으로 개탄스럽다고 말한 것이다. 그는 "정말이지, 가장 소중한 제 몸조차 손수 돌보는 법을 잊어버린 사람이 어떻게 말을 돌보거나 창과 투구를 갈고 닦을 수 있겠소?"라고 말했다. 그

---

159 테오스(Teōs)는 사모스섬 맞은편에 있는 이오니아 지방의 도시다.

는 또 "정복의 궁극적인 목적이 피정복자들을 닮지 않는 것임을 그대들은 모른단 말이오?"라고 말을 이었다.

그리하여 그는 전투할 때나 사냥할 때 더욱더 열심히 체력을 단련하며 고통과 위험에 자신을 내맡겼다. 라케다이몬에서 보낸 사절은 그가 큰 사자를 쓰러뜨리는 모습을 보고는 이렇게 말했다. "알렉산드로스 전하! 누가 왕인지 보시려고 전하께서는 사자와 정말 멋지게 한판 싸우셨군요." 이 사냥 장면을 묘사한 청동 군상(群像)을 크라테로스가 델포이에 봉헌했다. 그것은 사자와, 개떼와, 사자와 싸우는 왕과, 왕을 도우러 가는 크라테로스의 모습을 형상화하고 있는데, 그 모습들 가운데 일부는 뤼십포스가, 일부는 레오카레스가 주조했다.

41.

알렉산드로스는 이처럼 자신의 체력을 단련하고 용감한 행동을 하도록 측근들을 격려하기 위해 위험을 감수하곤 했지만, 측근들은 이제 부와 허세에 사로잡혀 사치스럽고 나태한 생활을 하고 싶어했다. 방랑과 원정에 싫증이 난 그들은 조금씩 그를 비방하고 헐뜯기 시작했다. 그러나 처음에 그는 이에 대해 태연자약한 반응을 보였으며, 좋은 일을 하고도 욕을 먹는 것이 제왕의 몫이라고 말하곤 했다. 그러면서 그는 측근들에게 가장 사소한 호의를 베풀 때도 성의와 경의를 다했다. 여기서 몇 가지 예를 들어보겠다.

알렉산드로스는 페우케스타스가 곰에게 물린 뒤 다른 이들에게는 서찰로 알렸으나 자기에게는 말하지 않았다고 서찰로 그를 나무랐다. "하지만 지금이라도 그대의 용태가 어떠한지 서찰로 알려주고, 같이 사냥 나갔던 일행 중 몇몇이 그대를 궁지에 버려두었는지 말해주시오. 내가 그들을 처벌할 수 있도록 말이오"라고 그는 말을 이었다.

그는 용무가 있어 출타 중이던 헤파이스티온에게 재미 삼아 나갔던 몽구스 사냥에서 페르딕카스가 던진 창에 맞아 허벅지에 부상을 입은 크라테로스 소식을 전했으며, 페우케스타스가 앓던 병에서 완쾌되었을 때는 의사인 알렉십포스에게 고맙다는 서찰을 써 보내기도 했다. 크라테로스가 병이 들었을 때, 알렉산드로스는 꿈을 꾸고는 그의 쾌차를 위해 꿈에서 본 대로 신들에게 제물을 바쳤을 뿐 아니라 그에게도 그런 제물을 바치라고 일렀다. 알렉산드로스는 또 크라테로스를 크리스마스로즈로 치료하려던 의사 파우사니아스에게 우려를 표명하면서도 그 약재를 사용하는 방법을 알려주었다. 하르팔로스가 도주했다[160]는 소식을 맨 처음 전해준 에피알테스와 킷소스를 포박하게 했는데, 그는 그들이 하르팔로스를 모함하는 줄 알았던 것이다.

한번은 알렉산드로스가 병약자들과 노약자들을 고향으로 돌려보내려 하고 있을 때, 아이가이[161] 출신의 에우륄로코스가 자신을 병약자라고 등록했다. 그 후 아픈 데가 없다는 것이 발각되자 그는 텔레십파라는 소녀에게 반해 그녀가 해안 지대로 떠날 때 자기도 그녀를 따라가고 싶었다고 고백했다. 알렉산드로스는 그

---

160 하르팔로스는 부패죄로 고발되자 기원전 325년에 탈영해 킬리키아로 도주했다가, 알렉산드로스가 인도에서 돌아오자 기원전 324년 앗티케로 피신했다. 그는 패거리 중 한 명에 의해 크레테섬에서 암살당했다.
161 여기서 아이가이(Aigai 또는 Aige)는 마케도니아의 도시다.

녀의 부모에 관해 물어보고 그녀가 자유민으로 태어난 창녀라는 말을 듣자 "이봐, 에우륄로코스, 내가 자네의 연애를 도와주면 되지 않겠나. 그녀가 자유민이라니, 말이나 선물로 텔레십파를 여기 머무르도록 설득할 방법을 찾아보게나!"라고 말했다.

42.

알렉산드로스가 측근들에게 이런 종류의 서찰을 그토록 자주 쓸 짬을 낼 수 있었다는 것은 놀라운 일이다. 예컨대 그는 셀레우코스의 노예가 킬리키아로 도주했을 때 그자를 수색하라는 서찰을 써 보냈는가 하면, 크라테로스의 노예 니콘을 붙잡았다는 소식에 페우케스타스에게 치하의 서찰을 써 보냈으며, 메가뷔조스에게는 신전으로 피신한 그의 노예를 되도록이면 신전 밖으로 유인해 체포하고 신전 안에서는 절대 손대지 말라는 내용의 서찰을 써 보냈다.

그는 또 처음에 사형에 해당하는 중대 범죄를 재판할 때는 고발인이 말하는 동안 한쪽 귀를 손으로 막곤 했는데, 그 귀를 깨끗하게 지켜 피고의 말을 편견 없이 듣기 위해서였다고 한다. 그러나 나중에 수많은 고발이 잇따르자 그는 점점 가혹해졌다. 그중에는 사실인 것들도 많아 무고도 사실이라고 믿게 되었던 것이다. 특히 누가 그를 악담하면 그는 분별력을 잃어 잔인하고 무자비해졌다. 그에게는 목숨이나 왕국보다 명성이 더 중요했기 때문이다.

이제 알렉산드로스는 또다시 싸우기 위해 다레이오스를 향해 행군했다.[162] 그러나 다레이오스가 벳소스[163]에게 연금되어 있다는 말을 들었을 때, 그는 급료 외에 2천 탈란톤의 하사금을 나눠준 뒤[164] 텟살리아인들의 기병대를 해산해 고향으로 돌려보냈다. 다레이오스를 뒤쫓는 것은 지루하고도 힘겨운 일이었다. 그들은 열하루 동안 3만 3천 스타디온[165]이나 말을 달렸기 때문이다.

그리하여 그의 기병대 대부분은 무엇보다도 물이 부족해 기진맥진했다. 바로 그때 그는 가죽부대에 강물을 담아 노새들에 싣고 오던 마케도니아인들을 몇 명 만났다. 그들은 알렉산드로스가 한낮의 더위로 심한 갈증에 시달리고 있는 것을 보고는 투구 가득 물을 담아 가지고 왔다. 누구에게 주려고 물을 실어 오는 것이냐고 알렉산드로스가 묻자, 그들은 "저희 자식들에게 주려고요. 하오나 전하께서 살아 계신다면 우리는 설령 자식들을 잃는다 해도 또 낳을 수 있사옵니다"라고 대답했다. 이 말을 듣고 그는 두 손으로 투구를 받았다.

그러나 주위를 둘러보았을 때 기병들이 모두 목을 길게 뽑고 물만 주시하고 있는 것을 보자 그는 물을 마시지 않은 채 투구를 돌려주었다. 그리고 이 물을 가지고 온 자들에게 고맙다는 인사를 하고는 "나 혼자 이 물을 마신다면 이 사람들의 사기가 떨어질 것이오"라고 말했다. 그의 이러한 자제력과 고매한 정신을 보자 기병들은 자신들을 과감하게 앞으로 인솔하라고 그를 향해 외쳤다. 그리고 그런 왕을 모시고 있는 한 자신들은 피로나 갈증은 물론이고, 자신들이 필멸의 존재라는 것조차 느낄 수 없다며 말에

162   기원전 330년 봄. 다레이오스는 엑바타나에서 보병 6000명에 기병 3000명의 병력을 모았다고 한다.
163   벳소스(Bessos)는 다레이오스가 박트리아 지방의 태수로 임명한 사람이다.
164   텟살리아인들의 기병대는 2000명이었으니까 각자 1탈란톤을 받은 셈이다.
165   33000스타디온은 약 600킬로미터다.

박차를 가했다.

43.

이와 같이 그들은 모두 하나같이 열의에 넘쳤다. 그러나 알렉산드로스가 적진에 뛰어들었을 때 그와 함께한 부하는 60명뿐이었다고 한다. 그곳에서 그들은 땅바닥에 흩어져 있던 수많은 금과 은 위로 말을 달리고, 아녀자들을 가득 채운 채 마부도 없이 우왕좌왕하던 수많은 사륜 포장마차 옆을 지나쳐, 맨 앞에서 달아나던 자들을 추격했으니, 그들 사이에 다레이오스가 있으리라 믿었던 것이다. 드디어 그들은 다레이오스가 전신에 투창을 맞은 채 빈사 상태가 되어 어느 사륜 포장마차 안에 누워 있는 것을 발견했다. 다레이오스는 마실 것을 달라고 하더니 폴뤼스트라토스가 건네준 찬물을 조금 마시고 나서 "여보게, 이것이 내 불행의 마지막이라 자네가 베푼 선행에 보답할 수가 없구려. 하지만 알렉산드로스가 자네의 선행에 보답할 것이며, 신들은 또 알렉산드로스가 나의 어머니와 아내와 자식들에게 베푼 선의에 보답하실 것이네. 나는 자네를 통해 그와 악수하겠네"라고 말했다. 그리고 나서 그는 폴뤼스트라토스의 손을 잡더니 숨을 거두었다.

알렉산드로스는 그곳에 당도했을 때 불상사에 깊은 애도의 뜻을 표하며 입고 있던 외투를 벗어 시신을 덮어주었다. 그리고 나중에 벳소스를 찾아내어 찢어 죽이게 했다. 곧은 나무 두 그루를 서로 닿도록 구부려 각각의 나무에 사지를 일부씩 묶은 다음 놓아버리자 나무들이 원래의 모습으로 튀어 오르며 그 반동으로 거기에 매달린 사지가 찢어졌다. 알렉산드로스는 다레이오스의 시신을 왕의 휘장으로 장식해 그의 어머니에게 보내게 했고, 다레이오스의 아우 엑사트레스를 자신의 측근 가운데 한 명으로 삼았다.

44.

그런 다음 알렉산드로스는 정예 부대를 이끌고 휘르카니아[166]로 행군했다. 그곳에서 그는 흑해만큼 커 보이지만 다른 바다보다는 염분이 적은 외해의 만(灣)을 보았다.[167] 그는 더 자세한 정보를 입수할 수가 없어 그것이 십중팔구 마이오티스호[168]가 흘러넘쳐 괸 것인 줄 알았다. 그러나 지리학자들은 알렉산드로스의 원정이 있기 여러 해 전에 이미 그것이 사실은 외해에서 내륙으로 뻗어 있는 네 개의 만[169] 가운데 가장 북쪽에 있는 것으로, 휘르카니아해 또는 카스피온해[170]라 불린다고 보고한 바 있다.

이곳에서 몇몇 원주민이 알렉산드로스의 말 부케팔라스를 몰고 가던 자들을 갑자기 습격해 말을 사로잡았다. 알렉산드로스는 대로해 사자를 보내, 말을 돌려보내지 않으면 그들을 처자들과 함께 모두 도륙하겠다고 위협했다. 그러나 그들이 말을 몰고 와서 자신들의 도시들을 그에게 넘겨주자 그는 그들을 모두 환대했

---

166 휘르카니아(Hyrkania)는 카스피해의 남동쪽 모퉁이에 있는 지방이다.
167 고대 그리스인들은 카스피해가 뭍에 둘러싸인 바다가 아니라 북쪽으로 외해와 연결되어 있는 줄 알았다.
168 마이오티스(Maiōtis)호란 흑해 북동부에 있는 지금의 아조프(Azov)해를 말한다.
169 '네 개의 만'이란 카스피해, 페르시아만, 홍해, 지중해를 말한다.
170 카스피온해(Kaspion pelagos 또는 Kaspiē thalassa)는 지금의 카스피해를 말한다.

고, 말을 사로잡은 자들에게는 말의 몸값을 내주었다.

45.

그는 파르티아[171]로 행군해,[172] 그곳에서 잠시 전투를 쉬는 동안 처음으로 페르시아 옷을 입었다. 그것은 그가 종족과 풍속을 동화시키는 것이 사람 마음을 순화하는 데 큰 도움이 된다고 믿고 는 스스로 그 지방의 풍속에 적응하고 싶었기 때문일 수도 있고, 아니면 마케도니아인들이 자신의 생활방식의 변화에 조금씩 익숙해지게 함으로써 그들 사이에 부복의 관습을 도입하려고 시험해본 것일 수도 있다.[173] 하지만 그는 헬라스인들에게는 너무나 이질적인 메디아풍의 복장은 받아들이지 않았고, 헐렁한 바지나 소매가 넓은 조끼나 티아라[174]는 착용하지 않았다. 대신 그는 페르시아 복장과 메디아 복장을 절충한 것을 받아들였는데, 그것은 페르시아 복장보다는 더 수수하고 메디아 복장보다는 더 당당했다. 그는 처음에는 비헬라스인들과 만날 때나 측근들과 함께 집안에 있을 때만 그런 복장을 했으나, 나중에는 말을 타고 나가거나 신하들을 접견할 때도 그런 복장을 한 모습을 여러 사람들에게 보여주었다. 그런 모습은 마케도니아인들에게는 불쾌한 것이었다. 그러나 그들은 그의 다른 탁월함들에 감복해 그를 즐겁게

---

171 파르티아(Parthia)는 카스피해 남쪽 지방이다.
172 기원전 330년 가을.
173 알렉산드로스는 벳소스가 페르시아 왕을 참칭하자 자신이 다레이오스의 합법적인 후계자임을 페르시아인들에게 과시하려고 페르시아 복장을 착용한 것으로 생각된다.
174 「테미스토클레스 전」 주 150 참조.

해주는 것이나 그의 명성을 높이는 것이라면 너그럽게 보아주어야 한다고 생각했다. 그는 지금까지 겪은 온갖 고난에 덧붙여 정강이에 화살을 맞아 정강이뼈 조각이 튀어나온 적이 있는가 하면, 돌로 목덜미를 심하게 맞아 눈앞이 캄캄해지더니 그런 상태가 한참 동안 지속된 적도 있었다. 그럼에도 그는 자신을 아낌없이 위험에 내맡기기를 주저하지 않았다. 실제로 그는 오렉사르테스[175]강(그는 그것을 타나이스[176]강으로 착각한 것이다)을 건너 스퀴타이족을 패주시키고는 그동안 내내 이질로 고생하면서도 100스타디온이나 그들을 추격했다.

46.

알렉산드로스는 오렉사르테스강을 건넜을 때 아마조네스족[177] 여왕의 예방을 받았다고 한다. 대부분의 작가들이 그렇게 보고하고 있는데, 클레이타르코스, 폴뤼클레이토스, 오네시크리토스, 안티게네스, 이스트로스가 거기에 포함된다. 그러나 아리스토불로스, 왕실 의전관 카레스, 프톨레마이오스, 안티클레이데스, 테바이 출신의 필론, 테앙겔라[178] 출신의 필립포스, 그 밖에 에레트리아[179] 출신의 헤카타이오스, 칼키디케[180] 출신의 필립포스, 사모스 출신의 두리스는 그것이 지어낸 이야기라고 주장한다. 알렉산드

---

175 아랄해로 흘러드는 지금의 쉬르다뤼아(Syr Darya)강을 말한다.
176 타나이스(Tanais)는 지금의 돈(Don)강의 그리스어 이름이다.
177 아마조네스족은 흑해 남안에 살았다는 전설 속의 호전적인 여인족이다.
178 테앙겔라(Theangela)는 소아시아 서남부에 있는 도시다.
179 「테미스토클레스 전」주 67 참조.
180 「뤼쿠르고스 전」주 149 참조.

로스도 그들의 견해를 뒷받침하는 것처럼 보인다. 왜냐하면 그는 안티파트로스에게 보낸 소상한 서찰에서 스퀴타이족의 왕이 자기를 사위로 삼으려 했다는 말은 해도 아마조네스족의 여왕에 관해서는 일언반구도 언급하지 않았기 때문이다.

여러 해 뒤에 오네시크리토스는 그때는 이미 마케도니아의 왕이 되어 있던 뤼시마코스에게 자신이 쓴 알렉산드로스 전기의 제4권을 낭독해주었다고 한다. 거기에 아마조네스족 여왕의 이야기가 나오자, 뤼시마코스는 빙그레 웃으며 "그때 나는 어디 있었지?"라고 말했다 한다. 하지만 이러한 이야기를 믿든 안 믿든 알렉산드로스에 대한 우리의 경탄은 늘지도 줄지도 않을 것이다.

47.

이제 알렉산드로스는 마케도니아인들이 더이상 자신의 원정길에 동행하기를 거부하지 않을까 염려되었다. 그래서 그는 주력부대는 진영에 남겨두고, 보병 2만 명과 기병 3천 명의 정예 부대만을 이끌고 휘르카니아로 진격했다.[181] 그는 그들에게 말하기를, 지금까지는 야만인들이 그들을 꿈결처럼[182] 바라다보았지만, 만일 그들이 아시아를 휘저어놓기만 하고 도로 물러간다면 페르시아인들은 그들이 마치 여자들인 양 습격해올 거라고 했다. 하지만 떠나고 싶은 사람은 누구든 떠나라며, 그럴 경우 마케도니아인들을 위해 전 세계를 정복하려던 순간 친구들과 원정을 계속하기를 원

---

181 여기서 플루타르코스는 착각하고 있는 듯하다. 알렉산드로스가 휘르카니아로 되돌아갔다고 말하는 사람은 플루타르코스 외에는 아무도 없다.
182 텍스트가 불확실하다.

하는 자원자들과 함께 알렉산드로스가 버림을 받았다는 사실을 증언해달라고 요구했다. 이것은 그가 안티파트로스에게 써 보낸 서찰 내용과 사실상 거의 일치한다. 그리고 그는 이 서찰에서 자신이 이렇게 말하자 모두들 세상 어디든 그가 원하는 곳으로 자기들을 인솔하라고 이구동성으로 외쳤다고 덧붙이고 있다. 그가 일단 이들 정예 부대의 충성심을 시험하는 데 성공하자, 나머지 주력부대를 설득하는 데는 큰 어려움이 없었다. 아니, 그들은 흔쾌히 뒤따랐다.

상황이 이렇게 전개되자 그는 자신의 생활방식을 더욱더 원주민들의 생활방식에 적응시키는 한편 원주민들도 마케도니아인들의 관습을 받아들이게 하려고 노력했다. 그는 자신이 멀리 떠나 있는 동안에도 무력보다는 이러한 관습의 동화와 혼합에 바탕을 둔 우호 관계에 의해 정치적 안정이 확보될 수 있으리라고 생각한 것이다. 그래서 그는 원주민 소년 3만 명을 뽑아 헬라스어를 가르치고 마케도니아의 무기를 사용할 수 있도록 훈련시키게 했으며, 이를 위해 다수의 감독관을 임명했다. 그는 한창때의 미녀 록사네[183]가 주연에서 무도회에 참가한 것을 보고 반해 결혼했는데, 그것은 한낱 연애사건이었지만 그의 정책노선에 잘 부합되는 것으로 생각된다. 왜냐하면 야만인들은 혼인 관계에 의한 결속을 중시했기 때문이다. 그들은 또 알렉산드로스를 한없이 좋아하게 되었는데, 그가 애정 문제에 상당한 자제력을 보였고 법의 재가를 받기 전에는 자신의 마음을 사로잡은 유일한 여자를 털끝 하

---

[183] 록사네(Roxane)는 박트리아의 성주 옥쉬아르테스(Oxyartes)의 딸로, 알렉산드로스는 기원전 328년 그녀를 사로잡아 기원전 327년 봄에 결혼했다.

나 건드리지 않았기 때문이다.

그는 자신의 측근들 중 헤파이스티온은 융화 정책에 동조해 생활 태도를 바꾸는 데 합류했으나 크라테로스는 선조들의 관습을 고수하는 것을 보고, 야만인들과 교섭할 때는 헤파이스티온을, 헬라스인들이나 마케도니아인들과 교섭할 때는 크라테로스를 이용했다. 간단히 말해 그는 헤파이스티온을 가장 사랑하고 크라테로스를 가장 존경했다. 그래서 그는 자기가 보기에 헤파이스티온은 알렉산드로스의 친구이고 크라테로스는 왕의 친구라고 말하곤 한 것이다. 그 때문에 이들 두 사람은 내심 서로 원한을 품고 가끔 공공연히 충돌하기도 했다. 인디아[184] 원정 중 그들은 실제로 칼을 빼들고 맞붙어 싸웠는데, 각자의 친구들도 그들을 도우러 오고 있었다. 그때 알렉산드로스가 말을 달려 오더니, 헤파이스티온을 보고 "알렉산드로스의 총애가 없다면 아무것도 아닌 존재라는 것도 모르다니, 바보요 미치광이!"라며 공개적으로 나무랐다. 그리고 단둘이 있는 자리에서 크라테로스도 엄하게 꾸짖었다. 그러고 나서 그는 두 사람을 불러 화해시키며, 암몬 신과 다른 신들에 걸고 자기는 두 사람을 세상에서 가장 사랑하지만 만일 그들이 또 싸웠다는 말이 들리면 그들을 둘 다, 적어도 먼저 싸움을 건 사람은 반드시 죽이겠다고 맹세했다. 그 후로 그들은 서로 상대방의 감정을 상하게 할 수 있는 말은 농담으로도 건네지 않았다고 한다.

---

[184] 인디아(India)는 인도의 그리스어 이름이다.

48.

당시 파르메니온의 아들 필로타스는 마케도니아인들 사이에서 높은 명망을 누리고 있었다. 왜냐하면 그는 용감하고, 역경을 잘 견디고, 알렉산드로스 다음으로 선심을 잘 쓰고, 전우를 사랑하는 사람으로 알려졌던 것이다.

한번은 가까운 친구 한 명이 돈이 궁하다 하여 그 친구에게 돈을 내주라고 했으나 집사가 돈이 없다고 하자 필로타스가 말했다 한다. "설마, 술잔이나 외투도 없단 말인가?" 필로타스는 몹시 오만하게 굴며 부를 과시했으며, 몸에 대한 관심과 생활방식은 사인(私人)으로서는 지나친 것이었다. 특히 근엄하고 잘난 체하는 그의 태도는 설득력이 없고 서투르고 세련되지 못해 불신과 시기만 샀다. 그래서 파르메니온도 그에게 어느 날 "내 아들아. 그렇게 잘난 체하지 마라!"라고 말했다.

사실은 알렉산드로스도 벌써 오래전부터 그에 관해 나쁜 말이 오간다는 것을 듣고 있었다. 킬리키아에서 다레이오스가 패하고 다마스코스에 있던 그의 재물이 노획되었을 때, 마케도니아인들의 진영으로 끌려온 포로들 중에 안티고네라는 퓌드나[185] 출신의 미녀가 있었는데 그녀는 필로타스의 차지가 되었다. 필로타스는 젊은이들이 흔히 그러하듯, 술에 취하면 사랑하는 여인 앞에서 자신의 무용담을 자랑스레 늘어놓으며 가장 위대한 업적은 자신과 자신의 아버지가 이룩한 거라고 말하곤 했고, 알렉산드로스는 자신들 덕분에 통치자라는 칭호를 얻게 된 애송이라고 불렀다.

---

[185] 「테미스토클레스 전」 주 132 참조.

이 말을 안티고네는 지인들 중 한 명에게 전하고, 그녀의 지인은 또 당연히 다른 사람에게 전해, 마침내 크라테로스의 귀에까지 들어가자 크라테로스는 소녀를 몰래 알렉산드로스에게 데리고 갔다. 알렉산드로스는 그녀의 이야기를 듣고 나서 그녀더러 필로타스와 계속해서 만나되 그에게서 들은 것이면 무엇이든 자기에게 와서 보고하라고 명령했다.

49.

하지만 필로타스는 이렇듯 자신에게 음모가 꾸며지고 있는 줄도 모르고, 안티고네와 만나 때로는 원망하는 마음에서 때로는 자랑하고픈 마음에서 왕에 대해 불손한 말을 마구 늘어놓았다. 그러나 알렉산드로스는 필로타스에 대한 명확한 증거가 있는데도, 자신에 대한 파르메니온의 호의를 확신해서든, 이들 부자(父子)의 명망과 세력이 두려웠기 때문이든 말없이 꾹 참고 있었다. 그런데 그사이 림노스라는 칼라이스트라[186] 출신의 마케도니아인이 알렉산드로스에게 음모를 꾸미며[187] 자신의 애인인 니코마코스라는 젊은이를 끌어들이려 했다. 그러나 니코마코스는 이에 응하지 않고 이 음모를 자신의 형 케발리노스에게 말했다. 그러자 케발리노스는 동생과 함께 즉시 필로타스를 찾아가 중대한 일로 왕을 알현하려고 하니 자신들을 알렉산드로스에게 데려다달라고 요구했다. 그러나 필로타스는 무슨 까닭인지(그 이유는 알려져

---

186 칼라이스트라(Chalaistra 또는 Chalestre)는 마케도니아 지방의 악시오스(Axios)강 변에 있는 도시다.
187 기원전 330년 늦가을.

있지 않다) 왕은 다른 중대한 일로 바쁘다는 핑계로 그들을 왕에게 데려다주지 않았다. 그렇게 두 번이나 필로타스는 그들의 청을 거절했다. 그러자 필로타스를 의심하게 된 형제는 다른 사람에게 청을 넣어 그의 주선으로 알렉산드로스를 알현했다. 그들은 먼저 그에게 림노스의 음모를 알리고 나서 필로타스가 왕을 알현하게 해달라는 자신들의 청을 두 번이나 무시했다며 여러 차례 은근히 그에게 불리한 암시를 했다.

그러자 알렉산드로스는 크게 노했다. 그리고 림노스가 반항하다가 그를 체포하도록 파견된 자에게 살해되었다는 것을 알았을 때, 알렉산드로스는 음모의 증거가 인멸되었다고 보고 마음이 더욱 괴로웠다. 이렇게 되자 그는 필로타스를 더욱 괘씸하게 여겨 오래전부터 필로타스를 미워하던 자들의 말에 귀가 솔깃했다. 그들은 칼라이스트라 출신의 촌뜨기인 림노스가 혼자서 감히 그런 큰일을 시도했다고 생각한다면 왕이 사태를 너무 안이하게 생각하는 거라고 공공연하게 말했다. 그들은 또 림노스는 하수인에, 아니 더 큰 권력을 가진 자의 도구에 불과한 만큼, 음모를 은폐함으로써 가장 덕을 보는 자들 중에서 음모의 장본인을 찾아야 한다고 말했다.

왕이 일단 그런 말과 의혹에 귀를 기울이기 시작하자 필로타스의 적들은 온갖 방법으로 그를 매도했다. 그리하여 필로타스는 체포되어 심문을 받으며 왕의 측근들이 보는 앞에서 고문을 당했고, 알렉산드로스는 커튼을 치고 그 뒤에서 그것을 듣고 있었다. 그때 필로타스가 애처롭게 비명을 지르며 헤파이스티온에게 애원하는 것을 듣고 알렉산드로스는 "필로타스여, 그토록 심약하고 남자답지 못한 주제에 감히 그토록 큰일을 시도하다니!"라고 말했다 한다.

필로타스가 처형되자[188] 알렉산드로스는 지체 없이 메디아로 사람을 보내 파르메니온도 죽이게 했다. 파르메니온은 필립포스를 도와 수많은 업적을 이룩하게 했고, 나이 든 측근 중에서 누구보다 강력하게 알렉산드로스가 아시아로 진격하도록 촉구하던 사람으로, 자신의 세 아들 가운데 두 명은 원정 중에 죽었고, 자신도 이제 셋째 아들과 함께 살해되었다.

이런 처사로 알렉산드로스는 측근들에게, 특히 안티파트로스에게 공포의 대상이 되었다. 그리하여 안티파트로스는 아이톨리아인[189]들에게 밀사를 보내 그들과 동맹을 맺어두었다.[190] 왜냐하면 오이니아다이[191] 시를 파괴한 아이톨리아인들은, 알렉산드로스가 그 말을 듣고 오이니아다이인들의 아들들 대신 그 자신이 아이톨리아인들에게 복수할 거라고 말한 까닭에 알렉산드로스를 두려워했기 때문이다.

50.

그 뒤 얼마 안 되어 클레이토스 사건[192]이 발생했다. 얼핏 보기에 이 사건은 필로타스 사건보다 더 잔혹해 보이지만, 그 원인과 상

---

188 기원전 330년.
189 아이톨리아(Aitōlia)는 그리스 중서부 지방이다.
190 안티파트로스는 알렉산드로스가 나라를 비운 사이 마케도니아에 섭정으로 남아 있었다.
191 오이니아다이(Oiniadai)는 아켈로오스(Achelōios)강 하구에 있는, 아카르나니아 지방의 도시다.
192 기원전 328년 가을, 소그디아나(Sogdiana) 지방의 수도 마라칸다(Marakanda 지금의 사마르칸드)에서 일어난 사건. 여기에 나오는 클레이토스는 그라니코스강에서 알렉산드로스를 구해준 '검은' 클레이토스를 말한다.

황을 고려해보면 그것은 고의적인 행위라기보다는 불운한 사고였으며, 알렉산드로스의 노기와 취기가 클레이토스의 악령에게 그를 망칠 기회를 제공한 것임을 알 수 있다. 이 사건이 발생한 경위는 다음과 같다.

몇몇 사람이 해안 지대에서 헬라스의 과일을 왕에게 가져왔다. 왕은 그것이 탐스럽게 잘 익은 것을 보고 감탄하며 그것을 보이고 나눠주려고 클레이토스를 불러오게 했다. 클레이토스는 마침 제물을 바치고 있다가 중단하고 왔다. 그러자 제물로 바치려고 이미 제주를 끼얹어놓은 양 세 마리가 그를 따라왔다. 왕은 이것을 보고 자신의 예언자들인 아리스탄드로스와 라케다이몬 출신의 클레오만티스에게 물어보았다. 왕은 그것이 불길한 조짐이라는 말을 듣고 클레이토스의 안전을 위해 서둘러 제물을 바치라고 그들에게 명령했다. 그 자신도 이틀 전에 이상한 꿈을 꾸었던 것이다. 그것은 클레이토스가 파르메니온의 아들들과 함께 검은 옷을 입고 앉아 있는데, 자세히 보니 모두 죽어 있는 꿈이었다. 그러나 클레이토스는 자신을 위해 제물을 바치는 의식이 채 끝나기도 전에 왕의 만찬장에 나타났다. 방금 왕이 디오스쿠로이들[193]을 위해 제물을 바쳤기 때문이다.[194]

---

193 디오스쿠로이들(Dioskouroi 라/Dioscuri '제우스의 아들들'이라는 뜻)이란 제우스의 쌍둥이 아들 카스토르(Kastor 라/Castor)와 폴뤼데우케스(Polydeukes 라/Pollux)를 말한다. 주신 디오뉘소스 대신 흔히 디오스쿠로이들에게 제물을 바쳤는데, 이는 술자리에서 불상사가 일어나지 않게 해달라는 뜻이었다고 한다.
194 가축을 제물로 바칠 때 신에게는 넓적다리뼈를 포함해 일부만 태워 올리고, 나머지는 손님들을 불러 나눠 먹었다.

떠들썩하고 즐거운 주연이 끝나자 누군가 프라니코스(또는 일설에 따르면 피에리온)라는 사람의 시구를 노래하기 시작했는데, 그 시구는 일전에 야만인들에게 패한 마케도니아 장군들을 모욕하고 놀리기 위해 쓰인 것이었다. 나이 많은 손님들은 이를 못마땅히 여기고 시인과 가인을 동시에 비난했으나, 알렉산드로스와 그의 측근들은 듣고 재미있어하며 가인에게 계속하라고 명령했다. 그러자 이미 거나하게 취한 데다 성질이 거칠고 고집이 센 클레이토스가 여느 때보다도 화를 내며, 설령 운이 나쁘긴 했지만 자신들보다 훨씬 더 훌륭한 마케도니아인들을 야만인들과 적군[195]이 보는 앞에서 비웃고 모욕하는 것은 잘하는 짓이 아니라고 말했다. 비겁함을 불운으로 호도하려 든다면 그것은 클레이토스가 자신을 변호하는 거라고 알렉산드로스가 반박하자, 클레이토스가 벌떡 일어서며 말했다. "하지만 신의 아드님이시라는 전하께서 스피트리다테스의 칼에 등을 보이셨을 때[196] 전하의 생명을 구해드린 것은 바로 저의 이 비겁함이었사옵니다. 전하께서 필립포스와 의절하시고 암몬의 아들이 되실 만큼[197] 커질 수 있었던 것은 마케도니아인들의 피와 저의 이 상처들 덕분이었사옵니다."

51.

그러자 알렉산드로스가 대로해 "이 사악한 자여, 그대는 매번 나에 관해 이따위 말을 하여 마케도니아인들 사이에 분쟁을 일으키

---

195 알렉산드로스의 궁전에 출입하는 페르시아인들을 말한다.
196 16장 참조.
197 27~28장 참조.

는데, 그러고도 벌받지 않을 성싶은가?"라고 말했다. "아니, 지금도 제가 벌을 받지 않고 있는 것이 아니옵니다"라고 클레이토스가 대답했다. "우리의 노력에 주어지는 보답이 고작 이런 것이라면 말이옵니다. 우리 마케도니아인들이 메디아의 막대기에 얻어맞거나 왕을 알현하기 위해 페르시아인들에게 부탁하는 꼴을 보지 않고 죽은 사람들이야말로 참으로 행복하옵니다." 이 모든 말을 클레이토스가 거침없이 내뱉자 알렉산드로스의 측근들은 벌떡 일어서 그를 나무라기 시작했고, 나이 많은 손님들은 소란을 진정시키려고 애썼다. 그러자 알렉산드로스가 카르디아[198] 출신의 크세노도코스와 콜로폰[199] 출신의 아르테미오스를 향해 돌아서며 "그대들은 헬라스인들이 마케도니아인들 사이로 돌아다니는 것을 보면 마치 반신(半神)이 야수 사이로 돌아다니는 것처럼 보이지 않으시오?"라고 말했다. 그러나 클레이토스는 지지 않고, 자기가 하고 싶은 말을 거리낌없이 말하게 하거나, 아니면 심중의 생각을 다 말하는 자유민들은 만찬에 초대하지 말고 페르시아의 허리띠와 흰 키톤[200] 앞에 부복하는 야만인들이나 노예들과 살라며 알렉산드로스에게 대들었다.

알렉산드로스는 노여움을 억제하지 못하고 식탁 위에 놓여 있던 사과 하나를 집어 클레이토스에게 던지고는 자신의 단검을 찾기 시작했다. 그러나 그의 호위병 중 한 명인 아리스토파네스가

---

198 카르디아는 헬레스폰토스 해협 서쪽에 있는 트라케의 케르소네소스 (chersonesos '반도'라는 뜻)에 있는 도시다.
199 콜로폰(Kolophon)은 이오니아 지방의 도시로 에페소스에서 멀지 않다.
200 「뤼쿠르고스 전」 주 87 참조.

한발 앞서 단검을 치워버렸고, 다른 사람들은 그를 에워싸며 진정하라고 간청했다. 하지만 알렉산드로스는 벌떡 일어서 마케도니아 말로 자신의 친위대를 부르며(그것은 비상 사태라는 표시였다) 나팔수에게 비상 신호를 울리라고 명령했고, 나팔수가 머뭇거리며 복종하기를 거절하자 그에게 주먹을 날렸다. 나팔수는 이로 인해 나중에 칭찬을 받았는데, 진영에 일대 소동이 벌어지지 않은 것은 누구보다도 그의 덕분이었기 때문이다. 그래도 클레이토스가 굽히려 들지 않자 친구들이 그를 간신히 연회장 밖으로 밀어냈다.

그러나 클레이토스는 곧 다른 문으로 다시 들어오며 경멸하는 듯한 목소리로 대담하게 에우리피데스의 비극『안드로마케』에서 다음과 같은 단장격 시행을 읊었다.

아아 슬프도다. 헬라스에는 얼마나 나쁜 관습이 지배하고 있는가![201]

그러자 마침내 알렉산드로스가 한 호위병의 창을 빼앗더니, 통로의 커튼을 젖히며 다가오는 클레이토스를 꿰뚫었다. 클레이토스가 신음하며 비명소리와 함께 쓰러지는 순간 왕은 노여움이 가라앉았다. 그리고 정신이 돌아와 측근들이 주위에 말없이 서 있는 것을 보았을 때 그는 시신에서 창을 뽑았고, 만약 호위병들이 그의 손을 잡고 미리 제지하며 그를 억지로 방으로 데려가지 않

---

[201] 683행.

았더라면 그 창으로 자신의 목을 찔렀을 것이다.

52.

알렉산드로스는 그날 밤과 그 이튿날을 통곡으로 보냈고,[202] 그러다가 울다 지쳐 말도 못하고 무거운 한숨만 쉬며 누워 있었다. 그가 조용한 것이 염려되어 측근들이 억지로 그의 방 안으로 들어갔다.

그는 다른 사람들이 하는 말은 들으려 하지 않았으나, 예언자 아리스탄드로스가 그가 클레이토스에 관해 꾸었던 꿈과 그 의미를 일깨워주면서 이 모든 일이 이미 오래전에 운명에 의해 결정되어 있었다고 말하자 마음이 좀 누그러지는 듯했다. 그래서 그들은 아리스토텔레스의 친척인 철학자 칼리스테네스와 압데라[203] 출신의 아낙사르코스를 그에게 데려다주었다.

둘 중 칼리스테네스는 신중하고 점잖은 방법으로 왕의 고통을 덜어주려 했는데 왕에게 고통을 주지 않으려고 암시적이고 우회적인 화법을 썼다. 그러나 철학에서 언제나 독자적인 길을 걸어가며 자신의 동료들을 멸시하고 무시하기로 유명한 아낙사르코스는 방에 들어서자마자 소리쳤다. "여기 이분께서 온 세상 만물이 우러러보는 알렉산드로스이십니다. 하지만 그분께서는 사람들의 법과 비판이 두려워 노예처럼 울면서 바닥에 누워 계십니다. 그분 자신이 사람들에게 법이 되고 정의의 척도가 되셔야 하

---

202 클레이토스는 알렉산드로스보다 스무 살쯤 연상이었다. 그는 어린 알렉산드로스를 가끔 돌봐주기도 했으며, 그의 누이는 어린 왕자의 보모였다.
203 압데라(Abdēra)는 트라케 지방에 있는 그리스의 식민시다.

는데도 말입니다. 그분께서 승리를 쟁취하신 것은 주인이 되고 지배자가 되시기 위해서였지, 공허한 평판에 노예처럼 예속되시기 위해서가 아닙니다." 그리고 그는 다시 말을 이었다. "제우스가 정의의 여신[204]과 법도의 여신[205]을 자기 옆에 앉힌 것은 세상의 지배자가 행하는 일은 무엇이든 합법적이고 정의로워지게 하려는 것임을 전하께서는 알지 못하신단 말입니까?"

아낙사르코스가 이런 논리로 왕의 고통을 덜어준 것은 사실이지만, 그는 또 여러 면에서 왕을 더 자만심에 빠지게 해 법을 더 무시하게 만들었다. 물론 그는 왕의 각별한 총애를 받게 되었고, 그러잖아도 지나치게 엄격해 별로 달갑지 않던 칼리스테네스와 만나서 이야기하는 것을 왕이 싫어하게 만들었다.

전하는 이야기에 따르면, 한번은 만찬석상에서 계절과 기후가 화제가 되었는데 칼리스테네스는 헬라스보다 페르시아가 더 춥고 날씨가 험악하다고 주장하는 자들에게 동조하다가 아낙사르코스가 시비조로 이의를 제기하자 "그대는 페르시아가 더 춥다는 데 동의해야 할 거요. 그대는 헬라스에서는 겨울에 외투 한 벌만 입고 돌아다녔지만, 이곳에서는 담요를 석 장씩이나 덮고 식탁가에 비스듬히 누워 있지 않소"라고 했다. 물론 그는 이 말로 더욱더 아낙사르코스의 미움을 샀다.

53.

다른 소피스트들과 알렉산드로스를 수행하는 아첨꾼들도 칼리스

---

204 그리스어로 Dike다.
205 그리스어로 Themis다.

알렉산드로스 전 **363**

테네스를 귀찮아했다. 그가 웅변술로 젊은이들의 열렬한 존경을 받았고, 잘 정돈되고 품위 있고 자립적인 생활 태도로 나이 많은 사람들에게도 그에 못지않은 신뢰를 받았기 때문이다. 아닌 게 아니라 그의 그러한 생활 태도는 자신이 해외에 체류하는 데 대해 그가 내세우는 이유가 사실임을 확인해주고 있었다. 그는 자신이 알렉산드로스를 찾아 내륙으로 올라온 것은 자신의 동포 시민들을 다시 고향으로 데려오고 고향 도시[206]에 다시 사람이 살게 되기를 바라기 때문이라고 했다. 그는 명성 때문에 사람들의 시기를 샀을 뿐 아니라 자신의 처신 때문에 모함을 일삼는 자들에게 허점을 드러냈다. 그는 만찬 초대를 자주 거절했고, 참석하더라도 그곳에서 벌어지는 일이 마음에 안 들거나 못마땅하다는 듯 무뚝뚝하게 침묵을 지켰다. 그래서 알렉산드로스도 그에 관해 다음과 같이 말한 것이다.

자신에게조차 현명하지 못한 현자를 나는 싫어한다.[207]

한번은 많은 사람들이 초대받은 왕의 만찬석상에서 칼리스테네스는 마침 잔이 돌아오자 마케도니아인들을 찬양하는 연설을 해보라는 청을 받고 이 주제에 관해 유창하게 연설했는데, 손님들이 기립박수를 하며 그에게 자신들의 화관을 던졌다고 한다. 그러자 알렉산드로스가

---

206 마케도니아의 칼키디케반도에 있는 그의 고향 도시 올륀토스(Olynthos)는 기원전 347년 필립포스가 파괴했다.
207 지금은 남아 있지 않은 에우리피데스의 비극에서 인용한 시행이다.

이야깃거리만 훌륭하면 말을 잘한다는 것은 그리 대단한 일이 못 되오.[208]

라는 에우리피데스의 시행을 인용하며, "이번에는 마케도니아인들을 비판함으로써 그대의 웅변의 힘을 보여주시오. 그들이 자신들의 결점들을 알게 됨으로써 더 훌륭해질 수 있도록 말이오"라고 말을 이었다. 그러자 칼리스테네스는 자신이 마케도니아인들을 찬양한 말을 취소하고 한참 동안 거침없이 그들을 조목조목 비판했다. 그리고 헬라스인들 사이의 내분이 필립포스의 세력이 증대된 원인임을 지적한 뒤 다음 시행을 인용했다.

일단 내분이 일어나면 천하 악당도 존경받게 된다네.[209]

이 연설로 칼리스테네스는 마케도니아인들에게 불구대천의 원수가 되었고, 알렉산드로스도 칼리스테네스가 보여준 것은 그의 웅변이 아니라 마케도니아인들에 대한 악의라고 말했다.

54.

헤르밉포스에 따르면, 이 이야기는 칼리스테네스에게 큰 소리로 책을 읽어주던 노예인 스트로이보스가 아리스토텔레스에게 해준

---

208 에우리피데스, 『박코스 여신도들』 267행.
209 누가 말한 경구인지 알 수 없으나, 헬레니즘 시대의 그리스 시인 칼리마코스(Kallimachos)의 시행이라고 주장하는 사람들도 있다.

거라고 한다. 헤르밉포스는 칼리스테네스가 자신이 왕의 반감을 산 것을 알고 떠나가며 다음 시행을 두세 번 되뇌었다고 덧붙이고 있다.

그대보다 훨씬 나은 파트로클로스도 죽었다.[210]

칼리스테네스는 웅변에는 큰 재능이 있으나 분별력이 없다는 아리스토텔레스의 말은 결코 허튼소리가 아닌 것 같다. 그러나 적어도 부복에 관한 한 그는 철학자답게 처신했으니, 그는 부복하기를 완강히 거절했을 뿐 아니라 나이 많고 훌륭한 마케도니아인들이면 누구나 마음속으로 몰래 분개하고 있던 까닭을 공개적으로 말한 유일한 사람이었다. 그리하여 그는 부복을 포기하게 함으로써 헬라스인들을 큰 치욕에서 구하고, 알렉산드로스를 더 큰 치욕에서 구한 것이다. 그러나 그 자신은 왕을 설득하려는 것이 아니라 강요했다고 여겨져 파멸하고 말았다.

미튈레네[211] 출신의 카레스에 따르면, 한번은 연회석상에서 알렉산드로스가 잔을 비우고 나서 그 잔을 측근 가운데 한 명에게 건네자, 그자는 잔을 받더니 화로를 향해 일어서서 잔을 비우고 나서 먼저 알렉산드로스에게 부복한 다음 키스하고 제자리로 돌아가 반쯤 기댔다고 한다. 모든 손님들이 차례로 그렇게 하는 사이 술잔이 칼리스테네스에게 돌아왔다. 왕이 헤파이스티온과 이

210 『일리아스』 21권 107행. 포로로 잡힌 프리아모스의 아들 뤼카온에게 아킬레우스가 한 말이다.
211 미튈레네(Mitylene 또는 Mytilene)는 레스보스섬의 도시다.

야기하느라 자기를 주목하지 못하는데도 칼리스테네스는 잔을 비우고 나서 왕에게 키스하러 다가갔다. 이때 페이돈이라는 별명을 가진 데메트리오스가 "전하, 그의 키스를 받아들이지 마소서. 오직 그만이 전하 앞에 부복하지 않았나이다"라고 소리쳤다. 그래서 알렉산드로스가 키스를 거절하자 칼리스테네스가 큰 소리로 "그러시다면 저는 키스 한 번 받지 못하고 떠나가야 하겠군요"라고 외쳤다.

55.

이처럼 알렉산드로스와 칼리스테네스 사이가 일단 벌어지자, 칼리스테네스가 왕에게 부복하겠다고 자기에게 약속해놓고도 그 약속을 지키지 않았다는 헤파이스티온의 말을 왕이 곧이들었다. 그 밖에도 뤼시마코스와 하그논 같은 자들이 알렉산드로스에게 다가가 소피스트 칼리스테네스는 마치 참주정치를 타도하기로 결심한 양 거드름을 피우며 돌아다니고 있고, 이 수많은 사람들 중 그만이 자유인인 양 젊은이들이 주위로 몰려들어 그를 추앙하고 있다고 주장했다. 헤르몰라오스 일당이 왕에게 음모를 꾸미다 발각되자 칼리스테네스를 적대시하는 자들이 퍼뜨린 비난은 더욱더 그럴듯하게 들렸다. 그들의 말인즉, 어떻게 하면 가장 유명한 사람이 될 수 있느냐는 헤르몰라오스의 질문에 칼리스테네스가 "가장 유명한 사람을 죽임으로써"라고 말했다는 것이며, 칼리스테네스는 헤르몰라오스에게 행동을 촉구하면서 알렉산드로스의 황금 의자를 두려워 말고 역시 병들고 부상당할 수 있는 사람에게 다가가고 있다는 점을 명심하라고 일러주었다는 것이었다.

하지만 헤르몰라오스의 공범 중 어느 누구도 극심한 고문에도 칼리스테네스를 고발하지 않았다. 그리고 음모가 발각된 직후 알렉산드로스 자신도 크라테로스와 앗탈로스와 알케타스에게 써 보낸 서찰에서 말하기를, 젊은이들은 고문을 받으면서도 음모는 자기들만이 꾸민 것이고 다른 사람은 아무도 모르는 일이라고 고백했다고 했다. 그러나 나중에 안티파트로스에게 써 보낸 서찰에서는 그도 칼리스테네스의 유죄를 인정하며 "젊은이들은 마케도니아인들이 돌로 쳐 죽였소.[212] 하지만 소피스트는 그자를 내게 보낸 자들과, 내게 음모를 꾸미는 자들을 자신들의 도시에 받아준 자들과 함께 내가 직접 처벌할 것이오"라고 말한다. 그는 이 말로 아리스토텔레스에 대한 적대감을 노골적으로 드러내고 있다. 아리스토텔레스는 자신의 질녀 헤로의 아들인 칼리스테네스를 자기 집에서 양육했기 때문이다.

칼리스테네스의 죽음에 관해서, 어떤 이들은 그가 알렉산드로스의 명령으로 교수형에 처해졌다고 하고, 또 다른 이들은 그가 감옥에서 병들어 죽었다고 한다. 그러나 카레스의 말에 따르면, 그는 체포된 뒤 아리스토텔레스가 참석한 가운데 전원회의에서 재판받기 위해 일곱 달 동안 감옥에 갇혀 있었으나 알렉산드로스가 인디아에서 부상당했을 무렵 비만과 이에 따른 감염으로 죽었다고 한다.

56.

그러나 이것은 나중에 일어난 일이다. 그사이 코린토스 사람 데

---

[212] 기원전 327년 박트라에서. 여기서 '젊은이들'이란 이른바 '시동(侍童)들의 음모'에 가담한 알렉산드로스의 명문가 출신 시동들을 말한다.

마라토스는 이제는 노인인데도 알렉산드로스를 찾아 내륙으로 올라가기를 열망했다. 그는 왕을 알현하고는 알렉산드로스가 다레이오스의 왕좌에 앉아 있는 것을 보기 전에 죽은 헬라스인들은 큰 기쁨을 빼앗긴 거라고 말했다. 그러나 그는 왕의 총애를 오래 즐기지 못하고 곧 노환으로 죽었다. 그의 장례는 성대히 치러졌고, 군대는 그를 기념해 둘레가 넓고 높이가 80페퀴스나 되는 봉분을 지었다. 그의 유골은 화려하게 장식한 말 네 필이 끄는 수레에 실려 바닷가로 운반되었다.

57.

알렉산드로스는 이제 산을 넘어 인디아로 진격하려 했으나,[213] 자신의 군대가 수많은 전리품들로 방해받아 잘 움직이지 못하는 것을 보고는, 어느 날 새벽 짐수레들에 짐이 잔뜩 실리자 먼저 자신과 측근들의 짐수레들을 불사르더니 이어 마케도니아인들의 짐수레들에 불을 지르라고 명령했다. 그러자 그런 일은 결행하기보다 계획하는 것이 더 위대하고 힘들다는 것이 입증되었다. 왜냐하면 소수의 병사들만이 분개할 뿐 대부분의 병사들은 환성을 올리며 필수품은 그것이 필요한 사람들과 나누어 갖고 남는 것은 손수 불태우거나 부숴버렸기 때문이다. 그들을 보자 알렉산드로스는 열의와 자신감이 넘쳤다.

  이때쯤 그는 이미 범법자에 대한 가차없는 처벌자로서 부하들 사이에 두려움의 대상이었다. 예컨대 그는 측근 중 한 명인 메난

---

[213] 기원전 327년 늦봄.

드로스라는 사람이 어떤 요새의 수비대장으로 임명받고도 그곳에 머물려 하지 않자 사형에 처했다. 그리고 자신에게 반란을 일으킨 페르시아인 오르소다테스를 손수 활을 쏘아 죽였다.

암양 한 마리가 모양과 색깔이 티아라처럼 보이는 것을 머리에 쓰고 있고 양쪽 옆구리에 고환이 한 쌍씩 달린 새끼 양을 낳았을 때, 알렉산드로스는 이 전조에 혐오감을 느끼고 그런 목적을 위해 늘 데리고 다니던 바빌로니아인들을 시켜 자신을 정화하게 했다. 그리고 측근들에게는 자신 때문이 아니라, 자신이 죽은 뒤 신이 미천하고 무능한 자에게 자신의 권력을 넘겨주지 않을까 그들 때문에 걱정되었다고 말했다. 그러나 더 좋은 전조가 나타나 그는 낙담에서 벗어날 수 있었다. 왕의 비품을 관리하는 자들의 우두머리인 프록세노스라는 마케도니아인이 옥소스강 변에서 왕의 천막을 칠 땅을 고르다가 윤기와 기름기가 도는 액체가 흘러나오는 샘을 발견했다. 맨 윗부분을 걷어내자 순수하고 맑은 기름이 솟아나왔는데, 맛도 향도 올리브유와 다르지 않고, 부드럽고 윤기가 돈다는 점에서도 같았다. 그곳은 올리브나무가 나지 않는 고장인데도 말이다. 아닌 게 아니라, 전하는 이야기에 따르면 옥소스강 물은 더없이 부드러워 그 물로 목욕하는 사람은 피부에 윤이 난다고 한다. 알렉산드로스가 얼마나 기뻐했는지는 안티파트로스에게 써 보낸 서찰을 보면 알 수 있는데, 이 서찰에서 그는 이 전조는 신이 자기에게 내려준 위대한 전조 가운데 하나라고 적고 있다. 그러나 예언자들은 그 전조를 영광스럽지만 험난하고 힘든 원정길을 예고하는 것으로 풀이했다. 기름은 힘들 때 도움이 되라고 신이 인간들에게 준 선물이라는 것이었다.

58.

 아니나 다를까 알렉산드로스는 싸움터에서 수없이 위험에 처하며 중상을 입기도 했다. 그러나 그의 군대가 입은 큰 손실은 필수품 부족과 불순한 날씨 탓이었다. 하지만 그는 대담성으로 운명을 이기고 용맹으로 힘을 이기기를 열망했고, 대담한 자들에게는 세상에 못 이길 것이 아무것도 없고 겁쟁이들에게는 안전한 것이 아무것도 없다고 믿었다. 전하는 이야기에 따르면, 시시미트레스의 성채를 포위 공격하고 있을 때[214] 그 성채가 가파르고 접근하기가 어려워 군사들이 낙담하자 알렉산드로스는 옥쉬아르테스에게 시시미트레스가 용기 있는 사람이냐고 물었는데, 옥쉬아르테스가 그자는 천하에 겁쟁이라고 대답하자 "그대의 말인즉 우리는 저 바위 성채를 함락할 수 있다는 뜻이로군요. 그 우두머리가 든든하지 못하니 말이오"라고 말했다 한다. 그리고 실제로 그는 시시미트레스에게 겁을 줌으로써 성채를 함락했다.
 알렉산드로스는 가파른 또 다른 성채를 공격하던 중 젊은 마케도니아인들을 격려하다가 알렉산드로스라는 이름을 가진 한 젊은이에게 "자네는 이름 때문에라도 용감해야 하네"라고 말했다. 그리고 그 젊은이가 장렬하게 전사하자 왕은 한없이 상심했다. 한번은 마케도니아인들이 뉘사라고 불리는 성채를 향해 진격하기를 망설이자(그 앞에는 깊은 강이 있었다) 알렉산드로스는 강둑에 서서 "아뿔싸, 내가 왜 헤엄치는 법을 배우지 않았던가?"라고 말하고는 어느새 방패를 들고 강을 건너려 했다. 그리고 그가

---

214 기원전 328년~327년 겨울.

일단 전투를 중단하자 포위된 도시들에서 사절단이 찾아와 화친을 맺기를 청했는데, 그들은 그가 왕으로 꾸며 입지 않고 여전히 완전무장하고 있는 것을 보고 놀랐다. 그리고 그를 위해 방석을 가지고 왔을 때 그는 사절 가운데 가장 연장자인 아쿠피스라는 사람에게 앉으라고 권했다. 그러자 아쿠피스가 왕의 아량과 인간미에 감격해 그의 친구가 되려면 자신들이 무엇을 해야 하느냐고 그에게 물었다. 그래서 알렉산드로스가 "그대의 동포들이 그대를 통치자로 삼고 훌륭한 사람 100명을 내게 보내야 하오"라고 그에게 말하자, 아쿠피스는 웃으며 "아니, 전하. 훌륭한 자들보다 나쁜 자들을 전하께 보낸다면 제가 더 잘 통치하게 될 것이옵니다"라고 말했다.

59.

전하는 이야기에 따르면, 탁실레스[215]는 인디아에 아이귑토스만큼 큰 영토를 갖고 있었는데, 그 어느 곳 못지않게 목축과 농경에 적합했다고 한다. 그는 나름대로 지혜로운 사람으로, 알렉산드로스를 찾아와 수인사를 나눈 뒤 "알렉산드로스여, 우리가 서로 싸울 필요가 어디 있습니까? 이성을 가진 사람들이라면 오직 물과 필요한 식량 때문에 서로 싸우기 마련인데, 그대는 우리에게서 그런 것들을 빼앗으려고 오신 것 같지는 않으니 말입니다. 그 밖에 부와 재물이라고 불리는 것들은, 내가 더 많이 갖고 있으면 내

---

215 탁실레스(Taxiles)는 지금의 이슬라마바드에서 북서쪽으로 32킬로미터쯤 떨어져 있는 대도시 탁실라를 통치하던 자의 공식 명칭이다. 알렉산드로스는 인더스강을 건너 기원전 326년 봄에 그곳에 도착했다.

가 그대에게 선심을 쓸 것이고, 내가 더 적게 갖고 있으면 그대가 내게 베푸는 호의를 거절하지 않겠지요"라고 말했다. 그러자 알렉산드로스가 마음이 흐뭇해 그의 손을 잡으며 말했다. "그대가 그런 우호적인 인사말을 한다고 해서 우리의 면담이 싸우지도 않고 그냥 끝나리라고 생각하시오? 아니지요. 그대는 나를 이기지 못할 것이오. 나는 호의를 베푸는 데서 그대와 맞서 끝까지 싸울 테니까요. 선심을 쓰는 데서 그대가 나를 능가하지 못하도록 말이오." 알렉산드로스는 그에게서 많은 선물을 받은 다음 더 많은 선물을 주더니 마지막에는 1천 탈란톤의 주화를 선물했다. 그의 이러한 태도는 측근들에게는 심히 못마땅했으나 많은 야만인들의 환심을 샀다.

인디아인들 가운데 용감한 전사들은 용병들이었는데, 그들은 여러 도시를 돌아다니며 그 도시들을 끈질기게 지켜주었고 알렉산드로스에게 큰 피해를 입혔다. 그래서 알렉산드로스는 어떤 도시에서 그들과 휴전 조약을 맺은 다음 그들이 그곳을 떠나 행군할 때 기습해 모두 다 죽였다.[216] 그는 그 밖에 다른 경우에는 언제나 전쟁의 관행을 지키며 제왕답게 처신한 만큼, 이것은 그의 군대 경력에 오점으로 남아 있다. 철학자들[217]도 그에게 협력하는 왕들을 욕하고 자유민들을 저항하도록 사주함으로써 그에게는 용병들 못지않게 골칫거리였다. 그래서 그는 그들도 다수 교수형에 처하게 했다.

216 기원전 326년 지금의 스와트(Swat)에서.
217 브라만을 말한다.

60.

포로스왕과의 전투에 관해서는 알렉산드로스 자신이 쓴 서찰들에 기술되어 있다. 서찰에서 그가 말하기를, 양 진영 사이로 휘다스페스[218]강이 흐르고 있었는데, 포로스는 도강을 막기 위해 맞은편 강둑에 코끼리떼를 상주시켜놓았다고 한다.[219] 그래서 알렉산드로스는 자신의 진영에 날마다 큰 소음과 소동을 일으킴으로써 야만인들이 거기에 익숙해져 놀라지 않게 만들었다. 그러다 폭풍이 불고 달빛이 비치지 않는 어느 날 밤, 그는 보병 일부와 기병대의 정예 부대를 이끌고 강을 따라 행군하다가 적군에게서 좀 떨어진 곳에서, 강 가운데 있는 작은 섬으로 건너갔다. 비가 억수같이 쏟아지며 회오리바람이 불어대는 가운데 그의 부하들 위로 벼락이 계속해서 떨어졌다. 그는 자신의 부하들 중 몇 명이 벼락을 맞아 죽는 것을 보았지만 그 섬을 출발해 맞은편 강둑으로 향했다.

그런데 휘다스페스강이 비바람에 거칠게 불어난 채 강둑을 향해 돌진하며 새 물길을 파놓자 강물의 상당 부분이 그쪽으로 흘러가고 있었다. 그러나 두 물길 사이의 강바닥이 움푹 파이고 미끄러워서 그의 부하들이 발을 디디고 똑바로 설 수가 없었다. 전하는 이야기에 따르면, 바로 그곳에서 그는 "오오 아테나이인들이여, 내가 그대들에게 칭찬받으려고 어떤 위험을 무릅쓰고 있는지 그대들은 믿을 수 있겠는가?"라고 외쳤다 한다.

이것은 오네시크리토스가 전하는 이야기다. 그러나 알렉산드

---

218 휘다스페스(Hydaspes)는 지금의 젤룸(Jhelum)강이다.
219 말들이 코끼리떼를 보고 겁이 나 도강하지 못하도록.

로스 자신의 말에 따르면, 그들은 뗏목들을 버리고 완전무장한 채 가슴께까지 올라오는 새 물길을 건넜다고 한다. 그러고 나서 알렉산드로스는 보병부대보다 20스타디온이나 앞서 기병대를 이끌고 전진했는데, 적군이 기병대로 공격해오면 자신이 그들보다 훨씬 더 우세할 것이고, 적군이 보병을 동원하면 그전에 자신의 보병들이 합류해올 거라고 계산한 것이다. 실제로 그의 예상 가운데 한 가지는 적중했다. 적의 기병 1천 명과 전차 60대가 공격해오자 그는 그들을 패주시켜 전차는 모두 노획하고 기병은 400명이나 죽였던 것이다. 그러자 포로스는 알렉산드로스가 몸소 강을 건넜음을 알아차리고는 남은 마케도니아인들이 강을 건너는 것을 막도록 군대의 일부만 남겨둔 채 전군을 이끌고 그를 향해 진격해왔다. 알렉산드로스는 코끼리떼와 수많은 적군이 두려워 자신은 적군의 왼쪽 날개를 공격하고 코이노스에게는 오른쪽 날개를 공격하라고 명령했다. 적군의 왼쪽 날개와 오른쪽 날개가 모두 패퇴하자, 패배한 적군은 중앙의 코끼리떼 뒤로 물러나 거기서 코끼리떼와 뒤범벅이 되었다. 그곳에서 양군 사이에 일대 혼전이 벌어졌으나, 여덟 시간이 거의 다 지나서야 적군이 제압되었다. 이상은 승리자가 자신의 서찰들에서 전하는 이야기다.

　대부분의 역사가들의 일치된 보고에 따르면, 포로스는 키가 4페퀴스 하고도 한 뼘이나 되었는데, 크고 당당한 체구 때문에 그가 코끼리를 탄 모습은 보통 사람이 말을 타고 있는 것만큼이나 잘 어울렸다고 한다. 게다가 그의 코끼리는 군대에서 가장 큰 것으로 놀랄 만큼 영리했고 왕을 극진히 염려해주었다. 포로스가 힘차게 싸우는 동안 코끼리는 용감하게 그를 지켜주며 공격자들을 물리쳤으나, 날아오는 수많은 무기로 인해 주인이 지치고 부상당한 것을 알아차리면 혹시 주인이 등에서 굴러떨어지지 않을까 두려워 부드럽게 땅에 무릎을 꿇고는 코로 창을 하나씩 하나씩 잡아 주인의 몸에서 뽑아주었다.

61.

포로스는 포로가 되었고, 어떻게 대우해주기를 원하느냐는 알렉산드로스의 물음에 "제왕답게"라고 대답했다. 그 밖에 더 할 말이 있느냐고 알렉산드로스가 다시 묻자, "'제왕답게'라는 말 속에 모든 것이 포함되어 있소이다"라고 대답했다. 그래서 알렉산드로스는 그가 태수 자격으로 이전의 왕국을 통치하게 했고, 자신이 정복한 자유민의 나라도 거기에 덧붙여주었는데, 그곳에는 15개 부족과 5천 개의 제법 큰 규모의 도시들과 무수히 많은 마을들이 있었다고 한다. 또한 그는 그보다 3배나 큰 다른 지역을 정복해 측근 중 한 명인 필립포스를 그곳 태수로 임명했다.

포로스와의 전투가 있은 뒤 부케팔라스도, 바로 뒤가 아니라 한참 뒤에 죽었다. 대부분의 역사가들에 따르면 전투 때 부상당해 치료받다가 죽었다 하고, 오네시크리토스에 따르면 노쇠해 죽었다고 한다. 부케팔라스는 죽었을 때 서른 살이었던 것이다. 알렉산드로스는 그야말로 죽마고우를 잃었다고 여겨 몹시 슬퍼했다. 그는 자신의 애마를 기념해 휘다스페스강 변에 도시를 세우고 부케팔리아라고 일컬었다. 전하는 이야기에 따르면, 그는 또 강아지 때부터 길러온 페리타스라는 애견을 잃자 도시를 세우고 그 개의 이름을 붙여주었다고 한다. 역사가 소티온은 레스보스 출신의 포타몬에게서 이 이야기를 들었다고 말한다.

62.

 마케도니아인들은 포로스와의 전투로 예봉이 꺾여 더이상 인디아로 진격하지 못하고 있었다. 그들은 보병 2만 명과 기병 2천 명을 이끌고 나온 포로스도 간신히 제압했기 때문이다. 그래서 알렉산드로스가 강게스[220]강도 건널 것을 고집하자 극구 반대했다.

 그 강은 너비가 23스타디온이고, 깊이가 100오르귀이아나 되고 맞은편 강둑은 전투 장비와 말들과 코끼리로 가득 차 있다는 것을 알게 되었던 것이다. 왜냐하면 그들은 간다리타이족과 프라이시오이족의 왕들이 기병 8만 명과 보병 20만 명과 전차 8천 대와 코끼리 6천 마리를 거느리고 자기들이 건너오기만을 기다리고 있다는 말을 들었기 때문이다. 그것은 과장이 아니었다. 얼마 뒤 그곳을 통치하게 된 안드로콧토스[221]가 셀레우코스에게 코끼리 500마리를 선사했고, 60만 대군을 이끌고 쳐들어가 인디아 전체를 정복했기 때문이다.

 그러자 알렉산드로스는 처음에는 괘씸하고 분한 마음에 자신의 천막에 틀어박혀 누워 있으면서 강게스강을 건너지 못한다면 지금까지의 자신의 업적은 아무것도 아니라고 여겼다. 그는 후퇴

---

220 강게스(Ganges)는 갠지스강의 그리스어 이름이다. 여기서 '강게스강'이란 갠지스강에서 서쪽으로 400킬로미터쯤 떨어진 펀자브 지방의 휘파시스(Hyphasis 지금의 Beas)강을 말한다. 기원전 326년 여름 알렉산드로스의 부하들이 휘파시스강을 건너라는 명령에 항거한 데에는 몬순 탓도 있었다고 한다.

221 안드로콧토스(Androkottos, Sandrokottos로 읽는 텍스트들도 있다)는 알렉산드로스 사후 인도의 태수령들을 정복하고 마우리아 왕조를 세운 찬드라굽타(Chandragupta)의 그리스어 이름이다.

하는 것을 패배를 자인하는 것으로 여겼던 것이다.

그러나 측근들이 적절한 이유를 대며 그를 위로하고, 군사들이 그의 천막 입구로 몰려들어 울며불며 간청하자 그는 마음을 누그러뜨리고 퇴각을 준비했다. 그러면서도 그는 자신의 명성을 높이려고 여러 가지 계략과 술책을 썼다. 예컨대 그는 보통 것보다 더 큰 무구들과 말구유들, 더 무거운 재갈들을 준비하게 하여 여기저기 뿌려놓았다. 그는 또 신들[222]을 위해 제단들을 설치했는데, 오늘날까지도 프라이시오이족의 왕들은 강을 건널 때 그 제단들에 경의를 표하며 헬라스식으로 제물을 바친다. 어릴 적에 알렉산드로스를 본 적이 있는 안드로콧토스는 나중에, 그 당시의 왕은 성격이 비열하고 출신이 미천해 미움과 경멸을 한몸에 받고 있었기 때문에 알렉산드로스가 힘들이지 않고 나라 전체를 정복할 수 있었을 거라고 가끔 말하곤 했다 한다.

63.

그리고 나서 알렉산드로스는 외해[223]가 보고 싶어, 노가 달린 나룻배와 뗏목을 많이 만들게 하여 유유히 강물을 따라 내려갔다. 그러나 그의 여행에 노고와 전투는 빠지지 않았으니, 그는 도중에 상륙한 다음 강가의 도시들을 공격해 모조리 정복한 것이다. 그러나 그는 인디아의 부족 가운데 가장 호전적이라는 말로이족을 공격하다가 하마터면 베일 뻔했다. 그는 날아다니는 무기들로

---

222 올륌포스의 12신을 말한다.
223 인도양을 말한다. 알렉산드로스는 인더스강으로 돌아가 기원전 326년 11월에 강물을 따라 내려갔고, 기원전 325년 7월 인도양에 도착했다.

적군을 쫓아버린 다음 사다리를 걸쳐놓고 맨 먼저 성벽으로 올라갔다. 그러나 사다리가 부서져 부하들이 합류하지 못하는 가운데 야만인들이 성벽 아래 늘어서서 밑에서 그를 향해 화살을 쏘아대기 시작했다. 그는 거의 혼자나 다름없는데도 몸을 웅크리더니 적군 한가운데로 뛰어내려 다행히 똑바로 설 수 있었다.

그가 무기를 휘두르자 야만인들은 그의 몸 앞에서 어떤 환영이 섬광처럼 움직이는 줄 알고 처음에는 흩어져 달아났다. 그러나 그를 따르는 호위병이 두 명밖에 없는 것을 보자 그에게 덤벼들었다. 그들 중 더러는 달려들며 방어하고 있는 그의 무구를 칼과 창으로 뚫어 부상을 입히려 했고, 한 명은 조금 뒤에 떨어져 서서 그를 향해 화살을 쏘았다. 화살은 명중해 그를 세게 맞히며 그의 가슴받이를 뚫고 늑골 사이의 가슴에 가 꽂혔다. 그 충격이 어찌나 강한지 알렉산드로스는 뒤로 비틀거리며 무릎을 꿇었다. 가해자가 인디아의 언월도를 빼들고 달려들자 페우케스타스와 림나이오스가 그의 앞을 막아섰다. 두 사람 다 부상당했는데 림나이오스는 죽었다. 그러나 페우케스타스는 버텼고, 그사이 알렉산드로스가 그 야만인을 죽였다. 하지만 그 자신도 많은 부상을 입었고, 마지막에는 곤봉에 목덜미를 얻어맞고는 성벽에 몸을 기댄 채 적군을 노려보고 있었다.

그 순간 마케도니아인들이 그의 주위로 몰려들어 이미 의식을 잃은 그를 낚아채어 그의 천막으로 데려갔다. 그러자 즉시 그가 죽었다는 소문이 온 진영에 퍼졌다. 한편 왕의 측근들은 나무로 된 화살대를 어렵사리 잘라내고는 간신히 가슴받이를 벗긴 다음 늑골 사이에 박힌 화살촉을 제거할 수 있었는데, 너비가 3닥틸로스, 길이가 4닥틸로스였다고 한다. 그래서 화살촉을 제거했을 때 왕은 졸도해 빈사 상태에 빠졌으나 곧 의식을 회복했다. 위험한 고비는 넘겼으나 그는 아직은 허약해 오랜 요양과 간호가 필요했다. 그러던 어느 날 천막 바깥이 떠들썩하자 마케도니아인들이 자기를 보고 싶어한다는 것을 알아차리고는 외투를 걸치고 그들에게로 나갔다. 그리고 신들에게 제물을 바친 다음 그는 다시 배에 올라 강물을 따라 내려가며 많은 나라와 대도시들을 정복했다.

64.

그는 반란을 일으키도록 삿바스를 가장 적극적으로 사주해 마케도니아인들에게 가장 큰 해악을 끼친 나체 수도자[224] 10명을 잡았다. 그들은 묻는 말에 정확하고 간결하게 답변하기로 유명했다. 그래서 그는 그들에게 어려운 문제를 내며, 먼저 틀린 답변을 하는 사람을 죽이고 이어서 나머지도 같은 순서에 따라 죽이겠다고 했다. 그리고 나서 그들 중 가장 나이 많은 사람 한 명을 심판관으로 앉혔다. 첫 번째 수도자는 산 자와 죽은 자 가운데 어느 쪽이 더 많다고 생각하느냐는 물음에 산 자라고 답변하며 죽은 자는 더이상 존재하지 않기 때문이라고 했다. 두 번째 수도자는 육지와 바다 가운데 어느 쪽이 더 큰 짐승을 기르느냐는 물음에 육지라고 답변하며 바다는 육지의 일부에 지나지 않기 때문이라고 했다. 세 번째 수도자는 어떤 동물이 가장 교활하냐는 물음에 "지금까지 사람이 발견하지 못한 동물"이라고 답변했다. 네 번째 수도자는 어떤 이유에서 반란을 일으키도록 삿바스를 사주했느냐

---

224 그리스어로는 gymnosophistes다.

는 물음에 "그가 살거나, 아니면 아름답게 죽기를 바랐기 때문"이라고 답변했다. 다섯 번째 수도자는 낮과 밤 가운데 어느 쪽이 먼저 태어났다고 생각하느냐는 질문에 "낮이 하루 먼저 태어났지요"라고 답변했다. 그리고 왕이 어리둥절해하자 그는 어려운 질문에는 어렵게 답변해야 하는 법이라고 덧붙였다. 이어서 여섯 번째 수도자에게 알렉산드로스가 사람이 어떻게 해야 가장 사랑받을 수 있느냐고 묻자, 그는 "막강한 권력을 갖고 있으면서도 공포의 대상이 되지 않는다면요"라고 답변했다. 남은 세 명 가운데 한 명은 어떻게 하면 사람이 신이 될 수 있느냐는 물음에 "무언가 사람이 해낼 수 없는 일을 하면요"라고 답변했다. 또 한 명은 삶과 죽음 가운데 어느 쪽이 더 강력하냐는 물음에 "삶이죠. 삶은 그토록 많은 불행을 참고 견딜 수 있으니까요"라고 답변했다. 마지막 수도자는 사람은 얼마나 오래 사는 것이 좋겠느냐는 물음에 "죽는 것이 사는 것보다 더 낫다고 여기지 않을 때까지요"라고 답변했다.

그러자 알렉산드로스는 마지막으로 심판관 쪽으로 돌아서며 심판하라고 명령했다. 심판관이 그들은 저마다 먼저 사람보다 더 못한 답변을 했다고 하자, 알렉산드로스는 "그런 답변을 했으니 그대가 먼저 죽어야겠소"라고 말했다. 그러자 심판관이 "그렇지 않습니다, 전하. 가장 못한 답변을 한 사람을 맨 먼저 죽일 것이라는 전하의 말씀이 허언이 아니었다면 말입니다"라고 말했다.

65.

그는 이 수도자들에게 선물을 주어 돌려보냈다. 그러고 나서 가장 큰 명성을 누리며 은둔 생활을 하고 있는 수도자들에게 오네시크리토스를 보내 한번 자기를 방문해주기를 청했다. 오네시크리토스는 철학자로 견유학파 철학자 디오게네스의 제자였다. 오네시크리토스의 말에 따르면, 수도자 중 한 명인 칼라노스는 그를 불손하고 거칠게 대했고, 옷을 벗고서 자기가 하는 말을 경청하라며 그러지 않으면 그가 설령 제우스에게서 왔다 하더라도 대화하지 않겠다고 말했다 한다.

오네시크리토스의 말에 따르면 단다미스는 더 온유한 사람인데, 소크라테스와 퓌타고라스와 디오게네스에 관해 충분히 듣고 나서 그들은 자기가 보기에 좋은 자질을 타고났으나 법을 지나치게 두려워하며 산 것 같다고 말했다 한다. 그러나 다른 사람들의 말에 따르면, 단다미스는 이때 "알렉산드로스는 여기까지 그토록 먼 길을 왜 왔지?"라는 말 외에는 아무 말도 하지 않았다고 한다.

칼라노스는 결국 탁실레스의 설득으로 알렉산드로스를 방문했다. 그의 본명은 스피네스였으나, 만나는 사람에게 헬라스 말로 '카이레'[225]라고 인사하지 않고 인디아 말로 '칼레'[226]라고 인사한 까닭에 헬라스인들은 그를 칼라노스라고 불렀다. 전하는 이야기에 따르면, 다름 아닌 그가 알렉산드로스에게 통치의 모형을 제시했다고 한다. 그는 땅바닥에다 말라 오그라든 소가죽 한 장을 펴놓고 한쪽 가장자리를 밟았다. 소가죽은 한 곳은 눌렸으나 다른 쪽에서는 들썩였다. 소가죽을 빙빙 돌아가며 가장자리를 밟을 때마다 그런 현상이 일어난다는 것을 보여준 다음, 그가 마침내 한가운데에 서자 소가죽 전체가 평평하고 조용해졌다. 이 비

---

[225] 카이레(chaire)는 그리스어로 '안녕'이라는 뜻이다.
[226] kale.

유는 알렉산드로스가 무엇보다도 제국의 중심을 누르고 앉아야 지 멀리 떠돌아다녀서는 안 된다는 걸 보여주려는 것이었다.

66.

알렉산드로스가 강물을 따라 바다로 내려가는 데 일곱 달이 걸렸다. 함대를 이끌고 대양[227]으로 나오자 그는 자신은 스킬루스티스라고 불렀으나 다른 사람들은 프실투키스라고 부르던 섬에 상륙해 신들에게 제물을 바친 후 그곳의 바다와 접근할 수 있는 데까지 해안을 탐사했다. 그러고 나서 이후에 어느 누구도 자신의 원정 범위를 넘지 못하게 해달라고 기도하고 돌아왔다.[228] 그는 함대에 인디아를 오른쪽에 끼고 해안을 따라 항해하라고 명령하고는[229] 네아르코스를 제독으로, 오네시크리토스를 수석 키잡이로 임명했다.

한편 알렉산드로스 자신은 오레이테스족의 나라를 지나 행군하다가 극심한 곤란을 겪으며 수많은 부하를 잃었다. 그리하여 그가 인디아에서 이끌고 돌아온 병력은 4분의 1도 안 되었다.[230] 한때 그의 병력은 보병이 12만 명에 기병이 1만 5천 명이나 되었

---

[227] '대양'의 그리스어는 Ōkeanos로, 고대 그리스인들은 대지에는 아시아·에우로페·리뷔에(Libye=북아프리카)의 세 대륙이 있는데 이들 대륙은 오케아노스라는 강으로 둘러싸여 있다고 믿었다.

[228] 훗날 로마 황제 트라야누스(Traianus)도 파르티아를 정벌하고 대양으로 나가고 싶어 기원후 115년 페르시아만에 도착한 적이 있다.

[229] 그들의 함대는 인도를 오른쪽에 끼고 페르시아만으로 올라가, 에우프라테스강 하구에서 물길로 진격하는 알렉산드로스와 합류할 계획이었다.

[230] 비전투원들도 포함된 '병력'인 듯하다.

는데도 말이다. 그들은 괴질과 열악한 음식과 타는 듯한 더위와 무엇보다도 기아로 인해 죽어갔는데, 그것은 그들이 땅을 경작하지 않고 비참하게 연명해가는 주민들의 나라를 통과했기 때문이다. 그곳 주민들이 가진 것이라고는 약간의 양떼밖에 없었는데, 그나마 열악한 종류인 데다 바닷물고기를 사료로 먹여서 그 고기에서는 고약한 악취가 났던 것이다. 알렉산드로스는 60일 만에 간신히 이 나라를 통과했다.[231] 그러나 그가 게드로시아에 도착하자마자 물자가 남아돌았는데, 인근의 태수들과 왕들이 대주었던 것이다.

67.

그곳에서 군사들을 쉬게 한 다음 그는 다시 출발해 떠들썩한 술잔치를 벌이며 이레 동안 카르마니아를 지나 행군했다. 말 8필이 천천히 수레를 끄는 가운데, 그는 그 위에 설치한 직사각형의 높다랗고 눈에 잘 띄는 대(臺) 위에서 측근들과 함께 밤낮으로 쉴 새 없이 잔치를 벌였다. 그 뒤를 셀 수 없이 많은 사륜거들이 따르고 있었는데, 그중 더러는 수놓은 자줏빛 일산(日傘)으로, 더러는 아직도 싱싱하고 푸른 나뭇가지들로 햇빛을 가리고 있었다. 이들 사륜거들은 나머지 측근들과 장수들을 실어나르고 있었는데, 이들은 모두 화관을 쓰고 술을 마시고 있었다.

---

[231] 남(南)파키스탄의 황무지를 통과하는 이 험난한 여행에서 알렉산드로스 일행은 엄청난 대가를 치르는데, 그는 그 어려움을 과소평가했거나, 그곳을 건너지 못한 페르시아 제국의 창건자 대(大) 퀴로스 같은 이전의 통치자들에게 도전해보고 싶었던 것 같다.

방패나 투구나 창은 구경도 할 수 없었다. 그들이 행군하는 길에는 술통과 포도주 희석용 동이들이 죽 늘어서 있어, 군사들은 큰 잔과 뿔잔과 큰 컵으로 끊임없이 술을 퍼내어, 더러는 행군하면서 더러는 길가에 드러누워서 서로 건배했다. 그들이 지나가는 곳에는 온통 목적(牧笛) 소리, 피리 소리, 현악기 소리, 노랫소리, 주신 박코스를 찬미하는 여인들의 환성이 울려 퍼졌다. 박코스적인 분방함이 이 무질서하게 비틀거리는 행렬과 함께하니, 마치 박코스가 친히 임하여 이 술잔치를 지휘하는 것 같았다.

게드로시아[232]의 궁전에 도착하자 알렉산드로스는 다시 군대를 쉬게 하고 큰 잔치를 벌였다. 전하는 이야기에 따르면, 그는 거나하게 취한 채 노래와 춤 경연을 관람하고 있는데, 그가 좋아하던 바고아스가 그 경연에서 우승한 다음 우승자의 영관을 쓰고 관중석을 지나 그의 옆에 와 앉았다고 한다. 그러자 마케도니아인들이 그 광경을 보고 박수갈채를 보내며 우승자에게 입맞춰주라고 하자, 왕은 얼싸안으며 그에게 부드러운 입맞춤을 선사했다고 한다.

68.

네아르코스 일행이 이곳으로 그를 만나러 올라오자,[233] 알렉산드로스는 그들의 항해에 관한 보고를 듣고 기뻐하며, 자신도 대함대

---

232 카르마니아를 게드로시아로 착각한 듯하다.
233 네아르코스는 기원전 325년 12월 하르메제이아(Harmezeia)에 상륙한 다음 닷새 동안 내륙으로 행군해 알렉산드로스를 만나보고 돌아갔다.

를 이끌고 에우프라테스강을 내려가서는 아라비아와 리뷔에[234]를 돌아 헤라클레스의 기둥들[235] 사이를 지나 다시 내해(內海)[236]로 들어가고 싶었다. 그래서 그는 탑사코스[237]에서 온갖 종류의 함선을 건조하게 하고, 사방에서 선원들과 키잡이들을 모집했다.

그러나 그가 인디아 원정길에서 겪었던 어려움, 말로이족과의 전투에서 입은 부상, 그의 군대가 큰 손실을 입었다는 소문 등은 그의 무사 귀환에 의구심을 품게 했다. 그리하여 예속된 부족들은 반란을 일으킬 마음을 먹게 되고, 장군과 태수들은 심한 부정과 약탈과 월권을 일삼았다. 한마디로 제국 도처에 동요와 전복의 기운이 팽배했다.

고향에서는 그의 어머니 올륌피아스와 누이 클레오파트라마저 안티파트로스에게 반기를 들고 이미 왕국을 나눠 가졌는데, 올륌피아스는 에페이로스를, 클레오파트라는 마케도니아를 차지했다. 이 소식을 듣자 알렉산드로스는 어머니가 더 현명한 선택을 했다며, 마케도니아인들은 여인의 지배를 감수하지 않을 것이기 때문이라고 했다.

이런 이유들로 해서 그는 네아르코스를 바다로 돌려보내고, 전 해안 지대에 전쟁을 안겨줄 작정으로 자신은 아시아의 고지대에서 저지대로 내려가며 권력을 남용한 장군들을 응징했다. 그는 태수 아불레테스의 아들 중 한 명인 옥쉬아르테스를 손수 창으

---

234 리뷔에(Libye)는 북아프리카 또는 아프리카를 말한다.
235 지브롤터 해협을 말한다.
236 지중해.
237 탑사코스(Thapsakos)는 에우프라테스강 상류에 있는 시리아 지방의 도시다.

로 꿰뚫어 죽였다. 그리고 아불레테스가 식량을 조달하라는 명령을 받고도 식량 대신 주화 3천 탈란톤을 가져오자 알렉산드로스는 그 돈을 그의 말들에게 던져주라고 명령했다. 말들이 입도 대려 하지 않자 그는 "그대의 식량이 우리에게 무슨 소용 있다는 거요?"라고 말하고 아불레테스를 투옥했다.

69.

알렉산드로스는 페르시스 지방에 도착하자 맨 먼저 여자들에게 돈을 나눠주었는데, 그것은 페르시아 왕들의 관습을 따른 것으로 그들은 이 지방에 올 때마다 여자들에게 각각 금화를 한 닢씩 주었던 것이다. 그래서 몇몇 왕은 페르시스 지방을 자주 방문하지 않았고 오코스[238]는 단 한 번도 그곳에 발을 들여놓지 않았으니, 너무나 인색해 자신을 조국에서 추방한 셈이다.

그다음 그는 퀴로스의 무덤이 파헤쳐져 있는 것을 발견하고는, 그 범인이 폴뤼마코스라는 펠라[239] 출신의 이름 있는 마케도니아인이었지만 처형하게 했다. 알렉산드로스는 퀴로스의 무덤가에 있는 비문을 읽어보고는 그것을 헬라스 말로 옮겨 원문 아래에다 새겨두라고 명령했는데, 그 내용은 다음과 같다. "길손이여, 그대가 누구든, 또 어디서 왔든—나는 그대가 오리라는 것을 알고 있었노라—나는 페르시아인들을 위해 제국을 세워준 퀴로스다. 그러니 그대는 내 육신을 덮고 있는 이 얼마 안 되는 땅을 시기하지 말지어다." 알렉산드로스는 인생의 변화 무상함을 일깨워주는 이

---

238 오코스(Ōchos)는 페르시아 왕 아르타크세르크세스 3세의 별명이다.
239 펠라(Pella)는 마케도니아의 수도다.

말에 깊은 감명을 받았다.

한동안 장이 불편해 고생하던 칼라노스가 그곳에서는 자신을 위해 화장용 장작더미를 준비해달라고 부탁했다. 칼라노스는 그곳으로 말을 타고 가서 기도를 한 뒤 몸에 물을 뿌리고 머리털을 조금 잘라 화장용 장작더미에 던졌다. 그러고 나서 그 위에 오르더니 주위에 있던 마케도니아인들에게 큰 소리로 작별인사를 하고 나서 그날은 왕과 함께 술을 마시며 즐거운 하루가 되게 하라고 권하고는 자신은 머지않아 바빌론에서 왕을 뵙게 될 거라고 말했다.[240] 이렇게 말하고 그는 누워서 얼굴을 가리고는 불길이 다가와도 꼼짝도 않고 처음과 똑같은 자세로 누워 있었다. 그리하여 그는 조국의 현인들이 조상 대대로 지켜온 관습에 따라 신들에게 가장 값진 제물로 자신을 바쳤던 것이다. 많은 세월이 흐른 뒤 카이사르[241]를 알현한 인디아인[242]도 아테나이에서 똑같은 행동을 보였는데, 그곳에서는 지금도 이른바 인디아인의 무덤을 볼 수 있다.

70.

알렉산드로스는 화장용 장작더미에서 돌아온 뒤 많은 측근과 장수들을 만찬에 초대해놓고는 물 타지 않은 포도주 마시기 내기를 하여 우승자에게는 화관을 씌워주자고 제안했다. 가장 많이 마

---

240 알렉산드로스가 곧 죽게 될 것이라고 예언한 것이다.
241 아우구스투스.
242 그 인도인은 기원전 20년 아우구스투스가 그리스에 머무르고 있을 때 찾아온 사절이었다고 한다.

신 사람은 프로마코스였는데, 그는 4쿠스243나 들이켜고는 상으로 1탈란톤의 값어치가 있는 화관을 받았으나 사흘밖에 더 살지 못했다. 카레스에 따르면, 다른 참가자들도 폭음한 뒤 한기가 심하게 들어 41명이나 술 때문에 죽었다고 한다.

수사에서 알렉산드로스는 측근들의 결혼식을 올려주고244 자신도 다레이오스의 딸 스타테이라와 결혼했는데, 가장 용감한 마케도니아인들에게 가장 고귀한 페르시아 여인들을 배정했다. 그리고 이 기회에 그들뿐만 아니라 이미 페르시아 여인들과 결혼한 다른 마케도니아인들을 위해서도 합동 피로연을 열어주었다.245 이 잔치에는 9천 명의 손님이 초대받았는데, 신에게 헌주하도록 각자에게 황금 잔이 하나씩 하사되었고 그 밖의 것들도 놀라울 정도로 호사스러웠다. 그는 또 손님들이 지고 있던 빚도 대신 갚아주었는데, 그 경비가 9870탈란톤이나 되었다.

그런데 이때 외눈박이 안티게네스가 채무자로 허위신고를 하고는 자기에게 돈을 빌려주었다는 사람을 계산대로 데리고 와서 돈을 받아 가게 했다. 나중에 거짓임이 드러나자 왕은 크게 화를 내며 그를 궁전에서 내쫓고 지휘권을 박탈했다. 그러나 안티게네스는 탁월한 군인이었다. 그가 아직 젊었을 때 필립포스가 페린토스246를 포위 공격하고 있었는데, 그는 쇠뇌에서 날아온 화살을

---

243 1쿠스(chous)는 3.21리터다. 4쿠스는 약 13리터다.
244 92명의 측근이 결혼식을 올렸으나, 알렉산드로스 사후에 다수가 이혼했다고 한다.
245 기원전 324년.
246 페린토스(Perinthos)는 프로폰티스해(Propontis 지금의 마르마라해)의 서북쪽에 있는 도시다.

한쪽 눈에 맞고도 남들이 화살을 뽑아주려 했으나 뽑지 못하게 하고 끝까지 싸워 이겨 적을 성벽 안에 가두었던 것이다. 따라서 그는 자신의 치욕을 참고 견딜 수가 없었고, 괴로워 절망한 나머지 자살할 것이 분명했다. 왕은 이를 염려해 노여움을 거두고 그에게 그 돈을 가지라고 명령했다.

71.

알렉산드로스가 훈련과 교육을 받으라고 남겨두고 간 3만 명의 소년은 그사이 건장하고 의젓한 장부가 되어 있었고, 게다가 군사 훈련에서 놀랄 만한 기민함과 민첩성을 드러냈다. 그는 마음이 흐뭇했다. 그러나 마케도니아인들은 왕이 앞으로 자신들에게 관심을 덜 가질까 봐 마음이 불안했다. 그래서 그가 병약자들과 부상자들을 해안 지대로 내려보내려 했을 때, 그들은 그가 사람들을 실컷 이용해먹고는 처음 데려왔을 때와 다르다고 해서 수치스럽게 돌려보내고 그들의 고향 도시와 부모들에게 내던져버리는 것은 모욕이자 치욕이라고 항의했다. 그들은 그가 칼춤을 추는 이 페르시아 젊은이들을 이끌고 나가 세계를 정복할 수 있을 텐데 왜 마케도니아인들 전부를 쓸모없다고 선언하고는 돌려보내지 않느냐고 윽박질렀다.

그들의 말에 알렉산드로스는 격분해 홧김에 그들에게 욕설을 마구 퍼붓고는 그들을 내친 다음 호위 임무를 페르시아인들에게 맡겼고, 호위대와 시종들을 페르시아인들로 구성했다. 마케도니아인들은 왕이 페르시아인들에게 둘러싸여 있고 자신들은 내쳐져 모욕당하는 것을 보자 의기소침해졌고, 사태를 곰곰이 따져보고는 자신들이 시기심과 분한 마음에 거의 제정신이 아니었음을 깨닫게 되었다. 마침내 제정신이 돌아오자 그들은 무장하지 않고 키톤만 입은 채 왕의 천막으로 몰려가 울며불며 자신들은 배은망덕한 자들이니 그의 처분에 따르겠다고 했다.

그러나 알렉산드로스는 그들의 그러한 태도에 마음이 누그러졌지만 그들을 보려 하지는 않았다. 그래도 그의 군사들은 물러가지 않고 이틀 밤 이틀 낮을 그의 천막 앞에 버티고 서서 울면서 자신들의 주인을 불렀다. 마침내 사흘째 되던 날, 그는 밖으로 나가 그들의 불쌍하고 비참한 모습을 보고는 한참 동안 눈물을 흘렸다. 그러고 나서 그는 점잖게 나무라기도 하고 다정하게 말을 건네기도 하며 전투력을 상실한 사람들을 후한 선물을 주어 제대시켰고, 그들이 모든 경기장과 극장에서 화관을 쓰고 맨 앞자리에 앉을 수 있게 하라고 안티파트로스에게 서찰을 써 보냈다. 그는 또 전사자들의 고아들도 아버지의 급료를 받게 하라고 지시했다.

72.

그는 메디아의 엑바타나에 도착해 급한 용무를 처리하고 나서 또다시 공연과 축제에 몰두했다. 때마침 헬라스에서 연예인 3천 명이 도착했기 때문이다. 이때 헤파이스티온은 열병을 앓고 있었는데 젊은 군인인지라 엄격한 식사요법을 지킬 수가 없어, 의사 글라우코스가 극장에 가자마자 아침식사로 삶은 닭 한 마리를 다 먹어치우고 큰 냉각통의 포도주를 다 비우더니 병세가 악화되어 얼마 뒤에 죽었다. 알렉산드로스는 그를 잃은 것이 한없이 슬퍼 애도의 표시로 말과 노새들의 갈기를 자르고 인근 도시들의 흉벽을 허물라고 명령하더니 그 불운한 의사를 책형에 처하고는, 암몬 신에게서 헤파이스티온을 반신(半神)으로 모시고 제물을 바치라는 신탁이 도착할 때까지는 오랫동안 진영에서 피리 소리와 음악 연주를 일절 금했다.

그는 자신의 슬픔을 달래려고 출진(出陣)해 짐승을 사냥하듯 사람들을 뒤쫓아가 콧사이오이족[247]을 제압하고는 성년 남자 주민을 모두 도살했다. 그는 이것을 헤파이스티온의 혼백에 바치는 제물이라고 불렀다. 그는 친구의 무덤과 장례식과 그것들의 치장을 위해 1만 탈란톤을 쓸 작정이었다. 그리고 그는 의장(意匠)의 천재성과 독창성이 비용을 능가하기를 원했기에, 장대하고 대담하며 과시적인 설계로 건축의 새 지평을 열 것으로 기대되던 스타시크라테스를 어떤 건축가보다도 아쉬워했다. 스타시크라테스는 전에 알렉산드로스를 만났을 때, 모든 산들 가운데 트라케의 아토스[248]산만큼 사람의 형상을 받아들이기에 적합한 산은 없으며, 따라서 알렉산드로스가 명령만 내리면 자기가 아토스산을 가장 오래가고 가장 눈에 잘 띄는 왕의 조각상으로 만들 것인즉, 그 조각상은 왼손에는 1만 명이 거주하는 도시를 들고 있고 오른손으로는 수량이 풍부한 강물을 마치 신에게 헌주하듯 바다에 쏟아붓게 될 것이라고 말했다. 그때 알렉산드로스는 이 제안을 거절했으나, 지금은 건축가들과 함께 그보다 훨씬 더 신기하고 비용이 많이 드는 설계를 하느라 여념이 없었다.

247 콧사이오이족(Kossaioi)은 수시아나 지방의 산악에 살던 부족으로, 노상강도질로 생계를 이어갔다.
248 아토스(Athōs)는 마케도니아와 트라케 지방의 중간에 있는 칼키디케반도에 있는 산으로, 해발고도 2033미터다.

73.

알렉산드로스가 바빌론으로 행군하고 있을 때 네아르코스가 함대를 이끌고 대양을 지나 에우프라테스강으로 들어와 합류했다. 그는 왕에게 이르기를, 도중에 칼다이오이족[249]을 몇 명 만났는데 알렉산드로스가 바빌론을 멀리하라는 조언을 했다는 것이었다. 그러나 왕은 이 조언에 괘념치 않고 행군을 계속했다. 그러나 그가 도시의 성벽 앞에 이르렀을 때 수많은 까마귀들이 주위로 날아다니며 서로 쪼는 것이 보였고,[250] 그중 몇 마리는 죽어 그의 발 앞에 떨어졌다. 이어서 그는 바빌론의 위수사령관 아폴로도로스가 알렉산드로스의 운명을 알아보려고 제물을 바쳤다는 보고를 받고, 제물 바치는 의식을 주관했던 예언자 퓌타고라스를 불러오게 했다. 퓌타고라스가 그게 사실이라고 시인하자 알렉산드로스는 제물의 내장이 어떠했느냐고 물었다. 예언자가 제물의 간에는 간엽(肝葉)이 없었다고 하자, 알렉산드로스는 "아뿔싸, 불길한 조짐이로구나!"라고 말했다. 그는 퓌타고라스를 벌하지는 않았으나, 네아르코스의 조언을 듣지 않은 것을 후회했다. 그는 대부분의 시간을 바빌론 성벽 바깥에서 보내며, 천막 안에 틀어박혀 있거나 배를 타고 에우프라테스강을 유람했다. 그는 이런저런 전조들로 마음이 산란했다. 예컨대 그가 먹이던 사자들 중 가장 크고 잘생긴 수사자를 순한 당나귀가 덤벼들어 발로 걷어차 죽였다. 또 한번은 알렉산드로스가 옷을 벗고 공놀이를 한 적이 있는데, 다시 옷을 입을 때가 되자 함께 공놀이를 하던 젊은이들은 한

---

249 칼다이오이족(Chaldaioi)은 바빌로니아의 사제계급으로 점성술에 능했다.
250 새떼가 서로 싸우는 것은 대개 흉조로 간주되었다.

사내가 왕의 머리띠를 두르고 왕의 옷을 입고는 말없이 왕좌에 앉아 있는 것을 보았다. 누구냐고 물어도 그자는 한참 동안 말이 없다가, 마침내 제정신이 돌아오자 말하기를, 자기는 디오뉘시오스라는 멧세니아 사람으로 어떤 죄로 고발되어 바닷가에서 바빌론으로 끌려와 오랫동안 사슬에 묶여 있었는데, 방금 사라피스[251] 신이 다가와 사슬을 풀어주며 그곳으로 데려오더니 왕의 옷을 입고 왕의 머리띠를 두른 채 말없이 왕좌에 앉아 있으라고 명령했다는 것이었다.

74.

이 말을 듣고 알렉산드로스는 예언가들이 권하는 대로 그 사람을 처형하게 했다. 그러나 그 자신은 의기소침해지기 시작하며 신들의 호의를 불신하고 측근들을 의심하게 되었다. 특히 안티파트로스와 그의 아들들을 두려워했는데, 그중 한 명인 이올라스는 술 따르는 시종들의 우두머리였다. 또 한 명인 캇산드로스는 최근 바빌론에 도착했는데, 헬라스인으로 자라났기 때문에 전에는 그런 광경을 본 적이 없는지라 몇몇 페르시아인들이 알렉산드로스 앞에 부복하는 것을 보고 주제넘게도 웃음을 터뜨렸다. 그때 알렉산드로스는 크게 화를 내며 양손으로 그의 머리털을 움켜쥐고는 벽에다 그의 머리를 부딪히게 했다.

또 한번은 안티파트로스를 고발하려는 사람들에게 맞서 캇산드로스가 아버지를 옹호하려 하자 알렉산드로스가 그의 말을 가

---

251 사라피스(Sarapis)는 이집트의 사자(死者) 신이다.

로막으며 "뭣이? 이들이 전혀 억울한 일을 당하지 않았는데도 이 토록 먼길을 와서 생사람을 모함하고 있단 말인가?"라고 말했다. 그리고 이들이 자신들에게 반박할 수 있을 사람들 곁을 떠나 이 토록 멀리 왔다는 사실 자체가 이들이 모함하고 있다는 증거라고 캇산드로스가 말하자 알렉산드로스가 웃음을 터뜨리며 "그런 것을 두고 아리스토텔레스의 제자들이 사물의 선악 양면을 옹호하기 위해 생각해낸 궤변이라고 하지. 하지만 이들이 조금이라도 억울한 일을 당한 사실이 드러나면 내 그대들을 가만두지 않으리라"고 말했다.

간단히 말해 이 일이 있은 뒤로 캇산드로스의 마음속에는 알렉산드로스에 대한 두려움이 깊숙이 스며들어, 그가 먼 훗날 마케도니아의 왕이 되고 헬라스의 주인이 된 뒤 어느 날 델포이를 거닐며 그곳 조상(彫像)들을 구경하던 중 알렉산드로스의 입상을 보고는 겁에 질려 온 사지가 부들부들 떨리고 눈앞이 캄캄해지다가 간신히 다시 정신을 차릴 수 있었다고 한다.

75.

그사이 알렉산드로스는 점점 미신에 빠져, 유별나고 이상한 일은 아무리 사소한 것이라도 그의 괴롭고 두려운 마음에는 전조와 조짐이 아닌 것이 없었다. 그리하여 그의 궁전은 제물을 바쳐주는 자들과 정화해주는 자들과 점쟁이들로 가득 찼다. 신의 뜻을 불신하거나 경멸하는 것도 위험한 일이지만, 미신도 똑같이 위험한 법이다. 왜냐하면 미신은, 물이 낮은 곳을 찾듯이 이제 공포의 먹이가 된 알렉산드로스를 어리석음으로 가득 채웠기 때문이다. 하지만 헤파이스티온에 관한 암몬 신의 신탁을 받게 되자 그는 슬품을 털어버리고 또다시 제물 잔치와 술자리에 몰두했다. 그는 네아르코스 일행을 위해 거창한 주연을 베풀어준 뒤 여느 때처럼 목욕을 하고 나서 잠자리에 들려고 했으나, 술잔치에 와달라는 메디오스의 청을 거절할 수가 없었다. 그리고 그곳에서 이튿날 온종일 술을 마신 뒤 몸에서 열이 나기 시작했다. 그러나 그것은 그가 '헤라클레스의 잔'[252]으로 마셨거나, 등에 갑자기 창에 찔린 것 같은 통증을 느꼈기 때문은 아니었다. 그런 것들은 몇몇 역사가가 위대한 행위에는 비극적이고 감동적인 결말을 부여해야 한다고 생각하고 멋대로 지어낸 이야기다. 아리스토불로스에 따르면, 알렉산드로스는 고열에 시달리다가 심한 갈증을 느껴 포도주를 마신 뒤 정신착란에 빠져 헛소리를 하다가 다이시오스 달 30일에 운명했다[253]고 한다.

76.

왕실 일지에는 그의 병세에 관해 다음과 같이 기록되어 있다. 다이시오스 달 18일,[254] 그는 몸에 열이 나 욕실에서 잤다. 이튿날 그는 목욕하고 침실로 들어가 메디오스와 주사위 놀이를 하며 소일했다. 저녁에 목욕하고 신들에게 제물을 바친 뒤 저녁을 먹었는데 밤새도록 몸에서 열이 났다. 20일, 그는 또다시 목욕을 하고 여

---

252 '헤라클레스의 잔'이란 손잡이가 둘 달린 큰 그릇이라고 한다.
253 바로 다음에 나오는 왕실 일지에는 다이시오스 달 28일로 되어 있다. 지금의 달력으로는 기원전 323년 6월 10일이다. 다이시오스는 앗티케 지방의 타르겔리온(Thargelion)에 해당하는 마케도니아의 달 이름으로, 지금의 5~6월이다.
254 기원전 323년 6월 2일.

느 때처럼 제물을 바치고 나서 짬을 내어 욕실에 누운 채 항해와 대양에 관한 네아르코스의 이야기에 귀를 기울였다. 21일에도 그는 똑같은 방법으로 시간을 보냈는데, 열은 점점 더 심해졌다. 밤에는 편히 쉬지 못했고 이튿날은 온종일 고열에 시달렸다. 그는 침대를 큰 욕조 옆에다 옮겨놓게 하고는 거기서 비어 있는 장군직들을 어떻게 하면 경험 많은 사람들로 채울 수 있을지 장군들과 의논했다. 24일, 고열에도 불구하고 자신을 제물 바치는 곳으로 나르게 하여 제물 의식에 참석했다. 그는 또 참모장교들은 궁정 안에서 대기하되 참모장들과 500인 대장들은 궁전 밖에서 밤을 보내라고 명령했다. 25일, 그는 맞은편 강기슭에 있는 궁전으로 옮겨졌고 잠시 잠이 들었으나 열은 내리지 않았다. 장군들이 보러 왔을 때 그는 말을 하지 못했고, 이튿날에도 마찬가지였다. 그래서 마케도니아인들은 그가 죽은 줄 알고 울며불며 궁전의 대문으로 몰려가 자신들의 뜻을 관철할 때까지 왕의 측근들을 위협했다. 문이 열리자 그들은 모두 키톤만 입은 채 왕의 침상 옆을 한 명씩 천천히 지나갔다. 이날 그들은 퓌톤과 셀레우코스를 사라피스의 신전으로 보내 알렉산드로스를 그곳으로 옮겨야 하는지 묻게 했다. 그러자 신은 그를 지금 있는 곳에 그대로 두라고 대답했다. 그는 28일 저녁 무렵에 운명했다.

77.

이 이야기는 대체로 글자 하나하나가 왕실 일지에 적혀 있는 내용과 일치한다. 알렉산드로스가 독살되었다고 의심하는 사람은 당시에는 아무도 없었다. 그러나 5년 뒤 고발이 들어오자 올륌피아스가 많은 사람들을 처형하고 안티파트로스의 아들 이올라스가 독약을 건넨 것으로 알고 그사이 죽은 그의 유골을 파내어 바람에 흩어버리게 했다고 한다.[255] 몇몇 작가들에 따르면, 안티파트로스에게 그런 짓을 하도록 권유한 것은 아리스토텔레스이며, 독을 대준 것도 다름 아닌 아리스토텔레스였다고 한다. 이러한 주장의 근거로 그들은 하그노테미스라는 사람을 내세우고 있는데, 그는 또 이 이야기를 안티고노스 왕에게서 들었다고 했다. 이 이야기에 따르면, 그 독이란 노나크리스[256]에 있는 어떤 바위에서 흘러내리는 것을 이슬처럼 모아 당나귀 발굽에 보관해둔 얼음처럼 차가운 물이라고 했다. 당나귀 발굽에 보관한 이유는, 이 물이 너무 차고 산성도가 높아 다른 그릇들은 모두 부식되기 때문이라는 것이었다.

그러나 대부분의 작가들은 독살설은 순전히 지어낸 이야기라고 생각하고 있다. 그리고 이러한 견해는 알렉산드로스의 장군들이 여러 날 동안 서로 말다툼하는 동안 그의 시신은 덥고 답답한 곳에 방치되어 있었는데도 전혀 부패의 징후를 보이지 않고 깨끗하고 신선하게 그대로 남아 있었다는 사실로 강력히 뒷받침되고 있다.

이때 록사네는 임신 중이라 마케도니아인들에게 존경받았으나 스타테이라를 질투한 나머지 서찰을 날조해 자기에게 오도록 유인했다. 록사네는 스타테이라가 오자 그녀의 여동생과 함께 죽여 두 자매의 시신을 우물에 던지고 흙으로 덮었는데, 이 범죄의

---

[255] 그 보복으로 캇산드로스는 기원전 316년 올륌피아스를 죽인 후 그 시신을 매장도 하지 않고 내다 버렸다고 한다.
[256] 노나크리스(Nōnakris)는 그리스 아르카디아 지방의 도시다.

공범은 페르딕카스였다. 왜냐하면 알렉산드로스가 죽자 그는 아르리다이오스를 왕실의 권위를 나타내는 허수아비로 데리고 다니며 갑자기 큰 권력을 쥐게 되었기 때문이다.[257] 아르리다이오스는 필린나라는 이름 없는 평범한 여인이 필립포스에게 낳아준 아들로, 신병 때문에 정신박약자가 되었다. 그러나 그의 신병은 유전병이거나 저절로 발생한 것은 아니었다. 오히려 그는 어릴 적에는 탁월한 재능을 보여주며 장래가 촉망되었으나, 나중에 올륌피아스가 그에게 독약을 먹여 몸과 마음이 망가진 것이라고 한다.[258]

[257] 알렉산드로스의 장군들은 아직 태어나지 않은 록사네의 아이가 아들일 경우, 그 아기와 이때 30세쯤 된 알렉산드로스의 이복동생 아르리다이오스를 함께 왕으로 삼기로 잠정 합의한 것 같다. 알렉산드로스의 장군들은 한 세대 동안 서로 싸우다가 기원전 301년 프뤼기아 지방의 입소스(Ipsos) 전투에서 안티고노스가 패하자 제국을 몇 개의 왕국으로 나누기로 했다.

[258] 알렉산드로스 전기는 끝부분이 없어졌으며, 그럴 경우 아마도 록사네와 그녀의 아들이 기원전 310년 캇산드로스에게 살해되는 내용이 포함되었을 것으로 보는 이들도 있다. 올륌피아스가 아르리다이오스에게 독약을 먹였다는 말은 다른 문헌에는 나오지 않으며, 아마도 캇산드로스가 그녀를 중상모략하려고 지어낸 이야기일 것이다.

마르쿠스 카토 전

최초의 라틴어 산문 작가인 카토(기원전 234~149)는 사치에 물들기 전 옛 로마를 대표하는 입지전적인 인물이다. 검소한 생활, 꾸준한 체력단련, 불굴의 정신력, 엄격한 도덕심, 적극적인 정치 활동에 힘입어 한미한 집안에서 태어났음에도 재정관, 조영관, 집정관을 거쳐 기원전 184년에는 감찰관으로 선출되었다. 감찰관직을 어찌나 엄정하게 수행했던지 '감찰관 카토'(Cato Censorius)라는 별명을 얻었다. 그는 카르타고가 제1차 포이니전쟁 뒤에 급속히 국력을 회복하는 것을 보고 원로원 연설을 항상 "카르타고는 파괴되어야 한다"는 말로 끝냈다고 한다. 카토는 키케로의 에세이 『노년에 관하여』에 주 화자로 등장해 마치 할아버지가 손자들에게 경험담을 들려주듯 젊은이들에게 인생과 노년에 관한 아름다운 비밀을 들려준다

시민에게 연설하는 로마의 집정관(기원전 80년경의 청동상)

1.

마르쿠스 카토의 가족은 투스쿨룸[1] 출신이라고 한다. 하지만 군문(軍門)과 정계에 입문하기 전까지 그는 조상에게 물려받은 영지가 있던 사비니족[2]의 나라에서 살았다. 그의 선조 가운데 이름을 날린 사람은 아무도 없는 듯 보인다. 그러나 카토는 자신의 아버지 마르쿠스가 탁월한 인물이고 유능한 군인이었다고 찬양하고 있다. 그는 또 자신의 할아버지 카토가 종종 무공을 세워 상을 탄 적이 있으며, 타고 다니던 군마 다섯 필을 전투 중에 잃었으나 용감히 싸운 공으로 국고에서 그 대금을 보상받았다고 주장하고 있다.

로마인들은 한미한 집안 출신으로 자수성가한 사람을 '신인'(新人)[3]이라 부르곤 했다. 그들은 카토도 그렇게 불렀다. 하지만 그 자신은 자기가 영직(榮職)과 명망이라는 점에서는 '신인'이지만, 선조의 업적과 용맹에 비추어보면 '구인'(舊人) 중의 '구인'이라고 주장하곤 했다. 그의 세 번째 이름은 본래 카토가 아니라 프리스쿠스(Priscus)였다.[4] 그러나 나중에 그는 능력을 인정받아 카

---

1 투스쿨룸(Tusculum)은 로마에서 남동쪽으로 24킬로미터쯤 떨어진 산속의 휴양지다.
2 로마 북동부의 산악지대에 살던 호전적인 부족으로, 나중에 로마에 합병된다.
3 '신인'의 그리스어는 kainos anthropos이고 라틴어는 novus homo다. 로마인들은 가문에서 처음으로 원로원 의원, 더 엄밀하게는 처음으로 집정관이 된 사람을 novus homo라고 했다. 가문에서 처음으로 원로원 의원과 집정관이 된 경우는 마르쿠스 카토, 일명 대 카토 외에 가이유스 마리우스(Gaius Marius)와 키케로(Cicero)가 있었다.
4 카토의 완전한 이름은 Marcus Porcius Cato다.

토라는 별명을 얻게 되었는데, 로마인들은 노련한 사람을 카투스(catus)[5]라고 불렀던 것이다.

그의 외모에 관해 말하자면 붉은 머리털에 눈은 회색이었다. 그것은 어느 작가의 다음과 같은 악의적인 경구(警句)를 통해 알 수 있다.

> 머리털은 붉고, 아무나 덥석 물고, 눈은 회색인 포르키우스,
> 그는 죽어도 페르세포네[6]가 저승에 받아주지 않으리라.

그는 처음부터 자력으로 일하고 절제 있는 생활을 하고 군복무를 하는 습관을 들인 덕분에 체질이 매우 강건하고, 몸이 튼튼하고 건강했다. 또 웅변술을 제2의 몸인 양 연마했는데, 사실 무명(無名)으로 살거나 나태하게 살아갈 뜻이 없는 사람이라면 웅변술은 필요한 목적뿐 아니라 고상한 목적에도 이바지하는 불가결한 도구였다. 그래서 그는 인근 마을이나 소도시에서 자신의 도움을 필요로 하는 모든 사람들을 위해 변호인으로 봉사하며, 처음에는 열성적인 변론인이라는, 나중에는 유능한 웅변가라는 명성을 얻게 되었다.

그 뒤로 그와 거래해본 사람들에게 중후하고 위엄 있는 그의 성격은 점점 더 뚜렷이 드러나, 그들은 그가 앞으로 큰일을 해낼 정계의 거물이 될 거라고 보았다. 왜냐하면 그는 법률 봉사를 하면서도 어떤 보수도 요구하지 않았을 뿐 아니라, 소송에 임하는

---

5 catus는 '영리하다' '빈틈없다' '약다'는 뜻이다.
6 페르세포네는 농업의 여신 데메테르의 딸로, 저승의 신 하데스의 아내다.

그러한 태도는 명성을 얻어도 그것을 그다지 대수롭지 않게 여길 듯한 인상을 주었기 때문이다. 오히려 그는 적군과의 싸움과 전투에서 두각을 드러내고자 하는 열망이 더 강했고, 아직 풋내기였을 때도 그의 가슴은 이미 명예로운 상처투성이였다. 자신의 말에 따르면, 그는 한니발[7]이 승승장구하며 이탈리아를 불바다로 만들었을 때[8] 17세의 나이로 군복무를 시작했으니 말이다.

  전투에서 그의 손은 사납고, 발은 확고부동했으며, 얼굴은 험악했다. 그는 적군에게 다가갈 때 위협적인 말과 거친 함성을 내지르곤 했는데, 때로는 그러한 요소가 칼보다 더 적에게 겁을 준다는 것을 제대로 알고 있었고, 다른 사람들에게도 알려주고 싶었던 것이다. 행군할 때 그는 자신의 전투 장비를 손수 들고 다녔으며, 식량을 짊어지는 시종 한 명만 대동했다. 카토는 이 시종에게 한 번도 화를 낸 적이 없고, 시종이 아침식사나 저녁식사를 차려 내놓을 때 한 번도 나무란 적이 없으며, 오히려 군무에서 일단 자유로워지면 자신도 대개 식사 준비를 돕고 일을 분담했다고 한다. 전투 중에 그는 물만 마셨다. 다만 갈증이 심할 때는 식초를 타서 마셨고, 체력이 떨어진다 싶을 때는 포도주를 조금 타서 마셨을 뿐이다.

---

7   한니발(Hannibal 그/Annibas)은 제2차 포이니전쟁(bellum Punicum secundum) 때 카르타고군의 장군으로 기원전 217년부터 203년까지 이탈리아를 유린했다.

8   기원전 217년.

2.

그가 가꾸던 농경지 근처에 세 번이나 개선식을 올린 영웅 마니우스 쿠리우스[9]가 살던 오두막이 있었다. 카토는 가끔 이 오두막을 찾아가 작은 농장과 초라한 거처를 보며, 당시 가장 위대한 로마인이었던 그것들의 전(前) 주인이 호전적인 부족들을 제압하고 퓌르로스[10]를 이탈리아에서 내쫓고는 세 번이나 개선식을 올린 뒤에도 여전히 작은 땅뙈기를 몸소 일구며 이 오두막에서 살았던 일을 떠올리곤 했다. 이 오두막의 화덕 옆에 앉아 쿠리우스가 무 요리를 하는 모습을 발견한 삼니움[11]인 사절단이 많은 황금을 제공하려 했다. 그러나 쿠리우스는 이런 식사에 만족하는 사람은 황금이 필요 없으며, 자신은 황금을 갖는 것보다는 황금을 가진 자들을 정복하는 것을 더 영광스럽게 생각한다며 그들을 돌려보냈다. 카토는 이런 일들을 되새기며 집으로 돌아오곤 했고, 자신의 집과 땅과 하인들과 생활방식을 새로운 시각에서 보게 되면서 스스로 하는 일을 늘리고 사치를 멀리했다.

---

9 마니우스 쿠리우스(Manius Curius Denatus)는 기원전 290년, 284년, 275년, 274년에 집정관이 되었다. 그는 첫 번째 집정관 재임 때 삼니움(Samnium)인들과 사비니족에게, 세 번째 집정관 재임 때 퓌르로스에게 승리를 거둔다. 그는 고대 로마의 검소함과 도덕적 엄격함의 본보기로 유명했다.

10 그리스 북서부 에페이로스(Epeiros 라/Epirus) 지방의 왕으로, 알렉산드로스 대왕처럼 대제국을 건설하고자 한때 마케도니아와 시칠리아를 정복한다. 그 뒤 타렌툼시가 도움을 청하자 이탈리아에 쳐들어가 기원전 280~279년 로마군을 격파하지만 그도 큰 피해를 입는다. 그 뒤로 막대한 대가를 치른 승리를 '퓌르로스의 승리'라고 한다.

11 삼니움은 라티움(Latium)과 캄파니아(Campania) 지방 경계의 동쪽에 있는 지방으로, 그곳 주민들은 매우 호전적이었다.

파비우스 막시무스[12]가 타렌툼[13]을 탈환했을 때 카토는 아주 어린 나이에 그의 휘하에서 군무에 종사했다. 카토는 퓌타고라스학파에 속하는 네아르코스[14]라는 사람과 같은 숙소를 쓰게 되면서 그들의 학설에 호기심을 품게 되었다. 카토는 그에게서 플라톤[15]에게도 핵심적이라 할 수 있는 견해들을 들었는데, 그 견해들에 따르면 쾌락은 악의 가장 큰 미끼인 만큼 피해야 하며, 혼의 가장 큰 장애물은 몸인데 혼은 자신의 이성적인 능력을 사용해 몸의 감각들을 멀리할 때에만 자유롭고 정결할 수 있다는 것이었다. 카토는 이러한 가르침의 영향을 받아 소박하고 절제된 삶에 더욱더 이끌리게 되었다.

---

12 파비우스 막시무스(Quintus Fabius Maximus 기원전 285~203년)는 로마의 저명한 정치가 겸 장군으로 기원전 221년과 217년에 독재관(dictator)을, 기원전 233년, 228년, 215년, 214년, 209년에 집정관을 지낸 바 있다. 그는 제2차 포이니전쟁 때 한니발과 정면대결을 피하며 지연전술을 쓴 까닭에 '지연자'(Cunctator)라는 별명으로 불리며 겁쟁이라는 오해를 사기도 했으나, 그의 전술로 결국 한니발이 지쳤을 때 대(大) 스키피오가 카르타고를 직접 급습해 전쟁을 승리로 이끌 수 있게 해준다.

13 타렌툼은 남부 이탈리아의 항구도시로 퓌타고라스학파의 활동 거점이었는데, 기원전 212년 한니발에게 함락되었다가 기원전 209년 파비우스 막시무스에 의해 탈환되었다.

14 카토와 네아르코스의 만남에 관해서는 키케로의 『노년에 관하여』(De senectute) 39~41장 참조. 플루타르코스의 이 이야기는 이 책에서 유래한 것 같다.

15 아테나이 출신 그리스 철학자로, 철학적 관념론의 창시자이자 고대 그리스의 가장 뛰어난 산문 작가 중 한 사람이다. 플라톤은 25편 정도의 철학적 대화편과, 법정에서의 소크라테스(Sokrates)의 변명을 재현한 『변명』(Apologia)을 50년 이상의 기간을 두고 발표했는데, 이것들은 현재 모두 남아 있다. 그 밖에 그가 쓴 편지도 13편이나 남아 있다.

그 밖에 카토는 만년에야 헬라스[16] 문화에 관심을 갖게 되었으며, 헬라스의 책들을 읽기 시작한 것은 고령자가 되고 난 뒤부터였다고 한다. 카토는 웅변술에서 투퀴디데스[17]의 덕을 좀 보았지만 그보다는 데모스테네스[18]의 덕을 더 많이 보았다고 한다. 카토의 저술들은 헬라스의 관념들과 일화들로 적당히 장식되어 있으며, 그의 금언과 격언들은 상당수가 헬라스어에서 직역한 것이다.

3.

당시 로마에는 발레리우스 플락쿠스라는 사람이 있었는데 명문가 출신으로 큰 영향력을 행사하는 인물이었다. 그는 장래가 촉망되는 젊은이를 알아보는 안목과 그런 젊은이를 길러내 사회적으로 인정받게 해주는 호의를 겸비하고 있었다. 카토의 농장 바로 옆에 농장을 갖고 있던 그는 카토의 하인들에게서 카토가 손수 일하며 검소한 생활을 한다는 것을 들어서 알게 되었다. 그는 카토가 아침 일찍 시장에 나가 도움이 필요한 사람을 위해 변론을 해주고 농장으로 돌아와서는 겨울에는 작업복을 입고, 여름에는 웃통을 벗고 하인들과 함께 일하다가 그들과 한자리에 앉

---

16   헬라스(Hellas)는 그리스의 그리스어 이름이다.
17   투퀴디데스(Thoukydides 기원전 460년경~399년경)는 그리스의 역사가로 『펠로폰네소스전쟁사』(정확하게는 '펠로폰네소스인들과 아테나이인들 사이의 전쟁'이라는 뜻)의 저자다.
18   아테나이의 가장 위대한 웅변가 중 한 사람이다. 그의 이름으로 남아 있는 61편의 연설 중에서는 반(反)마케도니아 운동에 앞장섰던 그가 마케도니아 왕 필립포스(Philippos) 2세를 탄핵한 『필립포스 탄핵 연설들』(*Philippikoi logoi* 라/*Philippica*) 4편과 『영관(榮冠)에 관하여』(*Peri tou stephanou* 라/*De corona*)가 특히 유명하다.

아 같은 빵을 먹고 같은 포도주를 마신다는 말을 듣고 감명을 받았다. 카토의 하인들에게서 카토의 재치 있는 경구와 더불어 카토의 공정성과 절제에 관한 이야기를 자주 듣게 된 발레리우스는 드디어 카토를 식사에 초대했다.

그 뒤로 발레리우스는 그를 좋아하게 되고, 온유하고 세련된 카토의 성격에는 식물처럼 적당한 손질과 뻗어나갈 공간이 필요하다는 것을 알게 되어 로마에서 정계에 입문하도록 권유하고 설득했다. 일단 로마로 옮겨가자 카토는 일시에 변호인으로서의 활동에 힘입어 자력으로 많은 숭배자와 친구들을 얻었으며, 또 발레리우스의 호의로 명예와 영향력을 갖게 되어 처음에는 참모장교가 되었다가 나중에는 재정관이 되었다. 그 뒤로 카토는 로마에서 명망 있는 저명인사가 되었고, 발레리우스와 함께 집정관(執政官)이 됨으로써[19] 최고 영직에 올랐으며, 그 후에는 감찰관이 되었다.

선배 정치가들 중에서 카토는 파비우스 막시무스[20]를 가장 숭배했다. 당시 파비우스는 최고의 명성을 누리며 최고의 영향력을 행사하고 있었다. 하지만 카토가 파비우스를 가장 이상적인 본보기로 삼은 것은 그 때문이 아니라 파비우스의 성격과 생활방식이었다. 그래서 카토는 대(大) 스키피오[21]를 주저 없이 공박했는

---

19 로마 공화정 시대에는 해마다 2명의 집정관이 선출되었다.
20 주 12 참조.
21 대(大) 스키피오(기원전 235~183년)는 기원전 211년 약관의 나이에 카르타고인들을 공격하도록 에스파냐로 파견되었고, 기원전 202년에는 북아프리카의 자마(Zama)에서 한니발에게 결정적인 승리를 거둔다. 기원전 190년에는 소아시아 셀레우키아(Seleucia) 왕조의 안티오코스 3세에게 승리하

데, 대 스키피오는 당시 파비우스의 경쟁자였던 젊은이로 파비우스를 시기하는 것으로 알려졌다. 카토는 스키피오의 재정관으로서 아프리카[22] 전장에 함께 파견되었을 때, 스키피오가 여느 때처럼 사치가 심하고 군사들에게 물 쓰듯 돈을 뿌리는 것을 보았다. 그래서 카토가 스키피오에게 기탄없이 말하기를, 가장 큰 문제점은 지출 그 자체가 아니라 군사들이 필요 이상의 급료를 받게 되면 향락과 사치에 쓰게 될 터인데 이는 군사들의 전통적인 검약 정신을 훼손하는 것이라고 했다. 그러자 스키피오가 대답하기를, 일단 전쟁이 순풍에 돛 단 듯 진행될 때는 로마는 경비(經費) 이야기가 아니라 무훈 이야기를 원할 것이기에 자기에게는 인색한 재정관은 필요 없다고 했다.

그래서 카토는 당시 시킬리아에 집결해 있던 스키피오의 군대를 떠나 로마로 돌아와서는 파비우스와 힘을 모아, 스키피오가 엄청난 국고를 낭비하고 있을 뿐 아니라 군사령관이 아닌 축제의 흥행주인 양 레슬링장에서의 경기와 극장에서의 흥행에 어린애처럼 푹 빠져 있다고 원로원에 고발했다. 그 결과 스키피오에 대한 고발이 사실일 경우 그를 로마로 소환하도록 호민관들이 파견되었다. 그러나 스키피오는 전쟁의 승리는 준비하기에 달려 있다고 주장하며, 자기는 여가에 친구들과 즐거운 시간을 보내기는 하지만 평소 사람들과 사귀기 좋아한다고 해서 중차대한 임무를

지만, 이때는 그의 보증으로 원로원으로부터 사령관직을 받은 아우 루키우스(Lucius)의 참모로 활동했다. 이들 형제를 시기한 로마의 귀족들이 횡령죄로 고발해 기원전 184년 아우가 유죄선고를 받자 스키피오는 자진해 캄파니아 지방에 있던 시골집으로 물러나 살다가 1년 뒤에 세상을 떠났다.

22　그리스어는 리뷔에(Libye)다.

소홀히 한 적은 없노라고 설득하고는 아프리카의 전쟁터로 배를 타고 떠났다.

4.

카토는 그사이 웅변으로 점점 더 명망을 얻게 되어 많은 이들이 그를 로마의 데모스테네스라고 불렀다. 그러나 그는 웅변보다는 생활방식으로 더 유명해졌다. 그의 웅변 능력은 젊은이들에게 이미 보편화된 목표점을 제시할 뿐이지만, 선조들이 그랬듯이 제 손으로 일하고, 익히지 않은 아침식사와 검소한 저녁식사와 수수한 의복과 초라한 집으로 만족하고, 사치스럽게 사는 것보다는 사치를 필요로 하지 않는 것이 더 감탄할 만하다고 생각하는 사람은 가뭄에 콩 나듯 드물었던 것이다.

당시 로마는 본래 모습을 순수하게 유지하기에는 이미 너무나 방대해져 있었으니, 수많은 나라와 인종을 지배하다 보니 다양한 관습과 접촉하게 되고 온갖 종류의 생활방식에 이래저래 영향을 받게 되었던 것이다. 따라서 사람들이 카토를 보고 감탄하는 것은 당연한 일이었다. 다른 사람들은 힘든 일에 좌절하고 쾌락에 유약해지는 데 반해 카토는 힘든 일과 쾌락에도 꿈적하지 않았으니 말이다. 젊고 야심만만할 때만 그랬던 것이 아니라 집정관을 지내고 개선식을 올린 뒤 백발노인이 되어서도 카토는 변함이 없었으니, 마치 우승한 운동선수처럼 생을 마감할 때까지 한결같이 자신의 단련 규칙을 지켰다.

카토 자신의 말에 따르면, 그는 100드라크메 이상의 값비싼 옷을 입어본 적이 없으며, 재정관이나 집정관의 임기 중에도 자신의 노예들과 똑같은 포도주를 마셨으며, 저녁식사에 곁들일 반찬은 시장에서 구하되 30아스 이상은 초과하지 않았으며, 그것도 군무에 이바지할 체력을 강화하고자 국가를 위해 그랬다고 했다. 또한 그의 주장에 따르면, 수놓은 바빌론의 양탄자를 물려받았을 때 그는 지체 없이 내다 팔았으며, 그의 오두막 중 벽에 회반죽을 칠한 것은 한 채도 없으며, 노예 한 명을 위해 1500드라크메를 지불한 적이 없는데, 그가 원하는 것은 섬세하고 잘생긴 젊은이가 아니라 마부나 소 치는 목자 같은 건장한 일꾼들이며, 이들이 너무 늙어 쓸모가 없어지면 이들을 먹이느니 내다 파는 것이 자신의 의무라고 생각했기 때문이라고 했다. 대체로 그는 남아도는 것은 어떤 것도 싸지 않으며, 불필요한 것은 설령 그 비용이 1아스밖에 들지 않는다 해도 비싸다고 여겼으며, 땅을 사되 씨를 뿌리고 가축떼를 먹이기 위해서이지 물을 뿌리거나 비로 쓸기 위해서는 아니라고 했다.

5.

어떤 이들은 카토가 인색해서 그러한 행위들을 한다고 여겼지만, 또 다른 이들은 카토가 그렇게 옹색한 살림살이를 하는 것은 남들의 사치를 바루고 절제하기 위해서라고 믿고 그러한 행위들을 너그럽게 이해해주었다. 그러나 나는 하인들을 짐 싣는 짐승들처럼 혹사하다가 늙으면 내쫓거나 내다 파는 것은 인간과 인간 사이에 유용성 외에는 어떤 관계도 인정하지 않는 냉혹한 성격의 특징이라고 간주한다.

우리는 인정이 정의보다 범위가 더 넓다는 것을 알고 있다. 법과 정의는 그 본성상 사람들에게만 적용되지만, 선의와 자비는 마치 수량이 풍부한 샘물처럼 상냥한 마음에서 흘러넘쳐 말 못하는 짐승들에게까지 미치기 때문이다. 상냥한 사람이라면 자신의 말들이 노쇠해도 보살펴줄 것이고, 자신의 개들을 강아지 때뿐만 아니라 늙어 돌볼 필요가 있을 때도 보살펴줄 것이기에 하는 말이다.

아테나이인들은 파르테논 신전을 지을 때 유난히 힘들게 일하는 노새들을 눈에 띄는 족족 모두 풀어주어 아무 제약 없이 마음 놓고 풀을 뜯게 했다. 그런데 그중 한 마리가 자진해 작업장으로 내려가 마치 고무하고 격려하듯 아크로폴리스를 향해 달구지를 끌던 노새들 옆에서 나란히 걸으며 길라잡이 노릇을 했다고 한다. 그래서 아테나이인들은 그 노새를 죽을 때까지 공금으로 부양한다는 법안을 통과시켰다고 한다.

또 올륌피아 경기에서 세 차례 우승한 키몬의 말들은 그의 무덤 옆에 묻혔다. 개들도 길러준 주인과 가까워지고 친밀한 경우가 더러 있는데, 그중 가장 유명한 이야기는 아테나이인들이 도시를 포기했을 때 크산팁포스가 자신의 삼단노선을 따라 살라미스로 헤엄치던 애견이 죽자[23] 지금도 '개의 무덤'[24]이라고 불리는 곳에 묻어주었다는 이야기다.

우리는 생명 있는 것들을 신발이나 세간처럼 다루고, 다치거나 봉사하느라 피폐해졌다고 하여 팽개쳐서는 안 되며, 다른 이유가 없다면 같은 인간들에게 상냥해지는 실습을 하기 위해서라도 생명 있는 것들을 온유하고 자비롭게 대하는 습관을 들여야 할 것이다. 나 같으면 나를 위해 일한 소가 늙었다고 팔지는 않을 것이

---

23 「테미스토클레스 전」 10장 참조.
24 그리스어로 kynos sēma다.

며, 파는 사람에게 쓸모없듯 사는 사람에게도 쓸모없을 짐승을 늙었다는 이유로 몇 푼 안 되는 돈 때문에 늘 살던 장소와 익숙한 생활방식에서, 말하자면 고향에서 떼어놓는 짓은 결코 하지 않을 것이다. 하지만 카토는 그런 처신을 자랑스럽게 여기는 듯, 집정관으로서[25] 히스파니아[26]의 전쟁터에서 타고 다니던 군마조차도 나라에 그 운송비를 부담시키지 않으려고 그곳에 버리고 왔다고 말한다. 그의 이러한 행동들이 고결한 정신에서 유래한 것인지 옹졸한 마음에서 유래한 것인지는 독자가 스스로 판단할 일이다.

6.

그러나 대체로 카토의 자제력은 크게 칭찬받을 만했다. 예컨대 그는 군대를 지휘할 때 자신과 자신의 참모들을 위해 한 달에 3앗티케[27] 메딤노스 이상의 밀을 타가지 않았고, 자신의 짐 싣는 짐승들을 위해 하루에 1과 2분의 1 메딤노스 이하의 보리를 타갔다. 그가 사르디니아의 재정관이 되었을 때,[28] 전임자들은 천막과 침대와 의복비를 공금으로 충당하며 수많은 수행원과 측근들한테 드는 비용과 호화로운 연회 준비에 드는 비용을 그곳 주민들에게 지운 데 반해, 그의 검소한 지출은 믿기지 않을 만큼 대조적이었다.

카토는 공금에는 일절 부담을 지우지 않았고, 걸어서 그곳 여

---

25 기원전 195년.
26 히스파니아(Hispania 그/Ibēria)는 에스파냐의 라틴어 이름이다.
27 앗티케(Attike)는 그리스 동남부 지방으로 그 수도가 아테나이다.
28 기원전 198년.

러 도시를 순회하되 의복과 제물 바칠 때 쓰는 술잔을 들고 다니는 관노(官奴) 한 명만 데리고 다녔다. 이런 점에서 자신의 지배를 받는 사람들에게 너그럽고 검소했으나, 다른 점에서는 매우 위엄 있고 엄격하게 다스렸다.

그는 정의의 수행에는 가차없고 정부를 위한 법령 시행에는 곧고 단호해, 그곳 주민들이 로마의 통치를 더 무서워하고 더 좋아한 적이 일찍이 없었기에 하는 말이다.

7.

이러한 특징은 그의 연설에서도 나타났던 것 같다. 그의 연설은 우아하면서도 힘있고, 쾌적하면서도 충격적이고, 기지가 넘치면서도 준엄하고, 경구적이면서도 논쟁적이었다. 그것은 플라톤이 소크라테스를 평하여, 그는 외견상으로는 세련되지 못하고 사튀로스[29] 같고 누구에게나 무뚝뚝한 인상을 주지만, 마음속은 진지하고 듣는 이들의 마음을 감동시켜 눈물을 흘리게 하는 생각들로 가득 차 있다고 말한 것과도 같다.[30]

그래서 카토의 연설은 뤼시아스[31]의 연설과 가장 유사하다고 말하는 사람들이 대체 어떤 의미로 그런 말을 하는지 나로서는 알 수가 없다. 그러나 이런 문제는 로마 웅변의 특징을 나보다 더

---

29 사튀로스(satyros)는 반인반수의 괴물로, 무리를 지어 주신(酒神) 박코스를 수행한다.
30 『향연』 215a~e 참조.
31 뤼시아스(Lysias 기원전 458년경~380년경)는 아테나이의 웅변가로 평이한 문체의 연설문을 쓴 것으로 알려져 있는데, 평이한 문체는 듣는 사람을 감동시키기 어려울 것이다.

잘 구분할 수 있는 능력을 지닌 이들이 판단할 일이다. 지금 나는 카토가 남긴 몇 가지 명언(名言)을 기록할 것인데, 사람의 성격이란 혹자들이 믿고 있듯 얼굴보다는 말에서 더 잘 드러나는 법이라고 생각하기 때문이다.

8.

한번은 로마 백성들이 시의에 맞지 않게 식량을 배급해줄 것을 요구했다. 이때 카토는 이를 말리기 위해 "시민 여러분, 귀가 없는 배(腹)와 논쟁을 하기는 어렵지요"라는 말로 연설을 시작했다. 그는 또 당대의 사치를 질타하며 "물고기 한 마리가 소[32] 한 마리보다 더 비싼 도시를 구하기는 어렵지요"라고 말했다. 그는 또 로마인들은 양떼와 같다며, 그 이유로 양떼는 개별적으로는 말을 잘 듣지 않지만 하나의 무리로서는 맹목적으로 인도자를 따르기 때문이라고 했다. "그와 같이 여러분들도"하고 그는 말했다. "개인적으로는 어떤 사람들의 조언을 따르려 하지 않다가도 하나로 뭉치게 되면 그들이 인도하는 대로 따라가니까요." 그는 또 여자들의 권력에 관해 논하며 "모든 사람들은 아내를 지배합니다. 우리는 모든 사람들을 지배합니다. 그러나 우리는 아내들의 지배를 받습니다"라고 말했다. 그러나 이는 테미스토클레스가 한 말을 번안한 것이다. 테미스토클레스는 아들이 아내를 통해 자기에게 자꾸 이래라저래라 하는 것을 알고는 "여보, 헬라스인들을 지배하는 것은 아테나이인들이고, 아테나이인들을 지배하

---

32 여기서 '소'는 농우(農牛)를 말하는 것 같다. 즉 일하기보다는 미식에만 탐닉하는 국가는 망하기 마련이라는 뜻인 듯하다.

는 것은 나인데, 당신은 나를 지배하고, 우리 아들은 당신을 지배하오. 그 애는 어려도 헬라스인들 중에서 가장 큰 세도가(勢道家)인 셈이니 그 권세를 함부로 휘두르지 못하게 하시오"라고 말했다.[33]

카토는 또 로마 백성들은 자줏빛 염료의 값뿐만 아니라 행위의 가치를 정해놓지 않았다며, "그 까닭은 염색공들이 가장 인기 있어 보이는 염료를 가장 많이 사용하듯이, 우리의 젊은이들도 여러분에게 칭찬받을 만한 것들을 배우고 추구하기 때문이지요"라고 말했다. 또한 그는 만약 로마 백성들이 미덕과 절제에 힘입어 위대해진 것이라면 그것들을 더 나쁜 것들과는 바꾸지 말고, 만약 무절제와 악덕에 힘입어 위대해진 것이라면 그것들을 더 좋은 것들과 바꾸라고 권고하며, 그런 것들에 의해서는 이미 위대해질 만큼 위대해졌다고 했다.

카토는 또 더 높은 관직으로 나아가기를 바라는 자들을, 길을 몰라 헤매는 일이 없도록 릭토르[34]들이 수행해줄 필요가 있는 자들이라고 말했다. 그는 또 같은 사람을 거듭해서 고위 관직에 뽑아준다고 동료 시민들을 나무랐다. "여러분은 고위 관직을 가치 없는 것이라고 여기거나, 아니면 고위 관직에 취임할 만한 사람이 많지 않다고 여기는 것으로 보이오"라고 그는 말했다. 수치스럽고 창피스러운 삶을 살고 있던 자신의 정적 중 한 명에 관해 그

---

33 「테미스토클레스 전」 18장.
34 릭토르(lictor)는 로마의 고관(高官)을 수행하는 공적인 시종들을 말하는데, 주로 해방노예들이었던 그들은 길을 비키게 하기도 하고 형벌을 집행하기도 했다. 집정관은 12명을, 독재관은 24명을, 법정관은 6명을 거느렸다.

는 "그가 그의 어머니보다 더 오래 살기를 원한다고 누가 말하면 그의 어머니는 그것을 기도가 아니라 저주로 여길 것이오"라고 말했다. 카토는 또 조상에게서 물려받은 바닷가의 들판을 팔아버린 사람을 가리키며, 그 사람이야말로 바다보다 더 강하다고 감탄하는 척하면서 "그 사람은 바다도 좀처럼 쓸어가지 못한 것을 간단하게 마셔버렸거든요"라고 말했다.

에우메네스[35]왕이 로마를 예방했을 때, 원로원은 극진한 예를 갖추어 영접하고 저명인사들은 다투어 그에게 호의를 보였으나, 카토는 의심하고 경계하는 눈초리로 그를 바라보고 있음을 감추지 않았다. "하지만 에우메네스는 탁월한 인물이며 로마의 친구임이 확실하오"라고 어떤 이가 말하자, 카토는 "그렇겠지요. 하지만 왕이란 그 본성상 육식동물이지요"라고 말했다. 그리고 카토는 사람들이 찬탄하는 어떤 왕도 에파메이논다스나 페리클레스나 테미스토클레스나 마니우스 쿠리우스나 바르카라는 별명을 가진 하밀카르[36]에 견줄 수 없을 거라고 주장했다. 카토는 또 정적들이 자신을 시기하는 것은, 자기가 날마다 밝기 전에 일어나 개인적인 일보다는 공적인 일에만 전념하기 때문이라고 말하곤 했다. 카토는 또 자기는 나쁜 짓을 하고도 벌받지 않기보다는 옳

---

35   소아시아 페르가몬시의 왕 에우메네스(Eumenes) 2세를 말한다.
36   에파메이논다스는 테바이의 장군으로 기원전 371년 레욱트라(Leuktra)에서 스파르테군을 이겼고, 페리클레스는 아테나이 민주정치의 완성자이며, 테미스토클레스는 기원전 480년 살라미스 해전에서 페르시아 함대를 격퇴했고, 하밀카르는 유명한 한니발의 아버지로 제1차 포이니전쟁 때 카르타고군을 이끈 장군이다. 바르카(Barca)는 '번개'라는 뜻이다. 마니우스 쿠리우스에 관해서는 주 9 참조.

은 일을 하고도 보답받지 못하고 싶으며, 모든 사람들의 잘못을 용서하되 자신의 잘못만은 용서할 수 없다고 말하곤 했다.

9.

한번은 로마인들이 비튀니아[37]로 보낼 사절 세 명을 뽑았는데,[38] 그중 한 명은 통풍(痛風)을 앓고 있었고, 다른 한 명은 두개골에 절개 수술을 받은 자국이 남아 있었으며, 세 번째 사람은 멍청이로 간주되었다. 그러자 카토는 이를 조소하며 로마인들은 발도 머리도 심장[39]도 없는 사절단을 보낸다고 말했다. 아카이아[40]의 추방자들을 그들의 고향으로 돌려보내야 하느냐는 문제로 원로원에서 오랫동안 논쟁하게 되었을 때,[41] 더러는 돌려보내자고 했고 더러는 이에 반대했다. 그때 폴뤼비오스[42]의 부탁을 받은 소(小) 스키피오가 카토에게 도움을 청하자, 카토는 일어서서 "우리는 아무 할 일도 없는 사람들처럼 하루 종일 여기에 앉아 몇몇 헬라스의 노인이 이곳에 묻힐 것이냐 아니면 아카이아에 묻힐 것이

---

[37] 비튀니아(Bithynia)는 소아시아 북부 흑해 남안에 있는 지방이다.
[38] 기원전 149년 로마는 비튀니아의 니코메데스(Nikomedes)와 페르가몬의 앗탈로스(Attalos) 사이의 전쟁을 막기 위해 이 사절단을 파견했다.
[39] 고대 로마인들은 흔히 심장이 지적 능력과 관계 있는 것으로 믿었다.
[40] 아카이아(Achaia)는 펠로폰네소스반도 북부의 해안 지방이다.
[41] 기원전 168년 퓌드나(Pydna)에서 마케도니아군이 로마군에 완패하자 로마인들은 이 전쟁에서 중립을 지키던 아카이아인 1천 명을 심사한다는 명분으로 로마로 끌고 갔는데, 18년 뒤인 기원전 150년 역사가 폴뤼비오스를 포함해 그중 살아남은 300명이 원로원의 특명에 따라 고향으로 돌아갈 수 있었다.
[42] 폴뤼비오스(Polybios)는 그리스 출신의 로마 역사가다.

냐 하는 문제를 토론하고 있소이다"라고 말했다. 그래서 그들을 고향으로 돌려보내자고 원로원이 표결했으나, 며칠 뒤 폴뤼비오스는 추방자들을 아카이아에서 이전의 관직으로 복권시켜주자는 안(案)을 가지고 다시 원로원에 들어가려 했다. 폴뤼비오스가 이 청원에 대한 의견을 물었을 때, 카토는 미소 지으며 그의 행동은 마치 오뒷세우스가 모자와 허리띠를 두고 왔다고 해서 퀴클롭스의 동굴로 돌아가기를 원하는 것과도 같다고 말했다.[43]

카토는 또 현명한 사람들이 어리석은 자들에게서 얻는 이득이 어리석은 자들이 현명한 사람들에게서 얻는 이득보다 더 크다며, 그 까닭은 현명한 사람들은 어리석은 자들의 과오를 경계하지만 어리석은 자들은 현명한 사람들의 성공을 따라 하지 않기 때문이라고 말하곤 했다. 카토는 또 말하기를, 자기는 젊은이들의 얼굴이 창백해지기보다는 붉어지는 쪽이 더 보기 좋으며, 행군할 때 손을 쓰고 싸울 때 발을 쓰는 자나 코고는 소리가 함성보다 더 요란한 자는 군인으로서는 쓸모가 없다고 했다. 카토는 또 지나치게 뚱뚱한 어떤 사람을 비웃으며 "식도와 살 사이가 온통 배뿐인 저런 자가 국가에 무슨 쓸모가 있겠는가?"라고 말했다. 어떤 식도락가가 카토와 사귀기를 원했을 때, 자기는 마음보다 입천장이 더 민감한 사람과는 함께할 수 없다며 거절했다.

카토는 또 사랑하는 사람의 혼은 사랑받는 사람의 몸 안에 살

---

43 목마(木馬)의 계략으로 트로이아를 함락한 영웅 오뒷세우스(Odysseus)가 귀향 도중 외눈박이 식인 괴물 퀴클롭스(Kyklops)의 동굴을 찾았다가 구사일생으로 도망쳐 나온 이야기에 관해서는 호메로스(Homeros)의 『오뒷세이아』(*Odysseia*) 9권 참조.

고 있다고 말했다. 카토는 평생 동안 세 번 후회한 적이 있는데, 아내에게 비밀을 털어놓았을 때, 걸어서 갈 수 있는 곳을 배를 타고 건넜을 때, 그리고 온종일 아무 일도 하지 않았을 때라고 했다. 타락한 생활을 하던 한 노인에게 카토는 "여보시오, 늙으면 여러 모로 추악해지기 마련인데, 거기에 악덕의 추악함까지 보태지는 마시오"라고 말했다. 누군가를 독살했다는 혐의를 받고 있던 호민관(護民官)이 유해한 법안을 억지로 통과시키려 하자, 그는 "젊은이, 그대가 타주는 약을 마시는 것과 그대의 법안을 비준하는 것 가운데 어느 쪽이 더 나쁜지 나로서는 알 수가 없구려"라고 말했다. 방탕하고 파렴치한 생활을 하던 사람에게 욕을 먹었을 때, 카토는 "이건 불공평한 싸움이오. 그대는 욕설이라면 태연하게 듣기도 하고 입심 좋게 내뱉기도 하지만, 내게 욕설은 하는 것도 불쾌하고 듣는 것도 생소하기 때문이오"라고 말했다. 카토가 남긴 명언들은 이런 것이 대부분이었다.

10.

카토는 절친한 친구인 발레리우스 플락쿠스와 더불어 집정관으로 선출된 뒤[44] 로마인들이 '이쪽 히스파니아'[45]라고 부르던 곳을 맡아보게 되었다. 그곳에서 카토는 일부 부족은 무력으로 복속시키고 일부 부족은 외교로 설득하던 중 야만족의 대군에게 공격을 받고 불명예스럽게도 그곳에서 쫓겨날 위험에 처하게 되었다. 그래서 카토는 이웃의 켈트이베리족[46]에게 원군을 청했다. 그들이

44　기원전 195년.
45　'이쪽 히스파니아'(Hispania citerior)란 지금의 에스파냐 남동부를 말한다.

도와주는 대가로 200탈렌툼을 요구하자, 대다수 사람들은 로마인들이 야만족에게 원조의 대가를 지불하기로 동의하는 것은 참을 수 없는 굴욕이라고 생각했다. 그러나 카토는 그것이 결코 있을 수 없는 일은 아니라며, 만약 로마인들이 승리하면 자신들의 돈이 아니라 적군에게서 노획한 전리품으로 대가를 지불할 수 있을 것이고, 만약 패배하면 대가를 지불하거나 요구할 자는 아무도 남지 않게 될 거라고 했다. 이 전투에서 카토는 완승을 거두었고, 나머지 전선에서도 빛나는 성공을 거두었다.

폴뤼비오스에 따르면,[47] 단 하루 동안에 바이티스[48]강 이쪽에 있는 모든 도시의 성벽이 카토의 명령에 따라 허물어졌다고 하는데, 이 도시들은 수많은 호전적 전사들로 가득 차 있었다. 카토 자신도 히스파니아에서 보낸 날짜보다 더 많은 도시들을 함락했다고 말하고 있는데, 함락된 도시 수가 실제로 400곳에 이른다면 이는 허풍이 아니다.

카토의 군사들은 이 전투에서 많은 전리품을 얻었지만, 카토는 그들 각자에게 은(銀) 1리브라[49]를 덤으로 주며, 소수의 로마인들이 금을 갖고 돌아가는 것보다는 다수의 로마인들이 은을 갖고 돌아가는 편이 더 낫다고 말했다. 그러나 그의 말에 따르면, 그 자신은 먹고 마신 것 외에는 전리품에 일절 손대지 않았다고 한다.

---

46 켈트이베리족(Celtiberi 그/Keltiberes)은 켈트족과 히스파니아인의 혼혈족이다.
47 폴뤼비오스, 『역사』 19권 1장 참조.
48 바이티스(Baetis)는 남에스파냐에 있는 지금의 과달퀴비르(Guadalquivir)강이다.
49 1리브라(libra 그/litra)는 로마의 파운드로 약 327그램이다.

그는 "전쟁으로 부자가 되려는 자들을 나무라는 것은 아니지만, 나는 가장 부유한 자와 재물을 다투거나 가장 탐욕스러운 자와 탐욕을 다투느니 차라리 가장 용맹스러운 자와 용기를 다투고 싶소이다"라고 말한다.

아무튼 그는 자신뿐 아니라 측근들도 온갖 이익으로부터 깨끗하게 지키려고 노력했다. 전장에서 다섯 명의 시종이 함께했는데, 그중 한 명인 팍키우스가 전쟁 포로 중 세 명의 소년을 샀다. 그러나 카토가 이 사실을 알게 되자 팍키우스는 감히 주인을 대면하지 못하고 목매어 죽었다. 카토는 소년들을 팔아 그 대금을 국고로 환수했다.

11.

카토의 정적이었던 대 스키피오[50]는 카토의 성공에 제동을 걸고 그에게서 히스파니아의 통치권을 넘겨받고 싶어했다. 그래서 카토가 아직 히스파니아에 머물고 있는 동안 대 스키피오는 그 지방에 카토의 후임 총독으로 임명받은 뒤 가능한 한 하루라도 빨리 출발해 카토와 임무를 교대했다. 그런데 카토는 5개 코호르스[51]의

---

50 기원전 194년 에스파냐에 출정한 것은 대 스키피오가 아니라 푸블리우스 코르넬리우스 스키피오 나시카(Publius Cornelius Scipio Nasica)였다. 대 스키피오는 이때 북이탈리아에서 리구리아(Liguria)인들과 싸우고 있었다. 리비우스(Livius)의 『로마 건국 이후의 역사』(*Ab urbe condita*) 35권 1장 참조. 이하 이 책은 권수와 장수, 경우에 따라 절수만 표시한다.
51 코호르스(cohors '부대'라는 뜻)는 로마 군단(軍團 legio)의 10분의 1로, 병력 수가 명목상으로 600명이다. 군단의 병력 수가 시대에 따라 변해 코호르스의 병력 수도 실제로는 300명에서 600명 사이였다.

중무장 보병을 거느리고 기병 500명의 호위를 받으며 귀향하던 중 라케타니족[52]을 제압하고 그들이 넘겨준 600명의 탈주병들을 죽였다.[53]

이러한 조처에 스키피오는 격노했으나, 카토는 신분이 높은 사람은 신분이 낮은 사람에게 무훈을 양보하려 하지 않고, 자기 같은 평민이 가문과 명망에서 우위에 있는 사람과 미덕을 다툴 때 로마는 진정으로 가장 위대해질 거라고 비꼬아서 말했다. 스키피오의 불만에도 불구하고 원로원은 카토가 취한 조처들을 취소하거나 변경하지 않겠다는 법령을 공표했다. 그리하여 스키피오는 그곳에서 하는 일 없이 게으름이나 피우며 임기를 보낸 탓에, 카토의 명성이 아니라 오히려 그 자신의 명성이 손상을 입게 되었다. 한편 카토는 개선식을 올렸다.[54]

미덕보다 명성을 좇는 이들은 대개 일단 최고 관직에 올라 집정관이 되고 개선식까지 올리고 나면 곧바로 공적인 활동을 접고 여생을 쾌락과 안락한 생활에 맡기게 된다. 그러나 카토는 미덕을 추구하려는 노력을 포기하지 않고 오히려 정계에 처음 입문해 명예와 명성에 목말라 하는 사람처럼 다시 팔을 걷고 나서서 법정에서나 전장에서나 친구들과 동료 시민들을 위해 봉사할 각오가 되어 있었다.

---

52 라케타니족(Lacetani)은 에스파냐 북동부에 살던 부족이다.
53 여기서 '탈주병들'이란 카토가 베르기움(Bergium)에서 붙잡아 죽인 노상강도들을 말하는 것으로 추정된다. 리비우스, 34권 21장 참조.
54 기원전 194년.

12.

그런 이유에서 카토는 집정관 티투스 셈프로니우스[55]의 사절로 활동하며 그가 트라케[56] 지방과 히스테르[57] 유역을 정복하도록 도왔다. 그는 또 마니우스 아킬리우스 휘하의 참모장교로서 안티오코스 대왕[58]을 치러 헬라스로 진격했는데, 안티오코스는 로마인들에게는 한니발 이후 어느 누구보다도 두려운 적수였다. 안티오코스는 전에 셀레우코스 니카토르[59]가 지배하던 아시아 땅을 거의 다 수복하고 수많은 호전적인 야만족 부족을 정복하자 의기양양해져서 자기와 겨룰 수 있는 적수는 로마인들뿐이라고 여겼던 것이다.

그래서 안티오코스는 헬라스인들을 해방시키기 위해 전쟁을 한다는 명분으로 군대를 이끌고 헬라스로 건너갔다.[60] 그러나 그것은 헬라스인들에게는 전혀 필요 없는 짓이었다. 그들은 얼마 전 로마인들 덕분에 필립포스와 마케도니아인들로부터 자유와 독립을 얻었기 때문이다.[61] 안티오코스가 건너오자 헬라스는 당

---

55 티투스 셈프로니우스(Titus Sempronius)는 기원전 194년 집정관으로서 북이탈리아에 거주하던 켈트족의 일파인 보이이족(Boii)과 싸웠다.
56 트라케(Thraike 라/Thrace)는 그리스 북동 지방이다.
57 히스테르(Hister 또는 Ister 그/Istros)는 도나우강의 하류다.
58 안티오코스(Antiochos) 3세(재위 기간 기원전 223~187년)는 셀레우키아 왕조의 세력을 부활하고 동지중해 지방에서 로마의 세력에 대항하려 했다.
59 셀레우코스 니카토르(Nikator)는 알렉산드로스 대왕 휘하의 장군으로 셀레우키아 왕조의 창시자다. 니카토르는 그의 별명으로 '승리자'라는 뜻이다.
60 기원전 192년.
61 기원전 197년 로마의 플라미니우스(Titus Quinctius Flaminius)가 텟살리아 지방의 퀴노스케팔라이(Kynoskephalai)에서 마케도니아의 필립포스 5세에게 승리함으로써 그리스는 마케도니아의 오랜 억압에서 해방되었다.

장 기대와 공포의 소용돌이로 빠져들었는데, 왕의 통치를 받는 편이 유리하다고 민중 선동가들이 감언이설을 늘어놓았기 때문이었다. 그래서 마니우스는 헬라스의 여러 도시로 사절을 파견했다. 반란을 꾀하던 이들 도시는 티투스 플라미니우스에 의해 대부분 소요 사태 없이 조용히 진정된 바 있는데, 이는 내가 그의 전기에서 말한 바와 같다.[62] 그러나 코린토스인들과 파트라이[63]인들과 아이가이[64]인들을 달랜 것은 카토였다.

카토는 또 아테나이에도 오랫동안 머물렀는데, 그가 아테나이의 백성들에게 헬라스어로 말한 연설은 지금도 남아 있다고 한다. 이 연설에서 카토는 유서 깊은 아테나이인들의 미덕을 찬양하고 그처럼 아름답고 위대한 도시를 보게 되어 기쁘다는 취지의 말을 했다고 한다. 그러나 그것은 사실이 아니다. 카토는 아테나이인들에게 통역을 통해 말했고, 비록 그들의 말로 그들에게 연설할 수 있었지만 로마의 전통을 고수하면서 헬라스의 것이라면 무엇이든 찬탄하는 자들을 비웃었기 때문이다. 예컨대 그는 헬라스어로 역사를 기술하면서 독자들에게 양해를 구한 포스투미우스 알비누스를 놀려대며, 암피크튀오니아 동맹[65]의 결의에 의해 마지못해 그런 일을 떠맡았다면 양해를 구할 수 있을 거라고 말했다. 카토는 또 아테나이인들은 자신의 말이 빠르고 간결한 것에 깊은 감명을 받았는데, 그것은 자신이 한 말을 통역이 장황하

---

62 「플라미니우스 전」 15~17장 참조.
63 파트라이(Patrai)는 코린토스만에 있는 아카이아 지방의 도시다.
64 아이가이(Aigai)는 코린토스만에 있는 아카이아 지방의 도시다.
65 「솔론 전」 주 51 참조.

게 많은 말을 사용하여 전달했기 때문이라고 했다. 그리고 카토는 전체적으로 헬라스인들의 말은 입술에서 나오는데 로마인들의 말은 마음에서 나오는 것으로 생각했다.

13.

안티오코스는 테르모퓔라이[66]의 고갯길을 군대로 막고 그곳의 자연적 요새에 울짱과 방벽을 덧붙인 다음, 헬라스에 적군이 들어오지 못하도록 막았다고 믿고는 그곳에 눌러앉았다. 그리하여 로마인들은 정면 공격으로 그곳을 통과하기를 포기했다. 카토는 페르시아군이 헬라스군의 방어망을 우회하여 포위했던 유명한 작전을 떠올리고는 약간의 군대를 거느리고 야음을 틈타 출발했다.

그들은 꽤 높은 곳으로 올라갔으나 길라잡이 노릇을 하던 전쟁포로가 길을 잃고 사람이 지나다닐 수 없는 울퉁불퉁한 곳을 헤매는 바람에 군사들이 겁을 내며 크게 낙담했다. 위기 상황임을 알아차린 카토는 다른 사람은 모두 그 자리에 그대로 머물러 있으라 명령하고 자신은 루키우스 만리우스라는 등산 전문가만 데리고 길을 찾아 나섰다. 그것은 달도 없는 칠흑같이 어두운 밤인데다 수많은 야생 올리브나무들과 바위들이 시야를 가리거나 흐리게 하여 매우 힘들고 위험한 일이었으나, 그들은 마침내 적진으로 내려가는 것으로 생각되는 길을 만났다. 그들은 칼리드로모스산 위 눈에 잘 띄는 바위들에다 표시를 해둔 뒤 다시 본대(本隊)로 돌아왔다. 그들은 본대를 이끌고 표시를 해둔 곳으로 가서는

---

66 「테미스토클레스 전」주 51 참조.

길을 찾아내어 앞으로 행군했다.

그러나 얼마쯤 갔을 때 길이 끊어지며 발아래 낭떠러지가 모습을 드러냈다. 그들은 또다시 겁이 나고 낙담했으니, 사실은 자신들이 찾던 적군 가까이 와 있다는 것을 알 수도 볼 수도 없었기 때문이었다. 어느새 날이 밝기 시작했고, 드문드문 사람의 말소리가 들리는 듯했다. 그리고 곧이어 실제로 낭떠러지 아래로 헬라스식의 울짱과 전초(前哨)가 눈에 띄었다. 그러자 카토는 군대를 멈춰 세우고 피르뭄시 출신 대원을 따로 불렀는데, 그는 이들을 늘 신뢰할 수 있고 열성적이라고 생각했다.

그들이 불려 와 주위에 둘러서자 카토는 "나는 적군 한 명을 생포하여 그에게서 이 전초는 어떤 자들로 구성되어 있고, 그들의 수는 얼마나 되며, 주력부대는 어떤 대열을 이루고 어떻게 배치되어 있으며, 우리와 맞서기 위해 어떤 준비를 하는지 알아야겠소. 하지만 그 일을 해내기 위해서는 전혀 무장하지 않은 채 겁 많은 짐승들을 덮치는 사자의 민첩성과 대담성이 필요하오"라고 말했다. 카토의 말을 듣고 피르뭄시 출신들은 지체 없이 산기슭으로 달려 내려가 적군의 파수병들을 덮쳤다.

적군은 뜻밖의 기습에 뒤죽박죽이 되어 뿔뿔이 흩어졌고, 피르뭄시 출신 군사들은 그중 한 명을 무장한 그대로 붙잡아 카토에게 넘겼다. 카토는 포로한테서 적군의 주력부대는 왕과 함께 고갯길에 진을 치고 있으며, 산길을 지키는 이들 지대(支隊)는 정선된 아이톨리아인 600명으로 구성되어 있다는 것을 알아냈다. 그들의 수가 얼마 안 되는 데다 임무를 소홀히 하고 있음을 알게 된 카토는 자신감을 얻어 적군을 향해 맨 먼저 칼을 빼어 들고 나팔 소리와 고함 소리에 맞춰 군사들을 일시에 인솔해갔다. 적군은 카토의 군사가 낭떠러지들에서 자신들을 향해 쏟아져 내려오는 것을 보자 본진으로 도망치기 시작했고 그곳은 순식간에 온통 혼란으로 가득 찼다.

14.

그사이 평지에 있던 마니우스가 고갯길로 전군을 투입해 적의 방벽을 공격했다. 안티오코스는 돌에 입을 맞아 이가 부러지자 괴로워 말머리를 돌렸고, 그의 군대는 도처에서 로마군의 공격을 받아 뒤로 물러섰다. 도망갈 길이라야 지나기 어려운 험로뿐이고, 깊은 늪이나 가파른 절벽을 통과해보았자 미끄러지고 떨어질 게 뻔했지만, 안티오코스의 군대는 고갯길을 지나 그렇듯 위험한 길들로 뛰어들었고 로마인들의 칼에 맞을까 두려워 서로 밀치고 짓밟다가 자멸하고 말았다.

카토는 자화자찬을 어색해하는 사람이 아닌 데다 공공연한 자랑도 위대한 공적의 당연한 귀결이라 여기고 전혀 주저하지 않았지만, 이때의 공적에 관해서는 특히 자랑을 늘어놓았다. 카토가 말하기를, 이때 그가 적군을 추격해 베어 눕히는 모습을 본 사람들은 그가 로마 국민에게 신세진 것보다 로마 국민이 그에게 신세진 것이 더 크다는 것을 느꼈을 것이라고 했다. 카토는 또 말하기를, 그와 집정관 마니우스가 둘 다 승리에 한끈 달아 있을 때 마니우스가 한참 동안 그를 껴안으며 자기도 로마의 모든 국민도 그의 선행에 적절히 보답할 길이 없을 것이라며 환희의 함성을 질렀다고 했다.

전투가 끝나자마자 카토는 자신의 승보(勝報)를 몸소 전하려고 로마로 출발했다. 그는 배를 타고 무사히 브룬디시움으로 건너가 거기서 하루 만에 타렌툼으로 갔고, 거기서 다시 나흘을 더 여행하여 상륙한 지 닷새 만에 로마에 도착해 맨 먼저 승보를 전했다. 그러자 시민들은 모두 기뻐하며 제물을 바쳤고, 육지에서든 바다에서든 자신들이 정복하지 못할 곳은 아무 데도 없다는 자신감을 갖게 되었다.

15.

이상이 가장 이름을 떨친 카토의 군사적 업적들이다. 정치 분야에서 그는 범법자들을 고발하고 심판하는 일에 가장 관심이 많았던 것 같다. 그는 범법자들을 스스로 많이 고발했을 뿐 아니라 남들이 고발하는 것을 도와주었고, 남들이 누군가를 고발하도록 부추기기까지 했다. 페틸리우스가 스키피오[67]를 고발한 경우가 그렇다. 그러나 스키피오가 가문의 명망과 고매한 정신을 내세워 자신에 대한 고발을 깔아뭉개버리자 카토는 그가 사형에 해당하는 죄를 지었다는 확증이 없어 사건을 포기하고, 대신 스키피오의 아우인 루키우스를 고발한 사람들과 합세해 루키우스가 유죄 선고를 받고 국가에 거액의 벌금을 내도록 했다.[68] 루키우스는 벌금을 낼 수 없어 투옥될 위험에 처했으나, 호민관들의 개입으로 간신히 벗어날 수 있었다.

전하는 말에 따르면, 한 젊은이가 선친(先親)의 정적에게서 공민권을 박탈하는 데 성공하고는 사건 종결 후 광장을 지나가고

---

67 주 21 참조.
68 루키우스는 자신의 군대를 위해 안티오코스에게서 500탈렌툼을 받았는데, 카토는 이를 문제 삼았던 것이다.

있을 때 카토가 그에게 다가가 따뜻하게 인사하며, "부모님의 망령(亡靈)이 요구하는 제물은 새끼 양이나 새끼 염소들이 아니라 이처럼 그분들 적들의 유죄를 입증해 그들이 눈물을 흘리게 하는 것"이라고 말했다 한다.

그러나 카토 자신도 정치 생활에서 언제나 무사했던 것은 아니고, 정적들에게 조금이라도 꼬투리가 잡힐 때마다 늘 고발되었고 때로는 유죄선고를 받을 위험에 처하기도 했다. 카토는 거의 50번[69]이나 고발되었고, 마지막으로 고발되었을 때는 86세였다고 한다. 그리고 이 재판에서 카토는 한 세대의 사람들 사이에 살던 사람이 다른 세대의 사람들 앞에서 자기변호를 한다는 것은 어려운 일이라는 명언을 남겼다고 한다. 그러나 이것으로도 카토는 법률 활동을 마감하지 않고, 4년 뒤 90세가 되어서도[70] 세르비우스 갈바[71]를 고발했다. 카토는 네스토르[72]처럼 세 세대 동안 활동적인 삶을 살았다고 할 수 있다. 앞서 말했듯이, 카토는 대 스키피오와 수많은 정치 투쟁을 한 뒤, 페르세우스와 마케도니아인들을 제압한[73] 파울루스 아이밀리우스의 친자로서 대 스키피오의 손

---

69 정확히는 44번이다.
70 리비우스(39권 40장 참조)에 따르면 카토가 갈바를 고발한 것은 90세 때였다고 하고, 키케로(『브루투스』(Brutus) 20장 80절 참조)에 따르면 86세로 그해에 죽었다고 한다.
71 세르비우스 갈바(Servius Sulpicius Galba)는 기원전 151년 히스파니아의 법정관(Praetor)으로 수많은 루시타니아(Lusitania 지금의 포르투갈)인들을 학살하고 노예로 만들었다.
72 네스토르(Nestor)는 호메로스의 『일리아스』(Ilias)에 나오는 세 세대를 살았다는 노장으로, 언변과 계책이 뛰어나 그리스군의 존경을 받았다.
73 기원전 168년 퓌드나 전투에서.

자로 입양된 소 스키피오의 시대까지 살았기 때문이다.

16.

집정관을 지낸 지[74] 10년 뒤에 카토는 감찰관에 입후보했다. 이 직책은 으뜸가는 영직(榮職) 가운데 하나로 어떤 의미에서는 정치 생활의 정점이었다. 감찰관의 권력은 방대해 시민의 생활과 풍속도 심사할 수 있었다. 로마인들은 결혼 문제든 출산 문제든 생활 습관이든 사교생활이든, 감독하거나 검열하지 않고 각자의 욕망과 기호에 맡겨두는 것은 적절하지 못하다고 생각한 것이다. 오히려 그들은 인간의 본성은 공적이고 정치적인 활동에서보다는 이런 문제에서 더 잘 드러난다고 믿고 누구든 방종으로 흘러 전통적이고 정상적인 생활방식에서 이탈하는 것을 감시하고 훈계하고 징계할 관리를 두 명 선출했는데, 이른바 귀족들 중에서 한 명을 뽑고 평민들 중에서 한 명을 뽑았다. 이 관리들을 감찰관이라고 불렀는데, 그들은 기사(騎士)에게서 국가에서 대주는 말을 몰수하고 방종하고 무질서한 생활을 하는 원로원 의원을 제명할 권한이 있었다. 그들은 또 재산평가를 검열하고, 사회적 분류와 정치적 분류에 따라 모든 시민들의 기록부를 정리했으며, 그 밖에도 여러모로 막강한 권한이 있었다.

그래서 카토가 감찰관에 입후보했을 때 저명하고 영향력 있는 원로원 의원들은 대부분 힘을 모아 반대했다. 그들 가운데 명문가 출신들은 만약 출신이 미미한 자들이 명예와 권력의 정상에

---

[74] 기원전 184년.

오르면 귀족 출신인 자신들이 모욕당하는 것이라 여기고 심한 질투심을 느꼈고, 한편 자신들이 수치스러운 짓을 했고 선조들의 관습에서 이탈했음을 잘 알고 있던 자들은 카토의 성격이 엄격해 가혹하고 가차없이 권력을 행사할 것이 두려웠다.

그래서 이들 두 부류는 서로 의논해 계획을 세우고 카토에 대항할 7명의 후보를 내세웠는데, 그들은 대중이 느슨하고 관대한 정부를 원한다고 믿고는 임기 동안 아량을 베풀겠다고 약속함으로써 대중의 환심을 사려 했다. 반대로 카토는 전혀 타협 의사를 밝히지 않고 연단에 서서 범법자들을 공공연히 위협하며 도시가 필요로 하는 것은 대대적인 정화(淨化)라고 소리쳤다. 그리고 카토는 대중에게 만약 그들이 현명하다면 가장 호감을 주는 의사보다는 가장 과단성 있는 의사를 선택하라고 촉구하며, 자기야말로 그런 의사이며 귀족들 중에서는 발레리우스 플락쿠스가 뽑혀야 한다고 했다. 그와 함께한다면 자기는 당대의 휘드라[75] 같은 사치와 나약함을 어느 정도 베고 태울 수 있을 것으로 생각되지만, 다른 후보자는 그 직책을 제대로 수행하는 사람들이 두려워 기를 쓰고 그 직책으로 밀고 들어가, 그 기능을 망쳐놓으려는 거라고 주장했다.

---

75 휘드라(Hydra)는 '물에 사는 짐승' 또는 '물뱀'이라는 뜻으로, 이 괴물을 퇴치하는 것이 헤라클레스의 12고역 중 하나였다. 이 괴물은 머리를 베면 더 많은 머리가 자라나기 때문에 헤라클레스는 화전(火箭)을 쏘아, 또는 그가 머리를 베면 그의 조카 이올라오스(Iolaos)가 머리가 잘린 목 부분을 불타는 나무로 지져서 제압할 수 있었다. 나중에 헤라클레스는 자신의 화살을 휘드라의 독(毒) 또는 피에 담가 독화살을 만드는데, 이 독화살들은 훗날 그의 수많은 적뿐만 아니라 그 자신에게도 간접적으로 파멸을 안겨준다.

로마인들은 진실로 위대한 국민이며, 위대한 지도자들을 가질 자격이 있음을 보여주었다. 그들은 카토의 엄격성과 당당함을 겁내기는커녕, 무엇이든 자신들의 입맛대로 해줄 것 같은 인상을 풍기던 후보들을 물리치고 카토와 함께 플라쿠스를 선출한 것이다. 그들은 카토가 그 직책의 후보가 아니라 이미 그 직책을 맡아 명령을 내리기나 한 것처럼 그의 말에 따랐다.

17.

　감찰관으로 선출되자 카토는 동료이자 친구인 루키우스 발레리우스 플라쿠스를 원로원 의장으로 지명하고, 루키우스 퀸티우스[76]를 포함해 여러 명의 원로원 의원을 제명했다. 루키우스는 7년 전에 집정관을 지낸 인물로,[77] 집정관으로 선출된 것보다 그의 명예를 더 높여준 것은 그가 필립포스[78]왕을 이긴[79] 티투스 플라미니우스의 형이라는 사실이었다. 그가 제명된 이유는 이러하다. 루키우스에게는 어릴 때부터 좋아하던 젊은이가 있었는데, 심지어 그는 이 젊은이를 전쟁터에까지도 늘 데리고 다니며 어떤 측근이나 친척보다도 더 큰 명예와 권세를 누리게 해주었다.
　집정관이 된 루키우스가 어떤 속주에서 총독으로 재임할 때 한번은 연회를 개최했다. 이때 그 젊은이가 늘 그러하듯 루키우스 옆에 비스듬히 기대 누워, 술을 마시면 쉽게 휘둘리는 그에게,

---

76　퀸티우스(Quintius)가 아니라 큉크티우스(Quinctius)다.
77　기원전 192년.
78　마케도니아의 필립포스 5세를 말한다.
79　기원전 198년 퀴노스케팔라이에서.

"저는 그대를 너무나 사랑하기에, 로마에서는 지금 제가 일찍이 구경해본 적이 없는 검투사 경기가 열리는데도 그대와 합류하려고 부랴부랴 달려왔어요. 사람이 살해되는 것을 보는 게 제 소원인데도 말이에요"라고 아첨하는 말을 늘어놓기 시작했다. 그러자 루키우스는 자기 쪽에서도 애정을 표시하고 싶어 "그 일이라면 그렇게 누워서 슬퍼하지 말게나. 내가 알아서 처리할 테니까"라고 말했다. 그러고 나서 그는 사형수 가운데 한 명을 연회장으로 끌고 나오더니 릭토르[80]에게 도끼를 들고 그 옆에 서게 한 뒤 애인에게 사람이 죽는 것을 보고 싶냐고 물었다. 젊은이가 그렇다고 말하자 루키우스는 사형수의 목을 베라고 명령했다.

대부분의 작가들은 이 사건에 관해 그렇게 보고하고 있고, 키케로도 자신의 대화편 『노년에 관하여』[81]에서 카토의 입을 빌려 그렇게 말한다. 그러나 리비우스는, 처형당한 것은 갈리아 출신 탈주병이며 루키우스가 릭토르를 시켜 죽인 것이 아니라 손수 죽인 것이며, 그러한 이야기의 출전으로 카토의 어느 연설을 인용하고 있다.[82]

루키우스가 카토에 의해 원로원에서 제명되자 루키우스의 아우 티투스는 몹시 분개하며 백성들에게 호소하는 한편 카토에게 루키우스를 제명한 이유를 밝히라고 요구했다. 카토가 그 이유를 밝히며 연회 때 있었던 일을 이야기했다. 루키우스는 이를 부인하려 했으나, 카토가 공탁금을 걸고 재판을 받자고 제의하자 한

---

80 주 34 참조.
81 12장 42절 참조.
82 리비우스, 39권 42장 참조.

발 물러섰다. 그리하여 그때는 카토의 처벌이 정당했음을 모두들 인정했다. 그러나 나중에 극장에서 공연이 있을 때 루키우스가 원로원 의원들이 앉는 좌석을 지나 거기에서 되도록 먼 곳에 자리잡고 앉자, 백성들이 그를 불쌍히 여겨 그에게 자리를 바꿔 앉으라고 소리를 질러댔다. 그리하여 그것이 어느 정도 그의 권위를 세워주고 그가 받았던 굴욕을 완화해주었다.

카토는 또 집정관이 될 것으로 촉망되던 원로원 의원인 마닐리우스를, 대낮에 딸이 보는 앞에서 아내를 껴안았다고 하여 원로원에서 제명했다. 카토는 자신은 천둥이 크게 치지 않으면 아내를 껴안지 않는다며, 윱피테르가 천둥을 치면 자기는 행복해진다는 농담을 하곤 했다.

18.

카토는 개선식까지 올린 스키피오의 아우 루키우스의 말을 몰수한 적이 있었는데, 이미 고인이 된 스키피오 아프리카누스를 모욕하기 위한 것으로 생각되어 신랄한 비판을 받았다. 그러나 카토가 정적들에게 미움을 산 이유는 무엇보다도 사치를 근절하려 했기 때문이다. 이미 대부분의 사람들이 사치에 물들어 타락해 있던 때라 사치를 정공법으로는 일소할 수 없어 카토는 우회로를 택했다. 카토는 의복이든, 수레든, 여인들의 장신구든, 세간이든 그 가치가 건당 1500드라크메가 넘는 것은 그 가치를 10배로 다시 사정하게 했는데, 재산을 높이 평가함으로써 그 소유자의 세금을 더 늘리기 위해서였다. 게다가 카토는 그렇게 평가한 후 1천 아스당 3아스의 세금을 별도로 부과했는데, 이는 이런 부담을 지는 재산의 소유자들이 수입이 같더라도 검소하고 소박한 생활을 하면 세금을 훨씬 덜 무는 것을 보고 사치를 멀리하게 하려는 것이었다.

그 결과 사치 때문에 세금을 물어야 하는 자들뿐 아니라 세금 때문에 사치를 멀리하는 자들도 카토를 원망했다. 대부분의 사람들은 부를 과시할 수 없으면 부를 빼앗긴 거라고 생각했으며, 부를 과시할 기회는 필요한 것들에 의해서가 아니라 불필요한 것들에 의해 주어지기 때문이다. 바로 이러한 현상에 철학자 아리스톤[83]은 놀라움을 금치 못했다고 하는데, 불필요한 것들을 가진 자가 꼭 필요한 것들을 가진 자보다 더 행복한 것으로 간주되었기 때문이다. 텟살리아의 스코파스[84]는, 어떤 친구가 그에게 별로 쓸모없는 것이 있으면 달라고 하며 그에게 꼭 필요한 것을 요구하는 것은 아니라고 말하자, "하지만 나는 그런 쓸모없고 남아도는 것들 때문에 행복하고 부유하다네"라고 대답했다. 이렇듯 부에 대한 욕구는 자연적으로 생기는 감정과 관계된 것이 아니라 외부 세계의 그릇된 견해에 의해 덧붙여진 것이다.

19.

그러나 카토는 자신을 비판하는 자들에게 조금도 개의치 않고 더욱더 엄격해졌다. 카토는 공공 용수를 사삿집과 정원으로 빼돌리던 수도관을 끊어버리고, 공유지를 침범한 건물을 허물게 하고, 공공 토목공사의 공사비를 최대한으로 낮추고, 공유지의 임대료

---

[83] 아리스톤(Ariston)은 기원전 3세기에 활동한 스토아 철학자로 추정된다.
[84] 스코파스(Skopas)는 기원전 6세기 텟살리아 지방의 부유한 참주인데, 시인 시모니데스(Simonides)의 후원자로도 유명했다.

는 최대한으로 인상했다. 이런 조처 때문에 카토는 심한 미움을 샀다. 그리하여 티투스 플라미니우스 일파는 카토의 조치에 반대하는 파당을 만든 다음, 원로원을 설득해 카토가 신전과 그 밖의 공공건물을 신축하기 위해 체결한 계약을 무효화하게 했고, 가장 도전적인 호민관들을 사주해 카토를 백성들 앞으로 소환해 2탈렌툼의 벌금을 물리게 했다. 원로원은 또 카토가 원로원 건물 아래쪽 광장에다 공금으로 바실리카 포르키아[85]라고 불리는 바실리카를 세웠을 때도 극구 반대했다.

하지만 백성들은 카토의 감찰관으로서의 업적을 놀라울 정도로 높이 평가한 것 같다. 아무튼 그들은 건강의 여신 신전에 카토의 입상을 세웠는데, 거기에는 그의 군사적 업적이나 개선식에 관해서는 일언반구도 없고 다음과 같이 번역할 수 있는 글이 새겨져 있었다. "로마인들의 나라가 비틀거리며 넘어지려 했을 때 그는 감찰관이 되어 효과적인 지도력과 현명한 훈육과 건전한 가르침으로 나라를 다시 일으켜 세웠도다." 그러나 카토는 이전에 그런 명예를 좋아하는 사람들을 비웃으며, 그들이 깨닫지 못하고 있다 하더라도 그들의 긍지는 조각가들과 화가들의 작품에 의지하지만, 동료 시민들은 마음속으로 가장 정교하게 손질된 자신의 상(像)을 지니고 다닌다고 말하곤 했다. 저명하지 못한 사람들의 입상도 세워지는 판국에, 왜 그의 입상은 없는지 의아해하는 사람들에게 카토는 "나는 사람들이 왜 내 입상이 있느냐고 묻기보다는 왜 내 입상이 없느냐고 물어주기를 더 바란다오"라고 말하

---

[85] 카토의 가문 이름인 '포르키아가'(gens Porcia)에서 따온 이름이다.

곤 했다. 간단히 말해서 그는, 선량한 시민이라면 자기가 칭찬을 받는 것이 국가에 이익이 되지 않는다면 칭찬을 받을 만해도 칭찬을 받아들여서는 안 된다고 생각한 것이다.

그렇지만 카토만큼 자화자찬이 심한 사람도 없었다. 카토가 한 말에 따르면, 품행이 좋지 못해 비난을 듣게 되면 사람들은 "우리를 나무라서는 안 됩니다. 우리는 카토가 아니니까요"라고 말하곤 했고, 그의 업적을 모방하다가 실패한 사람들은 "왼손잡이 카토들"이라고 불렸으며, 원로원은 절망적인 상황에서는 마치 항해 중인 승객들이 키잡이를 쳐다보듯 자기를 쳐다보았으며 가끔은 자기가 출석하지 않으면 중차대한 업무조차 연기하곤 했다는 것이었다. 카토의 이러한 자화자찬은 다른 증인들에 의해 입증되고 있는데, 카토는 실제로 품행과 웅변과 고령에 힘입어 로마인들 사이에서 큰 권위를 누렸다.

20.

카토는 좋은 아버지였고, 상냥한 남편이었으며, 유능한 살림꾼이었다. 그는 이재(理財)에 관한 일을 결코 사소하거나 무시해도 좋은 일로 보지 않았기에 하는 말이다. 그러므로 나는 이와 관련된 카토의 처신에 관해 마땅히 몇 가지 적절한 예를 제시해야 한다고 생각한다. 카토는 재산보다는 집안을 보고 아내를 골랐는데, 그것은 부유한 여자들이나 집안이 좋은 여자들이나 다 같이 위엄과 자긍심이 있지만, 가문이 좋은 여자들은 원래 수치스러운 행위를 부끄러워하는 까닭에 명예로운 모든 일에서 남편의 뜻을 더 잘 따르리라 생각했기 때문이었다. 그는 아내나 자식을 때리는 자는 세상에서 가장 신성한 것을 폭행하는 자이며, 좋은 남편이 되는 것이 위대한 원로원 의원이 되는 것보다 더 칭찬받을 만하며, 옛날의 철학자 소크라테스가 인상적이었던 것은 다름 아니라 그가 괴팍한 아내와 아둔한 아들들을 늘 다정하고 상냥하게 대해주었기 때문이라고 말하곤 했다.

아들이 태어나자 카토는 급한 공적인 용무가 있을 때 말고는 아내가 아기를 목욕시키고 기저귀를 채울 때, 늘 그 자리에 있었다. 카토의 아내는 아이에게 몸소 젖을 먹였고, 가끔은 노예들의 아이들에게도 젖을 먹였는데, 그것은 그 아이들이 자기 아들에게 우애를 느끼게 하기 위해서였다. 아들이 어느 정도 자라자 카토는 교사로서 많은 소년들을 가르치던 킬로라는 유식한 노예가 있는데도 손수 아들을 맡아 읽기를 가르쳤다. 그 자신의 말에 따르면, 그는 자기 아들이 이해력이 느리다고 해서 노예에게 꾸중을 듣거나 귀가 잡아당겨지기를 원치 않았고, 교육처럼 중요한 일을 노예에게 신세지는 것은 옳지 않다고 생각했다.

그래서 카토는 아들에게 읽기와 법률과 체육을 몸소 가르쳤고, 창던지기, 무장하고 싸우는 법, 말타기뿐 아니라 권투, 더위와 추위를 참고 견디는 법, 티베리스강의 소용돌이와 급류를 헤엄쳐 건너는 법까지 가르쳤다. 또 그의 말에 따르면, 그는 큰 글자로 손수 로마의 역사서를 썼는데, 아들에게 집에서 선조들의 역사에 친숙해질 수 있는 기회를 만들어주려는 의도였다고 한다. 카토는 또 자기는 아들이 있는 앞에서는 베스타[86] 여신의 여사제들이라고 불리는 신성한 처녀들 앞에서처럼 상소리를 하지 않았

---

86 베스타(Vesta)는 로마의 화로의 여신이다.

으며, 아들과는 목욕도 같이 한 적이 없다고 주장하고 있다. 이것은 로마인들의 일반적인 관습이었던 것 같다. 그들은 옷 벗는 것을 창피하게 여겨 장인도 사위와 함께 목욕하기를 피했으니 말이다. 그러나 훗날 헬라스인들에게서 옷 벗는 것을 배우게 되자, 로마인들은 되레 여자들이 보는 앞에서도 옷을 벗도록 헬라스인들에게 가르쳐주었다.

이렇듯 카토는 미덕을 향해 아들을 형성하고 주조하는 아름다운 작업을 수행하는 과정에서 아들의 열성이 나무랄 데가 없고 아들의 정신이 타고난 자질과 잘 어울린다는 것을 알았다. 그러나 아들의 몸이 힘든 일을 견뎌낼 만큼 튼튼하지 못해 카토는 자신의 생활방식에서 지나치게 엄격하고 금욕적인 면을 다소 완화해주었다. 카토의 아들은 허약한 체질에도 불구하고 강인한 군인이 되어 페르세우스와의 전투[87] 때 아이밀리우스 파울루스 휘하에서 눈부시게 활약했다.

이 전투 때 그는 적에게 가격당하거나 손에 땀이 차서 칼을 놓쳐버렸다. 그러나 그는 이러한 불운에도 굴하지 않고 몇몇 전우에게 도움을 청하더니 그들을 데리고 다시 적군 속으로 뛰어들었다. 오랫동안 격렬한 전투를 치른 끝에 그는 그곳에서 적을 물리친 다음, 무기 더미와 아군과 적군의 시신들이 서로 겹겹이 쌓인 시신 더미에서 마침내 칼을 발견했다. 그러자 사령관인 파울루스가 젊은이의 용기에 깊은 감명을 받았다. 카토가 아들에게 써 보낸 편지가 아직도 남아 있는데, 이 편지에서 카토는 아들이 칼을

---

[87] 기원전 168년의 퓌드나 전투를 말한다.

찾는 데 보인 명예심과 열성을 극구 칭찬하고 있다. 나중에 이 젊은이는 파울루스의 딸이자 소 스키피오의 누이인 테르티아[88]와 결혼했는데, 그가 그런 집안과 인연을 맺게 된 것은 아버지 덕도 없잖아 있지만 그 자신의 공적 덕분이었다. 카토가 아들의 교육에 바친 정성은 그렇게 정당한 보답을 받았던 것이다.

21.

카토는 노예를 많이 거느리고 있었는데, 강아지나 망아지처럼 양육되고 훈육될 수 있는 젊은 전쟁 포로를 주로 사들였다. 카토의 노예들은 어느 누구도 카토나 그의 아내가 심부름 보낼 경우를 제외하고는 남의 집에 들어가지 않았으며, 카토가 지금 무엇을 하고 있느냐고 누가 물으면 모른다고만 대답했다.

노예들은 집안에서 일하고 잠을 자야 한다는 것이 카토의 원칙이었다. 카토는 잠을 잘 자는 노예들을 더 선호했는데, 잠을 잘 자는 자들이 잠 못 이루는 자들보다 더 온순하고 무슨 일에든 더 쓸모가 있다고 믿었던 것이다. 그리고 카토는 노예들이 임무를 소홀히 하는 것은 무엇보다도 성욕 때문이라고 여기고, 남자 노예들이 일정한 대가를 치르고 여자 노예들과 동침하되 다른 여자에게는 일절 접근하지 못하게 했다.

카토가 초반 가난하고 군무에 종사하던 시절에는 먹는 것 때문에 투정하는 일이 없었으며, 먹고 마시는 문제로 하인과 실랑이

---

[88] 테르티아(Aemilia Tertia)는 아이밀리우스 파울루스의 딸로, 대 스키피오의 아들에게 입양된 그의 아들 스키피오 아이밀리우스, 일명 소 스키피오의 친누이다.

나 벌이는 것은 가장 수치스러운 일이라고 공언하곤 했다. 그러나 나중에 형편이 나아져 친구나 동료들을 식사에 초대하곤 했을 때는 식사가 끝나자마자 준비하거나 봉사하는 데 소홀한 노예들을 매질하곤 했다. 카토는 항상 자신의 노예들을 서로 다투고 불화하게 만들었는데, 노예들이 서로 화목하면 불안하고 두려웠던 것이다. 자신의 노예 가운데 한 명이 사형에 해당하는 죄를 지었다고 의심되면 다른 노예들이 보는 앞에서 재판을 받게 했으며, 유죄가 인정되면 사형에 처하게 했다.

카토가 이재에 더 많은 노력을 기울이기 시작하면서 농사는 소득원이라기보다는 소일거리로 여기게 되어, 안전하고 확실한 사업에 자본을 투자했다. 그는 연못과, 온천과, 양모 빗는 자들에게 제공된 토지와, 역청 공장과, 목초지와 삼림이 많은 땅을 사들였는데 이것들은 큰 이익을 가져다주었고, 그 자신의 말처럼 윱피테르도 파괴할 수 없는 것들이었다. 카토는 또 선박 저당이라는 가장 악명 높은 대금업에도 손을 댔는데, 그 방법은 이러하다. 그는 자기에게 돈을 빌리고자 하는 사람들에게 단체를 결성하도록 요구했고, 배를 가지고 온 참여자가 50명이 되어 배도 50척이 되면 자신이 이익 중 한몫을 차지하기로 하고 자신의 해방노예 퀸티오로 하여금 채무자들과 함께 항해하며 그들의 업무를 돌봐주게 했다. 이런 방법으로 카토는 위험은 전부가 아니라 일부만 지며 이익은 크게 올릴 수 있었다.

카토는 또 자신의 노예 가운데 누구든 원하면 돈을 빌려주어, 그들이 그 돈으로 소년들을 사서 카토의 비용으로 1년 동안 교육시키고 가르친 다음 도로 팔게 했다. 이들 중 상당수는 카토 자신이 가졌는데, 그럴 경우 최고 입찰자가 그 소년에게 제시한 금액을 그 노예의 대변(貸邊)에 기입하곤 했다. 카토는 아들에게도 그렇게 하도록 권유하며, 가진 재산을 축내는 것은 남자가 할 일이 아니라 홀어미가 할 일이라고 말했다. 카토는 회계 장부상 자신의 재산에 물려받은 것보다 더 많은 것을 보탰음이 드러나는 사람이야말로 찬탄받아 마땅하고 신처럼 추앙받아 마땅하다고 발언한 적이 있었다. 분명 이는 지나친 말이다.

22.

카토가 어느덧 노인이 되었을 때, 아카데메이아학파의 카르네아데스와 스토아 철학자 디오게네스가 아테나이의 사절로 로마를 방문했는데, 그것은 아테나이인들에게 500탈렌툼의 벌금을 부과한 어떤 판결을 번복해주도록 부탁하기 위해서였다. 오로포스[89]인들이 소송을 제기했을 때, 아테나이인들이 재판정에 출석하지 않자 시퀴온[90]인들이 그들에게 불리한 판결을 내렸던 것이다.[91] 철학자들이 도착하자마자 로마의 젊은 지식인들은 모두 그들을 보러 달려와 그들의 강의를 듣고는 열렬한 추종자가 되었다. 무엇보다도 로마의 젊은 지식인들이 카르네아데스의 카리스마에 매혹되었는데, 그는 명성에 못지않은 실력을 갖추고 있어 호의적인 청중을 많이 끌어모았고, 마치 강력한 돌풍처럼 그를 칭송하는 소음이 도시를 가득 메웠다. 그리하여 탁월한 재능을 가진 헬

---

89 오로포스(Ōrōpos)는 아소포스강 하구에 있는 앗티케 지방의 도시다.
90 시퀴온(Sikyon)은 코린토스 북서쪽에 있는, 펠로폰네소스반도의 도시다.
91 아테나이인들이 오로포스시를 약탈하자 오로포스 시민들이 소송을 제기했는데, 아테나이인들이 자기변호를 하려 하지 않자 중재를 맡은 시퀴온인들이 그들에게 500탈렌툼의 벌금을 물렸던 것이다.

라스인 한 명이 매혹적인 언변으로 모든 반론을 제압하고 도시의 모든 젊은이들을 홀려, 그들이 다른 쾌락과 소일거리는 멀리하고 철학에만 열중한다는 소문이 파다했다.

다른 로마인들은 그것이 마음에 들었고, 자기 자제들이 헬라스 문화를 수용하고 그토록 경탄할 만한 사람들과 어울리는 것을 보고 좋아했다. 그러나 카토는 애당초 토론에 대한 이러한 열성이 로마에 유입되었을 때부터 그것이 못마땅했으니, 젊은이들이 자신들의 야망을 그쪽으로 돌림으로써 무공에 근거한 명성보다는 언변에 근거한 명성을 더 바람직한 것으로 여기지 않을까 두려웠기 때문이다. 그리하여 철학자들의 명성이 더욱더 높아지고 가이유스 아킬리우스[92] 같은 저명인사가 원로원 앞에서의 그들의 연설을 자원해 통역해주기에 이르렀을 때, 카토는 그럴듯한 핑계를 대어 철학자들을 모조리 도시에서 내쫓기로 작정했다.

카토는 원로원에서 일어서서 무엇이든 원하는 것을 쉽게 설득할 수 있는 자들로 구성된 사절단을 그토록 오래 기다리게 한 것은 잘못한 처사라고 당국자들을 나무랐다. 그리고 원로원 의원들은 되도록 빨리 마음을 정해 그들의 제안을 표결에 부침으로써 그들이 자신들의 학교로 돌아가 헬라스의 아들들에게 강의하고, 로마의 젊은이들은 종전처럼 자신들의 법과 통치자에 귀기울이게 해야 할 거라고 그는 말했다.

---

92 가이유스 아킬리우스(Gaius Acilius)는 자기 시대까지의 로마사를 그리스어로 저술한 사람이다.

23.

카토가 그렇게 행동한 것은, 몇몇 사람이 생각하듯 카르네아데스에 대한 개인적인 반감 때문이 아니라, 철학 전반을 싫어하고 애국심에서 헬라스의 문화와 교육 방법을 누르려 했기 때문이다. 예컨대 카토의 말에 따르면, 소크라테스는 관습을 파괴하고 동료 시민들로 하여금 법에 어긋나는 견해를 품게 함으로써 제 나라에서 참주가 되려고 기를 쓴 요란한 수다쟁이라는 것이었다. 카토는 또 이소크라테스[93]학파를 조롱하면서, 그의 제자들은 그와 함께 늙도록 공부만 하니 그에게서 배운 기술은 저승에 가서 미노스[94] 앞에서 변론할 때나 써먹을 수 있을 것이라고 했다.

카토는 자기 아들이 헬라스적인 것들에 반감을 품게 하려고 노인으로서는 너무 성급한 말을 했는데, 로마인들이 헬라스의 학문에 감염되면 나라를 잃게 될 것이라고 예언자처럼 엄숙히 말한 것이다. 그러나 시간은 카토의 불길한 예언이 빈말이었음을 보여 주었다. 로마시는 그 세력이 절정기에 이르렀을 때 온갖 형태의 헬라스 학문과 문화를 제 것으로 만들었으니 말이다.

카토는 헬라스의 철학자들만 미워한 것이 아니라, 로마에서 개업한 헬라스의 의사들까지 의심했다. 페르시아의 대왕이 여러 탈

---

93 이소크라테스(Isokrates 기원전 436~338년)는 아테나이의 웅변가로, 그의 연설들은 실제로 연설하기 위해서가 아니라 읽히기 위해 쓰인 만큼 일종의 에세이라고 할 수 있을 것이다. 그의 정치 연설의 대표작인 『축제 연설』(*Panegyrikos*)의 주제는 그리스의 도시국가들이 내분을 종식시키고 유능한 지도자 밑에서 하나로 뭉쳐 페르시아를 정복해야 한다는 것이다.

94 미노스(Minos)는 크레테섬의 전설적인 왕으로, 죽은 뒤 저승에서 사자(死者)들의 심판관이 되었다고 한다.

렌툼의 보수를 약속하며 초빙했을 때, 힙포크라테스[95]가 헬라스인들의 적들인 야만족에게는 봉사하고 싶지 않다고 대답했다는 말을 들었는지 그는 헬라스의 모든 의사가 같은 맹세를 했다고 주장하면서, 아들에게 그들을 모두 경계하라고 일러주었다. 카토는 또 손수 처방전들을 만들어두었다가 가족 중 누가 병이 나면 그것에 따라 치료하고 식이요법을 실시한다고 말했다. 카토는 자신의 환자들이 단식하지 못하게 하면서 채소와 약간의 오리나 비둘기나 산토끼의 고기를 먹게 했다. 그런 음식은 가끔 꿈을 많이 꾸게 한다는 단점이 있기는 하나 가벼워서 환자에게 좋다는 것이 카토의 주장이었다. 그런 치료와 식이요법을 실시함으로써 자신도 건강하고 가족의 건강도 지킨다고 카토는 주장했다.

24.

그러나 이 분야에 관한 카토의 자만은 신벌(神罰)을 받은 것 같다. 카토는 아내와 아들을 잃었던 것이다. 그 자신은 건강과 체력에 관한 한 체질이 강철 같아서 오랫동안 노년의 공격에 버틸 수 있었다. 그래서 노인이 되어서도 자주 여자를 가까이하다가 결혼할 나이가 훨씬 지났는데도 결국 재혼을 했다. 아내와 사별한 뒤 카토는 아들을 스키피오의 누이인 아이밀리우스 파울루스의 딸과 결혼시키고, 자신은 홀아비로 지내며 매춘부를 몰래 불러들여 동침하는 것을 위안으로 삼았다.

그러나 갓 시집온 며느리가 함께 생활하는 작은 집에서 그런

---

95   힙포크라테스(Hippokrates)는 고대 그리스의 명의(名醫)다.

일이 발각되지 않을 리 없었다. 한번은 매춘부가 너무나 뻔뻔스럽게 아들의 침실 옆을 성큼성큼 지나가자, 뭐라고 말은 하지 않지만 아들이 얼굴을 찌푸리고 고개를 돌리는 것을 아버지가 보게 되었다. 카토는 자신의 처신을 아들과 며느리가 못마땅해한다는 것을 알았지만 그들을 나무라거나 꾸짖지 않았다. 그러던 어느 날 카토는 여느 때처럼 친구들과 함께 광장으로 내려가다 전에는 그의 서기였으나 지금은 그를 수행하는 살로니우스를 큰 소리로 부르며 딸내미를 위해 신랑감을 구했는지 물었다. 살로니우스가 그와 먼저 상의하지 않고는 그럴 의사가 없다고 대답하자, 카토는 "내가 자네를 위해 좋은 사윗감을 찾아냈네. 나이 많은 것이 좀 걸리기는 하지만 말일세. 다른 점에서는 조금도 나무랄 데가 없지만 나이가 아주 많은 노인일세"라고 말했다. 살로니우스는 그 자리에서 이 일을 그에게 맡기며 그가 마음에 둔 사람에게 딸을 시집보내겠다고 했다. 카토의 보호를 받고 있는 딸에게는 카토의 호의가 필요한 것이다. 그러자 카토는 두말없이 다름 아닌 자신이 그 소녀에게 장가들고 싶다고 했다. 물론 처음에 살로니우스는 카토의 말에 충격을 받았다. 카토는 재혼할 나이도 훨씬 지난 데다 집정관을 지내고 개선식을 올린 집안과 사돈이 되기에는 자신의 지체가 너무 낮다고 여겼던 것이다. 그러나 카토의 말이 진심임을 알아차리고 기꺼이 받아들였고, 그들은 광장에 도착하자마자 혼인 계약을 맺었다.

결혼식 준비가 진행되고 있는 동안 카토의 아들은 몇몇 친구를 데리고 아버지를 찾아가 혹시 자신의 처신이 못마땅하고 불쾌해서 억지로 계모를 집안에 들이느냐고 물었다. 그러자 카토가 "얘야, 그럴 리가 있느냐! 내게 너는 전혀 나무랄 데 없는 효자다. 나는 나에게는 너 같은 아들을 더 많이 남기고, 나라에는 너 같은 시민을 더 많이 남기고 싶을 따름이다"라고 큰 소리로 말했다. 이 말은 옛날에 아테나이의 참주 페이시스트라토스[96]가 아들들이 장성한 다음 아르골리스의 티모낫사와 재혼하며 한 말인데, 그녀는 그에게 이오폰과 텟살로스라는 두 아들을 낳아주었다고 한다.

카토는 이 결혼에서 아들 한 명을 두는데, 외할아버지의 이름을 따 살로니우스라고 불렀다. 카토의 장남은 법정관 임기 중에 죽었다.[97] 카토는 자신의 저술에서 가끔 이 아들을 두고 착한 사람이었다고 언급하고 있으며, 아들 잃은 슬픔을 철학자다운 마음의 평정으로 참고 견뎌냈고 공공봉사에 대한 열성은 조금도 식지 않았다고 했다. 훗날 루키우스 루쿨루스와 메텔루스 피우스가 노년이 되자 공공봉사를 번거로운 임무로 여기고 공공 생활에서 은퇴했고, 전에 스키피오 아프리카누스는 자신의 명성을 시기하는 자들이 공격해오자 로마 백성들에게 등을 돌리고 여생을 정치 활동을 않고 조용히 지내기로 결심한 바 있지만, 카토의 태도는 그들과 전혀 달랐다. 누군가 쉬라쿠사이의 참주 디오뉘시오스에게 권력이야말로 가장 아름다운 수의(壽衣)라고 설득했듯이, 카토는 공공봉사야말로 노년을 위한 가장 아름다운 활동이라고 생각했다. 그러나 여가가 날 때마다 카토는 책을 쓰고 농사짓는 일로 소

---

96 페이시스트라토스(Peisistratos 기원전 600년경~527년)는 아테나이의 참주로서, 비록 군사력으로 권력을 손에 넣었지만 국가 축제들을 활성화해 호메로스의 시를 낭송하고 연극을 경연할 기회를 제공함으로써 아테나이의 문화 발전에 이바지한 것으로 평가받고 있다.

97 카토의 차남은 카토가 80세이던 기원전 154년경에 태어났고, 카토의 장남은 기원전 152년 법정관에 당선되었으나 취임 전에 죽었다.

일했다.

25.

카토는 온갖 주제에 관한 연설문뿐 아니라 역사서[98]도 썼다. 농사에 관해 말하자면, 카토는 젊고 가난할 때는 진지하게 농사일에 종사했으나—그 자신의 말처럼 그에게는 농사와 절약 외에 다른 수입원이 없었다—나중에는 소일거리로 농사 이론에도 관심을 두었다. 실제로 카토는 농사에 관한 책을 한 권 썼다.[99] 이 책에서 카토는 케이크 만드는 법과 과일 저장하는 법을 기술하고 있는데, 그만큼 그는 자신이 무슨 일에든 탁월한 지식을 갖춘 전문가임을 보여주고 싶어했다.

카토는 시골에 가 있는 동안에도 아주 풍성한 식탁을 차려 내놓았다. 그는 매번 이웃의 친구와 친지들을 초대해 그들과 즐거운 시간을 보냈다. 그래서 같은 또래뿐 아니라 젊은이들도 그와 함께하고 싶어했다. 카토는 경험도 많고 경청할 만한 가치 있는 많은 것들을 읽고 들었기 때문이다. 카토는 식탁이야말로 친구를 사귈 수 있는 최적의 장소로 여겼으며, 자신의 식탁에서는 착하고 훌륭한 시민을 칭찬하는 말은 많이 하되 쓸모없고 사악한 시민에 관한 언급은 삼가는 것을 규칙으로 삼았다. 그는 그런 자들은 칭찬에 의해서든 비난에 의해서든 잔치에 끼어들지 못하게 했다.

---

[98] 지금 남아 있지 않은 『기원들』(*Origines*)이라는 역사서에서 카토는 로마와 이탈리아 여러 도시들의 기원을 기술했다고 한다.

[99] 현재 대부분 남아 있는 『농사에 관하여』(*De agri cultura* 또는 *De re rustica*)에서 카토는 영리 목적의 포도 재배, 올리브 재배, 과수 재배와 가축 사육을 다루고 있다.

26.

 어떤 이들은 카토의 마지막 정치적 업적은 카르타고의 파괴라고 생각한다. 실제로 그 과업을 완수한 것은 소 스키피오지만,[100] 로마인들이 전쟁을 하게 된 것은 무엇보다도 카토의 조언과 건의 때문이었다. 그것은 다음과 같은 이유에서였다. 카르타고인들과 누미디아[101] 왕 마시닛사 사이에 전쟁이 일어나자 카토는 분쟁 원인을 조사하도록 사절로 파견되었다.[102] 마시닛사는 처음부터 로마인들에게 우호적이었지만,[103] 카르타고인들은 대 스키피오에게 패한 뒤[104] 로마와 조약을 맺었고, 그에 따라 제국을 잃고 무거운 배상금을 물어야 했다. 그럼에도 카토가 가서 보니 카르타고 시는, 로마인들이 생각하듯 비참하게 몰락한 것이 아니라 건장한 전사가 득실대고 엄청난 부가 넘치고 각종 무기와 군수품이 가득해 자신감이 넘쳐나고 있었다. 그래서 카토는 로마인들은 마시닛사와 누미디아인들의 일을 조정하느라 시간 낭비할 것이 아니며, 언제나 로마인들에게 적개심을 품어왔던 도시가 믿을 수 없을 만큼 그 힘을 회복한 지금 다시 억누르지 않으면 다시 전과 같은 위험에 직면하게 될 거라고 생각했다.

 카토는 서둘러 로마로 돌아가, 카르타고인들의 패배와 좌절은 그들에게서 국력을 제거한 것이 아니라 어리석음을 제거한 것이

---

100 기원전 146년에.
101 누미디아(Numidia)는 지금의 동알제리와 튀니지 지방이다.
102 카토가 죽기 4년 전인 기원전 153년에.
103 누미디아 왕 마시닛사는 제2차 포이니전쟁이 끝날 무렵 로마군이 승리하도록 도와주었다.
104 제2차 포이니전쟁에서.

며, 그들은 무력해진 전사들이 아니라 더 많은 경험을 쌓은 전사로 떠오를 거라고 원로원에 보고했다. 카토는 또 누미디아인들과 카르타고인들의 분쟁은 로마를 공격하기 위한 준비 운동에 불과하며, '평화'니 '조약'이니 하는 것은 적당한 시기가 될 때까지 전쟁을 연기하려는 의도를 숨기기 위한 명분에 불과하다고 말했다.

27.

카토는 연설을 끝내고 토가[105]의 매무새를 고치며 일부러 아프리카산 무화과 하나를 원로원 건물 바닥에 떨어뜨렸다. 원로원 의원들이 그것의 크기와 아름다움에 감탄을 금치 못하자, 카토는 그것이 자란 나라는 로마에서 뱃길로 사흘 거리밖에 안 된다고 말했다 한다. 카토는 나중에 자신의 견해를 각인시키려고 좀 지나치다 싶은 방법을 동원했는데, 무슨 주제에 관해서든 자신의 의견을 물어오면 "내 생각에 카르타고는 파괴되어야만 합니다"[106]라는 말을 덧붙였다. 반대로 푸블리우스 스키피오 나시카[107]는 자신의 의견을 물어오면 언제나 "내 생각에 카르타고는 존속해야 합니다"라는 말을 덧붙였다. 나시카는 당시 로마인들이 교만해지고 자신의 성공에 우쭐해진 나머지 원로원의 통제를 무시하고 온

---

[105] 토가(toga)는 평화로울 때 로마인들이 입고 다니던 흰 모직의 겉옷으로, 몸에 두 번 감아 왼팔은 덮지만 오른팔은 노출되게 입었다.

[106] 여기 나오는 "Dokei de moi kai Karchēdona mē einai"라는 그리스어는 "Carthago delenda est"라는 카토의 라틴어 명언을 번역한 것이다.

[107] 푸블리우스 스키피오 나시카(Publius Scipio Nasica)는 기원전 162년에 집정관을, 159년에 감찰관을, 155년에 다시 집정관을 지낸 인물로, 카르타고와 화친하기를 권고했다.

도시를 어디든 기분 내키는 곳으로 억지로 끌고 가고 있다는 것을 알아차리고는, 비록 카르타고가 로마를 정복할 만큼 강하지는 못해도 무시하기에는 너무나 강했기에, 카르타고의 공포를 말하자면 대중의 무모함을 억제하기 위한 재갈로 이용하고 싶었던 것 같다.

한편 카토는 힘에 도취된 로마인들이 자꾸만 비틀거리는 이때에, 언제나 위대했지만 이제 패전의 재앙으로 벌을 받고 정신을 차린 도시에 의해 계속해서 위협당한다는 것은 위험하다고 보았음이 분명하다. 카토는 로마인들이 주권에 대한 외부로부터의 위협을 모두 제거함으로써 국내에서의 과오들을 시정할 수 있는 기회를 갖는 것이 상책이라고 생각한 것이다.

그런 이유에서 카토는 카르타고에 대한 세 번째이자 마지막 전쟁을 부추겼다고 한다. 그러나 전쟁이 일어나자마자 그는 그 전쟁을 끝내게 되어 있는 사람에 관한 예언을 남기고 세상을 떠났다.[108] 그 사람은 당시 젊은이였는데, 참모장교로 활동하며 뛰어난 판단력과 전투에서 용맹성을 보여준 바 있었다. 카토는 그에 대한 소식이 로마에 전해진 것을 듣고 다음과 같은 호메로스의 시행을 인용했다고 한다.

오직 그에게만 분별력이 주어지고 나머지 혼백들은 그림자처럼 쏘다니지요.[109]

---

108 기원전 149년.
109 『오뒷세이아』 10권 495행. 마녀 키르케(Kirke)가 예언자 테이레시아스(Teiresias)에 관하여 한 말이다.

카토의 말이 옳았다는 것을 소 스키피오[110]는 곧 행동으로 입증했다. 앞서 말했듯이, 카토는 후처에게서 태어난 살로니우스라는 별명을 가진 아들 한 명과, 자기보다 먼저 죽은 아들에게서 태어난 손자 한 명을 남겼다. 살로니우스는 법정관으로 재임할 때 죽었으나 그의 아들 마르쿠스는 훗날 집정관이 되었다. 이 마르쿠스가 미덕과 명망에서 당대 가장 저명한 인물이었던 철학자 카토[111]의 할아버지다.[112]

---

110 소 스키피오(Publius Cornelius Scipio Aemilianus 기원전 185년경~129년)는 로마의 저명한 장군 겸 정치가다. 마케도니아의 정복자 파울루스(Lucius Aemilius Paulus 또는 Paullus)의 차남으로 태어난 그는, 카르타고를 기습해 제2차 포이니전쟁을 승리로 이끈 대 스키피오의 아들인 푸블리우스 스키피오(Publius Scipio)에게 입양된다. 소 스키피오는 기원전 147년과 134년에 집정관을 지냈으며, 제3차 포이니전쟁 중이던 기원전 146년 카르타고를 함락하고 파괴한다.

111 소(小) 카토(Marcus Porcius Cato Uticensis 기원전 95~46년)는 철저한 공화정 옹호자로 율리우스 카이사르와의 타협을 끝까지 거부하다가 전세가 불리해지자 기원전 46년 북아프리카의 우티카(Utica)에서 자살한다. 소 카토란 기원전 195년에 집정관(consul)을, 기원전 184년에 감찰관(Censor)을 지낸 바 있는 그의 증조부 마르쿠스 카토(Marcus Porcius Cato Censorius 기원전 234~169년), 이른바 대 카토(Cato Maior)와 구별하기 위해서 붙인 이름이다.

112 카토 가계에 대한 플루타르코스의 설명은 뒤죽박죽이어서 신뢰하기 어렵다. 아울루스 겔리우스(Aulus Gellius)에 따르면, 카토의 장남 리키아누스(Licianus)에게는 마르쿠스 포르키우스 카토(기원전 118년에 집정관으로 선출)라는 아들이 있었고, 차남 살로니아누스(Salonianus)에게는 마르쿠스와 루키우스라는 두 아들이 있었는데, 루키우스는 기원전 89년에 집정관으로 선출되고, 집정관을 지낸 적이 없는 마르쿠스는 철학자 카토 우티켄시스(Uticensis), 일명 소 카토의 아버지가 되었다는 것이다.『앗티케의 밤들』

(*Noctes Atticae*) 13권 20장 참조. 그러나 플루타르코스는 마르쿠스라는 이름을 가진 카토의 손자들을 구별하지 않았고, 살로니아누스가 법정관이 되었다는 말은 다른 문헌에는 나오지 않는다. 그리고 플루타르코스에 따르면 철학자 카토는 대 카토의 증손이 아니라 고손이 된다.

티베리우스 그락쿠스 전

티베리우스 그락쿠스는 두 번이나 집정관으로 선출되고 감찰관까지 지낸 아버지와 한니발을 꺾은 스키피오 아프리카누스의 딸 코르넬리아 사이에서 태어난 명문 자제였다. 그러나 그는 로마의 특권층이면서도 가난한 시민들에게도 제국의 부와 성과를 공평하게 나눠주어야 한다는 생각을 했다. 이탈리아의 농민들이 거듭된 전쟁으로 생존 기반을 상실하고 로마로 몰려오고 그들의 농지가 부유한 대지주들의 손에 넘어가는 것을 본 그는 기원전 133년 호민관에 선출되자 광범위한 농지개혁에 착수하기로 하고 먼저 영향력 있는 원로원 의원들에게 임대된 국유지를 몰수해 농지 없는 농부들에게 나눠주려 했다. 이 과정에서 그는 단기간에 무리하게 개혁을 추진하려다 원로원 기득권 세력의 완강한 반대에 부딪혀 치열한 시가전 끝에 약 300명의 추종자들과 함께 살해당했다. 이것을 신호탄으로 개혁 추진 세력과 개혁 반대 세력은 나라를 오랜 내전의 소용돌이 속으로 빠져들게 했는데, 이 내전은 결국 아우구스투스에 의해 종식된다.

외젠 기욤이 만든 그락쿠스 형제 기념비(파리 오르세 박물관)

1.

이제 이 이야기의 전반부에 해당하는 아기스와 클레오메네스[1]의 이야기를 마쳤으니, 우리는 그들 못지않게 비극적인 삶을 살다 간 티베리우스와 가이우스의 운명을 살펴볼 것이다. 로마의 영웅 중에서는 이들 형제가 그들과 대비되기 때문이다. 이들 형제는 티베리우스 셈프로니우스 그락쿠스[2]의 아들들로, 티베리우스는 감찰관과 두 번의 집정관을 지냈으며 두 번이나 개선식을 올렸지만 그보다는 오히려 자신의 탁월함으로 더 큰 명망을 얻은 인물이었다. 그래서 한니발을 무찌른 스키피오가 죽은 뒤,[3] 티베리우스는 그의 친구가 아닌 정적이었지만 스키피오의 딸 코르넬리아와 결혼할 자격이 있는 것으로 여겨졌던 것이다.

전하는 이야기에 따르면, 한번은 티베리우스가 자신의 침상에서 뱀 한 쌍을 잡았는데 예언자들이 이 전조에 관해 심사숙고하다가 두 마리 다 죽이거나 놓아주지 말고 그중 한 마리를 고르라며, 수컷이 죽게 되면 그 자신이 죽고 암컷이 죽게 되면 코르넬리아가 죽게 될 거라고 말하자, 티베리우스는 애처가인 데다 자기는 나이가

---

1 아기스(Agis)는 기원전 244년부터 240년까지 스파르테(Sparte)의 왕이었는데, 뤼쿠르고스(Lykourgos)의 옛 제도를 부활시켜 부와 토지를 재분배하려다가 폐위되어 24세에 처형되었다. 클레오메네스(Kleomenes)는 기원전 236년부터 222년까지 스파르테 왕이었는데, 역시 뤼쿠르고스의 본보기에 따라 개혁을 시도하다가 기원전 222년 마케도니아의 안티고노스에게 패한 뒤 이집트로 망명해 그곳에서 자살했다.
2 티베리우스 셈프로니우스 그락쿠스(Tiberius Sempronius Gracchus)는 기원전 177년과 163년에 집정관을, 기원전 169년에 감찰관을 지냈으며, 에스파냐와 사르디니아에서의 승리로 두 번이나 개선식을 올렸다.
3 기원전 183년.

많은데 아내는 아직 젊다는 데 생각이 미치자 수컷은 죽이고 암컷은 놓아주었다고 한다. 얼마 뒤 티베리우스는 코르넬리아와 그녀에게서 태어난 열두 아이를 남겨두고 세상을 떠났다고 한다.[4]

코르넬리아가 아이들과 살림을 맡아 돌보며 매사에 조신하고 현명한 어머니임이 드러나자, 사람들은 티베리우스가 그런 아내를 대신해 죽기로 결심한 것은 결코 나쁜 선택이 아니었다고 생각했다. 실제로 프톨레마이오스[5]왕이 자신의 왕관을 나누어 갖자며 구혼을 때, 그녀는 이를 거절하고 미망인으로 남았다. 그녀는 미망인으로 살며 소 스키피오와 결혼한 딸 한 명[6]과, 내가 지금 그 생애를 이야기하려는 두 아들 티베리우스와 가이우스를 제외한 자식들을 모두 잃었다. 이 아들들을 코르넬리아는 지극 정성으로 길렀다. 그래서 그들은 누구에게나 또래의 로마인들 중에서 가장 재능 있는 젊은이들로 인정받았는데, 그들이 그런 탁월함을 지니게 된 것은 타고난 본성보다는 교육 덕분이라고 생각되었다.

2.

디오스쿠로이들[7]은 조각가와 화가들에 의해 대체로 비슷하게 형

---

4   언제 죽었는지 확실하지 않다. 이 이야기는 키케로의 『예언에 관하여』(*De divinatione*) 1권 18장 36절에도 나온다.

5   이 이야기가 사실이라면, 이집트 왕 프톨레마이오스(Ptolemaios) 8세를 말하는 것 같다.

6   소 스키피오는 자신의 고종사촌 누이인 그녀와 기원전 152년경에 결혼했다. 소 스키피오에 관해서는 「마르쿠스 카토 전」 주 110 참조.

7   디오스쿠로이들(Dioskouroi 라/Dioscuri)은 '제우스의 아들들'이라는 뜻으로, 스파르테의 왕비 레다(Leda)에게서 태어난 제우스의 쌍둥이 아들 카스토르(Kastor 라/Castor)와 폴뤼데우케스(Polydeukes 라/Pollux)를 말한다.

상화되지만 한 명은 권투선수이고 다른 한 명은 달리기선수인 만큼 체격에 조금은 차이가 나기 마련이듯, 로마의 이 두 청년도 용기와 자제력, 나아가 선심과 언변과 고결함에서 매우 유사하면서도 행동 방식과 정치 경력에서 큰 차이를 드러낸 만큼, 먼저 이런 차이점을 밝히고 넘어가는 것도 나쁘지 않으리라 생각된다.

첫째, 티베리우스는 생김새와 표정과 태도가 점잖고 침착했으나, 가이유스는 활달하고 열정적이었다. 그래서 민중 앞에 서 있는 모습을 보면 티베리우스는 침착하게 한군데에 서서 연설했으며 가이유스는 연단 주위를 돌아다녔는데, 말하는 동안 어깨에서 토가를 잡아당긴 최초의 로마인이었다. 그것은 아테나이의 클레온이 외투를 열어젖히고 손바닥으로 자신의 허벅지를 치는 최초의 민중 선동가였다고 전해지는 것과도 같다. 둘째, 가이유스의 연설은 청중에게 두려움을 불어넣어주고 지나치다 싶을 정도로 격정적이었지만, 티베리우스의 연설은 좀 더 쾌적하고 동정심을 불러일으켰다. 또한 티베리우스의 문체는 순박하고 세심하게 손질되었으나, 가이유스의 문체는 설득력 있고 현란했다.

마찬가지로 생활방식과 먹는 음식에서도 티베리우스는 검소하고 소박했으나, 가이유스는 다른 사람들에 비해서는 절제되고 간소한 편이었지만 형에 비해서는 호사스럽고 까다로웠다. 그래서 드루수스는 가이유스가 1리브라[8]에 1250드라크메의 값이 나가는 은제 돌고래[9]들을 샀다고 나무랐던 것이다. 그들은 언변이 달랐던 만큼 성격도 서로 달랐으니, 티베리우스는 점잖고 온유했

---

8 「마르쿠스 카토 전」 주 49 참조.
9 가구에 부착하는 장식물로 생각된다.

으나 가이유스는 퉁명스럽고 격정적이었다. 그래서 가이유스는 본의 아니게 연설 도중에 발끈해 목청을 돋워 험담을 늘어놓다가 논의의 줄거리를 놓치는 경우가 허다했다.

이렇게 본론에서 이탈하는 것을 막기 위해 가이유스는 리키니우스라는 유식한 노예를 고용해 자기가 연설하는 동안 음의 높이를 바로잡아주는 악기를 들고 뒤에 서 있게 했다. 가이유스의 목소리가 거칠어지고 분노로 갈라진다 싶을 때마다 그 노예가 부드러운 음조를 울리면, 가이유스는 그것을 듣고 당장 분노를 억제하고 목소리를 낮추고 유순해지며 기꺼이 신호에 따를 각오가 되어 있음을 보여주곤 했다.

3.

이들 형제의 차이점은 이러했다. 그러나 적 앞에서 용감하고, 아랫사람을 공정하게 다루고, 공적인 임무를 성실히 수행하고, 쾌락을 억제하는 데서는 두 사람이 다르지 않았다.

티베리우스는 아우보다 아홉 살이나 많았다. 그래서 그들의 정치 활동은 시기적으로 이어지지 못했고, 이는 그들의 계획이 실패하게 되는 주된 원인이 되었다. 그들은 정치적으로 동시에 두각을 나타내지 못해 자신들의 역량을 하나로 모을 수 없었던 것이다. 역량을 하나로 모았더라면 이를 감당할 사람은 아무도 없었으리라. 그래서 나는 그들에 관해 먼저 형부터 시작해 따로따로 기술할 수밖에 없다.

4.

티베리우스는 성년이 되자마자 이른바 복점관(卜占官)[10]이라는 사제직의 적임자로 널리 알려졌는데, 그것은 좋은 가문이라는 배경보다는 개인적인 탁월함 덕분이었다. 그것은 압피우스 클라우디우스의 행동에 의해 입증되었다. 그는 집정관과 감찰관을 지내고, 자신의 권위에 힘입어 로마 원로원 의장이 된, 고결한 정신에서 당대의 모든 로마인을 능가하던 인물이었다. 그러한 그가 사제들의 회식 자리[11]에서 티베리우스에게 따뜻하게 인사말을 건네며 사위가 되어주기를 청했다. 티베리우스가 그 제의를 기꺼이 받아들이자 그 자리에서 약혼이 이루어졌다. 압피우스는 일이 끝나고 집에 돌아가자마자 대문간에서부터 아내를 불러대며, "여보, 안티스티아. 내가 오늘 우리 딸 클라우디아를 약혼시켰소"라고 큰 소리로 외쳤다. 그러자 그의 아내가 깜짝 놀라 "왜 그렇게 서두르고, 왜 그렇게 급해요? 티베리우스 그락쿠스를 사윗감으로 골랐다면 몰라도"라고 말했다.

그락쿠스 형제의 아버지인 티베리우스와 스키피오 아프리카누스[12]를 이 이야기의 주인공으로 보는 이들도 더러 있다는 것을 모르는 바 아니지만, 대부분의 작가들은 내가 방금 말한 것처럼 이야기하고 있다. 또 폴뤼비오스[13]에 따르면, 스키피오 아프리카누스가 죽은 뒤 코르넬리아의 친척들은 다른 신랑감보다도 티베

---

10 복점관(augur)은 새의 동작, 특히 새가 나는 방향을 보고 신의(神意)를 풀이하는 일종의 사제로, 처음에는 세 명이었다가 나중에는 16명으로 늘어났다.
11 티베리우스가 복점관이 된 것을 축하하는 회식 자리를 말하는 것 같다.
12 대 스키피오.
13 폴뤼비오스, 『역사』 32권 13장 참조.

리우스를 선호해 그녀를 그에게 시집보냈는데, 이것은 그녀의 아버지가 그녀를 약혼시키거나 시집보낼 준비가 되어 있지 않았음을 의미한다.

그 뒤 젊은 티베리우스는 매형인 소 스키피오의 지휘 아래 아프리카 전선에서 군복무를 했다.[14] 그는 지휘관과 천막을 함께 쓰면서 곧 지휘관의 성격을 이해하게 되었다. 스키피오는 여러 가지로 동기를 유발하며 젊은 전우들에게 탁월함을 추구하되 그것을 행동으로 모방하도록 자극을 주었다. 그리하여 티베리우스는 곧 규율과 용기에서 같은 또래의 모든 로마 젊은이들을 능가했다. 판니우스에 따르면, 티베리우스는 가장 먼저 적군의 성벽에 올랐다고 한다. 판니우스는 또 자신도 티베리우스와 함께 성벽에 올라 그 무훈에 참가했다고 적고 있다. 티베리우스는 군대와 함께하는 동안 수많은 전우들의 호감을 샀고, 그가 떠난 뒤에는 많은 사람들이 그를 아쉬워했다.

5.

카르타고와의 전쟁이 끝난 뒤 티베리우스는 법정관으로 뽑혀[15] 집정관 가이유스 망키누스 휘하에서 누만티아[16]전쟁에 참가하도록 배속받았다. 망키누스는 인간적으로는 나쁜 사람이 아니었으나 로마의 장군들 중 가장 불운한 사람이었다. 그래서 예상치 못

---

14 기원전 146년, 제3차 포이니전쟁이 끝나던 해에.
15 기원전 137년.
16 누만티아(Numantia)는 에스파냐 동북부에 있는 도시로, 몇 년 동안 로마의 공격을 막아내다가 기원전 133년에 소 스키피오에게 포위되면서 함락되었다.

한 온갖 불운과 역경이 겹치는 가운데 티베리우스의 용기와 지혜는 더더욱 빛났고, 더 놀라운 것은 잇단 재앙에 짓눌려 자신이 장군이라는 사실조차 잊고 있던 사령관에게 변함없이 경의와 존경심을 표했다는 점이다. 예컨대 큰 전투에서 몇 번이나 패하자 망키누스는 진지를 버리고 야음을 틈타 군대를 철수하려 했다. 그러나 누만티아인들이 이를 눈치채고 그의 진지를 점령하더니 도망치는 그의 군대를 공격해 뒤처진 자들을 도륙한 다음 전군을 포위해 도망칠 수 없는 험난한 곳으로 몰아넣었다.

그러자 망키누스는 무력을 사용해 안전한 곳으로 헤쳐나가기를 포기하고 적에게 전령을 보내 휴전 조약을 맺고 적대 관계를 끝내자고 제의했다. 누만티아인들은 티베리우스 외에는 어떤 로마인도 신뢰하지 않으니, 티베리우스를 자기들에게 보내라고 요구했다. 티베리우스는 누만티아의 군사들 사이에서 매우 높이 평가되고 있었는데, 그것은 이 젊은이의 자질 덕분이기도 하지만, 히스파니아인들과 전쟁을 해[17] 수많은 부족을 정복한 뒤 누만티아인들과 평화 조약을 맺고는 로마인들이 그 조약을 언제나 성실하고 정직하게 준수하게 한 그의 아버지 티베리우스에 대한 기억 때문이기도 했다. 그래서 티베리우스가 파견되어 적군과 협상하게 되었다. 그는 양보를 얻어내기도 하고 양보하기도 하여 마침내 휴전을 성립시킴으로써 시종들과 진지를 따라다니는 비전투원들[18] 말고도 분명 로마 시민 2만 명의 목숨을 구한 것이다.

---

17   기원전 180~179년.
18   상인과 창녀 등을 말한다.

6.

하지만 누만티아인들은 진영에 버려진 재물을 모두 노획해 자기들끼리 전리품으로 나누어 가졌다. 그중에 티베리우스가 법정관으로서 지출한 공적인 경비를 기록해둔 장부도 있었는데, 그는 이 장부를 되찾고 싶은 마음이 간절해 로마군이 이미 멀리 행군했는데도 전우 서너 명을 데리고 누만티아시로 되돌아갔다. 그는 누만티아시의 지도자들을 밖으로 불러낸 뒤 서판(書板)들을 돌려달라고 했는데, 그것은 업무 보고를 하지 못해 정적들이 자신을 모함할 기회를 주지 않기 위해서였다.

누만티아인들은 그에게 호의를 베풀 기회를 갖게 된 것을 기뻐하며 그에게 시내로 들어가기를 청했고, 그가 망설이며 서 있자 가까이 다가와 그의 두 손을 잡으며 자신들을 적으로 여기지 말고 친구로 믿어달라고 간절히 애원했다. 그래서 티베리우스는 그렇게 하기로 결정했으니, 서판들을 되찾고 싶은 마음이 간절한데다 그들을 불신하는 듯한 인상을 줌으로써 감정을 상하게 하고 싶지 않았던 것이다. 그가 시내에 들어가자 누만티아인들은 먼저 그를 위해 아침식사를 차리더니 자기들과 함께 식사하자고 막무가내로 청했다. 그러고 나서 그들은 서판들을 돌려주며 전리품 중에 그가 원하는 것이 있으면 무엇이든 가져가라고 했다. 그러나 그는 공적인 제물을 바칠 때 쓰던 향 외에는 어떤 것도 받지 않고 그들과 우정 어린 작별 인사를 하고 그곳을 떠났다.

7.

티베리우스가 로마로 돌아왔을 때 그런 휴전 조약은 로마에 심한 치욕을 안기는 것이라고 격렬한 비난이 쏟아졌지만, 민중의 대부분을 이루는 군사들의 친척과 친구들은 티베리우스에게 떼 지어 몰려들었다. 그들은 그 사건의 치욕적인 면은 모두 지휘관 망키누스에게 떠넘기고, 그토록 많은 시민이 살아남은 것은 티베리우스 덕분이었다고 주장했다. 그러나 이 사건을 못마땅하게 여기는 자들은 선조들이 남긴 선례에 따라야 한다고 촉구했다. 그들의 선조들은 치욕스러운 조건으로 삼니움인들에게서 풀려나기를 원한 장군들을 무장해제한 채 적군에게 넘겨주었을 뿐 아니라 조약을 체결하는 데 관여한 법정관들과 참모장교들도 그렇게 했는데,[19] 이는 협정이 파기될 경우 위약과 거짓맹세의 책임이 그들에게 돌아간다는 것을 확실히 해두기 위해서였다.

이때 로마 민중은 티베리우스에 대한 호의와 애정을 그 어느 때보다도 많이 보여주었다. 그들은 집정관을 무장해제한 채 사슬에 묶어 누만티아인들에게 넘겨주도록 표결했으나, 티베리우스 때문에 다른 장교들은 모두 살려주었던 것이다. 당시 로마에서 가장 위대하고 가장 영향력 있던 스키피오도 그들에게 일조한 듯하다. 그럼에도 스키피오는 망키누스를 구해주지 않았다고 해서, 그리고 처남이자 친구인 티베리우스의 주선으로 체결된 누만티아인들과의 조약이 정식으로 비준되도록 힘쓰지 않았다고 해서 비난을 들었다.[20] 스키피오와 티베리우스 사이의 갈등은 주로 티

---

19 기원전 321년. 로마군은 삼니움인들에 의해 좁은 고갯길에 갇히게 되자 멍에 밑을 지나간다는 치욕스러운 조건으로 항복한다. 그러자 원로원은 로마 민중의 동의 없는 조약은 무효라는 이유로 그러한 항복 조건을 거부한 바 있다.
20 티베리우스와 그의 친구들에게.

베리우스의 야망과, 티베리우스를 부추기는 친구들과 소피스트[21]들 탓이었던 듯하다. 그러나 이러한 갈등이 치유할 수 없는 재앙으로 이어지지 않은 것은 확실하다. 그리고 내 생각에, 티베리우스가 정치 활동을 하는 시기에 스키피오 아프리카누스가 로마에 있었더라면 티베리우스가 훗날 당한 것과 같은 그런 재앙은 결코 일어나지 않았을 것이다. 티베리우스는 스키피오가 누만티아에 가서 전쟁을 하고 있는 동안 농지법을 발의하게 되는데, 그 경위는 이러하다.

8.

로마인들은 전쟁을 해 이웃나라들의 영토를 합병할 때마다 그 일부는 경매에 부치고 나머지는 국유지로 만들어 시민 가운데 가장 가난하고 어려운 사람들에게 나누어주며 약간의 소작료만 국가에 내고 경작하게 했다. 그러나 부자들이 더 높은 임대료를 제공함으로써 가난한 사람들을 몰아내기 시작하자 누구든 500유게룸[22] 이상의 땅을 소유하는 것을 금하는 법이 통과되었다.[23] 그리고 얼마 동안 이 법은 부자들의 탐욕을 제지하고, 가난한 사람들이 각자 처음 할당받아 소작하던 농토에 그대로 남게 하는 역할을 했다. 그러나 얼마 뒤 부자들은 가짜로 꾸며낸 소작인들의 명의를 이용해 소작지를 자기들 것으로 만들더니, 결국에는 대부분

---

21 소피스트(sophistes)들은 기원전 5세기경 고대 그리스에서 돈을 받고 젊은 이들에게 웅변술을 비롯해 여러 가지 지식과 기능을 가르치던 편력 교사들로, 진리의 상대성을 주장한 까닭에 '궤변학파'(詭辯學派)라고 불리기도 한다.
22 1유게룸(iugerum)은 2523제곱미터로 약 1/4헥타르다.
23 기원전 366년의 리키니우스법(lex Licinia).

의 땅을 공공연히 자신들의 명의로 소유했다.

자신들의 땅에서 쫓겨난 빈민들은 군복무에도 열의를 보이지 않았고 자녀 양육도 소홀히 했다. 그리하여 곧 전 이탈리아에 자유민들의 수가 눈에 띄게 감소하고 온 나라가 외국 노예들의 수용소로 가득 찼으니, 부자들은 자신들의 땅에서 자유민들을 쫓아내고 외국 노예들을 시켜 경작하게 한 것이다. 그래서 스키피오의 친구 가이유스 라일리우스[24]가 이러한 폐해를 시정하고자 나섰으나, 영향력 있는 자들의 반대에 부딪혀 자신의 조처가 큰 혼란을 초래할까 두려워 중도에 포기해버렸다. 그 결과 그는 '현명한 자' 또는 '영리한 자'라는 별명을 얻게 되었다. '사피엔스'(sapiens)라는 라틴어에는 그 두 가지 의미가 다 들어 있기에 하는 말이다.

티베리우스는 호민관으로 선출되자마자[25] 본격적으로 이 문제를 파고들었다. 대부분의 작가에 따르면, 그가 그렇게 한 것은 웅변가 디오파네스와 철학자 블롯시우스에게 자극을 받았기 때문이라고 한다. 디오파네스는 미튈레네[26]에서 온 망명객이고, 블롯시우스는 쿠마이[27] 출신의 토박이 이탈리아인으로 로마에서 타르소스[28] 출신의 안티파트로스[29]와 친하게 지냈는데, 안티파트로스

---

[24] 가이유스 라일리우스 사피엔스(Gaius Laelius Sapiens)는 기원전 140년 집정관으로 선출되었다.
[25] 기원전 134년.
[26] 미튈레네(Mitylene 또는 Mytilene)는 에게해의 레스보스섬에 있는 도시다.
[27] 쿠마이(Cumae 그/Kyme)는 나폴리만 조금 북쪽에 있는 해안도시다.
[28] 타르소스(Tarsos 또는 Tarsoi)는 소아시아 남동쪽에 있는 킬리키아 지방의 수도다.

는 자신의 철학 저술들을 헌정함으로써 그의 명예를 높여주었다.

　몇몇 사람은 티베리우스의 죽음에는 어머니 코르넬리아의 탓도 없지 않다고 주장한다. 그녀는 로마인들이 자기를 여전히 스키피오의 장모라고 부르며 그락쿠스 형제의 어머니라고 부르지 않는다고 가끔 아들들을 나무랬기 때문이다. 그런가 하면, 스푸리우스 포스투미우스라는 사람 탓이라고 주장하는 사람들도 있다. 그는 티베리우스와 동갑내기로, 두 사람은 웅변가로서의 명성을 다투는 사이였다. 티베리우스가 전쟁터에서 돌아와 경쟁자가 명성과 영향력에서 자신을 크게 앞질러 만인의 경탄을 한 몸에 받는 것을 보고는 사람들 사이에 큰 기대를 불러모을 과감한 정치적 조치를 도입함으로써 그를 능가하려고 한 것 같다는 것이다.

　그러나 티베리우스의 아우 가이유스가 쓴 책에 따르면, 티베리우스가 누만티아로 가는 길에 에트루리아[30] 지방을 지나다가 토착민들은 떠나고 외국에서 온 노예들이 그곳 농토를 경작하고 가축떼를 치는 것을 목격하고는 훗날 자신과 자신의 아우에게 그토록 많은 고통을 안겨준 정책을 구상하게 되었다고 한다. 하지만 티베리우스의 열정과 야망에 불을 붙인 것은 무엇보다 민중이었다. 민중은 물불을 가리지 않고 주랑(柱廊)과 벽, 기념비들에 낙서를 새김으로써 빈민들에게 국유지를 되돌려달라고 그에게 촉구한 것이다.

29　안티파트로스(Antipatros)는 기원전 2세기의 스토아 철학자다.
30　에트루리아(Etruria)는 로마의 북서쪽에 있는 지금의 토스카나 지방이다.

9.

그러나 티베리우스는 혼자서 자신의 법을 입안한 것이 아니라, 대사제 크랏수스, 당시 집정관이던 법률가 무키우스 스카이볼라, 장인인 압피우스 클라우디우스를 포함해 덕망 높은 사람들과의 상의를 거쳤다. 그리고 불의와 탐욕을 겨냥한 법 가운데 일찍이 그토록 온건하고 부드럽게 입안된 법은 없다는 데 모두가 동의할 것이다. 법을 어긴 탓에 당연히 처벌받아야 하고 불법적으로 점유한 토지를 돌려주고 벌금까지 물어야 하는 자들에게 티베리우스는, 보상금을 받고 불법 취득물들을 포기하되 그것들을 가장 도움이 필요한 사람들에게 넘겨주기만을 요구한 것이다.

이처럼 온건한 개혁인데도 민중은 미래에 불의가 없다는 보장만 있다면 과거는 잊으려 했다. 그러나 탐욕에 이끌려 법을 미워하고 분노와 당파심에서 법의 입안자를 증오하게 된 부유한 지주들은 티베리우스의 토지 재분배 법안과 급진적인 개혁 법안은 사실은 정체(政體)를 전복하려는 거라고 주장함으로써 민중이 개혁에 등을 돌리게 하려고 안간힘을 썼다.

그러나 이러한 시도는 아무 소용도 없었다. 왜냐하면 티베리우스는 명예롭고 의로운 일을 위해 싸우고 있었고, 그보다 저급한 일이라도 명예롭게 만들 만한 웅변술을 갖고 있었던 것이다. 민중이 운집한 가운데 연단에 서서 빈민들을 위해 연설할 때마다 그는 아무도 당해낼 수 없는 무시무시한 기운을 내뿜었다. "이탈리아에 살고 있는 야수들도 저마다 굴이 있고 몸을 숨길 은신처가 있습니다. 그러나 이탈리아를 위해 싸우다 죽는 사람들은 공기와 햇빛 외에는 아무것도 가진 것이 없습니다. 그들은 집도 고향도 없이 처자를 데리고 떠돌고 있습니다. 우리의 장군들이 전투에 앞서 적으로부터 무덤과 신전을 지키라고 군사들을 격려한다면 그것은 거짓말을 하는 겁니다. 그토록 많은 로마인들 가운데 선조에게서 물려받은 제단이 있고 조상의 분묘가 있는 사람은 아무도 없으니까요. 남들의 부와 사치를 지켜주려고 싸우다 죽는 꼴이지요. 그들은 세상의 주인이라고 불리지만, 그들에게는 자기 것이라고 부를 흙 한 덩이도 없습니다."

10.

티베리우스가 고귀한 정신과 순수한 감정에서 우러나온 말로 로마 민중 사이에 감동과 공감을 불러일으키면 이를 감당할 정적은 아무도 없었다. 그래서 그들은 반론을 포기하고 호민관 중 한 명인 마르쿠스 옥타비우스에게 도움을 청하기로 했다. 옥타비우스는 온건하고 신중한 젊은이로 티베리우스의 동료이자 절친한 친구였다. 처음에 옥타비우스는 티베리우스의 감정을 상하게 하고 싶지 않아 망설였으나, 영향력 있는 수많은 인물이 간청하자 마지못해 티베리우스에게 반대해 법안 통과를 막았다. 법안의 통과 여부는 거부권을 행사하는 호민관의 손에 달려 있었다. 한 명이라도 반대하는 호민관이 있으면 나머지 호민관 수가 아무리 많아도 뜻을 관철할 수 없었다.

이러한 처사에 격분한 티베리우스는 온건한 법안을 철회하고 대신 대중에게는 더 반갑지만 불법을 자행한 자들에게는 더 가혹한 법안을 제출했다. 이 법안은 그들에게 기존의 법을 어기고 취득한 토지를 보상금 없이 내놓으라고 명령한 것이다. 이리하여 티베리우스와 옥타비우스는 거의 날마다 연단에서 논쟁을 벌였다. 두 사람은 저마다 열성을 다해 상대방을 이기려고 노력했지만 상대방을 욕하거나 화가 나 상대방을 비방하는 말은 한마디도 없었다고 한다. 에우리피데스의 말처럼[31] '박코스의 축제'에서뿐 아니라 야망과 분노가 지배하는 곳에서도 고상한 본성과 건전한 교육은 마음을 억제하고 조절하기 때문이다.

티베리우스는 옥타비우스가 국유지를 많이 소유하고 있어 법에 저촉된다는 것을 알고는 그에게 반론을 그만두라고 하면서, 큰 부자는 아니지만 자신의 돈으로 그 토지 대금을 지불하겠다고 제의했다. 옥타비우스가 이 제의를 거절하자 티베리우스는 민중이 이 법안에 대한 찬반 투표를 할 때까지 다른 모든 관리들에게 직무 정지를 명하는 포고령을 내렸다. 그는 또 사투르누스 신전[32] 문을 자신의 인장으로 봉인해 재정관들이 돈을 내거나 들이지 못하게 하고, 이 포고령을 어기는 법정관들에게는 벌금이 부과될 거라고 공고했다. 그리하여 모든 관리들이 놀라 직무 집행을 중단했다.

그러자 지주들은 상복을 입고는 애처롭고 의기소침하게 광장을 돌아다녔다. 하지만 한편으로 그들은 음모를 꾸미며 티베리우스를 살해할 암살단을 모집하기 시작했다. 그래서 누구나 다 알고 있는 일이지만 티베리우스도 강도들이 즐겨 사용하는 것과 같은 '돌로'(dolo)라는 단검을 토가 속에 숨기고 다녔다.

11.

정해진 날짜가 다가와 티베리우스가 투표하자고 민중을 소집하

---

31 『박코스 여신도들』(*Bakchai*) 315 행 이하 참조.
32 당시 사투르누스(Saturnus) 신전은 국고로 사용되었다.

고 있을 때, 부자들이 투표용 항아리들을 탈취해가는 큰 혼란이 일어났다. 그러나 티베리우스의 지지자들은 자신들의 의사를 강요할 수 있을 만큼 많았다. 그들이 그런 목적으로 한데 모이고 있을 때 전직 집정관들인 만리우스와 풀비우스가 티베리우스 앞에 무릎을 꿇고는 그의 손을 잡고 눈물을 흘리며 제발 그만두라고 간청했다. 티베리우스는 강행할 수 있는 상황이 아님을 알아차리고, 이 두 사람에 대한 존경심에서 대체 자기가 어떻게 해주기를 바라느냐고 물었다. 그들은 자기들은 이런 중대사에 관해 그에게 조언할 자격이 없다며 이 일을 원로원에 맡기기를 청했고, 티베리우스도 이에 동의했다.

그러나 원로원 회의가 열려도 그곳에 부자들의 세력이 막강해 아무것도 해결되지 않자 티베리우스는 자신의 법안을 표결에 부칠 마땅한 방법을 찾지 못해 불법적이고 떳떳하지 못한 조치를 취했다. 말하자면 그는 옥타비우스에게서 호민관직을 박탈해버렸던 것이다. 하지만 그에 앞서 그는 공개석상에서 옥타비우스에게 상냥한 말을 건네고 손을 잡으며, 민중의 요구가 정당하고 또 민중은 나라를 지키려고 큰 위험과 고통을 겪고도 사소한 대가를 돌려받는 만큼 그들에게 양보하고 그들의 소원을 들어주자고 간청했다.

옥타비우스가 그의 청을 거절하자, 티베리우스는 자신들은 동등한 권한을 가진 동료인데 중대사에서 의견을 달리한다면 서로 싸우지 않고는 도저히 임기를 다 채울 수 없다며, 자기에게 이를 시정할 한 가지 방책이 있는데 그것은 둘 중 한 명이 관직에서 물러나는 것이라고 했다. 그리고 그는 먼저 자신의 미래를 민중의 표결에 부치라고 옥타비우스에게 촉구하면서, 시민들이 그렇게 결정하면 자기는 당장 사인(私人)으로 물러나겠다고 약속했다. 하지만 옥타비우스가 이것마저 거절하자 티베리우스는 옥타비우스가 숙고 끝에 마음을 바꾸지 않는다면 자기가 그의 퇴임을 표결에 부치겠다고 말했다.

12.

이러한 상황에서 그는 그날의 회합을 해산했다. 이튿날 민중이 모여들자 그는 연단에 올라 한 번 더 옥타비우스를 설득하려 했다. 그러나 옥타비우스가 여전히 마음을 바꾸지 않자 티베리우스는 그의 호민관직을 박탈하는 법을 발의하며 당장 표결에 부치기를 시민들에게 촉구했다. 전부 35개 부족이 있었는데,[33] 그중 17개 부족이 투표해 이제 옥타비우스가 사인(私人)이 되는 데는 한 표가 더 필요했다. 그때 티베리우스가 투표를 일시 중단시키고 민중이 보는 앞에서 옥타비우스를 포옹하고 입 맞추며, 제발 그 자신은 이런 불명예를 당하지 말고 동료는 이런 가혹한 조처를 취했다는 비난을 듣지 않게 해달라고 간절히 애원했다.

이런 간청을 듣고 옥타비우스는 전혀 무감각하거나 마음이 움직이지 않은 것이 아니라, 두 눈에 눈물을 글썽이며 한참 동안 말없이 서 있었다고 한다. 그러나 함께 모여 있던 부자들과 지주들 쪽으로 시선을 돌리는 순간, 그는 그들에 대한 경외심과 그들 사이에서 나쁜 평을 듣게 될 것이라는 두려움에 사로잡혔든지 대담하게 모든 위험을 감수하며 티베리우스에게 마음대로 하라고 말

---

33 각 부족의 표는 한 표로 간주되었으며, 부족 내의 다수결에 따라서 결정되었다.

했다. 그리하여 법안이 통과되자 티베리우스는 자신의 해방노예 가운데 한 명에게 명해 옥타비우스를 연단에서 끌어내리게 했다. 티베리우스는 자신의 해방노예들을 집행관으로 썼던 것이다. 그런데 이것이 수치스럽게 끌려가는 옥타비우스의 모습을 더욱 애처롭게 만들었다.

게다가 그때 민중이 옥타비우스에게 달려들었다. 그러자 부자들이 그의 주위로 함께 몰려와 군중을 막아내며 간신히 옥타비우스를 안전하게 구출해냈다. 그런데 옥타비우스의 충직한 하인 한명이 앞을 막고 서서 주인을 보호하려다가 두 눈이 빠지고 말았는데, 그것은 티베리우스의 의사와는 무관했다. 그는 무슨 일이 벌어지고 있는지 알아차리자마자 소요 사태를 진정시키려고 급히 달려 내려갔으니 말이다.

13.

그 뒤 농지법이 통과되고, 국유지를 측량하고 분배할 3인위원회가 구성되었다. 세 명의 위원은 티베리우스와 그의 장인 압피우스 클라우디우스와 아우 가이우스였는데, 가이우스는 로마에 있지 않고 누만티아 원정에 참가해 스키피오 휘하에서 복무하고 있었다. 티베리우스는 이런 일들을 아무런 저항 없이 조용히 처리해나갔고, 또 옥타비우스 대신 무키우스라는 사람이 새 호민관으로 선출되게 했다. 무키우스는 저명인사가 아닌 티베리우스의 예민(隷民)[34]이었다.

---

34 예민(隷民 cliens 복수형/clientes)은 고대 로마에서 평민과 노예 사이의 계급으로, 법적·물질적으로 귀족의 보호를 받았다. 그런 의미에서 귀족은 그들

한편 이러한 조치에 화가 난 귀족들은 티베리우스의 영향력이 커지는 것이 두려워 기회 있을 때마다 원로원에서 그를 모욕했다. 예컨대 그가 토지 분배 업무를 관장하면서 기거할 수 있도록 관행적으로 국비에서 대주곤 하던 천막을 요구했을 때, 다른 사람들에게는 훨씬 덜 중요한 일을 수행할 때도 종종 지급되었던 천막을 그들은 내주지 않았다. 그들은 또 그가 지출할 수 있는 경비를 9오볼로스[35]로 한정했다. 이런 일들을 발의한 것은 푸블리우스 나시카인데, 국유지를 많이 소유한 자들 중 한 명인 그는 이를 내놓지 않을 수 없게 되자 티베리우스를 철천지원수로 여겼던 것이다.

그러나 민중은 더욱더 분개했다. 그리고 티베리우스의 친구 한 명이 갑자기 죽으며 온몸에 수상한 반점이 나타나자, 그들은 그가 독살되었다고 아우성치며 장례식장으로 몰려들었다. 그들은 몸소 관을 어깨에 메고 운반했고, 시신이 화장될 때 그 옆에 서 있었다. 이번 경우 그들의 의심은 정당한 것으로 여겨졌다. 왜냐하면 시신이 타면서 썩은 체액이 다량으로 흘러나와 화장용 장작불이 꺼졌을 뿐 아니라 장작더미에 다시 불을 붙이려 해도 붙지 않았던 것이다. 그들은 시신을 다른 곳으로 옮겨 많은 노력을 기울인 뒤에야 겨우 화장할 수 있었다. 그러자 티베리우스는 민중의 분노를 더욱더 부채질하려고 상복으로 갈아입고는 자신의 아들들을 민회장(民會場)으로 데리고 가더니, 자기도 살기를 단념했으니 자기 아들들과 아내를 보살펴달라고 간청했다.

의 보호자(patronus)이고 그들은 귀족의 피보호자들이다.
35 로마의 아스(as)를 말하며, 9아스는 우리 돈으로 5천 원에서 만 원 정도다.

14.

앗탈로스 필로메토르 왕이 죽자[36] 페르가몬의 에우데모스가 왕의 유서를 가지고 로마로 왔는데, 이 유서에서 왕은 로마 시민을 자신의 상속인으로 지정했다. 그러자 티베리우스는 민중의 환심을 사려고 왕의 돈을 로마로 가져와 새 출발을 하고 농기구를 마련할 수 있도록 국유지를 분배받은 시민들에게 나눠주자는 법안을 발의했다. 그리고 그는 앗탈로스 왕국에 속하는 도시들에 관해서는 원로원에 결정권이 없으니 자기가 민중에게 어떤 안을 내놓겠다고 말했다. 이것은 원로원에 대한 심각한 모욕이었다. 그래서 폼페이유스가 자리에서 일어나 말하기를, 자기는 티베리우스의 이웃이라 잘 아는데 페르가몬의 에우데모스는 그가 곧 로마의 왕이 되리라 믿고 그에게 왕의 머리띠와 자포(紫袍)를 주었다고 했다. 또 퀸투스 메텔루스는 티베리우스를 비난하기를, 그의 아버지가 감찰관으로 재임할 때 저녁식사를 마치고 집으로 돌아갈 때면 시민들은 너무 늦게까지 놀고 마셨다는 의심을 살까 두려워 횃불을 끄곤 했는데, 티베리우스가 밤에 길을 갈 때면 민중 중에서도 가장 뻔뻔스럽고 가난한 자들이 횃불을 밝혀준다고 했다.

 티투스 안니우스도 논쟁에 가담했다. 점잖지 못하고 부도덕한 인물이었으나 문답법에서는 누구도 당해내지 못할 만큼 능숙했던 그는 티베리우스에게 옥타비우스의 직위를 박탈함으로써 법적으로 신성불가침한 동료의 인격을 모독한 것이 아닌지 명확한 답변을 요구했다. 그의 발언에 수많은 원로원 의원들이 박수갈채

---

36 기원전 133년.

를 보내자, 티베리우스는 원로원에서 뛰쳐나와 민회를 소집하고는 안니우스를 고발할 의도로 데려오게 했다. 그러나 안니우스는 자신이 웅변에서나 명성에서나 티베리우스의 적수가 되지 못한다는 것을 알고는 자신만의 장기(長技)에 의존하며 토론이 시작되기 전에 먼저 몇 가지 질문에 답변해주기를 청했다. 티베리우스가 질문하라고 하자 모두들 침묵을 지키는 가운데 안니우스가 "예컨대 그대가 나를 모욕하고 내 직위를 박탈하려고 하기에 내가 그대의 동료 중 한 명에게 도움을 청해 그가 나를 변호하려고 연단에 오른다면, 그대는 화가 나기로 그 동료의 직위를 박탈할 것인가요?"라고 물었다. 그러자 티베리우스는 이 질문에 당황해 평소에는 누구보다 말을 잘하고 대담했지만 아무 말도 못했다고 한다.

15.

티베리우스는 일단 민회를 해산했다. 그러나 그는 옥타비우스에 대한 자신의 정치적 책략이 귀족뿐 아니라 대중의 감정을 상하게 했다는 것을 알아차렸다. 호민관이라는 직위는 고상하고 명예롭고 위엄이 있어 그때까지는 잘 보호받아왔으나 이제는 모욕당하고 훼손되었다는 것이 일반적인 감정이었던 것이다. 그래서 그는 민중에게 긴 연설을 했는데, 그의 설득력과 재능을 보여주기 위해 이 연설의 몇 가지 논점을 요약해보는 것도 부적절하지는 않을 것이다.

티베리우스는 "호민관이 신성불가침한 것은 민중에게 봉사하고 민중의 보호자이기 때문입니다"라고 말했다. "하지만 호민관이 마음을 바꾸어" 하고 그는 말을 이었다. "민중에게 해로운 짓을 하고 민중의 힘을 억누르고 민중의 투표권을 박탈한다면, 그는 취임했을 때의 조건을 이행하지 못했으니 자신의 행위에 의해 명예로운 직위를 박탈당하는 겁니다. 그렇지 않다면 우리는 호민관이 카피톨리움[37]의 신전들을 파괴하거나 조선소에 불을 지르려 해도 내버려두어야 할 겁니다. 그런 짓들을 하는 호민관은 나쁜 호민관이기는 해도, 그래도 여전히 호민관입니다. 하지만 호민관이 민중의 힘을 무력화한다면 전혀 호민관이 아닙니다. 호민관은 집정관을 감옥에 보낼 수 있는데, 호민관이 자기에게 권력을 맡겨준 민중을 해롭게 하려고 권력을 사용해도 민중이 그 권력을 박탈할 수 없다면, 이 어찌 자가당착이 아니겠습니까? 집정관도 호민관도 똑같이 민중에 의해 선출되기에 하는 말입니다. 그리고 왕의 직위는 온갖 종류의 권위를 내포하지만, 그 밖에도 가장 엄숙한 종교의식을 수행함으로써 신성시되었던 겁니다. 그럼에도 타르퀴니우스[38]는 나쁜 짓을 하여 시민들에 의해 추방되었으니, 단 한 사람의 오만 때문에 로마의 초석을 놓았던, 조상 대대로 물려받은 정체(政體)가 전복되고 말았던 겁니다. 또 로마에서 꺼지지 않는 성화(聖火)를 돌보고 지키는 베스타 여신의 처녀들[39]만큼 신성하고 엄숙한 존재가 어디 있습니까? 하지만 그들도

---

37 카피톨리움(Capitolium)은 로마의 일곱 언덕 가운데 하나로, 읍피테르와 유노 등의 신전이 있었다.
38 타르퀴니우스(Tarquinius) 일명 Superbus('오만왕'이라는 뜻)는 로마의 마지막 왕으로 기원전 510년에 추방되었다. 그가 추방되면서 로마에 공화정이 도입되었고, 공화정은 율리우스 카이사르의 후계자인 아우구스투스에 의해 제정(帝政)으로 바뀌었다.
39 여사제들.

서약을 어기면 생매장됩니다. 그들이 신들에게 죄를 짓게 되면 신들을 섬김으로써 갖게 되는 신성불가침성을 상실하기 때문입니다. 마찬가지로 호민관이 민중에게 해로운 짓을 하고도 민중이 부여한 신성불가침성을 유지한다는 것은 옳지 못합니다. 그는 자신의 권력의 원천인 바로 그 권력을 파괴하기 때문입니다. 호민관이 부족 투표에서 다수결에 의해 호민관에 선출된 것이 정당하다면, 만장일치의 표결에 의해 호민관 직위를 박탈하는 것이 어찌 정당하지 않다고 할 수 있습니까? 신에게 바친 제물만큼 신성불가침한 것은 없습니다. 하지만 민중이 이런 제물을 이용하거나 움직이거나 마음대로 옮기는 것을 막은 사람은 일찍이 아무도 없었습니다. 따라서 민중은 마치 제물을 옮기듯이, 호민관의 직위도 이 사람에게서 저 사람에게로 옮길 수 있는 겁니다. 호민관이라는 직위가 불가침한 것도 박탈 불가능한 것도 아니라는 것은, 가끔 그 직위에 있던 사람들이 자신의 능력이 부족하다고 인정하고 사임하거나 그 직위에서 물러나게 해달라고 자청한다는 사실을 보면 확실히 알 수 있습니다."

16.

이상이 티베리우스가 자신의 행동을 변호하기 위해 내세운 주요 논점이다. 한편 그의 지지자들은 그에 대한 위협과 조직적인 반대를 보고 그가 이듬해에도 호민관으로 선출되어야 한다고 생각했다.[40] 티베리우스는 새로운 법안을 발의하여 민중의 환심을 사

---

40 호민관을 연임하는 것은 불법은 아니라도 드문 일이었다고 한다.

려 했는데, 그것은 군복무 기간을 단축하고, 재판에 불만이 있는 자들에게 민회에 항소할 수 있는 권리를 부여하고, 여태까지 원로원 의원들로만 구성되었던 배심원들에 같은 수의 기사 계급 출신을 참여시키는 것이었다. 간단히 말해, 그는 수단과 방법을 가리지 않고 원로원의 힘을 축소하려 했는데, 그것은 정의와 공익에 대한 배려보다는 분노와 당파심에서 비롯된 것이었다.

투표가 진행되는 동안 티베리우스 지지자들은 민중이 다 모이지 않아 반대자들이 다수를 차지하게 될 것이 명백해지자 일단 티베리우스의 동료 호민관들을 헐뜯음으로써 시간을 끌다가, 결국 민회를 해산하고 이튿날 다시 모이라고 했다. 그 뒤 곧 티베리우스는 광장으로 내려가 처음에는 눈물을 머금고 겸손한 태도로 자기에게 투표해주기를 부탁하다가, 나중에는 정적들이 밤에 집으로 쳐들어와 죽일까 겁난다고 말했다. 그 말이 청중의 마음을 움직여 그들 중 상당수가 그의 집 밖에 진을 치고 밤새도록 파수를 보았다.

17.

이튿날 새벽, 새를 보고 점을 치는 사람이 새들을 가져오더니 그것들 앞에 먹이를 던져주었다. 그러나 그가 새장을 마구 흔들어도 겨우 한 마리만 나오고 나머지 새는 밖으로 나오려 하지 않았다. 그 한 마리마저 먹이는 쪼지 않고 왼쪽 날개를 들고 한쪽 다리를 뻗다가 새장 안으로 도로 들어가버렸다. 그것을 본 티베리우스는 문득 전에 있었던 다른 전조가 생각났다. 그에게는 전쟁터에서 쓰고 다니던 투구가 하나 있는데, 아름답게 장식된 걸작품이었다. 그런데 그 안으로 뱀들이 몰래 기어들어가 알을 낳고 부화한 것이다. 그래서 티베리우스는 새들의 전조에 더욱더 안절부절못했다.

그럼에도 그는 민중이 카피톨리움 언덕에 모여 있다는 말을 듣고 집을 나섰다. 그러나 집에서 나가다가 문턱에 발을 세게 부딪히는 바람에 엄지발가락의 발톱이 찢어져 샌들 밖으로 피가 새어 나왔다. 그리고 그가 얼마 가지 않았을 때 왼쪽에 있는 집의 지붕에서 까마귀들이 싸우는 것이 보였다. 많은 사람들이 지나다니는 길이었는데 까마귀 한 마리가 밀어낸 기왓장 하나가 하필이면 바로 티베리우스의 발 앞에 떨어졌다. 그러자 그의 추종자들 중 가장 대담한 자마저 머뭇거렸다. 그러나 그와 함께하던 쿠마이 출신의 블롯시우스가 말하기를, 그락쿠스의 아들이요 스키피오 아프리카누스의 외손자요 로마 민중의 선봉장인 티베리우스가 까마귀 한 마리에 겁을 먹고 동료 시민들의 부름에 응하지 않는다면 수치요 치욕이라고 했다. 그리고 적들은 그런 비겁한 태도를 웃음거리로 삼을 뿐 아니라, 그가 이제는 참주처럼 거드름을 피운다고 민중 앞에서 그를 매도할 것이라고 했다.

바로 그때 카피톨리움 언덕에 모인 지지자 가운데 여러 명이 티베리우스에게 달려와 그곳에서 만사가 순조롭게 진행되고 있으니 서둘러 그리로 가자고 재촉했다. 그리고 실제로 처음에는 일이 순조롭게 진행되었다. 그가 나타나자 군중은 환호성을 올렸고, 그가 언덕에 오르자 열렬히 환영하면서 낯선 사람은 아무도 그에게 접근하지 못하도록 그의 주위로 몰려들었다.

18.

무키우스가 부족들에게 투표하도록 다시 한 번 촉구했지만 평소

대로 일을 진행시킬 수 없었으니 군중의 외곽에서 소동이 벌어졌던 것이다. 그곳에서 티베리우스의 지지자들과 억지로 밀고 들어와 다른 사람들과 섞이려는 적대자들이 서로 밀고 당기며 실랑이를 벌이고 있었던 것이다. 바로 그때 원로원 의원인 풀비우스 플락쿠스가 눈에 잘 띄는 곳에 자리잡고 섰는데, 소리를 질러보아도 그렇게 멀리까지 들리지 않자 손짓으로 티베리우스에게 따로 할 말이 있다는 뜻을 전했다. 티베리우스가 군중에게 길을 터주라고 하자 플락쿠스가 간신히 그에게 다가와 보고하기를, 원로원 회의에서 부자들이 집정관을 설득할 수 없자 직접 나서서 티베리우스를 죽일 음모를 꾸미고 있으며, 다수의 추종자들과 노예들을 무장시켰다는 것이었다.

19.

티베리우스가 주위에 서 있던 사람들에게 이 사실을 알리자, 그들은 당장 입고 있던 토가를 허리띠로 졸라매더니 티베리우스의 경호원 자격으로 들고 다니며 군중을 물리치곤 하던 창 자루들을 꺾어 적의 공격을 막기 위해 그 조각을 서로 나누어 가졌다. 그러나 멀리 떨어져 있는 사람들은 도대체 무슨 일이 일어나고 있는지 알지 못해 궁금한 표정으로 티베리우스를 주시하고 있었다. 티베리우스는 그들이 자신의 목소리를 들을 수 없기에 자신의 목숨이 위태롭다는 뜻으로 손으로 머리를 만졌다.

그의 정적들은 이를 보고 원로원으로 달려가 티베리우스가 왕관을 요구하고 있다며, 머리를 만지는 것은 그런 뜻이라고 말했다. 그러자 온 원로원이 발칵 뒤집혔고, 나시카는 집정관에게 나라를 구하고 참주를 끌어내리기를 요구했다. 그러나 집정관은 자기는 결코 먼저 폭력을 쓰지 않을 것이며 정식 재판 없이 어떤 시민도 사형에 처하지 않을 거라고 온건하게 대답했다. 또한 그는 만약 티베리우스가 민중을 설득하거나 강요하여 법에 어긋나는 법안을 통과시킨다면 그것을 구속력 있는 표결로 간주하지 않을 것이라고 말했다.

그러자 나시카가 벌떡 일어서더니 "이제 집정관이 나라를 배신하고 있으니 여러분 중에 법을 수호하고자 하는 분들은 누구든 나를 따르시오!"라고 소리쳤다. 이렇게 말하고 그는 입고 있던 토가 자락을 머리에 뒤집어쓰고[41] 카피톨리움으로 갔다. 그를 따르던 원로원 의원들은 토가를 왼팔에 감았고, 길을 막는 자들을 모두 밀쳐버렸다. 저명인사들이라 아무도 감히 그들을 막지 못했고, 모두들 도망치며 서로 짓밟았다.

원로원 의원들의 추종자들은 어느새 집에서 몽둥이와 지팡이를 가져와 손에 들었다. 그러나 원로원 의원들은 민중이 도망치다가 망가뜨려놓은 걸상들의 파편과 다리를 집어 들고 곧장 티베리우스에게 달려가며 그를 엄호하려던 사람들을 때려죽이거나 도망치게 만들었다. 티베리우스가 도망치려고 돌아섰을 때 누군가 그의 옷자락을 잡았다. 그래서 그는 토가를 벗어던지고 투니카 바람으로 도망쳤으나, 자기 앞에 쓰러진 자들에게 걸려 쓰러졌다. 그가 다시 일어서려고 했을 때, 잘 알려진 바와 같이 그의 동료 호민관 중 한 명인 푸블리우스 사튀레이우스가 맨 먼저 걸상 다리로 그의 머리를 내리쳤다. 두 번째 가격을 한 것은 자신이

---

41 당시 나시카는 대사제였던 만큼 이런 행동이 종교의식과 관계가 있는 것으로 추정되지만, 정확히 무엇을 뜻하는지는 알 수 없다.

라고 루키우스 루푸스가 주장했는데, 그는 그것이 무슨 영웅적인 행위라도 되는 양 자랑하고 다녔다. 그 밖에도 300명 이상이 죽었는데, 모두 지팡이나 돌에 맞아 죽었지 칼에 맞아 죽은 사람은 한 명도 없었다.

20.

왕정이 폐지된 이후 로마에서 시민들의 분쟁이 유혈과 살육으로 막을 내리기는 이것이 처음이었다고 한다. 주요 안건으로 인한 다른 주요 분쟁은 힘있는 사람들은 군중을 두려워하고 민중은 원로원을 존중한 까닭에 타협으로 마무리되었던 것이다. 이번에도 티베리우스의 적대자들이 살육과 폭력에 의지하지 않았더라면 그를 어렵지 않게 설득해 양보를 얻어낼 수 있었을 것으로 생각된다. 그의 지지자들은 당시 3천 명을 넘지 않았기 때문이다. 그러나 부자들이 음모를 꾸민 것은 그들이 내세우는 이유보다는 그에 대한 분노와 증오심에서 비롯된 것 같다. 그들이 티베리우스의 시신을 도리에 어긋나게 잔인하게 다룬 것이 그러한 견해를 강력히 뒷받침한다. 그들은 시신을 가져가 밤에 매장하게 해달라는 그의 아우의 청을 거절하고 다른 시신과 함께 강물에 던져버렸다.

그것으로 끝나지 않았다. 그들은 티베리우스의 추종자들 중 일부를 재판도 없이 추방하고 웅변가 디오파네스를 포함한 몇몇도 체포해 처형했다. 그들은 또 가이우스 빌리우스라는 사람을 통 안에 가두고 그 안에 독사들과 다른 뱀들을 집어넣음으로써 죽음을 맞이하게 했다. 집정관들 앞으로 끌려간 쿠마이 출신의 블롯시우스는 이번 사건에서 어떤 역할을 했느냐는 물음에 자기는 모든 것을 티베리우스가 시키는 대로만 했다고 대답했다. 그러자 나시카가 만약 티베리우스가 그에게 카피톨리움에 불을 지르라고 명령했다면 어떻게 했겠느냐고 물었다. 처음에 블롯시우스는 티베리우스는 절대 그런 명령을 내릴 사람이 아니라고 대답했다. 그러나 여러 사람이 자꾸 같은 질문을 해대자 그는 "만약 티베리우스가 그런 명령을 내렸다면, 나로서는 그렇게 하는 것이 옳았겠지요. 그는 로마인의 이익에 부합되지 않는다면 결코 그런 명령을 내리지 않았을 테니까요"라고 말했다.[42]

아무튼 블롯시우스는 석방되었다. 그는 나중에 아시아로 아리스토니코스를 찾아갔다가 아리스토니코스의 계획이 물거품이 되자 자살했다.[43]

21.

이런 일들이 있은 뒤 원로원은 민중을 달래기 위해 국유지를 분배하는 것에 더이상 반대하지 않았으며, 민중이 티베리우스를 대신할 새 의원을 선출하는 것을 허용했다. 그래서 민중은 투표로 푸블리우스 크랏수스를 선출했는데, 그는 그락쿠스의 인척이었다. 그의 딸 리키니아가 가이유스 그락쿠스의 아내였기 때문이다. 코르넬리우스 네포스[44]에 따르면, 가이유스가 결혼한 것은 크

---

42 키케로의 『우정에 관하여』(*De amicitia*) 11권 37장 참조.
43 기원전 133년 소아시아 페르가몬시의 왕 앗탈로스 3세가 죽으며 왕국을 로마에 유증(遺贈)하자, 앗탈로스의 서제(庶弟) 아리스토니코스(Aristonikos)가 로마에 반란을 일으켰으나(기원전 133~130년) 실패하자 소아시아로 그를 찾아갔던 블롯시우스는 자살한다.
44 코르넬리우스 네포스(Cornelius Nepos 기원전 100년경~25년경)는 로마의 전기 작가다.

랏수스의 딸이 아니라 루시타니아인들을 무찌르고 개선식을 올린 브루투스의 딸이었다고 한다. 그러나 대부분의 작가들은 앞서 내가 적은 대로 보고하고 있다.

그사이 로마의 민중은 티베리우스의 죽음에 원한을 품고 복수할 기회를 노리고 있는 것이 분명했다. 그래서 나시카가 소추당할 위기에 처하자 원로원은 그의 안전을 우려해 별로 그럴 필요가 없는데도 그를 아시아로 보내기로 투표로 결정했다. 왜냐하면 사람들은 그가 나타나기만 하면 그에 대한 혐오감을 감추려 하지 않고 분통을 터뜨리고 고함을 질러대며, 그를 신성불가침한 사람을 죽여 그 피로 로마에서 가장 신성하고 엄숙한 성소(聖所)를 더럽힌 저주받은 참주라고 불렀기 때문이다. 그래서 나시카는 대사제인 까닭에 이탈리아에서 가장 중요하고 신성한 임무를 수행해야 하는데도 몰래 이탈리아를 떠났다. 그는 이름 없는 사람으로 이국땅을 정처 없이 이리저리 떠돌다가 얼마 뒤 페르가몬에서 죽었다. 민중이 나시카에게 그토록 깊은 원한을 품었던 것은 놀랄 일이 아니다. 로마인들이 누구보다도 진심으로 사랑하던 소 스키피오 아프리카누스도 하마터면 티베리우스 일로 해서 인기를 잃을 뻔했으니 말이다. 첫째, 그는 누만티아에서 티베리우스가 죽었다는 소식을 듣고

그런 짓을 하는 자는 누구나 그와 같이 파멸하게 되기를!

이라는 호메로스의 시행[45]을 큰 소리로 읊었고, 둘째, 가이유스와 풀비우스가 훗날 민회에서 티베리우스의 죽음을 어떻게 생각하느냐고 물었을 때 자기는 티베리우스의 개혁에 대해 부정적이라

는 답변을 했기 때문이다. 그때부터 민중은 그가 연설하는 동안 고함을 질러 훼방을 놓기 시작했는데, 전에는 보이지 않던 행동이었다. 그래서 스키피오도 화가 나 청중에게 욕을 했다. 이 일들에 관해서는 「스키피오 전」[46]에서 자세히 기술한 바 있다.

---

[45] 호메로스, 『오뒷세이아』 1권 47행.
[46] 「스키피오 전」은 남아 있지 않다.

가이유스 그락쿠스 전

가이유스 그락쿠스는 형 티베리우스가 개혁에 실패한 후 조용히 지내다가 기원전 123년과 122년 호민관에 선출되면서 포괄적인 개혁을 추진할 포부를 갖는다. 우호 세력을 조성하기 위해 먼저 이탈리아 바깥에 식민시들을 건설해 빈민들을 이주시키고, 원로원 의원들뿐 아니라 기사 계급에서도 배심원을 뽑았으며, 형이 추진하던 농지 분배법을 부활시켰다. 그는 라티움인들에게 로마 시민권을 주고 이탈리아인들에게는 라티움인들이 누리던 권리를 부여하자는 법안을 제출했으나 통과에 실패했다. 그러면서 로마 민중도 이탈리아인들을 옹호하려는 그를 못마땅하게 여기고 그를 외면하기 시작하자 원로원은 국가 비상사태를 선포하게 되고 그는 시가전 끝에 자살하고 만다. 그러나 그는 당시 어느 누구보다 사회적 위기의 근본 원인을 정확히 진단했다. 그의 개혁이 실패하자 타협을 통해 로마 공화정을 시대 상황에 맞게 발전적으로 쇄신할 기회가 무산되고, 그 결과 처절한 내전이 100년 가까이 지속되었다.

필리프 프리드리히 폰 헤취, 〈그락쿠스 형제의 어머니 코르넬리아〉

1.

처음에 가이유스 그락쿠스는 광장을 멀리하고 혼자서 조용히 살았다. 그것은 정적들을 두려워해서이거나, 아니면 그들이 민중의 미움을 사게 하고 싶었기 때문일 것이다. 아무튼 그는 당장에만 묻혀 사는 것이 아니라 앞으로도 정치 활동을 멀리하려는 사람처럼 보였다. 그는 티베리우스의 개혁 정책을 싫어하고 거부한다는 비난을 듣기도 했다. 하지만 그는 서른도 안 돼 죽은 형보다 아홉 살 밑이었으므로 아직은 소년에 불과했다.

그러나 세월이 흐를수록 차츰 본색이 드러났으니, 그는 나태하고 사치스러운 생활과 술자리와 돈벌이에는 전혀 관심이 없었다. 오히려 자신을 정치 활동 쪽으로 실어다줄 날개인 양 웅변술을 연마함으로써 장차 잠자코 있지 않을 것임을 분명히 했다. 그가 벳티우스라는 친구의 변론을 맡았을 때, 민중이 그의 연설에 열광해 우레와 같은 박수를 보내는 바람에 다른 사람의 변론은 마치 어린애 장난처럼 보였다. 그래서 힘있는 자들은 되살아난 두려움에 사로잡혀 가이유스가 호민관으로 선출되지 못하게 막아야 한다고 자기들끼리 수없이 이야기를 주고받았다.

그런데 가이유스는 추첨 결과 우연히도 집정관 오레스테스[1] 휘하의 재정관으로 사르디니아로 가게 되었다. 그의 정적들은 좋아했고 가이유스도 싫지 않았다. 그는 전쟁을 좋아한 데다 전투를 위해서도 변론을 위해서만큼 잘 훈련되어 있었던 것이다. 그는 정계에 입문해 연단에 서기를 여전히 망설였지만 정계에 입문하

---

1 오레스테스(Lucius Aurelius Orestes)는 기원전 126년에 집정관을 지냈다.

라는 민중과 친구들의 호소를 더이상 외면할 수 없었는데, 이 기회에 로마를 떠날 수 있게 되어 무척이나 기뻤다.

하지만 가이유스는 철저한 민중 선동가이고 티베리우스보다 훨씬 더 대중의 호감을 사고 싶어했다는 것이 지배적인 견해다. 그러나 그것은 사실이 아니다. 가이유스는 자신의 선택보다는 어떤 필연에 이끌려 정계에 입문한 것처럼 보인다. 웅변가 키케로의 보고에 따르면,[2] 가이유스는 처음에 모든 관직을 멀리하고 조용히 살기로 했는데, 꿈에 형이 나타나 "가이유스, 왜 그렇게 망설이지? 피할 길이 없어. 우리 두 사람은 똑같이 민중을 위해 살다가 민중을 위해 죽을 운명을 타고났단 말이야"라고 말했다 한다.

2.

가이유스는 사르디니아에 도착해 자신의 진가를 유감없이 보여주었으니, 적과의 전투에서도 부하들을 공정하게 다루는 일에서도 사령관에 대한 호의와 경의에서도 여느 젊은이보다 출중했고, 자제와 검약과 근면에서는 연장자들마저도 능가했다. 사르디니아의 겨울은 혹독하고 건강에 좋지 않았다. 그래서 로마군 사령관이 그곳의 여러 도시에 군사들에게 입힐 피복을 요구하자, 그곳 주민들은 로마로 사절단을 보내 그러한 부담에서 벗어나게 해달라고 청원했다. 원로원이 그들의 청을 들어주며 군사들에게 입힐 피복을 다른 방법으로 구해보라고 사령관에게 명령했다. 사령관은 난처했고 군사들은 추위로 고생했다. 그래서 가이유스는 도

---

2 『예언에 관하여』 1권 26장 56절.

시들을 돌며 그곳 주민들이 자진해 피복을 보내주고 로마군을 도와주도록 설득했다. 이 일이 로마에 보고되자 원로원은 이것을 민중의 환심을 사기 위한 투쟁의 서막으로 보고 또다시 불안에 휩싸였다. 먼저 아프리카에서 미킵사[3]왕의 사절단이 도착해, 왕이 가이우스 그락쿠스를 존중하는 뜻에서 사르디니아의 로마군 사령관에게 식량을 보냈다는 소식을 전하자 원로원 의원들은 못마땅해하며 그들을 돌려보냈다. 다음으로, 원로원 의원들은 사르디니아에 가 있는 부대를 교체하되 오레스테스는 그대로 유임시키는 결의안을 통과시켰으니, 가이우스도 그의 재정관이라는 직책 때문에 그곳에 남게 하려는 것이었다.

가이우스는 이 소식을 듣자마자 격분해 배를 타고 로마로 향했다. 그가 뜻밖에 로마에 나타나자 정적들만 그를 공격한 것이 아니라, 대중도 재정관인 그가 집정관보다 먼저 임지를 떠나온 것을 이상히 여겼다. 그러나 그는 감찰관들에게 심문당할 때 말할 수 있게 해달라고 부탁하더니 청중의 마음을 완전히 돌려놓아, 법정을 떠나면서 그들은 그가 몹시 억울한 일을 당했다고 확신하게 되었다. 그가 말하기를, 다른 사람들은 군대에서 10년만 복무하게 되어 있는데 자기는 12년이나 복무했으며, 법은 1년 후에 돌아오는 것을 허용하는데도 자기는 사령관 휘하에서 재정관으로서 2년 이상 근무했다고 했다. 그는 또 군대에서 자기만이 지갑에 돈을 두둑이 넣어 갔다가 빈 지갑으로 돌아왔으며, 다른 사람들은 모두 사르디니아로 가져갔던 포도주를 남김없이 마시고 나서

---

3   미킵사(Micipsa)를 왕으로 앉힌 것은 가이우스의 외할아버지 대 스키피오였다.

술독에 금과 은을 가득 채워 로마로 돌아왔다고 주장했다.

3.

그 뒤 가이우스는 또 고발되고 기소되었는데, 그가 이탈리아의 동맹시들이 반란을 일으키도록 사주했고 프레겔라이[4]에서 적발된 음모[5]에도 가담했다는 이유였다. 그러나 그는 혐의를 완전히 벗고 무죄를 입증하고 나서 곧장 호민관으로 출마했다. 저명인사들은 하나같이 그를 반대했지만, 엄청난 군중이 그에게 지지를 보내기 위해 이탈리아 각지에서 로마로 흘러들어 그중 상당수는 숙소를 구할 수 없을 정도였다. 그리고 마르스 들판[6]이 수많은 군중을 수용할 수 없을 정도에 이르게 되자 그들은 지붕 위로 올라가 그를 성원했다. 하지만 힘있는 자들이 민중에게 압력을 가해 가이우스는 실망스럽게도 처음 예상한 1등이 아니라 4등으로 호민관에 당선되었다.[7]

그러나 일단 취임하자 가이우스는 동료 호민관 가운데 1등이 되었다. 그는 로마에서 맞수를 찾을 수 없을 만큼 뛰어난 웅변가였는데, 형의 운명을 슬퍼할 때마다 괴로운 나머지 마음속 생각

---

4 프레겔라이는 이탈리아 라티움 지방의 도시로, 로마에 반란을 일으키다가 기원전 125년 파괴되었다.

5 기원전 125년 집정관 풀비우스 플락쿠스(Fulvius Flaccus)는 이탈리아인들에게 로마 시민권을 주자는 법안을 발의했는데, 이것이 거부되자 프레겔라이인들이 반란을 일으켰던 것이다.

6 마르스 들판은 티베리스강 변에 있는 평지로, 투표장이나 연병장으로 사용되었다.

7 로마에서는 매년 여름 10명의 호민관이 선출되어 그해 12월 10일에 취임했다. 이 선거는 기원전 124년 7월에 치러졌다.

을 허심탄회하게 털어놓았던 것이다. 그는 기회 있을 때마다 화제를 바꿔 티베리우스가 당한 일을 민중에게 상기시키며 그들의 태도를 선조들의 행동과 비교했다. 선조들은 호민관 게누키우스를 모욕했다는 이유로 팔레리이[8]인들에게 선전 포고를 했으며, 어떤 호민관이 광장을 지나갈 때 가이우스 베투리우스만이 길을 비켜주지 않은 것 때문에 그에게 사형을 선고했다는 것이었다. "하지만 여러분들이 지켜보고 있는 가운데" 하고 그는 말했다. "저들은 티베리우스를 몽둥이로 때려죽이고 카피톨리움에서 그의 시신을 끌고 시내 한복판을 지나 티베리스강에 던져버렸습니다. 그리고 그의 친구들을 체포하는 족족 재판도 없이 처형했습니다. 하지만 로마의 관습에 따르면, 사형에 해당하는 죄로 고소된 자가 법정에 출두하지 않으면 나팔수가 아침에 그의 집 앞으로 가서 나팔 소리로 소환하고, 그러기 전에는 배심원들이 그에게 판결을 내리지 못하게 되어 있습니다. 우리 선조들은 사형에 해당하는 죄에 대해서는 그만큼 조심하고 신중을 기할 필요가 있다고 믿었던 겁니다."

4.

가이우스는 이런 말로 로마의 민중을 분기시킨 다음—말할 때 그의 목소리는 우렁차고 기운이 넘쳤다—두 가지 법안을 제출했다. 그중 하나는 민중에 의해 삭탈관직당한 관리는 두 번 다시 관직에 취임해서는 안 된다는 것이었고, 다른 하나는 재판 없이 시

---

[8] 팔레리이(Falerii)는 로마 북쪽에 있는 도시다.

민을 추방한 관리를 고발할 권한을 민중에게 주자는 것이었다. 이 가운데 첫 번째 법안은 티베리우스에 의해 호민관직을 박탈당한 마르쿠스 옥타비우스가 관직에 취임하지 못하게 하자는 것이었고, 두 번째 법안은 법정관 자격으로 티베리우스의 지지자들을 추방한 포필리우스[9]를 겨냥한 것이었다. 그러자 포필리우스는 사건이 재판에 회부되기 전에 이탈리아에서 도망쳤다. 한편 첫 번째 법안은 가이유스 자신이 철회했는데, 그는 어머니 코르넬리아의 요청으로 옥타비우스를 용서해주었다고 했다.

민중도 이를 흔쾌히 받아들였으니, 코르넬리아를 존중했기 때문이다. 그들이 그녀를 존중한 것은 그녀의 아버지[10] 덕분이기도 하지만 그에 못지않게 그녀의 아들들 덕분이기도 했다. 그래서 그들은 훗날 그녀의 청동상을 세우고 '그락쿠스 형제의 어머니 코르넬리아'라는 글귀를 새겨 넣었던 것이다. 광장에서 자신의 정적을 공격할 때 가이유스가 즐겨 쓰는 말 중에 자기 어머니를 언급한 이야기들이 부분적으로 전해져 내려오고 있다. "뭐라고요? 그대는 지금 티베리우스를 낳아준 코르넬리아를 모욕하는 것인가요?"라고 말했다는 것이다. 그리고 그녀를 모욕한 사람이 동성애자라는 혐의를 받고 있었기 때문에 그는 "그대는 무슨 낯짝으로 자신을 코르넬리아와 비긴단 말이오? 그대는 그녀처럼 아이를 낳아본 적이 있나요? 그대는 남자인데도 그녀가 남자

---

[9] 기원전 132년에 집정관을 지낸 포필리우스(Publius Popilius Laenas)는 동료 집정관이었던 루필리우스(Publius Rupilius)와 함께 원로원을 대표해 티베리우스의 지지자들을 심문하는 일을 맡았다.

[10] 대 스키피오.

와 동침한 것보다 훨씬 최근에 어떤 남자와 동침한 사실을 로마인들은 다 알고 있으니 하는 말이오"라고 말을 이었다. 그가 하는 말은 그만큼 신랄했는데, 비슷한 예는 그의 저술들에서 얼마든지 찾을 수 있다.

5.

가이유스는 민중을 이롭게 하고 원로원을 견제하기 위해 여러 법안을 제출했다. 그중 하나는 농지에 관한 것으로, 국유지를 빈민들에게 나눠주자는 것이었다. 두 번째 법안은 군복무에 관한 것으로, 군사들에게 공금으로 피복을 지급하되 그 비용을 봉급에서 공제하지 않으며, 17세 미만이면 누구도 군적(軍籍)에 올리지 않는다는 것이었다. 세 번째 법안은 동맹시들에 관한 것으로, 이탈리아인들에게도 로마 시민들과 동등한 선거권을 부여하자는 것이었다. 네 번째 법안은 양곡 조달에 관한 것으로, 빈민들에게는 시장가격을 낮추자는 것이었다. 그리고 다섯 번째 법안은 배심원들의 임명에 관한 것으로, 바로 이것이 어떤 다른 법안보다 원로원의 세력을 축소했다.

지금까지 원로원 의원만이 소송사건의 배심원으로 임명되었는데, 이러한 특권 때문에 그들은 평민에게도 기사 계급에게도 공포의 대상이었다. 그러나 가이유스는 300명이던 원로원 의원단에 기사 계급에서 뽑은 300명을 보태, 총 600명 중에서 배심원들을 뽑게 했다.

가이유스는 이 법안을 통과시키기 위해 비상한 노력을 기울였다고 한다. 그중 특히 주목할 만한 것은, 종전에는 민중 지도자들이 연설할 때 원로원과 이른바 '코미티움'[11] 쪽을 바라보았는데 그는 민중에게 연설할 때 그 반대쪽인 광장 쪽으로 향함으로써 새로운 선례를 만들었고 그 이후에도 계속해서 그랬다는 것이다. 그는 이처럼 관행에서 벗어나 자세를 조금 바꿈으로써 엄청난 개혁을 해냈으니, 연설하는 사람은 마땅히 원로원이 아니라 민중에게 말해야 한다는 것을 보여줌으로써 어떤 의미에서는 로마의 정체를 귀족정치에서 민주정치로 바꿔놓았던 것이다.[12]

6.

민중은 이 법안을 받아들였을 뿐 아니라 기사 계급에서 배심원들을 선발할 권한도 부여했다. 그래서 가이유스에게는 제왕과 같은 권력이 주어져 원로원도 그의 조언을 받아들였다. 그러나 그의 조언들은 언제나 원로원의 권위에도 부합되는 것이었다. 예컨대 그는 전(前) 법정관 퀸투스 파비우스가 히스파니아에서 보내온 양곡에 관해 매우 공정하고 명예로운 결정을 내렸으니, 원로원을 설득해 그 양곡을 팔아 대금을 히스파니아의 도시들로 돌려보내고 로마의 통치를 그곳 주민들에게 견딜 수 없을 만큼 부담스럽게 만든 데 대해 파비우스를 견책하게 한 것이다. 이 조치 덕분에 가이유

---

11 코미티움(comitium '집회장'이라는 뜻)은 '로마 광장'(forum Romanum) 북서쪽에 있는 약 76제곱미터의 포장 구역으로, 로마 공화정 시대의 주된 정치 집회장이었다. 그 북쪽에는 '쿠리아'(curia '집회소'라는 뜻)라고 불리던 원로원 건물이 있었다.

12 키케로는 『우정에 관하여』 96장에서 이러한 변화를 기원전 145년 호민관이었던 크랏수스(Gaius Licinius Crassus)의 업적으로 돌리고 있다. 플루타르코스는 「테미스토클레스 전」 19장에서도 연설하는 사람의 위치와 민주주의의 관계에 관해 비슷한 언급을 하고 있다.

스는 큰 명성을 얻었을 뿐 아니라 속주(屬州)들에서 호감을 샀다.

그는 또 식민지를 개척하고, 도로를 건설하고, 공공의 양곡 창고를 세우는 법안들을 제출했다. 그는 몸소 이 모든 사업의 감독직을 맡았는데, 그토록 힘들고 중대한 일을 하면서도 전혀 지친 기색을 보이지 않았다. 오히려 그는 그 하나하나의 사업을, 마치 그 일만 하는 양 놀랄 만큼 신속하고 정력적으로 해냈다. 그 결과 그를 극히 미워하고 두려워하던 사람들도 그가 일단 착수한 일이면 무엇이든 성공적으로 수행하는 데 놀라움을 금치 못했다.

대중은 그가 건축업자들과 기술자들과 사절들과 관리들과 군인들과 문인들의 무리에 둘러싸여 지내는 것을 보기만 해도 놀라움을 금치 못했다. 그는 그들 모두와 친밀하게 지내되, 호의를 보이면서도 위엄을 잃지 않고, 그들 각자에게 적절한 예의를 갖추었던 것이다. 그렇게 함으로써 그는 자기를 폭군 같다거나 거만하다거나 폭력적이라고 비난하는 자들이야말로 악의적인 모략가임을 보여주었다. 이처럼 그는 연단 위에서의 연설보다는 사람들과 사귀고 업무를 처리하는 데 더 능한 민중 지도자였다.

7.

가이유스는 도로 건설에 특히 심혈을 기울였는데, 유용성과 우아한 미관에 신경을 썼다. 그가 건설한 도로들은 들판을 일직선으로 꿰뚫었으며, 모래를 단단히 다진 위에 포석(鋪石)을 깔았다. 푹 꺼진 곳은 메우고, 도로와 교차하는 급류와 계곡 위에는 다리를 놓고, 도로의 좌우 양쪽을 같은 높이로 돋워 도로는 어디서나 반반하고 아름다워 보였다. 그 밖에도 그는 모든 도로를 마일[13](1로마 마일은 8스타디움[14]이 조금 못 된다)로 잰 다음 돌기둥을 세워

이정표가 되게 했다. 그는 또 도로 양쪽에 더 좁은 간격으로 다른 돌들을 세워 기사들이 남의 도움을 받지 않고도 그것을 딛고 다시 말에 오를 수 있게 했다.

8.

이러한 사업으로 민중은 그를 찬양했고, 그에 대한 호의를 표시하기 위해서라면 무슨 짓이든 했을 것이다. 이런 상황에서 그는 한번은 민중 앞에서 연설하며, 자기는 그들에게 한 가지 청이 있는데 들어준다면 더없이 높이 평가할 것이나 들어주지 않는다고 해도 비난하지는 않을 거라고 했다. 대부분의 사람들은 그 말을 그가 집정관직을 요구하는 것으로 이해했고, 그가 동시에 호민관과 집정관으로 출마할 것으로 예상했다. 집정관 선거일이 다가와 모두들 학수고대하는데 과연 그가 모습을 드러냈다. 그러나 그는 가이우스 판니우스를 데리고 마르스의 들판으로 내려오더니 판니우스의 지지자들과 함께 그를 위해 선거운동을 하는 것이었다.

그러자 판니우스 쪽으로 판세가 크게 기울어져 판니우스는 집정관으로 선출되고, 가이우스는 후보로 나서서 선거운동을 하지 않았는데도 민중의 열망에 힘입어 호민관으로 재선되었다. 그는 원로원이 자신을 적대시하고 자신에 대한 판니우스의 호의도 옛날 같지 않음을 보자 일련의 새 법안들로 민중을 다시 자기편으로 만들려 했으니, 타렌툼과 카푸아[15]에 이민들을 보내 식민지를

---

13 '마일'의 라틴어는 milliarium이고 그리스어는 milion이다.
14 1스타디움(stadium 그/stadion)은 177.6미터다.
15 타렌툼은 남이탈리아의 항구도시고, 카푸아(Capua)는 라티움 남쪽에 있는

개척하고, 라티움[16]인들에게도 로마의 시민권을 부여하자고 발의한 것이다. 하지만 원로원은 가이유스의 세력이 대항할 수 없을 만큼 커질까 두려워 그와 민중을 이간질하기 위해 새롭고 비상한 전략을 구사했으니, 민중의 환심을 사려고 가이유스와 경쟁하며 국가의 이익에 어긋나더라도 민중의 소원을 들어주었던 것이다.

가이유스의 동료 호민관 중에 리비우스 드루수스[17]라는 사람이 있었는데, 출신과 교육 면에서 로마의 어느 누구에게도 뒤지지 않았고, 성격과 웅변과 부에서도 이런 자질들에 힘입어 입신양명한 사람들과 능히 겨룰 만한 자였다. 귀족들은 그를 찾아가 가이유스를 공격하자고 했다. 그리고 그가 자신들과 힘을 모아 가이유스를 반대하되 폭력적인 방법을 쓰거나 민중과 충돌하지 말고, 그의 권력으로 그들을 즐겁게 해주고, 그들의 미움을 사는 것이 더 명예로운 경우에도 그들에게 양보하라고 했다.

9.

이에 부응해 드루수스는 호민관으로서의 권한을 원로원을 위해 사용하며, 명예롭지도 않고 국가에 이익이 되지도 않는 법안들을 잇달아 입안했다. 희극에 나오는 서로 경쟁 관계에 있는 민중 선동가[18]들처럼 그의 유일한 관심사는 대중을 즐겁게 해주고 환심

캄파니아 지방의 수도로, 캄파니아라는 이름은 카푸아에서 비롯된 것이다.
16 라티움은 로마의 주변 지역이다.
17 기원전 112년에 집정관을, 109년에 감찰관을 지낸 드루수스(Marcus Livius Drusus)를 말한다.
18 아리스토파네스의 희극 『기사』(*Hippēs*)에 나오는 파플라고니아(Paphlagonia)인과 순대 장수를 염두에 두고 한 말 같다.

을 사는 데서 가이유스를 능가하는 것이었다. 이런 방법으로 원로원은 가이유스의 정책 자체를 못마땅하게 여기는 것이 아니라, 자신들이 원하는 것은 수단과 방법을 가리지 않고 가이유스를 파멸시키거나 콧대를 꺾어놓는 것임을 분명히 드러냈다.

예컨대 가이유스가 두 곳에 식민지를 개척해 명망 있는 시민들이 가서 살게 하자는 법안을 제출했을 때, 원로원은 민중의 호감을 사려 한다고 그를 비난했다. 그러나 리비우스 드루수스가 열두 곳에 식민지를 건설해 식민지마다 빈민 3천 명씩 보내자고 발의했을 때는, 그들은 기꺼이 승인해주었다. 또 가이유스가 빈민들에게 국유지를 나눠주고 그들에게 국고에 소작료를 내게 했을 때, 원로원은 그가 대중에게 아첨한다며 발끈했다. 그러나 리비우스 드루수스가 소작인들에게 이 소작료마저 면제해주자고 발의했을 때는 승인해주었다. 그들은 또 가이유스가 라티움인들에게도 동등한 선거권을 부여하자고 발의했을 때는 불쾌히 여겼지만, 리비우스 드루수스가 라티움인들에게는 군복무 중에도 매질을 금하는 법안을 제출했을 때는 이를 지지해주었다.

리비우스 드루수스도 민중 앞에서 연설할 때 늘 자신의 이런 법안들은 원로원의 승인을 받았으며, 원로원은 대중의 이익에 각별한 관심을 쏟고 있다고 말하곤 했다. 실제로 그가 발의한 정책의 유일한 성과라면 민중이 원로원에 대해 더 유화적인 자세를 취하게 된 것이었다. 전에는 민중이 귀족들을 의심하고 미워했으나, 리비우스 드루수스는 자신이 민중 지도자로서 민중의 소망에 따라 정책을 취할 수 있게 된 것도 원로원이 재가해준 덕분이라고 주장함으로써 민중의 마음을 누그러뜨리고 과거의 아픈 기억을 지우는 데 성공했기 때문이다.

10.

리비우스 드루수스가 민중에게 호의를 품고 있고 정의롭다고 믿어지는 주된 이유는 그가 자신의 편의나 개인적인 이익을 위해서는 어떤 법안도 발의하지 않는 것처럼 보였기 때문이다. 그는 언제나 다른 사람들을 보내 식민지들을 관리하게 했고, 공금의 지출에는 일절 관여하지 않았다. 하지만 가이유스는 중요한 것일수록 그런 일을 대부분 직접 처리하곤 했다.

그런데 호민관 중 한 명인 루브리우스가 스키피오에 의해 파괴된 카르타고에 식민지를 건설하자는 법안을 제출했을 때, 제비를 뽑은 결과 가이유스가 건설 감독을 맡게 되어 배를 타고 아프리카로 떠나게 되었다. 그가 떠나고 없는 틈을 이용해 드루수스는 민중의 환심을 사고 민중을 자기편으로 만들며 그에 대한 공격에 박차를 가했는데, 무엇보다도 풀비우스를 비방함으로써 그렇게 했다. 풀비우스는 가이유스의 친구로 그와 함께 국유지 분배 위원으로 선출되었던 사람이다. 그는 타고난 선동가인지라 몹시 원로원의 미움을 사고 있었다. 다른 사람들도 그가 동맹시들 사이에 불안을 조장하고 이탈리아인들이 반란을 일으키도록 은밀히 부추기고 있다고 의심했다. 이런 혐의를 뒷받침할 만한 증거도 조사도 없었지만, 풀비우스의 불온하고 혁명적인 정책들이 이런 혐의를 사실인 것처럼 보이게 만들었다.

어쩔 수 없이 가이유스에게도 풀비우스에 대한 미움의 일부가 돌아갔는데, 그것이 가이유스가 몰락한 주된 이유였다. 예컨대 소 스키피오 아프리카누스가 뚜렷한 원인도 없이 급사하고,[19] 내가 「스키피오 전」[20]에서 썼듯이, 그의 온몸에 타박상과 다른 폭력의 흔적이 나타났을 때 사람들은 대부분 풀비우스를 의심했다.

풀비우스는 스키피오의 적으로 그날도 연단에서 스키피오를 욕한 것이다. 가이유스도 혐의에서 자유로울 수 없었다. 그러나 로마에서 으뜸가는 위대한 인물이 그토록 끔찍한 범행에 희생당했는데도 이 사건은 재판은커녕 조사도 받지 않았다. 이 살인 사건을 조사할 경우 가이유스가 연루되었음이 드러날까 두려워 대중이 사법적 심리를 반대한 것이다. 그러나 이것은 여러 해 전에 일어났던 일이다.

11.

가이유스는 아프리카에서 카르타고가 있던 자리에 새로운 식민지를 건설하는 일을 감독하며 그곳을 유노니아라고 이름 지었는데, 헬라스 말로 옮기면 '헤라의 도시'라는 뜻이다. 이때 작업이 중단되는 일이 종종 있었는데, 사람들은 그것이 신의 뜻이었다고 한다. 예컨대 으뜸가는 군기(軍旗)가 돌풍에 휘말려 기수가 있는 힘을 다해 꼭 붙들었는데도 깃대가 산산조각이 났고, 제단 위에 올려놓은 제물의 내장이 강풍에 날려 도시의 경계를 표시해놓은 말뚝들 밖으로 흩어졌으며, 말뚝들은 달려온 늑대들이 뽑아내어 멀리 끌고 가버렸다.

그럼에도 불구하고 가이유스는 70일 안에 모든 것을 정리하고 마무리한 다음 로마로 돌아왔는데, 드루수스가 풀비우스를 압박하고 있으며 그곳 상황이 그의 귀국을 요구한다는 말을 들었던

---

19   소 스키피오는 가이유스가 호민관이 되기 6년 전인 기원전 129년 56세의 나이로 죽었는데, 자연사한 것으로 추정된다.
20   지금 남아 있지 않다.

것이다. 말하자면 과두제적 성향이 강하고 원로원에서 영향력이 있는 루키우스 오피미우스는 전에 집정관으로 출마했다가 가이유스가 그를 반대하고 판니우스를 밀어주는 바람에 낙선한 적이 있었는데, 이번에는 지지자를 많이 모은 까닭에 집정관에 당선될 뿐만 아니라 집정관이 되면 가이유스를 실각시킬 것으로 예상되었던 것이다. 사실 가이유스의 세력은 어떤 의미에서는 이미 기울고 있었다. 민중은 그의 정책에 싫증을 내고 있었는데, 민중의 환심을 사려는 민중 지도자가 한둘이 아니었고 원로원마저 자진해 민중의 요구를 들어주었던 것이다.

12.

로마로 돌아온 가이유스는 우선 팔라티움 언덕에서 광장 근처로 이사했다. 가난한 하위 계층이 대부분 그곳에 모여 살았던 까닭에 그렇게 하는 것이 더 민주적이라고 생각한 것이다. 그런 다음 그는 자신의 나머지 법안들을 제출했는데, 민중의 투표로 비준을 받기 위해서였다. 그러나 그를 지지하기 위해 이탈리아 각지에서 군중이 모여들자 원로원은 집정관 판니우스를 설득해 로마 시민이 아닌 자들은 도시에서 모두 내쫓게 했다.

그리하여 이 기간에는 로마의 동맹자나 친구는 아무도 시내에 나타나서는 안 된다는, 듣도 보도 못한 이상한 포고가 발표되었다. 가이유스도 이에 맞서 포고를 발표해 집정관을 맹비난하며 동맹자들이 그대로 머무르겠다면 자기가 도와주겠다고 약속했다. 그러나 가이유스는 약속을 지키지 못하고 자신의 친한 친구들 가운데 한 명이 판니우스의 릭토르[21]들에게 끌려가는 모습을 보면서도 도와주지 않고 지나가버렸다. 그것은 아마 가이유스가 이미 기울어진 자신의 힘을 시험해보기가 겁났기 때문이거나, 그의 말처럼 정적들에게 자기를 공격할 빌미를 주고 싶지 않았기 때문일 것이다.

이때 가이유스가 동료 호민관들의 감정을 상하게 하는 일이 일어났는데, 그 경위는 이러하다. 광장에서는 민중을 위해 검투사 경기가 열리곤 했는데, 많은 관리들이 광장 주위에 관람석을 만들어놓고는 구경꾼에게 세를 받고 빌려주고 있었다. 가이유스는 빈민들도 자신들이 앉은 자리에서 세를 내지 않고 구경할 수 있도록 관람석을 철거하라고 명령했다. 그러나 아무도 그의 명령을 듣지 않자, 그는 경기가 열리기 전날 밤까지 기다리다가 공공 계약을 맺고 자기 밑에서 일하던 일꾼들을 모두 데려가서 관람석을 철거했다. 그리하여 민중은 이튿날 아침 그곳이 깨끗이 치워져 있는 것을 볼 수 있었다.

이런 조치로 인해 대중은 가이유스를 사내대장부로 여겼으나, 그의 동료 호민관들은 화를 내며 그를 주제넘은 폭력배로 여겼다. 실제로 사람들은 그가 이 일로 인해 세 번째로 호민관에 출마했을 때 낙선했다고 여겼는데, 그 까닭은 투표에서는 그가 이겼으나 동료 호민관들이 부정 개표를 하여 결과를 허위로 발표했다는 것이었다. 이에 대해서는 의견이 엇갈리고 있다. 그러나 가이유스는 자신의 패배에 지나치게 상심해, 자신을 비웃는 정적들에게 "그대들은 나의 개혁 조치로 인해 어떤 어둠에 싸이게 될지 모르기 때문에 냉소적인 웃음[22]을 웃고 있는 것이오"라고 필요 이

---

21 「마르쿠스 카토 전」 주 34 참조.
22 '냉소적인 웃음'(Sardonios gelōs '사르디니아섬의 웃음'이라는 뜻)은 '사실은

상으로 대담하게 말했다 한다.

13.

가이유스의 정적들 역시 오피미우스가 집정관으로 당선된 다음, 가이유스가 입안한 법들을 상당수 폐기하고 카르타고의 식민지에 관한 조치를 변경했다. 이는 가이유스를 화나게 해 가이유스가 어리석은 짓을 하면 그것을 핑계로 제거해버리기 위해서였다. 처음에 가이유스는 이런 일들을 꾹 참고 견뎠으나, 나중에는 친구들, 특히 풀비우스의 부추김을 받아 집정관에게 맞설 지지자들을 다시 모으기 시작했다. 일설에 따르면, 이때 가이유스의 어머니도 아들과 한편이 되어 외국에서 사람들을 몰래 고용한 다음 추수꾼들로 가장해 로마로 들여보냈다고 한다. 그녀가 아들에게 보낸 편지들에 이 일이 막연하게나마 언급되어 있다는 것이다. 그러나 다른 사람들의 주장에 따르면, 코르넬리아는 아들의 이러한 행동을 매우 못마땅하게 여겼다고 한다.

아무튼 오피미우스와 그의 지지자들이 가이유스의 법안들을 폐기하려던 날, 카피톨리움 언덕은 아침 일찍부터 양 당파에게 점령되었다. 집정관이 제물을 바치자 그의 릭토르 가운데 한 명인 퀸투스 안틸리우스가 제물의 내장을 들고 빙 돌다가 풀비우스의 지지자들에게 "이 불량배들아, 선량한 시민들을 위해 길을 비켜라!"하고 소리쳤다. 일설에 따르면, 그는 이렇게 말하며 팔을 걷어붙이고 모욕적으로 휘둘렀다고 한다. 아무튼 안틸리우스는

졌으면서 자기가 이긴 줄 알고 웃는 웃음'이라는 뜻이다.

그 자리에서 즉시 바로 그런 목적을 위해 만들어졌다는 큰 철필(鐵筆)에 찔려 죽었다.[23]

군중은 살인 행위에 안절부절못했고, 양 당파의 지도자들의 감정은 정반대였다. 가이유스는 크게 상심하며 정적들에게 오래전부터 찾고 있던 핑계를 주었다고 자신의 지지자들을 나무랐다. 그러나 오피미우스는 기다리던 기회를 잡은 양 기고만장하며 안틸리우스의 원수를 갚으라고 민중을 다그쳤다.

14.

그때 마침 소나기가 쏟아져 민회는 해산되었다. 이튿날 아침 일찍 오피미우스가 원로원을 소집해놓고 안건을 처리하고 있을 때, 다른 사람들은 안틸리우스의 시신을 천으로 덮지도 않은 채 관대에 올려놓고는 큰 소리로 호곡하며 계획적으로 광장을 지나 원로원 건물 쪽으로 운구했다. 오피미우스가 무슨 일이 일어나고 있는지 잘 알면서도 짐짓 놀란 체하자 원로원 의원들도 광장으로 나갔다.

관대가 군중 한가운데 안치되자 원로원 의원들은 끔찍하고 큰 불행이라도 일어난 양 매도하기 시작했다. 그러나 그것은 대중으로 하여금 귀족들을 미워하고 욕하게 만들 뿐이었다. 대중의 주장에 따르면, 귀족들은 호민관이던 티베리우스 그락쿠스를 카피톨리움에서 손수 죽여 그의 시신을 티베리스강에 던져버렸는데, 릭토르인 안틸리우스는 설령 받아 마땅한 것 이상의 고통을 당했

---

23 일설에 따르면, 안틸리우스가 아니라 안틸루스라는 시민이 가이유스를 말리려다가 그의 지지자의 단검에 찔려 죽었다고 한다.

다 하더라도 그 책임은 대체로 본인에게 있는데도 그 시신이 광장에 안치되어 있을 뿐 아니라 전 원로원 의원들이 오로지 하나 남은 민중의 옹호자를 제거할 목적으로, 그 주위에 둘러서서 눈물을 쏟으며 이 머슴을 무덤까지 전송할 채비를 하고 있다는 것이었다. 그러자 원로원 의원들은 원로원으로 돌아가, 집정관 오피미우스에게 모든 수단을 동원해 나라를 구하고 참주들[24]을 제거할 것을 명령하는 법령[25]을 통과시켰다.

그러자 오피미우스는 원로원 의원들에게 무장하라고 통고하고, 기사들에게는 각자 이튿날 아침 완전무장한 하인을 두 명씩 데리고 모이라고 지시했다. 풀비우스도 이에 대비해 군중을 모았다. 그러나 가이유스는 아버지의 입상 앞에 멈춰 서서 한참을 묵묵히 바라보다가 눈물을 흘리고 한숨을 쉬며 광장을 떠나갔다. 이 광경을 본 많은 사람들이 가이유스에게 연민의 정을 느꼈다. 그들은 자신들이 그런 사람을 버리고 배신한 것에 자책감을 느끼며 그의 집으로 가 대문 앞에서 밤을 새웠다.

풀비우스를 지키고 있는 자들의 태도는 전혀 달랐다. 그들은 밤새도록 술을 마시고 큰소리를 치며 시끄럽게 떠들어댔다. 풀비우스 자신이 먼저 술에 취해 나이에 어울리지 않는 말과 행동을 했다. 그러나 가이유스의 지지자들은 나라에 재앙이 닥쳤음을 느끼고 묵묵히 장래를 걱정했고, 잠을 자거나 번갈아 파수를 보며 밤을 보냈다.

---

24 여기서는 가이유스와 풀비우스를 말한다.
25 집정관에게 모든 수단을 다 동원해 국가를 보위할 것을 명령하는 이른바 '원로원 최종 결의'(senatus consultum ultimatum)를 말한다.

15.

날이 새자 풀비우스의 지지자들은 술에 취해 곯아떨어진 풀비우스를 간신히 깨운 다음, 풀비우스가 집정관으로 있을 때 갈리아인들을 이기고[26] 전리품으로 가져온 무구들로 무장하고는 위협적인 함성을 지르며 아벤티눔[27] 언덕을 점령하러 갔다. 그러나 가이유스는 무장하기를 거부하고 마치 평소 광장으로 나가는 것처럼 토가를 입고 짧은 단검 한 자루만 옷 안에 숨기고 나갔다. 그가 막 문밖으로 나서는데 그의 아내가 급히 달려와 한 팔로는 남편을, 다른 팔로는 아들을 껴안으며 "오오! 가이유스, 나는 지금 당신을 이전처럼 호민관과 입법자로 봉사하도록 연단으로 보내드리는 것도 아니고, 영광스러운 전쟁터로 보내드리는 것도 아니에요. 전쟁터에서라면 설령 당신이 만인에게 공통된 죽음을 당하게 된다 해도 내 슬픔을 위로해줄 명예를 남겼겠지요. 지금 당신은 티베리우스를 살해한 자들에게 자신을 내맡기는 거예요. 무장도 하지 않은 채 말이에요. 그건 잘 하는 일이에요. 불의를 행하는 것보다는 당하는 편이 더 나으니까요. 하지만 당신의 죽음은 나라에 어떤 도움도 되지 않을 거예요. 로마에서는 어느새 불의가 이겨, 모든 분쟁을 폭력과 칼이 해결하니까요. 당신의 형 티베리우스가 누만티아에서 전사했더라면 휴전 조약에 의해 그분의 시신은 돌아왔겠지요. 하지만 나도 아마 감춰둔 당신의 시신을 드러내달라고 어떤 강이나 바다에 간청해야 할 것 같네요. 티베리우스가 죽

---

26 풀비우스는 기원전 123년에 개선식을 올렸다.
27 아벤티눔(Aventinum)은 로마의 일곱 언덕 가운데 하나로, 평민들의 거주지였다.

었는데 어찌 법이나 신을 믿을 수 있겠어요?"라고 말했다.

리키니아[28]가 이렇게 비통해하는 사이 가이유스는 살며시 그녀의 포옹에서 벗어나 말 한마디 없이 친구들과 함께 떠났다. 리키니아는 그의 옷자락을 잡아도 소용없자 땅바닥에 쓰러져 한참을 말없이 누워 있었다. 마침내 하인들이 의식을 잃은 그녀를 들어올려 그녀의 오라비 크랏수스[29]의 집으로 데려갔다.

16.

가이유스의 지지자들이 모두 모이자 풀비우스는 가이유스의 조언에 따라 작은아들에게 전령의 지팡이를 들려 광장으로 보냈다. 유난히 잘생긴 그 젊은이는 예의 바르고 겸손한 태도로 눈물을 글썽이며 집정관과 원로원에 화해의 조건을 전했다. 그 자리에 있던 사람들은 대부분 그가 전하는 화평의 조건을 거부할 마음이 없었지만, 오피미우스는 가이유스와 풀비우스는 전령의 말을 통해 원로원을 설득하려 할 것이 아니라 몸소 광장으로 내려와 법을 지키는 시민답게 재판을 받고 자비를 빌어야 할 거라고 했다. 그리고 젊은이에게는 이런 조건이 받아들여지면 다시 오고, 그렇지 않으면 오지 말라고 잘라 말했다.

그래서 가이유스는 가서 원로원을 설득하려 했다고 한다. 다른 사람이 아무도 이에 동의하지 않자 풀비우스는 다시 아들을 보내 종전과 같은 조건으로 중재하게 했다. 그러나 오피미우스는 전투

---

28 가이유스의 아내 리키니아(Licinia)는 리키니우스 크랏수스 무키아누스(Licinius Crassus Mucinianus)의 딸이다.
29 그녀의 오라비 크랏수스는 정계에 진출하지 않았다.

를 벌이고 싶었던 터라 당장 젊은이를 체포해 투옥하더니 수많은 중무장 보병들과 크레테의 궁수들을 거느리고 풀비우스의 지지자들을 향해 나아갔다. 그리고 이들 궁수들이 화살을 쏘아 부상을 입히자 적대자들은 뒤죽박죽이 되어 도망쳤다. 지지자들이 패주하기 시작하자 풀비우스는 사용하지 않던 목욕탕으로 피신했다가 금세 발각되어 큰아들과 함께 살해되었다.

전투에 참가하지 않았던 가이유스는 사태의 진전을 못마땅하게 여기고 디아나 여신의 신전으로 물러갔다. 그는 그곳에서 자살할 생각이었으나 가장 성실한 친구 폼포니우스와 리키니우스가 말렸다. 그래서 가이유스는 신전에서 무릎을 꿇고 여신을 향해 두 손을 내민 채 배은망덕한 로마 민중이 두고두고 종살이를 하게 해달라고 기도했다고 한다. 왜냐하면 사면령이 내렸다는 소식을 듣고 그의 지지자들 대부분이 적의 편이 되었기 때문이다.

17.

그러고 나서 가이유스는 도망쳤으나 바짝 뒤쫓아오던 적들에게 티베리스강 위에 놓인 나무다리[30]에서 거의 따라잡힐 뻔했다. 그러나 거기서 두 친구가 그에게 계속해서 가라고 이르고 자신들은 추격자들에게 맞서 아무도 지나가지 못하도록 다릿목에서 싸우다가 살해되었다. 가이유스와 함께 도망치는 사람은 필로크라테스라는 하인 한 명밖에 없었다. 길가의 구경꾼들은 달리기 경주라도 구경하는 양 모두들 더 빨리 달리라고 그를 격려했지만 정

---

30 '나무다리'란 보아리움 광장(forum Boarium)을 티베리스강 우안과 연결해 주는 수블리키우스 다리(pons Sublicius '말뚝다리'라는 뜻)를 말한다.

작 그를 도와주거나 그가 청하는 말을 제공하는 사람은 아무도 없었다. 그의 적들이 그를 바짝 뒤쫓고 있었기 때문이다. 가이유스는 간신히 복수의 여신들의 신성한 원림(園林)으로 도망쳐 그곳에서 최후를 맞았으니, 필로크라테스가 주인을 죽이고 나서 자신도 자살한 것이다.

일설에 따르면, 두 사람은 적에게 생포되었는데 하인이 주인을 꼭 껴안고 놓지 않아 먼저 하인을 수없이 내리쳐 죽이기 전에는 아무도 주인을 칠 수 없었다고 한다. 전하는 이야기에 따르면, 누군가 가이유스의 머리를 베어 들고 가다가 오피미우스의 친구인 셉티물레이유스라는 자에게 빼앗겼다고 한다. 전투가 시작되자마자 가이유스나 풀비우스의 머리를 가져오는 자에게는 그 머리와 같은 무게의 황금을 주겠다는 포고령이 내려졌던 것이다. 셉티물레이유스는 가이유스의 머리를 창끝에 꿰어 가지고 오피미우스에게 가져갔다. 그리고 저울에 달았을 때 그의 머리는 17과 3분의 2리브라[31]나 나갔다. 셉티물레이유스가 이때에도 무도하고도 기만적인 행위를 했기 때문인데, 그는 머리에서 골을 꺼내고 그 자리에 납을 녹여 부었던 것이다. 그러나 풀비우스의 머리를 가져온 자들은 이름 없는 자들이라 아무것도 받지 못했다.

가이유스와 풀비우스와 다른 피살자들의 시신은 티베리스강에 던져졌는데, 그 수가 3천 명이나 되었다. 그들의 재산은 매각되어 국고에 귀속되었다. 더구나 그들의 아내들은 애도하는 것을 금지당했고, 가이유스의 아내 리키니아는 결혼지참금마저 몰수

---

31 1리브라는 327그램이다.

당했다. 그러나 그들은 풀비우스의 작은아들에게 가장 잔인한 짓을 저질렀다. 그는 귀족들에게 대항해 손을 들지도 않았고 전투가 벌어졌을 때 현장에도 없었다. 그는 전투가 벌어지기 전 휴전을 성립시키려다 체포되어 전투가 끝나자 살해되었던 것이다.

하지만 풀비우스의 작은아들을 죽인 일이나 그 밖의 어떤 처사보다 대중을 화나게 한 것은 오피미우스가 화합의 여신 신전을 건립했다는 사실이었다.³² 대중은 그가 수많은 동료 시민들을 학살하고도 그것을 자랑스럽게 여기고, 어떤 의미에서는 그 때문에 개선식을 올리는 듯한 느낌을 받았던 것이다. 그래서 누군가 야음을 틈타 신전의 명문(銘文)에 다음과 같은 글귀를 새겨넣었다.

이 화합의 여신 신전은 광기 어린 불화의 작품이다.

18.

오피미우스는 독재관의 권력을 행사한 최초의 집정관으로 3천 명의 시민들 외에도 가이유스 그락쿠스와 풀비우스 플락쿠스를 재판도 없이 죽였는데, 그중 한 명은 집정관을 지내고 개선식을 올린 사람이고, 다른 한 명은 탁월함과 명성에서 동년배 가운데 으뜸이었다. 그러한 오피미우스도 부정한 이익의 유혹을 물리치지 못하고 누미디아 왕 유구르타³³에게 사절로 파견되었을 때 뇌

---

32 오피미우스가 세웠다는 화합의 여신(Concordia) 신전은 기원전 367년에 세웠던 것을 중건한 것이다.
33 유구르타(Iugurtha)는 누미디아의 왕이 된 뒤 끈질기게 로마에 맞서 싸우다가 패해 죽었다.

물을 받았다. 그리하여 그는 가장 수치스러운 수뢰 행위로 유죄가 인정되어 민중에게 미움받고 욕먹으며 치욕 속에서 만년을 보냈다.

민중은 그락쿠스 형제의 개혁이 실패했을 때는 기가 죽고 의기소침했으나 그 뒤 곧 자기들이 얼마나 그락쿠스 형제를 아쉬워하고 그리워하는지 보여주었다. 민중은 두 형제의 입상을 제작해 눈에 잘 띄는 곳에 세우고 그들이 살해된 장소들을 봉헌한 다음, 해마다 철철이 새로 나온 과일의 만물을 그곳에 갖다 바쳤다. 많은 사람들이 마치 신들의 신전을 찾는 것처럼 날마다 제물을 바치며 두 형제의 입상 앞에 무릎을 꿇었다.

19.

코르넬리아는 자신의 모든 불행을 고결하고 절제된 태도로 참아냈으며, 두 아들이 살해된 장소들이 봉헌되자 "이제야 아들들이 묻힐 만한 곳에 묻혔다"고 말했다 한다. 그녀는 미세눔곶에 있는 집에 가서 살았으나 생활방식을 바꾸지 않았다고 한다. 코르넬리아는 친구들이 많았으며, 손님들을 식사에 초대해 잘 접대하곤 했다. 그녀의 집에는 헬라스인들과 학자들이 출입했고, 왕위에 있던 왕들이 그녀와 선물을 교환했다.

그녀의 방문객과 가까운 친구들은 그녀가 자신의 아버지 대 스키피오 아프리카누스의 생애와 행적에 관해 이야기할 때 특히 좋아했다. 그러나 그들이 가장 감명받은 것은 그녀가 슬퍼하거나 눈물을 흘리지도 않고 아들들을 회고하며, 물어보는 사람들에게 마치 옛 영웅들에 관해 이야기하듯 아들들의 행적과 운명을 이야기할 때였다.

그래서 어떤 사람들은 그녀가 노망이 들었거나 너무 큰 슬픔에 총기가 흐려져 불행에 둔감해진 거라고 생각했다. 하지만 사실은 그렇게 생각하는 사람들이야말로, 고매한 성품과 좋은 가문과 훌륭한 교육이 슬픔을 이기는 데 얼마나 도움이 되며, 운명이 불행을 물리치려는 탁월함의 노력을 압도할 수는 있어도 불행을 담담하게 참고 견디는 힘마저 우리에게서 빼앗을 수 없다는 것을 이해하기에는 너무나 둔감한 자들이다.

카 이 사 르 전

'줄리어스 시저'라는 영어식 이름으로 더 잘 알려진 율리우스 카이사르는 그리스의 알렉산드로스 대왕과 함께 시간과 공간을 초월해 세계 전역에서 그 이름을 떨치고 있는 로마의 장군, 정치가 겸 저술가다. 고모부 마리우스를 따라 이른바 '민중파'에 가담한 뒤로 '귀족파'의 우두머리인 술라의 견제를 받게 되지만, 술라가 죽은 뒤 로마로 돌아와 출세 가도를 달리게 되었다. 지적 능력을 전투에 적용해 눈부신 승리를 거두며 군사들의 충성을 얻은 그는 기원전 60년 말 폼페이우스·크랏수스와 더불어 이른바 '제1차 삼두정치'를 시작하며 갈리아 지방과 일뤼리콘 지방을 5년간 속주로 통치했다. 기원전 56년 이들 속주를 다시 5년간 통치하게 되면서 그는 갈리아 전체를 정복했다. 기원전 49년 폼페이우스와 손잡은 원로원이 일정 기간 내에 군대를 해산시키기를 요구하자 카이사르는 "주사위는 던져졌다"고 말하고 루비콘강을 건너 이탈리아로 파죽지세로 남하해 기원전 48년 그리스 파르살로스에서 폼페이우스에게 결정적인 승리를 거두었다. 기원전 44년 3월 15일 그가 왕이 되려 한다는 이유로 원로원에서 암살당할 때까지 그는 종신 독재관으로 전 로마를 지배했다. 자식처럼 아끼던 브루투스가 암살단에 끼어 있는 것을 보고는 "내 아들이여, 너마저?"(수에토니우스와 캇시우스 디오에 따르면) 또는 "브루투스여, 너마저?"(셰익스피어 사극 『줄리어스 시저』에 따르면)라고 말했다 한다. 플루타르코스는 카이사르 특유의 야심과 추진력, 풍부한 인간성, 비극적인 최후의 이모저모를 흥미진진하게 기술하며 그가 진정한 영웅인지, 암살당해 마땅한 영웅인지를 밝혀낸다.

1.[1]

술라[2]는 권력을 장악하자 카이사르를 아내와 이혼시키려 했는데, 카이사르의 아내는 한때 로마에서 전권을 행사하던 킨나의 딸 코르넬리아였다. 그러나 술라는 감언이설이나 협박으로도 뜻을 이루지 못하자 코르넬리아의 결혼지참금을 국고로 몰수해버렸다. 카이사르가 술라를 적대시한 것은[3] 카이사르가 마리우스와 인척간이기 때문이었다. 카이사르의 고모 율리아가 대 마리우스와 결혼해 소 마리우스를 낳았으니, 소 마리우스는 카이사르의 고종사촌이었다.

처음에 술라는 수많은 사람들을 학살하느라 바빠 카이사르를 감시하지 못했다. 그러나 카이사르는 감시받지 않는 것에 만족하지 않고 젊은 나이에 민중 앞에 사제[4] 후보로 나섰다. 술라는 은밀히 방해공작을 해 카이사르가 낙선되게 하고는 그를 제거할 생각을 했다. 그러나 주위 사람들이 그런 소년을 죽이는 것은 의미가 없다고 하자, 술라는 이 소년 안에 여러 명의 마리우스가 들어 있

---

1 카이사르의 가문과 용모와 성격을 언급했을 것으로 생각되는 처음 한두 장이 없어진 것으로 추정된다. 카이사르는 기원전 100년 7월 12일 귀족 가문에서 태어났으며, 기원전 82년 술라가 정적인 킨나(Cinna)의 정치적 후계자들인 카르보(Carbo)와 소 마리우스(Marius, 대 마리우스의 아들)에게서 로마를 탈환했을 때 18세였다.
2 술라(Lucius Cornelius Sulla 기원전 138년경~78년)는 로마의 장군으로, 내전 때 마리우스(Gaius Marius 기원전 157년경~86년)가 이끄는 민중파(populares)에 맞서 귀족파(optimates)를 이끌었다. 그의 잔인한 보복 행위는 오래오래 기억되었다.
3 이 부분을 '술라가 카이사르를 적대시한 것은'으로 번역한 이들이 있는데, 그리스 원문 'Kaisari tēs pros Syllan apechtheias'는 그런 뜻이 아니다.
4 읍피테르의 플라멘(flamen Dialis). 본문 뒤의 '로마의 통치구조' 참조.

는 것을 보지 못하는 그들이야말로 지각 없는 자들이라고 했다.

이 말이 카이사르의 귀에 들어가자 그는 사비니족[5]의 나라를 떠돌며 한동안 몸을 숨겼다. 그러다 카이사르는 병이 들어 여태까지 머물던 집에서 다른 집으로 밤에 거처를 옮기다가 그 지역을 수색하며 숨어 있는 자들을 체포하던 술라의 군사들에게 걸려들었다. 카이사르는 수색대의 대장인 코르넬리우스에게 2탈렌툼을 주고 풀려나자 지체 없이 바닷가로 내려가 배를 타고 비튀니아[6]의 니코메데스왕을 찾아갔다. 카이사르는 그곳에 잠시 머문 뒤 배를 타고 떠났으나, 파르마쿳사[7]섬 근처에서 당시 이미 큰 함선들과 작은 배들로 제해권을 장악하고 있던 해적들에게 붙잡혔다.[8]

2.

해적들이 카이사르에게 몸값으로 20탈렌툼을 요구하자, 그는 그들이 대체 어떤 사람을 붙잡았는지 모르고 있다고 비웃으며 자청해서 50탈렌툼을 주겠다고 제안했다. 그는 여러 도시로 수행원들

---

5 「마르쿠스 카토 전」 주 2 참조.
6 비튀니아는 소아시아 북부 흑해의 남서 해안 지방이다.
7 파르마쿳사(Pharmakoussa)는 소아시아 이오니아 지방의 밀레토스(Miletos) 항에서 남쪽으로 10킬로미터쯤 떨어져 있는 섬이다.
8 카이사르는 기원전 81년 공적인 용무로 소아시아에 가서 비튀니아 왕 니코메데스 4세를 예방한 적이 있고, 기원전 75/74년 겨울에는 공부하기 위해 로도스(Rhodos)섬으로 가다가 해적에게 붙잡힌 적이 있다. 플루타르코스는 여기서 이 두 번의 여행을 한 번으로 줄이고 있다. 카이사르가 해적에게 붙잡힌 일에 관해서는 수에토니우스(Suetonius), 『황제전』 중 「율리우스 카이사르 전」 4장 참조.

을 보내 돈을 구해오게 하고 나서 친구 한 명과 시종 두 명과 함께 세상에서 가장 피에 굶주린 인간들인 킬리키아[9]인들 사이에 남게 되었다. 그동안 그는 그들을 어찌나 무시했던지 잠자러 갈 때마다 사람을 보내 조용히 해줄 것을 명령할 정도였다. 38일 동안 카이사르는 잡혀 있는 것이 아니라 보호받는 사람처럼 태평스레 그들과 같이 놀이도 하고 훈련에도 참여했다. 그는 또 시와 연설문을 써서 그들에게 큰 소리로 읽어주며 그것을 듣고도 감탄하지 않는 자들에게는 대놓고 무식한 야만족이라고 불렀으며, 때로는 그들을 모조리 목매달겠다고 위협하다가 그들 사이에서 웃음거리가 되기도 했다. 해적들은 그의 위협을 대체로 재미있어했는데, 그가 그토록 큰소리를 칠 수 있는 것은 성격이 소년처럼 순진했기 때문이라고 여겼던 것이다.

그러나 밀레토스[10]에서 몸값이 도착해 몸값을 내고 석방되자마자 카이사르는 지체 없이 배 몇 척을 의장(艤裝)한 뒤 해적들을 치러 밀레토스 항을 출발했다. 그는 여전히 섬 앞에 닻을 내리고 있는 그들을 발견하고는 대부분을 생포한 뒤 그들의 돈은 전리품으로 갖고, 그들은 페르가몬의 감옥에 가두었다. 그러고 나서 카이사르는 아시아의 총독 유니우스를 몸소 찾아갔으니, 포로들의 처벌은 그곳 속주의 법정관인 그의 소관이라고 여겼던 것이다. 그러나 유니우스가 적지 않은 금액인 돈에 눈독을 들이며 포로들에 관한 건은 시간이 나면 생각해보겠다고 뭉그적대자, 카이사르는 그를 잘해보라며 내버려두고 페르가몬으로 가서 해적들을 끌어

---

9 킬리키아는 소아시아 남동부의 해안 지대로, 당시 해적의 소굴이었다.
10 밀레토스는 소아시아 이오니아 지방의 항구다.

내게 하여 모조리 책형(磔刑)에 처했다. 그가 섬에 붙잡혀 있을 때 농담으로만 듣던 그들에게 종종 경고한 바대로 한 것이다.

3.

그사이 술라의 세력이 기울어 친구들이 카이사르에게 돌아오라고 재촉하자, 그는 귀향길에 몰론의 아들 아폴로니오스 문하에서 공부하기 위해 로도스섬으로 갔다. 아폴로니오스는 이름난 수사학자로 고매한 인격자라는 평도 듣고 있었는데, 키케로도 그의 강의를 들은 바 있다.[11] 카이사르는 정치 연설에 탁월한 소질을 타고난 데다 그러한 소질을 열심히 연마해 그 분야에서는 부동의 이인자가 되었다고 한다. 정치가와 장군으로서 일인자가 되는 일에 노력을 기울인 까닭에 그 분야에서는 일인자가 되기를 단념했다. 그러니까 그가 소질을 타고난 웅변에서 소기의 목표를 달성하지 못한 것은 전쟁과 정치 활동으로 권력의 정상에 올랐기 때문이다. 그래서 그는 훗날 키케로의 『카토론』에 답하며, 군인의 평이한 문체와 소질을 타고난 데다 그 소질을 연마할 시간이 많은 웅변가의 연설과 비교하지 말아달라고 독자들에게 부탁한 것이다.

4.

로마로 돌아온 뒤 카이사르는 속주를 잘못 다스렸다는 이유로 돌라벨라[12]를 고소했는데, 헬라스의 여러 도시가 그 증거를 제공

---

11 기원전 75~74년에.
12 돌라벨라(Gnaeus Cornelius Dolabella)는 기원전 81년 집정관을 지내고 80~77

했다. 돌라벨라는 무죄방면되었으나, 카이사르는 헬라스인들의 호의에 보답하고자 그들이 마케도니아의 법정관 마르쿠스 루쿨루스를 재판장으로 하는 법정에 푸블리우스 안토니우스를 수뢰죄로 고발했을 때 그들의 변론을 맡았다. 카이사르가 대단한 열의를 보이자 안토니우스는 헬라스에서는 헬라스인들을 상대로 공정한 재판을 받을 수 없다는 이유로 로마의 호민관들에게 상소했다.

로마에서도 카이사르는 변호사로서 열변을 토함으로써 큰 인기와 빛나는 명성을 얻었으며, 나이답지 않게 남의 비위를 맞출 줄 아는지라 평민과도 편하고 친하게 어울린 까닭에 평민에게 큰 호감을 샀다. 그는 또 연회와 만찬을 자주 베풀고 대체로 호사스럽게 생활함으로써 정치적인 영향력을 조금씩 키워나갔다. 처음에 그의 정적들은 그가 돈 쓰기를 그만두면 이러한 영향력도 곧 소멸할 거라고 생각해, 평민 사이에서 그의 영향력이 커지는 것을 대수롭지 않게 여겼다. 그러나 그의 영향력이 제거할 수 없을 만큼 커지고 그가 다름 아닌 국가의 변혁을 노렸을 때에야 그들은 처음에 미미해 보이는 것이라도 무시하고 방치하면 계속 자라 금세 커진다는 것을 뒤늦게 알아차렸다.

생각건대, 맨 먼저 카이사르의 속내를 들여다보고 그의 정책을 바다의 미소 짓는 수면인 양 두려워한 사람은 키케로였다. 키케로는 또 카이사르의 인간적이고 쾌활한 외면 아래 숨어 있는 교활한 성격을 간파하고는 그의 모든 계획과 정책에서 독재자가 되

년에는 전 집정관(proconsul)으로 마케도니아를 통치했는데, 기원전 77년에 고발되었다.

겠다는 의도가 엿보인다고 말하곤 했다. "하지만 그가 그토록 단정하게 머리를 손질하고," 키케로는 말을 이었다. "한 손가락으로 머리를 긁적이는 것을 볼 때면 나는 이 사람이 로마의 정체(政體)를 전복하는 것과 같은 큰 범죄를 꾀하리라고는 생각할 수 없었다."[13] 그러나 이것은 나중에 일어난 일이다.

5.

민중이 카이사르에게 호감을 품고 있음을 처음으로 드러낸 것은, 그가 참모장교[14]로 출마해 가이유스 포필리우스를 누르고 당선되었을 때였다. 두 번째로 더 확실히 드러낸 것은, 마리우스의 아내인 그의 고모가 죽자 그가 그녀를 위해 광장에서 빛나는 추도 연설을 하고[15] 장례 행렬에 감히 마리우스의 화상을 내걸었을 때였다. 사람들은 그의 화상을 술라가 통치한 이래 그때 처음 보았다. 마리우스파는 국가의 공적(公敵)으로 선언되었기 때문이다. 카이사르의 행동을 비난하는 이들도 있었지만, 민중은 더 큰 소리로 그들의 목소리를 압도하며 그가 그토록 긴 세월이 지난 뒤 마치 저승에서 데려오듯 로마에서 마리우스의 명예를 회복시킨 것에 찬탄의 박수갈채를 보냈다.

나이 많은 부인들을 위한 추도 연설은 로마의 오래된 관습이었

---

[13] 키케로의 서한에 적혀 있다고 추정되지만 현존하는 그의 작품에는 나오지 않는다.

[14] '참모장교'(tribunus militum)는 로마 공화정 말기의 고급 장교로, 한 군단에 6명이 배속되었다. 그들은 평민에 의해 선출되었으며, 고급 관리로 분류되었다.

[15] 기원전 69년.

다. 젊은 부인들의 경우 그것은 흔치 않은 일이었지만 카이사르는 아내가 죽었을 때[16] 처음으로 그렇게 했다. 이 사건으로 그는 민중의 호감과 동정을 사게 되었는데, 민중은 그를 다정다감한 사람이라고 좋아한 것이다.

아내의 장례를 치르고 나서 카이사르는 법정관 중 한 명인 베투스[17]의 재정관으로 히스파니아로 갔다. 카이사르는 그를 늘 높이 평가했고 자신이 법정관이 됐을 때는 그의 아들을 자기 휘하의 재정관으로 임명했다. 재정관으로서 임기를 마친 카이사르는 세 번째로[18] 폼페이야[19]와 결혼했다.[20] 그와 코르넬리아 사이에서 태어난 외동딸 율리아는 나중에 대 폼페이우스[21]와 결혼했다.[22]

카이사르는 돈을 물 쓰듯 쓰고 덧없고 일시적인 명성을 위해 엄청난 대가를 지불하는 것처럼 보였지만 정작 가장 중요한 것들을 싼값에 사들이고 있었던 것이다. 그래서 그는 관직에 진출하기 전에 1300탈렌툼의 빚을 지고 있었다고 한다.

16 카이사르의 아내 코르넬리아는 기원전 69년경에 죽은 것으로 추정된다.
17 카이사르는 기원전 69~68년 '저쪽 히스파니아'(Hispania ulterior 에스파냐의 북서부)에서 법정관 베투스(Gaius Antistius Vetus) 휘하의 재정관으로 일한 적이 있다. 카이사르는 기원전 61년 법정관이 되었을 때 아버지와 이름이 같은 베투스를 자기 휘하의 재정관으로 임명했다.
18 카이사르는 처음에 부유한 기사의 딸인 콧수티아(Cossutia)와 결혼했다.
19 폼페이야(Pompeia)는 폼페이유스(Quintus Pompeius Rufus)와, 술라의 딸인 코르넬리아의 딸이다. 카이사르는 기원전 61년 그녀와 이혼했다.
20 기원전 66년.
21 흔히 '대 폼페이유스'라고 불리는 폼페이유스(기원전 106~48년)는 로마의 장군 겸 정치가로, 카이사르·크랏수스(Crassus)와 함께 제1차 삼두정치의 주역이었다.
22 기원전 59년.

그는 압피아 가도[23]의 감독관이 되었을 때 공금 외에 자기 돈을 엄청나게 썼다. 그리고 조영관(造營官)[24]으로 있을 때는 320쌍의 검투사를 등장시키고 공연과 행렬과 회식에 거액을 지출함으로써 전임자들의 야심적인 노력을 모두 무색하게 했다. 그 결과 그에게 호감을 품게 된 민중은 그에게 보답하려고 저마다 새로운 관직과 명예를 찾고 있었다.

6.

당시 로마에는 두 당파가 있었는데, 그중 술라파는 술라가 권력을 장악한 이래로 막강한 힘을 발휘하고 있었고, 마리우스파는 억눌리고 뿔뿔이 흩어져 맥을 못 추었다.[25] 카이사르는 마리우스파를 소생시켜 지지를 얻고자 조영관으로서의 야심적인 활동이 절정에 달했을 때 마리우스의 입상들과 전승기념비를 든 승리의 여신상을 몇 개 만들게 하여 야음을 틈타 그것들을 카피톨리움 언덕에 세우게 했다.

23 압피아 가도(Via Appia)는 로마와 남쪽의 카푸아를, 나중에는 더 남쪽의 브룬디시움(Brundisium)을 잇는 로마 최초의 가도(街道)로, 감찰관을 지낸 압피우스(Claudius Appius Caecus)가 건설했다.

24 조영관(aedilis 복수형 aediles)은 원래 2명의 평민계급 출신 관리들로, 그들이 케레스 여신의 신전(aedis)에서 평민계급에게는 특히 중요한 케레스 여신의 의식을 주관한 데서 그런 이름을 갖게 되었다. 그들은 공공건물 일반과 특히 원로원의 결정 그리고 평민계급의 결의를 보관하는 문서보관소도 관리했다. 기원전 367년에는 귀족계급에서 2명이 추가로 선출되어 그들의 수는 4명으로 늘어났다. 그들은 매년 선출되며 이른바 '관직의 순서'의 주요 과정이 아니라 원로원에 진입하기 위한 말단 직책이었다.

25 당시 로마에는 술라가 이끈 '귀족파'(optimates)와 마리우스가 이끈 '민중파'(populares)는 있어도 '술라파'니 '마리우스파'니 하는 것은 없었다.

날이 밝아오자 사람들은 매우 정교하게 만든 그 입상들(거기에는 마리우스가 킴브리족[26]에게 승리를 거둔 일들이 새겨져 있었다)이 황금빛으로 찬란하게 반짝이는 것을 보고 그것들을 갖다 세운 사람의 대담성에 감탄을 금치 못했는데, 누구의 소행인지 그들은 잘 알고 있었다. 소문이 금세 사방으로 퍼지자 모두들 그것을 보러 몰려왔다. 그중 어떤 이들은, 카이사르가 법령에 의해 이미 매장된 마리우스의 명예를 이렇듯 부활시키는 것은 국가의 전권(專權)을 쥐겠다는 뜻이라고 소리쳤다. 또 다른 이들은 카이사르가 이미 마음이 물러질 대로 물러진 민중이 그런 장난과 개혁을 받아들일 만큼 그의 낭비적인 선심 공세에 충분히 유순해졌는지 떠보려는 거라고 했다. 그러나 마리우스의 잔당이 서로 격려하며 갑자기 놀랄 만큼 수가 불어나더니 박수갈채가 카피톨리움 언덕을 가득 채웠다. 많은 사람들이 마리우스의 입상을 보자 감격해 환희의 눈물을 흘렸고, 카이사르야말로 누구보다도 마리우스의 인척이 될 자격이 있다며 카이사르를 극찬했다.

이 일로 원로원이 소집되었을 때, 당시 로마에서 가장 명망이 높던 루타티우스 카툴루스[27]가 일어서서 다음과 같은 기억에 남을 말로 카이사르를 비난했다. "카이사르여, 그대는 더이상 성벽 밑에 갱도를 파는 것이 아니라 국가를 함락시키려고 공성 무기를 설치하는구려!" 그러나 카이사르는 그런 비난에 대해 변호하며 자신의 무고함을 원로원에 확신시켰다. 그러자 그의 열렬한 지지

---

26   킴브리족(Cimbri)은 유틀란트반도에 거주하던 북게르만족이다.
27   루타티우스 카툴루스(Quintus Lutatius Catulus)는 기원전 78년 집정관을 지낸 인물로, '귀족당'의 우두머리 가운데 한 명이었다.

자들은 더욱더 사기가 올라, 그가 모든 반대를 극복하고 나라의 일인자가 된다면 민중은 기뻐할 테니 누구에게도 주장을 굽히지 말라고 격려했다.

7.

그사이 대사제(大司祭)[28] 메텔루스[29]가 죽자, 누구나 열망하던 사제직에 이사우리쿠스[30]와 카툴루스가 후보로 나섰다. 그들은 원로원에서 가장 저명하고 영향력이 컸지만 카이사르는 양보하기를 거절하고 민회에 나가 경쟁 후보자로 나섰다. 어느 후보자가 가장 높은 지지를 받을지 장담하기 어려워지자, 카툴루스는 자기가 명망이 더 높은 만큼 낙선할 경우 잃을 것이 더 많을 것 같아 카이사르에게 사람을 보내 후보에서 사퇴하면 거액을 주겠다고 제의했다. 그러나 카이사르는 그보다 더 큰 금액을 차용해야 하는 한이 있더라도 끝까지 싸우겠다고 대답했다.

투표일이 다가와 카이사르의 어머니가 눈물을 글썽이며 아들을 문간까지 바래다주자 그는 그녀에게 입 맞추고 나서, "어머니,

---

[28] 사제(pontifex '다리 만드는 자'라는 뜻)는 로마의 국가 종교 전반을 관장했는데, 그들의 수장(首長)이 대사제(pontifex maximus)다. 사제는 원래 세 명이었으나 기원전 300년경 9명으로 늘어났고 율리우스 카이사르 때는 16명이었다. 율리우스 카이사르에 이어 아우구스투스와 다른 로마 황제들이 모두 대사제로 선출되었는데, 이는 황제가 국가 종교의 수장으로서 국가의 종교정책에 영향을 줄 수 있는 길을 열어주었다.

[29] 메텔루스(Quintus Caecilius Metellus Pius)는 기원전 79년 집정관을 지낸 인물로, 기원전 63년에 죽었다.

[30] 이사우리쿠스(Publius Servilius Vatia Isauricus)는 기원전 79년에 집정관을 지냈다.

어머니께서는 오늘 당신의 아들이 대사제가 되거나 아니면 망명자가 되는 걸 보시게 될 겁니다"라고 말했다. 투표가 시작되고 혼전을 거듭하다 결국 카이사르가 우세해지자, 원로원과 귀족들은 카이사르가 온갖 극단적인 무모한 행동을 하도록 민중을 부추기지 않을까 겁이 났다.

그래서 피소[31]와 카툴루스는 카틸리나[32] 사건 때 키케로가 카이사르에게 타격을 줄 수 있었는데도 눈감아주었다고 키케로를 비난했다. 카틸리나의 의도는 정체를 바꾸는 데 그치지 않고 정부를 완전히 전복해 무정부 상태로 만드는 것이었다. 카틸리나는 그의 궁극적인 계획이 드러나기 전에 사소한 증거들이 제시되었는데도 로마에서 추방되었다. 하지만 카틸리나는 자기가 없는 동안 음모를 계속 추진하도록 렌툴루스와 케테구스[33]를 로마에 남겨두었다.

카이사르가 이들을 은밀히 격려하고 도와주었는지는 확실치 않다. 그러나 원로원에서 이들의 죄상이 적나라하게 드러나자 키케로는 집정관으로서 이들을 어떻게 처벌해야겠는지 원로원 의원들에게 일일이 의견을 물었다. 원로원 의원들은 모두 사형에

---

31 피소(Gaius Calpurnius Piso)는 기원전 67년 집정관을 지낸 인물로, 기원전 63년 카이사르에 의해 고소되었다.
32 카틸리나(Lucius Sergius Catilina)는 로마의 정부를 전복하려고 음모를 꾸미다가 기원전 63년 집정관이던 키케로에게 적발되어 탄핵되었다. 이때 키케로는 원로원에서 카틸리나를 탄핵하는 4편의 명연설을 했다. 카이사르는 카틸리나를 지원해주었다는 이유로 고발되었으나 확실한 증거가 발견되지 않았다.
33 렌툴루스(Publius Cornelius Lentulus Sura)는 기원전 71년 집정관을 지냈고, 케테구스는 원로원 의원이었다.

처하라고 촉구했으나, 카이사르만은 제 차례가 되자 일어서서 미리 생각해둔 반론을 펼쳤다. 카이사르가 말하기를, 지위가 높고 가문도 훌륭한 사람들을 재판도 없이 사형에 처하는 것은 비상시가 아니고서는 그가 보기에 관습에도 어긋나고 정당하지도 못하다고 했다. 대신 그는 카틸리나의 죄상이 완전히 드러날 때까지 키케로가 지정하는 이탈리아의 도시에 그들을 포박 구금해두었다가 나중에 안정되면 시간을 갖고 그들 각자를 어떻게 처리해야 좋을지 원로원이 결정할 수 있을 거라고 했다.

8.

이러한 견해는 매우 인도적으로 보였으며, 박력 넘치는 연설로 뒷받침되었다. 그래서 카이사르 다음에 말하려고 일어선 사람들만 그의 편이 된 것이 아니라, 먼저 말한 사람 상당수가 앞서 말한 의견을 철회하고 그의 의견에 동조했다. 마침내 카토[34]와 카툴루스가 말할 차례가 되자 그들은 카이사르의 견해를 강력히 반박했다. 카토는 격렬한 말로 카이사르에 대한 의혹을 제기하기도 했다. 그리하여 음모를 꾸민 자들은 사형 집행인에게 넘겨졌다. 그리고 카이사르가 원로원을 떠날 때 당시 키케로의 호위대 노릇을 하던 수많은 젊은이들이 칼을 빼들고 카이사르에게 덤벼들었다. 그러나 전하는 이야기에 따르면, 쿠리오[35]가 자신의 토가[36]로 카이사르를 감싸서 무사히 데리고 나갔다 한다. 그사이 키케로는

---

34   소 카토를 말한다. 「마르쿠스 카토 전」 주 111 참조.
35   쿠리오(Gaius Scribonius Curio)는 기원전 76년 집정관을 지냈다.
36   토가(toga)는 고대 로마인들이 투니카 위에 입던 헐거운 겉옷이다.

자기를 쳐다보는 젊은이들에게, 민중이 두려워서든 아니면 살인은 법과 정의에 완전히 배치된다고 여겼기 때문이든, 고개를 저었다고 한다.

이 이야기가 사실이라면, 왜 키케로가 집정관직에 관한 자신의 글[37]에서 이를 언급하지 않았는지 나로서는 이해할 수 없다. 아무튼 나중에 키케로는 카이사르를 제거할 절호의 기회를 이용하지 않고 오히려 카이사르에게 헌신적이던 민중을 지나치게 두려워했다는 비난을 들었다. 실제로 며칠 뒤 카이사르가 원로원에 들어가 자신에게 제기된 혐의를 해명하려다가 요란한 야유를 받았을 때, 여느 때보다 회의가 길어진다 싶자 민중은 고함을 지르며 원로원을 에워싸더니 어서 카이사르를 놓아주라고 요구했다.

카토는 무엇보다도 빈민이 일으킬 혁명을 두려워했는데, 빈민은 카이사르에게 모든 희망을 걸고 민중 전체에 불을 지르고 있었다. 그래서 카토는 빈민에게 매달 일정량의 식량을 배급하도록 원로원을 설득했는데, 그 결과 국가는 해마다 추가로 750만 드라크메씩 더 지출했다. 이런 조처는 당시의 큰 우려를 불식했으며, 카이사르의 세력을 대부분 적기에 꺾고 분산시켰다. 카이사르는 이듬해 법정관으로 선출되었는데,[38] 이 관직에 취임하면서 더 무서운 존재가 되었기에 짚고 넘어간다.

9.

카이사르가 법정관으로 있는 동안 소요 사태는 일어나지 않았지

---

37 지금은 남아 있지 않다.
38 기원전 62년.

만, 그의 가정에서는 불미스러운 일이 일어났다. 푸블리우스 클로디우스[39]는 귀족 가문 출신으로 재산도 많고 뛰어난 웅변가로 활동했는데, 오만하고 뻔뻔스럽기로 말하면 당대의 악명 높은 불량배 가운데 누구에게도 지지 않을 정도였다. 그는 카이사르의 아내 폼페이아를 사랑했는데, 폼페이아도 이를 마다하지 않았다. 그러나 부녀자들의 규방은 엄중한 감시를 받고 있고, 카이사르의 어머니 아우렐리아는 신중한 부인으로 젊은 신부를 늘 가까이에서 두고 보았던지라 두 연인의 밀회는 어렵고 위험했다.

로마인들은 보나 데아[40]라고 불리는 여신을 숭배했는데, 헬라스인들은 그녀를 귀나이케이아[41]라고 불렀다. 프뤼기아인들은 이 여신이 자신들의 여신이며 미다스[42]왕의 어머니였다고 주장했고, 로마인들은 이 여신이 나무의 요정[43]으로 파우누스[44]의 아

---

39 푸블리우스 클로디우스(Publius Clodius)는 귀족 가문인 클라우디아가(家) 출신이지만 호민관이 되기 위해 평민이 되면서 클라우디우스에서 클로디우스로 개명했다. 그는 보나 데아 사건 이듬해 재정관으로 선출되었다.
40 보나 데아(Bona Dea '선한 여신'이라는 뜻)는 이탈리아의 여신으로, 농업과 곡물의 여신인 데메테르와 밀접한 관계가 있는 그리스 여신 다미아(Damia)의 영향을 받은 것으로 추정되고 있다. 기록에 따르면 그녀의 의식에는 남녀가 다 참가했다고 하나, 그녀의 의식은 실제로는 해마다 한 번씩 남자들이 배제된 가운데 고위 관리의 집에서 밤중에 은밀히 진행되었다고 한다. 베스타의 여사제들도 참석해 의식의 진행을 도왔다고 한다.
41 귀나이케이아(Gynaikeia)는 '여인의 여신'이라는 뜻이다.
42 미다스(Midas)는 프뤼기아(Phrygia)의 왕으로 만지는 것은 모두 황금으로 변하게 해달라고 박코스에게 부탁했다가, 음식조차 황금으로 변해 아무것도 먹고 마실 수 없게 되자 도로 취소해달라고 간청했다는 전설로 유명하다.
43 그리스어와 라틴어로 dryas.
44 파우누스(Faunus)는 들판과 가축떼와 농촌의 신으로 이탈리아 토속 신이다. 그는 루페르칼리아(Lupercalia) 제(祭)에서 경배받았으며 예언 능력도

내라고 주장했으며, 헬라스인들은 이름을 불러서는 안 되는 주신(酒神) 디오뉘소스의 어머니들 가운데 한 명이라고 주장했다. 그래서 여인들은 여신의 축제 때는 자신들의 천막들을 포도덩굴로 장식하고, 전설에 따라 여신 옆에는 신성한 뱀을 모셔놓았다.

남자는 축제에 참가해서도 안 되고, 축제가 열리는 집에 있어도 안 되었다. 여자들끼리만 신성한 의식을 치렀는데, 이 의식은 오르페우스[45] 비의(秘儀)와 성격이 비슷했다. 따라서 축제 때가 되면 축제가 거행될 집의 주인은 설령 집정관이나 법정관이라 해도 집안의 남자를 모두 데리고 집에서 나가야 했다. 그러면 그의 아내가 집을 넘겨받아 축제를 위해 세간을 정돈했다. 가장 중요한 축제는 야간에 개최되었는데, 여자들이 흥청망청 노는 가운데 풍악 소리가 그치지 않았다.

10.

이번 축제는 폼페이야가 주재했는데, 클로디우스는 아직 수염이 나지 않아 눈에 띄지 않고 통과할 수 있으리라 믿었다. 그래서 그가 여자 하프 주자로 변장하고 안으로 들어가니 마치 젊은 여자처럼 보였다. 마침 문이 열려 있어 비밀을 알고 있던 하녀에 의해 그는 무사히 안으로 안내되었다. 하녀가 폼페이야에게 기별하러 뛰어가고 나서 시간이 좀 걸리자 좀이 쑤신 클로디우스는 하녀가 자기를 남겨두고 간 곳에 그대로 서 있지 못하고 불빛을 피하며 널찍한 집안을 돌아다니기 시작했다.

있었는데, 때로는 그리스의 판(Pan) 신과 동일시되곤 했다.
45 오르페우스(Orpheus)는 고대 그리스의 시인 겸 가인이다.

그때 아우렐리아의 하녀 한 명이 달려오더니 그가 여자인 줄 알고 자기와 놀자고 했다. 클로디우스가 거절하자 그녀는 그를 밝은 곳으로 끌어당기더니 그가 누구며 어디서 왔는지 물었다. 클로디우스가 말하기를, 자기는 폼페이야의 하녀 아브라(그를 안내한 하녀의 이름이었다)를 기다리는 중이라고 둘러댔지만 목소리 때문에 발각되었다. 아우렐리아의 하녀는 곧장 비명을 지르며 사람들이 모여 있는 밝은 곳으로 달려가 남자를 한 명 붙잡았다고 소리쳤다. 여자들은 기겁을 했고, 아우렐리아는 여신의 신성한 의식을 중단시키고 세간을 가리게 하고 나서 문을 모두 닫으라고 명령하더니 횃불을 켜 들고 클로디우스를 찾아 온 집안을 돌아다녔다.

클로디우스는 자기를 집안으로 들인 하녀 방에 숨어 있다가 발각되었고, 그가 누군지 드러나자 여자들은 그를 문밖으로 내쫓았다. 여자들은 아직 밤인데도 즉시 집으로 가서 남편들에게 사실대로 이야기했다. 날이 새자마자 클로디우스가 신성모독죄를 저질렀으며, 모욕당한 사람들뿐 아니라 도시와 신들에게도 보상해야 마땅하다는 말이 시내에 쫙 퍼졌다. 호민관 중 한 명은 클로디우스를 불경죄로 고발했고, 영향력 있는 원로원 의원들은 힘을 모아 그를 공격했다. 그들은 그가 온갖 무도한 짓을 저질렀다고 증언했으며, 심지어 루쿨루스에게 시집간 누이[46]와 간통했다고도

---

46 클로디우스에게는 누이가 세 명 있었는데, 한 명은 기원전 60년 집정관을 지낸 메텔루스(Quintus Metellus Celer)와, 다른 한 명은 기원전 74년 집정관을 지냈으며 미트리다테스(Mithridates)왕에게 이긴 루쿨루스(Lucius Lucullus)와, 또 다른 한 명은 마르키우스(Quintus Marcius Rex)와 결혼했다.

말했다. 그러나 민중은 이들의 열의에 맞서 클로디우스를 옹호했고 배심원들이 그에게 유리하게 판결하도록 해주었다. 그의 지지자가 다수인 것에 배심원들은 겁을 먹고 주눅이 들었던 것이다.

카이사르는 당장 폼페이야와 이혼했으나, 법정에 증인으로 소환되었을 때는 클로디우스에 대한 고소 내용에 관해서는 아무것도 아는 바가 없다고 말했다. 그의 진술이 납득하기 어려워 고발인이 "그렇다면 그대는 왜 아내와 이혼했지요?"라고 묻자, 카이사르는 "나는 아내가 그런 의심을 사는 것도 용납할 수 없기 때문이오"라고 말했다.

어떤 사람들은 이것이 카이사르가 본심을 사실대로 말한 것이라고 말한다. 그러나 또 다른 이들에 따르면, 그것은 카이사르가 클로디우스를 구하기로 작정한 민중을 기쁘게 해주려고 한 말이라고 한다. 아무튼 클로디우스는 석방되었다. 대부분의 배심원들은 판독하기 어려운 글씨로 판결을 내렸는데, 그에게 유죄판결을 내려 민중에게 봉변당할 위험에 처하기도 싫고 그를 석방했다며 귀족들의 경멸을 받기도 싫었던 것이다.

11.

카이사르는 법정관의 임기를 마치자마자 히스파니아[47]를 통치하라는 명을 받았다. 그러나 채권자들이 그가 떠나려는 것을 막으며 소리를 질러대는 바람에 그는 입장이 난처해져 크랏수스에게 도움을 청했다. 크랏수스는 로마 제일의 갑부로 폼페이유스에게

---

47 에스파냐 북서부에 있던 Hispania ulterior('저쪽 히스파니아'라는 뜻)를 말한다.

정치적으로 맞서기 위해서는 카이사르의 활력과 열정이 필요했다. 그래서 크랏수스가 가장 끈질기게 독촉해대는 채권자들의 요구를 받아들여 830탈렌툼을 보증해준 후에야 카이사르는 임지로 떠날 수 있었다.[48]

전하는 이야기에 따르면, 카이사르가 알페스[49]를 넘어 인구도 얼마 안 되는 아주 초라한 야만족 마을을 지나가고 있을 때 그의 측근들이 웃으면서 농담 삼아 "이런 곳에서도 관직에 대한 욕심이나 일인자가 되려는 경쟁이나 상호 질시 같은 것이 있을까요?"라고 묻자 카이사르는 정색하고 그들에게 "나 같으면 로마에서 이인자가 되느니 이곳에서 일인자가 되는 것이 낫겠네"라고 말했다 한다.

12.

또 한번은 히스파니아에서 여가 시간에 알렉산드로스의 전기를 읽다가 한참 동안 생각에 잠겨 있더니 눈물을 글썽였다고 한다. 측근들이 이상히 여겨 그 까닭을 묻자, 카이사르는 "알렉산드로스는 내 나이에 이미 그토록 많은 나라의 왕이 되었는데 나는 아직도 이렇다 할 위업을 이룩하지 못했으니 이 어찌 서글픈 일이 아니겠는가?"라고 말했다.

아무튼 카이사르는 히스파니아에 도착하자마자 활동을 개시하여 전부터 그곳에 가 있던 20개 코호르스[50]에 덧붙여 10개 코호르

48　기원전 61년 3월.
49　알페스(Alpes)는 알프스의 라틴어 이름이다.
50　「마르쿠스 카토 전」 주 51 참조.

스를 며칠 안에 모집했다. 그러고 나서 그는 칼라이키족[51]과 루시타니아[52]인들을 향해 진격해 이들을 제압한 다음 외해(外海)[53]까지 진출하며 전에는 로마에 복종하지 않던 부족들을 복속시켰다.

전쟁을 성공적으로 마무리한 다음 그는 평화 활동도 성공적으로 수행했으니, 여러 도시 사이의 반목을 불식하고 특히 채권자들과 채무자들 간의 시비를 가려주었다. 말하자면 그는 채권자가 매년 채무자의 수입의 3분의 2를 가져가고 채무자는 나머지를 갖되 채무가 완전히 변제될 때까지 그렇게 하도록 조처했다. 이런 조처로 카이사르는 임지를 떠날 때 큰 명망을 얻었으니, 그 자신도 부자가 되고 자신의 군사들도 전리품으로 부자가 되게 한 것이다. 그러자 그의 군사들은 그를 '임페라토르'[54]라고 선언했다.

13.

법에 따르면 개선식을 요구하는 자는 시외에서 기다려야 하고, 집정관에 입후보하는 자는 몸소 시내에서 출마해야 했다. 마침 집정관 선거 때 로마에 도착한[55] 카이사르는 진퇴양난에 처하게 되자, 원로원에 사람을 보내 자기가 없더라도 친구들을 통해 집정관으로 입후보할 수 있게 해달라고 요청했다. 그러자 카토가 처음에는 법에 어긋난다며 그의 요구를 거부하다가 상당수 원로

---

51 칼라이키족(Callaici)은 에스파냐의 북서부 갈리시아(Galicia) 지방에 살던 부족이다.
52 루시타니아(Lusitania)는 지금의 포르투갈이다.
53 대서양을 말한다.
54 임페라토르(imperator)는 '대장군' '원수'(元帥)라는 뜻이다.
55 기원전 60년 여름.

원 의원들이 카이사르 편이 된 것을 간파하고는 하루 종일 연설을 함으로써 지연작전으로 이 안건의 표결을 연기시켰다. 그러자 카이사르는 개선식을 포기하고 집정관에 출마하기로 결심했다.

카이사르는 시내로 들어오자마자 한 가지 조치를 취했는데, 그것을 알아차린 사람은 카토 외에는 아무도 없었다. 그 조치란 시내에서 가장 영향력 있는 두 사람, 폼페이유스와 크랏수스를 화해시키는 것이었다. 카이사르는 서로 적이던 두 사람이 서로 친구가 되게 하여 이들의 결속된 힘을 자신의 입지 강화에 이용했으니, 선행이라고도 할 수 있는 행동을 통해 은연중에 정체를 변혁시키는 데 성공한 것이다. 왜냐하면 내전이 일어난 것은 대부분의 사람들이 생각하고 있듯이 카이사르와 폼페이유스의 불화 탓이 아니라 이들의 우정 탓이었다. 이 두 사람은 귀족정치를 전복하기 위해 서로 협력하다가 일이 일단 성취된 뒤에 서로 다투었기에 하는 말이다. 카토는 이들의 협력으로 어떤 일이 일어날 것인지 가끔 예언하곤 했지만 당시에는 심술궂은 훼방꾼쯤으로 여겨지다가 나중에야 불운하지만 현명한 조언자라는 평을 들었다.

14.

카이사르는 크랏수스·폼페이유스와의 우정에 둘러싸여 그것의 호위를 받으며 집정관직을 향해 나아갔다. 그리고 칼푸르니우스 비불루스와 함께 당당하게 당선되어 집정관직에 취임하자마자 집정관이 아니라 가장 급진적인 호민관에게나 어울릴 법한 법안들을 발의했으니, 대중의 환심을 사려고 각종 수당과 토지의 재분배를 제의한 것이다. 원로원에서 귀족들이 극구 반대하자 오래전부터 핑계를 찾던 카이사르는 자기는 본의 아니게 민회로 쫓겨나는 것이며, 원로원의 오만과 고집 때문에 민중에게 도움을 청하지 않을 수 없게 되었다고 큰 소리로 항의하며 원로원을 떠나 서둘러 민회 앞으로 달려갔다. 그리고 그 앞에 서서 한쪽에는 크랏수스를, 다른 한쪽에는 폼페이유스를 세우더니 민중에게 자신의 법안들을 승인하는지 물었다. 그리고 그들이 승인한다고 하자 카이사르는 칼을 빼들고 자신의 법안에 반대하려는 자들이 있으니 그들에게 맞서 자기를 도와달라고 부탁했다. 그들이 도와주겠다고 약속하자 폼페이유스는 그자들의 칼에 맞서 자기도 칼과 방패를 가져오겠노라고 맞장구를 쳤다. 폼페이유스의 위엄에도 합당하지 않고 원로원에 대한 당연한 존경심에도 어울리지 않는, 이 충동적이고 유치한 발언에 귀족들은 불쾌했고 민중은 좋아했다.

나아가 카이사르는 폼페이유스의 영향력을 더욱더 이용하려 했다. 카이사르에게는 율리아라는 딸이 있었는데, 그녀는 세르빌리우스 카이피오와 약혼한 사이였다. 그는 율리아를 폼페이유스와 약혼시키고 세르빌리우스에게는 폼페이유스의 딸과 결혼하게 해주겠다고 했다. 폼페이유스의 딸은 아직 약혼하지 않은 것이 아니라 술라의 아들 파우스투스에게 주기로 약속되어 있는데도 말이다.

얼마 뒤 카이사르는 피소[56]의 딸 칼푸르니아와 결혼하더니 피소를 이듬해 집정관으로 당선시켰다. 그러자 이번에도 카토는 강력히 항의하며, 혼인이 최고 관직의 뚜쟁이 노릇을 하고 여자를

---

56 피소(Lucius Calpurnius Piso Caesoninus)는 기원전 58년 집정관을 지냈다.

매개로 높은 관직과 군 통수권과 권력을 손에 넣도록 서로 밀어주는 것을 본다는 것은 도저히 참을 수 없는 노릇이라고 고함을 질렀다.

카이사르의 동료 집정관 비불루스는 카이사르의 입법을 저지하려고 해보았으나 아무 소용이 없고 오히려 몇 번씩이나 광장에서 카토와 함께 살해될 뻔하자 남은 임기 동안 두문불출했다. 그리고 폼페이우스는 결혼하자마자 무장한 군사들로 광장을 점령하고 카이사르의 법안들이 통과되도록 민중을 도와주었고, 카이사르가 알페스 이쪽과 알페스 저쪽의 갈리아[57]와 더불어 일뤼리콘[58]을 4개 군단 병력으로 5년 동안 통치할 수 있게 해주었다. 카토는 이러한 조치에 반론을 제기하려 했으나, 카이사르는 그가 호민관들에게 호소할 것을 알고서 그를 구금시켰다. 그러나 카토는 말 한마디 없이 끌려 나갔다. 카이사르는 가장 영향력 있는 사람들이 못마땅해하고 민중도 카토의 탁월함에 대한 존경심에서 눈을 내리깔고 말없이 그를 따라가는 것을 보자 호민관 중 한 명에게 카토를 풀어주라고 은밀히 부탁했다.

원로원 의원 가운데 극소수만이 카이사르가 주재하는 회의에 참석하곤 했고, 나머지는 참석하지 않음으로써 불쾌감을 표시했다. 한번은 고령의 원로원 의원인 콘시디우스가 카이사르에게 원로원 의원들이 모이지 않는 것은 무장한 군사들이 두렵기 때문이

---

57 '알페스 이쪽 갈리아'(Gallia cisalpina)는 알프스 남쪽의 갈리아, 즉 지금의 북이탈리아를, '알페스 저쪽 갈리아'(Gallia transalpina)는 알프스 북쪽의 갈리아, 즉 지금의 프랑스를 말한다.
58 일뤼리콘(Illyrikon 라/Illyricum)은 지금의 달마티아와 알바니아를 말한다.

라고 말했다. "그들이 두렵다면 그대는 왜 집에 틀어박혀 있지 않는 것이오?"라고 카이사르가 묻자, 콘시디우스는 "노년이 나에게서 두려움을 앗아갔기 때문이오. 여생이 얼마 남지 않았는데 미래를 걱정할 필요가 어디 있겠소!"라고 말했다.

카이사르의 집정관 임기 동안 일어난 가장 수치스러운 정치 행위는 카이사르의 아내를 유혹했고 은밀한 야간 축제를 모독한 악명 높은 클로디우스가 호민관에 선출된 것이었다.[59] 그자가 선출된 것은 키케로를 제거하기 위해서였다. 그리고 과연 카이사르는 클로디우스의 도움으로 키케로를 제압하고[60] 그가 이탈리아에서 추방될 때까지 자신의 군대를 지휘하기 위해 출발하지 않았다.[61]

15.

갈리아전쟁이 일어나기 전까지 카이사르의 생애는 그러했다고 한다. 이제 그가 지휘권을 행사한 전쟁 시기와 갈리아를 정복한 전투 시기가 다가오자 그는 마치 새 출발을 하여 전혀 다른 삶과 성취의 길로 접어든 것처럼 보였다. 그는 군인으로서 장군으로서 가장 경탄받는 위대한 전쟁 영웅들 가운데 어느 누구와 견주어도 손색이 없었다. 아니, 파비우스, 스키피오, 메텔루스[62] 같은 사

---

59 기원전 58년에 취임할 호민관으로.
60 클로디우스는 카틸리나 잔당을 재판도 없이 사형에 처했다는 이유로 키케로를 탄핵했다.
61 카이사르는 자신의 군대를 로마 교외에 머물게 하다가 기원전 58년 3월에야 로마를 떠난다. 키케로는 같은 해 3월 20일에 로마를 떠난다.
62 파비우스와 대 스키피오는 제2차 포이니전쟁 때 한니발과 싸운 장군들이며, 소 스키피오는 제3차 포이니전쟁 때 카르타고를 함락했고, 메텔루스

람들이나 그의 동시대인들이나 술라, 마리우스, 두 루쿨루스[63]와 같이 그보다 조금 이전에 살았던 사람들이나 당시 탁월한 장군으로서 이름을 날려 그 명성이 하늘에 닿았던 폼페이우스와 견준다 해도 카이사르는 업적에서 그들 모두를 능가했을 것이다.

그것은 그가 싸운 나라의 험한 지세 때문이거나, 그가 획득한 나라의 크기 때문이거나, 그가 이긴 적들이 많고 강했기 때문이거나, 그가 달랜 부족들의 성격이 야만적이고 음험했기 때문이거나, 그가 포로들을 점잖고 부드럽게 대했기 때문이거나, 그가 자신의 군사들에게 선물을 주고 호의를 베풀었기 때문이었다. 그는 또 가장 많은 전투를 치르며 가장 많은 적을 죽였다는 점에서 그들 모두를 능가했다. 그가 갈리아에서 싸운 기간은 10년이 채 안 됐지만, 그 기간 동안 그는 800개가 넘는 도시를 함락하고 300이나 되는 부족을 제압하고 300만 명과 잇달아 격전을 벌여 그중 100만 명을 죽이고 100만 명을 생포했으니 말이다.

16.

카이사르는 군사들에게 충성심을 심어주고 호감을 사는 데 남다른 재능이 있었다. 지금껏 전투에서 별로 두각을 나타내지 못하던 군사들도 카이사르의 명예를 높여주기 위해서라면 저항할 수 없는 불패의 용사가 되었으며, 어떤 위험이든 무릅쓸 각오가 되

(Quintus Caecilius Metellus Numidicus)는 누미디아 왕 유구르타에게 이긴 장군이다.
63 두 루쿨루스 가운데 한 명(Lucius Licinius Lucullus)은 미트리다테스(Mithridates)왕에게 이겼고, 다른 한 명(Marcus Terentius Varro Lucullus)은 트라케에서 싸웠다.

어 있었다. 예컨대 아킬리우스는 맛살리아[64] 앞바다의 해전에서[65] 적선(敵船)에 올라가 오른손이 적의 칼에 절단되었는데도 왼손으로 방패를 거머쥐고는 적들의 얼굴을 후려쳐 마침내 적군을 모두 패주케 함으로써 그 배를 차지했다.

또 캇시우스 스카이바는 뒤르라키온[66] 전투에서 화살에 맞아 한쪽 눈이 빠지고 어깨와 허벅지는 투창에 뚫린 데다가 방패에는 130개의 화살과 투창이 꽂히자 항복하려는 듯 적군을 불렀다. 그래서 적군 두 명이 접근해오자 그는 한 명은 칼로 어깨를 베어버리고, 다른 한 명은 얼굴을 후려쳐 도망치게 하고는 달려온 전우들의 도움으로 구출되었다.[67]

한번은 브리탄니아에서[68] 선두 대열의 대장들이 질척질척한 늪지대에 잘못 들어갔다가 적군의 기습을 받았다. 그러자 카이사르가 전투를 지켜보는 가운데 군사 한 명이 그 한가운데로 뛰어들어 믿기 어려울 정도로 용맹을 떨치며 야만족을 패주시킨 뒤 대장들을 구출했다. 그리고 그 자신은 마지막으로 진흙탕 속에 뛰어들더니 때로는 헤엄을 치고 때로는 걸어서 건너며 간신히 돌아왔으나 그만 방패를 잃어버렸다. 카이사르와 측근들은 감탄을 금치 못하며 환호성으로 그를 맞았다. 그러나 그 군사는 의기소침해 눈물을 떨구며 카이사르 앞에 엎드려 방패를 잃은 것을 용서

---

64 맛살리아(Massalia 라/Massilia)는 프랑스 마르세유의 그리스어 이름이다.
65 기원전 49년 여름.
66 뒤르라키온(Dyrrhachion 라/Dyrrhachium)은 일뤼리콘 지방의 도시로, 지금의 두라초(Durazzo)다.
67 카이사르, 『내전기』(內戰記, *Commentarii de bello civili*) 3권 53장 참조.
68 카이사르는 기원전 55~54년 브리탄니아를 침공했다.

해달라고 빌었다.

또 한번은 아프리카에서 재정관으로 임명된 그라니우스 페트로가 타고 가던 카이사르의 배 한 척이 스키피오[69]에게 나포된 적이 있었다. 스키피오는 다른 승선자는 모두 전리품으로 삼은 뒤 재정관에게는 목숨을 살려주겠다고 했다. 그러나 그라니우스는 카이사르의 군사들은 용서받기보다는 용서하는 데 익숙하다며 칼로 제 몸을 찔러 자살했다.

17.

카이사르의 군사들에게 이런 기백과 명예욕을 불어넣은 이는 누가 뭐래도 카이사르였다. 첫째, 그는 보수를 아낌없이 주고 포상함으로써 그가 전쟁에서 부를 축적하는 것은 혼자 잘 먹고 잘 살기 위해서가 아니라 용감한 행위를 위한 공동 기금으로 잘 간수해두려는 것이며, 그의 몫은 그럴 가치가 있는 군사들에게 그것을 나눠주는 것 이상은 아니라는 점을 분명히 했다. 둘째, 그는 모든 위험을 기꺼이 감수하고 어떤 노고도 마다하지 않았다. 그가 위험을 기꺼이 감수하는 것에 대해 그의 군사들은 그의 명예욕을 아는 만큼 별로 놀라지 않았다. 그러나 체력이 견딜 수 있는 한계 이상으로 노고를 견디는 그의 능력에 대해서는 그들도 감명을 받았다. 그는 몸이 가냘프고 살갗이 부드럽고 희었으며 두통과 간질병을 앓았기 때문이다. 전하는 이야기에 따르면, 그는 코르두

---

[69] 여기서 스키피오란 기원전 52년 집정관을 지내고 폼페이우스가 죽은 뒤 아프리카에서 그의 군대를 지휘하던 스키피오(Quintus Caecilius Metellus Pius Scipio)를 말한다.

바에 있을 때 처음으로 발작을 일으켰다고 한다.

하지만 그는 자신의 잔병치레를 편안하게 살아가기 위한 핑계로 삼기는커녕 군 복무를 허약한 신체를 단련하는 치료제로 삼았다. 고달픈 행군, 검소한 식사, 지속적인 노숙과 인고(忍苦)를 통해 그는 고통을 물리치고 몸을 단련한 것이다. 그는 대개 수레나 가마에서 잠을 잤는데, 휴식은 활동에 도움이 되어야 한다고 생각했기 때문이다. 낮 시간에는 전초 부대나 도시나 진영들로 자신을 태워가게 했는데, 그때 그는 여행 중에 구술하는 것을 받아적는 데 익숙한 노예 한 명을 옆에 앉히고 뒤에서 군사 한 명이 칼을 들고 서 있게 했다. 그리고 그는 매우 빨리 이동하곤 했는데, 예컨대 처음으로 로마에서 갈리아로 갔을 때 로다노스[70]강에 닿는 데 이레밖에 걸리지 않았다.

그는 소년시절부터 뛰어난 기수(騎手)였으니, 뒷짐을 지고 전속력으로 말을 달리는 훈련을 한 덕분이었다. 그리고 갈리아 원정 때는 말 등에 타고 서찰을 구술해 동시에 두 명, 또는 옵피우스[71]에 따르면 더 많은 수의 서기를 바쁘게 만들었다. 전하는 말에 따르면, 친구들과 서찰로 연락할 생각을 처음 한 사람은 카이사르였다. 급한 일이 생길 경우 할 일은 많고 로마시가 넓어서 면담할 시간이 나지 않았기 때문이었다.

그의 식성이 까다롭지 않았다는 것은 다음 이야기가 입증해준다. 메디올라눔[72]에서 발레리우스 레오가 그를 접대하며 올리브

---

70 로다노스(Rhodanos 라/Rhodanus)는 지금의 프랑스 론(Rhône)강이다.
71 옵피우스(Oppius)는 카이사르의 시동(侍童)이었다.
72 메디올라눔(Mediolanum)은 이탈리아 밀라노의 라틴어 이름이다.

유 대신 향유를 친 아스파라거스를 내놓았을 때, 그는 그것을 태연히 먹고 나서 불쾌감을 감추지 못하는 친구들에게 "먹기 싫으면 안 먹으면 그만이지, 이처럼 예의 없다고 주인을 나무라는 사람은 스스로 예의 없는 사람이라네"라고 말했다.

또 한번은 행군 중에 그와 그의 측근들이 비바람을 피해 가난한 농부의 오두막에 들어가게 되었는데, 겨우 사람 하나 누울 방 한 칸 집이었다. 그는 측근들에게 명예에 관한 것들이라면 당연히 가장 강한 자에게 주어져야 하지만 꼭 필요한 것들은 가장 약한 자에게 주어져야 한다고 말하고 나서, 옵피우스더러 방에 누우라고 명령하고 자신은 다른 군사들과 함께 문간에서 잤다.

18.

카이사르가 갈리아에서 맨 처음 치른 전투는 헬베티이족[73]과 티구리니족[74]과의 전투였다. 이 부족들은 자신들의 12개 도시와 400개 마을에 불을 지르고 나서 로마에 예속된 갈리아[75]를 지나 진격해오고 있었는데, 몇 년 전 킴브리족과 테우토니족[76]이 쓰던 것과 같은 수법이었다. 헬베티이족과 티구리니족은 용맹하기도 하거니와 수적으로도 이들 부족들에 전혀 손색이 없다고 알려졌는데, 총 30만 명 중 19만 명이 전투원이었다. 티구리니족은 아라

---

73   헬베티이족(Helvetii)은 스위스 고산지대에 살던 부족이다.
74   티구리니족(Tigurini)은 서스위스에 살던 부족이다.
75   남프랑스 마르세유 일대의 갈리아 나르보넨시스(Gallia Narbonensis)를 말한다.
76   테우토니족(Teutoni)은 유틀란트반도 서해안에 살던 게르만족이다.

르[77]강 변에서 카이사르 자신이 아니라 그가 파견한 라비에누스에 의해 섬멸되었다.

한편 헬베티이족은 군대를 이끌고 우호적인 도시로 행군하던 카이사르를 기습했다. 그러나 그는 방어하기 유리한 지점으로 후퇴해 군사들을 다시 모으고 전열을 가다듬었다. 그때 부하들이 말 한 마리를 몰고 오자 그는 "이 말은 전투에서 이긴 뒤 추격할 때 쓸 것이다. 지금은 적을 공격하는 것이 급선무다"라고 말하고 보병을 내세워 공격을 개시했다. 장시간의 격전 끝에 그는 적군을 뒤로 밀어붙였으나 짐수레들로 막아놓은 방벽에서 고전을 면치 못했으니, 그곳에서는 남자들만이 버티고 서서 싸우는 것이 아니라 그들의 처자들까지 결사 항전하다가 함께 베어졌던 것이다. 전투는 한밤중이 되어서야 끝났다.

카이사르는 이 영광스러운 승리에 더 영광스러운 행위를 덧붙였다. 말하자면 그는 전쟁에서 살아남은 10만 명이 넘는 야만족을 다시 정착시키고, 그들이 버린 나라와 파괴한 도시로 돌아가도록 강요한 것이다. 카이사르가 그렇게 한 것은, 그곳들이 비어 있을 경우 게르마니족[78]이 레누스[79]강을 건너와 차지할까 두려웠기 때문이다.

19.

카이사르의 두 번째 전투 상대는 게르마니족이었다. 비록 얼마

---

77 아라르(Arar)는 론강의 지류로 지금의 손(Saône)강을 말한다.
78 게르마니족(Germani)은 게르만족의 라틴어 이름이다.
79 레누스(Rhenus)는 라인강의 라틴어 이름이다.

전에 그는 로마에서 게르마니족의 왕 아리오비스투스와 동맹 관계를 맺었지만 이 전투는 게르마니족으로부터 갈리아인을 지켜주기 위한 것이었다. 게르마니족은 카이사르에게 종속된 부족들에게는 참을 수 없는 이웃이었고, 기회만 주어진다면 지금 있는 곳에 그대로 머물지 않고 갈리아로 침입해 그곳을 차지할 것으로 여겨졌다.

카이사르는 자신의 대장들, 특히 카이사르와 함께 원정길에 오르면 멋있게 살며 쉽게 돈을 모을 수 있을 줄 알고 출정한 명문가의 자제들이 게르마니족과의 전투를 겁낸다는 것을 알아차리고는 그들을 불러모아놓고 말하기를, 그들이 남자답지 못하고 유약하니 집으로 돌아가고 억지로 위험에 맞서지 말라고 했다. 그는 또 자신은 제10군단만 이끌고 야만족을 향해 진격할 것인즉, 적군이 설마 킴브리족보다 더 강하겠느냐, 그럴 리 없고 자신도 마리우스보다 못한 장군이 아닐 것이라고 말했다.

그러자 제10군단은 고맙다는 인사를 하려고 그에게 사절단을 보냈고, 다른 군단들은 자신들의 대장들을 비난했다. 그리하여 전군(全軍)이 사기충천해 그의 뒤를 따랐다. 여러 날 동안 행군한 뒤 그들은 마침내 적군과 채 200스타디움[80]도 안 떨어진 곳에 진을 쳤다.

카이사르가 다가왔다는 사실만으로도 아리오비스투스의 사기는 떨어졌다. 그는 로마인들이 게르마니족을 공격하리라고 예상하지 않았던 것이다. 사실 그는 로마인들이 게르마니족의 공격에

---

[80] 1스타디움(stadium 그/stadion)은 177.6미터다.

저항할 수 없으리라고 생각했다. 그는 카이사르의 대담성에 놀라움을 금치 못했고, 동시에 자신의 군대가 동요하는 것을 보았다. 그러잖아도 게르마니족은 강물의 소용돌이를 관찰하며 물이 빙글빙글 도는 모양과 물소리로 미래를 점치곤 하는 자신들의 여사제들이 한 예언에 사기가 떨어져 있었는데, 여사제들은 새 달이 뜰 때까지는 교전하지 말라고 한 것이다.

이것을 알게 된 카이사르는 과연 게르마니족이 움직이지 않는 것을 보자, 가만히 앉아 그들에게 유리한 때가 올 때까지 기다리느니 그들의 사기가 저하되어 있을 때 공격하는 것이 좋겠다고 생각했다. 그래서 그는 그들이 진을 치고 있는 보루와 언덕들을 공격해댐으로써 그들이 홧김에 아래로 내려와 결전을 벌이도록 자극하고 유인했다. 그 결과 카이사르는 그들에게 완승을 거두고 레누스강에 이르기까지 40스타디움을 추격하며 그 사이의 온 들판을 시신과 전리품으로 메웠다. 아리오비스투스는 소수의 측근만 거느리고 레누스강을 건넜는데, 전사자의 수는 8만 명에 이르렀다고 한다.

20.

이렇게 승리를 거둔 뒤 카이사르는 자신의 군대를 월동(越冬)하도록[81] 세콰니족[82]의 영토에 남겨둔 채 로마의 정세를 더 잘 관찰하려고 파두스[83]강 일대의 갈리아로 내려갔는데, 그곳은 그가 통

---

81 기원전 58~57년 겨울에.
82 세콰니족(Sequani)은 프랑스 손강과 스위스 쥐라산맥 사이에 거주하던 켈트족이다.

치하는 속주의 일부였다. 이른바 루비콘강이 알페스 이쪽 갈리아와 나머지 이탈리아의 경계를 이루고 있기 때문이다. 그곳에 눌러앉아 그는 정치 공작을 시작했다. 많은 사람들이 그를 보러 왔고 그는 그들 각자에게 원하는 것을 주었다. 저마다 뭔가를 손에 받아 들고, 또 미래에 더 많은 기대를 걸며 그의 곁을 떠났다. 그리하여 그는 폼페이유스 몰래 갈리아 원정의 잔여 기간 내내 때로는 시민들이 준 무기로 적군을 제압하는가 하면, 때로는 적군에게서 얻은 돈으로 시민들을 제압해 자기편으로 만들었던 것이다.

그러나 갈리아인들 중에서 가장 강력하고 전 갈리아 땅의 3분의 1을 차지하고 있던 벨가이족[84]이 반란을 일으켜 대군을 모집했다는 소식을 듣고 그는 지체 없이 돌아가 신속히 진격했다.[85] 그는 로마와 동맹 관계를 맺은 갈리아인들의 땅을 약탈하던 적군을 기습해 이렇다 할 저항도 받지 않고 그들의 가장 큰 밀집 부대를 패주시켰다. 얼마나 많은 적군이 죽었던지 로마인들은 호수들과 깊은 강들을, 그 안을 가득 메운 시신을 밟고 건널 수 있었다.

반란을 일으킨 부족 가운데 대서양 연안에 살던 부족들은 싸워 보지도 않고 모두 항복했다. 그래서 카이사르는 이 지역에 살던 부족 가운데 가장 야만적이고 호전적인 네르비이족을 향해 진격했다. 그들은 울창한 숲속에서 살았는데, 깊은 숲 가장 후미진 곳

---

83   파두스(Padus)는 포(Po)강의 라틴어 이름이다.
84   벨가이족(Belgae)은 프랑스 센강과 독일의 라인강 사이에 살던 게르만계 켈트족이다.
85   기원전 57년 카이사르가 벨가이족과 벌인 전투에 관해서는 『갈리아 원정기』(*Commentarii de bello Gallico*) 2권 1~33장 참조.

에 가족들과 재산을 숨겨놓은 다음 카이사르가 진지를 구축하며 전투를 전혀 예상하지 않고 있을 때 갑자기 6만 대군으로 그를 기습했다.

그들은 카이사르의 기병들을 패주시키고 제7군단과 제12군단을 포위해 백인대장(百人隊長)들을 모두 죽였다. 이때 만약 카이사르가 방패 하나를 낚아채어 들고 아군의 선두 대열을 헤치고 나가 적군에게 돌격하지 않았다면, 그리고 그가 위험에 처한 것을 보고 제10군단이 고지에서 달려 내려와 적군의 대열을 돌파하지 않았더라면, 아마 로마인은 한 명도 살아남지 못했을 것이다. 로마인들은 카이사르의 대담성에 이끌려, 말하자면 자신들의 능력 이상으로 싸웠다. 그럼에도 로마인들은 네르비이족을 패주시키지 못하고 끝까지 저항하던 그들을 일일이 베어 눕혀야만 했다. 6만 명 가운데 500명만 살아남고, 그들의 원로원 의원들은 400명 중에 세 명만 살아남았기에 하는 말이다.

21.

카이사르가 승리했다는 소식이 로마에 전해지자 원로원은 신들에게 제물을 바치고 보름 동안 감사 축제를 올리기로 결의했는데, 이는 이전의 어떤 승전 때보다 긴 축제였다. 그토록 많은 부족이 동시에 반란을 일으켰던 만큼 위험이 커 보였고, 카이사르가 승리자였던 만큼 그에 대한 민중의 호감이 승리를 더욱 빛나는 것으로 만들었기 때문이다.

카이사르는 갈리아를 안정시킨 다음 다시 파두스강 유역에서 겨울을 보내며[86] 로마에서의 이익을 도모하고 있었다. 관직에 입후보한 자들은 도움을 청하러 와서 그에게서 받은 돈으로 민중을 매수했고, 일단 당선되면 그의 세력을 신장시킬 만한 짓은 무엇이든 했다. 뿐만 아니라 폼페이우스, 크랏수스, 사르디니아 총독 압피우스,[87] 히스파니아를 통치하던 전 집정관 네포스[88] 같은 유력한 거물급 정치인들도 루카[89]로 그를 만나러 왔다. 그리하여 그곳에는 120명의 릭토르와 200명 이상의 원로원 의원이 모여들었다.

그들은 그곳에서 회의를 열고[90] 폼페이우스와 크랏수스가 이듬해 집정관으로 선출되고 카이사르는 갈리아에서 5년 더 통수권을 행사하되 국고에서 자금을 받도록 결의했다. 이것은 정신이 제대로 박혀 있는 사람들에게는 앞뒤가 맞지 않는 것처럼 보였다. 카이사르에게서 그토록 큰돈을 받은 자들이 마치 카이사르가 무일푼인 양 카이사르에게 돈을 주라고 원로원을 설득했으니 말이다. 아니, 그들은 설득한 것이 아니라 원로원이 자신들의 결의에 대해 한숨짓는데도 그에게 돈을 내줄 것을 강요한 것이다.

카토는 그 자리에 없었다. 그들은 그가 방해가 되지 않도록 의도적으로 퀴프로스로 파견을 보낸 것이다. 카토의 열렬한 추종

---

86 기원전 57~56년 겨울.
87 압피우스(Appius Claudius Pulcher)는 클로디우스의 형으로, 기원전 57년 법정관을 지내고 기원전 56년에는 사르디니아의 총독을 지냈다.
88 네포스(Quintus Caecilius Metellus Nepos)는 기원전 57년 집정관을 지냈고, 기원전 56~55년에는 전 집정관으로 '이쪽 히스파니아'를 통치했다.
89 루카(Luca)는 토스카나 지방의 도시다.
90 기원전 56년 4월.

자 파보니우스는 혼자서 아무리 반대해도 소용없자 문밖으로 뛰쳐나가 민중에게 소리쳤다. 그러나 아무도 거들떠보지 않았으니, 더러는 폼페이유스와 크랏수스에 대한 외경심에서 침묵했고 대부분은 카이사르에게 희망을 걸고 살아가던 터라 카이사르를 기쁘게 해주려고 침묵한 것이다.

22.

그 뒤 카이사르는 갈리아에 있던 자신의 군대로 돌아갔으나 그곳은 큰 전쟁에 휘말렸다. 게르마니족의 대부족 중 우시피족[91]과 텡크테리족[92]이 그곳을 차지하려고 레누스강을 막 건너왔기 때문이었다. 이들 부족과의 전투에 관해 카이사르는 자신의 『갈리아 원정기』[93]에서 이렇게 기술한 바 있다. 야만족들은 사절단을 보내 카이사르와 협상하는 한편 휴전 기간인데도 행군 중이던 카이사르의 군대를 공격해 800명의 기병대로 전혀 적대행위를 예상치 않던 카이사르의 5천 명 기병대를 패주시켰다. 그 뒤 그들이 카이사르를 다시 속이려고 다른 사절단을 보내오자 카이사르는 신의 없이 휴전을 파기한 자들을 신뢰한다는 것은 어리석은 짓이라 여기고 사절단을 감금하고 야만족을 향해 군대를 인솔했다. 그러나 타누시우스에 따르면, 원로원이 승전을 축하하기 위해 신들에게 제물을 바치고 축제를 개최하기로 결의했을 때, 카토는 카이사르를 야만족에게 넘겨주어야 하며 그래야만 휴전 조약을 어긴 죄에

---

91   라인강의 지류인 루르(Ruhr)강 변에 살던 게르만족이다.
92   텡크테리족(Tencteri)은 라인강 하류 지방에 살던 게르만족이다.
93   4권 13장 참조.

서 로마를 정화하고 신들의 저주가 죄지은 자에게 돌아가게 할 수 있다는 의견을 표명했다고 한다.

레누스강을 건너 갈리아 땅으로 쳐들어온 자들 중 40만 명이 베어졌고, 강을 건너 돌아간 소수의 도망자들은 수감브리족[94]이라는 게르마니족이 받아주었다. 이것은 카이사르에게 수감브리족을 칠 핑계를 주었다. 그러잖아도 카이사르는 군대를 인솔하고 레누스강을 처음 건넌 사람이라는 명성을 얻고 싶었다. 카이사르는 강 위에 다리를 놓기 시작했다.[95] 그러나 강폭이 넓고 특히 강물이 불어 거칠고 세찼기 때문에 물에 떠내려온 나무 밑동들과 가지들이 다리의 받침 기둥들을 계속해서 치며 휩쓸어갔다. 그러나 카이사르는 강을 가로질러 강바닥에 굵은 나무 말뚝들을 박아 나무 밑동들과 가지들을 막아 급류에 재갈을 물리고 멍에를 메움으로써 열흘 만에 다리를 완성했는데, 참으로 믿기지 않는 광경이었다.

23.

그런 다음 카이사르는 군대를 이끌고 강을 건넜다. 감히 그에게 대항하는 자는 아무도 없었다. 가장 강력한 게르마니족인 수에비족[96]도 숲이 우거진 깊은 골짜기로 피해버렸다. 카이사르는 적대적인 부족의 나라를 불 지르는 한편 항상 로마에 우호적이던 자

---

94 수감브리족(Sugambri)은 라인강의 지류인 지크(Sieg)강과 루르강 사이에 살던 게르만족이다.
95 『갈리아 원정기』 4권 16~19장 참조.
96 수에비족(Suebi)은 원래 발트해 연안에 살다가 라인강과 마인강 일대의 남서부 독일로 이주한 게르만족이다.

들의 용기를 북돋우며 18일 동안 게르마니아에 머물다가 갈리아로 돌아왔다.

카이사르의 브리탄니아 원정은 대담하기로 이름났다. 오케아노스[97]의 서쪽에 함대를 띄워 전쟁을 하기 위한 군대를 싣고 대서양을 건너기는 카이사르가 처음이었다. 섬이 그렇게 크다는 것이 믿기지 않았고, 이 섬에 관해서는 학자들 사이에 의견이 분분했다. 그중 어떤 이들은 그 섬은 존재한 적도 없고 지금도 존재하지 않으므로 그 이름과 역사는 날조된 거라고 주장했다. 그런 의미에서 카이사르가 그곳을 점령하려 한다는 것은 로마의 통치권을 사람이 사는 세계 밖으로 확장한다는 뜻이었다.

카이사르는 맞은편의 갈리아 해안에서 두 번이나 브리탄니아로 건너가[98] 몇 차례 전투를 벌였지만 적군에게 피해만 줄 뿐 아군에게는 이익이 되지 않았다. 가난하고 비참하게 살아가던 그곳 주민에게서 빼앗을 만한 것은 아무것도 없었다. 그래서 카이사르는 기대한 성과를 올리지 못하고 전쟁을 끝냈지만, 그곳 왕으로 하여금 인질들을 잡히게 하고 조공을 바치게 한 뒤에야 배를 타고 섬을 떠났다.

갈리아에서 카이사르는 마침 바다 건너 자기에게 보내지려던 서찰들을 발견했다. 그중에 로마에 있는 친구들이 보낸 그의 딸 율리아의 죽음을 알리는 서찰도 있었는데, 그녀는 폼페이유스의

---

[97] 고대 그리스 로마인들은 대지가 오케아노스(Okeanos 라/Oceanus)라는 강으로 둘러싸여 있다고 믿었다.

[98] 기원전 55년(『갈리아 원정기』 4권 20~36장 참조)과 기원전 54년(『갈리아 원정기』 5권 1~22장 참조).

집에서 해산 도중 죽었던 것이다.[99] 폼페이유스는 크게 상심했고 카이사르도 크게 상심했으며 괴롭기는 그들의 친구들도 마찬가지였으니, 어쨌거나 병들어가는 국가의 평화와 화합을 유지하던 인척 관계가 이제는 끝났다고 느꼈던 것이다. 엄마가 죽은 뒤 살아남은 아이마저 며칠 뒤 죽었으니 말이다. 율리아의 시신은 호민관들의 반대를 무릅쓰고 민중에 의해 마르스 들판으로 운구되어 장례가 치러졌고 지금도 그곳에 묻혀 있다.

24.

카이사르의 군세는 이제 크게 늘어 그들을 여러 곳의 겨울 야영지에 분산 배치하지 않을 수 없었다. 한편 카이사르는 여느 때처럼 이탈리아로 발길을 돌렸다. 그러자 전 갈리아인들이 또 반란을 일으켰고,[100] 갈리아인들의 대군이 도처에서 로마군의 겨울 야영지를 파괴하고 보루들을 공격하려 했다. 아브리오릭스[101] 휘하의 가장 수가 많고 강력한 반란군 부대는 콧타와 티투리우스 휘하의 군단을 섬멸하고 나서 6만 병력으로 키케로[102] 휘하의 군단을 포위한 후 공격했다. 이 군단은 모두가 부상을 당하는 영웅적인 방어전 끝에 진영이 함락되는 것만은 간신히 모면할 수 있었다.

카이사르는 멀리까지 이동하던 중 이 소식을 듣고 지체 없이

---

99 기원전 54년 8월.
100 『갈리아 원정기』 5권 24~51장 참조.
101 카이사르는 아브리오릭스(Abriorix)가 아니라 암비오릭스(Ambiorix)라고 부르고 있다.
102 여기서 키케로(Quintus Tullius Cicero)는 기원전 62년 법정관을 지낸 인물로, 웅변가 키케로의 아우다.

갈리아로 돌아와 모두 7천 명에 이르는 병력을 모아 포위된 키케로를 구출하기 위해 서둘러 달려갔다. 그러자 포위하고 있던 반란군은 카이사르가 오고 있다는 것을 알아차리고도 그의 병력이 적다고 우습게 여기고 그들을 섬멸하려는 듯이 진격해왔다. 카이사르는 계속해서 짐짓 도망치는 척하다가 적은 수로 다수의 적과 싸우기에 유리한 장소를 발견했다. 카이사르는 자신의 군사들에게 공격하지 말고 보루를 쌓되 마치 겁을 집어먹은 양 방벽들과 문 앞의 방책을 더 높이 쌓으라고 명령했다. 카이사르는 이런 전술로 적군이 자신을 경멸하게 내버려두었다가 적군이 대담해져 분산해서 공격해오자 마침내 출격해 적군을 패주시키고 쉬지 않고 도륙했다.

25.

이 승리로 갈리아 지역에서 일어난 반란은 상당수 진압되었다. 카이사르가 겨울 내내 몸소 각지를 돌아다니며 평화의 교란자들을 엄중히 감시한 것도 도움이 되었다. 게다가 카이사르가 잃은 병력을 보충하기 위해 이탈리아에서 3개 군단이 도착했는데, 그중 2개 군단은 폼페이우스가 자기 휘하의 군단 중에서 카이사르에게 빌려준 것이고, 나머지 1개 군단은 최근 파두스강 유역의 갈리아에서 모병한 것이었다.

하지만 더 멀리 떨어진 지역들에서는 카이사르가 갈리아 지방에서 치렀던 가장 크고 위험한 전쟁의 징후가 나타나기 시작했다. 이 전쟁의 씨앗은 오랫동안 은밀히 뿌려져 호전적인 부족 사이에서 가장 영향력 있는 자들에 의해 가꾸어져오다가, 각지에서 모여든 젊은 전사들의 큰 무리와, 한곳에 모인 막대한 돈과, 방비가 철통같은 도시들과, 침입하기 어려운 지형으로 힘을 얻었다.

게다가 겨울철이라 강은 얼어붙고 숲은 눈에 묻히고 들판은 겨울 급류로 호수로 변해 어떤 곳은 눈이 쌓여 길이 보이지 않았고, 어떤 곳은 강물과 늪이 범람한 까닭에 통행이 가능한지 확실치 않았다. 이런 난관들 때문에 카이사르가 반란군에 대해 손을 쓴다는 것은 불가능해 보였다. 그래서 많은 부족이 반란에 가담했지만 반란을 주도한 것은 아르베르니족[103]과 카르누테스족[104]이었다. 그리고 전쟁을 위해 베르겐토릭스가 총사령관으로 선출되었는데,[105] 그의 아버지는 독재자가 되려 한다고 알려져 갈리아인들에게 살해되었다.

26.

베르겐토릭스는 전군을 여러 부대로 나누고, 부대마다 지휘자를 임명한 후 아라르[106]강의 분수계(分水界)에 이르기까지 주변의 전 지역을 자기편으로 만들고 있었다. 그는 마침 로마에서 카이사르의 반대 세력이 결속하는 틈을 타 전 갈리아를 전쟁에 끌어들일 참이었다. 그가 만일 조금 더 기다렸다가 카이사르가 내전에 휩쓸렸을 때 그렇게 했더라면 이탈리아는 전에 킴브리족[107]이 침입

103 아르베르니족(Arverni)은 프랑스 오베르뉴(Auvergne) 지방에 살던 부족이다.
104 카르누테스족(Carnutes)은 프랑스 루아르(Loire)강 변에 살던 켈트족이다.
105 베르겐토릭스(Vergentorix, 『갈리아 원정기』에서는 Vercingetorix)의 반란에 관해서는 『갈리아 원정기』 7권 참조.
106 주 77 참조.
107 게르만족의 한 부족인 킴브리족은 갈리아 지방의 남동부를 거쳐 포강 상류까지 진출해 로마군에게 큰 타격을 입혔으나 기원전 102년 마리우스 휘하

했을 때와 같은 공황 상태에 빠졌을 것이다.

하지만 전쟁에서 누구보다도 자신의 이점을, 그것도 결정적인 순간에 가장 잘 활용할 줄 아는 재능을 타고난 카이사르는 반란이 일어났다는 소식을 듣자마자 지체 없이 전에 왔던 길로 군대를 이끌고 돌아갔다. 카이사르가 그런 엄동설한에 기세 좋게 행군한다는 사실은 야만인들에게 패배를 모르는 무적의 군대가 다가온다는 것을 말해주었다. 전령이나 파발꾼이라도 한동안은 길을 찾을 수 없을 거라고 믿었던 곳에 몸소 전군을 이끌고 나타나, 동시에 나라들을 약탈하고 마을들을 파괴하고 도시들을 함락하고 귀순자들을 받아들였으니 말이다. 아이두이족[108]이 그에게 대항해 싸우기 전까지는 말이다. 그때까지 자신들을 로마인들의 형제라고 부르며 각별한 우대를 받던 이 부족이 막상 반란군에 가담하자 카이사르의 군대는 사기가 크게 떨어졌다.

그래서 카이사르는 그곳에서 철수해 로마에 우호적인 부족으로 이탈리아와 갈리아 사이에 보루처럼 버티고 있던 세콰니족의 나라로 갈 요량으로 링고네스족[109]의 영토를 지나가고 있었다. 적군은 그곳에서 카이사르를 기습하더니 수만 명의 군사로 에워쌌다. 카이사르는 결전을 벌이지 않을 수 없었다. 오랜 격전 끝에 카이사르는 드디어 승리를 거두고 막대한 인명 피해를 입히며 야만족을 패주시켰다. 하지만 카이사르도 처음에는 후퇴한 것 같다.

의 로마군에게 섬멸되었다.
108 아이두이족(Aedui 또는 Haedui)은 손강과 루아르강 사이에 살던 켈트족으로, 로마와 동맹 관계에 있었다.
109 링고네스족(Lingones)은 프랑스 랑그르(Langres)에 살던 켈트족이다.

아베르니족이 여전히 신전에 매달려 있는 단검을 보여주며 카이사르에게서 빼앗은 거라고 주장하고 있으니 말이다. 카이사르는 훗날 그 단검을 직접 보고 미소 지으며, 측근들이 치워버리자고 해도 이미 봉헌된 것으로 여기고 이를 허락하지 않았다.

27.

싸움터에서 도주한 대부분의 야만족은 그들의 왕 베르겐토릭스와 함께 알레시아[110]시로 피신했다. 카이사르는 이 도시를 포위 공격했지만, 그곳 성벽이 높고 튼튼한 데다 지키는 자의 수가 많아 난공불락으로 여겨졌다. 마침 카이사르는 도시 바깥으로부터 죄어오는 이루 말할 수 없는 위험에 직면해 있었다. 갈리아 전역에서 모인 가장 용감한 전사들이 한데 무장한 채 알레시아로 다가오고 있었는데 그 수가 30만이나 된다는 것이다. 게다가 도시 안에 있는 전사의 수도 17만이나 되었다. 카이사르는 두 대군 사이에 끼어 포위당하게 되자 이에 대처하기 위해 두 개의 방벽을 쌓을 수밖에 없었는데, 하나는 도시에 대항하려는 것이고 다른 하나는 증원 부대에 대항하려는 것이었다. 적군의 두 부대가 합류한다면, 그와 그의 부대는 끝장이라고 여겼기 때문이었다.

알레시아 전투가 인구에 회자되는 데에는 물론 그럴 만한 충분한 이유가 있다. 이 전투는 카이사르가 치른 그 어떤 전투보다 그의 대담성과 노련함을 잘 보여주기에 하는 말이다. 가장 놀라운 것은 카이사르가 도시 밖의 엄청난 증원 부대와 교전해 그들을

---

110 알레시아(Alesia)는 부르고뉴(Bourgogne) 지방에 있던 요새다.

패주시켰는데, 도시 안에 있는 적들은 물론이고 도시 쪽 방벽을 지키던 로마군도 모르게 그 일을 해치웠다는 것이다. 이들 로마군은 알레시아에서 남자들의 비명소리와 여자들의 비탄 소리가 들려올 때까지도 승리한 줄도 몰랐다. 이들 남녀들은 로마군이 진영의 먼 곳으로부터 금과 은으로 장식한 수많은 방패들과 피투성이가 된 가슴받이들과 술잔들과 갈리아풍의 천막들을 그들의 진영으로 옮기는 것을 보았던 것이다. 그만큼 단시간에 그토록 많던 대군이 환영(幻影)처럼 꿈처럼 사라져 없어졌으니, 그들 중 대부분은 싸우다 죽었던 것이다.

알레시아를 방어하던 자들은 자신들과 카이사르에게 적잖은 고통을 안겨주다가 마침내 항복했다. 이 전쟁의 최고사령관인 베르젠토릭스가 가장 빼어난 무구(武具)를 입고 화려하게 장식한 말을 타고 성문 밖으로 나왔다. 그는 그대로 앉아 있는 카이사르 주위를 한 바퀴 돌고 나서 말에서 뛰어내려 무구를 벗더니 그의 발 앞에 말없이 앉았다. 그러다가 그는 끌려가 개선식에 쓸 포로로서 구금되었다.

28.

카이사르는 오래전부터 폼페이유스를 제거하기로 결심했다. 폼페이유스도 물론 카이사르를 제거하기로 결심했다. 그런데 이긴 자와 겨루기 위해 두 사람의 싸움을 지켜보던 크랏수스가 파르티아[111]에서 전사하자,[112] 대권(大權)을 갖고 싶은 자는 지금 대권을

---

111 파르티아(Parthia)는 카스피해 남쪽에 있던 나라다.
112 기원전 53년 6월 9일.

가진 자를 제거하고, 지금 대권을 가진 자는 제거되지 않기 위해 두려운 자를 먼저 제거하는 수밖에 없게 되었다. 폼페이우스가 카이사르를 두려워하게 된 것은 최근의 일이었다. 그때까지 폼페이우스는 자기가 키운 자를 다시 제거하는 일쯤은 그리 어렵지 않다고 여기고 카이사르를 무시했다.

하지만 카이사르는 처음부터 그런 계획을 품고 마치 운동선수처럼 자신과 경쟁자 사이에 상당한 거리를 유지하며 갈리아전쟁을 연습장으로 이용했다. 카이사르는 군대를 훈련시키고 명성을 높이면서 자신의 업적으로 폼페이우스의 성공과 겨룰 수 있는 위치에까지 올랐다. 그 과정에 카이사르는 자신에게 유리한 기회는 어느 것 하나 놓치지 않았는데, 그중 일부는 폼페이우스가 손수 제공했고, 일부는 로마의 정치 상황과 국정 문란이 제공했다.

관직에 입후보하는 자들은 공공연히 돈 탁자를 갖다놓고 파렴치하게 대중을 매수했고, 민중은 품팔이꾼이 되어 광장으로 내려갔으니, 누구든지 돈을 주는 자를 위해 투표하기 위해서라기보다는 활과 화살과 칼과 투석기로 싸우기 위해서였다. 선거가 끝나기도 전에 선거장이 피와 시신들로 더럽혀진 때가 한두 번이 아니었다.

키잡이 없는 배처럼 국정이 표류하자, 양식 있는 사람들은 그런 광기와 혼돈 상태가 독재정치보다 더 나쁜 상황으로 귀결되지 않는다면 다행이라고 여겼다. 그리하여 많은 사람들이 국가의 병을 치유할 수 있는 것은 독재정치밖에 없다고 감히 공언했고, 또 이 치료는 가장 점잖은 의사가 제공할 때 받아들여져야 한다고 덧붙임으로써 은근히 폼페이우스를 지목했다. 그리고 폼페이우스가 말로는 그런 명예를 사양하는 척해도 실제로는 누구보다도 독재관이 되려고 노력하자 카토는 그의 의중을 꿰뚫어보고 폼페이우스를 단독 집정관으로 임명하도록 원로원을 설득했는데, 이는 폼페이우스가 더욱 합법적인 형태의 독재정치에 만족하고 무리해서 억지로 독재관이 되지 않게 하려는 것이었다.

29.

그와 동시에 원로원은 속주들에 대한 폼페이우스의 총독 임기도 연장해주었다.[113] 폼페이우스는 히스파니아와 전(全) 아프리카[114]라는 두 개의 속주를 갖고 있었는데 부관(副官)[115]들을 보내 통치하게 했다.[116] 그리고 이 두 속주에 주둔 중인 군대를 유지하기 위해 그는 해마다 국고에서 1천 탈렌툼을 받았다.

그러자 카이사르도 대리인을 통해 집정관에 입후보했고, 자신의 속주들에 대한 총독 임기도 연장해달라고 요구했다. 처음에는 폼페이우스는 가만있는데 마르켈루스와 렌툴루스[117]가 이러한 요구에 반대하고 나섰다. 이들은 다른 이유로도 카이사르를 미워했고 카이사르의 명예와 신뢰를 실추시키는 일이라면 수단과 방법을 가리지 않았다. 예컨대 최근에 카이사르가 갈리아에 개척한 식민시 노붐 코뭄[118] 주민들의 시민권을 박탈했다. 또 마르켈루스

---

113 5년간.
114 폼페이우스가 아프리카의 총독이었다는 말은 사실이 아니다.
115 라틴어로 legatus.
116 폼페이우스는 카이사르와 달리 로마에 머무르며 부관을 보내 속주를 통치하게 했다.
117 마르켈루스(Marcus Claudius Marcellus)와 렌툴루스(Lucius Cornelius Lentulus Crus)는 각각 기원전 51년과 기원전 49년에 집정관을 지냈다.

는 집정관이었을 때 로마를 방문한 노붐 코뭄시의 원로원 의원을 매질하면서, 자기가 그에게 채찍 자국을 남기는 것은 그가 로마인이 아니라는 것을 입증하기 위함인즉 가서 카이사르에게 채찍 자국을 보여주라고 명령했다.

그러나 마르켈루스의 집정관 임기가 끝나자 카이사르는 갈리아에서 모은 엄청난 돈을 로마의 정치가들에게 물 쓰듯 뿌렸으니, 호민관 쿠리오의 엄청난 빚을 갚아주고 집정관 파울루스[119]에게 1500탈렌툼을 주었던 것이다. 그러자 파울루스는 이 돈으로 풀비아 바실리카[120]를 유명한 새 바실리카로 대치함으로써 광장을 더 아름답게 장식했다.

이쯤 되자 폼페이유스는 이러한 제휴에 놀라 이제 공공연히 나서서 자신의 힘과 친구들의 노력으로 카이사르 대신 속주를 지휘할 후임자를 임명하려고 했다. 폼페이유스는 또 서찰을 보내 갈리아전쟁을 위해 빌려주었던 군사들을 돌려달라고 요구했다. 카이사르는 각자에게 250드라크메씩 나눠준 다음 군사들을 돌려보냈다. 군사들을 데려온 폼페이유스의 대장들은 카이사르에 관해 있을 법하지도 않고 사실도 아닌 소문을 대중 사이에 퍼뜨려 헛된 희망으로 폼페이유스의 판단력을 흐려놓았다. 그들의 말인즉, 카이사르의 군대는 폼페이유스를 그리워하고 있고, 폼페이유스가 비록 정계에 만연한 증오와 시기로 인해 로마를 장악하는

---

118 노붐 코뭄(Novum Comum)은 북이탈리아 코모(Como) 호반에 있는 도시로, 카이사르 이후에는 코뭄에서 노붐 코뭄으로 개명되었다.
119 파울루스는 기원전 50년 집정관을 지냈다.
120 바실리카(basilica)는 직사각형의 공회당이다.

데 어려움을 겪고 있지만 갈리아의 군대는 폼페이유스를 위해 봉사할 준비가 되어 있어 이탈리아로 넘어오기만 하면 그들은 즉시 폼페이유스의 편이 될 것이며, 카이사르는 무수한 전역(戰役)으로 군사들에게 인기가 없을 뿐 아니라 독재자가 되려 한다는 의심을 사고 있다는 것이었다.

이런 소문에 우쭐해진 폼페이유스는 두려워할 것이 아무것도 없는 양 모병을 소홀히 생각했다. 폼페이유스는 언변과 원로원의 결의로 카이사르의 계획을 제지할 요량이었으나 카이사르는 그런 것들을 거들떠보지도 않았다. 전하는 이야기에 따르면, 카이사르에 의해 로마로 파견된 한 백인대장은 원로원 건물 앞에 서 있다가 원로원이 카이사르의 지휘권 연장을 부결했다는 말을 듣고는 자신의 칼자루를 손바닥으로 치며 "그렇다면 이것이 연장해 주겠지"라고 말했다 한다.

30.

그러나 카이사르의 요구는 외견상 매우 공정해 보였다. 카이사르가 말하기를, 자기는 무기를 내려놓을 테니 폼페이유스도 내려놓고 둘 다 사인(私人) 자격으로 동료 시민들의 처분을 기다려야 마땅하다며, 자기는 무장해제하면서 폼페이유스의 군세를 더 강화해주는 것은 한 사람은 독재자가 되려 한다고 비난하면서 다른 사람은 독재자로 만들어주는 것이라고 했다.

쿠리오는 카이사르를 위해 민중 앞에 이런 것들을 제안해 요란한 박수갈채를 받았다. 어떤 이들은 우승한 운동선수인 양 그에게 화환을 던지기도 했다. 그리고 호민관 가운데 한 명인 안토니우스[121]는 이 문제와 관련해 카이사르에게 받은 서찰을 군중 앞으로 갖고 가 집정관들의 제지에도 불구하고 큰 소리로 읽었다. 그러나 원로원에서는 폼페이유스의 장인이 된 스키피오가 만약 정해진 날까지 무기를 내려놓지 않는다면 카이사르는 공적(公敵)으로 선언되어야 한다는 안을 발의했다. 그리고 집정관들이 먼저 폼페이유스가 군대를 해산해야 하느냐고 묻고 이어서 카이사르가 군대를 해산해야 하느냐고 의견을 물었을 때, 극소수의 원로원 의원만이 첫 번째 안에 찬성표를 던지고 거의 대부분은 두 번째 안에 찬성표를 던졌다. 그러나 안토니우스가 다시 두 사람 다 명령권을 내놓기를 요구하자 원로원이 만장일치로 찬성했다. 하지만 스키피오는 이에 격렬히 항의했고, 집정관 렌툴루스는 강도를 막는 데는 투표가 아니라 무기가 필요하다고 고함을 질렀다. 그러자 원로원은 해산했고, 원로원 의원들은 합의 도출에 실패한 까닭에 상복을 입었다.

31.

그 뒤 곧 카이사르에게서 서찰들이 도착했는데, 한결 온건한 주장을 담고 있었다. 카이사르는 다른 것은 다 넘겨주는 데 동의하고, 두 번째로 집정관에 출마할 때까지 알페스 이쪽 갈리아와 일뤼리콘을 2개 군단과 더불어 자기에게 그대로 맡겨달라고만 요구한 것이다. 방금 킬리키아[122]에서 돌아온 웅변가 키케로도 두 사람을 화해시키려고 노력하며 폼페이유스에게 유연한 태도를 주문했다. 폼페이유스는 다른 것은 다 양보하면서도 카이사르에

---

121 제2차 삼두정치의 주역 중 한 명인 안토니우스(Marcus Antonius)를 말한다.
122 키케로는 기원전 51년 그곳에 총독으로 가 있었다.

게서 군대를 빼앗아야 한다는 주장은 철회하지 않았다. 그러고 나서 키케로는 카이사르의 측근에게 접근해 앞서 말한 속주들과 6천 명의 병력을 받는 것으로 만족하고 타협을 하라고 설득했다.

폼페이우스도 양보하고 이 제안을 받아들일 참이었다. 그러나 집정관 렌툴루스는 이를 받아들이지 못하게 하고 안토니우스와 쿠리오에게 욕설을 퍼부으며 원로원에서 수치스럽게 내쫓았다. 그리하여 그는 자진해 카이사르에게 행동을 취할 수 있는 가장 그럴듯한 핑곗거리를 대주고 군대를 선동할 수 있는 선전 수단을 제공한 셈이었다. 카이사르는 달구지를 빌려 타고 노예로 변복하고는 로마에서 도망쳐온 명망 있는 고위 공직자들을 군사들에게 보여줄 수 있었으니 말이다. 그들은 로마에서 빠져나올 때 겁이 나서 실제로 그렇게 한 것이다.

32.

그때 카이사르에게는 기병 300명과 중무장 보병 5천 명밖에 없었다. 그의 나머지 부대는 알페스 저쪽에 두고 왔기 때문이었다. 카이사르는 그들을 데려오도록 대장들을 보냈다. 하지만 카이사르가 보기에, 일을 시작하는 첫 단계에는 당장 다수의 군세가 필요한 것이 아니라 놀라운 대담성과 신속성을 보여줌으로써 주어진 기회를 이용하는 것이 더 중요한 것 같았다. 만반의 준비를 갖춘 공격으로 적을 압도하기보다는 불시의 공격으로 적을 공황 상태에 빠뜨리는 편이 더 쉬울 거라고 카이사르는 생각했다. 그래서 카이사르는 자신의 백인대장들과 다른 장수들에게 다른 무기는 남겨두고 칼만 가져가 되도록 혼란과 살육을 피하며 갈리아의 대도시 아리미눔[123]을 점령하라고 명령했다. 카이사르는 이 부대의 지휘권을 호르텐시우스에게 맡겼다.

한편 카이사르 자신은 낮 동안 검투사들이 연습하는 것을 구경하며 남들이 보는 앞에서 시간을 보내다가 늦은 오후에 목욕하고 정장을 하고는 연회장으로 갔다. 거기서 카이사르는 저녁식사에 초대받은 사람들과 잠시 환담하다가 날이 어두워지자 자리에서 일어서 손님들에게 정중한 말로 자기가 돌아올 때까지 기다려달라고 부탁하고는 떠났다. 그러나 소수의 측근들에게는 자기를 뒤따르되 모두 같은 길로 올 것이 아니라, 이 사람은 이 길로 저 사람은 저 길로 오라고 미리 일러두었다.

카이사르는 마차를 한 대 세내어 타고 처음에는 다른 길을 가다가 나중에는 아리미눔 쪽으로 방향을 틀었다. 알페스 이쪽 갈리아와 나머지 이탈리아의 경계를 이루는 루비콘이라 불리는 강에 이르렀을 때 카이사르는 생각에 잠겼다. 자신이 지금 무시무시한 일을 향해 다가가고 있고 엄청난 모험을 하는 것이라고 생각하니 카이사르는 마음이 흔들려 속력을 늦추고는 마차를 세웠다. 그러고 나서 카이사르는 어느 쪽으로도 결단을 내릴 수 없어 한참 동안 말없이 마음속으로 저울질해보았다. 그는 아시니우스 폴리오를 비롯한 측근들과 상의하며 자신의 도강(渡江)이 인류에게 가져다줄 재앙과 그들이 후세에 남기게 될 명성을 생각해보았다.

마침내 카이사르는 심사숙고하기를 그만두고 자신을 운명에 내맡기는 양 일종의 격정에 사로잡혀, 사람들이 절망적인 모험을

---

123 아리미눔(Ariminum)은 이탈리아 움브리아(Umbria) 지방의 해안도시로, 지금의 리미니(Rimini)를 말한다.

감행하기 전에 흔히 내뱉곤 하던 "주사위는 던져졌다"[124]는 말을 남기고는 서둘러 강을 건넜다. 그때부터 그는 줄곧 전속력으로 행군해 날이 새기 전에 아리미눔으로 쳐들어가 점령했다. 전하는 이야기에 따르면, 그는 강을 건너기 전날 밤 해괴한 꿈을 꾸었다고 한다. 그가 친어머니와 근친상간하는 꿈을 꾸었기에 이르는 말이다.[125]

33.

아리미눔이 함락되자[126] 사방의 육지와 바다에서 전쟁의 문이 활짝 열렸다. 속주의 경계가 무너지면서 국가의 법질서도 무너졌다. 이제는 여느 때처럼 남자들과 여자들이 겁에 질려 이탈리아의 이곳에서 저곳으로 돌아다니는 것이 아니라 도시들 자체가 일어나 이리저리 도망 다니는 듯했다. 한편 주변 도시에서 피난민이 홍수처럼 밀려든 로마에서는 사실상 관리의 명령도 이성의 목소리도 혼란을 통제할 수 없게 되었다. 도시는 거대한 파도에 짓눌려 침몰하기 직전이었다. 시내 곳곳에서 적대감이 적대행위로 표출되었다. 대도시에서 흔히 그러하듯 사태를 즐기는 자들은 가만있지 않고, 사태를 두렵고 괴로운 눈으로 보는 자들과 여기저

---

124 그리스어로 anerrhiphthō kybos다.
125 친어머니와 근친상간하는 꿈은 장차 나라를 얻을 것임을 뜻하는 꿈이라고 한다. 헤로도토스, 『역사』 6권 107장 참조. '친어머니와의 근친상간'을 플루타르코스는 arrhetos mixis('언어도단의 교합'이라는 뜻)라고 표현하는 것으로 보아, 카이사르가 군대를 이끌고 모국으로 쳐들어가는 행위를 일종의 폭행으로 보고 있는 것 같다.
126 기원전 49년 1월 11일 아침에.

기서 마주쳐 자신들의 미래를 낙관하며 이들에게 시비를 걸었으니 말이다.

한편 폼페이유스는 그러잖아도 놀라 정신을 차릴 수 없는데 사방에서 공격을 받았다. 어떤 이들은 폼페이유스가 자신과 국가의 이익에 반해 카이사르를 키워주었다고 공격했고, 또 다른 이들은 카이사르가 양보하고 합리적인 조정안을 수용할 태세였을 때 렌툴루스가 카이사르를 모욕하는 것을 허용했다고 나무랐다. 파보니우스는 그에게 발로 땅바닥을 차라고 했다. 폼페이유스는 언젠가 원로원에서 연설하는 도중 전쟁 준비에 관해서라면 걱정하거나 염려할 것 없다며 만일 전쟁이 다가오면 자기가 발로 땅바닥을 차기만 해도 온 이탈리아가 군대로 가득 찰 거라고 호언장담한 것이다.

그때만 해도 폼페이유스는 카이사르보다 더 많은 군대를 지휘하고 있었다. 그러나 아무도 폼페이유스가 자신의 판단에 따라 행동하도록 내버려두지 않았을 것이다. 그래서 전쟁이 코앞에 다가와 도처에서 맹위를 떨치고 있다는 부정확하고도 두려운 보고가 속속 들어오자, 폼페이유스는 뒤로 물러나며 전체적인 흐름에 휩쓸리고 말았다. 폼페이유스는 나라가 무정부 상태에 빠졌다고 선언하고 로마를 떠나며,[127] 원로원은 자기를 뒤따라오고 독재정치보다 조국과 자유를 더 선호하는 사람들은 아무도 뒤에 남지 말라고 명령했다.

---

127 기원전 49년 1월 17일에.

34.

그리하여 집정관들은 로마를 떠나기 전에 으레 바치곤 하던 제물도 바치지 않고 도망쳤다. 원로원 의원들도 대부분 남의 재산을 약탈하듯 자신들의 재산 중에서 아무것이나 닥치는 대로 움켜쥐고 도망쳤다. 또 어떤 이들은 전에 열렬히 카이사르를 지지하다가 이때 놀란 나머지 제정신을 잃고 그럴 필요도 없는데 거대한 흐름에 휩쓸려가고 있었다. 그러나 가장 보기 딱한 것은 도시가 이런 큰 폭풍을 만나, 키잡이를 잃고 아무 해안에나 부딪혀 난파될지 모를 지경으로 파도에 떠밀리는 배처럼 표류하는 광경이었다.

하지만 피난길이 그토록 비참했음에도 피난민들은 폼페이우스를 위해 피난길을 조국이라고 여겼고, 로마는 카이사르의 진영이라고 보고 떠나갔다. 카이사르의 최측근 중 한 명이며 그의 부관으로 모든 갈리아전쟁에서 가장 열심히 싸웠던 라비에누스조차도 이때 카이사르의 곁을 떠나 폼페이우스에게 넘어갔다.

그러나 카이사르는 라비에누스에게 돈과 짐을 보내주었다. 그러고 나서 카이사르는 30개 코호르스의 병력으로 코르피니움[128]을 지키고 있던 도미티우스[129]를 향해 진격한 다음 가까운 곳에다 진을 쳤다. 그러자 도미티우스는 상황이 절망적이라고 보고 의사인 노예에게 독약을 요구했고, 요구한 것을 받자 죽으려고 그것을 마셨다. 그러나 잠시 뒤 카이사르가 포로들을 놀랍도록 관대

---

128 코르피니움(Corfinium)은 로마 동쪽 아펜니노산맥의 고원에 살고 있던 파일리그니족(Paeligni)의 수도다.
129 도미티우스(Lucius Domitius Ahernobarbus)는 기원전 54년 집정관을 지냈다.

하게 대한다는 말을 듣고 도미티우스는 자신의 운명을 슬퍼하며 너무 성급하게 결정했다고 자신을 나무랐다. 그래서 그가 마신 것은 독약이 아니라 수면제라며 의사가 안심시키자 도미티우스는 기뻐서 벌떡 일어나 카이사르에게 갔고, 카이사르는 그를 용서해주겠다고 약속했다. 하지만 도미티우스는 도망해 폼페이유스에게 되돌아갔다. 이런 소식들이 로마에 전해지자 사람들은 다소 안심이 되었고 피난민들도 일부 돌아왔다.

35.

카이사르는 도미티우스의 부대를 넘겨받았을 뿐 아니라 폼페이유스가 여러 도시에서 모병한 다른 부대도 먼저 제압해 제 것으로 만들었다. 그리하여 이제 그의 군세가 충분히 강해지고 무시무시해지자 그는 폼페이유스를 향해 진격했다. 그러나 폼페이유스는 카이사르가 다가오기를 기다리지 않고 브룬디시움[130]으로 도망친 다음, 집정관들과 군대를 먼저 뒤르라키온[131]으로 보내고 자신은 카이사르가 다가오자 그 뒤 곧 배를 타고 떠났다. 이에 관해서라면 「폼페이유스 전」[132]에서 자세히 기술할 것이다. 카이사르는 당장 폼페이유스를 추격하고 싶었지만 그럴 만한 함대가 없었다. 그래서 카이사르는 로마로 돌아와 60일 만에 피 한 방울 흘리지 않고 전 이탈리아의 주인이 되었다.

---

130 브룬디시움은 이탈리아반도를 장화에 비유할 때 뒤꿈치 부분에 있는 항구 도시로, 지금의 브린디시(Brindisi)를 말한다.
131 주 66 참조.
132 62장에서.

로마는 카이사르가 예상한 것보다 더 안정되어 있었다. 그리고 아직도 많은 원로원 의원들이 시내에 남아 있는 것을 발견하고는 폼페이유스에게 사절단을 보내 적절한 조건의 강화 조약을 제의해달라고 정중하고 상냥한 말로 권유했다. 그러나 그들은 자신들이 저버린 폼페이유스가 두려웠든지, 카이사르가 본심을 말하지 않고 입에 발린 소리를 한다고 여겼든지, 아무도 카이사르의 말에 귀기울이지 않았다.

카이사르가 국고에서 돈을 꺼내는 것을 제지하며 호민관 메텔루스가 여러 가지 법을 인용하기 시작하자, 카이사르는 무기와 법은 쓰는 때가 서로 다르다며 "내가 하는 일이 못마땅하다면 지금은 비키게나. 전쟁에는 언론의 자유가 필요 없으니까. 그러나 조약이 체결되어 내가 무기를 내려놓거든 그때는 민중 앞에 나타나 열변을 토해도 좋겠지. 내가 이렇게 말한다는 것은 나 자신의 정당한 권리를 포기하는 셈이네. 내가 사로잡은 나의 모든 정적들과 마찬가지로 자네도 사실상 내 수중에 있으니까 말일세"라고 말했다.

이렇게 말하고 카이사르는 금고의 문 쪽으로 걸어갔고, 열쇠를 찾을 수 없자 대장장이를 불러오게 해 문을 부수라고 명령했다. 메텔루스가 또다시 항의하려 하자 박수를 치는 사람들도 더러 있었다. 그러자 카이사르가 언성을 높여 자꾸 성가시게 굴면 죽여버리겠다고 위협했다. "젊은이, 자네도 잘 알겠지만 내게는 위협의 말을 하는 것이 그걸 실행에 옮기는 것보다 귀찮은 일이라네." 메텔루스는 이 말에 주눅이 들어 물러갔고, 그 뒤로 카이사르에게는 전쟁에 필요한 물자가 무엇이든 신속하고도 쉽게 조달되었다.

36.

이제 카이사르는 히스파니아로 진격했다.[133] 그는 먼저 폼페이유스의 부관이었던 아프라니우스와 바르로를 축출해 그들의 군대와 속주를 손에 넣은 다음, 배후에 적군을 한 명도 남기지 않은 채 폼페이유스를 향해 진격할 참이었다. 히스파니아 원정길에서 카이사르는 가끔 적의 기습으로 목숨을 잃을 뻔했고 무엇보다도 군량이 떨어져 군대가 큰 위기에 처하기도 했지만, 계속해서 추격하고 도전하고 포위 공격해 드디어 힘으로 적군의 진지와 병력을 장악했다. 그러나 대장들은 폼페이유스에게로 도망가고 없었다.

37.

카이사르가 로마로 돌아왔을 때, 그의 장인 피소[134]는 폼페이유스에게 사절단을 보내 화해를 논의하라고 촉구했으나 이사우리쿠스[135]는 카이사르의 비위를 맞추려고 그 제안에 반대했다. 카이사르는 그 뒤 원로원에 의해 독재관에 임명되자 망명자를 불러들이고, 술라 시대에 핍박받던 사람들의 시민권을 회복해주고, 이자를 내려 채무자의 짐을 덜어주었다. 카이사르는 그 밖에도 그와 유사한 조치를 몇 가지 더 취한 후 열하루 만에 독재권을 내놓고 자신과 세르빌리우스 이사우리쿠스를 집정관에 임명하고는 원정길에 올랐다.

---

133 『내전기』 1권 34~86장 참조.
134 주 56 참조.
135 이사우리쿠스(Publius Servilius Vatia Isauricus)는 기원전 48년과 41년에 집정관을 지낸 인물로, 기원전 79년 집정관을 지낸 이사우리쿠스의 아들이다.

카이사르는 행군 중에 다른 부대들을 추월해 아테나이의 포세이데온 달에 해당하는 정월 초[136] 동지 무렵 600명의 정예 기병대와 5개 군단을 거느리고 출항했다.[137] 그리고 이오니오스해[138]를 건너 오리코스와 아폴로니아[139]를 점령한 뒤 행군 중 뒤처진 군사들을 실어 오도록 함선들을 브룬디시움으로 돌려보냈다.

이미 한창때를 넘어선 이들 군사들은 수없이 거듭되는 전투에 몹시 지쳐 있던 터라 행군 중에 카이사르에게 불평을 털어놓았다. "도대체 이 양반은 우리를 세상 어디까지 데려가려는 거야? 사방으로 우리를 끌고 다니며 지칠 줄도 느낄 줄도 모르는 물건 취급을 하니 말이야. 칼도 자꾸 치면 지치고, 방패와 가슴받이도 오래 봉사한 뒤에는 쉬게 하는 법인데. 다른 것은 고사하고 우리의 상처를 보고도 자기가 지휘하는 것은 죽기 마련인 인간들이고, 우리도 다른 사람들처럼 고통과 괴로움을 당하도록 되어 있다는 것을 왜 모르실까? 신도 겨울철과 바다 폭풍에는 속수무책인데 이 양반은 적군을 쫓는 것이 아니라 적군에게 쫓기는 것처럼 위험을 무릅쓰는구먼."

이렇게 말하며 그들은 서두르지 않고 느긋하게 브룬디시움을 향해 행군했다. 그러나 그곳에 이르러 카이사르가 이미 출항한 것을 보고 그들은 재빨리 생각을 바꾸어 독재관을 배신했다고 자책

---

136 기원전 48년.
137 『내전기』 3권 3~99장 참조.
138 이오니오스해(Ionios pontos 라/Ionium)는 이탈리아 남동부와 그리스 사이에 있는 이오니아해의 그리스어 이름이다.
139 오리코스(Ōrikos 라/Oricum)와 아폴로니아(Apollonia)는 일뤼리콘 지방의 도시들로, 오리코스가 남쪽에 있다.

했으며, 자신들의 행군을 재촉하지 않았다고 대장들을 나무랐다. 그러고 나서 그들은 절벽 위에 앉아서 바다 건너 에페이로스[140] 쪽을 바라보며 자신들을 카이사르에게 태워다줄 함선들을 기다리고 있었다.

38.

카이사르는 아폴로니아로 이끌고 온 자신의 군대는 적과 상대가 안 되고, 건너편 해안에 있는 군대는 도착이 지연되어 난처하고 괴로웠다. 그래서 카이사르는 적의 대함대가 제해권을 장악하고 있었음에도 아무도 모르게 12개의 노로 젓는 작은 배를 타고 브룬디시움으로 건너간다는 위험한 계획을 세웠다. 그래서 카이사르는 밤에 노예로 변장하고 배에 올라 하찮은 인물처럼 가만히 웅크리고 앉아 있었다. 배는 아오오스[141]강을 따라 바다로 내려가고 있었다. 여느 때 같으면 파도를 밀어내어 강어귀를 잔잔하게 해주던 아침 미풍이 이때는 밤새도록 바다에서 불어온 강풍에 힘을 못 쓰고 있었다. 그래서 강물이 바다에서 밀려드는 파도의 저항을 받아 거세지며 요란하게 소용돌이치자 억지로 앞으로 나아갈 수 없어 왔던 길을 되돌아가려고 키잡이가 선원들에게 뱃머리를 돌리라고 명령했다.

이를 알아차린 카이사르는 자신의 정체를 밝히고 깜짝 놀란 키잡이의 손을 잡으며 "여보게, 겁내지 말고 용기를 갖게나. 자네는 카이사르와 카이사르의 행운을 실어나르고 있다네"라고 말했다.

---

140 에페이로스(Epeiros 라/Epirus)는 그리스 서북 지방이다.
141 아오오스(Aōios 라/Aous)는 일뤼리콘 지방의 강이다.

그러자 선원들이 폭풍을 잊고 노를 꽉 붙잡고는 있는 힘을 다해 강 하류로 내려가려고 애썼으나 불가능했다. 그들이 강어귀에서 바닷물을 흠뻑 뒤집어쓰고 큰 위험에 처하게 되자, 카이사르는 영 마음이 내키지 않았지만 키잡이가 뱃머리를 돌리도록 내버려 두었다. 카이사르가 강을 거슬러 돌아오자 그의 군사들이 떼 지어 몰려와서는, 그가 자기들만으로도 충분히 이길 수 있다고 믿지 못하고 괴로워하며 마치 눈앞에 있는 자들을 불신하는 양 눈앞에 없는 자들 때문에 위험한 짓을 했다고 그를 나무라며 언짢아했다.

39.

그 뒤 안토니우스가 브룬디시움에서 군대를 태우고 입항하자 카이사르는 자신감이 생겨 폼페이유스에게 도전했다. 폼페이유스는 유리한 곳에 진을 치고 수륙 양면으로 충분한 보급을 받고 있었다. 반면에 카이사르는 처음부터 보급이 부족했고 나중에는 생필품이 달려 고생이 이만저만이 아니었다. 그러나 카이사르의 군사들은 어떤 종류의 뿌리를 캐내어 우유에 섞어 먹었다. 한번은 그들은 그 뿌리로 빵 덩이들을 만들어 가지고 적군의 전초(前哨)로 달려가 안으로 집어던지거나 자기들끼리 던지고 받으며, 대지에 이런 뿌리가 나는 한 폼페이유스를 포위 공격하기를 멈추지 않을 거라고 말했다. 그러나 폼페이유스는 빵 덩이들이나 그런 말들에 관해서는 본진의 군사들에게 이야기하지 말라고 전초들에게 일러두었다. 왜냐하면 폼페이유스의 군사들은 자기들의 눈에 야수처럼 보이는 적군의 난폭함과 강인한 체력에 주눅이 들어 있었기 때문이었다.

폼페이유스의 요새 주위에서는 산발적인 전투가 그치지 않았는데 매번 카이사르가 더 우세했다. 그러나 한번은 카이사르의 군사들이 대패하는 바람에 카이사르가 진지를 잃을 뻔했다. 폼페이유스가 공격해오자 카이사르의 군사들은 제대로 저항도 못했다. 해자는 전사자로 가득 찼고, 다른 군사들은 허둥지둥 쫓겨오다가 자신들의 움짱과 방벽 앞에서 쓰러졌다. 카이사르는 도망쳐 오는 군사들을 가로막으며 되돌리려 했지만 아무 소용이 없었다. 오히려 카이사르가 군기(軍旗)를 손에 쥐려 하자 군기를 들고 있던 자들이 군기를 던져버리는 바람에 적군은 군기를 32개나 노획했다.

카이사르 자신도 하마터면 죽을 뻔했다. 키가 크고 건장한 군사 한 명이 카이사르의 곁을 지나 도망치기에 카이사르가 붙잡으며, 멈춰 서서 적을 향해 돌아서라고 명령했다. 그러자 그자가 다가오는 위험에 제정신을 잃고 카이사르를 치려고 칼을 빼들었다. 그러나 카이사르의 방패를 들고 다니는 시종이 한발 앞서 그자의 어깨에서 팔을 잘라냈다.

이번 패배로 카이사르는 거의 절망에 빠졌다. 그러나 폼페이유스는 조심하느라 그랬는지 우연히 그랬는지 몰라도 자신의 큰 성공을 마무리하지 않고 도망치는 적군을 진지 안으로 몰아넣은 다음 철군했다. 그러자 카이사르가 측근들 곁을 떠나며 "적에게 이길 줄 아는 장군이 있었더라면 오늘의 승리는 적군의 것이 되었을 것이오"라고 말했다. 그리고 카이사르는 천막으로 물러가 누웠다. 그날 밤 카이사르는 온갖 허튼 상념으로 일생에 가장 괴로운 밤을 보냈으니, 자신의 작전이 잘못되었다고 확신한 것이다. 비옥한 땅과 마케도니아와 텟살리아의 번영하는 도시들이 앞에 있는데도, 그는 전쟁을 그쪽으로 몰아가지 않고 적 함대의 통제 아래 있는 바닷가에 진을 친 탓에 그가 무기로 적을 포위 공격하기는커녕 오히려 그 자신이 보급 부족으로 포위 공격을 당하고 있었다.

 자신의 어렵고 난처한 처지에 의기소침해진 카이사르는 밤새도록 전전반측하다 아침에 군대를 출발시켰는데, 스키피오[142]를 치러 마케도니아로 인솔할 참이었다. 그렇게 함으로써 카이사르는 폼페이유스를 지금처럼 바닷길로 보급받을 수 없는 싸움터로 끌어내거나 아니면 고립무원의 처지에 놓이게 된 스키피오를 제압할 수 있을 것으로 믿었다.

40.

그러자 폼페이유스의 군대와 측근들은 카이사르가 패해 도망치는 줄 알고 사기충천해 카이사르를 바싹 뒤쫓자고 했다. 그러나 폼페이유스는 사생결단의 모험적인 전투를 하고 싶지 않았으니, 자기는 장기전을 위해 필요한 물자를 충분히 보급받은 만큼 어차피 오래가지 못할 적군의 사기를 지구전으로 꺾어놓는 것이 상책이라고 생각한 것이다. 카이사르 군대의 정예부대들은 전투 경험이 많고 대담무쌍해 전투에서 아무도 저항할 수 없지만 점점 노쇠하기 시작해 오랜 행군과 잦은 진지 구축과 공성과 야간 파수에 쉬이 지쳤기 때문이었다. 그들은 육체적으로 그런 힘든 일을 감당할 수 없었고 체력이 떨어지면서 의욕마저 떨어졌다. 그리고

---

[142] 폼페이유스의 장인으로, 소아시아와 그리스에서 군대를 모아오고 있었다.

이때 카이사르 진영에는 영양실조로 역병 같은 것이 창궐하기 시작했다는 소문이 나돌았다. 가장 중요한 것은 카이사르는 군자금도 달리고 군량도 충분히 보급받지 못해 머지않아 그의 군대는 스스로 해체될 것처럼 보였다는 점이다.

41.

이런 이유에서 폼페이유스는 싸우기를 원치 않았지만 이에 찬성하는 사람은 카토뿐이었다. 그것은 동료 시민들의 목숨을 아끼기 위해서였다. 카토는 지난번 전투에서 수천 명의 적군이 전사한 것을 보고 옷자락으로 머리를 가린 채 눈물을 흘리며 그곳을 떠났기에 하는 말이다. 그러나 다른 사람들은 모두 폼페이유스가 전쟁을 피하려 한다고 비난했으며, 그가 독재권을 내놓지 않고 그토록 많은 장수들이 그에게 종속되어 그의 천막을 찾는 것을 즐기고 있다는 뜻으로, 아가멤논[143] 또는 왕중왕이라 부름으로써 그를 격분시키려 했다.

그리고 파보니우스는 카토의 솔직함을 모방해 금년에는 폼페이유스의 권력욕 때문에 투스쿨룸[144]의 무화과를 맛볼 수 없을 것 같다고 미친 사람처럼 불평을 늘어놓았다. 또 최근에 히스파니아에서 전쟁에 지고 이곳에 온 아프라니우스는 뇌물을 받고 군대를 배신했다는 혐의를 받게 되자 그렇다면 왜 그들은 자기에게서 속주들을 사들인 상인(商人)과 싸우려 하지 않느냐고 물었다. 그리하여 폼페이유스는 이런 종류의 성화에 못 이겨 마음이 내키지

---

143 아가멤논(Agamemnon)은 트로이아전쟁 때 그리스군 총사령관이다.
144 「마르쿠스 카토 전」주 1 참조.

않는데도 싸움을 찾아 카이사르를 추격했다.

카이사르는 대체로 힘든 행군을 했다. 최근의 패전 때문에 모두 카이사르를 경멸해 아무도 그에게 식량을 팔려고 하지 않았기 때문이다. 그러나 텟살리아 지방의 도시 곰포이[145]를 점령한 뒤부터 카이사르는 군대에 충분한 양식을 대주었을 뿐 아니라 뜻밖에 군대를 역병에서 낫게 해주었다. 그의 군사들이 그곳에서 포도주를 다량 발견하고는 실컷 마시고 행군 도중 흥청망청 야단법석을 떨자 취기 끝에 체질이 바뀌어 병이 완쾌되었던 것이다.

42.

양군이 파르살로스[146] 평야로 나아가 진을 쳤을 때 폼페이유스는 싸우지 말자는 이전 계획으로 돌아갔고, 게다가 여러 가지 불길한 환영과 악몽에 시달렸다. 말하자면 폼페이유스는 자신이 로마에 있는 극장에 들어가며 박수갈채를 받는 꿈을 꾸었던 것이다.[147] 그러나 폼페이유스와 함께하는 자들은 그의 승리를 믿어 의심치 않았다. 예컨대 도미티우스, 스핀테르,[148] 스키피오 같은 사람들은 벌써 카이사르의 대사제직을 놓고 서로 치열하게 경합을 벌이고 있었다. 그리고 많은 사람들이 로마로 사람을 보내 집

---

145 곰포이(Gomphoi 라/Gomphi)는 핀도스(Pindos)산 기슭에 있는 텟살리아 지방의 요새다.
146 파르살로스(Pharsalos 라/Pharsalus)는 그리스 남텟살리아 지방의 도시다.
147 「폼페이유스 전」 68장에서 폼페이유스는 자신이 세운 극장에 들어가며 카이사르의 승리를 암시하는 꿈을 꾼다.
148 스핀테르(Publius Cornelius Lentulus Spinther)는 기원전 57년 집정관을 지냈다. 도미티우스와 스키피오에 관해서는 각각 34장과 39장 참조.

정관과 법정관에 걸맞은 집을 세내거나 미리 압류해두게 했으니, 전쟁이 끝나기만 하면 자신들이 그런 자리에 앉게 되리라고 생각한 것이다.

특히 폼페이유스의 기병대는 싸우고 싶어 안달이 나 있었다. 번쩍이는 무구, 잘 먹인 말, 잘생긴 외모 외에도 카이사르의 기병대가 1천 명인 데 비해 그들은 7천 명이나 되므로 사기도 드높았다. 보병의 수도 같지 않았으니, 카이사르의 2만 2천 명에 맞서 그들은 4만 5천 명이 정렬한 것이다.

43.

카이사르는 군사들을 모아놓고 우선 코르피니우스[149]가 2개 군단을 거느리고 와서 가까이 머물고 있고 칼레누스[150] 휘하 15개 코호르스도 아테나이와 메가라[151]에 주둔하고 있다고 말한 다음, 이들 증원 부대를 기다리고 싶은지 아니면 자력으로 결전을 벌이고 싶은지 물었다. 그러자 군사들은 고함을 지르며 증원 부대를 기다릴 것이 아니라 작전을 세워 자기들이 되도록 빨리 적군과 맞붙어 싸울 수 있게 해달라고 카이사르에게 요구했다.

카이사르가 군대를 위해 정화 의식을 거행하며 첫 번째 제물을 바쳤을 때, 예언자는 사흘 안에 적과의 결전이 벌어진다고 말했다. 그리고 카이사르가 제물의 내장에서 좋은 결과를 암시하는

---

149 코르피니우스(Corfinius)가 아니라 일뤼리콘 지방에서 카이사르의 재정관이던 코르니피키우스(Quintus Cornificius)의 오기인 듯하다.
150 법정관 권한을 가진 부관(legatus pro praetore)으로, 미리 남그리스에 파견되어 있었다.
151 메가라(Megara)는 코린토스 지협 동쪽, 살라미스섬 건너편에 있는 도시다.

전조를 보았느냐고 묻자, 예언자는 "그런 질문이라면 그대 자신이 자신에게 더 잘 대답할 수 있을 겁니다. 신들께서는 지금 상황이 정반대로 바뀌고 급변할 것임을 드러내셨으니까요. 그러니 지금 그대가 잘나가고 있다고 생각하신다면 운이 더 나빠질 것으로 생각하셔야 하고, 하는 일이 꼬인다고 생각하신다면 운이 더 나아질 것으로 기대하셔도 좋습니다"라고 말했다.

전투가 있기 전날 한밤중에 카이사르가 초소를 순시하는데, 하늘에 찬란한 불빛이 보이더니 활활 타오르며 자신의 진영 위를 지나 폼페이우스의 진영에 떨어지는 것 같았다. 과연 아침 순시 때 적군들 사이에 일종의 공황 상태가 발생한 것을 알 수 있었다. 그럼에도 불구하고 카이사르는 그날[152]은 전투가 벌어지지 않을 것으로 생각하고 스코툿사[153]로 행군하려고 진지를 출발하기 시작했다.

44.

이미 천막들을 걷었을 때 정찰병들이 말을 달려오더니 적군이 싸우기 위해 들판으로 내려오고 있다고 보고했다. 그러자 카이사르는 크게 기뻐하며 신들에게 기도하고 서약한 다음, 군대를 3개 집단으로 정렬시켰다. 중군은 도미티우스 칼비누스[154]가 지휘하게 하고, 왼쪽 날개는 안토니우스가 지휘하고, 오른쪽 날개는 그 자

---

152 기원전 48년 8월 9일.
153 스코툿사(Skotoussa 라/Scotussa)는 파르살로스 북쪽에 있는 도시다.
154 도미티우스 칼비누스(Gnaeus Domitius Calvinus)는 기원전 53년과 40년에 집정관을 지냈다.

신이 맡았는데 제10군단을 거느리고 그곳에서 싸울 참이었다. 그러나 카이사르는 맞은편에 적의 기병대가 정렬해 있는 것을 보자 그들의 찬란한 모습과 수가 많은 것에 겁이 나 전군의 후미에서 6개 코호르스를 차출해 자신이 머무르고 있는 오른쪽 날개 뒤에 배치하고는 적의 기병대가 공격해올 경우 어떻게 대처할 것인지 지시해두었다.

한편 폼페이유스 진영에서는 폼페이유스 자신이 오른쪽 날개를, 도미티우스가 왼쪽 날개를, 폼페이유스의 장인 스키피오가 중군을 맡았다. 기병대는 모두 왼쪽 날개에 집결해 있었는데, 적의 오른쪽 날개를 포위해 카이사르가 직접 지휘하는 부대를 섬멸할 참이었다. 그들은 중무장 보병의 밀집대형이 아무리 두텁다 해도 자신들을 막지 못할 것이며, 그토록 많은 기병이 한꺼번에 공격하면 그 충격에 완전히 와해되어 뿔뿔이 흩어질 거라고 생각한 것이다.

양군이 공격 신호를 울리려고 할 때 폼페이유스는 자신의 중무장 보병들에게 창 던질 준비를 하고 밀집대형을 이룬 채 버티고 서서 투창의 사정거리 안으로 적이 들어올 때까지 기다리라고 명령했다. 그러나 카이사르는 여기서도 폼페이유스가 실수한 것이라며[155] 적군과 처음에 맞부딪칠 때는 기세 좋게 내달아야 가격에 힘이 실리고 전의가 불타오르는 법인데, 폼페이유스가 이것을 몰랐던 탓이라고 했다.

카이사르가 자신의 밀집대형을 움직이려고 할 때 맨 먼저 눈

---

[155] 『내전기』 3권 92장.

에 띈 것은 믿음직하고 전쟁 경험이 많은 백인대장 한 명이 대원들을 격려하며 자기와 한번 용맹을 겨뤄보자고 도전하는 장면이었다. 그래서 카이사르가 그의 이름을 부르며 "이봐 가이유스 크랏시니우스,[156] 전망은 어떤가? 잘될 것이라고 믿어도 되겠는가?"라고 물었다. 그러자 크랏시니우스가 오른손을 쳐들고 "카이사르여, 우리는 빛나는 승리를 거두게 될 겁니다. 그리고 그대는 내가 살든 죽든 나를 칭찬하게 될 겁니다"라고 큰 소리로 대답했다. 이렇게 말하고 나서 그는 자신이 지휘하는 120명의 군사를 거느리고 맨 먼저 적진으로 뛰어들었다. 그는 적의 선두 대열을 헤치고 수많은 적군을 죽이며 앞으로 나아가다가, 칼끝이 목덜미를 뚫고 나올 만큼 적이 그의 입을 칼로 찌르는 바람에 제지되었다.

45.

이렇듯 양군의 보병이 중앙에서 맞부딪쳐 싸우는 동안 폼페이유스의 기병대가 왼쪽 날개 쪽에서 자신만만하게 앞으로 나오더니 적의 오른쪽 날개를 포위하려고 부대들을 전개했다. 그러나 그들이 공격을 개시하기 전에 카이사르가 뒤에 배치해두었던 코호르스들이 앞으로 달려나오더니, 여느 때처럼 창을 던지거나 창으로 적군의 허벅지 또는 다리를 찌르지 않고 창으로 적군의 눈을 겨누며 얼굴에 부상을 입히려 했다. 그렇게 하도록 지시한 것은 카이사르였다. 카이사르는 자신들의 젊음과 외모를 뽐내지만 전쟁과 부상에 익숙지 못한 젊은이들이 특히 그런 흉터를 두려워하

---

[156] 『내전기』 3권 91장과 99장에는 Crastinus로 나온다.

며, 당장의 위험도 위험이지만 앞으로 자신들의 고운 얼굴이 망가질까 겁이 나 버텨내지 못할 거라고 믿었던 것이다.

과연 카이사르의 판단은 옳았다. 그들은 위로 향한 창들을 견딜 수가 없었고 눈앞의 무쇠 창끝을 감히 응시할 엄두가 나지 않아 고개를 돌리며 얼굴을 보호하려고 손으로 눈을 가렸다. 그리하여 그들은 뒤죽박죽이 되더니 마침내 돌아서서 가장 수치스럽게 도망치며 모든 것을 다 망쳐놓았다. 카이사르의 부대들은 기병대를 패주시키자마자 폼페이유스의 보병들을 에워싸 배후에서 공격하며 도륙하기 시작했으니 말이다.

폼페이유스는 다른 쪽 날개에서 자신의 기병대가 뿔뿔이 흩어져 도망치는 것을 보고 전혀 딴사람이 되었고 자신이 대[157] 폼페이유스라는 사실마저 망각했다. 폼페이유스는 마치 어떤 신에 의해 제정신을 잃은 듯 아무 말 없이 자신의 천막으로 가 앉더니 무슨 일이 일어나는지 기다렸다. 마침내 그의 군대는 모두 도주하고 적군은 그의 진영을 공격하며 그것을 지키던 부대들과 싸우고 있었다. 그제야 제정신이 든 듯 폼페이유스는 "뭣이라고, 내 진영까지 쳐들어왔단 말이냐?"라는 말만 내뱉더니 장군 복장을 벗고 도망자에게 걸맞은 옷으로 갈아입고는 꽁무니를 뺐다고 한다. 그 뒤 그가 어떤 일을 당했으며, 또 그가 아이귑토스[158]인들에게 피신했다가 어떻게 하여 살해되었는지에 관해서 나는 그의 전기에서 기술할 것이다.[159]

---

157 폼페이유스는 술라를 위해 여러 차례 승리를 거둠으로써 기원전 80년경 '대 폼페이유스'(Pompeius Magnus)라는 별명을 얻었다.
158 아이귑토스(Aigyptos 라/Aegyptus)는 이집트의 그리스어 이름이다.

46.

카이사르는 폼페이유스의 진영에 들어가 적군이 더러는 죽어서 쓰러져 있고 더러는 죽어가는 것을 보고는 한숨을 쉬며 "이건 그들이 자초한 거야. 내가 군대를 해산했을 경우 그들은 나를 그들의 법정에서 유죄선고를 받는 처지로 몰아넣었을 테니까 말이야. 가장 큰 전쟁들에서 승리한 가이유스 카이사르를 그렇게 대접해서는 안 되지!"라고 말했다. 아시니우스 폴리오[160]에 따르면, 카이사르는 처음에 이 말을 로마 말[161]로 했다가 나중에 헬라스 말로 적었다고 한다. 또 아시니우스 폴리오의 보고에 따르면, 죽은 사람들은 대부분 진영이 함락될 때 살해된 노예들이고, 전사한 군사는 6천 명이 넘지 않았다고 한다. 카이사르는 포로들을 대부분 자신의 군단에 편입시키고 저명인사들은 상당수 사면해주었는데, 훗날 카이사르를 죽인 브루투스도 그중 한 명이었다. 전하는 이야기에 따르면, 카이사르는 브루투스가 보이지 않자 안절부절못했는데 무사히 자기 면전으로 데려오자 크게 기뻐했다고 한다.

47.

이날의 승리를 암시하는 전조들은 많았지만, 트랄레스[162]에서 나타난 전조가 가장 주목을 끌었다고 한다. 이 도시에 있는 승리의 여신 신전에는 카이사르의 입상이 하나 서 있었는데, 입상 주위

---

159 「폼페이유스 전」 73~80장 참조.
160 아시니우스 폴리오(Asinius Pollio 기원전 76년~기원후 4년)는 로마의 역사가, 문예 보호자, 정치가로 아우구스투스 황제의 지지자였다.
161 라틴어.
162 트랄레스(Tralles)는 소아시아 카리아(Karia 라/Caria) 지방의 도시다.

의 땅은 그 자체로도 단단했지만 그 위에 단단한 포석이 깔려 있었다. 그런데 입상의 대좌 옆 땅바닥에서 종려나무 한 그루가 돋아났다고 한다.

또 파타비움[163]에서는 역사가 리비우스의 동향인이자 친구로 유명한 예언자 가이유스 코르넬리우스가 마침 그날 새점을 치고 있었는데, 리비우스에 따르면 그는 먼저 전투 시간을 알아내 주위 사람들에게 이제 사건이 진행 중이며 전투가 시작되었다고 말했다 한다. 이어서 예언자는 전조를 유심히 살펴보고 신들린 사람처럼 벌떡 일어서더니 "오오! 카이사르, 승리는 당신 것이로군요"라고 소리쳤다. 주위에 서 있던 사람들이 깜짝 놀라자, 그는 머리에서 화관을 벗더니 자신의 예언술이 사실로 입증될 때까지 다시는 화관을 쓰지 않겠다고 맹세했다. 아무튼 리비우스는 이 이야기가 사실이라고 주장하고 있다.[164]

48.

카이사르는 이 승리를 기념해 텟살리아인들에게 자유를 주고 나서 폼페이유스를 추격했다. 아시아[165]에 도착하자 카이사르는 크니도스[166]인들에게도 자유를 주었는데, 그것은 우화 수집가 테오폼푸스[167]를 기쁘게 해주기 위해서였다. 그리고 카이사르는 아시

---

163 파타비움(Patavium)은 북이탈리아의 도시로, 지금의 파도바(Padova)다.
164 리비우스(Livius), 『로마 건국 이후의 역사』(*Ab urbe condita*) 가운데 여기에 해당하는 부분은 없어졌다.
165 소아시아.
166 크니도스(Knidos 라/Cnidus)는 소아시아 카리아 지방의 도시다.

아의 모든 주민들에게 세금의 3분의 1을 감면해주었다. 폼페이우스가 피살된 직후 알렉산드레이아에 도착한 카이사르는[168] 테오도토스[169]가 폼페이우스의 머리를 갖다 바쳤을 때 질겁하며 고개를 돌렸으나 폼페이우스의 인장 반지는 눈물을 흘리며 받았다. 카이사르는 또 정처 없이 아이귑토스를 헤매다가 그곳 왕에게 체포된 폼페이우스의 전우들과 측근들에게 도움의 손길을 뻗쳐 자기편으로 만들었다. 카이사르는 로마의 친구들에게 서찰을 써 보내, 자기가 거둔 승리의 가장 크고 즐거운 결실은 다름 아니라 자기에게 반대해 싸운 로마인들의 목숨을 그토록 자주 살려줄 수 있었다는 점이라고 말했다.

아이귑토스에서의 전쟁에 관해 말하자면, 어떤 이들은 그것이 클레오파트라에 대한 사랑 때문에 일어난 불필요하고 불명예스럽고 위험천만한 전쟁이었다고 말한다. 그러나 또 다른 이들은 그곳 왕의 조언자들, 특히 궁정에서 막강한 권력을 휘두르던 내시 포테이노스를 비난한다. 그자는 얼마 전에 폼페이우스를 살해하고 클레오파트라를 추방한 인물로, 지금은 몰래 카이사르를 죽일 음모를 꾸미고 있었다. 그래서 카이사르는 자신의 안전을 위해 그때부터 줄곧 측근들과 밤새도록 술잔치를 벌이며 시간을 보냈다고 한다.

그러나 포테이노스는 공개적으로도 참기 어려운 위인으로서

---

167 테오폼푸스(Gaius Iulius Theopompus)의 우화집은 남아 있지 않다.
168 카이사르는 폼페이우스가 피살된 지 사흘째 되던 날 3200명의 군사와 말 800필을 거느리고 알렉산드레이아에 도착했다.
169 테오도토스(Theodotos)는 수사학자로 이집트 궁전의 조언자였는데, 피신하러 온 폼페이우스를 죽이라고 이집트인들을 설득한 인물이다.

말과 행동으로 자꾸 카이사르를 시기하고 모욕했다. 예컨대 카이사르의 군사들에게 가장 오래되고 질 나쁜 양식이 배급되었을 때, 그자는 그들에게 남의 것을 먹는 만큼 그런 양식에 불평하지 말고 만족해야 할 것이라고 말했다. 그자는 또 공식 만찬에 목기와 질그릇을 사용하게 하면서, 카이사르가 빚을 갚으라며 금 식기와 은 식기를 모두 가져갔기 때문이라고 했다. 현재 왕위에 있는 아이귑토스 왕의 아버지가 실제로 카이사르에게 1750만 드라크메를 빚지고 있었는데[170] 그중 일부는 카이사르가 전에 왕의 자녀들을 위해 면제해주고 지금 군대의 유지비로 쓰려고 1천만 드라크메를 갚기를 요구하고 있었기 때문이다. 포테이노스가 카이사르에게 당분간 아이귑토스를 떠나 큰일들을 처리하라며 그러면 나중에 돈과 감사하는 마음을 돌려받게 될 거라고 조언하자, 카이사르는 자기에게 아이귑토스인들의 조언이 필요한 일은 결코 없을 것이라고 대답하며 시골에 있던 클레오파트라를 몰래 불러오게 했다.

49.

그래서 클레오파트라는 측근 가운데 시킬리아 사람 아폴로도로스만을 대동한 채 조각배를 타고 해 질 무렵 왕궁 근처에 상륙했다. 이목을 피할 뾰족한 대책이 없어 그녀는 침구 자루 안에 들어

---

170 당시 열다섯 살 된 소년 왕 프톨레마이오스(Ptolemaios) 8세의 아버지 프톨레마이오스 7세는 다시 왕위에 오르기 위해 로마에서 큰 빚을 졌다가 기원전 55년 결국 왕위에 올랐다. 그가 죽자 포테이노스와 군사령관 아킬라스(Achillas)는 클레오파트라를 추방하고 그녀의 남동생을 왕위에 앉혔다.

가 길게 누웠다. 그러자 아폴로도로스가 침구 자루를 노끈으로 묶은 다음 결문을 지나 카이사르에게 갖고 들어갔다. 전하는 이야기에 따르면, 카이사르는 클레오파트라의 이 대담한 책략이 마음에 들어 그녀에게 반하기 시작했으며, 그녀를 알면 알수록 그녀의 매력에 홀려 그녀와 오라비가 화해하고 둘이 같이 나라를 통치하게 했다고 한다.

그리하여 모두들 이 화해를 기념하기 위한 잔치에 참석했다. 그런데 카이사르의 이발사 노릇을 하던 노예는 세상에 더없이 소심한 성격을 타고난 탓에 무엇이든 가만 내버려두지 못하고 무슨 일이 일어나고 있는지 귀로 듣고 눈으로 보아야만 직성이 풀리는지라, 장군 아킬라스와 내시 포테이노스가 카이사르에게 음모를 꾸미고 있다는 낌새를 알아차렸다. 그것이 사실임을 확인한 카이사르는 연회장 주위에 호위병들을 배치해 포테이노스를 죽이게 했다. 그러나 아킬라스는 진영으로 도망친 까닭에 카이사르는 위험하고 힘든 전쟁에 말려들었으니, 소수의 수비대로 그토록 큰 도시와 군대를 상대로 싸워야 했기 때문이다. 첫째, 카이사르는 적군이 수로를 막아버리는 바람에 물을 공급받지 못하는 위험에 처했다. 둘째, 적군이 카이사르의 함대를 고립시켜 빼앗으려 하자 카이사르는 화공(火攻)으로 이 위험을 막을 수밖에 없었는데, 이 불이 조선소에서 번져나가 대도서관[171]을 태워버렸다. 셋

---

[171] 알렉산드레이아의 도서관은 고대 세계의 문화 활동의 중심지 가운데 하나로 프톨레마이오스 1세에 의해 창건되었다가 그의 아들 프톨레마이오스 2세에 의해 대대적으로 확충되었다. 도서관장에는 제노도토스(Zenodotos), 로도스의 아폴로니오스(Apollonios), 에라토스테네스(Eratosthenes), 뷔잔티온의 아리스토파네스, 아리스타르코스(Aristarchos) 같은 대학자들이 임명되었

째, 파로스[172]에서 전투가 벌어졌을 때 카이사르는 방파제에서 조각배로 뛰어내려 전투 중인 군사들을 도우러 가려 했으나 아이컵토스인들이 사방에서 그를 향해 배를 타고 오자 바닷물에 뛰어들어 헤엄을 쳐서 구사일생으로 도망칠 수 있었다. 전하는 이야기에 따르면, 카이사르는 이때 손에 종이를 한 묶음 들고 있었는데, 사방에서 적군의 무기가 날아오는 가운데 가끔은 파도에 잠기면서도 그것을 놓기는커녕 한 손으로는 그것을 물 위로 쳐들고 다른 손으로는 헤엄을 쳤다고 한다. 카이사르의 조각배는 금세 가라앉았다고 한다.

그러나 왕이 카이사르의 적들에게 넘어가자 카이사르는 진격해 접전 끝에 승리했는데, 이 전투에서 많은 전사자가 났으며 왕도 실종되었다. 카이사르는 그 뒤 클레오파트라를 아이컵토스의 여왕으로 앉히고 쉬리아로 출발했다.[173] 얼마 뒤 클레오파트라는 카이사르의 아들을 낳았는데, 알렉산드레이아인들은 그를 카이사리온[174]이라고 불렀다.

다. 소장 도서는 적게는 10만 권에서 많게는 70만 권에 이르렀다고 한다. 플루타르코스에 따르면, 기원전 47년 카이사르가 알렉산드레이아에 머물 때 주(主) 도서관이 소실되었다고 하나 아마도 서고(書庫)가 파괴되었던 것 같으며, 이때의 파손이 후기로 갈수록 과장된 것으로 추정된다.

172 파로스(Pharos)는 알렉산드레이아 앞바다에 있는 작은 섬으로 알렉산드레이아와 방파제로 연결되어 있었는데, 이 섬에 설치된 등대는 고대 세계 7대 불가사의 중 하나였다.
173 기원전 47년 6월.
174 나중에 프톨레마이오스 15세로 불린 카이사리온(Caesarion)은 기원전 30년 카이사르의 양자이자 후계자인 옥타비아누스에게 살해되었다.

50.

카이사르는 쉬리아를 출발해 아시아를 통과하던 도중에 도미티우스가 미트리다테스의 아들 파르나케스[175]에게 패해 소수의 패잔병을 거느리고 폰토스[176] 지방에서 도주했으며, 파르나케스는 이 승리를 십분 이용해 비튀니아와 캅파도키아를 점령한 다음 소아르메니아[177]라고 불리는 곳을 노리고는 로마에 반기를 들도록 그곳의 모든 왕들과 소왕(小王)들을 부추기고 있다는 소식을 들었다. 그래서 카이사르는 곧장 3개 군단을 이끌고 파르나케스를 향해 진격해 젤라[178]시 근처에서 치열한 접전을 벌인 끝에 그를 폰토스 지방에서 몰아내고 그의 군대를 섬멸했다. 카이사르는 이 전투가 얼마나 치열하고 신속했는지 알리기 위해 로마에 있는 친구 아만티우스[179]에게 서찰을 보내며 "나는 왔노라, 보았노라, 이겼노라"라는 세 마디 말만 적었다. 그러나 로마 말로는 이 말들이 모두 어미(語尾)가 같아서 인상적인 간결미를 느끼게 해준다.[180]

---

175 폼페이유스는 미트리다테스가 죽자 그의 아들 파르나케스(Pharnakes)에게 아버지의 왕국 일부를 유지하는 것을 허용했는데, 폼페이유스가 죽자 파르나케스는 아버지의 영토를 모두 수복하고자 전쟁을 벌였다.
176 폰토스(Pontos)는 흑해 남안에 있는 소아시아 북동 지방이다.
177 비튀니아는 소아시아의 북서 지방이고, 캅파도키아는 소아시아의 중동부 지방이며, 소아르메니아는 그 동쪽에 있는 아르메니아 중에서 에우프라테스강 서쪽 지역을 말한다.
178 젤라(Zēla)는 소아시아 폰토스 지방의 남부에 있는 도시다.
179 아만티우스(Amantius) 대신 마티우스(Matius)로 읽는 텍스트도 있다.
180 라틴어로는 veni, vidi, vici다. 그리스어로도 ēlthon, eidon, enikēsa의 세 마디만 어미가 다르다.

51.

그 뒤 카이사르는 이탈리아로 건너가 로마로 올라갔는데,[181] 그때는 그가 두 번째로 독재관에 선출된[182] 해가 끝날 무렵이었다. 전에는 독재관이 임기 1년을 다 채운 적이 없었다.[183] 카이사르는 이듬해[184] 집정관으로 선출되었다. 그러나 사람들은 카이사르에 대해 나쁘게 말했다. 그의 군사들이 폭동을 일으켜 전 법정관들인 코스코니우스와 갈바를 죽였을 때 그는 그들을 '전우들'이라고 부르는 대신 '시민들'이라고 부름으로써 경미한 벌을 내렸을뿐더러, 그들 각자에게 1천 드라크메씩 주고 이탈리아에 많은 땅을 분배해주었기 때문이다.[185]

카이사르는 또 돌라벨라[186]의 기행과, 아만티우스의 탐욕과, 안토니우스[187]의 주사(酒邪)와, 폼페이유스의 집이 충분히 넓지 못하다는 듯 보수하고 넓힌 코르피니우스의 처신 때문에도 비난을

---

181 기원전 47년 10월 초.
182 원로원은 파르살로스 전투가 끝난 직후에 카이사르를 기원전 47년도의 독재관으로 임명했다.
183 독재관의 임기는 대개 6개월이었다. 술라가 독재관이었을 때는 임기를 정하지 않아 기원전 82년부터 80년까지 독재관 자리에 있었다.
184 기원전 46년.
185 아프리카전쟁을 위해 캄파니아 지방에서 사열을 받던 카이사르의 군사들이 폭동을 일으켜 카이사르의 사절을 내쫓고 전 집정관 두 명을 죽이고 로마로 진격해오자, 카이사르는 마르스 들판에서 그들을 군인이 아닌 시민들의 호칭인 '퀴리테스들'(Quirites)이라고 부르며 전쟁이 끝나면 보수를 지불하겠다고 약속했다.
186 키케로의 난봉꾼 사위로 호민관을 지냈으며 내전 때는 카이사르의 부관이었다.
187 이때 안토니우스는 카이사르의 기병대장(magister equitum)이었다.

들었다. 이 모든 일을 로마인들은 못마땅하게 여겼다. 하지만 카이사르는 이런 일들을 모르지 않았고 좋아하지도 않았지만 정치적인 상황 때문에 어쩔 수 없이 그런 조력자들을 곁에 둘 수밖에 없었다.

52.

파르살로스 전투가 끝난 뒤 카토와 스키피오는 아프리카로 도망쳐 그곳에서 유바[188]왕의 도움으로 상당수의 병력을 모을 수 있었다. 그래서 카이사르는 그들을 토벌하기로 결심하고 동지 무렵[189] 시킬리아로 건너갔다.[190] 그리고 그곳에 오래 머무르며 지체할 것이라는 희망을 자신의 대장들이 아예 품지 못하도록 바닷가에다 천막을 쳤다. 순풍이 불자 그는 보병 3천 명과 약간의 기병을 거느리고 출항했다. 적군 몰래 이들을 상륙시켜놓고 그는 더 많은 수의 본대가 염려되어 시킬리아를 향해 다시 출항했다. 그러나 그들이 이미 출항한 것을 발견하고는 그들이 도착하자 모두 자신의 진영으로 인솔했다.

그곳에서 카이사르는 적군이 아프리카에서는 스키피오가(家)의 사람들이 언제나 이기게 되어 있다는 오래된 신탁을 믿고 자

---

[188] 유바(Iuba)는 북아프리카 누미디아 왕(기원전 60~46년)이다. 내전 때 폼페이우스 편을 들며 기원전 49년에는 카이사르의 전 법정관 쿠리오에게 크게 이겼으나, 공화정 지지자들이 탑수스(Thapsus)에서 패하자 도망 다니다가 자살했다.

[189] 기원전 47년.

[190] 카이사르의 아프리카 원정에 관해서는 그의 부하 중 한 명이 기술한 것으로 추정되는 『아프리카전쟁기』(*Bellum Africum*) 참조.

신감이 넘친다는 말을 들었다. 카이사르가 적군을 지휘하는 스키피오를 장난삼아 놀려준 것인지, 아니면 진심으로 그 예언을 자기 것으로 만들려고 한 것인지 말하기 어렵다. 아무튼 그의 부하 중에는 아프리카누스[191]가에 속하면서도 그것 말고는 쳐줄 게 없는 자가 있었는데, 그의 이름은 스키피오 살루스티오였다. 이 사람을 카이사르는 군 지휘관인 양 자신의 부대들 앞에 세웠다. 카이사르는 이 전쟁에서 자주 적군을 공격하며 싸움을 걸 수밖에 없었는데, 그에게는 군사들을 먹일 식량도 짐 싣는 짐승들을 먹일 사료도 충분하지 못했기 때문이다. 그들은 소금기를 씻어낸 해초에다 맛을 좋게 하려고 풀을 조금 섞은 다음 말들에게 먹였다. 게다가 누미디아[192]인들이 종종 떼 지어 갑자기 나타나 그 지역을 장악했다.

한번은 카이사르의 기병들이 할 일이 없어 노예 소년들에게 말을 맡기고 아프리카 토착민이 매력적으로 춤추며 피리 부는 것을 앉아서 구경하는데 갑자기 적군이 그들을 에워싸고 공격해 일부는 그 자리에서 죽이고 일부는 진영으로 허둥지둥 도주하는 것을 바짝 뒤쫓아왔다. 이때 카이사르가 아시니우스 폴리오를 데리고 그들을 지원하러 울짱 밖으로 나와 그들의 도주를 막지 않았더라면 전쟁은 그때 그 자리에서 끝장났을 것이다. 또 한번은 다른 전투에서 적군이 우세해지자 카이사르가 도망치던 기수(旗手)의 멱

---

191 제2차 포이니전쟁 때 카르타고 근처의 자마 전투에서 한니발에게 결정타를 가한 대 스키피오와 제3차 포이니전쟁 때 카르타고를 함락해 파괴한 소 스키피오는 둘 다 아프리카에서 혁혁한 전공을 세웠다 하여 아프리카누스(Africanus)라는 별명을 갖게 되었다.
192 「마르쿠스 카토 전」 주 101 참조.

살을 잡고 "적군은 저기 있단 말이야"라고 말하며 돌려세웠다고 한다.

53.

스키피오는 이러한 성공에 고무되어 위험을 무릅쓰고 결전을 벌이려고 했다. 아프라니우스와 유바가 서로 조금 떨어진 곳에 따로따로 진을 치게 하고 그 자신은 탑수스[193] 근처 호수가 굽어 보이는 곳에 요새를 만들기 시작했는데, 전군이 출격하거나 후퇴할 때 기지로 쓸 작정이었다. 그러나 스키피오가 이 일에 몰두하고 있을 때, 카이사르는 접근을 눈에 띄지 않게 해주는 우거진 숲길을 믿기 어려운 속도로 통과해 적군의 일부를 포위하고 일부는 정면에서 공격했다. 카이사르는 일단 이들을 패주시킨 다음 주어진 기회를 놓치지 않고 유리하게 전개되는 전세에 편승해 첫 번째 공격으로 아프라니우스의 진지를 함락하고, 유바가 도망친 누미디아인들의 진지도 똑같이 단번에 유린했다. 이렇듯 단 하루도 안 되는 짧은 기간에 카이사르는 세 개의 진지를 수중에 넣고 적군 5만 명을 죽였는데 그의 군사들 가운데 전사자는 50명도 채 안 되었다.[194]

어떤 이들은 이 전쟁에 관해 그렇게 보고하고 있다. 하지만 또 다른 주장에 따르면, 카이사르는 이 전투에 직접 참가하지 않고 부대를 사열하고 정렬하다가 발작을 일으키자 지병이 다가오기 시작한다는 것을 즉시 알아차리고는 감각 능력이 병으로 완전히

---

193 탑수스는 튀니지 동해안에 있던 도시다.
194 탑수스 전투는 기원전 46년 4월 6일에 벌어졌다.

마비되기 전에 가까운 탑으로 옮겨져 전투가 진행되는 동안 거기서 안정을 취했다고 한다. 전투에서 살아남은 포로 중에는 전에 로마에서 집정관과 법정관을 지낸 사람도 있었는데, 이 가운데 일부는 잡히는 순간 자살하고 일부는 카이사르의 명령으로 죽임을 당했다.

54.

카이사르는 카토를 사로잡고 싶어서 서둘러 우티카로 진격했다. 카토는 전투에 참가하지 않고 그 도시를 지키고 있었다. 카토가 자살했다는 소식을 전해 듣고 카이사르가 역정을 낸 것은 확실하지만 그 이유는 알려져 있지 않다.[195] 아무튼 카이사르는 "카토여, 나는 그대에게 죽음을 허용하고 싶지 않소이다. 그대는 내게 그대를 살려주는 것을 허용하지 않았으니 말이오"라고만 말했다. 카토가 죽은 뒤에도 카이사르는 카토를 공박하는 글을 썼는데, 이는 그가 카토에 대해 누그러지거나 화해하고 싶은 마음을 품고 있지 않았음을 말해준다. 죽은 뒤에도 카토에게 분통을 터뜨리는 카이사르가 어떻게 살아 있는 카토를 살려줄 수 있었겠는가? 그러나 카이사르가 키케로와 브루투스와 그 밖에 자기에게 맞서 싸운 수천 명의 다른 사람들에 대해 관대한 점으로 미루어 그의 이 글도 카토에 대한 미움에서가 아니라 자신의 정책을 합리화하고 싶은 욕망에서 쓰인 것으로 추론할 수 있다. 말하자면 키

---

[195] 로마의 유명한 스토아 철학자로 공화정을 사수하려던 소 카토를 살려줌으로써 자신의 아량을 과시하고 싶었는데, 그 계획이 무산되자 역정을 냈던 것으로 생각된다.

케로는 카토를 찬양하는 글을 쓴 후 『카토론』이라는 제목을 붙였는데, 이 글은 가장 유능한 웅변가가 가장 고상한 주제에 관해 썼던 만큼 당연히 널리 읽혔다. 그러자 카이사르는 죽은 카토를 찬양하는 것은 자신을 비난하는 것이라 여기고 역정을 내며 카토에 대한 수많은 비난거리를 한데 모아놓은 글을 쓴 다음 『반(反)카토론』이라는 제목을 달았던 것이다. 이 두 글은 카이사르와 카토에 대한 관심 때문에 많은 독자에게 읽혔다.

55.

카이사르는 아프리카에서 로마로 돌아오자[196] 우선 민중에게 자신의 승리를 자랑하며 자신이 정복한 땅은 해마다 국고에 20만 앗티케 메딤노스[197]의 양곡과 300만 리브라[198]의 올리브유를 공급할 만큼 넓다고 말했다. 그리고 나서 카이사르는 세 번에 걸쳐 개선식을 치렀는데,[199] 아이귑토스와 폰토스와 아프리카에서의 승리를 축하하는 것이었다. 그러나 그중 마지막 개선식은 명목상 스키피오에게 거둔 승리가 아니라 유바왕에게 거둔 승리를 축하하는 것이었다. 이 개선 행렬에는 유바왕의 어린 아들도 끌려 나왔다. 그러나 어린 왕자에게는 포로가 된 것이 천만다행이었으니, 미개한 누미디아인이 되는 대신 헬라스어로 글을 쓰는 가장 유식한 학자 가운데 한 사람이 되었기 때문이다.[200] 이들 개선식이 끝

---

196 기원전 46년 7월 25일.
197 1메딤노스(medimnos)는 약 52리터다.
198 「마르쿠스 카토 전」 주 49 참조.
199 기원전 46년 9월 20일부터 10월 1일까지.
200 유바 2세는 이탈리아에서 자란 뒤 훗날 누미디아 왕이 되어 클레오파트라

난 뒤 카이사르는 자신의 군사들에게 보수를 두둑이 주고 잔치와 구경거리로 민중을 즐겁게 해주었다. 그는 2만 2천 개의 식탁에서 민중에게 한꺼번에 잔치를 베풀었고, 오래전에 죽은 딸 율리아를 기념해 검투사 경기와 모의 해전을 보여주었던 것이다.

공연들이 끝난 뒤 인구조사가 실시되었다.[201] 지난번 인구조사 때는 32만 명이 등록되었으나 이번에는 모두 15만 명뿐이었다. 이 수치는 수차례에 걸친 내전으로 얼마나 많은 사람들이 목숨을 잃었으며 로마 인구가 얼마나 감소했는지 말해준다. 이탈리아의 다른 지역과 속주들이 당한 재앙은 여기에 포함되지 않았다.

56.

이런 업무들이 처리되는 것을 보고 나서 카이사르는 네 번째로 집정관이 되어 폼페이유스의 아들들[202]을 치기 위해 히스파니아로 떠났다.[203] 그들은 아직 젊은 나이에도 놀랄 만큼 많은 수의 군

와 안토니우스의 딸 클레오파트라와 결혼했으며 누미디아에 그리스 로마 문화를 소개하고 그리스어로 많은 책을 썼다.

201 수에토니우스에 따르면, 이것은 전체의 인구조사가 아니라 국고에서 식량을 배급받을 빈민의 수를 재조정하기 위한 조사였다고 한다. 『황제전』중 「율리우스 카이사르 전」 41장 참조.

202 폼페이유스의 두 아들인 그나이우스(Gnaeus Pompeius Magnus)와 섹스투스(Sextus Pompeius Magnus)는 폼페이유스의 고참병들을 기반으로 신병들을 새로 뽑아 꽤 많은 병력을 모아두고 있었다. 형인 그나이우스는 지금의 안달루시아 지방 코르도바 남쪽에 있는 문다(Munda)시에서 카이사르에게 패해 전사하고, 당시 29세이던 섹스투스는 도주해 훗날 옥타비아누스와 안토니우스가 패권을 다툴 때 독립된 대함대의 사령관으로서 옥타비아누스에게 맞서다 패했다.

203 카이사르는 기원전 46년 11월 초 로마를 떠나 한 달 뒤 히스파니아에 도착

사를 모았는데, 그들의 용맹은 그들이 군대를 지휘할 자격이 있음을 보여주었다. 실제로 그들 때문에 카이사르는 매우 위험한 상황에 처했다. 문다시 근처에서 일대 접전이 벌어졌을 때 카이사르는 자신의 군사들이 완강하게 버티지 못하고 뒤로 밀리는 것을 보자 무장한 군사들의 대열 사이로 돌아다니며, 자기를 잡아다가 저런 애송이들에게 넘겨주다니 부끄럽지도 않느냐고 그들은 큰 소리로 다그쳤다. 카이사르는 고전 끝에 간신히 적군을 물리치고 3만 명 이상을 죽였으나, 자신도 가장 용감한 전사 1천 명을 잃었다. 카이사르는 싸움터를 떠나며 측근들에게, 승리를 위해서는 여러 번 싸워보았지만 목숨을 위해 싸우기는 이번이 처음이라고 말했다. 카이사르가 이 전투에서 이긴 날은 주신 디오뉘소스의 축제일[204]이었는데, 전하는 이야기에 따르면 4년 전 이날 대 폼페이유스는 이탈리아를 떠나 전쟁터로 향했다고 한다. 폼페이유스의 아들 가운데 아우는 도주하고, 형의 머리는 며칠 뒤 데이디우스가 갖고 왔다.

　이것이 카이사르가 싸운 마지막 전쟁이다. 이 전쟁에서의 승리를 축하하기 위한 개선식은 어떤 다른 일보다 로마인들의 감정을 상하게 했다. 그것은 외국의 장군이나 야만족의 왕들에게 승리한 것을 축하하는 것이 아니라, 운을 타고나지 못한 가장 위대한 로마인의 아들들과 가족을 몰살한 것을 축하했기 때문이었다. 카이사르가 조국에 재앙을 안기고도 이를 축하하기 위해 개선식을 올리고, 신들과 인간들 앞에서 부득이 그럴 수밖에 없었다는 것 말

했는데, 로마를 떠난 뒤 기원전 45년 단독 집정관에 임명되었다.
204　기원전 45년 3월 17일.

고는 변명의 여지가 없는 행동들을 오히려 자랑스레 여긴다는 것은 떳떳하지 못한 짓이었다. 카이사르도 전에는 내전에서 승리했을 때 이를 민중에게 알리기 위해 사자나 서찰을 보낸 적이 없었으며 오히려 그런 명성은 부끄럽다고 사양하지 않았던가!

57.

그럼에도 로마인들은 카이사르의 행운 앞에 머리를 숙이고 재갈을 받아들였고, 독재정치야말로 거듭되는 내전과 혼란으로부터 숨 돌릴 틈을 가져다줄 거라고 믿고 카이사르를 종신 독재관으로 임명했다.[205] 그것은 사실상 참주정치를 의미했는데, 그 권력이 절대적이고 영구적이기 때문이었다.

카이사르에게 특별한 명예를 부여하자고 원로원에서 맨 처음 발의한 사람은 키케로였다. 그러나 그가 발의한 것은 인간에게 과분한 것은 아니었다. 하지만 다른 원로원 의원들이 여기에 불필요한 명예들을 덧붙이며 서로 경쟁적으로 발의하자, 카이사르는 그를 위해 포고된 직함들이 과장되고 지나쳤던 탓에 가장 온순한 시민들에게조차 미움과 불쾌감을 사게 되었다. 카이사르의 정적들도 카이사르의 아첨꾼들 못지않게 이러한 법안이 통과되도록 힘을 모아준 것으로 생각되는데, 그것은 카이사르를 공격할 핑계를 되도록 많이 만들어놓고 나름대로 그를 타도할 만한 충분한 이유가 있는 것처럼 보이게 하려는 속셈이었다.

사실 카이사르는 내전이 끝난 뒤 다른 점에서는 나무랄 데 없

---

[205] 카이사르는 기원전 44년 2월 15일, 루페르칼리아 제가 열리기 전에 종신 독재관(dictator perpetuus)으로 선포되었다.

이 처신했다. 그의 인간적인 처신에 감사하는 뜻에서 그에게 관용의 여신[206] 신전을 지어 바친 것도 부적절하게 여겨지지 않았다. 카이사르는 자기에게 맞서 싸운 사람들을 많이 용서해주었고, 그중 몇 명에게는 명예와 관직까지 주었던 것이다. 예컨대 브루투스와 캇시우스[207]의 경우가 그러했는데, 이 두 사람은 법정관이 되었다. 카이사르는 땅바닥에 쓰러져 있는 폼페이유스의 입상들을 그대로 내버려두지 않고 다시 일으켜 세우게 했는데, 이에 대해 키케로는 카이사르가 폼페이유스의 입상들을 일으켜 세움으로써 자신의 입상들을 튼튼하게 세운 것이라고 말했다.

측근들이 호위대를 데리고 다니라고 권하며 그중 여럿이 호위대가 되겠다고 자원했지만 카이사르는 늘 죽음을 예기하느니 차라리 단번에 죽는 편이 낫다며 거절했다. 사람들의 선의에 둘러싸이는 것이 안전을 위한 최선의 방책이라 여기고 카이사르는 다시 민중에게 잔치를 베풀고 식량을 배급했으며, 군사들에게는 새로운 식민시들을 나눠주었다. 그중 가장 눈에 띄는 곳은 카르타고와 코린토스였다. 두 도시는 우연히 전에도 같은 시기에 함락되었다가[208] 이제 같은 시기에 재건되었다.

58.

한편 카이사르는 귀족 중 일부에게는 장차 집정관과 법정관을 시

---

206 라틴어로 Clementia.
207 카이사르의 두 암살자인 브루투스(Marcus Iunius Brutus)와 캇시우스(Gaius Cassius Longinus)는 기원전 44년 법정관으로 임명되었다.
208 기원전 146년 각각 소 스키피오와 뭄미우스(Lucius Mummius)에 의해 함락되었다.

켜주겠다고 약속하고 그 밖의 사람들은 여러 가지 특권과 명예로 달랬다. 카이사르는 모든 사람에게 희망을 심어주었으니 기꺼이 복종하는 자들을 통치하고 싶었던 것이다. 그래서 집정관 막시무스[209]가 죽었을 때, 카이사르는 단 하루밖에 남지 않은 임기를 위해 카니니우스 레빌리우스[210]를 집정관에 임명했다. 많은 사람들이 집정관 취임을 축하하고 그를 광장으로 호송해주기 위해 신임 집정관을 찾아갔던 것 같다. 그러자 키케로가 "자! 서둘러야 합니다. 그러지 않으면 저 양반의 집정관 임기가 끝날 테니 말이오"라고 말했다.

카이사르는 천성적으로 모험심이 강하고 야심이 많은 사람이었다. 그래서 카이사르는 수많은 성공을 거두었으면서도 힘들게 성취한 것들을 즐기는 데는 관심이 없었다. 오히려 그러한 성공들은 미래의 성취에 대한 자극제가 되어 그의 마음속에 더 위대한 업적에 대한 계획과 새로운 영광을 향한 열망을 심어주었다. 마치 이전의 영광은 이미 다 써버렸다는 듯이.

따라서 그의 감정은, 자신이 남인 양 그 자신과 경쟁했으며 과거의 업적을 미래의 업적으로 끊임없이 능가하고 싶어 했다는 말로 가장 잘 표현할 수 있을 것이다.

카이사르는 파르티아[211] 원정을 계획하고 준비했다. 그리고 그곳을 정복한 다음, 휘르카니아[212]와 카스피움해[213]와 카우카수스[214]

---

209 막시무스(Quintus Fabius Maximus)는 기원전 45년 집정관이었다.
210 카니니우스 레빌리우스(Caninius Rebilius)는 기원전 45년 12월 31일 집정관에 임명되었다.
211 파르티아(Parthia)는 카스피해 남쪽에 있던 기마 유목민의 나라다.
212 휘르카니아(Hyrcania)는 카스피해 남동해안에 있던 나라다.

산을 지나고 흑해를 돌아 스퀴티아[215] 땅으로 쳐들어갔다가 이어 게르마니아에 인접한 나라들과 게르마니아 자체를 정벌한 뒤, 갈리아를 지나 이탈리아로 돌아옴으로써 사방의 경계가 오케아노스[216]에 닿는 환상(環狀)의 제국을 완성할 작정이었다.

카이사르는 또 이 원정길에 코린토스의 지협을 가로질러 운하를 파고(그는 이미 아니에누스에게 이 일의 감독을 맡겼다), 로마 바로 아래쪽에서 티베리스[217]강의 물줄기가 새로 판 깊은 수로를 통해 키르케이이[218]곶 쪽으로 방향을 틀어 타르라키나[219]에서 바다로 흘러들게 할 계획이었는데, 이는 상인들이 안전하고 쉽게 로마로 들어올 수 있도록 하려는 것이었다. 카이사르는 또 포메티아와 세티아[220] 근처에 있는 늪들에서 물을 빼내고 수천 명이 경작할 수 있는 들판을 만들려고 했다. 카이사르는 또 로마에 가장 가까운 해안을 따라 방파제를 쌓고 오스티아 해안의 위험한 암초들을 제거해 그곳을 찾는 대선단이 머물기에 충분한 항구

---

213   카스피움해(mare Caspium)는 카스피해의 라틴어 이름이다.
214   카우카수스(Caucasus)는 캅카스의 라틴어 이름이다.
215   스퀴티아(Scythia)는 흑해에서 시베리아 지방에 이르는 지역에 살던 기마 유목민족 스퀴타이족(Scythae)의 나라다.
216   주 97 참조.
217   티베리스(Tiberis)는 아펜니노산맥에서 발원해 서쪽의 에트루리아(Etru-ria) 지방과 동쪽의 움브리아(Umbria) 지방 사이로 약 400킬로미터를 달려 라티움 지방 북쪽에서 바다로 흘러드는 강으로, 로마는 오스티아(Ostia)에 있는 하구에서 약 25킬로미터 떨어진 이 강의 좌안에 세워졌다.
218   키르케이이(Circeii)는 라티움 지방의 곶이다.
219   타르라키나(Tarracina)는 로마 남쪽에 있는 라티움 지방의 항구로, 지금의 테라치나(Terracina)다.
220   포메티아(Pometia)와 세티아(Setia)는 둘 다 라티움 지방의 도시다.

들과 정박지들을 만들려고 했다. 이 모든 계획이 준비 단계에 있었다.

59.

역법(曆法)을 개혁하고 시간을 계산할 때 생기는 편차를 수정하는 일은 카이사르에 의해 과학적으로 연구되어 완성되었는데, 매우 쓸모가 있다는 사실이 밝혀졌다. 먼 옛날부터 로마인들은 음력과 양력의 차이로 큰 혼란에 빠져 축제일과 제물 바치는 날들이 점점 뒤로 밀려서 나중에는 엉뚱한 계절에 들기도 했다. 뿐만 아니라 카이사르의 역법 개혁이 실행되기 직전까지만 해도 대부분의 사람들은 실제 양력을 계산할 수 없었다.[221] 그리하여 사제들이 느닷없이 메르케도니우스라는 윤달을 집어넣어 사람들을 놀라게 했는데, 오직 사제들만이 올바른 시기를 알고 있었기 때문이다.[222]

맨 처음으로 윤달을 도입한 것은 누마[223] 왕이라고 한다. 그것도 축제일이 뒤로 밀리는 것을 항구적으로 막을 수 없었다. 이에 관해서는 「누마 전」에서 이미 언급한 바 있다.[224] 카이사르는 당대의

---

[221] 기원전 46년에는 로마의 달력이 양력보다 석 달쯤 앞섰는데, 카이사르는 수학자 소시게네스(Sosigenes)의 조언에 따라 기원전 46년에다 종전의 355일 대신 445일을 줌으로써 이 문제를 해결하고 기원전 45년 1월 1일부터는 1년을 365일로 하고 윤년도 도입했다.

[222] 축제일을 공고하는 것은 사제들의 소관이었다.

[223] 로마는 왕정으로 출발해 공화정을 거쳐 제정으로 끝나는데, 누마(Numa)는 로물루스에 이어 로마 제2대 왕이 되었다. 누마는 로마의 제도를 정비하고 호전적인 로마인들을 교화하는 데 많은 노력을 기울였다.

[224] 「누마 전」 18장 참조.

가장 유능한 철학자들과 수학자들에게 이 문제를 검토하게 하여 기존의 수정 방법을 토대로 독창적이고 더욱 정확한 역법을 만들어냈다. 로마인들은 이 역법을 지금까지도 사용하는데, 양력과 음력의 불일치에서 발생하는 과오를 어느 다른 민족보다 잘 해결한 것으로 간주된다.

그러나 카이사르를 시기하고 그의 권력을 못마땅하게 여기는 사람들에게는 그것도 불평거리였다. 아무튼 웅변가 키케로는 누군가 "내일은 거문고자리가 떠요"라고 말하자, 마치 역법 개혁도 사람들이 마지못해 받아들이기나 한 것처럼 "암, 그렇고말고. 누구 명령인데"라고 대답했다고 한다.

60.

그러나 사람들이 카이사르를 노골적으로 미워해, 결국 그를 죽이게 된 것은 왕권에 대한 그의 욕심 때문이었다. 그런 욕심은 대중이 그에게 처음으로 등을 돌린 이유가 되었고, 오래전부터 그를 은근히 미워하던 자들에게는 더없이 그럴듯한 핑계가 되었으니 말이다. 하지만 카이사르에게 그런 명예를 부여해야 한다고 주장하는 자들은, 시뷜라의 신탁집[225]에 로마인들은 왕의 지휘를 받아

---

[225] 시뷜라(Sibylla)는 나폴리 근처 쿠마이에 살던 고령의 예언녀. 시뷜라의 신탁집(神託集 libri Sibyllini)이란 그녀가 자신의 예언들을 종려나무 잎에 기록해둔 것을 말한다. 전설에 따르면 그녀는 모두 9권으로 된 신탁집을 로마의 마지막 왕 타르퀴니우스 수페르부스(Tarquinius Superbus)에게 고가(高價)로 팔겠다고 제의했는데, 그가 사지 않겠다고 하자 그녀는 그중 세 권을 불태우고 나머지를 전과 같은 값에 살 것을 제의했으며, 그가 거듭 사지 않겠다고 하자 세 권을 더 불태우고 나서 마지막 세 권을 처음 가격에 그에

야만 파르티아를 정복할 수 있고 그러지 않으면 파르티아는 정복되지 않는다는 예언이 있다는 소문을 민중 사이에 퍼뜨렸다. 그들은 또 알바[226]에서 로마로 돌아오던 카이사르를 감히 왕이라 부르며 환호했다. 이에 민중이 당황하자 카이사르는 언짢아하며 자기 이름은 왕이 아니라 카이사르라고 말했다. 그의 말에 모두들 함구무언하자 그는 밝지도 즐겁지도 않은 표정으로 가던 길을 갔다.

또 한번은 원로원에서 그에게 여러 가지 과도한 명예를 주기로 결의했는데, 그는 마침 연단 위에 앉아 있었다. 집정관들과 법정관들이 전 원로원 의원들을 데리고 다가가자 그는 자리에서 일어서지 않고 마치 사인(私人)들을 대하듯 그들을 대하며 자신의 명예는 확대가 아니라 축소돼야 마땅하다고 말했다.

이러한 태도는 원로원뿐 아니라 민중에게도 반감을 샀으니 원로원에 대한 모독은 국가에 대한 모독이라고 보았기 때문이다. 그래서 광장에 꼭 남아 있을 필요가 없는 이들은 모두 크게 실망하며 당장 자리를 떴다. 카이사르도 자신의 실수를 알아차리고 지체 없이 집으로 갔다. 그리고 집에 도착하자 토가 자락을 뒤로

게 팔았다고 한다. 왕은 이 신탁집을 두 명의 귀족에게 맡겨 관리하게 했는데 나중에 그 수는 10명으로, 더 나중에는 15명으로 늘어났다. 이 신탁집은 일찍부터 로마에 있었으며, 미래에 관한 조언을 구하거나 나라에 지진이나 역병 같은 재앙이 들 때 신의 노여움을 달래기 위한 방법을 찾고자 로마인들은 이 신탁집을 참고했다. 이 신탁집은 상자에 든 채 카피톨리움 언덕에 있던 읍피테르 옵티무스 막시무스의 신전 지하 창고에 보관되었으나 기원전 83년 대화재 때 소실되었다.

226 로마에서 남동쪽으로 20킬로미터쯤 떨어져 있는 알바산(mons Albanus) 북쪽 사면에 자리잡은 고도(古都) 알바 롱가(Alba Longa)를 말한다.

젖혀 목을 드러내며 누구든지 자기를 죽이고 싶은 자가 있으면 기꺼이 목을 내주겠다고 측근들에게 큰 소리로 외쳤다.

그러나 나중에 카이사르는 그렇게 행동한 것은 지병 때문이라고 변명하며, 그런 병을 앓는 사람은 무리지어 서 있는 다중 앞에서 연설할 때 감각에 대한 통제력을 상실해 현기증이 나다가 발작을 일으키기 쉬운 법이라고 말했다. 그러나 그의 말은 사실이 아니었다. 카이사르는 원로원 의원들 앞에서 일어서고 싶어 했지만, 그의 측근들 아니 아첨꾼 중 한 명인 코르넬리우스 발부스가 "그대는 카이사르라는 점을 명심하십시오. 그대는 저들의 상전이니 마땅히 상전 대접을 받아야지요"라는 말로 그를 만류했다고 한다.

61.

카이사르는 호민관들을 모욕함으로써 또다시 사람들의 감정을 상하게 했다. 그때는 루페르칼리아 제[227]가 열리고 있었는데, 이 축제는 여러 사람의 보고에 따르면 유서 깊은 목자(牧者)들의 축제로서 아르카디아 지방의 뤼카이아 제[228]와도 유사했다. 이 축제

---

227 루페르칼리아 제(Lupercalia)는 풍년과 다산과 인축(人畜)의 안전을 빌던 로마의 축제로 매년 2월 15일에 개최되었다. 이때 이 축제를 주관하는 루페르키들(Luperci '늑대 사람들'이라는 뜻)이 제물로 바친 염소가죽의 일부로 알몸을 가린 채 염소가죽의 나머지 부분은 잘게 잘라 가죽끈을 만든 다음 그것을 들고 로마의 거리를 달리며 만나는 사람들을 때렸는데, 특히 여자들은 맞으면 아이를 가진다 하여 일부러 다가가서 매를 맞았다고 한다.
228 뤼카이아 제(Lykaia)는 그리스 아르카디아 지방에 있는 뤼카이온(Lykaion) 산의 제우스(Zeus Lykaios)에게 바쳐진, 경기를 곁들인 축제다.

때는 수많은 명문가 출신 젊은이들과 고위 관리들이 알몸으로 시내를 돌아다니며 도중에 만나는 사람들을 재미 삼아 웃기느라 털북숭이 가죽끈으로 때렸다. 귀부인들도 상당수 일부러 그들의 길을 막으며 학교에서 아이들이 그러하듯 때리라고 두 손을 내밀었는데, 그렇게 하면 임신부들은 순산을 하고 불임 여성들은 임신을 하게 된다고 믿었기 때문이다.

카이사르는 개선장군 복장을 하고[229] 연단 위쪽의 황금 의자에 앉아 이 축제를 구경하고 있었다. 그리고 안토니우스는 당시 집정관으로서 이 축제 경주에 참가 중이었다. 광장으로 달려온 그의 앞에서 군중이 갈라서자, 그는 머리띠[230]에 월계관을 묶어 카이사르에게 내밀었다. 박수치는 소리가 났지만 요란하지는 않고 미리 짜고 치는 미미한 소리였다. 그러나 카이사르가 머리띠를 사양하자 모여 있던 사람들이 모두 박수를 쳤다. 안토니우스가 다시 머리띠를 바치자 소수의 사람들만이 박수를 쳤고, 카이사르가 다시 사양하자 모두들 박수를 쳤다. 실험이 이렇듯 실패로 끝나자 카이사르는 월계관을 카피톨리움으로 가져가라[231] 이르고 자리에서 일어섰다.

그 뒤 카이사르의 입상들이 머리띠로 장식되어 있는 것이 발견되자 두 명의 호민관 플라비우스와 마룰루스가 입상들이 있는 곳

---

229 개선장군 복장을 하고 다니는 것은 카이사르에게 주어진 지나친 특전의 하나로, 이전의 로마 왕들이 누리던 특전이었다.
230 머리띠(diadēma)는 원래 단순한 머리띠였으나 나중에는 왕권의 상징이 되었다.
231 윱피테르에게 갖다 바치라는 뜻이다. 카피톨리움 언덕에는 윱피테르 신전이 있다.

으로 가서 머리띠를 치우고, 맨 먼저 카이사르를 왕이라고 부르며 환호하던 자들을 찾아내어 투옥시켰다. 민중은 호민관들의 뒤를 따르며 박수갈채를 보냈고, 그들을 브루투스들이라고 불렀다. 왜냐하면 브루투스[232]는 왕정을 종식시키고 전에는 왕 한 명이 쥐고 있던 권력을 원로원과 민중에게 넘겨주었기 때문이다. 이에 카이사르가 크게 화를 내며 마룰루스와 플라비우스의 관직을 박탈하게 하고[233] 이들을 고발하는 연설에서 거듭 이들을 브루투스[234]들이니 퀴메[235]인들이니 하고 부름으로써 민중까지 모욕했다.[236]

62.

상황이 이렇게 전개되자 민중은 대부분 마르쿠스 브루투스 쪽으로 돌아섰다. 마르쿠스 브루투스는 부계로는 왕정을 종식시킨 브루투스의 후손이고, 모계로는 또 다른 명문가인 세르빌리이가(家)의 후손으로 카토[237]의 사위이자 조카였다. 브루투스는 새로

---

232 여기에 나오는 브루투스는 카이사르를 암살한 브루투스(Marcus Iunius Brutus 기원전 85년경~기원전 42년)가 아니라 그의 선조로, 기원전 509년 로마의 마지막 왕인 오만왕 타르퀴니우스를 축출하고 처음으로 집정관에 선출된 브루투스(Lucius Iunius Brutus)를 말한다.
233 이들은 원로원의 표결에 따라 호민관직을 박탈당했다.
234 브루투스는 '멍청이' '얼간이'라는 뜻이다. 왕정을 종식시킨 브루투스가 살아남기 위해 일부러 바보 행세를 한 데서 유래한 이름이다.
235 퀴메(Kyme)는 소아시아 아이올리스 지방에 있는 해안도시인데, 그곳 사람들은 멍청하기로 유명했다.
236 호민관은 민중의 권익을 대변했다.
237 로마의 공화정을 사수하려던 스토아 철학자 소 카토를 말한다. 브루투스가 원로원을 중심으로 공화정을 유지하기 위하여 카이사르를 암살하게 된 데

운 독재를 자진해 철폐하고 싶었지만 그러한 열망은 카이사르에게서 받은 여러 가지 명예와 혜택 때문에 무뎌졌다. 파르살로스에서 폼페이우스가 도주한 뒤 카이사르는 그의 목숨은 물론이고 그가 탄원한 친구들의 목숨도 많이 살려주었을 뿐 아니라 그를 특히 신임하고 있었다.

브루투스는 그해에 법정관들 중에서도 가장 요직에 있었고,[238] 3년 뒤에는 같은 후보인 캇시우스에 앞서 집정관으로 내정되어 있었다. 전하는 이야기에 따르면, 카이사르는 이 문제와 관련해 캇시우스의 후보의 변(辯)이 더 옳기는 하지만 자기로서는 브루투스를 지나칠 수 없었다고 말했다 한다. 또 한번은 음모가 이미 진행되고 있었을 때 몇몇 사람이 브루투스가 음모에 가담했다고 고발하자 카이사르는 그들의 말을 들은 척도 하지 않고 손으로 자기 몸을 만지며, 브루투스는 통치자가 될 만한 좋은 자질이 있지만 바로 그러한 자질 때문에 배은망덕한 악당이 될 수 없을 것이라는 뜻으로, "브루투스는 내 이 몸이 사라질 때까지 기다릴 것이오"라고 말했다.

그러나 변혁을 열망하는 자들은 브루투스만을 또는 맨 먼저 브루투스를 주시하면서도 감히 그에게 변혁이라는 말을 건네지는 못하고 어느 날 밤 그가 법정관으로서 연설하던 연단과 의자 위에 전단들을 뿌렸는데, 그 내용은 대개 "브루투스여, 그대는 자고 있구려!" 또는 "그대는 브루투스가 아니오"라는 식이었다. 또한

에는 그의 영향도 컸던 것 같다.
238 그는 기원전 44년에 로마 시민들끼리의 소송을 관장하는 '도시의 법정관' (praetor urbanus)이 되었다.

캇시우스는 이런 말들이 브루투스의 공명심을 자극한다는 것을 알아차리고 더욱더 브루투스를 자극하려고 했는데, 그것은 그 자신도 개인적으로 카이사르를 미워할 만한 이유가 있었기 때문이다. 이 이유에 관해서는 「브루투스 전」[239]에서 언급한 바 있다.

카이사르는 실제로 캇시우스를 의심해 한번은 자신의 측근들에게 "그대들은 캇시우스가 무엇을 원한다고 생각하는가? 나는 그가 별로 마음에 들지 않네. 그는 얼굴이 너무 창백해"라고 말했다. 또 한번은 안토니우스와 돌라벨라가 반역을 꾀하고 있다는 말을 들었을 때 카이사르는 "내가 두려워하는 것은 살찌고 머리가 긴 자들이 아니라 창백하고 마른 자들일세"라고 말했는데, 이는 캇시우스와 브루투스를 두고 한 말이다.

63.

운명이란 예측할 수 없는 것이라기보다 피할 수 없는 것인 듯하다. 죽기 전 카이사르에게 놀라운 전조와 환영들이 나타났다고 하니 말이다. 하늘에 불빛들이 나타나고 밤새도록 굉음이 울려 퍼지고 외딴 곳에 사는 새들이 광장에 내려앉았다는 것은 그토록 큰 사건의 전조로서는 아마 언급할 가치도 없을 것이다. 그러나 철학자 스트라본[240]의 보고에 따르면, 수많은 사람들이 화염에 싸인 채 서로 덤벼드는 것이 목격되었다고 하며, 어떤 군사의 노예가 손에서 긴 불길을 내뿜어 구경꾼들에게는 타서 없어지는 것

---

[239] 「브루투스 전」 8~9장 참조.
[240] 스트라본(Strabon 라/Strabo 기원전 64~기원후 24년 이후)은 그리스의 지리학자이자 역사가다.

처럼 보였으나 불이 꺼지자 상처 하나 없이 말짱했다고 한다. 그의 또 다른 보고에 따르면, 카이사르 자신이 제물을 바치고 있는데 제물로 바쳐진 짐승의 심장이 발견되지 않았다고 한다. 이것은 불길한 전조였다. 심장 없는 짐승이란 자연에는 존재할 수 없기 때문이다.

그 밖에도 여러 사람들이 다음과 같은 이야기를 전하고 있다. 어떤 예언자가 카이사르에게 로마인들이 이두스[241]라고 부르는, 3월의 그날 큰 위험에 대비하라고 경고했다. 그날이 다가와 카이사르가 원로원으로 가던 도중 그 예언자를 만나 인사하며 농담 삼아 "3월의 이두스가 다가왔구려"라고 말하자, 예언자는 "네, 다가왔습니다. 하지만 아직 지나가지는 않았습니다"라고 나직이 대답했다.

이두스 전날 카이사르는 마르쿠스 레피두스[242] 집에서 열리는 만찬에 초대받아 갔다가 긴 의자에 반쯤 기대 누운 채 여느 때처럼 서찰들에 서명하고 있는데, 어떤 죽음이 가장 훌륭한 죽음이냐는 문제가 갑자기 화두가 되자 그가 다른 사람들보다 한발 앞서 "예기하지 않은 죽음이지"라고 큰 소리로 말했다. 집에 돌아온 카이사르는 여느 때처럼 아내 곁에서 잠을 자고 있는데, 갑자기 침실의 문과 창문들이 활짝 열리는 바람에 그 소음과 쏟아지는 달빛에 놀라 잠을 깨어보니 아내 칼푸르니아가 깊은 잠에 빠

---

241 이두스(Idus)는 원래 보름날이었으나 3월·5월·7월·10월에는 15일에 들고 나머지 달에는 13일에 든다.
242 마르쿠스 레피두스(Marcus Aemilius Lepidus)는 기원전 46년과 42년 집정관을 지냈으며, 제2차 삼두정치의 주역 가운데 한 명이다.

져 알아들을 수 없는 말과 신음 소리를 토하고 있었다. 그녀는 그때 죽은 남편의 시신을 안고 통곡하는 꿈을 꾸었던 것으로 밝혀졌다.

그러나 일설에 따르면, 그녀는 그런 꿈을 꾼 것이 아니었다. 리비우스에 따르면 카이사르의 집에는 원로원 결의에 따라 장식과 권위의 표지로 박공(牔栱) 장식을 붙였는데, 칼푸르니아는 이것이 도로 뜯기는 것을 보고 통곡하는 꿈을 꾸었다고 한다. 아무튼 날이 밝아오자 그녀는 가능하면 외출하지 말고 원로원 회의를 연기하되, 만일 자신의 꿈을 무의미한 것으로 간주한다면 제물이나 다른 예언의 방법으로라도 미래에 관해 물어보라고 카이사르에게 간청했다. 카이사르도 불안하고 두려운 마음이 들었던 것 같다. 카이사르는 전에는 칼푸르니아가 여느 여인들이 그러하듯 미신에 빠지는 것을 본 적이 없는데 그때는 몹시 괴로워하는 것을 보았기 때문이다. 예언자들도 여러 제물을 바친 뒤 불길한 전조만 보인다고 말하자 카이사르는 안토니우스를 보내 원로원 회의를 유회시키기로 결정했다.

64.

그러나 바로 그때 알비누스라는 별명을 가진 데키무스 브루투스[243]가 끼어들었다. 그는 카이사르의 유언장에 제2의 상속인으로 올

---

[243] 데키무스 브루투스(Decimus Iunius Brutus Albinus)는 카이사르 암살의 주역인 마르쿠스 브루투스와는 먼 친척뻘 되는 사람으로, 갈리아에서 카이사르의 지휘 아래 싸우고 내전 때는 폼페이우스에 맞서 싸웠으나 카이사르의 암살자들 중 한 명이다.

라 있을 만큼 카이사르의 신임을 받았으나 또 다른 브루투스와 캇시우스의 음모에 가담하고 있었다. 그는 카이사르가 이날을 무사히 넘기면 자신들의 음모가 드러날까 두려워 예언자들을 조롱하며 카이사르에게 원로원을 홀대했다는 비난을 받을 계기를 만들지 말라고 말했다. 그는 또 말하기를, 원로원을 소집한 것은 카이사르이며, 원로원은 카이사르가 이탈리아 밖의 모든 속주의 왕으로 선포되고 이탈리아 밖에서는 어디서나 육지에서든 바다에서든 왕관을 쓸 수 있게 하자는 제안을 만장일치로 가결할 준비가 되어 있다고 했다. 또한 그들이 원로원에 모여 있는데 어떤 이가 가서 오늘은 그만 집으로 돌아가고 다음에 칼푸르니아가 더 좋은 꿈을 꾸거든 그때 다시 오라고 한다면 카이사르의 정적들이 뭐라 하겠으며, 카이사르의 친구들이 그것은 예속도 아니고 독재도 아니라고 주장한들 누가 귀를 기울이겠느냐고 했다. 알비누스는 또 말하기를, 그러나 카이사르가 이날을 불길한 날로 여겨 피하기로 결심했다면 카이사르가 몸소 원로원에 가서 회의의 연기를 선포하는 것이 더 좋겠다고 했다. 이렇게 말하며 브루투스는 카이사르의 손을 잡고 앞으로 인도하기 시작했다. 카이사르가 자신의 문간에서 얼마 안 갔을 때 남의 집 노예가 카이사르와 면담하려고 달려왔다. 그러나 카이사르 주위로 사람들이 몰려드는 바람에 한쪽으로 밀려나자 어쩔 수 없이 카이사르의 집으로 들어가 칼푸르니아에게 자신을 맡기며, 중대한 일을 보고하고자 하니 카이사르가 돌아올 때까지 자기를 안전하게 지켜달라고 부탁했다.

65.

크니도스 출신의 아르테미도로스는 헬라스 철학 교사였던 까닭에 브루투스의 몇몇 측근과 친교가 있어, 그들의 음모에 관해 잘 알고 있었다. 그래서 그는 두루마리에다 폭로하려는 내용을 적어 가지고 카이사르에게 갔다. 그러나 카이사르가 그런 두루마리들을 받는 족족 시종들에게 맡기는 것을 보자, 그는 바싹 가까이 다가가 "카이사르여, 이것은 직접 읽으시되 빨리 읽으셔야 합니다. 중대하고도 그대와 직접 관계되는 내용입니다"라고 말했다. 카이사르는 그 두루마리를 받아 들고 몇 번이나 읽으려 했지만 수많은 사람들이 그와 면담하려고 하는 바람에 읽을 수 없었다. 그래서 카이사르는 이 두루마리를 계속 들고 있었고, 원로원에 들어갈 때도 손에 쥐고 있었다. 그러나 일설에 따르면, 카이사르에게 이 두루마리를 건네준 것은 다른 사람이고, 아르테미도로스는 가던 도중 내내 군중에게 밀려 카이사르에게 접근조차 할 수 없었다고 한다.

66.

이런 일들은 모두 우연히 일어난 일이라고 할 수 있을 것이다. 그러나 그날 원로원 회의가 개최되고 저 유명한 살인극과 사투가 벌어진 장소를 보게 되면 하늘의 어떤 힘이 그런 사건이 일어나게 되어 있는 그곳으로 카이사르를 인도하고 소환했음이 명백하다. 왜냐하면 그곳에는 폼페이우스의 입상이 있었고, 또 그곳은 폼페이우스가 자신의 극장[244]에 딸린 장식 건물의 하나로 지어 봉헌했기 때문이다. 전하는 이야기에 따르면, 실제로 캇시우스는

---

244 폼페이우스는 기원전 55년 로마인들에게 극장을 지어 헌납했다.

에피쿠로스의 가르침[245]에 문외한이 아니었음에도 거사 직전 폼페이유스의 입상을 쳐다보며 나직이 도움을 청했다고 하는데, 무시무시한 거사의 시간이 임박하자 위기감에 평소의 합리적인 사고 능력을 상실하고 종교적인 감정에 젖었던 것 같다.

체격이 건장한 카이사르의 심복 안토니우스를 브루투스 알비누스[246]가 일부러 장황하게 이야기를 주고받으며 바깥에 붙들어 두고 있었다. 카이사르는 안으로 들어갔고 원로원 의원들은 카이사르에게 경의를 표하기 위해 자리에서 일어섰다. 한편 브루투스의 측근들은 더러는 카이사르의 의자 뒤에 둘러섰고, 더러는 틸리우스 킴베르가 추방당한 형을 위해 카이사르에게 탄원하는 것을 지원하려는 듯 덩달아 탄원하며 카이사르의 의자가 있는 데까지 따라갔다.

그러나 카이사르는 자리에 앉은 뒤에도 여전히 그들의 탄원을 거절했고, 그들이 더욱더 뻔뻔스럽게 졸라대자 그들 중 몇 명에게 역정을 냈다. 그러자 틸리우스가 카이사르의 토가를 두 손으로 움켜잡고 목덜미 부분을 아래로 끌어내렸다.

이것이 공격 신호였다. 단검으로 맨 먼저 카이사르의 목덜미를 가격한 것은 카스카[247]였다. 그러나 카스카는 이런 엄청난 거사를

---

245 우리에게 '쾌락주의자'로 알려진 에피쿠로스(Epikouros)는 데모크리토스(Demokritos)의 원자론을 계승 발전시킨 그리스 철학자로, 그의 추종자들은 신들은 인간사에 직접 개입하지 않으며 인간은 죽고 나면 원자로 환원된다고 생각했다.
246 알비누스가 아니라 트레보니우스(Gaius Trebonius)였다고 한다. 플루타르코스,「브루투스 전」17장 참조.
247 카스카(Gaius Servilius Casca)는 기원전 44년 호민관이었다.

시작하면서 당연한 일이기도 하지만 너무 긴장한 탓에, 그의 가격은 치명적인 것이 아니라 경미했다. 카이사르는 몸을 돌려 단검을 잡고 놓지 않았다. 두 사람이 거의 동시에 소리쳤는데, 가격당한 자는 로마 말로 "카스카! 이 악당 놈아, 이게 무슨 짓이야?"라고 소리쳤고, 가격한 자는 헬라스 말로 자신의 형에게 "형님, 도와주시오!"라고 소리쳤다.

이렇게 사건이 시작되자, 음모에 관해 아무것도 모르는 자들은 앞에서 벌어지는 일에 당황하고 놀라 도주하지도 카이사르를 도우러 가지도 못했다. 아니, 그들은 한마디 말도 못했다. 그러나 카이사르를 죽이기로 작정한 자들은 모두 칼을 빼들었고, 카이사르는 사방으로 에워싸인 채 어느 쪽으로 돌아서든 그의 얼굴과 눈을 겨냥한 단검과 마주칠 뿐이었다. 카이사르는 야수처럼 이리저리 쫓기다가 결국 그들 모두의 손에 걸려들었다. 그들은 모두 제물 바치는 일에 참가해 피맛을 보기로 약속했기 때문이다.

브루투스도 카이사르의 아랫배에 일격을 가했다. 일설에 따르면, 카이사르는 다른 사람들에 대해서는 저항하며 그들의 가격을 피해 이리저리 몸을 틀면서 도와달라고 소리쳤으나 브루투스가 단검을 빼어든 것을 보자[248] 머리에 토가를 뒤집어쓰고는 우연이었는지 살해자들에게 그리로 밀려갔는지 폼페이유스의 입상이 서 있던 대좌에 쓰러졌다고 한다. 그리하여 대좌가 카이사르의

---

248 카이사르가 브루투스에게 했다는 "내 아들아, 너마저?"(kai su, teknon?)라는 유명한 그리스 말은 수에토니우스의 『황제전』 중 「율리우스 카이사르전」 82장에 기록되어 있다. "브루투스여, 너마저?"라는 말은 셰익스피어의 사극 『줄리어스 시저』에 나온다.

피로 흠뻑 젖었으니, 수많은 상처를 입고 부들부들 떨며 자기 발앞에 쓰러져 있는 정적에 대한 이 복수극을 다름 아닌 폼페이우스 자신이 연출한 것처럼 보였다. 카이사르는 스물세 군데나 상처를 입었다고 한다. 암살자들도 한 사람의 몸을 그토록 많이 가격하려다 서로 부상을 입혔다.

67.

이렇게 카이사르가 죽자 브루투스는 자신들이 저지른 일을 해명하려는 듯 앞으로 걸어 나왔으나, 원로원 의원들은 그의 말을 들으려고 기다리지 않고 문밖으로 뛰쳐나갔으며, 그렇게 도주함으로써 민중을 혼란과 걷잡을 수 없는 공포의 도가니로 몰아넣었다. 그들 중 더러는 대문을 걸어 잠갔고, 더러는 계산대와 가게를 떠났다. 거리에는 카이사르가 살해된 장소를 보려고 달려가는 자들과 그곳을 보고 나서 돌아오는 자들로 득실댔다. 카이사르의 최측근인 안토니우스와 레피두스는 몰래 빠져나가 남의 집에 숨었다.

한편 브루투스의 측근들은 죽은 자의 채 식지 않은 피가 묻어 있는 칼을 빼들고 함께 원로원을 떠나 카피톨리움으로 올라갔다. 그들은 도망치는 자들처럼 보이기는커녕 얼굴에 행복감과 자신감이 넘쳤으며, 도중에 민중을 만나면 자유를 회복하라고 격려하고, 귀족을 만나면 자신들에게 합류하기를 청했다. 그리하여 몇 사람은 실제로 그들에게 합류해 마치 자신들도 거사에 참가한 양 함께 카피톨리움으로 올라가며 그들의 영광에 끼어들고자 했다. 그중에는 가이유스 옥타비우스와 렌툴루스 스핀테르도 있었다. 이들은 나중에 헛된 공명심의 대가를 톡톡히 치렀다. 이들은 자신들이 거사에 참가했다고 아무도 믿어주지 않았기 때문에 그 대가로 목숨까지 바친 명성을 누려보지도 못하고 안토니우스와 젊은 카이사르[249]에 의해 사형에 처해졌으니 말이다. 그리고 안토니우스와 젊은 카이사르가 이들을 처벌한 것도 이들이 실제로 행한 것보다는 행하고자 한 것을 벌주기 위해서였다.

이튿날 브루투스는 광장으로 내려와 연설했고, 민중은 연설을 듣고도 그의 행위에 대해 가타부타 말이 없었다. 그들의 묵묵부답은 그들이 카이사르를 동정하면서도 브루투스를 존경한다는 것을 암시했다. 원로원은 대사령(大赦令)을 내리고 두 당파 간의 화해를 주선하고 싶어 카이사르를 신으로 추앙하고, 카이사르가 권좌에 있을 때 취한 조치들은 아무리 사소한 것이라도 변경하지 않기로 결의하는 한편, 브루투스의 측근들에게는 속주와 적절한 명예를 나눠주었다. 그래서 모두들 사태가 진정되고 가장 원만하게 타결되었다고 생각했다.

68.

그러나 카이사르의 유언장이 공개되어 카이사르가 로마 시민 각자에게 상당한 재산[250]을 유증했다는 사실이 드러나자, 그리고 카이사르의 시신이 온통 상처투성이가 된 채 광장을 지나 운구되는 것을 보자 군중은 질서고 규율이고 다 팽개치고 광장에서 의자와 가로대와 진열대를 가져와 시신 주위에 쌓더니 거기에 불을 질러

---

249 훗날의 아우구스투스.
250 로마 시민 각자에게 10데나리우스씩 주라고 했는데, 데나리우스는 로마의 은화다.

그 자리에서 시신을 화장했다.[251] 그리고 그중 더러는 불타는 장작개비를 높이 들고 암살자들의 집을 불태워버리려 달려갔고, 더러는 암살자들을 붙잡아 갈기갈기 찢으려고 온 시내를 샅샅이 뒤졌다. 그러나 암살자들은 한 명도 걸려들지 않았으니, 그들은 안전한 방책 뒤에 피신하고 있었던 것이다.

카이사르의 친구들 중 킨나라는 사람이 있었는데, 그는 전날 밤 이상한 꿈을 꾸었다고 한다. 그것은 그가 카이사르에게 저녁 초대를 받고 거절하자 카이사르가 가기 싫어 버둥대는 그의 손을 잡고 끌고 가는 꿈이었다. 사람들이 광장에서 카이사르의 시신을 태우고 있다는 말을 듣고 킨나는 간밤의 꿈이 꺼림칙하고 또 몸에 신열이 났음에도 불구하고 카이사르에게 경의를 표하고자 일어나서 그리로 갔다. 그가 나타나자 그가 누구냐고 묻는 자에게 군중 가운데 한 명이 이름을 말해주었고 그것을 알게 된 사람이 또 다른 사람에게 말해주었다. 그리하여 저 사람은 암살자들 중 한 명이라는 소문이 순식간에 전 군중 사이에 퍼졌다. 카이사르의 암살자들 중에 실제로 킨나라는 이름을 가진 자가 있었기 때문이다. 군중은 이 사람이 그 사람이라고 생각하고[252] 즉시 그에게 달려들어 그 자리에서 갈기갈기 찢어 죽였다. 무엇보다도 이 사건에 겁을 먹은 브루투스와 캇시우스는 며칠 뒤 로마를 떠났다.[253] 그들이 죽기 전에 무엇을 행하고 당했는지에 관해서는 「브

---

251 3월 20일.
252 군중은 호민관 킨나(Gaius Helvius Cinna)를 음모에 가담한 법정관 킨나(Lucius Cornelius Cinna)로 착각한 것이다.
253 4월 초에.

루투스 전」에서 기술한 바 있다.[254]

69.

카이사르는 56세에 죽었으니, 폼페이유스보다 4년 조금 넘게[255] 산 셈이다. 카이사르는 평생 동안 그토록 큰 위험들을 무릅쓰며 권력과 통치권을 추구하다가 마침내 간신히 목표를 달성했으나, 카이사르가 거기에서 거둔 결실은 허명(虛名)과 동료 시민들의 시기를 산 영광뿐이었다. 그러나 생전에 그를 도와주던 위대한 수호신은 사후에도 암살의 복수자로서 그를 따라다니며 모든 육지와 모든 바다에서 암살자들을 색출해, 마침내 암살에 직접 가담했거나 음모에만 가담한 자들을 한 명도 남김없이 처벌했다.

인간에게 일어날 수 있는 사건들 중에 가장 놀라운 일은 캇시우스에게 일어났다. 그는 필립포이[256]에서 패한 뒤 카이사르를 찔렀던 바로 그 단검으로 자살한 것이다. 초자연적인 사건들 중 가장 놀라운 것은 거대한 혜성이었는데, 그 혜성은 카이사르가 죽은 뒤 이레 밤을 밝게 빛나다가 사라졌다. 햇빛이 희미해진 일도 놀랍기는 마찬가지였다. 그해 내내 해는 창백하고 흐릿했으며, 해에서 발산되는 열기는 약하고 무기력했다. 해의 열기가 증기를 흡수해 공기를 정화할 만큼 충분히 강하지 못하자 대기는 침울하고 무겁게 대지를 짓눌렀다. 그러자 찬 공기 때문에 열매들이 시

---

254 「브루투스 전」 21장 이하 참조.
255 폼페이유스는 기원전 48년 9월 28일에 죽고 카이사르는 기원전 44년 3월 15일에 죽었으니 실제로는 4년을 넘기지 못했다.
256 필립포이(Philippoi 라/Philippi)는 마케도니아 지방의 도시다.

들어 익기도 전에 땅에 떨어졌다.

그러나 브루투스에게 나타난 환영이야말로 카이사르의 암살을 신들이 달갑잖게 여긴다는 가장 확실한 증거였다. 그 이야기는 이러하다. 브루투스는 아뷔도스[257]에서 헬레스폰토스 해협[258]을 건너 군대를 에우로파 대륙으로 인솔하려던 참이었는데, 밤에 여느 때처럼 자신의 천막에 누워 잠은 자지 않고 미래사를 생각하고 있었다. 전하는 이야기에 따르면, 브루투스는 장군들 중에 가장 잠이 적어 가장 오래 깨어 있을 수 있었다고 한다. 천막 입구에서 무슨 소음이 들리는 것 같아 그가 등불 쪽을 바라보는데, 등불이 천천히 꺼지면서 엄청나게 크고 험상궂게 생긴 사내의 무시무시한 환영이 보였다.

처음에 브루투스는 겁이 났으나 방문객이 행동도 않고 말도 않고 조용히 자기 침상 옆에 서 있는 것을 보자 그가 누군지 물었다. 그러자 환영이 그에게 "브루투스여, 나는 네 악령이다. 내일 필립포이에서 너는 나를 보게 될 것이다"라고 대답했다. 브루투스가 용기를 내어 "나는 너를 보게 될 것이다"라고 대답하자 방문객은 곧 사라졌다. 그 뒤 때가 되어 브루투스가 필립포이에서 안토니우스와 젊은 카이사르에게 맞서 진을 쳤다. 첫 번째 전투에서 브루투스는 자기 앞에 버티고 섰던 적군을 무찌르고 뿔뿔이 패주시킨 다음, 젊은 카이사르의 진영으로 쳐들어가 약탈했다.

그러나 두 번째 전투가 벌어지기 전날 밤에 같은 환영이 다시 그를 찾아왔다. 환영은 아무 말도 하지 않았으나 브루투스는 자

---

257 아뷔도스(Abydos)는 다르다넬스 해협에 면한 소아시아 쪽 도시다.
258 지금의 다르다넬스 해협.

신의 운명이 임박했음을 알아차리고 무턱대고 위험 속으로 뛰어들었다. 그러나 그는 전투 중에 쓰러진 것이 아니라 그의 군대가 패주한 뒤 가파른 언덕으로 물러나 칼을 빼어들고 가슴을 찔러 자살했다. 이때 칼이 그의 몸에 제대로 꽂히도록 친구 한 명이 그를 도와주었다고 한다.[259]

---

[259] 「브루투스 전」 36, 48, 52장 참조.

안토니우스 전

안토니우스는 카이사르의 심복으로 카이사르가 외국에 나가 있는 동안 호민관으로서 그의 이익을 대변했으며, 카이사르가 루비콘강을 건너기 직전 그의 진영으로 도주해 행동을 같이했다. 기원전 48년 파르살로스 전투에서 카이사르가 폼페이우스에게 결정적인 승리를 거둘 때 중요한 역할을 수행했다. 기원전 44년 카이사르가 암살되자 그는 로마의 사태를 장악하다시피 했으나, 카이사르의 생질녀의 아들로 카이사르에게 입양된 옥타비아누스의 등장으로 두 사람은 경쟁 관계에 놓이게 되었다. 다시 화해하고 레피두스와 함께 제2차 삼두정치를 하게 된 두 사람은 기원전 42년 그리스의 필립포이에서 카이사르를 암살한 브루투스와 캇시우스 일파에게 승리를 거두고 로마 세계를 양분해, 안토니우스는 동부를, 옥타비아누스는 서부를 차지했다. 안토니우스는 그 뒤 이집트 여왕 클레오파트라의 매력에 빠져 허송세월하다 기원전 31년 그리스의 악티온 앞바다의 해전에서 패해 먼저 도주한 클레오파트라를 좇아 알렉산드레이아로 도망쳤으나 그곳이 함락되자 자살했다. 플루타르코스는 파란만장한 삶을 살다 간 안토니우스의 성격 분석에 초점을 맞추고 있다.

조반니 페드리니, 〈클레오파트라의 죽음〉

1.

마르쿠스 안토니우스의 할아버지는 내전 때 술라파에 가담했다가 마리우스에게 처형된[1] 웅변가 안토니우스이고, 아버지는 크레티쿠스[2]라는 별명을 가진 안토니우스로 사회적으로는 별로 이름을 날리지 못했으나 친절하고 정직했으며, 다음 한 가지 예에서 알 수 있듯이 유난히 남에게 베풀기를 좋아했다. 안토니우스의 아버지는 재산이 많지 않아 그의 아내는 그가 선심을 쓰지 못하도록 신경을 써야 했다. 그래서 그의 가까운 친구 가운데 한 명이 찾아와 돈을 빌려달라고 했을 때 돈이 없던 그는 젊은 노예를 시켜 은 대접에 물을 담아오게 했다. 은 대접을 가져오자 그는 면도라도 하려는 듯 얼굴에 물을 칠하더니 다른 핑계를 대며 젊은 노예를 내보내고 나서 친구에게 대접을 주며 팔아서 필요한 데 쓰라고 했다. 나중에 노예들이 철저히 수색당하고 그의 아내가 노예들을 한 명 한 명 엄중히 문초하려 들자 그는 이실직고하고 아내의 용서를 구했다.

2.

아버지 안토니우스의 아내는 카이사르 가문 출신의 율리아[3]였는

---

1 기원전 87년.
2 아버지 안토니우스 크레티쿠스(Marcus Antonius Creticus)는 기원전 72년경 크레테의 해적을 소탕하려다 패해 그 뒤 곧 죽었다. 그러므로 '크레티쿠스'는 좋은 의미에서 붙여진 별명이 아닌 듯하다. 그에게는 아들이 셋 있었는데, 장남이 마르쿠스 안토니우스다.
3 율리아(Iulia)는 기원전 90년 집정관을 지낸 루키우스 율리우스 카이사르의 딸이다.

데, 그녀는 당대의 어느 부인 못지않게 정숙하고 사려 깊었다. 그녀의 아들 안토니우스는 이러한 어머니 밑에서 자랐다. 아이의 아버지가 죽자 그녀는 코르넬리우스 렌툴루스[4]와 재혼했는데, 렌툴루스는 카틸리나[5] 음모에 연루되어 키케로에게 처형되었다. 이것이 아마도 안토니우스가 키케로에게 뼈에 사무친 원한을 품게 된 근본적인 원인인 듯하다. 아무튼 안토니우스의 주장에 따르면, 율리아가 키케로의 아내에게 사정하기 전까지 키케로는 렌툴루스의 시신조차 인도하지 않았다고 한다. 그러나 이것은 사실이 아니다. 당시 키케로에게 처형된 사람 가운데 장례마저 거절당한 사람은 아무도 없었으니 말이다.

전하는 이야기에 따르면, 안토니우스는 장래가 촉망되던 젊은이였다고 한다. 쿠리오[6]와의 친근한 우정이 역병처럼 그를 엄습하기까지는. 쿠리오는 무절제한 쾌락주의자로 안토니우스를 더 마음대로 주무르기 위해 술 잔치와 연애 사건에 끌어들이며 엄청나게 돈을 낭비하게 한 것이다. 그 결과 안토니우스는 젊은이로서는 감당하기 어려운 큰 빚을 지는데, 그 금액이 무려 250탈렌툼이나 되었다. 이 돈에 대해서는 쿠리오가 보증을 섰지만 안토니우스의 아버지는 이 일을 전해 듣고 안토니우스를 집에서 내쫓았다.

그 뒤 안토니우스는 한동안 당시 가장 무례하고 저질스러운 민중 선동가 클로디우스[7]에게 붙어 나라를 혼란에 빠뜨리는 온갖

---

4 「카이사르 전」 주 33 참조.
5 「카이사르 전」 주 32 참조.
6 「카이사르 전」 주 35 참조.

책동에 가담했다. 그러나 그는 곧 클로디우스의 미친 짓거리에 싫증이 나고 클로디우스의 반대파가 형성되자 겁이 나 이탈리아를 떠나 헬라스[8]로 가서 군사 훈련과 웅변 공부로 시간을 보냈다. 그는 당시 인기 절정이던 이른바 아시아식 웅변을 받아들였는데, 그것은 거드름을 피우고 우쭐대고 허장성세와 뒤틀린 야망으로 가득 차 있다는 점에서 안토니우스 자신의 생활방식과 공통점이 많았다.

3.

전 집정관 가비니우스[9]가 쉬리아로 배를 타고 떠나며 원정에 참가하도록 안토니우스를 설득하려 했으나, 안토니우스는 사인 자격으로는 동행하지 않겠다고 거절하다가 기병대장으로 임명되자 원정에 참가했다. 안토니우스의 첫 번째 임무는 유다이아[10]인들의 반란을 주도하던 아리스토불로스[11]를 정벌하는 것이었다. 이때 안토니우스는 적군의 요새 중 가장 높은 곳으로 맨 먼저 올라가 모든 요새에서 아리스토불로스 세력을 완전히 몰아냈다. 그 뒤에도 안토니우스는 소수의 부대로 적군과 맞붙어 싸워 몇 배나

---

7 「카이사르 전」 주 39 참조.
8 헬라스(Hellas)는 그리스의 그리스 이름이다.
9 가비니우스(Aulus Gabinius)는 기원전 58년 집정관을 지냈는데, 그의 아버지가 안토니우스의 할아버지 밑에서 일한 적이 있어 안토니우스를 기병대장으로 선택한 듯하다.
10 유다이아(Ioudaia 라/Iudaea)는 유대의 그리스어 이름이다.
11 아리스토불로스(Aristoboulos)는 기원전 69년 또는 67년에 유대의 왕 겸 대사제가 되었다가 폼페이유스에게 사로잡혀 로마로 압송되었으나, 기원전 57년 또는 56년 유대로 도주했다.

더 많은 적군을 패주시키고 몇 명의 포로를 제외하고는 모두 죽였는데, 포로들 중에는 아리스토불로스와 그의 아들도 포함되어 있었다.

그 뒤 프톨레마이오스[12]가 가비니우스에게 1만 탈렌툼의 뇌물을 주며 자기와 함께 아이귑토스[13]로 쳐들어가 왕권을 되찾게 도와달라고 설득하려 했다. 그러나 장수들 대부분은 이 계획에 반대했고, 가비니우스도 비록 1만 탈렌툼에 완전히 넋이 빠져 있기는 했지만 원정길에 오르는 것이 그다지 달갑지는 않았다. 그러나 큰 무공을 세우기를 열망하던 안토니우스는 프톨레마이오스의 청을 들어주어 그와 힘을 모아 원정길에 오르도록 가비니우스를 설득하고 부추겼다. 로마인들은 전투보다도 펠루시온[14]으로 행군하는 것을 더 두려워했는데, 에크레그마와 세르보니스호[15]에 이르려면 발이 푹푹 빠지는 모래와 물 없는 사막을 지나가야 한 것이다. 아이귑토스인들은 이 호수를 튀폰[16]의 숨구멍이라고 부르지만, 이 호수는 아마도 홍해의 물이 물러가면서 남은 것이거나 홍해와 지중해 사이의 가장 좁은 지협에 홍해[17]의 물이 스며든

---

12 프톨레마이오스(Ptolemaios) 12세는 유명한 클레오파트라의 아버지로, 기원전 58년 신하들에 의해 추방되었다가 기원전 55년 왕위에 복귀했다.
13 「카이사르 전」 주 158 참조.
14 펠루시온(Pēlousion 라/Pelusium)은 나일강의 맨 동쪽 하구에 있는 해안도시다.
15 세르보니스(Serbōnis)호는 포트사이드(Port Said) 항 동쪽에 있는 염호(鹽湖)다. 에크레그마(Ekrēgma)는 이 호수와 바다를 잇는 수로다.
16 튀폰(Typhon)은 그리스신화에서 가이아가 낳은 거대한 괴물 신이지만 여기서는 이집트의 악의 신으로, 세르보니스호 밑에 묻혀 있는 것으로 믿어졌다. 헤로도토스, 『역사』 3권 5장 참조.

것인 듯하다.

안토니우스는 기병대와 함께 파견되자 지협을 장악했을 뿐만 아니라 대도시 펠루시온을 점령하고 그곳 수비대를 손에 넣음으로써 주력부대를 위해 안전한 행군로를 확보하고, 장군이 승리를 확신할 수 있게 해주었다. 이때 적군은 안토니우스의 명예욕 덕을 보았다. 프톨레마이오스는 펠루시온에 입성하자마자 분노와 원한을 억제하지 못하고 아이귑토스인들을 학살하려 했으나 안토니우스가 끼어들어 이를 제지했기 때문이다.

뒤이어 벌어진 수많은 격전에서 안토니우스는 거듭 용맹을 떨치며 지휘관 자질을 보여주었는데, 그중에서도 가장 주목할 만한 공적은 그가 우회해 후미에서 적군을 공격함으로써 정면에서 공격하던 로마군이 승리할 수 있게 해주었다는 것이다. 그는 이런 모든 공적으로 합당한 명예와 상을 받았으나, 그가 죽은 아르켈라오스[18]에게 보인 인간적인 태도는 대중에게 깊은 감명을 주었다. 안토니우스는 아르켈라오스와 주인과 손님 사이였는데도 그가 살아 있을 때는 사정상 부득이 전쟁을 했지만 그가 죽은 뒤에는 그의 시신을 찾아내 왕에 걸맞은 장례를 치러주었다. 그리하여 안토니우스는 알렉산드레이아인들 사이에서 큰 명성을 얻었으며, 원정에 참가한 로마인들에게 가장 탁월한 인물로 간주되었다.

17 홍해 대신 지중해로 해석하는 이들도 있다.
18 아르켈라오스(Archelaos)는 미트리다테스왕의 장군 아르켈라오스의 아들로, 프톨레마이오스 12세가 왕위에서 축출된 뒤에 그의 딸 베레니케(Berenike)와 결혼해 이집트 왕에 등극했으나 그의 통치 기간은 6개월밖에 지속되지 못했다.

4.

안토니우스는 용모가 준수하고 기품이 있었다. 보기 좋게 자란 수염, 넓은 이마, 매부리코는 헤라클레스[19]의 초상이나 입상에서 볼 수 있는 남성다움을 떠올리게 했다. 아닌 게 아니라 안토니우스 일가는 헤라클레스의 아들 안톤의 자손이니만큼 헤라클레스의 후손이라는 옛 전설도 있었다. 그리고 안토니우스는 앞서 말한 외모와 자신의 옷차림이 그런 전설을 확인해준다고 믿었다. 왜냐하면 그는 대중 앞에 모습을 드러낼 때는 언제나 투니카의 엉덩이 부분에 허리띠를 매고 허리에 큰 칼을 차고 거친 천으로 만든 외투[20]를 걸쳤으니 말이다.

안토니우스는 허풍을 떨거나 농담을 걸거나 다들 보는 앞에서 술에 취하거나 식사 중인 전우 옆에 앉거나 원정 중에는 식탁 가에 서서 음식을 먹는 버릇이 있었는데, 다른 사람들에게는 상스러워 보이는 이런 버릇이 병사들에게는 이루 말할 수 없을 만큼 충성심과 존경심을 불러일으켰다. 안토니우스는 또 연애 문제에서도 사람의 마음을 사로잡는 면이 있었으니, 인기를 끄는 수단으로 연애 사건을 이용한 것이다. 안토니우스는 남들의 연애 사건을 도와주었을 뿐 아니라 남들이 자신의 연애 사건에 관해 농담해도 싫어하지 않았다.

안토니우스는 선심을 잘 쓰고 친구들과 군사들에게 아낌없이

---

19 헤라클레스(Herakles 라/Hercules)는 제우스와 알크메네(Alkmene)의 아들로, 인간을 괴롭히던 각종 괴물을 퇴치한 그리스신화의 대표적인 영웅이다.
20 큰 칼과 거친 천으로 만든 외투는 헤라클레스가 들고 다니던 몽둥이와 몸에 걸치던 사자가죽을 연상케 하기 위한 것인 듯하다.

호의를 베풀었는데, 이것은 그가 권력을 잡는 데 든든한 밑천이 되어주었고, 일단 그가 위대해진 뒤에는 수많은 어리석은 짓으로 위기를 맞기도 한 그의 권력을 강화시켜주었다. 안토니우스의 선심에 관해 한 가지 예를 들겠다. 안토니우스는 집사를 시켜 친구 중 한 명에게 25만 드라크메를 내어주라고 명령했는데, 로마인들은 이 금액을 데키에스[21]라고 부른다. 깜짝 놀란 집사는 그것이 얼마나 큰 금액인지 안토니우스에게 보여주려고 그 돈을 눈에 잘 띄는 곳에 모두 내다 놓게 했다. 안토니우스가 그 옆을 지나가며 그게 뭐냐고 물었다. 그가 내어주라고 명령한 돈이라고 집사가 말하자 안토니우스는 집사가 주기 싫어한다는 것을 알아차리고 "나는 데키에스가 엄청난 돈인 줄 알았는데 얼마 안 되는구먼. 갑절로 내주게나!"라고 말했다.

5.

그러나 이것은 나중에 있었던 일이다. 당시 로마인들은 두 정파로 나뉘어 귀족파는 로마에 머무르던 폼페이유스 주위로 모여들었고, 민중파는 갈리아에서 로마군을 지휘하던 카이사르에게 도움을 청했다. 이때 안토니우스의 친구였던 쿠리오가 변심해 카이사르를 지지하게 되면서[22] 안토니우스도 그쪽으로 끌고 갔다. 쿠리오는 웅변에 재능이 있어 대중에게 큰 영향력을 행사하고 카이사르가 대주는 자금을 아낌없이 사용해 안토니우스를 호민관에

---

21 데키에스(decies '열 배'라는 뜻)는 100만 세스테르티우스(sestertius) 또는 25만 데나리우스(denarius)에 해당하는 금액이다.
22 카이사르는 쿠리오의 빚을 대신 갚아주었다.

당선시키더니[23] 나중에는 새들이 나는 모습을 보고 점을 치는 사제들, 이른바 복점관 중 한 명으로 당선시켰다.[24]

안토니우스는 일단 관직[25]에 진출하자마자 카이사르를 위해 일하는 사람들에게 큰 도움을 주었다. 첫째, 집정관 마르켈루스[26]가 이미 모집해둔 군사들을 폼페이우스 휘하에 두고 신병을 모집하는 권한도 폼페이우스에게 주자고 제안했을 때, 안토니우스는 이미 모집해둔 병력[27]은 배를 타고 쉬리아로 건너가 파르티아인들과 전쟁을 하고 있는 비불루스를 돕게 하고, 당시 폼페이유스가 모병 중이던 병력도 폼페이유스 휘하에 두지 말자는 법령을 발의함으로써 이러한 제안에 제동을 걸었다. 둘째, 원로원이 카이사르의 서찰들[28]을 받지도 않고 읽지도 못하게 했을 때, 안토니우스가 직권으로 그 서찰들을 큰 소리로 읽음으로써 많은 사람들의 생각을 바꿔놓았다. 서찰에 적힌 카이사르의 요구는 합리적이고

---

23 기원전 50년 호민관으로.
24 안토니우스는 기원전 54년 이집트에서 돌아와 갈리아에 있던 카이사르를 방문한 다음 기원전 53년 로마로 돌아와 기원전 52년 재정관에 당선된 뒤 다시 갈리아로 나갔다. 기원전 51년 그는 로마로 돌아와 복점관에 선출되었고, 이듬해에는 호민관에 선출되었다.
25 호민관직을 말한다. 안토니우스는 기원전 50년 12월 10일에 호민관으로 취임했다.
26 마르켈루스는 레피두스(Lucius Aemilius Lepidus Paullus)와 더불어 기원전 50년도 집정관으로, 카이사르에게 적대적이었다.
27 갈리아전쟁에 참전했다가 카이사르에게서 돌려받은 부대를 말한다. 「카이사르 전」 29장 참조.
28 카이사르가 자기만 속주와 군대를 포기할 것이 아니라 폼페이유스도 똑같이 속주와 군대를 포기해야 한다고 요구한 이 서찰들에 관해서는 「카이사르 전」 30장 참조.

정당해 보였던 것이다. 끝으로, 폼페이유스가 군대를 해산해야 하느냐 카이사르가 군대를 해산해야 하느냐 하는 문제가 원로원에 제기되었을 때, 소수의 의원들만이 폼페이유스가 무장해제해야 한다고 투표한 반면 대부분은 카이사르가 무장해제해야 한다고 투표하자, 안토니우스가 자리에서 일어나 폼페이유스와 카이사르가 동시에 무장해제하고 군대를 해산하는 것이 원로원의 의견 아니냐고 외쳤다. 그러자 원로원 의원들은 이 제안을 만장일치로 지지했고, 큰 소리로 안토니우스를 칭찬하며 이 동의를 표결에 부칠 것을 요구했다.

그러나 집정관들은 이에 동의하지 않았다. 그래서 카이사르의 지지자들이 다시 합리적으로 보이는 일련의 요구를 제시했으나 카토가 이에 반대했고, 렌툴루스는 집정관 권한으로 안토니우스를 원로원에서 내쫓았다. 안토니우스는 정적들을 맹렬히 비난한 다음 노예의 옷으로 갈아입고 퀸투스 캇시우스와 함께 짐수레를 세내어 출발했는데 카이사르와 합류하기 위해서였다. 카이사르 앞에 나타난 그들은 다짜고짜 로마는 지금 무법천지라 호민관조차 언론의 자유가 없으며 정의를 위해 목소리를 높이는 사람은 누구나 박해받고 생명의 위협을 느낀다고 큰 소리로 말했다.

6.

이에 카이사르는 군대를 이끌고 이탈리아로 쳐들어갔다. 그래서 키케로는 『필립포스 탄핵 연설』[29]에서 헬레네가 트로이아전쟁을

---

29 키케로는 마르쿠스 안토니우스를 탄핵하는 연설을 14편(*Philippicae orationes*) 썼는데, 그리스의 웅변가 데모스테네스가 마케도니아 왕 필립포스를 탄핵

일으킨 장본인이듯 안토니우스야말로 내전을 일으킨 장본인이라고 썼던 것이다.[30] 그러나 이것은 명백한 거짓말이다. 가이우스 카이사르는 결코 그렇게 호락호락 넘어가거나 분노 때문에 충동적으로 행동할 사람이 아니기 때문이다. 카이사르가 이미 오래전부터 그렇게 하기로 결심하지 않았다면 단순히 안토니우스와 캇시우스가 넝마를 걸친 채 짐수레를 세내어 자기 진영에 도착한 것을 보고서 순간적으로 흥분해 조국에 전쟁을 안겨주지는 않았을 것이다. 그것은 오래전부터 전쟁 명분을 찾고 있던 그에게 그럴듯한 변명거리와 구실을 제공한 것에 지나지 않는다. 그가 전 인류를 상대로 전쟁을 하게 한 진정한 동기는, 이전에 알렉산드로스가 그랬고 그 이전에 퀴로스[31]가 그랬듯, 물릴 줄 모르는 권력욕과 제일인자가 되고 가장 위대한 인물이 되겠다는 그의 광적인 욕구였다. 그런데 이러한 야망은 폼페이유스를 제압하지 않고는 이루어질 수 없었다.

그래서 카이사르는 로마로 진격해 점령한 다음 폼페이유스를 이탈리아에서 내쫓았다. 그러고 나서 카이사르는 먼저 히스파니아에 주둔하고 있던 폼페이유스의 군대를 공격하고, 다음에 함대가 준비되자 바다를 건너가 폼페이유스를 공격하기로 결심했다. 카이사르는 로마를 법정관인 레피두스에게 맡기고, 군대와 이탈

한 4편의 연설에 붙인 『필립포스 탄핵 연설』(*Philippikoi logoi* 또는 *Philippika*)이라는 제목을 그대로 자신의 연설들의 제목으로 사용하고 있다. 데모스테네스가 필립포스를 그리스 내전의 원흉으로 보았듯이 키케로는 안토니우스를 로마 내전의 원흉으로 보았던 것이다.

30 『필립포스 탄핵 연설』 제2편 55장 참조.
31 퀴로스(Kyros)는 기원전 6세기에 페르시아 제국을 창건했다.

리아를 호민관인 안토니우스에게 맡겼다.

안토니우스는 군사들의 훈련에 참가하고 대부분의 시간을 군사들과 함께 지내고 기회가 닿는 대로 선물 공세를 함으로써 금세 그들의 호감을 샀다. 그러나 안토니우스는 다른 사람들에게는 미움을 샀다. 안토니우스는 나태해 억울한 일을 당한 사람의 하소연에 주의를 기울이지 않았고, 청원자의 말에 화를 내는가 하면 남의 아내와의 불륜 관계로 악명이 높았기 때문이다. 간단히 말해 카이사르의 통치는 카이사르 자신의 처신에 관한 한 독재와는 전혀 무관해 보였으나 측근들 때문에 인기를 잃었다. 측근들 중에서도 안토니우스가 가장 큰 권력을 휘두르며 가장 심하게 탈선한 만큼 가장 비난 살 짓을 했다.

7.

그러나 카이사르는 히스파니아에서 돌아오자 안토니우스에 대한 모든 비난을 묵살했다. 카이사르는 안토니우스를 전쟁터에서 정력적이고 용감하고 유능한 장군으로 보았는데 그러한 판단은 잘못된 것이 아니었다. 카이사르는 그 뒤 약간의 병력을 이끌고 브룬디시움항을 출항해 이오니오스해[32]를 건너간 다음[33] 군대를 싣고 되도록 빨리 마케도니아로 건너오라는 명령과 함께 선단(船團)을 가비니우스와 안토니우스에게 돌려보냈다.

그러나 한겨울 힘든 항해가 겁이 난 가비니우스는 군대를 이끌고 뭍길로 먼길을 둘러 갔다. 한편 안토니우스는 카이사르가 수

---

32 「카이사르 전」 주 138 참조.
33 기원전 48년 1월 4일.

많은 적군에게 포위되지는 않을까 염려되어, 브룬디시움항을 봉쇄하고 있던 리보의 전함들을 수많은 가벼운 배들로 에워쌈으로써 봉쇄망을 뚫은 다음, 기병 800명과 중무장 보병 2만 명을 태우고 출항했다. 적군이 그를 보고 추격하기 시작했으나, 세찬 남풍에 큰 파도가 일어 리보의 전함들이 파도 사이의 골짜기에 갇혀 허우적거리는 바람에 위기를 넘길 수 있었다. 하지만 안토니우스의 함대도 바위투성이 해안과 깊은 바닷물 위로 툭 튀어나온 암벽 쪽으로 떠밀려갔는데, 거기에서 벗어날 가망은 없어 보였다. 그런데 별안간 해안 쪽에서 세찬 남서풍이 불어오더니 파도가 육지 쪽에서 난바다 쪽으로 구르기 시작하며 안토니우스는 항로를 바꿀 수 있었다. 안토니우스는 자신만만하게 항해를 계속하며 해안이 난파선으로 덮여 있는 모습을 볼 수 있었다. 그를 추격하던 적의 전함[34]이 바람에 밀려 해안에 내동댕이쳐져 적잖이 부서졌기 때문이다. 안토니우스는 수많은 포로와 전리품을 손에 넣은 후 항해를 계속해 릿소스[35]를 점령했고, 그토록 많은 증원군을 이끌고 제때에 도착함으로써 카이사르에게 큰 자신감을 불어넣었다.

8.

그 후로도 수많은 전투가 잇달아 벌어졌고,[36] 그때마다 안토니우스는 두각을 나타냈다. 패주하던 카이사르의 군사들을 그가 돌려

---

34   전부 16척이 난파되었다고 한다.
35   릿소스(Lissos)는 일뤼리콘 지방의 도시다.
36   폼페이유스와 카이사르가 그리스에서 벌인 전투들에 관해서는 「카이사르전」 39~46장 참조.

세워 추격해오던 적군과 다시 맞서 싸우게 함으로써 승리를 거둔 적이 두 번이나 있었다. 안토니우스는 군대에서 카이사르에 버금가는 명성을 얻었다. 카이사르는 자신이 안토니우스를 어떻게 생각하고 있는지 조금도 숨기지 않았다. 모든 것을 결정지을 마지막 전투인 파르살로스 전투[37]가 임박했을 때, 오른쪽 날개는 카이사르 자신이 맡고 위쪽 날개는 휘하의 가장 유능한 장군인 안토니우스에게 맡겼던 것이다.

이 전투에서 승리한 뒤 독재관으로 선포된 카이사르는 몸소 폼페이우스 추격에 나서며 안토니우스를 기병대장으로 뽑아 로마로 보냈다. 기병대장이라는 관직은 독재관이 로마에 있을 때는 둘째가는 자리지만, 독재관이 출타 중일 때는 으뜸가는 그리고 거의 유일한 관직이었다. 일단 독재관이 선출되고 나면 호민관의 직무만 존속되고, 그 밖의 관직은 모두 직무가 정지되기 때문이다.

9.

이때 호민관의 한 명으로 기존 질서의 변혁을 바라던 젊은이 돌라벨라가 모든 부채를 탕감해주자는 법안을 발의하려고 했다. 돌라벨라는 자신의 친구이자 언제나 대중의 환심을 사려고 하던 안토니우스에게 이 법안이 통과되도록 힘을 모아달라고 부탁했다. 그러나 아시니우스와 트레벨리우스[38]가 이 계획에 반대하도록 안

---

37 폼페이우스는 기원전 48년 8월 9일, 그리스 텟살리아 지방의 파르살로스에서 결정적인 패배를 당한다.
38 역사가 아시니우스와 트레벨리우스(Lucius Trebellius Fides)는 돌라벨라의 동료 호민관들이다.

토니우스에게 조언했고, 또 마침 안토니우스는 이때 돌라벨라가 자기 아내를 유혹했다고 몹시 의심하던 중이었다. 안토니우스는 이에 격분해 아내―그녀는 키케로의 동료 집정관이던 가이유스 안토니우스의 딸이니 안토니우스의 사촌누이였다―를 집에서 내쫓고 아시니우스 등과 한편이 되어 돌라벨라에게 맞서 싸울 준비를 했다.

돌라벨라는 민회에서 자신의 법안을 억지로라도 통과시키려고 이미 광장을 차지하고 있었다. 그래서 원로원이 돌라벨라에게 무기를 사용하도록 결의하자 안토니우스는 광장으로 갔고, 뒤이은 충돌 끝에 쌍방간에 인명 피해가 발생했다. 이 일로 안토니우스는 대중의 인기를 잃었다. 또 키케로의 말처럼[39] 안토니우스는 그의 전반적인 생활 태도 때문에 올곧고 사려 깊은 사람들에게는 마음에 들지 않았다. 아니, 그들은 안토니우스를 미워했다. 그들은 안토니우스가 그럴 때가 아닌데도 술에 취해 있고, 씀씀이가 지나치게 헤프고, 여자들과 놀아나고, 낮 시간을 자거나 술이 덜 깨어 멍한 상태로 돌아다니는 일로 보내고, 밤에는 술잔치를 벌이거나 구경거리를 관람하거나 배우나 어릿광대들의 결혼 피로연에 참석하는 것에 혐오감을 느꼈기 때문이다.

전하는 이야기에 따르면, 안토니우스는 한번은 배우인 힙피아스의 결혼 피로연에 참석해 밤새도록 먹고 마셨는데 이른 아침에 민중이 그를 광장으로 소환하자 과식한 상태로 민중 앞에 나타나서는 친구 중 한 명이 내민 토가에 토했다고 한다. 배우 세르기우

---

39 안토니우스의 온갖 방종에 관해서는 키케로, 『필립포스 탄핵 연설』 제2편 참조.

스도 그에게 영향력을 행사한 사람 중 한 명이었다. 그리고 같은 연극학교 출신 퀴테리스는 그가 좋아하던 여배우였다. 안토니우스는 이탈리아의 도시들을 순방할 때 그녀를 가마에 태워 데리고 다녔는데, 그녀의 가마를 따르던 시종들의 수가 그의 어머니의 가마를 따르던 시종들만큼이나 많았다.

그 밖에도 사람들은, 안토니우스가 로마에서 소풍 나갈 때조차 마치 신성한 행렬에서처럼 황금 술잔들이 그를 위해 운반될 뿐만 아니라 여행할 때 큰 천막을 치고 신전에 딸린 작은 숲이나 강가에서 호사스러운 잔치를 벌이며 사자들이 수레를 끌게 하고 올곧은 남녀들의 집을 창녀들과 삼뷔케[40] 연주자들의 숙소로 사용하는 것을 보고 분개했다. 그들은 카이사르는 이국 하늘 아래에서 풍찬노숙하며 큰 노고와 위험을 무릅쓰고 전쟁의 잔재를 청소하고 있는데, 그 전우들이 그의 노력에 힘입어 사치에 빠지고 동료 시민들을 무시한다는 건 언어도단이라고 생각한 것이다.

10.

안토니우스의 이런 버릇은 당파싸움을 더 심화시키고 약탈과 폭행을 일삼도록 병사들을 부추겼다고 생각된다. 그래서 카이사르는 로마로 돌아왔을 때 돌라벨라를 사면했고, 세 번째로 집정관에 선출되었을 때는 안토니우스가 아니라 레피두스를 동료 집정관으로 뽑았다. 이때 폼페이유스의 집이 매물로 나와 안토니우스가 사들였지만 대금을 지불하라는 독촉을 받고는 화를 냈다. 안

---

40 삼뷔케(sambyke)는 여러 줄의 현으로 된 세모꼴 현악기다.

토니우스의 말에 따르면, 그가 카이사르와 함께 아프리카 원정에 참가하지 않은 것은 자신이 이전에 보여준 성공에 대해 보답받지 못했기 때문이라고 했다. 하지만 카이사르가 안토니우스의 낭비벽과 어리석은 생각을 대부분 뿌리 뽑을 수 있었던 것은 자신이 그의 과오를 알아차렸다는 걸 알려주었기 때문인 듯하다.

아무튼 안토니우스는 그러한 생활방식을 완전히 바꾸고 나서 결혼하기로 작정하고 민중 선동가 클로디우스의 미망인인 풀비아[41]와 결혼했다. 풀비아는 물레질이나 집안일에는 전혀 관심이 없었고 한낱 사인에 불과한 남편에게 권력을 휘두르고 싶어 하지도 않았다. 그녀가 원하는 것은 통치자를 통치하고 지휘관을 지휘하는 것이었다. 따라서 여인의 지배를 받아들이도록 안토니우스를 가르쳤던 풀비아에게 클레오파트라는 신세를 진 셈이다. 클레오파트라가 안토니우스를 만났을 때 안토니우스는 이미 여자에게 복종하도록 길들여지고 훈련되어 있었기에 하는 말이다.

안토니우스는 풀비아를 즐겁게 해주려고 여러 가지로 장난을 치고 재롱을 부렸다. 예컨대 카이사르가 히스파니아에서 승리하고 로마로 돌아올 때 카이사르의 수많은 추종자들과 함께 안토니우스도 마중 나갔다. 그런데 느닷없이 카이사르가 죽고 적군이 이탈리아로 진격 중이라는 소문이 나돌아 안토니우스도 로마로 되돌아왔다. 안토니우스는 노예로 변장하고 해가 진 뒤에 집으로 돌아와, 자기는 안토니우스가 풀비아에게 전하는 편지를 가져왔

---

[41] 풀비아(Fulvia)는 처음에 클로디우스와 결혼했으나 기원전 52년 로마 근처에서 그가 죽자 쿠리오와 결혼했으며, 쿠리오가 아프리카에서 전사하자 세 번째로 안토니우스와 결혼했다.

다고 말하고 복면을 한 채 그녀의 면전으로 안내되었다. 풀비아는 그에게서 편지를 받기 전에 안절부절못하며 안토니우스가 아직도 살아 있느냐고 물었다. 그는 아무 말 없이 편지를 건넨 다음 그녀가 개봉하고 읽기 시작하자 두 팔로 그녀를 얼싸안고 입 맞추었다. 그의 그러한 행동은 부지기수인데, 내가 언급한 이 이야기는 그중 한 예에 지나지 않는다.

11.

카이사르가 히스파니아에서 돌아왔을 때[42] 로마의 모든 요인이 카이사르를 영접하려고 며칠간의 여행도 마다하지 않았으나 카이사르는 그중 유독 안토니우스의 명예를 높여주었다. 카이사르는 이탈리아를 지나 돌아올 때 안토니우스를 자기와 같은 마차에 타게 했는데, 브루투스 알비니우스[43]와 옥타비우스는 그 뒤를 따르고 있었다. 옥타비우스로 말하면 카이사르의 생질녀의 아들로, 나중에 카이사르로 개명하고 로마를 오래오래 통치한 바로 그 인물이다.[44] 카이사르는 다섯 번째로 집정관에 선출되자 지체 없이 안토니우스를 동료 집정관으로 뽑았다. 하지만 카이사르는 집정

---

[42] 기원전 45년 가을 에스파냐의 문다에서 폼페이유스의 군대에 승리한 다음.

[43] 카이사르를 암살한 브루투스와는 다른 인물이다.

[44] 옥타비우스(Gaius Octavius)는 카이사르의 누이 율리아의 외손자로 이때 18세에 불과했지만, 카이사르가 죽은 뒤 율리우스 카이사르 옥타비아누스(Gaius Iulius Caesar Octavianus)라는 이름으로 카이사르의 양자로 입양되었다. 그는 결국 안토니우스에게 승리를 거두고 기원후 14년까지 아우구스투스(Augustus '존엄한 자'라는 뜻) 카이사르라는 이름으로 로마 제국을 통치했다.

관직을 사양하고 이를 돌라벨라에게 넘겨주기로 작정하고는 자신의 뜻을 원로원에 알렸다.

그러나 안토니우스가 이 계획에 극구 반대하며 돌라벨라에게 욕설을 퍼부었고 돌라벨라도 지지 않고 응수하자, 카이사르는 이러한 꼴불견이 창피해서 자신의 계획을 일단 유보했다. 나중에 카이사르가 민중 앞에 나타나 돌라벨라를 집정관으로 지명하자 안토니우스는 전조가 불길하다고 고함을 질렀다.[45] 그 후 카이사르가 뜻을 굽히고 자신의 계획을 포기하자 돌라벨라는 몹시 마음이 언짢았다. 그래서 카이사르는 안토니우스 못지않게 돌라벨라도 싫어하게 된 것 같다. 전하는 이야기에 따르면, 어떤 이가 카이사르 앞에서 이들 두 사람을 비난하자 카이사르가 말하기를, 자기가 두려워하는 것은 이들 살찌고 머리가 긴 자들이 아니라 창백하고 마른 자들이라고 했다고 한다. 창백하고 마른 자들이란 브루투스와 캇시우스를 두고 한 말인데, 과연 그들은 머지않아 카이사르에게 음모를 꾸미고 그를 암살할 것이었다.

12.

본의는 아니었지만 암살자들에게 가장 그럴듯한 핑곗거리를 대준 사람은 안토니우스였다. 로마인들이 루페르칼리아 제라고 부르는 뤼카이아 제[46] 때 카이사르는 개선장군 복장을 하고[47] 광장

---

45 안토니우스는 이때 복점관이었다.
46 루페르칼리아 제와 뤼카이아 제에 관해서는 「카이사르 전」 주 227과 228 참조.
47 「카이사르 전」 주 229 참조.

의 연단 위에 앉아 축제 경주에 참가한 자들이 이리저리 뛰어다니는 것을 구경하고 있었다.[48] 이 축제 때는 수많은 귀족 청년들과 관리들이 온몸에 기름을 바르고 이리저리 뛰어다니면서 도중에 만나는 사람들을 장난삼아 가죽끈으로 때렸다. 축제 경주에 참가한 안토니우스는 전통적인 의식은 무시해버리고 머리띠[49]에 월계관을 감아 가지고 연단으로 달려가더니 같이 축제 경주에 참가한 다른 사람들이 들어올려주자 카이사르는 왕이 되어야 마땅하다는 듯 그것을 카이사르의 머리에 씌워주었다. 카이사르가 머리띠를 사양하는 시늉을 하자 민중은 환호하며 박수를 보냈다. 안토니우스가 머리띠를 다시 씌우려 하자 카이사르가 다시 사양했다. 이러한 실랑이가 한참 계속되는 동안 안토니우스가 카이사르에게 억지로 머리띠를 씌우려 할 때는 안토니우스의 친구 몇 명이 박수를 쳤으며, 카이사르가 그것을 사양할 때는 온 민중이 큰 소리로 박수갈채를 보냈다.

이상하게도 민중은 사실상 왕의 신하처럼 행동할 의사가 있으면서도 왕이라는 이름만은 마치 자유의 소멸을 뜻하는 양 여전히 기피했다. 마침내 카이사르는 역정을 내며 연단에서 일어서 토가를 뒤로 젖혀 목을 드러내더니 누구든 원하는 자가 있으면 그 자리에서 당장 자기 목을 치라고 소리쳤다. 월계관은 카이사르의 입상 중 하나에 씌워졌으나 몇몇 호민관이 나서서 철거했다. 그러자 민중은 박수갈채를 보내며 이들의 뒤를 따랐다. 그러나 카이사르는 이들을 관직에서 내쫓았다.

---

48 「카이사르 전」61장 참조.
49 「카이사르 전」주 230 참조.

13.

이 사건으로 브루투스와 캇시우스 일파는 힘을 얻었다. 그리고 그들은 거사를 위해 믿을 만한 동지들을 모집하다가 안토니우스 문제를 거론하게 되었다. 다른 사람들은 모두 안토니우스를 받아들이는 데 찬성했으나 트레보니우스는 반대했다. 그의 말에 따르면, 히스파니아에서 귀환하는 카이사르를 영접하러 나갔을 때 자신은 안토니우스와 함께 여행하며 같은 천막을 썼는데, 조심스럽게 의중을 슬쩍 떠보았더니 그는 말뜻을 알아들었으면서도 거사에 찬동하지 않았다는 것이었다. 그러나 안토니우스는 카이사르에게 알리지 않고 둘 사이에 주고받은 말을 끝까지 비밀로 했다는 것이었다.

음모자들은 이어 카이사르를 죽인 다음 안토니우스도 죽여야 하느냐는 문제를 놓고 의논하기 시작했다. 그러나 브루투스가 법과 정의를 위해 감행하는 행동이니만큼 순수하고 불의로부터 깨끗해야 한다고 주장하며 이에 반대했다. 그러나 그들은 안토니우스의 세력과 직권이 두려워서 자기들 중 몇 명에게 망을 보고 있다가 카이사르가 원로원에 들어가고 거사가 시작되거든 긴급한 일로 면담을 해야 된다는 핑계로 안토니우스를 바깥에 붙들어두라고 일러놓았다.

14.

음모는 계획대로 진행되어 카이사르는 원로원에서 쓰러졌다.[50]

---

50 카이사르는 기원전 44년 3월 15일 오전 11시경에 암살되었다.

그러자 안토니우스는 지체 없이 노예로 변장하고 몸을 숨겼다. 그러나 음모자들이 어느 누구도 공격하지 않고 카피톨리움 언덕에 모여 있다는 것을 알고, 안토니우스는 그들더러 내려오라고 설득하며 자기 아들을 인질로 맡겼다. 안토니우스는 또 캇시우스를 자기 집으로 데려가 저녁식사까지 대접했고, 레피두스도 브루투스에게 그렇게 했다.

안토니우스는 또 원로원을 소집해 대사령을 내리고 캇시우스와 브루투스 일파에게 속주들을 나눠주자고 발의했다. 원로원은 이 법안을 통과시켰고 카이사르가 취한 조치는 어떤 것도 변경하지 않기로 결의했다.[51] 그리하여 안토니우스는 원로원을 나섰을 때 가장 존경스러운 인물이 되어 있었으니, 내전을 종식시켰을 뿐 아니라 난해하고 까다로운 문제를 정치적 수완을 발휘해 사려 깊게 처리했기 때문이다.

그러나 안토니우스는 대중의 인기에 흔들려 이런 절도 있는 생각들에서 멀어지고 브루투스만 몰락한다면 자신이 틀림없이 로마의 제일인자가 될 것이라는 희망을 품게 되었다. 카이사르의 시신이 운구되고 있을 때 안토니우스는 광장에서 관례에 따라 추도 연설을 하게 되었다. 그리고 민중이 자기 말에 크게 휘둘리고 현혹되는 것을 보자 안토니우스는 카이사르의 죽음에 대한 동정과 분노를 섞어 넣기 시작했다. 그리고 연설이 끝날 무렵 안토니우스는 온통 피투성이가 된 채 여러 군데 칼자국이 나 있는 고인의 의복을 들추며 그렇게 한 사람들은 악당이요 살인자들이라고

---

51 「카이사르 전」 67장 참조.

몰아붙였다. 안토니우스가 이렇게 군중의 분노를 부추기자 군중은 의자와 판매대들을 쌓아올려놓고 광장에서 카이사르의 시신을 화장했다. 그러고 나서 군중은 화장용 장작더미에서 불타는 장작개비를 낚아채더니 암살자들의 집으로 달려가 암살자들을 공격했다.[52]

15.

그래서 브루투스 일파는 로마를 떠났고, 카이사르의 측근들은 안토니우스에게 모여들었으며, 카이사르의 아내 칼푸르니아는 모두 4천 탈렌툼의 값어치가 있는 귀중품을 대부분 가져와 안토니우스에게 믿고 맡겼다. 안토니우스는 또 카이사르의 문건들도 받았는데, 거기에는 카이사르가 구상해 실행에 옮기려 한 여러 가지 결정에 관한 비망록이 포함되어 있었다. 안토니우스는 이 문건들에 자기 사람들의 이름을 삽입해 많은 사람들을 관리나 원로원 의원으로 임명하는가 하면, 어떤 사람들은 유배지에서 소환하거나 감옥에서 풀어주며 이 모든 것이 카이사르의 뜻인 것처럼 말했다.

로마인들은 이런 식으로 혜택을 본 사람들을 농담 삼아 '카론의 배를 탔던 자들'[53]이라고 일컬었는데, 그것은 그들이 증거를

---

52 「카이사르 전」 67~68장 참조. 셰익스피어가 재구성한 안토니우스의 연설은 『줄리어스 시저』 3막 2장 참조.
53 그리스어로 Charōnitai이다. 카론(Charon)은 그리스신화에서 사자(死者)를 저승으로 건네주는 사공이다. 이것은 라틴어 Orcini를 그리스어로 옮긴 것으로, 저승의 신을 나타내는 라틴어 Orcus에서 유래한 말이다. 굳이 우리말로 옮긴다면 '저승까지 갔다 온 자들'쯤 되겠으나, 실제로는 '주인의 뜻에

대라고 요구받자 사자(死者)의 비망록을 증거로 내세웠기 때문이다. 간단히 말해 이 시기 안토니우스는 모든 일을 독단적으로 처리했다. 그것은 그 자신은 집정관이었고 형제들도 고위 관리로 임명되어 가이유스는 법정관이 되고 루키우스는 호민관이 되었기 때문이다.

16.

젊은 카이사르[54]가 로마에 도착했을 때 상황은 이러했다. 앞서 말했듯이,[55] 그는 죽은 카이사르의 생질녀의 아들로 카이사르의 상속인이었는데 카이사르가 암살되었을 때 아폴로니아[56]에 머물고 있었다. 젊은이는 곧장 안토니우스를 찾아가 아버지의 친구로서 인사드린 뒤 그에게 맡겨둔 재산을 상기시켰다. 왜냐하면 젊은이는 카이사르의 유언서에 제시된 조건에 따라 로마 시민 각자에게 75드라크메씩을 주어야 했기 때문이다.

안토니우스는 처음에 그를 애송이로 보고 무시하며 정신 나갔느냐고 묻더니 세상 물정도 모르고 영향력 있는 친구들도 없는 주제에 카이사르의 후계자가 된다는 것은 감당할 수 없는 짐을 지는 것이라고 경고했다. 그래도 젊은이가 말을 듣지 않고 계속해서 돈을 내놓으라고 요구하자 안토니우스도 계속해서 그에게 모욕적인 말과 행동을 했다. 예컨대 안토니우스는 젊은이가 호민

따라 해방된 노예들'을 가리키는 말이었다고 한다.
54 카이사르의 생질녀의 아들인 옥타비아누스를 말한다. 그는 기원전 44년 5월 초 로마에 도착했다.
55 11장 참조.
56 아폴로니아(Apollonia)는 그리스 북서부 일뤼리콘 지방의 도시다.

관에 출마하자 반대하고 나섰으며, 원로원의 결의에 따라 젊은이가 양부(養父)의 황금 의자를 기증하려고 하자 안토니우스는 그가 민중의 환심을 사려는 행위를 중단하지 않으면 감옥에 보내겠다고 위협했다.

그러나 젊은이는 키케로를 비롯한 안토니우스의 모든 정적들과 손을 잡고 그들의 도움으로 원로원의 지지를 얻기 시작했다. 그리고 그는 자력으로 민중의 환심을 사고 식민시들에서 카이사르의 고참병들을 모으는 데 성공했다. 그러자 안토니우스는 겁이 나 카피톨리움에서 그와 회동하고 서로 화해했다.

그날 밤 안토니우스는 잠을 자다가 이상한 꿈을 꾸었는데, 자신의 오른손이 벼락에 맞는 꿈을 꾸었던 것이다. 그러고 나서 며칠 뒤 안토니우스는 젊은 카이사르가 자기에게 음모를 꾸미고 있다는 말을 들었다. 젊은 카이사르는 해명하려 했지만 안토니우스를 설득할 수 없었다. 그리하여 두 사람의 증오심은 다시 활활 타오르기 시작했다. 두 사람은 온 이탈리아를 쏘다니며 이미 은퇴해 식민시에 정착한 고참병들을 더 많은 보수를 주며 동원하고, 현역에 복무 중인 병사들의 지지를 서로 먼저 얻어내려고 경쟁했다.

17.

이때 로마에서 가장 영향력 있는 인물은 키케로였다. 키케로는 안토니우스에게 불리한 여론을 조성하려고 노력하다가 마침내 원로원을 설득해 안토니우스를 국가의 공적(公敵)으로 선포하고, 옥타비아누스[57]에게 속간[58]과 법정관의 휘장(徽章)을 보내고, 당시 집정관들이었던 판사와 히르티우스를 파견해 안토니우스를 이탈리아에서 몰아내는 데 성공했다. 두 집정관은 무티나[59]에서 안토니우스와 교전했고 옥타비아누스도 참전해 그들 편에서 싸웠다. 두 집정관은 적군을 무찔렀으나 자신들도 전사했다. 안토니우스는 패주하며 수많은 어려움을 겪었는데, 그중에서도 큰 어려움은 굶주림이었다.

역경 속에서 최선의 자질을 드러내는 것이 안토니우스의 특징이었다. 안토니우스는 불운해야 선인(善人)에 가장 가까이 다가갔다. 사람들은 곤란을 당해 의기소침해지면 대개 미덕이 무엇인지 알기는 하지만, 역경 속에서도 자신들이 찬미하는 것을 추구하고 자신들이 싫어하는 것을 피할 수 있을 만큼 강한 경우는 드물다. 오히려 어떤 이들은 그럴 때 허약해져서 자신들의 성격적인 결함에 더욱더 쉽게 빠지고 판단마저 흔들리게 된다.

그러나 이때 안토니우스는 군사들에게 놀라운 본보기가 되었다. 안토니우스는 사치스럽고 방탕한 생활을 해왔는데도 거리낌 없이 썩은 물을 마시고 야생 과일과 그 뿌리를 먹었던 것이다. 전하는 이야기에 따르면, 알페스산을 넘는 동안[60] 그들은 나무껍질은 물론이고 전에 사람들이 입에 댄 적이 없는 동물들도 먹었다

---

57 텍스트에서는 계속해서 '카이사르'라고 불리지만, 암살된 카이사르와 혼동되는 것을 피하기 위하여, 앞으로는 그가 카이사르에게 입양되었을 때 받은 이름 중 하나인 옥타비아누스라고 부르기로 한다.
58 속간(束桿 fasces)은 다발로 묶은 막대기에 도끼를 매어 붙인 것으로 집정관의 권위를 상징했다. 이탈리아의 파시스트(Fascist)당이 이에 상당하는 이탈리아어 fascio에서 당명(黨名)을 따오면서 속간을 그들의 상징으로 삼았다.
59 무티나(Mutina 지금의 Modena)는 볼로냐 근처에 있는 도시다.
60 그의 군대는 실제로는 아펜니노산맥을 넘어 해안을 따라 프로방스 지방으로 갔다.

고 한다.

 그들은 알페스 저쪽에 주둔하고 있던 레피두스 휘하의 군대와 합류하기를 열망했다.[61] 레피두스는 안토니우스의 소개로 카이사르의 친구가 되면서 톡톡히 덕을 보았기 때문에[62] 안토니우스에게 우호적인 것으로 여겨졌다.

18.

그러나 안토니우스가 다가가 가까운 곳에 진을 쳐도 환영의 기색이라고는 보이지 않았다. 안토니우스는 모험을 하기로 결심했다. 그의 머리는 제멋대로 자라 텁수룩했고, 패전한 뒤로 깎지 않은 수염은 방치되어 있었다. 그런 행색에다 검은 토가를 걸친 안토니우스는 레피두스의 진영 쪽으로 다가가 연설하기 시작했다. 그의 몰골을 본 많은 군사들이 그를 불쌍히 여기고 연설에 호응을 보였다. 레피두스는 겁이 나서 안토니우스의 말이 들리지 않도록 모든 나팔을 일시에 불라고 명령했다. 그러자 군사들은 오히려 안토니우스를 더욱더 불쌍히 여기고 라일리우스와 클로디우스[63]를 군대를 따라다니는 창녀들로 변장시킨 다음 안토니우스에게 보내 비밀리에 협상하게 했다. 그들은 안토니우스에게 용기를 내어 자신들의 진영을 공격하라고 재촉하면서, 안토니우스를 환영

---

61 안토니우스는 기원전 43년 5월 중순경 레피두스 군과 합류했다.
62 레피두스는 기원전 44년 율리우스 카이사르에 의해 프랑스 남동 해안 지방(Gallia Narbonensis)과 에스파냐 남동부(Hispania citerior '이쪽 히스파니아'라는 뜻)의 전 법정관으로 임명되었다.
63 여기 나오는 라일리우스(Laelius)와 클로디우스(Clodius)에 관해서는 달리 알려진 바가 없다.

하고 또 안토니우스가 원하기만 한다면 레피두스를 죽일 사람은 많다고 전했다.

그러나 안토니우스는 그들에게 레피두스를 해치지 말라고 이르고 이튿날 군대를 이끌고 강을 건너기 시작했다. 안토니우스 자신이 맨 먼저 강물 속으로 들어가 건너편 강둑으로 건너갔는데, 그곳에는 이미 레피두스의 수많은 군사들이 안토니우스를 환영하려고 손을 내밀며 방벽을 허물고 있는 것이 보였다. 안토니우스는 진영 안으로 들어가 모든 것을 장악한 다음 레피두스를 더없이 친절히 대했다. 안토니우스는 레피두스를 반가이 맞으며 아버지라고 불렀고, 실제로는 자신이 모든 것을 장악하고 있으면서도 원수(元帥)의 이름과 명예는 레피두스가 그대로 유지해야 한다고 주장했다.

상당한 병력을 거느리고 멀지 않은 곳에 진을 치고 있던 무나티우스 플랑쿠스도 안토니우스의 이러한 태도를 보고는 그의 편이 되었다. 그리하여 이제 다시 대군을 갖게 된 안토니우스는 17개 군단의 보병과 1만 명의 기병을 이끌고 알페스산을 넘어[64] 이탈리아로 들어갔다. 그 밖에도 안토니우스는 갈리아를 지키도록 6개 군단을 남겨두고 왔는데, 이들은 안토니우스의 절친한 친구이자 술친구 중 한 명으로 코틸론[65]이라는 별명을 갖고 있던 바리우스가 지휘했다.

---

64   기원전 43년 초가을.
65   코틸론(Kotylon)이라는 별명은 그리스의 액량 단위 코틸레(kotyle 약 270밀리미터)에서 유래한 말로, '술고래'라는 뜻이다.

19.

옥타비아누스는 이제 더이상 키케로와 제휴하지 않았다. 키케로가 자유의 열렬한 지지자라는 것을 알았기 때문이었다.[66] 옥타비아누스는 안토니우스에게 측근들을 보내 협상하자고 제의했다. 그리하여 세 사람은 강 한가운데 있는 작은 섬에서 만나 그곳에서 사흘 동안 회의를 했다.[67] 그들은 대체로 쉽게 합의에 이르러 전 제국을 마치 선조의 유산인 양 자기들끼리 나누어 가졌다. 그러나 어떤 사람들을 죽일 것이냐 하는 것은 난제 중의 난제였다. 그들 각자가 적들은 제거하고 친척들은 구해주고 싶어 했기 때문이다. 그러나 결국 그들은 적에게 품고 있던 증오심 때문에 친척에 대한 경의와 호의조차 버렸으니, 옥타비아누스는 안토니우스에게 키케로를 내주고 안토니우스는 자신의 외삼촌인 루키우스 카이사르를 옥타비아누스에게 내주었다. 레피두스에게도 자신의 친아우인 파울루스를 죽이는 것이 허용되었다. 그러나 일설에 따르면, 레피두스는 파울루스를 그의 죽음을 요구하는 안토니우스와 옥타비아누스에게 내주었다고 한다.

생각건대, 이러한 거래보다 더 야만적이고 잔인한 짓은 없을 것이다. 그들은 서로 살인을 주고받음으로써 그들이 받은 자들뿐만 아니라 준 자들의 죽음에 대해서도 책임을 져야 하기 때문이다. 그러나 그들이 친구들을 죽인 것은 그보다 더 악질적인 범죄

---

66 웅변가 키케로는 로마 공화정의 열렬한 지지자였다.
67 안토니우스·레피두스·옥타비아누스는 기원전 43년 10월 말 또는 11월 초 지금의 볼로냐 근처에 있는 레노(Reno)강의 작은 섬에서 회담했는데, 이것이 제2차 삼두정치의 서막이었다. 이들은 브루투스와 캇시우스의 세력이 커지는 것을 견제하기 위해 힘을 모으게 되었던 것이다.

였으니, 미워하지도 않으면서 죽였기 때문이다.

20.

이러한 거래에 덧붙여 군사들이 그들 주위에 둘러서더니 옥타비아누스가 풀비아에게서 태어난 안토니우스의 딸 클로디아를 아내로 맞아들여 혼인으로써 우의를 돈독히 할 것을 요구했다. 세 사람은 이 문제에 대해서도 합의에 이른 후 300명을 추방하고 사형에 처했다. 키케로가 살해되자[68] 안토니우스는 그의 머리와 자기를 탄핵하는 글을 썼던 오른손을 베어오라고 했다. 키케로의 머리와 오른손이 도착하자 안토니우스는 의기양양하게 바라보다가 기쁜 나머지 몇 번이나 웃음을 터뜨린 뒤 싫증이 나자, 사실은 그 자신이 행운을 모욕하고 권력을 남용하고 있음을 과시할 뿐인데도 마치 고인을 모욕하는 양 그것들을 광장의 연단 위에 못 박아두라고 명령했다.

안토니우스의 외삼촌 루키우스 카이사르는 수색대에 쫓기자 누이인 안토니우스의 어머니 집으로 피신했다. 집행인들이 바짝 뒤쫓아와 그녀의 방으로 쳐들어가려 하자 그녀는 문간에 서서 두 팔을 벌린 채 "너희는 너희 원수(元帥)의 어머니인 나를 먼저 죽이지 않고는 루키우스 카이사르를 죽이지 못한다"고 몇 번이나 큰 소리로 되풀이해서 말했다. 이런 행동으로 그녀는 오라비를 빼돌려 목숨을 구해주었다.

---

68 기원전 43년 12월 7일.

21.

　대체로 로마인들은 삼두정치를 싫어했다. 그중에서도 안토니우스가 가장 많은 비난을 받았다. 옥타비아누스보다 나이는 많고 레피두스보다 영향력이 컸던 그는 고생을 면하게 되자마자 다시 옛날처럼 향락적이고 방탕한 생활로 빠져들었던 것이다. 그는 대체로 평이 좋지 않은 데다 살고 있던 집과 관련해 적잖이 미움을 샀다. 그것은 대 폼페이우스가 살던 집으로, 폼페이우스는 세 번이나 개선식을 올렸다는 사실보다는 오히려 절제와 질서정연하고 민주적인 생활방식 때문에 경탄의 대상이 된 인물이었다.

　그래서 장군들과 고관들과 사절들도 들여놓지 않고 문전박대하던 이 집이 배우들과 마술사들과 술 취한 아첨꾼으로 가득 차고, 안토니우스가 가장 난폭하고 잔인한 방법으로 짜낸 돈을 대부분 이들에게 뿌려대는 것을 보자 사람들은 분개했다. 세 사람은 자신들이 살해한 사람들의 아내와 친척들에게 죄를 뒤집어씌워 그들의 재산을 매각하고 온갖 종류의 세금을 부과했을 뿐 아니라, 로마인들과 외지인들이 베스타[69] 여신의 여사제들에게 돈을 맡겨두곤 한다는 것을 알고는 가서 그 돈을 빼앗았다. 안토니우스의 끝없는 탐욕을 보고 옥타비아누스는 빼앗은 돈을 둘이 나눠 갖자고 했다. 두 사람은 또 군대도 나눠 갖고, 레피두스에게 로마를 맡긴 다음, 브루투스와 캇시우스를 치기 위해 자신들의 부대를 이끌고 마케도니아로 진격했다.

69　베스타(Vesta)는 로마신화에 나오는 화로의 여신이다.

22.

바다를 건넌 두 사람은 진격해 적군 가까이 진을 쳤는데 안토니우스는 캇시우스와, 옥티비아누스는 브루투스와 맞섰다. 옥타비아누스는 이렇다 할 공을 세우지 못했지만 안토니우스는 도처에서 승리하며 성공을 거두었다. 아무튼 첫 번째 전투에서 옥타비아누스는 브루투스에게 참패해 진지도 빼앗기고 간신히 도망쳐 추격자들에게서 벗어날 수 있었다. 그러나 옥타비아누스 자신은 회고록에서 측근 가운데 한 명이 꾼 꿈[70] 때문에 싸우기도 전에 철수했다고 주장하고 있다. 한편 안토니우스는 캇시우스에게 이겼다. 그러나 일설에 따르면, 안토니우스는 전투에는 참가하지 않고 전투가 끝난 뒤 부하들이 이미 적군을 추격하고 있을 때 도착했다고 한다. 캇시우스는 브루투스가 이긴 줄도 모르고 충실한 해방노예 가운데 한 명인 핀다로스에게 명해 자기를 죽이게 했다.

며칠 뒤 두 번째 전투가 벌어졌는데 브루투스는 이 전투에서 패하자 자살했다. 이때 옥타비아누스는 몸이 아팠던 까닭에 승리의 명예는 대부분 안토니우스에게 돌아갔다. 안토니우스는 브루투스의 시신 옆에 서서, 키케로를 죽인 앙갚음으로 브루투스가 자기 아우 가이유스를 죽인 것을 잠시 원망하다가 아우가 죽은 것에는 브루투스보다 호르텐시우스의 책임이 더 크다며 호르텐시우스를 아우의 무덤 위에서 죽이라고 명령했다. 그러고 나서 안토니우스는 값이 많이 나가는 자포(紫袍)를 벗어 브루투스의

---

[70] 미네르바 여신이 옥타비아누스에게 철수하라고 경고하는 꿈이었다고 한다.

시신을 덮어주더니 자신의 해방노예 가운데 한 명에게 명해 장례를 치러주게 했다. 나중에 그는 이 해방노예가 브루투스의 시신과 함께 자포를 태우지 않고 장례비로 쓰라고 준 돈도 대부분 착복했음을 알고는 사형에 처했다.

23.

그 뒤 옥타비아누스는 몸이 아파 오래 견디지 못할 것 같아서 로마로 돌아갔다. 안토니우스는 동방의 모든 속주에서 돈을 거둬들이기 위해 대군을 이끌고 마케도니아를 떠나 헬라스로 들어갔다. 삼두정치의 세 주역은 자신들의 병사들에게 각자 5천 드라크메씩 주겠다고 약속한 까닭에 세금을 부과하고 공물을 거둬들이는 일에 더 열을 올릴 수밖에 없었다. 안토니우스는 적어도 처음에는 헬라스인들을 온건하고 예의 바르게 대했다. 원래 오락을 좋아하는 안토니우스는 재미 삼아 각종 경기를 관람하고 종교의식에 입문하고 학자들의 토론을 들었다. 안토니우스는 재판을 할 때도 공정했고, '헬라스를 사랑하는 이'라는 말도 듣기 좋아했지만 '아테나이를 사랑하는 이'라는 말을 더 듣기 좋아했으며, 이 도시에 엄청난 선물을 쏟아부었다.

메가라[71]인들이 자기들에게도 아테나이와 경쟁할 만한 아름다운 것이 있다는 걸 보여주고 싶어 자신들의 원로원 건물을 구경하러 오라고 초청하자 안토니우스는 그곳에 가서 둘러보았다. 그리고 어떻게 생각하는지 그들이 묻자 그는 "협소하고 낡았군요"

---

71 메가라(Megara)는 아테나이와 코린토스 중간에 있는 소도시다.

라고 말했다. 안토니우스는 또 퓌토[72] 신[73]의 신전을 보수해줄[74] 요량으로 측량하게 했다. 실제로 그는 그곳 원로원에 그렇게 해 주겠다고 약속했다.[75]

24.

그 뒤 곧 안토니우스는 루키우스 켄소리누스에게 헬라스를 맡기고 아시아로 건너가[76] 그곳의 부를 손아귀에 넣었다. 그곳의 왕들이 문전성시를 이루었고, 왕비들은 경쟁적으로 선물을 바치고 아름다움을 과시했으며, 그를 위해서라면 명예도 희생하곤 했다. 옥타비아누스가 로마에서 파쟁과 내전으로 기진맥진해 있는 동안 안토니우스는 충분한 여가와 평화를 즐기며 자신의 감정에 휩쓸려 이전부터 익숙한 생활방식으로 되돌아갔다. 아낙세노르 같은 키타라 연주자들과 크산토스 같은 피리 연주자들과 메트로도로스라는 무용수와, 뻔뻔스럽고 저질스럽기로 말하자면 그가 이탈리아에서 데려온 역병들[77]을 능가하는 그 밖의 다른 아시아의 연주자 무리가 몰려와 그곳에 둥지를 틀었다. 이러한 방탕을 위해 안토니우스의 재물이 탕진되는 것을 사람들은 차츰 참을 수 없다고 여겼다. 온 아시아가 소포클레스[78]의 유명한 도시[79]처

72 퓌토(Pytho)는 델포이의 옛 이름이다.
73 아폴론.
74 델포이의 아폴론 신전은 기원전 85~84년경 화재로 소실되었다.
75 안토니우스의 약속은 지켜지지 않았다.
76 기원전 41년.
77 배우들과 마술사들을 말한다.
78 그리스 3대 비극시인 중 한 명으로, 남아 있는 그의 비극 가운데 『오이디푸

럼, 제물 태우는 냄새와 "구원을 비는 기도와 고통의 울부짖음으로"[80] 가득 찼기 때문이다.

아무튼 안토니우스가 에페소스[81]에 입성했을 때 여자들은 박코스의 여신도들처럼, 남자들과 소년들은 사튀로스[82]나 판[83] 신처럼 차려입고 그의 앞에서 행렬을 지어 나아갔다. 도시는 담쟁이덩굴 관과 튀르소스 지팡이[84]와 수금(竪琴)과 목적(牧笛)과 피리로 가득 찼으며, 사람들은 그를 환희를 주고 선행을 베푸는 디오뉘소스[85]로 환호했다. 그는 확실히 몇몇 사람에게는 그랬으나 대부분의 사람들에게는 날고기를 먹는 야만적인 디오뉘소스였다.[86] 왜냐하면 그는 귀족들의 재산을 빼앗아 건달과 아첨꾼들에게 베풀었기 때문이다. 사람들은 죽지도 않은 사람들을 죽었다고 속이고 그에게 간청해 그들의 재산을 가로채기도 했다. 그는 또 마그네시아에서 어떤 사람의 집을 요리사에게 주었는데, 그 요리사는 하루 저녁식사를 잘 차려 그에게 존경받았다고 한다.

안토니우스가 아시아의 도시들에 두 번째로 세금을 부과하자

스 왕』이 유명하다.
79 테바이.
80 『오이디푸스 왕』 4~5행.
81 에페소스(Ephesos)는 소아시아 이오니아 지방의 도시다.
82 사튀로스(Satyros)들은 주신 박코스의 종자(從者)들로, 말의 꼬리 또는 염소의 다리를 가진 음탕하기로 이름난 숲의 정령들이다.
83 판은 염소의 뿔에 염소의 발굽을 가진 숲의 신이다.
84 튀르소스(thyrsos)는 머리에 솔방울을 달고 포도덩굴 또는 담쟁이덩굴을 감은 지팡이로, 박코스 축제 때 박코스와 그의 신도들이 들고 다녔다.
85 디오뉘소스(Dionysos)는 주신 박코스의 다른 이름이다.
86 주신 디오뉘소스의 이런 이중적인 측면은 안토니우스의 이중성격을 암시한다.

휘브레아스가 용기를 내어 "그대가 1년에 두 번이나 세금을 부과하실 수 있다면 그대는 우리를 위해 여름도 두 번 오고 수확기도 두 번 오게 하실 수 있을 겁니다"라는 말로 전 아시아를 대변했다. 휘브레아스의 수사학적 문체는 저급한 편이었지만 안토니우스의 취향에 맞았다. 휘브레아스는 알기 쉽고 대담한 말로 아시아는 그에게 이미 20만 탈렌툼을 바쳤다고 덧붙이며, "그대가 이 돈을 받지 못하셨다면 이 돈을 가져간 사람들에게 달라고 하십시오. 하지만 그대가 이 돈을 받으시고도 지금 수중에 갖고 계시지 않다면 우리는 끝장났습니다"라고 말했다. 안토니우스는 이 말에 심한 충격을 받았다. 그는 성격이 태평해서가 아니라 측근들의 말을 무조건 믿을 만큼 단순했기 때문에 자기 이름으로 어떤 일이 벌어지고 있는지 거의 몰랐기 때문이다.

안토니우스는 성격이 단순하고 사태 파악이 느린 편이었다. 그러나 일단 자신의 과오를 알게 되면 깊이 후회하고 자기가 피해를 입힌 사람들에게 자신의 과오를 기꺼이 시인했다. 그는 피해자에게 보상할 때나 가해자에게 보복할 때나 통이 컸지만, 벌줄 때보다 호의를 베풀 때 적정선을 넘는 경우가 많았다. 그리고 그가 거리낌없이 내뱉는 농담과 조롱에는 그 자체에 해독제가 들어 있었다. 누구든 그의 농담을 똑같이 거리낌없이 되돌려줄 수 있고, 그는 남을 웃음거리로 만드는 것 못지않게 자신이 웃음거리가 되는 것을 즐겼기 때문이다.

안토니우스의 이러한 기질이 일을 망쳐놓는 경우는 허다했다. 농담할 때 솔직한 사람들의 관심사가 사실은 그에게 아첨하는 것이라고는 믿을 수 없었기 때문이다. 그래서 그는 쉬이 그들의 찬사의 포로가 되곤 했다. 그는 말하자면 솔직함이라는 얼얼한 양념으로 아첨의 역겨운 맛을 제거하는 사람들이 있다는 사실을 알지 못한 것이다. 이런 사람들은 술자리에서 일부러 대담하고 솔직하게 말하곤 하는데, 결국 그들이 국사(國事)에서 유연하고 고분고분한 태도를 보이는 것은 단순히 상대방을 즐겁게 해주기 위해서가 아니라 더 큰 지혜에 감복했기 때문인 척하려는 것이다.

25.

안토니우스의 성격이 이렇다 보니 클레오파트라와의 사랑은 그에게 결정적인 재앙으로 다가왔다. 그것은 지금까지 그의 내면에 숨어 있던 열정을 미치도록 자극했고, 아직도 유혹에 저항할 수 있던 선한 자질을 말살하고 파괴해버렸던 것이다. 그가 사랑의 포로가 된 경위는 이러하다. 안토니우스는 파르티아인들과의 전쟁을 준비하는 동안 클레오파트라에게 사람을 보내, 킬리키아에서 자기를 만나 그녀가 캇시우스에게 그토록 많은 군자금을 모아준 일을 해명하라고 요구했다. 그러나 안토니우스의 전령 델리우스는 클레오파트라를 보자마자 그녀의 교묘하고 능란한 화술을 알아보고 그런 여인을 안토니우스는 결코 해코지하려 들지 않을 것이며, 그녀야말로 안토니우스에게 가장 큰 영향력을 행사할 것임을 대번에 알아차렸다. 그래서 델리우스는 아이귑토스의 여왕에게 아첨을 떨며, 호메로스의 말처럼 "자신을 곱게 치장한 다음"[87] 킬리키아로 가되 장군들 중에서 가장 상냥하고 인간적인 안토니우스를 두려워하지 말라고 했다.

---

87 『일리아스』 14권 162행.

그녀는 그의 권고를 받아들이기로 했고, 전에도 이미 미모로 가이유스 카이사르[88]와 폼페이유스의 아들 그나이우스[89]를 호린 적이 있는지라 안토니우스를 쉽게 굴복시킬 수 있으리라고 자신했다. 왜냐하면 카이사르와 폼페이유스가 그녀를 알았을 때 그녀는 세상 물정 모르는 어린 소녀였지만, 안토니우스를 만나러 가는 지금은 여자로서의 아름다움이 눈에 부시고 지성이 원숙기에 이르는 나이였던 것이다.[90] 그녀는 많은 선물과 돈, 그녀의 높은 지위와 번영하는 왕국에 어울릴 법한 장신구들을 준비하게 했지만 역시 자기 자신에게, 자신이 풍기는 매력과 마법에 가장 큰 기대를 걸었다.

26.

그녀는 안토니우스와 그 측근들에게서 여러 차례 소환장을 받았지만 안토니우스를 무시하고 조롱하듯 고물에 황금 칠을 하고 자줏빛 돛들을 활짝 펼친 배를 타고 퀴드노스[91]강을 거슬러 올라갔다. 그 배의 노 젓는 선원들은 목적 소리와 키타라 소리가 뒤섞인 피리 소리에 맞춰 은으로 만든 노를 젓고 있었다. 그녀는 그림 속 아프로디테처럼 치장하고는 황금을 수놓은 닫집 아래 반쯤 기대 누워 있었고 양옆에서는 그림 속 에로스[92] 같은 소년들이 서서 부

---

88 가이유스 율리우스 카이사르는 폼페이유스가 죽은 뒤 기원전 48~47년 이집트에 머무른 적이 있는데, 이때 클레오파트라는 21살이었다.
89 대 폼페이유스의 아들 그나이우스는 폼페이유스를 위해 군자금 모으는 임무를 띠고 기원전 49년 이집트에 파견된 적이 있었다.
90 기원전 41년 클레오파트라는 28살쯤 되었다.
91 퀴드노스(Kydnos)는 소아시아 킬리키아 지방의 강이다.

채질을 해주고 있었다.

또 가장 잘생긴 하녀들이 네레우스[93]의 딸들과 카리스 여신들[94]처럼 차려입고 더러는 노 위에 더러는 밧줄 위에 앉아 있었다. 수많은 향로에서 피어오르는 놀라운 향기가 양쪽 강둑을 가득 메웠다. 주민들 중 더러는 하구에서부터 양쪽 강둑을 따라 그녀를 호송했고, 더러는 이 장관을 보려고 시내에서 달려 내려왔다. 광장의 군중이 차츰 빠져나가자 마침내 연단에 앉아 있던 안토니우스는 혼자 남게 되었다. 그리고 아시아의 행복을 위해 디오뉘소스와 주연을 베풀려고 아프로디테가 왔다는 소문이 사방에 퍼졌다.

안토니우스는 사람을 보내 그녀를 만찬에 초대했다. 그러나 그녀는 그가 자기에게 오는 것이 합당하다고 했다. 그러자 안토니우스는 예의와 호의를 보여주고 싶어 승낙하고 그녀에게 갔다. 그가 가서 보니 말로 표현할 수 없을 정도로 손님맞이 준비가 진행되고 있었다. 그러나 그를 가장 놀라게 한 것은 엄청나게 많은 등불이었다. 전하는 이야기에 따르면, 엄청나게 많은 등불이 천장에서 내려져 한꺼번에 여기저기 전시되었는데, 더러는 직사각형을 더러는 원형을 이루며 서로 질서정연하게 배열되고 배치되어 보기 드문 장관을 이루었다고 한다.

---

92   에로스(Eros 라/Cupido)는 사랑의 신이다. 흔히 아프로디테의 아들로 그려지며, 경우에 따라서는 한 명이 아니라 여기서처럼 여러 명으로 나오기도 한다.
93   네레우스(Nereus)는 바다의 신으로, 그에게는 50명의 아리따운 딸이 있었다.
94   카리스 여신들(Charites 단수형 Charis)은 우미(優美)의 여신들로 모두 세 명이다.

27.

이튿날에는 안토니우스가 그녀를 연회에 초대했다. 현란함과 우아함에서 그녀를 능가하고 싶었지만 바로 이 두 가지 점에서 그는 그녀에게 졌다. 그는 먼저 농담조로 자신이 베푼 연회가 빈약하고 조잡했음을 시인했다. 클레오파트라는 안토니우스의 농담에서 군인티와 상민티가 나는 것을 발견하고는 그에 대한 자신의 태도에 재빨리 그것을 받아들여 그를 스스럼없이 당돌하게 대했다. 전하는 이야기에 따르면, 그녀의 미모는 결코 세상에 견줄 데 없는 그런 것이 아니었으며, 보는 이들을 깜짝 놀라게 할 정도도 아니었다고 한다. 그러나 그녀와의 교제는 저항할 수 없이 사람을 사로잡는 데가 있었고, 그녀의 신체적인 매력은 그녀의 설득력 있는 대화와 그녀가 다른 사람과 같이 있을 때 풍기는 독특한 분위기와 어우러져 사람을 홀리는 구석이 있었다.

그녀의 목소리에도 어떤 감미로움이 깃들어 있었다. 그녀는 자신의 혀를 마치 여러 줄의 현악기처럼 다루며 마음대로 여러 가지 언어를 구사할 수 있었다. 그래서 그녀는 이방인들과 면담할 때 통역이 필요한 경우가 극히 드물었고, 아이티오피아인들이든 트로글로뒤타이족[95]이든 헤브라이오스[96]족이든 아랍인들이든 쉬리아인들이든 메디아[97]인들이든 파르티아인들이든 대부분의 이방인들에게 통역의 도움을 받지 않고 대답했다. 그녀 이전의 아

---

95 트로글로뒤타이족(Trōglodytai)은 아이티오피아의 홍해 연안에 살던 부족이다.
96 헤브라이오스(Hebraios)는 헤브라이인의 그리스어다.
97 메디아(Mēdia)는 카스피해 남쪽 지방이다. '메디아인들'은 페르시아인들이라는 뜻으로도 사용된다.

이귑토스 왕들은 아이귑토스 말도 배우려 하지 않고 심지어 어떤 왕들은 마케도니아 방언조차 포기했지만, 그녀는 여러 외국어를 습득했다고 한다.

28.

아무튼 클레오파트라는 안토니우스의 넋을 완전히 빼놓았다. 그리하여 그의 아내 풀비아가 로마에서 남편의 이익을 위해 옥타비아누스와 싸우고 있는데도, 그리고 파르티아 왕의 장군들이 새로이 총사령관으로 임명한 라비에누스[98]를 앞세우고 파르티아군이 메소포타미아 전선에서 맴돌며 쉬리아로 진격하려 하고 있는데도 안토니우스는 클레오파트라에게 낚아채여 알렉산드레이아로 갔다. 그리고 그곳에서 한가한 젊은이에게 어울릴 오락과 소일거리에 푹 빠져 안티폰[99]이 세상에서 가장 귀중한 것이라고 부른 시간을 각종 환락을 위해 탕진했다. 왜냐하면 두 사람은 '모방할 수 없는 생활인들의 동아리'라는 친목 단체를 결성해 둘 중 한 사람이 엄청난 돈을 들여 나머지 다른 사람들을 위해 날마다 연회를 베풀었기 때문이다.

아무튼 암핏사[100] 출신의 의사 필로타스가 나의 할아버지 람프리아스에게 들려주곤 하던 이야기에 따르면, 당시 알렉산드레이아에서 의술을 공부하던 젊은 필로타스는 왕실의 요리사 가운데

---

98 라비에누스(Quintus Labienus)는 율리우스 카이사르의 장군이었다가 폼페이유스 편이 된 티투스(Titus) 라비에누스의 아들이다.
99 소피스트 안티폰(Antiphon)을 말하는 듯하다.
100 암핏사(Amphissa)는 코린토스만의 북안에 있는 로크리스(Lokris) 지방의 도시다.

한 명과 알게 되어 그의 권유로 왕실 만찬의 거창한 준비 과정을 구경하러 간 적이 있다고 한다. 필로타스는 궁전의 주방으로 안내되어 꼬챙이에 꿰어 구워지는 멧돼지 여덟 마리를 포함해 그 많은 음식을 모두 돌아보고 나서 접대받을 손님의 수가 많은 것에 감탄을 금치 못했다.

그러자 요리사가 웃으며 말하기를, 만찬에 초대받은 손님은 많지 않고 12명 정도밖에 안 되지만 음식은 한 접시 한 접시 완벽하게 내놓아야 하는데 조금만 늦어도 못 쓰게 된다고 했다. 요리사의 설명에 따르면, 안토니우스는 손님들이 도착하자마자 상을 차리라고 할 수도 있고 식사를 연기하고 술을 내오라고 할 수도 있고 토론에 빠져들 수도 있기 때문이라는 것이었다. 그래서 정확한 시간을 맞추기가 어려워 한 번의 식사가 아니라 여러 번의 식사를 준비해두어야 한다는 것이었다.

이상이 필로타스가 들려주곤 하던 이야기다. 또 그가 들려주던 이야기에 따르면, 그는 나중에 풀비아에게서 태어난 안토니우스의 장남을 치료해준 적이 있는데 이 젊은이가 아버지와 식사하지 않을 때는 이 젊은이의 집에서 이 젊은이의 친구들을 불러 함께 식사하곤 했다고 한다. 한번은 어떤 의사가 참석해 허풍을 떨며 만찬 참석자들을 성가시게 하자, 필로타스가 "신열이 있는 사람은 냉수를 마셔야 하오. 열기가 있는 사람은 신열이 있소. 따라서 열기가 있는 사람은 냉수를 마셔야 하오"라는 궤변으로 그자의 입을 막아버렸다.

그자가 당황해 입을 다물자 안토니우스의 아들은 흐뭇하게 웃으면서 "필로타스, 여기 있는 것을 모두 그대에게 주겠소"라고 말하더니 식탁 위에 가득 놓여 있던 받침 달린 큰 잔들을 가리켰다.

필로타스는 그의 호의에 고맙다는 인사를 하면서도 어린 소년이 그토록 큰 선물을 줄 권한이 있는지 의심스러웠다.

하지만 잠시 뒤 한 노예가 그 잔들을 자루에 넣어 가지고 오더니 봉인하기를 요구했다. 필로타스가 거절하며 선물 받기를 꺼리자 그 노예가 "별것 아니에요! 왜 망설이세요? 이것은 안토니우스의 아들이 주는 선물이며, 원하기만 하면 그는 여기 이 황금 식기를 다 줄 수도 있어요. 귀띔해드리자면, 우리를 시켜 여기 있는 것들을 모두 현금으로 바꾸도록 하세요. 이 잔들 중 어떤 것은 오래되고 그 뛰어난 제작 솜씨 때문에 소년의 아버지가 아쉬워할 수도 있으니까요"라고 말했다. 내 할아버지의 말씀에 따르면, 필로타스는 기회 있을 때마다 이런 종류의 이야기를 들려주기를 좋아했다고 한다.

29.

플라톤은 아첨에는 네 가지가 있다고 말하지만,[101] 클레오파트라는 수많은 종류의 아첨을 알고 있었다. 안토니우스가 심각할 때나 명랑할 때나 그녀는 언제든지 그를 위해 새로운 쾌락과 즐거움을 찾아냈다. 그녀는 그를 철저히 훈육하며 밤에도 낮에도 놓아주지 않았다. 그녀는 그와 주사위 놀이도 함께 하고 술도 함께 마시고 사냥도 함께 했으며, 그가 무술을 익히는 것도 지켜보았다. 그리고 그가 밤에 시내를 싸돌아다니며 여염집 대문 앞이나

---

[101] 『고르기아스』 462c~466a 참조. 여기서 플라톤은 우리의 혼과 몸에 이로운 입법, 정의, 의술, 체조의 진정한 기술에 소피스트 철학, 수사학, 제과, 화장의 아첨하는 가짜 기술을 대비시키고 있다.

창문가에 서서 안에 있는 사람들을 놀려줄 때면 그녀도 하녀 복장을 하고 따라다녔다. 안토니우스는 하인으로 변장하는 버릇이 있었다. 그래서 늘 집으로 돌아오기 전에 수없이 욕을 들었고 어떤 때는 흠씬 두들겨 맞기도 했다. 하지만 대부분의 사람들은 그가 누구인지 짐작하고 있었다. 사실 알렉산드레이아인들은 그의 어릿광대짓을 좋아했으며 그들 특유의 우아하고 세련된 방법으로 이러한 오락에 동참했다. 그들은 그를 좋아했고, 그가 로마인들을 위해서는 비극 가면을 쓰지만 자기들을 위해서는 희극 가면을 쓴다고 말했다.

안토니우스의 유치한 장난을 일일이 다 이야기하는 것은 공연한 시간 낭비가 될 테니, 여기서는 한 가지 예만 들기로 한다. 한번은 그가 낚시하러 나갔는데 고기는 물지 않는 데다 클레오파트라가 지켜보고 있어 짜증이 났다. 그래서 그는 어부들에게 명해 물속으로 들어가 그들이 잡아두었던 물고기 몇 마리를 몰래 낚싯바늘에 꿰게 하고는 낚싯줄을 두세 번 당겼다. 그러나 아이귑토스의 여왕은 속임수를 알면서도 감탄하는 척하더니 자신의 측근들에게 그 이야기를 들려주며 이튿날 구경하러 오라고 초청했다. 그리하여 많은 사람들이 고깃배를 나누어 탔다. 그리고 안토니우스가 낚싯줄을 내리자 그녀는 자신의 시종 한 명에게 먼저 낚싯바늘 있는 쪽으로 헤엄쳐 들어가 소금에 절인 흑해산(産) 물고기 한 마리를 꿰게 했다. 물고기가 걸린 줄 알고 안토니우스가 낚싯줄을 당기자 당연한 일이지만 폭소가 터졌고, 클레오파트라는 "원수님, 낚싯대는 파로스나 카노보스[102]의 어부들에게 맡기세요. 그대의 몫은 도시들과 왕국들과 대륙들을 사냥하는 일이에요"라고 말했다.

30.

이런 진부하고 유치한 장난에 빠져 있는 안토니우스에게 두 가지 소식이 날아들었다. 하나는 로마에서 온 소식으로, 아우 루키우스와 아내 풀비아가 처음에는 서로 다투다가 나중에는 힘을 모아 옥타비아누스와 전쟁을 했으나 패해 이탈리아에서 도망 중이라는 내용이었다.[103] 두 번째 소식도 반갑지 않기는 마찬가지였는데, 라비에누스가 파르티아군을 이끌고 에우프라테스강과 쉬리아에서부터 서쪽으로 뤼디아와 이오니아 지방에 이르기까지 전 아시아를 정복하고[104] 있다는 내용이었다.

마침내 그는 폭음한 뒤 잠에서 깨어난 사람처럼 파르티아인들에게 맞서기 위해 출발해 포이니케[105] 지방까지 진격했다. 그러나 그곳에서 비탄에 가득 찬 풀비아의 편지를 받고는 함선 200척을 이끌고 이탈리아 쪽으로 방향을 틀었다. 도중에 그는 이탈리아에서 도망쳐오던 추종자 몇 명을 만나 이들에게서 옥타비아누스와 전쟁을 일으킨 장본인이 풀비아라는 것을 알게 되었다. 원래 정치에 개입하기를 좋아하는 고집 센 여자이기도 하지만, 이탈리아에서 소요 사태가 발생하면 안토니우스가 클레오파트라의 곁을 떠나올 거라고 기대했다는 것이었다.

---

102 파로스는 알렉산드레이아 앞바다에 있는 작은 섬이고, 카노보스(Kanōbos)는 나일강 서쪽 하구 옆에 있는 도시다.
103 루키우스 안토니우스와 풀비아는 8개 군단을 모병해 로마를 점령함으로써 이탈리아에서 무력으로 옥타비아누스에게 맞서려다가, 기원전 41/40년 겨울에 페루시아(Perusia 지금의 Perugia)에서 포위되어 아사 직전에 항복했다.
104 기원전 40년 봄.
105 포이니케(Phoinike 라/Phoenice)는 페니키아의 그리스어 이름이다.

그러나 풀비아는 안토니우스를 만나러 배를 타고 건너오다가 병이 들어 시퀴온[106]에서 죽었다. 그에게 이 사건은 옥타비아누스와 화해할 좋은 계기가 되었다. 왜냐하면 안토니우스가 이탈리아에 도착했을 때 옥타비아누스는 그에게 전쟁의 책임을 물을 의사가 전혀 없다는 게 분명했고, 안토니우스도 자신에 대한 비난을 풀비아 탓으로 돌릴 수 있었기 때문이다. 아무튼 두 사람의 측근들은 안토니우스의 변명을 면밀히 검토할 시간을 주지 않았으니, 그들의 주된 관심사는 두 사람을 화해시키고 제국을 분할하는 것이었다. 그들은 이오니오스해를 경계로 동쪽은 안토니우스에게, 서쪽은 옥타비아누스에게 나눠주고, 레피두스는 아프리카[107]를 차지하게 했다. 그들은 또 두 사람이 몸소 집정관이 되기를 원치 않을 경우 그들의 측근들이 번갈아 집정관직을 맡기로 합의했다.[108]

31.

양쪽 다 이번 합의를 잘된 일이라고 생각했지만 그래도 확실한 안전장치가 필요하다고 느끼던 차에 행운이 그런 안전장치를 가져다주었다. 옥타비아누스에게는 옥타비아라는 이복의 누나가 있었다. 그녀는 앙카리아의 딸이고, 그는 나중에 재혼한 아티아의 아들이었던 것이다.[109] 옥타비아누스는 이 누이를 몹시 좋아했

---

106 「마르쿠스 카토 전」 주 90 참조.
107 여기서 말하는 '아프리카'(그리스어로 Libye)에는 이집트가 포함되지 않는다. 고대에는 이집트가 아시아의 일부였다.
108 이른바 브룬디시움 조약에서.
109 여기서 플루타르코스는 착각하고 있다. 옥타비아누스에게는 옥타비아

는데, 전하는 이야기에 따르면 그녀는 찬탄할 만한 여인이었다고 한다. 그녀는 얼마 전 남편 가이유스 마르켈루스를 잃고 과부가 되었다. 안토니우스도 풀비아가 죽은 지금 비록 클레오파트라와의 관계를 부인하지는 않았지만 그녀를 아내라고 부르기를 꺼려한 까닭에 홀아비로 간주되고 있었다. 이 문제에서 그는 이성과 아이귑토스 여왕에 대한 사랑 사이에서 갈등을 느끼고 있었다.

로마에서는 모두들 이 결혼이 성사되기를 바랐다. 왜냐하면 그들은 옥타비아가 미모에 품위와 분별력을 갖춘 여인인 만큼 안토니우스와 결혼해 사랑받게 되면 로마에 화합과 구원을 가져다줄 것으로 기대했기 때문이다. 그래서 두 사람이 그렇게 하기로 합의를 보자 그들은 로마로 가서 안토니우스와 옥타비아의 결혼식을 올렸다. 로마법에 따르면 여자는 남편이 죽은 지 열 달이 되기 전에는 재혼할 수 없게 되어 있었다. 하지만 그들의 경우 원로원

(Octavia)라는 누나가 둘이었는데 이른바 대 옥타비아는 옥타비우스와 앙카리아(Ancharia)의 딸로 기원전 70년 이전에 태어났고, 소 옥타비아는 옥타비아누스와 마찬가지로 아티아(Atia)에게서 기원전 70년경 태어났다. 소 옥타비아는 처음에 가이유스 클라우디우스 마르켈루스와 결혼해 나중에 아우구스투스의 딸 율리아와 결혼한 마르쿠스 클라우디우스 마르켈루스를 포함해 삼 남매를 낳았고, 기원전 40년 남편이 죽자마자 브룬디시움 조약의 안전장치로 안토니우스와 재혼한다. 그녀가 안토니우스에게 낳아준 두 딸 중 소 안토니아(Antonia minor)는 클라우디우스 황제의 어머니가 되고, 대 안토니아는 기원전 16년 집정관을 지낸 아헤노바르부스(Lucius Domitius Ahenobarbus)와 결혼했는데 이들 사이에서 태어난 아들 그나이우스가 바로 네로 황제의 아버지다. 소 옥타비아는 안토니우스에게 이혼당한 뒤에도 둘 사이에서 태어난 두 딸뿐 아니라 풀비아와 클레오파트라가 낳은 안토니우스의 살아 있던 모든 자녀와 자신이 마르켈루스에게 낳아준 삼 남매까지 양육해 부덕(婦德)의 대명사가 되었다.

이 통상적인 기간 제한을 철회하는 법안을 통과시켰다.

32.

이 무렵 섹스투스 폼페이유스[110]가 시킬리아를 차지하고는 해적 메나스[111]와 메네크라테스 휘하의 해적선들로 이탈리아 해안을 약탈하고 있어 함선이 안전하게 바다를 항해할 수 없었다. 하지만 그는 안토니우스의 어머니가 풀비아와 함께 로마에서 도망쳐 왔을 때 피난처를 제공한 까닭에 안토니우스에게 우호적인 것으로 간주되었다. 그래서 삼두정치의 주역들은 그와 협상하기로 결정했다. 미세눔[112]곶의 부두에서 회담이 열렸는데, 폼페이유스의 함대는 가까운 곳에 정박하고 있었고 안토니우스와 옥타비아누스의 보병들은 조금 떨어진 곳에 정렬하고 있었다.

그들은 폼페이유스가 사르디니아와 시킬리아를 보유하되 그 대신 바다에서 해적을 소탕하고 일정량의 식량을 로마로 보내기로 합의를 본 다음 서로 만찬에 초대했다. 순서를 정하기 위해 제비를 던진 결과 폼페이유스가 먼저 손님들을 접대하게 되었다. 안토니우스가 어디서 식사하게 될 것이냐고 묻자, 그는 노 젓는 의자가 여섯 줄이나 되는 자신의 기함(旗艦)을 가리키며 "저기에서요. 저것이 아버지 폼페이유스께서 저에게 물려주신 유일한 집이니까요"라고 말했다. 이것은 대 폼페이유스가 살던 집을 차지

---

110 섹스투스 폼페이유스는 대 폼페이유스의 차남으로, 아버지가 죽은 뒤에도 200척 이상의 함선을 이끌고 공화정 지지자들 편에서 싸우다 기원전 36년 옥타비아누스에게 패해 살해되었다. 「카이사르 전」 주 202 참조.
111 메나스(Menas)는 폼페이유스의 해방노예였다.
112 미세눔(Misenum)은 나폴리만의 최북단에 있는 곳이다.

한 안토니우스에게 들으라고 한 말이었다.

폼페이유스는 닻들을 내려 배를 고정시키고 배와 곶 사이에 배다리를 놓은 다음, 손님들을 정중히 배 안으로 맞아들였다. 연회의 분위기가 무르익어 안토니우스와 클레오파트라에 관해 스스럼없이 농담을 주고받고 있는데 해적 메나스가 폼페이유스에게 다가가 손님들이 듣지 못하도록 나직이 "제가 배의 밧줄을 끊어버려 나리를 시킬리아와 사르디니아가 아니라 전 로마의 주인으로 만들어드릴까요?"라고 속삭였다. 이 말을 듣고 폼페이유스가 잠시 생각에 잠겼다가 "메나스, 그런 일이라면 내게 사전에 알리지 말고 해치웠어야지. 지금은 현재 상황에 만족하도록 하세. 나는 약속을 어기는 것은 질색이니까"라고 말했다. 그 뒤 폼페이유스는 안토니우스와 옥타비아누스를 답방해 접대를 받은 다음 시킬리아로 배를 타고 돌아갔다.

33.

이 협약이 체결된 뒤 안토니우스는 벤티디우스를 아시아로 파견해 파르티아인들의 진격을 막게 하고, 자신은 옥타비아누스를 기쁘게 해주려고 대 카이사르의 사제로 취임했다.[113] 이 기간 동안

---

113 고대 로마인들은 개별 신들을 위해 플라멘(flamen '사제' 또는 '제물을 바치는 자'라는 뜻)이라는 사제를 임명했는데, 나중에는 신격화한 황제들을 위해서도 임명했다. 안토니우스는 기원전 44년 율리우스 카이사르가 암살되기 직전 그의 플라멘으로 임명되었으나 취임을 미뤄왔던 것으로 생각된다. 이 문장을 "율리우스 카이사르가 취임한 사제직(=대사제직)에 임명되었다"고 번역하는 이들도 있는데, 그럴 경우 그것이 왜 옥타비아누스를 기쁘게 해주는 것인지 알 수 없다.

두 사람은 다른 나랏일도 서로 의논해 사이좋게 처리했다. 하지만 안토니우스는 오락 삼아 내기를 할 때마다 자신이 늘 옥타비아누스에게 지는 것에 기분이 상했다. 이때 안토니우스의 집에는 태어났을 때의 별자리 위치를 보고 점을 치는 아이귑토스 출신 예언자가 한 명 있었는데, 이 예언자가 클레오파트라에게 호의를 베풀기 위해서였든 안토니우스에게 사실을 말해주고 싶었기 때문이든 안토니우스의 운세는 더없이 찬란하고 왕성하지만 옥타비아누스의 운세에 의해 빛을 잃고 있다고 솔직히 말하면서, 젊은 동료를 되도록 멀리하라고 충고해주었다. 그는 "나리의 수호신은 그분의 수호신을 두려워하고 있습니다. 나리의 수호신은 혼자 있을 때는 당당하고 고개를 꼿꼿이 들고 있지만 그분의 수호신이 다가오면 주눅이 들고 위세가 꺾입니다"라고 말했다.

실제로 여러 가지 사건들이 아이귑토스의 예언자가 한 말을 확인해주는 것처럼 보였다. 전하는 이야기에 따르면, 두 사람이 오락 삼아 제비를 던지거나, 하던 일을 결정짓기 위해 주사위를 던질 때마다 안토니우스가 매번 졌다고 하니 말이다. 또 두 사람이 가끔 수탉이나 메추라기에게 싸움을 붙여도 옥타비아누스의 것들이 늘 이기곤 했다.

안토니우스는 내색하지는 않았지만 이 모든 일에 기분이 상해, 점점 더 아이귑토스인의 말에 귀를 기울이다가 개인적인 일들을 옥타비아누스에게 맡기고 이탈리아를 떠났다. 안토니우스는 딸을 출산한 옥타비아를 데리고 헬라스까지 갔다. 안토니우스가 아테나이에서 겨울[114]을 나고 있을 때 벤티디우스의 첫 번째 성공 소식을 전해 들었다. 보고에 따르면, 벤티디우스는 전투에서 파르티아인들을 무찌르고 라비에누스와, 휘로데스왕의 가장 유능한 장수인 파르나파테스를 죽였다고 했다. 이 승리를 축하하기 위해 안토니우스는 헬라스인들에게 축제를 개최하고 아테나이에서 경기 단장 노릇을 했다. 안토니우스는 로마 장군의 휘장을 집에다 두고는 헬라스 옷에 흰 구두를 신은 채 경기 단장의 지팡이를 들고 앞에 나서서 젊은 선수들의 목덜미를 잡아 서로 떼어놓곤 했다.

34.

안토니우스는 싸움터로 나가기 전에 신성한 올리브나무[115]로 만든 관을 쓰고 또 어떤 신탁의 지시에 따라 클렙쉬드라[116] 샘에서 길어온 물을 항아리에 채운 다음 그것을 갖고 갔다. 그사이 휘로데스왕의 아들 파코루스가 파르티아인들의 대군을 이끌고 다시 쉬리아에 쳐들어왔다가 퀴르레스티카[117]에서 벤티디우스에게 패해 도주했다. 파코루스의 군사들은 대부분 죽었는데, 그 자신은 맨 먼저 전사한 자들 중 한 명이었다. 로마 역사상 가장 유명한 군사

---

114 기원전 39년~38년 겨울.
115 아테나 여신이 해신 포세이돈과 앗티케 지방의 영유권을 다툴 때 아테나이인들에게 주었다는 올리브나무. 포세이돈은 삼지창으로 땅을 쳐서 짠물이 나는 샘을 파주었는데, 여신은 올리브나무를 선물로 주어 아테나이의 수호 여신이 되었다. 이 올리브나무는 아크로폴리스에 모셔졌으며, 페르시아전쟁의 전화(戰火) 속에서도 살아남았다고 한다.
116 클렙쉬드라(Klepsydra)는 아테나이의 아크로폴리스 북서쪽 모퉁이 아래에 있는 유명한 샘이다.
117 퀴르레스티카(Cyrrhestica)는 시리아의 한 지방으로, 안티오케이아(Antiocheia)시 북쪽에 있다.

적 업적으로 간주되는 이 승리로 로마인들은 크랏수스[118] 휘하에서 겪었던 참패를 충분히 복수했다고 느꼈다. 내리 세 번 참패한 파르티아인들은 메디아와 메소포타미아 전선(戰線) 뒤에 갇혔다.

그러나 벤티디우스는 안토니우스의 시기를 살까 두려워 파르티아인들을 더이상 추격하지 않기로 하고, 로마에 반기를 든 부족들을 공격해 제압하고 콤마게네의 안티오코스를 사모사타[119] 시에서 포위 공격했다. 안티오코스가 1천 탈렌툼을 지불하고 안토니우스가 요구하는 대로 하겠다고 제의해왔을 때, 벤티디우스는 벌써 가까이 진격해온 안토니우스에게 직접 그런 제의를 하라고 일러주었다. 그러나 안토니우스는 벤티디우스가 안티오코스와 평화 조약을 맺는 것을 허용하지 않았으니, 모든 무공이 벤티디우스에게 돌아가지 않고 적어도 한 가지 무공에라도 자신의 이름이 붙기를 원한 것이다.

그러나 포위전이 오래가고 평화 조약을 체결할 가망이 없자 포위된 자들이 완강하게 저항했다. 안토니우스는 별다른 전과를 올리지 못하자 부끄럽기도 하고 원래 제의를 받아들이지 않은 것이 후회되어 300탈렌툼만 받고 안티오코스와 기꺼이 평화 조약을 체결했다. 쉬리아에서 몇 가지 사소한 일을 처리한 뒤 안토니우스는 아테나이로 돌아갔고, 벤티디우스에게는 적절한 명예를 주

---

118 크랏수스(Marcus Licinius Crassus 기원전 115~53년)는 제1차 삼두정치의 주역 중 한 명으로, 기원전 53년 그가 지휘하던 로마군은 북메소포타미아의 카르라이(Carrhae)에서 파르티아인들에게 참패하고 그도 아들과 함께 전사했다.

119 사모사타(Samosata 지금의 터키 삼사트 Samsat)는 에우프라테스강의 오른쪽 기슭에 있는 도시로, 소왕국 콤마게네(Commagene)의 수도였다.

고 로마로 돌려보내 개선식을 올릴 수 있게 해주었다.

벤티디우스는 파르티아인들에게 승리를 거두고 개선식을 올린 유일한 사람이었다. 그는 한미한 집안에서 태어났으나 안토니우스와의 우정에 힘입어 큰 무공을 세울 수 있는 기회들을 잡았다. 그리고 그는 이런 기회들을 매우 잘 활용함으로써 안토니우스와 옥타비아누스는 자신들이 지휘한 전투에서보다는 남들이 지휘한 전투에서 더 큰 성공을 거두었다는 세평(世評)이 사실임을 확인해주었다. 이를테면 안토니우스의 장군 솟시우스[120]는 쉬리아에서 큰 무공을 세웠고, 안토니우스가 아르메니아에 남겨둔 카니디우스[121]는 아르메니아인들뿐만 아니라 이베리아인들과 알바니족[122]의 왕들을 정복한 다음 카우카수스산까지 진격했다. 이러한 전과들에 힘입어 안토니우스는 동방의 여러 민족 사이에 크게 이름을 떨치며 명성이 자자해졌다.

35.

그러나 안토니우스는 옥타비아누스의 여러 가지 비방에 또다시 격분해 300척의 함선을 이끌고 이탈리아로 향했다. 브룬디시움

---

120 솟시우스(Gaius Sossius)는 벤티디우스가 떠난 뒤 쉬리아와 킬리키아의 총독으로 임명되어 팔레스티나로 진격해 기원전 37년 예루살렘을 함락하고 헤로데스(Herodes)를 유대 왕으로 앉혔다.
121 카니디우스(Canidius Crassus)는 기원전 40년 보궐선거에서 집정관에 당선된 인물로, 여기에 나오는 그의 전과는 파르티아 침공 직전인 기원전 36년 초에 거둔 것이다.
122 이베리아인들과 알바니족은 캅카스산 남쪽, 흑해와 카스피해 사이에 살던 부족들이다.

인들이 그의 함대를 받아주지 않자 그는 해안을 돌아 타렌툼[123]으로 항해했다. 그곳에서 안토니우스는 헬라스에서부터 함께 항해해 온 옥타비아를 그녀의 요청에 따라 그녀의 오라비에게 보냈다. 그녀는 안토니우스에게 이미 두 딸을 낳아주었고 이때도 임신 중이었다. 도중에 옥타비아누스를 만난 그녀는 그의 두 측근인 아그립파와 마이케나스의 지지를 확보한 다음, 자기가 가장 행복한 여인에서 가장 비참한 여인으로 전락하지 않게 해달라고 오라비에게 간청하고 애원했다. 그녀가 말하기를, 한 원수의 아내이고 다른 원수의 누이이기 때문에 지금은 온 세상 사람들이 자기를 주시하고 있다고 했다. 그녀는 "그러나 만일 사태가 악화되어 그대들 사이에 전쟁이 일어난다면 두 사람 가운데 누가 이기고 누가 질지 확실치 않지만 어느 경우에도 내 운명은 비참해질 수밖에 없을 거야"라고 말을 이었다.

옥타비아누스는 그녀의 말에 감동해 화해하고픈 마음으로 타렌툼에 도착했다. 그리하여 그곳 주민들은 더없이 아름다운 광경을 목격했으니, 뭍에는 대군이 평화롭게 진을 치고 있고 앞바다에는 수많은 함선들이 조용히 정박해 있는 가운데 장군들과 그들의 측근들이 서로 반갑게 인사를 나누었던 것이다. 안토니우스가 먼저 옥타비아누스를 식사에 초대하자 옥타비아누스는 누이를 위해 초대를 받아들였다. 옥타비아누스는 파르티아전쟁을 위해 안토니우스에게 2개 군단을 주고, 안토니우스는 옥타비아누스에게 청동 충각을 단 전함 100척을 주기로 합의를 보았다. 그러나

---

123 「마르쿠스 카토 전」 주 13 참조.

옥타비아는 이러한 합의와는 별도로 남편은 오라비에게 소형 선박 20척을 주고, 오라비는 남편에게 군사 1천 명을 주도록 설득했다. 그렇게 하기로 합의하고 두 사람이 헤어지자마자 옥타비아누스는 시킬리아를 차지하고 싶어 폼페이유스를 치러 진격했고, 안토니우스는 옥타비아와 그녀가 낳아준 아이들과 풀비아가 낳아준 아이들을 옥타비아누스에게 맡기고 아시아로 건너갔다.[124]

36.

그러나 오랫동안 잠들어 있던 무서운 재앙이, 더 나은 생각들에 의해 잠잠해지고 누그러진 것으로 보이던 클레오파트라에 대한 안토니우스의 열정이 되살아나 쉬리아가 가까워질수록 활활 타올랐다. 그러더니 마침내 안토니우스는, 플라톤이 인간의 혼을 수레를 끄는 한 쌍의 말로 비유하며 묘사한 반항적이고 다루기 힘든 말처럼,[125] 구원을 가져다주는 아름다운 생각을 걷어차버리고 폰테이유스 카피토를 보내 클레오파트라를 쉬리아로 데려오게 했다. 그녀가 도착하자 안토니우스는 그녀가 결코 무시할 수 없는 적잖은 선물을 주었으니, 그녀가 갖고 있던 영토에다 포이니케, 쉬리아 분지,[126] 퀴프로스, 대부분의 킬리키아를 얹어주었

---

[124] 기원전 37년 가을.

[125] 『파이드로스』(*Phaidros*) 254a 참조. 플라톤은 인간의 혼을 수레를 끄는 한 쌍의 말에 비유하며, 미소년을 보자 한 마리 말, 즉 혼의 더 고귀한 부분은 자제하고 마부에게 복종하는 데 반해 다른 말은 채찍도, 마부도, 동료 말도 무시한 채 소년에게 덤벼든다는 것이다.

[126] '쉬리아 분지'(Coele Syria)란 레바논의 해안 평야지대 뒤쪽의 내륙지방, 즉 다마스쿠스 주변 지역을 말한다.

다. 안토니우스는 유다이아 중에서 향유가 나는 지역[127]과 홍해 쪽으로 경사진 나바타이이족의 아라비아 해안 지대도 그녀에게 주었다.

무엇보다도 로마인들은 이런 선물 공세에 몹시 분개했다. 전에도 안토니우스는 소왕국들과 큰 민족의 왕국들을 사인(私人)들에게 선사했고, 많은 왕들에게서 그들의 왕국을 빼앗곤 했다. 또한 이전에는 어떤 왕도 로마인들에 의해 그런 벌을 받은 적이 없는데도 안토니우스는 유다이아인 안티고누스를 감옥에서 끌어내 목을 베었다.[128] 그러나 안토니우스가 클레오파트라에게 준 파렴치한 명예만큼 로마인들의 감정을 상하게 한 것은 없었다. 안토니우스는 그녀가 낳은 쌍둥이를 자신의 자식으로 인정해 사내아이는 알렉산드로스라고, 여자아이는 클레오파트라라고 이름 지어주고 그들에게 각각 '해'와 '달'이라는 별명을 지어줌으로써 추문을 더 키웠다.

그러나 안토니우스는 수치스러운 행위들도 미화하는 재주가 있는지라 로마 제국의 위대성은 로마인들이 받은 것이 아니라 로마인들이 베푼 것에서 드러나며, 고귀한 가문들은 많은 왕들을 잇달아 낳음으로써 마땅히 대를 이어야 한다고 말하곤 했다. 안토니우스는 또 말하기를, 아무튼 그런 원칙에 따라 그의 선조는 헤라클레스에게서 태어났는데, 헤라클레스는 자신의 혈통을 잇기 위해 하나의 자궁에 의존하거나 임신을 조절하려는 솔론[129]의

---

127 예리코(Jericho) 주변 지역을 말한다.
128 안토니우스가 안티고누스를 참수한 것은 유대 반란군이 그를 중심으로 뭉칠까 두려웠기 때문이다.

법 앞에 주눅 들지 않고 자연에 순응해 수많은 가문의 창시자가 되었다고 했다.

37.

프라아테스가 아버지 휘로데스를 시해하고 파르티아의 왕권을 장악하자[130] 적잖은 파르티아인들이 도주했는데, 그중 한 명인 모나이세스는 저명하고 영향력 있는 인물로 안토니우스에게 망명했다. 안토니우스는 망명객의 운명이 테미스토클레스[131]의 운명과 비슷하고 풍부한 재원과 선심에서 자신이 페르시아 왕들 못지않다는 생각이 들어 망명객에게 라릿사와 아레투사, 한때 밤뷔케라고 불리던 히에라폴리스[132]의 세 도시를 주었다. 그러나 그 뒤 파르티아의 왕이 모나이세스에게 우정을 약속하며 귀국하라고 하자 안토니우스는 그를 기꺼이 돌려보냈다. 안토니우스는 평화가 지속될 것처럼 프라아테스를 속일 속셈으로 크랏소스가 패했을 때 빼앗긴 로마의 군기(軍旗)들과 그의 군사들 중 아직 살아 있는 자들은 돌려보내달라고만 요구했다.

안토니우스는 클레오파트라를 아이귑토스로 돌려보내고 나서 아라비아와 아르메니아를 지나 자신의 군대가 동맹국 왕들의 군

---

129 솔론은 아테나이의 정치가이자 입법자다.
130 기원전 36년.
131 테미스토클레스는 아테나이의 정치가이자 장군으로, 제2차 페르시아전쟁 때 살라미스 해전에서 페르시아 함대를 궤멸시켰으나 나중에는 아테나이에서 추방되어 페르시아 왕에게 몸을 의탁하게 된다.
132 라릿사(Larissa), 아레투사(Arethousa), 히에라폴리스(Hierapolis)는 모두 쉬리아의 도시들이다.

대와 합류하게 되어 있던 곳으로 나아갔다. 이 왕들은 수가 많았는데, 그중에서 가장 강력한 것은 아르메니아 왕 아르타바스데스로 기병 6천 명과 보병 7천 명을 거느리고 있었다. 그곳에서 안토니우스는 군대를 사열했다. 로마군으로는 보병 6만 명에 로마군의 지휘를 받는 1만 명의 히스파니아와 갈리아의 기병들이 있었다. 다른 부족들의 군대는 기병과 경무장 보병들을 합쳐 모두 3만 명이었다.

하지만 박트리아 저편의 인디아인들도 놀라게 하고 온 아시아를 떨게 한 이 모든 전쟁 준비와 병력도 클레오파트라에 대한 집착 때문에 안토니우스에게 아무 도움이 되지 않았다고 한다. 안토니우스는 클레오파트라와 함께 겨울을 보내고 싶은 마음에서 때가 되기도 전에 전쟁을 시작했고 모든 일을 뒤죽박죽으로 처리했다. 그는 제정신이 아니었고 마치 약물에 중독되거나 마법에 걸린 것처럼 언제나 그녀 쪽만 바라보았으며 적군을 무찌를 생각보다는 속히 귀환할 생각을 더 많이 했다.

38.

무엇보다도 먼저 안토니우스는 아르메니아에서 겨울을 보내며, 8천 스타디움을 행군해 와 지칠 대로 지친 군대를 쉬게 하다가, 파르티아인들이 그들의 겨울 진영을 떠나기 전인 이른 봄에 메디아를 점령했어야 했다. 하지만 안토니우스는 그 기간을 참지 못하고 즉시 군대를 인솔해 아르메니아를 왼쪽에 끼고 아트로파테네[133]를 지나가며 그곳을 약탈했다. 둘째, 포위 작전에 필요한 장비들이 300대의 수레로 운반되고 있었는데 그중에 길이가 80푸스나 되는 충각도 있었다. 이 장비들은 하나라도 파손되면 전투에 쓸 수 있도록 제때에 대치한다는 것이 불가능했다. 상부 아시아에서는 그만큼 길고 단단한 목재가 나지 않았기 때문이다. 그런데도 안토니우스는 조급한 나머지 이런 장비가 행군 속도를 지연시킨다는 이유로 뒤에 남겨두고 떠나면서 스타티아누스 휘하의 수비대가 수레들을 지키게 했다.

그러고 나서 안토니우스 자신은 대도시 프라아타를 포위 공격하기 시작했는데, 그곳에는 메디아 왕의 아이들과 아내들이 있었다. 그곳에서 공성 장비들이 필요하자 안토니우스는 그것들을 뒤에 두고 온 것이 얼마나 큰 실수였는지 금세 알게 되었다. 그래서 안토니우스는 군대를 도시의 성벽 가까이로 이동시켜 흙 언덕을 쌓게 했는데 그것은 시간도 노력도 많이 드는 작업이었다. 하지만 그사이 프라아테스가 대군을 거느리고 내려오다가 장비를 나르는 수레들이 후방에 남겨져 있다는 소식을 듣고 강력한 기병대를 보내 공격하게 했다. 스타티아누스는 이들 기병대에 포위되어 전사하고 대원 1만 명도 그와 함께 전사했다. 그리고 야만족은 장비를 노획해 파괴해버렸다. 그들은 또 포로들을 많이 잡아갔는데 그중에는 폰토스의 폴레몬왕도 포함되어 있었다.

39.

개전 초기에 이런 뜻밖의 타격을 받자 안토니우스의 추종자들은 당연한 일이지만 크게 낙담했다. 아르메니아의 왕 아르타바스데스는 로마군이 이기기 어렵다고 보고, 자신이 누구보다도 전쟁을

---

133 아트로파테네(Atropatēne)는 메디아의 최북단이다.

부추긴 장본인임에도 불구하고 자신의 군대를 이끌고 철수해버렸다.[134] 이제 파르티아인들은 포위하고 있던 로마군 앞에 나타나 위용을 뽐내며 욕설과 위협의 말을 퍼부었다. 그러자 안토니우스는 자신의 군대가 잠자코 있다가는 사기가 더 떨어질까 염려되어 10개 군단과 법정관 휘하의 중무장 보병 3개 코호르스와 기병대 전체를 이끌고 식량 징발에 나섰다. 이렇게 하면 탁 트인 싸움터에서 대오를 갖추고 맞서 싸울 수 있도록 적군을 유인할 수 있으리라 믿었던 것이다.

하루를 행군했을 때 안토니우스는 파르티아인들이 자신들을 에워싸고는 공격 기회를 노리고 있다는 낌새를 알아차렸다. 그래서 안토니우스는 진영 안에 공격 신호를 내걸고 나서 싸우려는 것이 아니라 철수하려는 듯이 천막을 걷은 다음 초승달 모양으로 정렬해 있는 적군의 대열 앞을 지나갔다. 그러나 안토니우스는 적군의 선두 대열들이 중무장 보병들이 공격할 수 있는 거리 안으로 들어오면 기병대가 적군을 공격하라고 지시해두었다. 이에 맞서 전열을 갖추고 있던 파르티아인들은 로마군이 서로 일정한 간격을 유지한 채 창을 꼬나들고 질서정연하게 말없이 행군하는 모습을 보고 로마군의 규율에 이루 말할 수 없이 감명을 받았다.

그러나 공격 신호가 주어지고 로마 기병대가 방향을 바꿔 함성을 지르며 덤벼들자 파르티아인들은 적군이 순식간에 너무 가까이 다가와 화살을 쏠 수 없는데도 로마군의 공격을 피하지 않고 격퇴하고자 했다. 그러나 중무장 보병들이 함성을 지르고 무기를

---

134 그는 메디아 왕인 또 다른 아르타바스데스에 대한 원한 때문에 메디아를 경유해 파르티아를 공격하도록 안토니우스를 사주했다.

부딪치며 공격에 가세하자 파르티아인들의 말들은 겁을 먹고 뒷걸음질쳤고, 파르티아인들은 접근전이 벌어지기 전에 도망쳤다.

안토니우스는 이 한 번의 전투로 전쟁을 완전히 또는 대체로 끝낼 수 있으리라 굳게 믿고 그들을 맹렬히 추격했다. 그의 보병들은 50스타디움이나 추격을 계속했고 그의 기병대는 세 배나 더 먼 거리를 추격했지만, 적군의 손실을 계산해보니 포로 30명에 전사자는 80명에 불과했다. 전군이 당황하고 낙담했다. 이길 때는 이처럼 적군을 조금밖에 못 죽이고 질 때는 수레들을 빼앗겼을 때만큼 많은 군사를 잃어야 한다고 생각하니 끔찍했다. 이튿날 그들은 짐을 꾸려 가지고 프라아타에 있는 진영을 향해 출발했다. 도중에 적군이 처음에는 소수가, 나중에는 다수가, 마지막에는 전부 다 나타나더니 마치 패배한 적이 없는 새 부대인 양 그들에게 싸움을 걸며 사방에서 공격해왔다. 천신만고 끝에 그들은 간신히 진영에 도착할 수 있었다.

그러자 메디아인들이 포위된 도시에서 로마군의 흙 언덕 쪽으로 출격해 그곳을 지키던 자들을 패주시켰다. 안토니우스는 이에 격노해 겁쟁이 노릇을 한 자들에게 이른바 '열 명에 한 명 죽이기'[135]라는 벌을 적용했다. 이는 10명 단위로 조를 만든 다음 각 조에서 1명씩 제비로 뽑아 사형시키는 것을 의미했다. 안토니우스는 나머지 대원들에게는 밀 대신 보리를 지급하라고 명령했다.

---

135 '열 명에 한 명 죽이기'(그/dekateia, 라/decimo 또는 decumo는 동사형이다)는 로마인들이 특히 반란자에게 적용하던 가혹한 벌이었다.

40.

 이것은 양쪽 모두에게 힘든 전쟁이었지만 앞날이 더 걱정이었다. 안토니우스는 굶주림을 예상하고 있었다. 수많은 군사들이 다치거나 죽을 것을 각오하지 않고서는 더이상 식량을 구할 수 없었기 때문이다. 한편 프라아테스도 파르티아인들이 무슨 일이 있어도 겨울에 노천에서 고생을 하며 야영할 수 없으리라는 것을 알고 있었고, 추분이 지나면서 대기가 싸늘해진 까닭에 로마군이 그 자리에서 계속 버틴다면 파르티아인들이 자신을 버리고 떠나지 않을까 두려웠다. 그래서 프라아테스는 다음과 같은 계략을 생각해냈다.

 로마군에게 이미 낯익은 파르티아인들은 식량을 징발하거나 다른 일로 로마군과 마주치더라도 심하게 공격하지 않고 그들이 식량을 조금 가져가게 내버려두거나 그들의 용기를 칭찬해주며 그들이야말로 최강의 전사들이며 자신들의 왕이 그들에게 감탄하는 것은 당연한 일이라고 말했다. 그러고 나서 파르티아인들은 말을 타고 로마군에게 가까이 다가가 고삐를 당겨 그들 옆에 조용히 말을 세우고는, 프라아테스가 휴전 조약을 맺고 많은 전사들의 목숨을 살려주려 해도 안토니우스는 그럴 기회를 주지 않고 고집스레 버티고 앉아 강력하고 무서운 두 적인 굶주림과 겨울을 기다리고 있는데, 설령 파르티아인들이 호송해준다 해도 이들을 피하기는 어려울 것이라며 안토니우스를 비난하곤 했다.

 안토니우스는 여러 경로로 이에 관한 보고를 받고 협상하고 싶은 마음이 간절했지만, 친절을 가장한 야만인들에게 그들이 한 말이 그들의 왕의 뜻인지 물어보기 전에는 프라아테스에게 전령을 보내지 않았다. 야만인들이 그렇다고 확인하며 그에게 두려워하거나 불신하지 말라고 하자 안토니우스는 측근 몇 명을 보내 군기들과 포로들을 보내달라고 다시 요구하게 했는데,[136] 무사히 도주하기만 하면 그것으로 만족할 것처럼 보이고 싶지 않았기 때문이다. 그러나 파르티아 왕이 그 일이라면 재촉하지 말라며 철군하는 즉시 평화와 안전이 보장될 거라고 하자 안토니우스는 며칠 안으로 짐을 꾸려 가지고 출발했다.

그러나 안토니우스는 민중을 설득할 수 있는 능력이 있고 당대의 어느 누구보다도 웅변의 힘으로 군대를 인솔할 수 있는 재능을 타고났음에도 창피스럽고 의기소침해 군대에게 통상적인 격려의 말을 하지 못하고 도미티우스 아헤노바르부스를 시켜 그렇게 하게 했다. 군사들 가운데 일부는 그것은 자기들을 무시하는 처사라며 분개했으나, 대부분은 그 이유를 알고 크게 감동했다. 그래서 그들은 자신들의 장군에게 더욱더 경의를 표하고 복종해야 한다고 느꼈다.

41.

안토니우스는 왔던 길을 되돌아가기로 작정했는데, 그 길은 나무 한 그루 없는 평지였다. 그때 파르티아인들의 관습을 잘 알고 있고 지난번 공성 장비들을 둘러싼 전투에서 로마인들에게 충성심을 보여주었던 어떤 마르도이족[137]이 안토니우스를 찾아와 퇴각할 때 오른쪽 산들에서 멀리 떨어지지 말고, 짐을 잔뜩 진 중무장 보병대를 벌거벗은 탁 트인 지대에서 그토록 많은 기마사수(騎馬

---

136 37장 참조.
137 마르도이족(Mardoi)은 카스피해 남쪽에 살던 부족이다.

射手)들에게 노출시키지 말라고 일러주었다. 그는 프라아테스가 바로 이 점을 노리고 포위를 풀기 위해 안토니우스에게 호의적인 협상을 제의한 것이라며, 자기가 몸소 식량을 구하기가 더 쉬운 지름길로 군대를 인도해주겠다고 했다.

안토니우스는 이 말을 듣고 잠시 숙고해보았다. 그리고 휴전 조약이 체결된 마당에 파르티아인들을 불신하는 것처럼 보이고 싶지 않았지만 지름길로 사람이 사는 마을들을 지나 행군한다는 것이 마음에 들어 마르도이족에게 믿어도 된다는 징표를 요구했다. 그러자 마르도이족이 군대를 아르메니아로 안전하게 인도할 때까지 자기를 사슬로 결박하라고 하더니 결박당한 몸으로 이틀 동안 아무 탈 없이 군대를 인도했다. 그러나 사흘째 되던 날 안토니우스가 파르티아인들을 까마득히 잊어버리고 자신감이 생겨 느슨하게 행군하고 있을 때, 마르도이족은 강물을 막고 있던 보(洑)가 헐리고 강물이 군대가 지나가야 할 길 위로 범람하고 있는 것을 보았다. 마르도이족은 이것이 물줄기를 돌려 로마군의 행군을 막거나 지연시키려는 파르티아인들의 소행임을 알아차리고 적군이 가까이 있으니 망을 보며 조심하라고 안토니우스에게 일러주었다.

안토니우스가 중무장 보병들을 전개하며 창수들과 투석수(投石手)들이 그들을 지나 적군을 향해 출격할 수 있도록 대오를 짜고 있는데, 파르티아인들이 나타나 말을 타고 빙글빙글 돌며 로마군을 포위하고는 사방에서 일시에 공격함으로써 혼란에 빠뜨리려 했다. 로마군의 경무장 보병들이 출격할 때마다 파르티아인들이 화살로 부상을 많이 입혔지만 자신들도 로마군의 납탄과 투창에 그에 못지않은 피해를 입자 물러갔다. 파르티아인들이 다시 공격해왔으나 켈타이족[138]이 자신들의 말들을 모두 한데 모아 공격해 흩어버리자 그날은 다시 나타나지 않았다.

42.

이 전투에서 안토니우스는 어떤 전술을 써야 하는지 알게 되었다. 그는 후미뿐만 아니라 양쪽 측면도 수많은 창수들과 투석수들로 엄호하고는 속이 빈 정사각형 형태로 군대를 인솔하며 기병대에게는 적군이 공격해오면 격퇴하되 패주시킨 다음에는 멀리 추격하지 말라고 일러두었다. 그 결과 나흘 동안 파르티아인들은 입힌 손실보다 입은 손실이 더 크자 눈에 띄게 열의가 식어 겨울이 왔다는 핑계를 대며 물러갈 생각을 하기 시작했다.

그러나 닷새째 되던 날, 유능하고 실력 있는 장수인 플라비우스 갈루스가 안토니우스를 찾아와 큰 전과를 올릴 수 있으리라 확신하고는 후위의 경무장 보병 부대 일부와 전위의 기병대 일부를 지휘할 수 있게 해달라고 간청했다. 안토니우스는 그가 달라는 대로 부대들을 내주었다. 파르티아인들이 공격해왔을 때 그는 적군을 격퇴했으나 이전처럼 조금씩 후퇴하며 적군을 로마의 중무장 보병들 쪽으로 유인하는 대신 무모하게도 그 자리에 버티고 서서 적군과 교전했다. 후위를 맡은 장수들은 그가 자신들에게서 고립되는 것을 보고 전령을 보내 소환했으나 그는 말을 듣지 않았다.

그래서 재정관 티티우스가 그토록 많은 전사들의 목숨을 함부

---

138 켈타이족(Celtae 그/Keltoi)은 켈트족의 라틴어 이름이다.

로 버린다고 갈루스를 나무라며 군기들을 붙잡고 그 방향을 돌리려 했다고 한다. 그러나 갈루스가 도리어 티티우스를 나무라며 대원들에게 버티고 서 있으라고 명령하자 티티우스는 퇴각해버렸다. 갈루스는 정면의 적군을 밀치고 나가느라 수많은 적군이 후미에서 자기를 에워싸는 줄도 몰랐다. 그러다가 사방에서 무기가 비 오듯 날아오자 전령을 보내 증원군을 요청했다. 이때 안토니우스에게 가장 큰 영향력을 행사하던 카니디우스와 그 밖의 다른 중무장 보병대의 장수들이 중대한 실수를 저지른 것으로 여겨진다.

그들은 중무장 보병대 전체를 한꺼번에 적군을 향해 되돌렸어야 하는데도 일부만을 보내 갈루스를 돕게 하고 이들이 지면 또 다른 일부를 내보내, 결국 그들도 모르는 사이에 전군이 패주할 지경에 이르렀다. 그러나 다행히 안토니우스가 패주하는 아군을 막기 위해 전위에서 자신의 중무장 보병대를 이끌고 신속히 다가왔고, 그의 제3군단은 패주하는 아군 사이를 헤치고 적군을 향해 나아가 그들이 더이상 추격하지 못하도록 저지했다.

43.

그곳에서 로마군은 자그마치 3천 명이 전사하고, 5천 명의 부상자가 천막으로 후송되었다. 그중에는 갈루스도 있었는데, 몸의 전면이 네 군데나 화살에 꿰뚫려 있었다. 갈루스는 부상에서 결국 회복하지 못했지만 안토니우스는 다른 부상자들을 일일이 찾아가 눈에 동정의 눈물을 머금고 격려하려 했다. 그러나 부상자들은 즐거운 낯으로 그의 손을 잡으며 자기들 걱정은 말고 가서 그 자신이나 돌보라고 간청했다. 그들은 안토니우스를 원수(元

帥)라 부르며 그만 건강하다면 자신들은 안전하다고 말했다.

　간단히 말해, 당시에는 용맹과 인내력과 기백에서 이보다 탁월한 군대를 모은 장군은 아무도 없었던 것 같다. 아니, 안토니우스의 군사들이 장군인 안토니우스에게 품고 있는 존경심, 복종심, 호의, 그리고 명망 있는 자든 명망 없는 자든, 장수든 졸병이든 그들 모두가 자신의 목숨과 안전보다도 안토니우스가 베푸는 명예와 호의를 더 선호하는 마음가짐은 고대 로마인들도 능가할 수 없는 것이었다. 그럴 만한 이유는 앞서 말했듯이 여러 가지인데, 안토니우스가 좋은 가문에서 태어났다는 것, 말을 잘한다는 것, 성격이 소탈하다는 것, 남에게 베풀기를 좋아하고 선심을 잘 쓴다는 것, 오락할 때나 교제할 때 재치가 있다는 것 등이다. 그래서 이번 경우에도 안토니우스는 불행을 당한 자들과 노고와 고통을 함께하고 그들의 요구를 무엇이든 들어줌으로써 병들고 부상당한 자들이 건장한 자들보다 더 헌신적으로 자신에게 봉사하게 만들었던 것이다.

44.

그러나 하루 전만 해도 기진맥진해 전투를 포기하려던 적군은 승리에 기고만장해 곧 빈 천막들과 패주하는 군대가 버리고 간 짐들을 약탈할 수 있으리라 기대하고 밤에 로마군 진영 가까이에서 야영을 할 만큼 로마군을 무시했다. 날이 새자 적군은 더 많이 집결했는데, 그들의 병력은 기병이 자그마치 4만 명이나 되었다고 한다. 그들의 왕은 승리를 확신하고 늘 거느리고 다니던 친위대까지 싸움터로 보냈던 것이다. 파르티아 왕이 몸소 싸움터에 모습을 드러내는 일은 없었기 때문이다.

그러자 안토니우스는 군사들에게 연설하기로 결심하고 더 가련해 보이고자 검은 외투를 가져오라고 했다. 측근들이 반대하자 안토니우스는 장군이 입는 자포를 입고 앞으로 나서서 연설하며 전날 적군을 격퇴한 자들은 칭찬하고 도망친 자들은 나무랐다. 그러자 적군을 격퇴한 자들은 자기들을 믿으라고 격려했고, 도망친 자들은 사죄하며 '열 명에 한 명 죽이기'든 그가 어떤 벌을 내려도 달게 받을 테니 제발 그렇게 낙담하고 비관하지 말라고 애원했다. 이에 답하여 안토니우스는 두 손을 높이 들고 자신의 이전 성공에 대가를 치러야 한다면 그 응보가 자기에게만 내려지고 다른 군사들은 모두 무사하고 승리할 수 있게 해달라고 신들에게 기도했다.

45.

이튿날 로마군은 더 효과적인 엄호를 받으며 행군했고, 공격해 오던 파르티아인들은 큰 충격을 받았다. 파르티아인들은 자신들이 전쟁을 하기 위해서가 아니라 약탈이나 하고 전리품이나 거두려고 진격하는 줄 알았는데 무기들이 비 오듯 날아오고 로마군이 원기 왕성하고 전의에 넘치는 것을 보자 또다시 싸우기가 싫어지기 시작했다. 그러나 로마군이 가파른 언덕을 내려가고 있을 때 파르티아인들이 천천히 이동하는 로마군을 공격하며 화살을 쏘아댔다. 그러자 무거운 방패를 들고 다니던 로마군 부대가 방향을 바꿔 자신들의 대열로 경무장 보병들을 둘러싸더니 한쪽 무릎을 꿇고 방패를 경무장 보병들 앞으로 내밀었다. 둘째 줄은 첫째 줄의 머리 위로 방패를 내밀었고, 그다음 줄은 앞줄을 위해 그렇게 해주었다. 그 모양이 지붕[139]과 흡사했으니 가히 장관이었다.

이 대형은 화살들을 막는 데 가장 효과적이었으니, 거기에서는 화살들이 미끄러져 떨어졌기 때문이다.

그러나 파르티아인들은 로마군이 한쪽 무릎을 꿇는 것은 피로하고 지친 증거라고 오해하고 활을 내려두고는 창 자루의 한가운데를 잡고 맞붙어 싸우기 위해 가까이 다가왔다. 그러자 로마군이 크게 함성을 지르며 갑자기 벌떡 일어서더니 창으로 찔러 파르티아인들의 선두 대열을 죽이고 나머지는 모두 격퇴했다. 그 이튿날에도 이런 일이 벌어져 로마군은 조금씩밖에 행군할 수 없었다.

로마군은 굶주림에도 시달리기 시작했다. 그들은 싸워봤자 식량을 조금밖에 구할 수 없었고, 그것을 빻을 도구도 별로 없었기 때문이다. 그런 도구는 대부분 버려졌는데, 짐 나르는 짐승이 일부는 죽고 나머지는 환자와 부상자를 날라야 했기 때문이다. 전하는 말에 따르면, 이때 1앗티케 코이닉스의 밀이 50드라크메에 팔렸고, 보리빵 한 덩이가 같은 무게의 은만큼 값이 나갔다고 한다.[140] 그래서 로마군은 푸성귀와 풀뿌리에 의존할 수밖에 없었는데, 잘 아는 것은 보이지 않아 전에 먹어본 적이 없는 것들도 더러 시식하지 않을 수 없었다. 그리하여 그들은 사람을 먼저 미치게 했다가 나중에 죽게 만드는 어떤 풀을 먹게 되었는데, 그 풀을 먹은 사람은 기억력을 상실하고는 마치 대단히 중요한 일을 하는 것처럼 눈에 보이는 모든 돌을 움직여 뒤집을 생각만 했다. 온 들

---

139   라틴어로는 이런 대형을 testudo('거북'이라는 뜻)라고 하는데, 그 모양이 경사진 지붕과 흡사했다.
140   정상가보다 100배나 비싼 값이었다고 한다.

판이 땅바닥 쪽으로 몸을 구부리고 돌을 파내거나 움직이는 사람들로 가득 찼다. 그러다가 결국 담즙을 토하고 죽었는데, 유일한 해독제인 포도주를 구할 수 없었기 때문이다. 많은 로마군이 이렇게 죽고 파르티아인들이 계속해서 괴롭히자 안토니우스는 가끔 "오, 1만 인이여!"라고 외쳤다고 한다. 이것은 바빌론에서 흑해까지 더 먼 길을 행군하면서 훨씬 더 많은 적과 싸워 무사히 빠져나온 크세노폰의 군대를 찬탄하는 말이었다.[141]

46.

파르티아인들은 로마군을 혼란에 빠뜨리거나 대열을 무너뜨리지 못하고 이미 몇 번이나 패주하게 되자, 꿀이나 식량을 구하러 나온 로마군에게 또다시 우호적인 태도를 보이기 시작했다. 그들은 시위를 푼 활들을 보여주며 자신들은 추격하기를 그만두고 고향으로 돌아가는 중이며, 설령 약간의 메디아인들이 하루나 이틀 길을 계속해서 로마인들의 뒤를 따른다 하더라도 그것은 로마군을 괴롭히기 위해서가 아니라 멀리 떨어져 있는 마을들을 보호하려는 거라고 말했다. 파르티아인들이 이런 말에 덧붙여 인사하고 우호적인 행동을 보이자 로마군은 또다시 희망을 품게 되었다. 안토니우스도 이런 보고를 받자 평야를 지나 행군하고 싶은 유혹을 느꼈다. 산속을 지나가는 길에는 물이 없다는 소문이 나돌았

---

[141] 크세노폰(Xenophon), 『페르시아 원정기』(*Anabasis*) 참조. 페르시아 왕자들의 왕위 쟁탈전에 개입한 1만 명의 그리스 용병들은 자신들을 고용한 왕자 소 퀴로스(Kyros)가 바빌론에서 전사하자 아테나이의 철학자이자 역사가인 크세노폰의 인도 아래 천신만고 끝에 흑해 쪽으로 무사히 퇴각했다.

기 때문이다.

안토니우스가 이런 계획을 막 실천에 옮기려 할 때 적진에서 미트리다테스[142]라는 사람이 찾아왔는데 그는 안토니우스와 함께 있다가 세 도시를 선물로 받은 모나이세스[143]의 사촌이었다. 미트리다테스는 파르티아 말이나 쉬리아 말을 할 줄 아는 사람을 보내달라고 했다. 그래서 안토니우스의 절친한 친구인 안티오케이아의 알렉산드로스[144]가 그를 만나러 나가자, 미트리다테스는 자신의 신분을 밝힌 뒤 지금 자기가 그들에게 제공하려는 이 정보에 대해서는 모나이세스에게 감사해야 할 것이라며, 저 앞쪽에 높은 언덕들이 길게 이어져 있는 것이 보이느냐고 알렉산드로스에게 물었다. 알렉산드로스가 보인다고 말하자 미트리다테스가 "바로 저 언덕들 아래 파르티아인들의 전군이 매복해 그대들을 기다리고 있소. 저 언덕들의 기슭에서부터 넓은 평야가 펼쳐지기 시작하니까요. 파르티아인들은 그대들이 자신들의 우호적인 태도에 속아 산길을 버리고 그쪽으로 방향을 틀 것으로 기대하고 있소. 산길로 가면 사실 목도 마르고 고생이 이만저만이 아니겠지만 그대들은 지금 그런 것에 익숙해져 있소. 하지만 만약 안토니우스가 평야를 지나 행군하려 한다면 크랏수스의 운명이 그를 기다리고 있음을 알아야 할 것이오."라고 말을 이었다.

---

142 그에 관해서는 달리 알려진 바가 없다.
143 37장 참조.
144 그에 관해서는 달리 알려진 바가 없다.

47.

이렇게 말하고 미트리다테스는 떠났다. 안토니우스는 이 말을 듣고 마음이 불안해 측근들과 길라잡이인 마르도이족을 소집했다. 마르도이족도 미트리다테스와 같은 생각이었다. 그는 평야를 지나게 되면 설령 적군이 없다 해도 뚜렷한 표지가 없어 길을 찾지 못하고 이리저리 헤매며 고생할 위험이 크다는 것을 알고 있던 터라, 산길은 비록 험하기는 해도 단 하루 동안을 물 없이 지내야 한다는 것 외에 별다른 위험이 없다는 점을 지적해주었으니 말이다. 그래서 안토니우스는 군사들에게 물을 가져가도록 명령하고 나서 산길을 택해 야간에 군대를 인솔했다. 그러나 안토니우스의 군사들은 대부분 물을 담을 만한 그릇이 없던 터 더러는 가죽 부대에 물을 담아 갔지만 나머지는 투구에다 물을 가득 담아 가지고 갔다. 안토니우스가 출발하자마자 그 소식이 파르티아인들에게 전해졌다. 파르티아인들은 평소의 관습과는 달리[145] 아직도 캄캄할 때 추격에 나섰다.

해가 뜰 무렵 파르티아인들은 로마군의 후위를 따라잡을 수 있었는데, 로마군은 밤새 240스타디움을 행군하느라 잠도 못 자고 녹초가 되어 있었다. 그리고 로마군은 적군이 그렇게 빨리 자기들을 따라잡으리라고는 생각하지 못했기에 적군이 나타나자 낙담했다. 게다가 로마군은 싸우느라 더욱더 목이 말랐다. 그들은 적군을 물리치면서 앞으로 나아가야 했기 때문이다. 마침내 선두에서 행군하던 로마군이 어떤 강에 이르렀는데, 그 강물은 맑고

---

[145] 파르티아인들은 대개 야간에는 전투를 하지 않았다.

차기는 했으나 짠맛이 나고 독기가 있었다. 이 강물을 마신 사람은 즉시 심한 복통과 타는 듯한 갈증에 시달렸다. 마르도이족이 이런 위험을 경고했는데도 군사들은 마시지 못하게 말리려는 자들을 옆으로 밀치며 그 강물을 마셨다. 안토니우스는 돌아다니며 멀지 않은 곳에 마실 수 있는 또 다른 강물이 있으니 조금만 더 참아달라고 군사들에게 간청하면서, 남은 길은 기병대가 지나가기에는 너무 험해 적군도 돌아갈 수밖에 없을 거라고 말했다. 안토니우스는 또 싸우고 있던 자들에게 전투 중지 명령을 내리고 천막들을 치라는 신호를 보냈으니, 그의 군사들이 그늘에서라도 잠시 기운을 차리게 하려는 것이었다.

48.

그래서 로마군이 그곳에 천막을 치고 파르티아인들이 평소 관습대로 막 물러가기 시작할 때, 미트리다테스가 다시 찾아왔다. 그리고 알렉산드로스가 그에게 다가가자 그는 안토니우스가 군대를 잠시만 쉬게 하다가 다시 행군을 시작해 서둘러 다음 강으로 가야 한다고 충고하며 파르티아인들은 그 강을 건너지 않고 그 강에 이를 때까지만 추격을 계속할 거라고 일러주었다. 알렉산드로스가 안토니우스에게 이 말을 전하고 안토니우스에게서 황금 술잔과 대접을 많이 받아 가지고 나오자, 미트리다테스가 이것들을 옷 안에 감출 수 있는 만큼 감춰 가지고 떠나갔다.

로마군은 아직 낮인데도 짐을 꾸려서 길을 떠났다. 적군은 그들을 괴롭히지 않았지만, 그들 스스로 그날 밤을 그들이 겪은 모든 밤 가운데 가장 힘들고 무시무시한 밤으로 만들었다. 금이나 은을 가진 자들은 살해되고 빼앗겼고, 짐 나르는 짐승들에게서는 재물이 약탈되었으며, 도둑들은 마지막으로 안토니우스의 짐수레들을 습격해 그의 술잔들과 값진 탁자들을 잘라 자기들끼리 나눠 가졌으니 말이다.

　그러자 전군이 크게 당황하며 뿔뿔이 흩어졌으니, 적의 기습으로 아군이 흩어져 달아나는 줄 알았던 것이다. 그리고 안토니우스는 자신의 호위병들 중 람누스라는 해방노예를 불러, 명령이 떨어지면 자신을 칼로 찌르고 목을 베겠다는 맹세를 받아두었다. 적에게 생포당하거나 죽음을 맞았을 때 알려지고 싶지 않았기 때문이다. 안토니우스의 측근들은 울음을 터뜨렸으나 마르도이족은 강에 거의 다다랐으니 낙담하지 말라고 격려했다. 그쪽에서 불어오는 바람은 눅눅하고 얼굴에 닿는 공기가 시원해 숨쉬기가 한결 쉬웠던 것이다. 그는 또 그들이 행군한 시간으로 거리를 계산해보아도 강이 가까이 있음이 틀림없다고 덧붙였다. 이제 밤이 얼마 남지 않았기 때문이었다. 그와 동시에 몇몇 사람이 소요 사태는 아군 내의 탐욕과 폭력 때문에 빚어진 것이라는 소식을 가져왔다. 그래서 안토니우스는 군사들을 조직화하고 혼란과 분산을 막기 위해 진을 치라는 신호를 울리라고 명령했다.

49.

어느새 날이 새며 로마군이 질서와 안정을 되찾기 시작했을 때 파르티아인들의 화살들이 후위로 날아왔다. 그러자 경무장 보병 부대들에게 교전 명령이 떨어졌다. 중무장 보병들도 다시 이전처럼 방패로 서로를 엄호해주며 공격해오는 적군 앞에 버티고 서자 적군이 감히 다가오지 못했다. 선두 대열들이 이런 식으로 조금씩 전진하자 드디어 강이 모습을 드러냈다. 안토니우스는 적군에 맞서도록 강둑에다 기병대를 배치하고 환자와 부상자부터 먼저 강을 건너게 했다. 그러나 오래 지나지 않아 적군과 교전 중이던 로마군도 느긋하게 강물을 마실 수 있었다. 파르티아인들이 강을 보자 활시위를 풀고는 로마군에게 안심하고 강을 건너라며 로마군의 용기에 찬사를 아끼지 않았기 때문이었다. 그래서 로마군은 편안하게 강을 건넌 다음 잠시 쉬다가 여전히 파르티아인들에 대한 경계심을 늦추지 않고 다시 행군을 계속했다.

　로마군은 마지막 전투를 치른 지 엿새 만에 메디아와 아르메니아의 경계를 이루는 아락세스강에 도착했다. 그 강은 깊고 물살이 빨라 건너기가 쉽지 않아 보였다. 그리고 로마군이 강을 건너려 할 때 공격하기 위해 적군이 그곳에 매복해 기다리고 있다는 소문이 나돌았다. 그들은 무사히 강을 건너 아르메니아 땅을 밟았을 때 마치 난바다에서 방금 육지를 본 선원들처럼 좋아하며 땅에 입 맞추더니 눈물을 흘리며 서로 얼싸안았다. 그러나 심한 물자 부족에 시달리던 그들은 번창하는 나라를 지나가며 모든 것이 풍족해지자 설사와 복통에 시달리기 시작했다.

50.

그곳에서 안토니우스는 부대를 사열한 다음 보병 2만 명과 기병 4천 명이 죽었다는 것을 알게 되었다. 그들 모두가 적군의 손에 죽은 것이 아니라 반수 이상이 병으로 죽었다. 그들은 프라아타로부터 27일 동안 행군하며 19번의 싸움에서 파르티아인들에게 승리를 거두었으나 그들의 승리는 완전하거나 지속적인 것이 못 되었다. 그들의 추격은 단거리에 국한되고 비효과적이었기 때문이다. 무엇보다도 이 사실에 의해 안토니우스가 전쟁을 끝낼 수 없었던 이유는 다름 아닌 아르메니아의 아르타바스데스 탓이었다는 사실이 분명해졌다. 그가 메디아에서 철수시킨 1만 6천 명의 기병은 파르티아인들과 똑같은 무장을 하고 있었고 전에 가끔 파르티아인들과 싸워본 경험도 있었다. 로마군이 교전 끝에 적군을 패주시켰을 때 만약 그 기병들이 도주하는 적군을 추격해 퇴로를 차단했더라면 패배한 적군이 다시 세력을 규합해 감히 그토록 자주 공격해오는 일은 없었을 것이었다.

그래서 전군이 격분해 그 아르메니아인에게 복수하라고 안토니우스를 부추겼다. 그러나 안토니우스는 병력도 약화되고 보급도 부족한 상황에서 신중을 기하기 위해, 배신했다고 해서 그를 꾸짖지 않고 평소처럼 우의와 경의로써 대했다. 그러나 나중에 다시 아르메니아를 침공했을 때[146] 안토니우스는 온갖 약속과 제의로 그를 자기에게 오게 하여 체포한 다음, 사슬로 묶어 알렉산드레이아로 데려가 개선식 때 끌고 다녔다. 특히 이 일로 안토니우스는 로마인들의 감정을 상하게 했다. 왜냐하면 안토니우스는 자신의 조국의 명예롭고 엄숙한 의식을 클레오파트라를 즐겁게 해주려고 아이귑토스인들에게 증여했기 때문이다. 그러나 이것은 훗날 일어난 일이다.

51.

어느새 한겨울이 되어 눈보라가 계속 몰아치는 가운데 안토니우스는 서둘러 행군하다가 도중에 8천 명을 잃었다. 그러나 그 자신

---

[146] 기원전 34년.

은 얼마 남지 않은 부대를 이끌고 바닷가로 내려가 '하얀 마을'이라고 불리는 베뤼투스와 시돈[147] 사이의 촌락에 도착해 클레오파트라가 오기를 기다리고 있었다. 클레오파트라가 얼른 오지 않자 그는 안절부절못하다가 곧 폭음을 하게 되었다. 그는 식탁 앞에 진득하게 앉아 있지 못하고 술을 마시다가도 가끔 벌떡 일어나 그녀가 오는지 내다보았다. 마침내 그녀가 군사들에게 줄 옷과 돈을 많이 가지고 입항했다. 그러나 옷은 클레오파트라에게서 받았지만 돈은 안토니우스 자신이 개인적으로 갖고 있던 것을 꺼내 마치 그녀가 준 것인 양 군사들에게 나눠주었다고 주장하는 사람들도 있다.

52.

이때 메디아 왕과 파르티아 왕 프라아테스 사이에 분쟁이 벌어졌다.[148] 전하는 말에 따르면, 이 분쟁은 로마군으로부터 노획한 전리품 때문에 발생했지만, 이로 인해 메디아 왕은 프라아테스가 자신의 왕국을 빼앗으려 하지 않을까 의심하고 두려워하게 되었다고 한다. 그래서 그는 안토니우스에게 사람을 보내 와서 도와달라고 청하면서, 그가 파르티아를 공격하면 자기도 군대를 이끌고 가 돕겠다고 약속했다. 그리하여 안토니우스는 큰 희망에 부풀어 있었다. 그가 전에 파르티아인들을 굴복시키지 못한 것은 그가 생각하기에는 단지 기병과 궁수들을 많이 데려가지 못한 탓이었는데, 이제 이 문제가 자신이 호의를 간청하는 입장에서가

---

147 지금의 베이루트(Beirut)와 사이다(Saida).
148 기원전 35년 말.

아니라 베푸는 입장에서 해결되었음을 보았기 때문이다. 그래서 안토니우스는 다시 한 번 아르메니아를 지나 상부 아시아로 올라가 아락세스강 변에서 메디아 왕과 합세해 전쟁을 재개할 채비를 시작했다.

53.

한편 로마에서는 옥타비아가 배를 타고 안토니우스를 찾아가고 싶어 했다. 옥타비아누스는 그녀에게 그렇게 하도록 허락했는데, 그것은 그녀에게 호의를 베풀기 위해서가 아니라 그녀가 홀대받거나 무시당할 경우 전쟁을 선포할 그럴듯한 핑계로 삼기 위해서였다는 것이 중론이다. 옥타비아가 아테나이에 도착했을 때[149] 안토니우스가 보낸 편지가 그녀를 기다리고 있었는데, 이 편지에서 그는 그녀더러 그곳에 머물러 있으라며 자신의 새 원정 계획에 관해 설명했다. 옥타비아는 그것이 핑계라는 사실을 간파하고 속이 상했지만, 자신이 그를 위해 가져온 물건들을 어디로 보내주기를 바라는지 묻는 편지를 써 보냈다. 그녀는 군사들에게 줄 수많은 옷과 다수의 짐 나르는 짐승과 그의 장수들과 측근들에게 줄 돈과 선물을 가져왔던 것이다. 그 밖에도 그녀는 법정관의 호위대로 봉사하도록[150] 번쩍이는 무구로 무장한 정병(精兵) 2천 명을 데리고 왔다. 옥타비아는 안토니우스의 측근인 니게르를 보내 이런 사실을 알리게 했는데, 니게르는 그녀에게 합당하고 어울리

---

149 기원전 35년 여름.
150 로마 공화정 때는 집정관들이 로마군 총사령관이 되었으나 때로는 법정관들도 장군으로서 로마군을 지휘했다.

는 찬사도 덧붙였다.

　클레오파트라는 옥타비아가 자신과 일대일로 맞붙어 결판을 내고자 하는 것을 알아차리고, 고상한 성품을 타고나고 오라비의 권세가 등등한 데다 같이 있기만 해도 사람을 즐겁게 해주는 옥타비아가 안토니우스를 살뜰히 보살핀다면 남편을 완전히 손아귀에 넣어 그녀의 지위는 아무도 넘볼 수 없는 것이 되지 않을까 두려웠다. 그래서 클레오파트라는 안토니우스를 열렬히 사랑하는 척하면서 엄격한 식이요법으로 체중을 줄였고, 안토니우스가 다가오면 황홀하다는 듯 쳐다보고 떠나가면 괴로워 기절할 것 같은 모습을 지어 보였다. 그녀는 가끔 자기가 울고 있는 모습을 애써 안토니우스에게 보이려 하다가도, 마치 자신의 그런 모습을 보이고 싶지 않다는 듯 얼른 눈물을 닦으며 감추곤 했다. 안토니우스가 쉬리아를 출발해 메디아 왕과 합세할 계획을 세우고 있는 동안 그녀는 내내 이런 계략을 실행에 옮겼다. 그녀의 아첨꾼들도 그녀를 위해 열심히 노력했으니, 오직 그 한 사람에게만 헌신하는 여인을 죽게 만들다니 안토니우스야말로 목석같이 비정한 사람이라고 나무랐던 것이다. 그자들의 말에 따르면, 옥타비아는 명실공히 정실(正室)이 되긴 했어도 실은 자기 오라비의 이익을 위해 정략결혼을 한 것이지만 클레오파트라는 여러 민족의 여왕이면서도 안토니우스의 첩이라고 불리며, 그를 볼 수 있고 함께 살 수만 있다면 그런 이름을 피하지도 부인하지도 않지만 그에게서 쫓겨나는 날에는 살아남지 못하리라는 것이었다.

　결국 그들 때문에 나약하고 심약해진 안토니우스는 클레오파트라가 목숨을 버리지나 않을까 겁이 나, 파르티아가 내분으로 크게 약화되었다는 소문이 나돌았음에도 메디아 원정을 여름으로 미루고 알렉산드레이아로 돌아갔다. 하지만 안토니우스는 훗날 메디아로 올라가 메디아 왕과의 우호 관계를 회복하고, 아직은 어린 왕의 딸들 중 한 명을 클레오파트라가 낳아준 자기 아들 한 명과 약혼시킨 다음 아이컵토스로 돌아갔으니, 이때 그는 이미 마음속으로 옥타비아누스와의 내전을 생각하고 있었다.

54.

옥타비아가 아테나이에서 돌아오자 옥타비아누스는 그녀가 안토니우스에게 무시당했다고 보고, 그녀에게 이제는 그녀 자신의 집에서 살라고 했다. 그러나 그녀는 남편의 집을 떠나지 않겠다며, 다른 이유들로 안토니우스에게 선전 포고하기로 결심한 것이 아니라면 제발 자신에 대한 안토니우스의 태도는 문제 삼지 말아달라고 옥타비아누스에게 간청하면서, 세상에서 가장 위대한 두 원수가 한 명은 한 여인을 사랑하기 때문에, 한 명은 한 여인을 보호해주고 싶어 로마인들을 내전으로 끌어들였다는 말을 듣는 것은 참으로 불미스러운 일이라고 했다.

그녀는 이렇게 말했고 자신의 말이 진실임을 행동으로 입증했다. 그녀는 남편이 집에 있는 양 남편 집에서 살며 남편의 자녀들을, 자기가 남편에게 낳아준 아이들뿐 아니라 풀비아가 낳은 아이들까지도 넓은 아량으로 헌신적으로 돌봐주었으니 말이다. 그녀는 또 공무상 또는 업무상 로마로 파견된 남편의 측근들을 반가이 맞은 다음 옥타비아누스에게 부탁해 그들이 원하는 것을 얻도록 해주었다. 그러나 그녀는 그렇게 처신함으로써 본의 아니게 안토니우스의 명성을 손상시켰다. 안토니우스가 그런 아내에게 잘못한다 하여 미움을 샀기 때문이다.

안토니우스는 또 알렉산드레이아에서 자녀들에게 재산을 분배해준 일로도 미움을 샀다. 그것은 과시적이고 오만방자하고 반로마적인 행위로 보였기 때문이다. 안토니우스는 그곳의 체육관을 군중으로 메운 다음 은으로 된 단 위에 황금 옥좌를 두 개 갖다 놓게 했는데, 하나는 자신을 위한 것이고 다른 하나는 클레오파트라를 위한 것이었다. 그는 또 아들들을 위해서도 그보다 좀 못한 옥좌들을 갖다 놓게 했다. 그러고 나서 그는 먼저 클레오파트라를 아이귑토스와 퀴프로스와 아프리카와 쉬리아 분지의 여왕으로 선포하고 카이사리온과 공동으로 통치하게 했다. 카이사리온은 대 카이사르의 아들로 간주되고 있었는데, 대 카이사르가 떠났을 때 그녀는 임신 중이었다. 그다음 그는 클레오파트라가 낳아준 아들들을 '왕중왕들'로 선언하고 알렉산드로스에게는 아르메니아와 메디아와 (언젠가 제압할 경우) 파르티아를, 프톨레마이오스[151]에게는 포이니케와 쉬리아와 킬리키아를 나눠주었다. 그와 동시에 그는 아들들을 사람들에게 보여주었는데, 알렉산드로스는 곧추선 티아라[152]를 포함해 메디아식 복장을 하고 있었고 프톨레마이오스는 장화를 신고 짧은 외투를 입고 챙 넓은 모자에 머리띠를 두르고 있었다. 말하자면 프톨레마이오스는 알렉산드로스 대왕을 계승한 왕들처럼 마케도니아식 복장을 하고 있었고, 알렉산드로스는 메디아와 아르메니아 왕들처럼 차려입고 있었

---

151 클레오파트라는 기원전 40년 쌍둥이를 낳았는데 '해'(Helios)라는 별명의 알렉산드로스와 '달'(Selene)이라는 별명의 클레오파트라가 그들이며, 기원전 36년 필라델포스(Philadelphos)라는 별명을 가진 프톨레마이오스를 낳았다.
152 「테미스토클레스 전」주 150 참조.

다. 소년들이 부모에게 인사를 올리자 알렉산드로스에게는 아르메니아인들로 구성된 호위대가, 프톨레마이오스에게는 마케도니아인들로 구성된 호위대가 주어졌다. 클레오파트라는 이때뿐 아니라 군중 앞에 나타날 때마다 이시스[153]에게 바쳐진 옷을 입었으며 '신(新)이시스'라는 칭호를 썼다.

55.

옥타비아누스는 이 사실을 원로원에 보고했고, 로마의 민중 앞에서 가끔 안토니우스를 매도함으로써 대중의 분노를 불러일으키려 했다. 이에 맞서 안토니우스도 옥타비아누스에게 계속해서 맞고소장을 보냈다. 맞고소의 요지는 첫째, 옥타비아누스가 폼페이우스에게서 시킬리아를 빼앗은 뒤 이 섬의 일부를 안토니우스에게 나눠주지 않았다는 것이고, 둘째, 옥타비아누스는 이 전쟁을 위해 안토니우스에게서 함선들을 빌려간 뒤 반환하지 않았다는 것이고, 셋째, 옥타비아누스는 삼두정치의 동료 주역인 레피두스의 직위와 권한을 빼앗은 다음 레피두스에게 할당된 군대와 영토와 세수(稅收)를 차지하고 있다는 것이고, 끝으로 옥타비아누스는 거의 전 이탈리아를 자기 군사들에게 나눠주면서도 안토니우스의 군사들에게는 아무것도 남겨두지 않았다는 것이었다.

　이러한 비난에 대해 옥타비아누스가 답변하기를, 자기가 레피두스의 직위를 박탈한 것은 레피두스가 직위를 남용했기 때문이며, 자기가 전쟁으로 얻은 것은 안토니우스가 아르메니아를 자기

153　이시스(Isis)는 이집트의 여신 중 한 명으로, 농업과 여성적 출산력을 관장한다.

와 나눠 갖자고 하면 언제든지 안토니우스와 나눠 가질 용의가 있다고 했다. 그는 또 안토니우스의 군사들은 자신들의 원수 휘하에서 용감하게 싸워 메디아와 파르티아를 로마의 영토에 합병하고도 자신들이 차지하고 있는 만큼 이탈리아 땅을 요구할 권리가 없다고 했다.

56.

옥타비아누스의 이런 답장이 도착했을 때 안토니우스는 아르메니아에 있었다. 안토니우스는 즉시 카니디우스에게 명해 16개 군단을 이끌고 바닷가로 내려가게 했다. 그 자신은 클레오파트라를 데리고 에페소스로 갔는데, 그곳으로 그의 함대가 사방에서 집결하고 있었다. 상선을 포함해 전함 800척이 모였다. 클레오파트라는 그중 200척을 댔을 뿐 아니라 2만 탈렌툼의 돈과 전쟁 중 전군이 먹게 될 군량까지 제공했다. 안토니우스는 도미티우스 아헤노바르부스와 다른 몇몇 측근의 조언을 받아들여 클레오파트라에게 아이귑토스로 배를 타고 가서 그곳에서 전쟁의 결과를 기다리라고 했다.

 그러나 클레오파트라는 옥타비아가 또다시 두 적대자를 화해시키는 데 성공할까 두려워 카니디우스에게 많은 뇌물을 주고 안토니우스 앞에서 자기에게 유리한 발언을 하게 했다. 다시 말해서, 전쟁에 그토록 많이 기여한 여인을 전쟁터에서 내모는 것은 정당하지 못하고, 해군의 주축을 이루고 있는 아이귑토스인들의 사기를 꺾는다면 안토니우스에게도 이롭지 못하며, 클레오파트라는 오랫동안 그토록 큰 나라를 혼자 통치했고, 안토니우스와의 오랜 교분을 통해 큰일들을 처리하는 법을 배워온 만큼 이 전쟁에 참가한 어느 왕과 비교해도 지적으로 열등하다고 보기 어렵다고 주장하게 한 것이다. 결국 이 주장은 채택되었다. 모든 것이 옥타비아누스에게 돌아가도록 운명으로 정해져 있었기 때문이다.

두 사람은 연합함대를 이끌고 사모스섬으로 가서 흥청망청 놀아댔다. 쉬리아와 마이오티스[154]호와 아르메니아와 일뤼리콘 사이에 있는 모든 왕들과 통치자들과 소왕(小王)들과 민족들과 도시들이 이 전쟁을 위해 할당된 병력과 물자를 보내거나 가져오라는 명령을 받았듯이, 연극 예술가들도 모두 사모스에 집결해야 했기 때문이다. 그리하여 주위의 온 세상이 임박한 전쟁 때문에 신음 소리와 비탄으로 가득 차 있는 사이 이 섬에서만은 여러 날 동안 피리 소리와 현악기 소리가 울려 퍼졌고, 극장들은 만원이었으며, 합창가무단들이 서로 경쟁했다. 또 모든 도시가 합동 제사를 위해 소 한 마리씩을 보냈고, 안토니우스와 동행한 왕들은 서로 다투어 연회를 베풀고 선물을 내놓았다. 그리하여 "저들이 전쟁 준비를 위한 축제에 저토록 많은 돈을 들이는데, 정작 전쟁에 이긴다면 도대체 얼마나 거창한 승리의 축제를 열까?"라는 말이 사방에 나돌았다.

57.

축제가 끝나자 안토니우스는 연극 예술가들에게 프리에네[155]시를 거주지로 주고 자신은 아테나이로 배를 타고 가서 또다시 경

---

154 마이오티스(Maiōtis)는 흑해 북부에 있는 지금의 아조프(Azov)해를 말한다.
155 프리에네(Priēnē)는 소아시아 이오니아 지방의 뮈칼레(Mykale)곶에 있는 도시다.

기와 공연에 몰두했다. 옥타비아는 아테나이인들의 사랑을 특히 많이 받았는데, 클레오파트라는 옥타비아가 이 도시에서 여러 가지 특권을 누리는 것을 시기해 크게 선심을 씀으로써 사람들의 환심을 사려 했다. 그래서 아테나이인들은 클레오파트라에게 특권을 주기로 선언하고 사절단을 시켜 그 증서를 그녀의 거처에 전달했는데, 안토니우스도 아테나이의 명예시민 자격으로 사절단에 포함되어 있었다. 그래서 그는 그녀 앞에 서서 아테나이시를 위해 일장 연설을 했다.

한편 안토니우스는 로마로 사람들을 보내 옥타비아를 자기 집에서 내쫓게 했다. 전하는 말에 따르면, 그녀는 풀비아가 낳아준 장남을 제외한 안토니우스의 자식들을 모두 데리고 갔다고 한다. 장남은 아버지와 함께 있었기 때문이다. 그녀는 또 자신이 전쟁의 한 원인으로 간주되는 것에 쓰라린 눈물을 흘렸다고 한다. 그러나 로마인들은 옥타비아보다는 안토니우스를 불쌍히 여겼는데, 클레오파트라를 본 적이 있어 그녀가 아름다움에서도 젊음에서도 옥타비아보다 나을 것이 없다는 점을 알고 있던 사람들이 특히 그랬다.

58.

옥타비아누스는 안토니우스가 그토록 신속히 대규모 전쟁 준비를 마쳤다는 말을 듣고 그해 여름[156]에 전쟁의 승패를 가리도록 강요받지 않을까 안절부절못했다. 그는 전쟁 준비를 제대로 못한

---

156 기원전 32년 여름.

데다 여러 가지 세금을 부과한 탓에 인기가 없었기 때문이다. 시민들은 대개 수입의 4분의 1을 내고, 해방노예들은 재산의 8분의 1을 내야 했다. 그래서 이들이 함께 불평불만을 늘어놓자 그로 인한 소요 사태가 온 이탈리아로 확산되었다. 그러므로 전쟁을 연기한 것이 안토니우스가 저지른 가장 큰 실수로 간주되고 있다. 그는 옥타비아누스에게 전쟁 준비를 하고 백성들의 소요 사태를 종식시킬 시간을 주었으니 말이다. 백성들은 자기에게서 돈을 거둬갈 때는 화를 내지만 일단 돈을 낸 다음에는 잠잠해지기 때문이다.

설상가상으로 안토니우스의 측근으로 전 집정관들인 티티우스와 플랑쿠스가, 클레오파트라가 원정에 참가하는 것을 극구 반대하다가 그녀에게 모욕당하자 옥타비아누스에게 투항해 자신들이 알고 있던 안토니우스의 유서 내용을 알려주었다. 그 유서는 베스타 여신의 여사제들이 맡아서 보관하고 있었다. 그래서 옥타비아누스가 유서를 달라고 하자 여사제들은 줄 수 없다며 가져가려거든 와서 가져가라고 했다. 그래서 그는 가서 가져왔다. 그리고 먼저 그 내용을 혼자서 통독하며 비난받을 만한 구절을 표시해두었다가 나중에 원로원을 소집해 큰 소리로 읽어주었다. 그러나 대부분의 원로원 의원들은 이를 못마땅하게 여겼으니, 누군가 죽은 뒤에 행하고자 한 것들 때문에 살아 있는 동안 책임을 진다는 것은 불쾌하고도 끔찍한 일이라고 여겼던 것이다.

옥타비아누스는 유서에서 특히 안토니우스의 장례에 관한 부분을 물고 늘어졌다. 왜냐하면 안토니우스는 자기가 로마에서 죽더라도 자신의 시신을 광장을 지나 엄숙히 운구한 다음, 알렉산드레이아에 있는 클레오파트라에게 보내달라고 지시했기 때문이다. 옥타비아누스의 측근인 칼비시우스[157]도 클레오파트라에 대한 태도와 관련해 안토니우스를 다음과 같이 비난했다. 그의 주장에 따르면, 안토니우스는 클레오파트라를 기쁘게 해주려고 20만 권이나 되는 페르가몬[158] 도서관의 장서를 그녀에게 주었다고 한다. 안토니우스는 또 어느 연회석상에서는 많은 손님들이 보고 있는 가운데 자리에서 벌떡 일어나 자기들끼리의 어떤 내기나 약조를 이행하기 위해 그녀의 발을 마사지해주었다고 한다. 안토니우스는 또 에페소스인들이 자신의 면전에서 그녀를 자신들의 안주인으로 환영하는 것을 승낙했다고 한다. 안토니우스는 또 가끔 연단의 재판관석에 앉아 소왕들과 왕들에게 판결을 내리다가도 마노나 수정 서판에 쓰인 그녀의 연애편지를 받고는 그 자리에서 낭독했다고 한다. 또 한번은 탁월한 인물이자 로마의 가장 유능한 웅변가 중 한 사람인 푸르니우스가 변론하고 있는데, 클레오파트라가 가마를 타고 광장을 지나가는 것을 본 안토니우스가 재판관석에서 벌떡 일어나 재판정을 뒤로하고 그녀의 가마에 한 손을 얹고 그녀를 뒤따라갔다고 한다.

59.

그러나 칼비시우스가 제기한 이러한 비난들은 대부분 지어낸 것이라는 것이 중론이다. 한편 로마에 있던 안토니우스의 친구들

---

157 칼비시우스 사비누스(Calvisius Sabinus)는 기원전 39년 집정관을 지냈다.
158 페르가몬(Pergamon 라/Pergamum)은 소아시아 아이올리스 지방의 도시로, 그곳의 도서관은 알렉산드레이아의 도서관과 겨룰 만큼 장서 수가 많았다고 한다.

은 안토니우스를 위해 백성들에게 탄원하며 돌아다녔고, 게미니우스라는 동지를 안토니우스에게 보내 그가 투표에 의해 공직에서 축출되고 로마의 공적으로 선언되는 것을 수수방관하지 말라고 촉구했다. 그러나 게미니우스가 헬라스에 도착하자 클레오파트라는 그가 옥타비아를 위해 일한다고 의심했다. 그래서 그는 식사 때 언제나 조롱거리가 되었고 말석을 배정받는 수모를 당했다. 그러나 그는 이 모든 수모를 참고 안토니우스를 면담할 기회를 기다렸다. 그러다가 마침내 식사 중에 그가 찾아온 이유를 밝히라는 요청을 받게 되자, 그가 전하려 하는 다른 이야기는 맑은 정신이 필요하지만 그가 취했건 정신이 맑건 간에 확실히 알고 있는 것이 한 가지 있는데, 그것은 클레오파트라를 아이귑토스로 돌려보내면 만사가 형통할 거라고 대답했다. 이 말에 안토니우스는 화를 냈고, 클레오파트라는 "게미니우스, 고문당하기 전에 이실직고하길 잘했네요"라고 말했다.

 게미니우스는 며칠 뒤 로마로 달아나버렸다. 그 밖에도 클레오파트라의 아첨꾼들은 그들의 술주정과 저속한 아첨을 견뎌내지 못하는 안토니우스의 다른 측근들을 많이 몰아냈다. 그중에는 마르쿠스 실라누스와 역사가 델리우스도 포함되어 있었다. 델리우스는 클레오파트라가 자신에게도 음모를 꾸미고 있다는 말을 의사 글라우코스한테 듣고 두려워했다고 말한다. 델리우스는 언젠가 만찬 때 안토니우스의 측근들이 시큼한 포도주를 마시는 동안 로마에서는 사르멘투스가 팔레르누스[159]산 포도주를 마신다고

---

159 팔레르누스(Falernus ager)는 라티움과 캄파니아의 경계를 이루는 구릉지대로, 유명한 포도주 산지다.

말함으로써 클레오파트라의 감정을 상하게 한 것이다. 사르멘투스는 옥타비아누스의 시동(侍童) 가운데 한 명인데, 로마인들은 시동들을 '델리키아이들'(deliciae)이라고 부른다.

60.

옥타비아누스는 전쟁 준비를 끝내자 클레오파트라에게 선전 포고를 한다는, 그리고 안토니우스가 한낱 여인에게 위임한 직위를 안토니우스에게서 박탈한다는 결의안을 통과시키게 했다. 이 연설에서 옥타비아누스는 안토니우스가 약물에 중독되어 스스로를 제어할 수 없는 만큼, 로마인들은 사실상 정부의 주요 업무를 관장하는 실력자들인 내시 마르디온, 포테이노스, 클레오파트라의 미용사인 에이라스, 카르미온 등과 전쟁을 하는 것이라고 덧붙였다.

전하는 말에 따르면, 전쟁이 일어나기 전에 다음과 같은 전조가 나타났다고 한다. 안토니우스가 아드리아스[160]해 연안에 세운 식민시 피사우룸[161]이 갑자기 지진으로 가라앉았다. 알바[162]에 있던 안토니우스의 대리석상 중 하나가 여러 날 동안 땀을 흘렸는데, 닦아도 닦아도 그치지 않았다. 파트라이[163]에서는 안토니우스가 그곳에 머무르는 동안 헤라클레스의 신전이 벼락을 맞아 부서지고, 아테나이에서는 기가스[164]들과의 전쟁에 나오는 디오뉘소

---

160 아드리아스(Adrias)는 아드리아해의 그리스어 이름이다.
161 피사우룸(Pisaurum 지금의 Pesaro)은 이탈리아 북동부 움브리아 지방의 해안도시다.
162 「카이사르 전」 주 226 참조.
163 파트라이(Patrai)는 그리스 아카이아 지방의 해안도시다.

스의 형상이 돌풍에 뜯겨 극장으로 내동댕이쳐졌다. 그런데 앞서 말했듯이,[165] 안토니우스는 자신을 헤라클레스의 후손이라고 주장했고 생활방식에서는 자신을 디오뉘소스와 관련 짓기를 좋아했으므로 '신(新)디오뉘소스'라고 불렸다.[166]

같은 폭풍이 안토니우스의 이름이 새겨져 있는, 에우메네스와 앗탈로스의 거대한 상들을 덮쳐 내동댕이쳤지만 그 옆에 있던 다른 상들은 멀쩡했다. 그 밖에 클레오파트라의 기함은 안토니아스라고 불렸는데 이 기함과 관련해서도 불길한 전조가 나타났다. 제비 몇 마리가 고물 밑에 둥지를 틀었는데, 다른 제비들이 이들을 공격해 몰아내고 새끼들을 죽였던 것이다.

61.

양군이 전쟁을 위해 군세를 집결시켰을 때 안토니우스에게는 자그마치 500척의 전함이 있었는데, 그중 여러 척은 노 젓는 의자가 여덟 줄 또는 열 줄이나 되었고 보란 듯이 화려하게 의장되어

---

164 기가스(Gigas 복수형 Gigantes)들은 그리스신화에서 우라노스(Ouranos)가 아들 크로노스(Kronos)에게 남근이 잘릴 때 그 피가 대지에 쏟아져 잉태된 거한(巨漢)들로, 신과 인간이 동시에 공격해야 죽일 수 있었다. 그중 몇 명은 지상에 있는 한 죽일 수 없었다고 한다. 엄청나게 힘이 센 데다 다리가 거대한 뱀인 이 털북숭이 거한들은, 제우스가 10년간의 전쟁 끝에 티탄 신족을 지하의 가장 깊숙한 곳 타르타로스에 가두자 대지의 여신이 이를 원망해 제우스를 혼내주려고 낳은 괴물들로, 이들에 관한 전설은 주로 올림포스 신들과의 전쟁(Gigantomachia)과 관련이 있다. 올림포스 신들은 처음에 이들에게 고전했으나 제우스와 아테나의 분전과 헤라클레스의 협력으로 이들을 제압하는 데 성공한다.

165 4장과 24장 참조.

166 마치 클레오파트라가 '신(新)이시스'라고 불렸듯이. 54장 참조.

있었다. 그에게는 또 10만 명의 보병과 1만 2천 명의 기병이 있었다. 그에게 종속된 왕 중에서 아프리카의 복쿠스, 상부 킬리키아의 타르콘데모스, 캅파도키아의 아르켈라오스, 파플라고니아의 필라델포스, 콤마게네의 미트리다테스, 트라케의 사달라스가 그와 함께 싸우러 왔다. 이들은 몸소 그곳에 나타났다. 한편 폴레몬은 폰토스에서, 말코스는 아라비아에서 군대를 보내주었으며, 유다이아의 헤로데스와 뤼카오니아[167]와 갈라티아[168]의 왕인 아뮌타스도 그렇게 했다. 메디아인들의 왕도 지원군을 보내주었다.

한편 옥타비아누스에게는 250척의 전함과 8만 명의 보병, 그리고 상대와 비슷한 수의 기병이 있었다. 안토니우스의 영토는 에우프라테스강과 아르메니아에서 이오니오스해와 일뤼리콘 지방에까지 미쳤고, 옥타비아누스의 영토는 일뤼리콘에서 대서양까지, 대서양에서 다시 튀르레니아해[169]와 시킬리아해까지 미쳤다. 아프리카 중에서 이탈리아와 갈리아와 헤라클레스의 기둥들[170]에 이르는 히스파니아의 맞은편 해안 지대는 옥타비아누스에게 속했고, 퀴레네[171]에서 아이티오피아에 이르는 지역은 안토니우스에게 속했다.

---

167 뤼카오니아(Lykaonia)는 킬리키아 서북쪽에 있는 소아시아의 내륙지방이다.
168 갈라티아(Galatia)는 아르메니아 서쪽에 있는 소아시아의 내륙지방이다.
169 튀르레니아(Tyrrhenia)는 이탈리아 에트루리아 지방의 그리스어 이름이다. '튀르레니아해'는 이탈리아의 서남해를 말한다.
170 지브롤터 해협을 말한다.
171 퀴레네(Kyrēnē 라/Cyrene)는 북아프리카의 도시다.

62.

 이때쯤 안토니우스는 완전히 클레오파트라의 꼭두각시가 되어 보병에서 훨씬 우세한데도 해군으로 승리를 거두기로 결심했다. 안토니우스는 승무원이 부족해 자신의 삼단노선들이 오랫동안 수난을 당하고 있는 헬라스에서 뜨내기들과 노새몰이들과 추수꾼들과 아직 군복무를 할 나이가 되지 않은 소년들을 징발하고, 그래도 다 충원이 안 돼 제대로 항해할 수 없다는 것을 뻔히 보면서도 그녀를 기쁘게 해주기 위해 해군으로 싸우겠다고 우겼다.

 반면 옥타비아누스의 함대는 높이나 덩치를 과시하기 위해 건조되지 않은 함선들로 이루어져 조종이 쉽고 빨랐을 뿐 아니라 승무원들도 이미 충원되어 있었다. 옥타비아누스는 타렌툼과 브룬디시움에 함대를 집결시킨 다음 안토니우스에게 시간 낭비할 것 없이 군대를 이끌고 오라는 도전장을 보냈다. 옥타비아누스는 안토니우스의 함대가 무사히 항구와 정박소들에 입항하도록 안전을 보장할 것이며, 안토니우스가 무사히 상륙해 진을 칠 때까지 말을 타고 하루 동안 달릴 수 있는 거리만큼 바닷가에서 자신의 보병들을 뒤로 물리겠다고 했다.

 이런 호언장담에 맞서 안토니우스도 자기는 옥타비아누스보다 더 늙었지만 둘이서 일대일로 싸우자고 도전하면서, 만약 옥타비아누스가 이를 거절한다면 전에[172] 카이사르와 폼페이유스가 그랬듯이 파르살로스에서 승패를 결정짓자고 요구했다. 그러나 옥타비아누스가 먼저 행동을 개시해, 안토니우스의 함대가 지

---

[172] 기원전 48년 그리스 텟살리아 지방의 파르살로스에서 카이사르는 폼페이유스에게 결정적인 승리를 거두었다.

금은 니코폴리스가 자리잡고 있는 악티온[173] 앞바다에 닻을 내리는 동안 이오니오스해를 건너 에페이로스 지방에 있는 토뤼네[174]라는 마을에 상륙했다. 그래서 안토니우스의 보병들이 아직 도착하지 않아 안토니우스의 측근들이 안절부절못하자 클레오파트라가 농담 삼아 "옥타비아누스가 국자에 앉았기로 뭐가 그리 무섭단 말이오?"라고 말했다.

63.

이튿날 아침 일찍 적군이 자기를 향해 항해해 오자 안토니우스는 아직 승무원들이 승선하기 전에 자신의 함선들이 적군에게 나포되지 않을까 두려웠다. 그래서 안토니우스는 노 젓는 자들을 무장시킨 다음 여봐란듯이 갑판 위에 정렬시키고 자신의 함선들을 악티온 근처의 만 입구에다 집결시켰는데, 좌우 양현의 노들을 들어올려 노로 바닷물을 칠 준비를 갖추게 하고는 마치 승무원이 모두 승선해 싸울 준비가 된 것처럼 이물을 적군 쪽으로 향하게 했다. 옥타비아누스는 이 기만 전술에 속아 물러갔다.

안토니우스의 또 다른 교묘한 계략은 흙더미들을 쌓아 적군의 식수원을 끊어버렸다는 것이다. 인근 여러 마을에는 물이 넉넉하지 못했고 그나마 수질이 나빴기 때문이다. 안토니우스는 클레오

---

[173] 그리스 북서부 암브라키아(Ambrakia)만 남쪽 입구에 있는 곳으로, 그곳에 오래된 아폴론 신전이 있었다. 옥타비아누스는 기원전 31년 악티온 해전에서 안토니우스와 클레오파트라의 연합함대를 이긴 것을 기념해 그 맞은편 곳에 니코폴리스(Nicopolis '승리의 도시'라는 뜻)라는 소도시를 건설하고 아폴론 신전을 증축한 후 4년마다 경기를 개최했다.

[174] 토뤼네(Toryne)는 '국자'라는 뜻이다.

파트라의 뜻을 거슬러 도미티우스에게 너그럽게 대했다. 도미티우스가 열병을 앓고 있으면서도 작은 배를 타고 옥타비아누스에게 투항했을 때 안토니우스는 큰 충격을 받았으나 그에게 측근들과 시종들은 물론이고 짐들도 모두 보내주었으니 말이다. 그러나 도미티우스는 자신의 배신과 불충이 드러나자 창피한 듯 그 뒤 곧 죽었다.

왕들 중에서도 배신자가 생겨 아뮌타스와 데이오타로스[175]가 옥타비아누스에게 투항했다. 그 밖에 안토니우스는 해군이 모든 작전에서 성공을 거두지 못하고 매번 늦게 도착해 도움이 되지 못하자 보병에 더 관심을 기울이지 않을 수 없었다. 보병 사령관인 카니디우스도 자신들이 위험에 처했음을 알아차리고 태도를 바꿔, 클레오파트라를 돌려보내고 트라케나 마케도니아로 철수해 그곳에서 지상전으로 결판을 내자고 안토니우스에게 충고했다. 게타이족[176]의 왕 디코메스가 대군을 이끌고 그들을 도우러 오겠다고 약속했기 때문이다. 카니디우스는 또 말하기를, 시킬리아 해전에서 경험을 쌓은 옥타비아누스에게 바다를 내주는 것은 자기들에게는 치욕이라고 할 수 없으며, 오히려 지상전에서 가장 경험이 많은 안토니우스가 그토록 많은 중무장 보병들의 힘과 장비를 활용하지 않고 병력을 여러 함선들에 분산 배치함으로써 소진해버리는 것이야말로 더없이 이상한 일이라고 했다.

그런 조언에도 불구하고 결국에는 함선들로 결전해야 한다는

---

175   데이오타로스(Dēiotaros)는 파플라고니아 왕 필라델푸스의 본명이다.
176   게타이족(Getai 라/Getae)은 도나우강 우안, 지금의 불가리아에 살던 트라케의 부족이다.

클레오파트라의 주장이 관철되었다. 그러나 그녀는 이미 도주를 생각하고 있었고, 승리를 쟁취하는 데 도움이 될 만한 곳이 아니라 패배할 경우 가장 쉽게 도주할 수 있는 곳에다 자신의 군대를 배치하고 있었다. 안토니우스의 진영에서 해군 기지까지는 두 개의 방벽이 길게 뻗어 있었는데 안토니우스는 아무 의심 없이 그 사이로 지나다니곤 했다. 옥타비아누스는 어떤 노예한테서 안토니우스가 이 통로를 지나 내려갈 때 생포할 수 있을 것이라는 말을 듣고 매복조를 보내 그를 기다리게 했다. 이들은 임무를 완수할 뻔했으나 너무 일찍 일어선 까닭에 안토니우스 앞에서 걷던 사람을 붙잡는 데 그치고, 안토니우스는 간신히 도주했다.

64.

해전을 하기로 결심한 안토니우스는 아이귑토스의 함선들은 60척만 남기고 모두 불태워버린 뒤 삼단노선에서 십단노선에 이르기까지 가장 좋고 큰 로마의 함선들에 선원을 배치하고 중무장 보병 2만 명과 궁수 2천 명을 태웠다. 전하는 말에 따르면, 이때 안토니우스 휘하에서 수많은 전투를 치르며 온몸이 상처투성이가 된 한 보병 백인대장이 지나가는 안토니우스에게 울음을 터뜨리며 "원수님, 어째서 이 상처들과 이 칼을 불신하시고 썩은 나무 널빤지에 희망을 거십니까? 해전은 아이귑토스인들과 포이니케인들에게 맡기시고 우리에게는 육지를 주십시오. 우리는 육지에 버티고 서서 죽거나 아니면 적군을 패주시키는 데 익숙하니까요"라고 말했다.

이 말에 안토니우스는 아무 대답도 않고 그저 손짓과 얼굴 표정으로 용기를 내라고 그를 격려한 다음 지나가버렸다. 아닌 게 아니라 그는 별로 자신이 없었다. 함장들이 돛을 두고 가려고 했을 때 그는 적군에게 도망병이 한 명도 가지 못하게 해야 한다며 돛을 싣고 가도록 강요했으니 말이다.

65.

그날과 그 뒤로 사흘 동안은 강풍으로 바다에 거센 파도가 일어 전투가 벌어지지 않았다. 그러나 닷새째 되던 날[177] 날씨가 좋아지며 바다가 잔잔해지자 양군이 어우러져 싸웠다. 안토니우스는 푸블리콜라와 더불어 오른쪽 날개를 맡고, 코일리우스는 왼쪽 날개를, 마르쿠스 옥타비우스와 마르쿠스 인스테이유스는 중앙을 맡았다. 옥타비아누스는 아그립파를 왼쪽 날개에 배치하고, 오른쪽 날개는 자신을 위해 남겨두었다. 보병 가운데 안토니우스의 보병은 카니디우스가, 옥타비아누스의 보병은 타우루스가 지휘했는데, 두 사람은 바닷가에 군사들을 정렬시킨 다음 조용히 대기하고 있었다.

　두 명의 총사령관 가운데 안토니우스는 노 젓는 작은 배를 타고 자신의 함선들을 일일이 순시하면서 군사들에게 함선의 무게를 믿고 육지에 있는 것처럼 동요하지 말고 싸우라고 격려했다. 안토니우스는 또 함장들에게 적이 공격해오더라도 마치 그들의 함선들이 조용히 닻을 내리고 있는 것처럼 동요 없이 제자리를 지키면서 만 입구의 좁은 길목을 사수하라고 명령했다. 한편 전하는 이야기에 따르면, 옥타비아누스는 아직도 캄캄할 때 천막을

---

[177] 기원전 31년 9월 2일.

나서 자신의 함선들을 순시하던 중 당나귀를 몰던 한 남자를 만났다고 한다. 옥타비아누스가 이름을 묻자 그자가 그를 알아보고 "내 이름은 '행운'이고 내 당나귀의 이름은 '승리자'입니다"라고 대답했다고 한다. 그래서 옥타비아누스는 훗날 나포한 함선들의 충각들로 그곳을 장식하고 당나귀와 남자의 청동상을 세웠다.

함선들의 배열을 두루 살펴본 뒤 작은 배를 타고 오른쪽 날개로 간 옥타비아누스는 거기에서 적군이 꼼짝 않고 좁은 길목을 지키고 있는 것을 보고 가슴이 철렁 내려앉았다. 적선들은 마치 닻을 내리고 정박해 있는 것처럼 보였다. 한참 동안 옥타비아누스는 실제로 그런 줄 알고 자신의 함선들을 적에게서 8스타디움의 거리만큼 떨어져 있게 했다. 정오쯤 바다에서 미풍이 일기 시작하자 기다리다 지친 안토니우스의 군사들은 자신들의 함선들은 높고 커서 공격당할 수 없으리라 믿고 왼쪽 날개를 움직이기 시작했다.

옥타비아누스는 이를 보자 기뻐하며 자신의 오른쪽 날개에 뒤로 물러나라고 명령했다. 그는 적군을 만과 좁은 길목에서 더 멀리 끌어내 자신의 민첩한 함선들로 포위한 다음, 덩치는 크고 승무원은 적어 느리고 비효율적인 적선들과 접근전을 벌이고 싶었던 것이다.

66.

접근전이 시작되었으나 함선들끼리 충각으로 들이받거나 충돌하는 일은 없었다. 안토니우스의 함선들은 너무 무거워 충각으로 적선을 들이받는 데 필요한 속력을 낼 수 없었고, 옥타비아누스의 함선들은 청동 판과 청동 못으로 무장한 적선들의 이물과 정면으로 충돌하는 것을 피했을 뿐만 아니라 적선의 옆구리를 들이받으려고도 하지 않았기 때문이다. 그들의 충각은 무쇠 못으로 단단하게 이어붙인 네모나고 거대한 선재(船材)로 만들어진 적선에 닿기만 해도 쉬이 부러졌으니 말이다. 그래서 전투는 지상전, 또는 더 정확히 말해 성벽전과 흡사했다. 안토니우스의 함선 한 척에 옥타비아누스의 함선 서너 척이 들러붙어 군사들이 고리버들 방패와 창과 삿대와 화전(火箭)으로 서로 싸웠으니 말이다. 안토니우스의 군사들은 또 목탑(木塔)에 설치된 쇠뇌들로 적군을 공격했다.

그때 아그립파가 적군을 에워싸려는 듯 왼쪽 날개를 전개하자 푸블리콜라가 이에 대응하기 위해 어쩔 수 없이 그를 향해 전진하다가 중앙 함대와 떨어지게 되었다. 그러자 중앙 함대는 혼란에 빠지면서 아르룬티우스가 지휘하는 적선들의 공격을 받았다. 이때 전투는 어느 쪽으로도 기울지 않고 백중지세를 이루었는데, 갑자기 클레오파트라의 함선 60척이 도주하기 위해 돛을 올리고 전함들 한가운데를 지나 도망치는 것이 보였다. 이 함선들은 거함(巨艦)들 뒤에 배치되어 있다가 억지로 그 사이로 뚫고 나가는 바람에 거함들의 대오를 뒤죽박죽으로 만들어놓았다. 적군은 이 함선들이 순풍에 돛을 달고 펠로폰네소스반도 쪽으로 향하는 것을 보고 어이없어했다.

그리고 이때 안토니우스는 자신을 지배하고 있는 그것이 지휘관이나 장부(丈夫)의 생각이 아니라는 사실을 만천하에 드러냈다. 아니, 안토니우스를 지배하고 있는 것은 그 자신의 생각도 아니었다. 사랑하는 사람의 혼은 타인의 몸속에 산다고 누군가 농담 삼아 말한 적이 있는데, 안토니우스도 한 여인과 한 몸이 되어 그녀가 가는 곳으로 따라가야 하는 양 그녀에게 끌려갔던 것이다. 안토니우스는 그녀의 배가 떠나는 것을 보자마자 모든 일을 잊어버리고 자신을 위해 싸우며 죽어가는 사람들을 배신하고 달아났다. 안토니우스는 오단노선에 올라 쉬리아인 알렉사스와 스켈리우스만 데리고 이미 자신을 파멸시켰고 곧 그 파멸을 완성시키게 될 여인을 뒤쫓았다.

67.

클레오파트라는 안토니우스를 알아보고 자기 배 위에서 알았다는 신호를 올리게 했다. 그래서 안토니우스는 그쪽으로 실려가 뱃전에 올려졌으나 그녀를 찾지도 않았고 그녀에게 자신을 보이지도 않았다. 대신 그는 이물 쪽으로 가서 두 손에 머리를 묻고는 말없이 혼자 앉아 있었다. 그때 옥타비아누스 함대의 리부르니아[178] 함선들이 그들을 추격해오는 것이 보였다. 안토니우스는 그 함선들을 향해 뱃머리를 돌리라고 명령하고는 다른 배들은 모두 물리쳤으나, 라케다이몬의 에우뤼클레스만은 완강하게 덤벼들며 자신의 갑판 위에서 마치 안토니우스에게 던질 듯이 창을 쳐들고 있었다. 그래서 안토니우스가 이물에 서서 "거기 안토니우스를 추격하는 자가 대체 누구냐?"라고 묻자 그는 "나는 라카라스의 아들 에우뤼클레스다. 나는 옥타비아누스의 행운을 빌려 내 아버지의 죽음을 복수하러 왔다"고 대답했다. 라카라스는 강도죄

---

[178] 리부르니아(Liburnia)는 지금의 크로아티아와 달마티아 지방의 해안지대를 말한다. '리부르니아 함선들'이란 그곳 해적선을 모방해 만든 가볍고 빠른 이단노선들을 말한다.

에 연루되어 안토니우스에 의해 참수당한 것이다. 그러나 에우뤼클레스는 안토니우스의 함선을 공격하지 않고 다른 기함을(기함이 두 척이었기 때문이다) 청동 충각으로 들이받았다. 그 충격에 기함이 옆으로 돌자 그는 그 기함과 값진 세간을 싣고 가던 또 다른 배 한 척을 나포했다.

에우뤼클레스가 사라지자 안토니우스는 다시 예의 그 자세로 돌아가 미동도 하지 않았다. 안토니우스는 클레오파트라를 원망했기 때문이든 아니면 그녀를 볼 면목이 없기 때문이든 사흘 동안 이물에 혼자 머무르다가 타이나론[179]에 상륙했다. 그곳에서 처음으로 클레오파트라의 시녀들이 두 사람이 서로 대화를 나누게 했고, 그다음에는 같이 먹고 같이 자도록 설득했다.

어느새 몇 척의 화물선들과 패배한 뒤 살아남은 몇몇 측근들이 그들 주위로 모여들기 시작했는데, 그들이 전하는 말로는 함대는 궤멸되었지만 보병은 그대로 집결해 있다는 것이다. 그래서 안토니우스는 카니디우스에게 사람을 보내 군대를 이끌고 되도록 빨리 마케도니아를 지나 아시아로 후퇴하라는 명령을 전하게 했다. 그 자신은 타이나론에서 아프리카로 건너갈 작정이었다. 안토니우스는 다량의 주화와 왕실의 값나가는 금은 세간들을 싣고 있던 화물선 한 척을 골라 측근들에게 선물로 주며 보물을 나눠 갖고 살길을 찾으라고 명령했다. 그들은 눈물을 흘리며 선물을 받지 않겠다고 했지만 그는 다정하고 상냥한 말로 그들을 위로하며 선물을 받으라고 간청했다. 그리고 마지막으로 그는 그들을 보내

---

179 타이나론(Tainaron)은 펠로폰네소스반도 최남단에 있는 곳으로, 지금의 마타판(Matapan)곶을 말한다.

며 코린토스에 있는 자신의 집사 테오필로스에게 그들이 옥타비아누스와 화해할 때까지 안전하게 잘 숨겨주라는 내용의 편지를 써 보냈다. 이 테오필로스는, 안토니우스의 추종자들 가운데 가장 영향력이 컸지만 안토니우스의 해방노예 가운데 맨 먼저 옥타비아누스에게 투항해 나중에 코린토스에 정착한 힙파르코스의 아버지였다.

68.

이것이 당시 안토니우스가 처한 상황이었다. 그러나 악티온에서 안토니우스의 함대는 오랫동안 계속해서 옥타비아누스에게 저항하다가 이물 쪽으로 밀려드는 높은 파도에 심각한 피해를 입은 뒤에야 마지못해 오후 네댓 시경에 전투를 포기했다. 전사자는 5천 명을 넘지 않았으나, 옥타비아누스 자신의 기록에 따르면 300척의 함선이 나포되었다고 한다. 그때까지도 안토니우스가 도망친 사실을 아는 사람은 많지 않았다. 그리고 그런 말을 듣는 사람들도 처음에는 그 말을 믿지 않았다. 그들은 안토니우스가 패하지 않은 보병 19개 군단과 1만 2천 명의 기병을 남겨두고 내뺐다는 사실이 이해가 되지 않았다. 무엇보다도 안토니우스는 행운도 불운도 겪어보았고 승패는 병가상사(兵家常事)라는 것을 수없이 경험하지 않았던가!

안토니우스의 군사들은 안토니우스를 그리워했고 당장이라도 안토니우스가 이쪽 아니면 저쪽에서 다시 나타나리라고 믿었다. 그들이 얼마나 충성스럽고 용맹스러웠는지는 안토니우스가 도주했다는 사실이 밝혀진 뒤에도 그들이 옥타비아누스가 보낸 전언을 귓등으로 들으며 이레 동안 한데 집결해 있었다는 사실을 보아도 알 수 있다. 그러나 결국 지휘관 카니디우스가 진영을 버리고 야반도주한 뒤 그들은 지휘관도 없고 대장들에게도 배신당한 자신들의 처지를 직시하고 이긴 자에게 투항했다.

그 뒤 옥타비아누스는 배를 타고 아테나이로 갔다. 옥타비아누스는 헬라스인들과 타협한 다음 돈과 노예들과 짐 나르는 짐승들을 빼앗겨 고통받는 도시들에 전쟁에 쓰고 남은 식량을 나눠주었다. 아무튼 나의 증조부 니카르코스께서 들려주시곤 하던 이야기에 따르면, 그분의 고향인 카이로네이아의 모든 시민들이 어깨에 일정량의 밀을 메고 안티퀴라[180] 해안까지 운반해야 했는데, 빨리 걸으라고 회초리를 맞았다고 한다. 그들이 그렇게 짐을 한 번 운반하고 나서 어느새 두 번째 짐이 계량되어 막 출발하려고 할 때, 안토니우스가 패했다는 소식이 도착하여 도시를 구해주었다고 한다. 안토니우스의 집사들과 군사들이 지체 없이 도망쳐 시민들은 그 식량을 서로 나눠 가졌으니 말이다.

69.

안토니우스는 아프리카의 파라이토니온[181]에 상륙한 뒤 클레오파트라를 먼저 아이귑토스로 보내고 자신은 원도 한도 없이 고독을 즐기며 두 친구와 함께 정처 없이 주위를 헤매고 다녔다. 그중 한 명은 헬라스인 수사학자 아리스토크라테스고 다른 한 명은 로마인 루킬리우스였는데, 그에 관해서는 내가 이미 다른 곳에서[182]

---

180 안티퀴라(Antikyra)는 코린토스만에 있는 도시다.
181 파라이토니온(Paraitonion)은 알렉산드레이아 근처에 있는 도시다.
182 「브루투스 전」 1장 참조.

언급한 바 있다. 그는 필립포이 전투 때 브루투스가 도주할 수 있도록 자신이 브루투스라며 추격자들에게 투항했다. 그래서 안토니우스가 가상히 여겨 살려주자 그는 충직하고 믿음직한 친구가 되어 안토니우스가 비참한 최후를 맞을 때까지 저버리지 않았다.

안토니우스는 아프리카에 있던 자신의 군대의 지휘를 맡았던 카르푸스마저 옥타비아누스에게 투항하자 자살하려 했으나 측근들이 제지해서 알렉산드레이아로 갔다. 그곳에 가서 보니 클레오파트라가 대담하기 짝이 없는 큰일을 꾸미고 있었다. 아이귑토스의 앞바다[183]와 홍해를 갈라놓기 때문에 대개 아시아와 아프리카의 경계로 간주되는 지협은 가장 좁은 지점이 300스타디움밖에 안 된다. 바로 이곳으로 클레오파트라는 자신의 함대를 들어올려 육지를 가로질러 끌어당긴 다음, 많은 돈과 강력한 호위대를 싣고 함선들을 아라비아만에 진수시켜 아이귑토스 바깥에 정착함으로써 예속과 전쟁을 피할 속셈이었던 것이다. 그러나 페트라 부근에 사는 아라비아인들이 맨 먼저 올라온 함선들을 불태워 버렸고, 안토니우스가 악티온에 있던 자신의 군대가 한데 집결해 있다고 여전히 믿는 상황이라 클레오파트라는 계획을 단념하고 대신 아이귑토스로 들어오는 길목들을 지키게 했다.

안토니우스는 도시와 친구들과의 소일을 뒤로하고 파로스섬으로 가, 바다 쪽으로 제방을 쌓고 바닷가에 혼자 살 집을 지었다. 그곳에서 세상을 멀리하고 두문불출하면서 티몬의 삶을 모방하며 만족한다고 말했다. 안토니우스의 주장에 따르면, 무엇보다도

---

183 지중해.

안토니우스 역시 친구들의 불의와 배은망덕을 경험하고는 그로 인해 전 인류를 불신하고 미워하게 된 만큼 티몬과 같은 운명을 타고났다는 것이었다.

70.

티몬은 펠로폰네소스전쟁 때 살았던 아테나이인이다. 티몬은 아리스토파네스와 플라톤[184]의 희극들에서 언급되고 있는데, 이들 작가들은 그를 심술궂은 염세가로 그리고 있다.[185]

  티몬은 사람들과의 모든 접촉을 애써 피하고 끊었지만 당돌한 젊은이 알키비아데스[186]는 반가이 맞으며 다정하게 입 맞춰주었다. 아페만토스가 이를 이상히 여기고 그 이유를 묻자 티몬이 말하기를, 자기가 그 젊은이를 사랑하는 것은 그자가 장차 아테나이인들에게 엄청난 재앙을 안겨줄 것이기 때문이라고 했다. 티몬은 아페만토스의 방문만 허용했는데, 그가 자신과 공통점이 많은 데다 종종 자신의 생활방식을 모방하려 했기 때문이다. 한번은 코에스[187] 날에 두 사람이 자기들끼리만 잔치를 벌이며 아페만토스가 "티몬, 우리의 이 잔치는 얼마나 멋진가!"라고 말하자 티몬

---

184 아리스토파네스(Aristophanes)는 아테나이의 고(古)희극을 대표하는 작가다. 여기서 플라톤(Platon)은 철학자가 아니라 희극작가로, 그의 작품은 지금 남아 있지 않다.
185 아리스토파네스, 『새』 1549행과 『뤼시스트라테』 809~815행 참조.
186 알키비아데스(Alkibiades)는 아테나이의 정치가이자 장군으로, 펠로폰네소스전쟁 때 아테나이에 엄청난 재앙을 안겨주었다.
187 코에스(choes)는 디오뉘소스를 위해 사흘 동안 개최되는 꽃 축제인 안테스테리아(Anthestēria) 제의 두 번째 날로, 고인(故人)들에게 헌주하는 이날 사람들은 술을 가장 많이 마셨다고 한다.

은 "그렇겠지. 자네가 여기 없다면 말일세"라고 말했다.

전하는 이야기에 따르면, 한번은 또 아테나이인들이 민회를 개최하고 있을 때 티몬이 연단에 오르자 이 심상찮은 행동에 청중이 갑자기 침묵을 지키며 그가 무슨 말을 하나 귀를 쫑긋 세웠다. 그러자 티몬이 "아테나이의 남자들이여, 내게는 조그마한 대지가 한 필지 있소이다. 그곳에 무화과나무 한 그루가 자라고 있어 이미 다수의 동료 시민들이 그 가지에 목을 맨 바 있소. 그러나 나는 이제 그곳에 집을 지을 작정인지라, 여러분 중에 목을 매고 싶은 사람이 있으면 무화과나무를 베기 전에 미리 그렇게 할 수 있도록 여러분에게 두루 알리고 싶었소"라고 말했다.

티몬은 죽은 뒤 할라이[188] 구역의 바다 근처에 묻혔는데, 무덤 주위의 땅이 가라앉으면서 바닷물이 무덤을 에워싼 까닭에 아무도 접근할 수 없었다. 그의 묘비명은 이러하다.

비참한 삶의 명줄을 끊어버리고 나는 여기 누워 있노라. 그대들은 내
이름을 알려 하지 마라. 그대들은 악한 자들이니 비참한 죽음을 맞으리라.

이 묘비명은 그가 생전에 지은 것이라고 한다. 그러나 널리 알려진 묘비명은 칼리마코스[189]가 지은 것으로 이러하다.

---

188 할라이(Halai)는 그리스 앗티케 지방의 서해안에 있는 구역이다.
189 칼리마코스(Kallimachos)는 헬레니즘 시대의 그리스 시인 겸 학자다.

여기 염세가 티몬이 누워 있소이다. 행인들이여, 지나가시오.
날 욕하려거든 얼마든지 욕하되 제발 지나가기부터 하시오.

71.

이것은 티몬에 관한 숱한 이야기 가운데 일부에 지나지 않는다. 안토니우스에게 악티온에 있던 군대를 잃었다는 소식을 전한 것은 카니디우스인데, 그는 다른 사람에게 맡기지 않고 몸소 소식을 전했다. 안토니우스는 또 유다이아 왕 헤로데스도 약간의 군단과 코호르스를 이끌고 옥타비아누스에게 투항했으며, 마찬가지로 다른 왕들도 이탈해 아이귑토스 바깥에 있던 그의 군대는 하나도 남지 않았다는 소식도 들었다. 안토니우스는 이런 소식을 듣고도 동요하기는커녕 희망과 더불어 근심도 버릴 수 있어 행복해하는 것처럼 보였다.

안토니우스는 '티몬의 집'[190]이라고 부르던 바닷가 은신처를 떠난 뒤, 클레오파트라에 의해 궁전으로 받아들여지자 도시를 또다시 만찬과 주연과 선심 쓰기 쪽으로 돌려놓았다. 안토니우스는 클레오파트라와 카이사르의 아들 카이사리온을 성인(成人) 명단에 올리게 하고 풀비아가 낳아준 아들 안튈루스에게 자줏빛 단이 없는 성인 토가[191]를 수여했는데, 알렉산드레이아에서는 이를 축하하는 향연과 주연과 잔치가 며칠 동안 끊이지 않았다. 클레오파트라와 안토니우스는 이제 '모방할 수 없는 생활인들의 동아

---

190 그리스어로 Timōneion이다.
191 '성인 토가'(toga virilis)는 고대 로마의 자유민이 만 16세가 되면 몸에 걸치는 흰색의 겉옷이다.

리'[192]라는 유명 단체를 해산하고 그에 못지않게 까다롭고 사치스러우며 비용이 많이 드는 다른 단체를 만들어 '죽음을 함께하기로 한 자들의 동아리'라고 일컬었다. 그들의 친구들은 죽음을 함께할 자들로 등록하고는 돌아가면서 만찬에 초대하는 일로 즐거운 시간을 보냈던 것이다.

한편 클레오파트라는 여러 종류의 치명적인 독(毒)을 모으며 어느 것이 가장 고통이 적은지 알아내기 위해 그것들을 사형수들에게 먹여보았다. 효과가 빠른 독은 고통스러운 죽음을 안겨주고 순한 독약은 효과가 느리다는 것을 발견한 그녀는 독성을 가진 동물들을 실험하면서, 한 동물을 이 죄수에게 다른 동물을 저 죄수에게 올려놓는 것을 몸소 지켜보았다. 그녀는 날마다 이런 일을 하며 독성 동물들을 거의 다 실험해보고 나서 아스피스[193]라는 코브라에 물려야만 경련이나 신음 소리 없이 졸린 듯 혼수상태에 빠진다는 것을 알게 되었다. 아스피스에 물린 사람들은 얼굴에 부드럽게 땀을 흘리며 감각이 마비되어 고통 없이 사지를 못 쓰게 되면서 마치 깊은 잠에 곯아떨어진 사람들처럼 자신들을 깨우거나 되살리려는 온갖 시도를 마다했다.

72.

두 사람은 동시에 아시아에 있던 옥타비아누스에게 사절을 보내, 클레오파트라는 제 자식들에게 아이귑토스의 통치권을 상속할 수 있게 하라고 요구했고, 안토니우스는 아이귑토스에 머무르는

---

192   28장 참조.
193   아스피스(aspis)는 '방패'라는 뜻으로, 이집트산 코브라의 일종이다.

것이 허용되지 않는다면 아테나이에서 사인으로 살 수 있게 허락해달라고 요청했다. 그런데 그들은 친구들이 별로 남지 않은 데다 남은 친구들도 탈주하지 않을까 불신한 까닭에 아이들의 개인 교사인 에우프로니오스를 사절로 보냈다. 그것은 라오디케이아 출신인 알렉사스의 처신 때문이었다. 알렉사스는 티마게네스를 통해 로마에 있던 안토니우스에게 소개되어 다른 어떤 헬라스인보다 안토니우스에게 영향력을 행사한 인물이었다. 그자는 클레오파트라가 안토니우스에게 이용하는 가장 효과적인 도구 노릇을 하며 안토니우스가 옥타비아와 재결합하려는 생각을 일절 마음속에 품지 못하게 했다. 그러나 그자는 헤로데스 왕의 배신을 막기 위해 유다이아로 파견되어 그곳에 머물다가 안토니우스를 배신하고는 헤로데스가 도와줄 줄 알고 뻔뻔스럽게도 옥타비아누스를 알현하려 했다. 그러나 헤로데스는 그자를 도울 수 없었다. 알렉사스는 즉시 체포되어 사슬에 묶인 채 제 조국으로 끌려가 그곳에서 옥타비아누스의 명령에 따라 처형되었다. 그리하여 알렉사스는 안토니우스가 살아 있는 동안 배신의 죗값을 치렀다.

73.

옥타비아누스는 안토니우스의 청원은 거절했으나 클레오파트라에게는 만약 안토니우스를 죽이거나 추방하면 예의에 어긋나지 않는 대우를 받게 될 것이라는 답변을 전하게 했다. 옥타비아누스는 또 튀르소스라는 자신의 해방노예를 사절단에 딸려 보냈다. 튀르소스는 매우 영리한 사람으로, 거만하고 자신의 아름다움에 놀랍도록 자신감이 넘치는 여인에게 젊은 장군이 보내는 전언을 효과적으로 전달할 만한 언변이 있었다. 튀르소스는 사절단의 다른 사람보다 더 오래 그녀를 면담했고 그녀는 눈에 띄게 그를 우대했다. 그래서 안토니우스가 갑자기 의심이 들어 그를 잡아 매질한 뒤 자기가 온갖 불운을 당해 민감한 때에 튀르소스가 오만 방자한 태도로 자기를 약 올렸다는 내용의 쪽지를 들려 옥타비아누스에게 돌려보냈다. 그는 "내가 한 짓이 못마땅하다면 여기 내 해방노예 힙파르코스를 볼모로 보내니 그를 매달아 매질하시오. 그러면 우리는 서로 피장파장이 아니겠소"라고 말을 이었다.

그런 일이 있은 뒤 클레오파트라는 안토니우스의 오해와 의심을 풀기 위해 그에게 정성과 성의를 다했다. 그녀는 자기 생일은 불운한 상황에 맞게 검소하게 지내면서도 그의 생일은 많은 경비를 들여 호화롭게 축하해주었다. 그래서 초청받은 많은 사람들은 가난한 사람으로 찾아왔다가 부자가 되어 돌아갔다. 한편 옥타비아누스는 아그립파에게서 이탈리아로 돌아오라는 요청을 받았는데, 아그립파는 로마에서 자꾸 그에게 서찰을 써 보내 그곳 사정상 그가 반드시 와야 한다고 했다.

74.

그리하여 전쟁은 한동안 연기되었으나, 겨울이 지나자 옥타비아누스는 쉬리아를 지나 다시 적군을 향해 진격했고 그의 장군들은 아프리카를 지나 진격했다. 펠루시온[194]이 함락되자 셀레우쿠스가 클레오파트라의 묵인 아래 이 도시를 넘겨준 것이라는 소문이 파다했지만, 그녀는 안토니우스가 셀레우쿠스의 처자를 죽이는

---

194 주 14 참조.

것을 허용했다.

  이제 그녀는 자신을 위해 이시스 신전 옆에다 엄청나게 높고 아름다운 영묘(靈廟)와 기념탑을 짓게 하고는 그곳에 금, 은, 에메랄드, 진주, 흑단, 상아, 육계(肉桂) 같은 더없이 값나가는 왕실 보물들을 모아두게 했다. 그 밖에도 그녀는 그곳에 다량의 관솔과 삼 부스러기를 갖다 놓게 했다. 그래서 옥타비아누스는 이 보물들 때문에 전전긍긍하며 혹시 이 여인이 절망해 이 막대한 재물에 불을 지르지는 않을까 겁이 나서 군대를 이끌고 도시에 다가가면서도 계속해서 전언을 보내 그녀가 관대한 처분을 받게 될 것이라는 막연한 희망을 품게 했다.

  그러나 옥타비아누스가 마침내 알렉산드레이아시의 경마장 근처에 진을 쳤을 때[195] 안토니우스가 출격하더니 눈부시게 싸워 옥타비아누스의 기병들을 패주시키고는 진영이 있는 데까지 추격했다. 그러고 나서 안토니우스는 승리에 고무되어 궁전으로 들어가 완전무장한 채 클레오파트라와 입 맞추더니 가장 용감하게 싸운 자신의 군사 가운데 한 명을 그녀에게 소개했다. 클레오파트라는 감투상으로 그 군사에게 황금 가슴받이와 투구를 주었다. 그 군사는 그것들을 가지고 그날 밤으로 옥타비아누스에게 투항했다.

75.

안토니우스는 옥타비아누스에게 일대일로 싸우자고 또다시 도전

---

[195] 기원전 30년 7월 말.

장을 보냈으나,[196] 옥타비아누스는 안토니우스가 죽는 방법은 그 밖에도 여러 가지가 있다고 대답했다. 그래서 안토니우스는 싸움터에서 죽는 것보다 더 명예로운 죽음은 없다는 것을 알고 육지와 바다에서 동시에 공격하기로 결심했다. 전하는 이야기에 따르면, 안토니우스는 만찬 때 노예들에게 자기 잔을 가득 채우고 자기를 여느 때보다 더 후하게 대접하라고 명령하며, 그들이 내일도 여전히 이렇게 할 수 있을지 아니면 다른 주인을 섬기게 되고 자기는 무(無)로 돌아가 시신이 되어 누워 있을지 아무도 장담할 수 없기 때문이라고 했다. 이 말에 눈물 흘리는 측근들의 모습을 본 안토니우스는 자기는 전쟁에서 안전과 승리보다도 명예로운 죽음을 기대하는 만큼 그들을 싸움터로 인솔하지 않겠다고 선언했다.

전하는 이야기에 따르면, 그날 밤중에 앞으로 닥칠 일에 대한 두려움과 예감으로 도시 분위기가 차분하게 가라앉아 있는데, 돌연 온갖 악기의 화음과 박코스 여신도들의 환호성과 사튀로스들이 껑충껑충 뛰는 소리와 뒤엉킨 군중의 함성이 들려왔다. 마치 한 떼의 술꾼들이 야단법석을 떨며 도시를 나서는 것 같았다. 그들의 행렬은 도시 중심부를 지나 적군의 진영 쪽으로 나 있는 외문(外門)으로 향하는 것 같더니 거기에서 소음이 극에 달하다가 사그라졌다. 이 전조에서 의미를 찾으려던 무리들은 안토니우스가 늘 친근감을 느끼며 모방하려던 박코스 신이 그를 버리고 떠났다는 결론을 내렸다.

---

[196] 62장 참조.

76.

날이 새자[197] 안토니우스는 도시 앞의 언덕들 위에 보병을 배치하고는 자신의 함선들이 적군의 함선들을 향해 출격하는 것을 지켜보고 있었다. 안토니우스는 자신의 함대가 이길 거라고 믿고 있던 터라 보병은 움직이지 않았다. 그러나 안토니우스 함대의 승무원들은 적 함대에 다가가자마자 노를 들어 옥타비아누스의 승무원들에게 인사를 했고, 적군이 이에 화답하자 옥타비아누스에게 투항했다. 그러고는 두 함대가 한 함대가 되어 도시 쪽으로 뱃머리를 돌리고 나아갔다.

이 장면을 목격하는 순간 안토니우스는 역시 적군에게 투항한 자신의 기병대에게도 버림받았다. 그리고 보병마저 패하자 안토니우스는 시내로 후퇴하면서, 클레오파트라를 위해 맞서 싸우고 있는 바로 그자들에게 클레오파트라가 자신을 팔아넘겼다고 고래고래 고함을 질렀다. 클레오파트라는 안토니우스가 홧김에 제정신을 잃고 무슨 짓을 할지 몰라 자신의 영묘로 피신해 빗장들과 가로장들로 강화한 내리닫이 쇠살문을 내리더니 안토니우스에게 사자들을 보내 자신이 죽었다고 전하게 했다. 안토니우스는 그 말이 사실이라고 믿고는 "안토니우스여, 왜 아직도 머뭇거리는가? 네가 삶에 집착하던 유일한 핑계를 운명이 네게서 빼앗아 갔는데도 말이다"라고 독백처럼 내뱉더니 자기 방으로 갔다. 그곳에서 그는 가슴받이를 벗어 한쪽으로 치우고는 "클레오파트라여, 나는 그대를 잃었다고 가슴 아파하는 것이 아니오. 우리는 곧

---

[197] 기원전 30년 8월 1일.

재결합할 테니까 말이오. 내가 가슴 아파하는 것은 명색이 원수인 내가 한낱 여자보다 용기가 없다는 것이 드러났기 때문이오"라고 말했다.

안토니우스에게는 에로스라는 충실한 노예가 있었다. 안토니우스는 오래전 그에게서 필요할 경우 자기를 죽여주겠다는 맹세를 받아두었는데, 이제 그 약속을 이행하라고 그에게 요구했다. 그래서 에로스가 칼을 빼어 주인을 칠 듯이 높이 들더니 얼굴을 돌리고 제 몸을 찔러 자살했다. 그가 주인의 발 앞에 쓰러지자 안토니우스가 "잘했다, 에로스! 너는 비록 네 손으로 나를 내리칠 용기는 없었지만 내가 무엇을 해야 하는지 가르쳐주는구나!"라고 말하고 칼로 배를 찌르더니 긴 의자에 넘어졌다. 그러나 상처가 치명적이지는 않았다. 그래서 안토니우스가 엎드리자 피가 멎었다. 다시 의식이 돌아오자 안토니우스는 주위에 서 있던 사람들에게 최후의 일격을 가해달라고 간청했다. 그러나 그들은 방에서 도망쳤다. 안토니우스는 클레오파트라의 시종인 디오메데스가 그를 자신이 있는 영묘로 데려오라는 주인의 명령을 받고 그곳에 도착할 때까지 고함을 지르고 몸부림치며 누워 있었다.

77.

클레오파트라가 아직 살아 있다는 것을 알게 된 안토니우스가 하인들에게 자기를 들어올리라고 명령하자, 그들은 안토니우스를 팔에 들고 그녀의 유택(幽宅)으로 갔다. 그러나 클레오파트라는 문을 열어주지 않고 창가에 모습을 드러내더니 거기에서 밧줄과 노끈을 내려주었다. 안토니우스가 그것으로 몸을 묶자 그녀는 유일하게 영묘 안으로 데리고 들어간 두 시녀의 도움을 받으며 안토니우스를 끌어올렸다. 그 자리에 있던 사람들이 전하는 말에 따르면, 안토니우스가 피투성이가 된 채 단말마의 고통으로 몸부림치며 끌어올려지고 허공에 매달린 채 그녀를 향해 두 손을 내미는 광경은 차마 눈 뜨고 볼 수 없었다고 한다.

 그것은 정말이지 여자에게는 쉬운 일이 아니었다. 클레오파트라가 긴장 때문에 얼굴이 일그러진 채 두 손으로 잡고 매달리며 밧줄을 간신히 끌어올리는 동안 아래에 있던 사람들은 큰 소리로 격려하며 그녀와 고통을 함께했다. 그렇게 안토니우스를 안으로 들여 침상에 누인 다음, 그녀는 자기가 입고 있던 옷을 찢고는 그의 위에서 두 손으로 자기 가슴을 치고 쥐어뜯고 그의 피를 닦아 자기 얼굴에 문지르며 그를 주인이라, 남편이라, 원수(元帥)라 불렀다. 그녀는 그의 불행을 슬퍼하느라 잠시나마 자신의 불행을 거의 잊다시피 했다. 안토니우스는 그녀에게 통곡을 그치라면서, 목이 말랐는지 아니면 더 빨리 죽기를 바랐는지 포도주를 한 모금 달라고 했다. 안토니우스는 포도주를 마시고 나서 그녀가 치욕을 당하지 않을 수만 있다면 그녀 자신의 안전을 도모하라고 충고하며 옥타비아누스의 측근들 중에는 프로쿨레이유스가 가장 신뢰할 만하다고 일러주었다. 안토니우스는 그녀에게 자신이 최근에 당한 불운을 슬퍼할 것이 아니라 자신이 누렸던 온갖 행운을 생각하며 자신을 행복한 사람으로 여겨달라고 부탁하고, 무엇보다도 자기는 세상에서 최고의 명성과 권력을 누리다가 이제 로마인으로서 로마인에게 패했으니 결코 수치스럽게 죽는 것이 아니라고 말했다.

78.

 안토니우스가 세상을 떠나자마자 옥타비아누스 측에서 프로쿨레이유스가 도착했다. 안토니우스가 자신을 찌르고 나서 클레오파트라가 있는 곳으로 운반되었을 때 데르케타이우스라는 그의 호위병이 그의 칼을 집어 옷 속에 감추고 몰래 빠져나가더니 옥타비아누스에게 달려가 안토니우스가 죽었다는 소식을 맨 먼저 알려주며 피투성이가 된 칼을 보여주었다. 옥타비아누스는 이 소식을 듣고 자신의 천막으로 물러가 자신의 매형이었을 뿐 아니라 관직의 동료였고 수많은 군사작전과 정치 활동에서 한 동아리였던 사람을 위해 눈물을 흘렸다.

 그리고 나서 옥타비아누스는 두 사람이 주고받은 서찰들을 가져와서 측근들을 불러들이더니 자신은 정중하고 정당하게 서찰을 써 보냈으나 안토니우스는 언제나 무례하고 거만하게 답신을 보내왔음을 보여주려고 큰 소리로 읽어주었다. 그런 다음 그는 프로쿨레이유스를 보내며 클레오파트라를 되도록이면 생포해오라고 명령했으니, 그녀가 자기 재물에 불을 지를까 염려되었고, 로마에서 치러질 개선식 때 그녀가 끌려 나온다면 더욱 영광스러운 행사가 되리라 생각한 것이다. 그러나 클레오파트라는 프로쿨레이유스의 손에 자신을 넘기기를 거절하고, 그를 영묘로 다가오게 한 뒤 평지와 높이가 같은 문 앞에 세워두고서 담판했다. 이 문은 빗장과 가로장으로 튼튼하게 고정되어 있었지만 목소리는 통과할 수 있었다. 그곳에서 진행된 담판에서 그녀는 자기 자식들이 자신의 왕권을 물려받을 수 있게 해달라고 요청했으며, 프로쿨레이유스는 안심하고 모든 것을 옥타비아누스에게 맡기라고 했다.

79.

프로쿨레이유스는 그곳을 잘 보아두었다가 돌아가 옥타비아누스에게 보고했다. 그러자 갈루스가 두 번째 담판을 위해 그녀에게 파견되었는데, 문 앞으로 다가오더니 일부러 담판을 질질 끌었다. 그사이 프로쿨레이유스가 사다리를 걸쳐놓고 여인들이 안토니우스를 받아들인 창문을 통해 안으로 들어갔다. 그는 곧장 하인 두 명을 데리고 클레오파트라가 서서 갈루스의 말을 듣고 있던 문으로 내려갔다. 클레오파트라와 함께 안에 갇혀 있던 여인들 가운데 한 명이 "가여우신 클레오파트라 여왕님, 여왕님께서는 사로잡히셨어요"라고 소리쳤다. 그 소리에 돌아선 여왕은 프로쿨레이유스가 보이자 마침 도둑들이 갖고 다니던 단검을 허리에 차고 있던 터라 자신을 찌르려 했다. 그러나 프로쿨레이유스가 재빨리 달려와 두 팔로 그녀를 감으며 "클레오파트라여, 그대는 그대 자신에게도, 옥타비아누스에게도 잘못하고 있습니다. 그대는 그분께서 관용을 베풀 기회를 빼앗으려 하고 있고, 가장 온유하신 지도자이신 그분께 의리 없고 비타협적이라는 오명을 씌우려 하니 말입니다"라고 말했다. 이렇게 말하면서 그는 그녀의 무기를 낚아챘고 그녀가 독을 감추고 있는지 보려고 그녀의 옷을 흔들어 털었다. 옥타비아누스는 또 에파프로디토스라는 자신의 해방노예를 보내면서 그녀가 죽지 않고 살아 있도록 엄중히 감시하되 그녀를 편안하고 즐겁게 해주는 일이라면 무엇이든 허용해주라고 지시해두었다.

80.

옥타비아누스는 전차를 타고 알렉산드레이아에 입성했다. 옥타비아누스는 자기 오른쪽 자리를 철학자 아레이오스[198]에게 내주고 그와 대화하며 입성했는데, 이것은 단번에 시민들에게 아레이오스의 위신을 세워주고 옥타비아누스가 그에게 보여준 각별한 경의에 힘입어 그가 찬탄의 대상이 되게 하려는 의도에서였다. 옥타비아누스가 체육관[199]에 들어가 그를 위해 그곳에 마련된 연단에 오르자 사람들은 겁에 질려 제정신이 아닌 채 그의 앞에 엎드렸다. 그러나 옥타비아누스는 그들에게 일어서라며 첫째, 이 도시는 알렉산드로스가 창건했기 때문에, 둘째, 자기는 이 도시의 아름다움과 웅장함을 찬탄하기 때문에, 셋째, 자기는 친구인 아레이오스를 기쁘게 해주고 싶기 때문에 그들의 허물을 모두 불문에 부치겠다고 말했다.

옥타비아누스는 아레이오스에게 이렇듯 각별한 경의를 표하며 그의 요청에 따라 다른 사람들도 많이 용서해주었는데, 당시의 어느 소피스트보다 즉석 연설에 능한 필로스트라토스도 그중 한 명이었다. 필로스트라토스는 자기가 아카데메이아[200]학파에 속한다고 근거 없는 주장을 한 탓에 옥타비아누스는 그의 생활방식을 싫어해 그를 용서해주기를 거절했다. 그래서 필로스트라토스는 흰 수염을 길게 기르고 검은 겉옷을 입은 채 아레이오스의 뒤를 따라다니며 다음 시행을 거듭해서 읊었다.

현인들이 진정 현인들이라면 현인들을 구할 것이다.[201]

---

198 아레이오스(Areios Didymos)는 스토아 철학자다.
199 54장 참조.
200 아카데메이아에 관해서는 「솔론 전」 주 8 참조.

옥타비아누스는 이 말을 듣고 필로스트라토스를 용서해주었는데, 필로스트라토스의 두려움을 덜어주기 위해서라기보다는 아레이오스가 사람들에게 미움을 사지 않게 해주기 위해서였다.

81.

안토니우스의 자녀들 가운데 풀비아가 낳아준 아들 안튈루스는 자신의 개인 교사 테오도로스의 배신으로 처형되었다. 군사들이 안튈루스를 참수한 뒤 그의 개인 교사는 소년이 목에 차고 다니던 값진 보석을 훔쳐 허리띠 안에 넣고 꿰맸다. 그는 훔치지 않았다고 부인했지만 유죄가 인정되어 책형을 당했다. 클레오파트라의 자녀들은 시종들과 함께 감금당했으나 너그럽게 다루어졌다. 클레오파트라가 카이사르에게 낳아주었다는 카이사리온은 그의 어머니가 많은 재물을 주어 아이티오피아를 거쳐 인디아[202]로 보냈다. 그러나 테오도로스와 같은 유형의 또 다른 개인 교사 로돈이 옥타비아누스가 그를 아이귑토스의 왕으로 삼으려 하니 되돌아가라고 설득했다. 옥타비아누스가 카이사리온을 어떻게 처리해야 할지 고민하고 있을 때, 아레이오스가 이렇게 말했다.

카이사르가 너무 많은 것은 좋지 못합니다.[203]

---

201 작가 미상의 비극 단편에 나오는 시행이다.
202 인디아(India)는 인도의 그리스어 이름이다.
203 호메로스, 『일리아스』 2권 204행 "지배자나 왕은 한 사람으로 족합니다"라는 오뒷세우스의 말을 패러디한 것이다.

82.

그래서 옥타비아누스는 카이사리온을 처형하게 했다. 그러나 이는 클레오파트라가 죽은 뒤에 일어난 일이다. 안토니우스에 관해 말하자면, 수많은 왕들과 장군들이 그를 위해 장례를 치를 수 있게 해달라고 청원했지만 옥타비아누스는 클레오파트라에게서 그의 시신을 빼앗지 않았다. 그래서 그녀는 그의 장례를 자기 손으로 왕에게 어울리도록 성대히 치러주었고, 옥타비아누스는 그녀가 장례를 위해 무엇이든 쓰도록 허락했다.

그러나 그녀는 엄청난 슬픔과 고통을 겪은 나머지(그녀는 하도 세게 쳐서 양쪽 젖가슴이 멍들고 곪았던 것이다) 몸에 신열이 났다. 그러자 그녀는 그것을 기화로 곡기를 끊고 아무런 방해도 받지 않고 스스로 삶에서 풀려나려 했다.

그녀의 측근들 가운데 올륌포스라는 의사가 있었는데, 그녀는 그에게 자신의 의도를 털어놓았다. 그래서 올륌포스는 이 일에 관한 자신의 기록[204]에서 확인하고 있듯이 그녀가 생명을 단축시키는 데 말과 행동으로 도움을 주었다. 그러나 옥타비아누스가 이를 의아하게 여기고 그녀의 자식들을 볼모로 그녀에게 겁을 주기 시작하자, 그녀는 마치 공성 장비에 무너지듯 이러한 위협에 넘어가 마침내 보살피고 양육하려는 사람들에게 자기 몸을 내주었다.

---

[204] 올륌포스의 기록은 남아 있지 않다.

83.

　며칠 뒤 옥타비아누스는 이야기도 하고 위로도 할 겸 몸소 그녀를 방문했다. 그녀는 기가 죽어 짚으로 만든 요 위에 누워 있다가 그가 들어오자 투니카만 입고 있었음에도 벌떡 일어나 그의 발 앞 땅바닥에 엎드렸다. 그녀는 머리도 빗지 않고 얼굴도 손질하지 않은 채 목소리는 떨리고 눈은 퀭했다. 그녀의 젖가슴에는 잔인하게 맞은 자국이 수없이 나 있었다. 한마디로 그녀의 몸도 그녀의 혼보다 나을 게 없어 보였다. 하지만 그녀의 이름난 매력과 미모에 대한 자신감은 완전히 소멸되지 않고 이런 비참한 처지에서도 안으로부터 비쳐 나왔으며 얼굴의 움직임과 함께 확연히 드러났다.

　옥타비아누스가 그녀에게 누워 있으라며 가까이 다가가 앉았을 때 그녀는 자신의 행위들을 정당화하려 들면서 모든 것이 불가피한 사정과 안토니우스에 대한 두려움 탓이었다고 말했다. 그러나 옥타비아누스가 조목조목 반박하자 그녀는 재빨리 태도를 바꾸어 오직 살기만을 바라는 사람처럼 애걸복걸하며 그의 동정을 사려 했다. 마지막으로 그녀는 간직하고 있던 자신의 전 재산 목록을 그에게 넘겨주었다. 그러나 그녀의 집사 가운데 한 명인 셀레우코스가 그중 일부를 그녀가 빼돌려 숨겼다고 밝히자 그녀는 벌떡 일어나 그의 머리털을 잡고 뺨을 마구 때렸다. 옥타비아누스가 미소 지으며 말리자 그녀는 "옥타비아누스여, 그대는 내가 이런 처지가 되어도 황송하게도 왕림하시어 말씀을 주시는데, 나 자신의 하인들은 내가 이런 시시한 여인용 장신구를 좀 빼돌렸다고 고발을 하니 참으로 괘씸한 일 아닙니까? 내가 그렇게 한 것은 이 불쌍한 여인인 내가 가지겠다는 것이 아니라 옥타비아와 그대의 아내인 리비아에게 약소하나마 선물로 드려 그대가 나를 더 자비롭고 온유하게 대하도록 그분들에게 간청하기 위해서였습니다"라고 말했다. 옥타비아누스는 이 말을 듣고 클레오파트라가 살기를 바란다고 확신하고는 기뻐했다. 그는 떠나기 전에 이런 일들은 그녀에게 맡기겠으며, 다른 중대사들에도 그녀의 기대 이상으로 관대한 처분을 내리겠다고 말했다. 그리고 그는 자기가 그녀를 속였다고 생각했으나 사실은 그녀에게 속았던 것이다.

84.

옥타비아누스의 측근들 중에는 코르넬리우스 돌라벨라라는 탁월한 젊은이가 있었다. 그는 클레오파트라에게 호감을 품고 있던 터라 그녀의 부탁을 받고 옥타비아누스 자신은 쉬리아를 지나 뭍길로 행군할 준비를 하고 있고 그녀와 그녀의 자녀들은 사흘 안으로 떠나보내기로 결정했다는 말을 몰래 그녀에게 전하게 했다. 이 말을 듣고 클레오파트라는 먼저 안토니우스의 무덤에 제주를 바칠 수 있도록 허락해달라고 옥타비아누스에게 간청했다. 허락이 떨어지자 그녀는 자기를 영묘 있는 곳으로 태워 가게 했는데, 늘 함께하던 여인들이 동행했다. 그녀는 유골 항아리를 끌어안으며 이렇게 말했다.

"사랑하는 안토니우스, 얼마 전 나는 아직도 자유롭던 이 두 손으로 그대를 묻어주었건만 지금은 포로의 몸으로 그대에게 제주를 바치고 있어요. 그리고 엄중한 감시를 받고 있어서 주먹으로 치거나 눈물을 흘려 노예의 몸인 내 이 몸을 망가뜨릴 수도 없어요. 그들이 나를 엄중 감시하는 것은 그대의 패배를 축하하는 개선 행렬을 장식하기 위해서죠. 앞으로는 더이상 다른 명예나 헌주를 기대하지 마세요. 이것이 포로인 클레오파트라가 그대에게 바치는 마지막 명예이자 헌주예요. 살아생전에는 아무것도 우리 둘 사이를 갈라놓을 수 없었지만 죽은 뒤에는 우리가 장소를 서로 바꿀 성싶으니 말이에요. 로마인인 그대는 이곳에 누워 있고, 이 불운한 여인은 이탈리아 땅에 누워 그대의 나라를 내가 누울 만큼만 몫으로 받게 될 테니까요. 이곳의 신들은 우리를 저버렸으니 호소하지 않겠어요. 만약 그곳[205]의 신들에게 어떤 권세와 힘이 있다면, 그대는 부디 그대의 아직 살아 있는 아내를 저버리지 마시고, 그대의 패배를 축하하는 개선 행렬에 내가 끌려다니지 않게 해주세요. 그 대신 나를 이곳에 그대와 함께 감추고 묻어주세요. 내가 겪은 무수한 고통 가운데 어느 것도 그대와 떨어져 살았던 이 짧은 기간만큼 괴롭고 무섭지는 않았으니까요."

85.

클레오파트라는 이렇게 애도한 다음 유골 항아리에 화환을 씌우고 입 맞추더니 자신을 위해 목욕 준비를 하라고 명령했다. 목욕한 뒤 그녀는 식탁 가에 반쯤 기대 누워 진수성찬을 들고 있었는데, 그때 시골에서 한 남자가 바구니를 들고 왔다. 파수병들이 무엇을 가져오느냐고 묻자 그 남자는 바구니를 열고 나뭇잎들을 걷어내더니 바구니에 가득 든 무화과들을 보여주었다. 파수병들이 무화과들이 크고 아름다운 것에 깜짝 놀라자 그 남자는 미소 지으며 그들에게 몇 알 집으라고 했다. 그러자 파수병들은 그 남자

---

[205] '그곳'을 어떤 사람들은 '로마'로, 어떤 사람들은 '저승'으로 해석한다.

를 전혀 의심하지 않고 무화과들을 안으로 갖고 들어가라고 했다. 클레오파트라는 식사를 마친 뒤 미리 써서 봉인해두었던 서판을 가져와 옥타비아누스에게 보냈다. 그런 다음 두 명의 충실한 시녀만 남게 하고 다른 사람들은 전부 방에서 내보낸 뒤 문을 모두 닫았다.

옥타비아누스는 서판을 개봉하고 거기에서 자기를 안토니우스와 함께 묻어달라는 클레오파트라의 애절한 탄원을 발견했을 때 무슨 일이 일어났는지 즉시 알아차렸다. 처음에 그는 몸소 가서 도와주려 했으나 곧 되도록 빨리 가서 알아보라고 전령들을 보냈다. 그러나 재앙은 더 빨랐다. 전령들이 달려가서 보니 파수병들은 아직 아무것도 모르고 있었다. 그러나 전령들이 문을 열자 클레오파트라가 여왕답게 성장을 하고 황금 침상 위에 죽어 누워 있는 모습이 보였다. 그리고 그녀의 두 시녀 가운데 에이라스라는 시녀는 그녀의 발 앞에 죽어 있었고, 이미 몸을 가누지도 고개를 들지도 못하던 카르미온은 여왕의 이마에 감겨 있는 머리띠를 매만지고 있었다. 누군가 화가 나서 "카르미온, 잘하는 짓이다!"라고 말하자, 그녀는 "가장 잘한 짓이죠. 그리고 그토록 많은 왕들의 후손이신 분에게 걸맞은 짓이고요"라고 말했다. 그녀는 더이상 아무 말도 하지 못하고 침상 옆에 쓰러졌다.

86.

전하는 이야기에 따르면, 아스피스 코브라가 나뭇잎에 가려진 채 무화과 바구니에 담겨 반입된 것은 클레오파트라의 지시에 따른 것으로, 코브라가 그녀도 모르게 그녀를 물게 하려는 것이었다고 한다. 그러나 그녀는 무화과를 몇 알 들어낸 뒤 코브라가 보이자

"자, 여기라니까!"라고 말하고는 한쪽 팔을 노출시키며 물도록 내밀었다고 한다. 또 일설에 따르면, 아스피스 코브라는 물 항아리 안에 갇혀 있다가 클레오파트라가 황금 물렛가락으로 건드리며 약을 올리자 펄쩍 뛰어오르며 그녀의 팔을 물었다고도 한다.

그러나 진실을 아는 사람은 아무도 없다. 그녀는 구멍 뚫린 머리핀에 독을 넣어 모발 속에 감추고 다녔다는 이야기까지 있으니 말이다. 하지만 그녀의 몸에 독이 주입되었다는 뚜렷한 징후는 나타나지 않았다.

게다가 비록 창문들이 바다를 내다보고 있는 쪽 해변에서 코브라의 흔적 같은 것이 발견되었다고 주장하는 사람들이 있기는 하지만, 방 안에서 코브라는 발견되지 않았다. 또 몇몇 사람의 주장에 따르면, 클레오파트라의 팔에 가볍게 찔린 자국 두 개가 희미하게 나 있는 것이 발견되었다고 한다. 옥타비아누스도 이들의 말을 믿었던 것 같다. 왜냐하면 그의 개선 행렬에서는 코브라가 매달려 있는 클레오파트라의 화상(畵像)이 운반되었기 때문이다. 이 사건에 대한 설명은 이렇듯 가지각색이다.

옥타비아누스는 여인의 죽음에 속이 상했으나 그녀의 고결한 정신에 감명받아, 여왕에 걸맞게 장례를 성대하게 치른 뒤 그녀의 시신을 안토니우스 옆에 묻어주라고 했다. 옥타비아누스는 또 그녀의 시녀들도 후히 장사 지내주라고 했다. 클레오파트라는 죽었을 때 한 살이 모자라는 마흔 살이었는데, 22년은 여왕이었으며 14년[206] 이상을 안토니우스와 함께 통치했다. 안토니우스는 죽

---

206 그녀는 기원전 41년 소아시아 타르소스에서 안토니우스를 만났으므로(26장 참조) 두 사람이 공동으로 통치한 기간은 14년이 아니라 11년이다.

었을 때 56세였다고 주장하는 사람들도 있고, 53세였다고 주장하는 사람들도 있다.[207] 안토니우스의 입상들은 철거되었으나, 클레오파트라의 입상들은 그대로 서 있었다. 그녀의 입상들이 안토니우스의 입상들과 같은 운명을 겪지 않도록 그녀의 측근 중 한 명인 아르키비오스가 옥타비아누스에게 2천 탈렌툼을 바쳤기 때문이다.

87.

안토니우스는 세 명의 아내에게서 일곱 자녀를 두었는데, 그중 장남 안튈루스만이 옥타비아누스에 의해 처형되었다. 나머지는 옥타비아가 거두어 자신의 친자식들과 함께 양육했다. 클레오파트라의 딸 클레오파트라[208]를 옥타비아는 당시의 왕들 가운데 가장 교양 있는 누미디아 왕 유바[209]에게 시집보냈다. 그녀는 또 안토니우스와 풀비아의 아들 안토니우스[210]를 출세시켜, 옥타비아누스가 평가하기에 아그립파가 첫째고 리비아의 아들들이 둘째라면 안토니우스가 셋째로 간주될 뿐 아니라 실제로 셋째가 되게 해주었다. 옥타비아는 첫 남편 마르켈루스에게서 두 딸과 역시 마르켈루스라 불리는 아들을 낳았다. 옥타비아누스는 젊은 마

---

207 안토니우스는 기원전 83년 태어난 것으로 추정되는 만큼 52세(로마식 계산으로는 53세)에 죽은 것으로 추정된다.
208 클레오파트라 셀레네(Selene). 그녀의 두 오라비 알렉산드로스와 프톨레마이오스에 관해서는 여기서 언급되지 않고 있다.
209 「카이사르 전」주 200 참조.
210 율루스(Iullus) 안토니우스. 그는 출세에 출세를 거듭하다가 옥타비아누스의 바람둥이 딸 율리아와의 추문에 연루되어 기원전 2년에 처형되었다.

르켈루스를 자기 딸 율리아와 결혼시키고는 양자로 삼았고 옥타비아의 딸들 가운데 한 명[211]을 아그립파에게 시집보냈다. 그러나 젊은 마르켈루스가 결혼 직후 죽어 옥타비아누스가 자신의 측근들 가운데 신뢰할 만한 사윗감을 고르기가 쉽지 않자 옥타비아는 아그립파를 자기 딸과 이혼시키고 율리아와 결혼시키자고 제안했다. 옥타비아는 먼저 옥타비아누스를 설득하고 이어서 아그립파를 설득한 다음 자기 딸을 집으로 데려왔다가 배다른 오라비인 젊은 안토니우스와 결혼시켰고, 아그립파는 옥타비아누스의 딸 율리아와 결혼했다.

안토니우스와 옥타비아 사이에 태어난 두 딸 가운데 한 명[212]은 도미티우스 아헤노바르부스[213]와 결혼하고, 부덕(婦德)과 미색으로 유명하던 다른 안토니아[214]는 리비아의 아들이자 옥타비아누스의 양자인 드루수스와 결혼했다. 드루수스와 안토니아 사이에서 게르마니쿠스와 클라우디우스가 태어났다. 이 가운데 클라우디우스는 나중에 황제가 되었고,[215] 게르마니쿠스의 자녀 가운데 칼리굴라라는 별명을 가진 가이유스는 짧은 기간 황제로서 훌륭하게[216] 통치하다가[217] 처자와 함께 암살되었다. 그리고 아그립

---

211 대 마르켈라.
212 대 안토니아.
213 악티온 해전을 앞두고 옥타비아누스에게 투항한 안토니우스 측근(63장 참조)의 아들이다.
214 소 안토니아.
215 재위 기간 기원후 41~54년.
216 '훌륭하게'(epiphanōs) 대신 '미치광이처럼'(epimanōs)으로 읽는 텍스트들도 있다. 칼리굴라는 기행을 일삼던 폭군이었기 때문이다.
217 재위 기간 기원후 37~41년.

피나[218]는 아헤노바르부스[219]와 결혼해 루키우스 도미티우스라는 아들을 두었으나 나중에 클라우디우스 카이사르와 결혼했다. 그리고 클라우디우스는 아그립피나의 이 아들을 입양하고 네로 게르마니쿠스라는 이름을 주었다. 이 네로 게르마니쿠스[220]가 내가 살던 시대에 황제가 되었다. 그는 어머니를 살해했고, 어리석음과 광기로 하마터면 로마 제국을 멸망시킬 뻔했다. 그는 안토니우스의 고손이다.[221]

218 소 아그립피나. 그녀는 아그립파와 율리아의 딸인 대 아그립피나의 딸이다.
219 소 아그립피나는 대 안토니아와 루키우스 도미티우스 아헤노바르부스의 아들인 그나이우스 도미티우스 아헤노바르부스와 결혼해 네로를 낳았다.
220 네로의 완전한 이름은 네로 클라우디우스 드루수스 게르마니쿠스 카이사르다.
221 네로는 생모가 소 안토니아의 손녀이니 모계로는 안토니우스의 고손이지만 생부가 대 안토니아의 아들이니 부계로는 증손이다. 안토니우스의 가계는 옥타비아누스 카이사르의 가계와 얽히고설키면서 칼리굴라·클라우디우스·네로 세 황제를 배출했다. 플루타르코스는 여기서 파디아(Fadia), 종매인 안토니아가 안토니우스에게 낳아준 자녀들은 언급하지 않고 있다.

부록

참고문헌
그리스의 도량형 환산표
로마의 주화와 도량형
로마군 편제
로마의 통치 구조
그리스 연대표
로마 연대표
찾아보기
주요 지도

참고문헌

1. 텍스트

현재 나와 있는 플루타르코스 전집 텍스트 중에서는 독일의 Teubner(『윤리론집』은 H. Wegehaupt 외 교열, 『비교 열전』은 K. Ziegler와 H. Gärtner가 교열), 프랑스의 Collection Budé 출판사(R. Flaceliére 외 교열)에서 펴낸 것이 가장 신뢰할 수 있다. 미국 하버드 대학의 Loeb Classical Library(『윤리론집』은 F. C. Babitt 외 교열, 『비교 열전』은 B. Perrin이 교열했음)에서 나온 텍스트는 『비교 열전』 전부와 『윤리론집』의 첫 부분(전 15권 가운데 처음 6권)을 다시 교열할 필요가 있는 것으로 평가된다.

2. 번역

1) 『비교 열전』의 16세기 번역 가운데 Amyot의 프랑스어 번역은 Bibliothèque de la Pléiade(1951)에서, North의 영역은 Tudor Translations(1895)와 Temple Classics(1898)에서 나왔으며, 17세기에 나온 J. Dryden의 영역은 Modern Library(2001)에서 다시 간행되었다. 그 밖에 전작 번역으로는 희영(希英) 대역판인 위의 Loeb Classical Library 영역이 있다. 선별 번역으로는 다음과 같은 것이 있다.

Scott-Kilvert, I., *Plutarch, The Fall of the Roman Republic* (Penguin Books, 1958).

_____, *Plutarch, The Rise and Fall of Athens* (Penguin Books, 1960).

_____, *Plutarch, Makers of Rome* (Penguin Books, 1965).

_____, *Plutarch, The Age of Alexander* (Penguin Books, 1973).

Waterfield, R., *Plutarch, Greek Lives, A Selection of nine Greek Lives with Introduction* and Notes by Philip A. Stadter (Oxford World's Classic, 1998).

_____, Plutarch, Roman Lives, A Selection of eight Roman Lives with Introduction and Notes by Philip A. Stadter (Oxford World's Classic, 1998).

Ax, W., Plutarch, Griechische Heldenleben (Kröner Verlag, ⁶1953).

2) 『윤리론집』의 전작 번역으로는 희영 대역판인 Loeb Classical Library의 영역이 있다. 선별 번역으로는 다음과 같은 것이 있다.

Waterfield, R., Plutarch, Essays with Introduction and Notes by Ian Kidd (Penguin Books, 1992).

Russell, D., Plutarch, Selected Essays and Dialogues (Oxford World's Classic, 1993).

Ax, W., Plutarch, Von der Heiterkeit der Seele, Moralia, mit einer Einführung von M. Pohlenz (Diogenes Taschenbuch, 2000).

3. 연구서

Aulette, R., Amyot et Plutarque, Geneva, 1965.

Berry, E. G., Emerson's Plutarch, Cambridge, Mass., 1961.

Haase, W./Temorini, H., Aufstieg und Niedergang der Römischen Welt (ANRW) pt. II, vol. 33.6, Berlin and New York, 1992.

Helmbold, W. C./O'Neil, E. N., Plutarch's Quotations, Baltimore, 1959.

Hirzel, R., Plutarchos, Leipzig, 1912.

Jones, C. P., Plutarch and Rome, Oxford, 1971.

Russell, D. A., Plutarch, London, 1972.

Stadter, P. A., Plutarch and the Historical Traditions, London, 1992.

Ziegler, K., Plutarchos von Chaironeia, Pauly/Wissowa, Realencyclopädie der classischen Altertumswissenschaft xxi 636~962 (Stuttgart, 1964), 별권으로 출간 ²1964.

4. 사전류

Wyttenbach, D., Lexicon Plutarcheum, Leipzig, 1843.

그리스의 도량형 환산표

장소와 시대에 따라 다르다.
다음은 앗티케 지방에서 사용하던 것을 환산한 수치로, 모두 근삿값이다.

1. 무게 및 주화

무게

1탈란톤 = 60므나 = 6000드라크메 = 36000오볼로스 또는

6오볼로스 = 1드라크메

100드라크메 = 1므나

60므나 = 1탈란톤

주화

1오볼로스(obolos)	0.7그램
1드라크메(drachmē)	4.3그램
1므나(mna)	431그램
1탈란톤(talanton)	26킬로그램

2. 길이

1닥튈로스(daktylos)	0.185센티미터
1팔라이스테(palaistē)	7.4센티미터
1푸스(pous)	29.6센티미터
1페퀴스(pēchys)	44.4센티미터
1오르귀이아(orgyia)	1.8미터
1플레트론(plethron)	29.5미터
1스타디온(stadion)	177.6미터

3. 액량(液量)

1암포레우스(amphoreus) = 12쿠스(chous)
= 144코튈레(kotyle)
= 864퀴아토스(kyathos)
1퀴아토스 45밀리리터
1코튈레 270밀리리터
1쿠스 3.25리터
1암포레우스 39리터

4. 건량(乾量)

1메딤노스(medimnos) = 48코이닉스(choinix) = 192코튈레
1코튈레 270밀리리터
1코이닉스 1.1리터
1메딤노스 52.5리터

로마의 주화와 도량형/로마군 편제

1. 화폐

10아스(as) 또는 4세스테르티우스(sestertius) =1데나리우스(denarius)
1,000,000세스테르티우스 또는 250,000데나리우스 =1데키에스(decies)
(플루타르코스는 1데나리우스 = 1드라크메로, 6000데나리우스 또는 24000세스테르티우스 =1탈렌툼(talentum)으로 보고 있다.)

2. 건량(乾量)

1메딤노스(medimnos)   = 52.5리터

3. 길이/거리/면적

1스타디움(stadium)   = 177.6미터
1푸스(pous)   = 29.6센티미터
1마일(milliarium)   = 1480미터
1유게룸(iugerum)   = 2523제곱미터

(플루타르코스는 1 로마 마일 = 8스타디움으로 보고 있다.
또한 1 그리스 플레트론(plethron) = 1 로마 유게룸으로 보고 있으나,
1플레트론은 대개 876제곱미터다.)

로마군 편제

마리우스의 개혁 이후 로마군 편제는 다음과 같다. 그러나 실제 병력 수는 명목상의 병력 수보다 훨씬 적은 편이다. 카이사르는 기원전 48년 그리스 파르살로스에서 폼페이우스와 결전을 벌일 때 자신의 병력 수가 80개 코호르스에 2만 2000명이었다고 말하고 있는데(『내전기』 3권 89장 2절 참조), 그렇다면 코호르스의 평균 병력 수는 480명이 아니라 275명인 셈이다.

1켄투리아(centuria) = 80명, 백인대장(centurio)의 지휘에 따른다.
1코호르스(cohors) = 6켄투리아
10코호르스 = 1군단(legio), 4800명

로마의 통치 구조

1. 공공 단체

원로원(senatus)

왕정 시대 원로원은 왕을 자문하는 귀족 단체였으나 공화정 시대에는 민회와 고위 관리들과 더불어 중추적인 통치기구가 되었다. 원로원은 전직 고위 관리로 이루어졌으며 무보수 종신직이었다. 공화정 초기에 300명이던 인원은 술라 시대에는 600명으로, 카이사르 시대에는 900명으로 늘어났다가 아우구스투스가 다시 600명으로 감축했다. 가장 부유하고 유력한 귀족들로 구성된 원로원이 고위 관리들의 자문에 응하는 형식으로 '원로원 결의'(senatus consultum)라는 결정을 내리면 법적 구속력은 없었지만 강력한 영향력을 행사했다. 그러다가 제정 시대에 이르러 점점 권위는 있으나 실권은 없는 유명무실한 기구가 되었다.

민회(comitia)

민회는 평민의 이익을 대변하는 단체로 관리들이 제출한 안건에 대해 표결권을 행사했다. 평민은 쿠리아(curia 로마에는 초기에 각 트리부스마다 10개의 쿠리아가 있었다)·켄투리아(centuria 로마 군단의 최소 단위로 100명으로 구성된다. 흔히 '백인대'라고 한다)·트리부스(tribus '부족'이라는 뜻으로 로마에는 초기에 3개의 트리부스가 있었다)에 의해 나누어졌다. 그래서 민회도 쿠리아 민회(comitia curiata), 켄투리아 민회(comitia centuriata), 트리부스 민회(comitia tributa, 일명 평민 집회concilium plebis) 세 종류가 있었다. 특정 집단이 아니라 평민 전체가 소집될 때는 총회(contio)라고 했다.

■ 쿠리아 민회__왕정 시대부터 로마 평민은 30개의 쿠리아('구역'으로 번역할 수 있을 것이다)로 나뉘었는데, 이들의 집회는 입법권은 없고 자신들의 구역에 관계되는 사안을 경청했다. 형식적이지만 왕위 계승이나 선전 포고 등의 주요 사안을 비준했으며, 공화정 시대에는 신임 고위 관리에 대한 권력 이양을 비준했다. 그 밖에 유언이나 입양 같은 문제의 증인이 되기도 했다. 갈수록 점점 권한이 축소되었다.

■ 켄투리아 민회__기원전 450년 이후 부유한 계급들에게 더 많은 권한을 부여하기 위해 생긴 민회로, 원래는 군대의 집회였다. 따라서 이들의 집회는 시내가 아니라 티베리스강 변의 마르스 들판(Campus Martius)에서 열렸다. 공화정 시대에는 이들이 모든 고위 관리를 선출했고, 선전 포고 권한이 있었으며, 집정관과 그 밖에 명령권(imperium)을 가진 다른 고위 관리의 발의에 따른 입법권을 행사했고, 사형이 선고된 사건의 항소 법정 노릇도 했다. 이들이 가결한 법안은 원로원이 부결할 수 있었으나, 나중에는 이러한 제한도 사실상 철폐되었다.

■ 트리부스 민회(평민 집회)__이 민회는 트리부스별 평민 집회로 호민관들(tribuni plebis)의 주재로 열렸으며, 귀족들은 참석할 수 없었다. 그들의 결의, 이른바 평민결의(plebiscitum)는 점점 구속력이 강해져 기원전 287년 이후에는 평민뿐 아니라 귀족에게도 구속력이 있는 것으로 인정되었다. 이들은 호민관과 평민 조영관들(aediles plebi)을 선출했다.

2. 고위 관리

고위 관직 또는 고위 관리는 마기스트라투스(magistratus)라고 하는데 집정관, 독재관, 법정관, 조영관, 재정관, 호민관, 감찰관이 이에 속한다. 독재관 말고는 모두 복수로 선출되었으며 연임은 금지되었다. 기원전 180년 호민관 루키우스 빌리우스의 발의로 통과된 '빌리우스 연령 법'(lex Villia annalis)과 기원전 81년 독재관 코르넬리우스 술라의 발의로 통과된 '코르넬리우스 법'(lex Cornelia)에 따라 관직의 순서(cursus honorum)와 최저 연령은 다음과 같이 정해졌다.

고위 관리가 되려는 사람은 먼저 군복무를 마친 뒤 재정관에서 출발해 조영관, 호민관, 법정관을 거쳐 집정관이 되었으며, 최저 연령은 재무관 31세, 조영관 37세, 법정관 40세, 집정관 43세였다. 비상시에는 이런 규정이 무시되었는데, 예컨대 소(小) 스키피오는 제3차 포이니전쟁 때 37세에 집정관이 되었다. 제정 시대에는 황제가 관직을 수여하게 되면서 이러한 규정도 바뀌어 25세에 재정관이 될 수 있었다.

집정관(consul)

로마 공화정의 최고 관리로 통수권을 행사했다. 기원전 509년 왕정이 폐지되면서 동등한 권한을 가진 2명의 집정관이 왕의 명령권(imperium), 즉 통수권과 사법권을 물려받았다. 그들은 매년 켄투리아 민회에서 2명씩 선출되었는데, 기원전 4세기 중엽부터 2명 중 1명은 평민 출신이어야 했다. 감찰관 같은 새로운 관직이 생기면서 집정관의 권한은 점점 축소되었지만, 원로원을 소집해 회의를 주재할 권한과 통수권은 그대로 유지되었다. 나중에 집정관은 임기가 끝난 뒤에도 전직 집정관(proconsul)으로서 통수권을 행사하거나 속주를 통치할 수 있었다.

로마의 달력에는 마땅한 기원(紀元)이 없어 '아무개 아무개가 집정관이던 해에'라는 식으로 연대를 표시했다. 제정 시대에는 집정관직이 유명무실한 명예직이 되면서 임기도 두 달 또는 넉 달로 줄어들었으며, 1월 1일에 취임한 집정관만이 그해에 자기 이름을 주었다.

독재관(dictator)

독재관은 선출되지 않고 비상시에 한해 최고 6개월 임기로 원로원의 발의에 따라 집정관이 임명했다. 임무를 완수하고 나면 그 전에라도 직책에서 물러났다. 독재관은 혼자서 통수권과 사법권을 행사했으며 아무도 이에 거부권을 행사할 수 없었다. '보병대장'(magister populi)이라고도 불리는 독재관은 임명되자마자 '기병대장'(magister equitum)을 조수로 임명해 필요할 때 자신의 권한을 대행하게 했다. 다른 관리들은 독재관에 종속되어 업무를 수행했다.

기원전 3세기에 독재관직은 의미가 퇴색되었다. 그러나 기원전 82년 술라는 '공화정을 회복하기 위해' 즉 무기한으로 독재관에 임명되었다. 율리우스 카이사르도 기원전 49년에 기원전 48년도의 선거를 관리한다는 특수 목적으로 독재관에 임명되었다가 기원전 48년 다시금 독재관으로 임명되었으며, 기원전 46년에는 10년 임기로, 마지막으로 44년에는 종신 집정관으로 임명되었다. 이런 집정관직은 초기의 집정관과는 의도가 다른 것이다. 기원전 44년 카이사르가 암살되며 집정관직은 폐지되었으며, 그 후 다시 부활되지 않았다.

감찰관(censor)

기원전 443년경부터 5년마다 전직 집정관 가운데 2명의 감찰관이 켄투리아 민회에서 선출되었다. 그들은 18개월 동안 임무를 수행하고 나서 정화 의식으로 임무 수행을 마감했다. 그들의 임무는 과세와 징병을 위해 인구조사(census)를 하고, 시민들의 재산 정도를 재심사하고, 재산 규정에 어긋나거나 도덕적으로 결함이 있는 원로원 의원들을 제명하고 보충하는 일도 했다. 또한 그들은 공공사업과 징세 청부와 국유지 임대를 위한 계약을 체결하기도 했다.

공화정 초기와 중기에 절정에 이르렀던 그들의 권위는 술라가 원로원의 권한을 강화하면서 축소되었다. 제정 시대에는 원로원을 통제하기 위하여 감찰관의 권한을 황제들이 행사했다.

법정관(praetor)

법정관은 로마 공화정에서 집정관 다음으로 높은 관리다. 두 집정관의 업무 부담을 덜어주기 위해 기원전 367년부터 매년 켄투리아 민회에서 선출된 프라이토르 우르바누스(praetor urbanus '도시의 법정관'이라는 뜻)가 시민들 사이의 재판을 관장했다. 기원전 242년에는 프라이토르 페레그리누스(praetor peregrinus '외국의 법정관'이라는 뜻)가 선출되어 외국인이 관련된 재판을 관장했다.

로마의 영토가 확장됨에 따라 기원전 227년에는 시칠리아와 사르디니아를 통치하기 위하여 2명이 증원되었고, 기원전 197년에는 히스파니아를 통치하기 위해 다시 2명이 증원되어 모두 6명이 되었다. 이를 또 술라가 8명으로, 마지막으로 카이사르가 16명으로 늘렸다.

법정관은 집정관과 마찬가지로 명령권(imperium)이 있었고 대개 속주의 총독으로 근무했는데, 배심원단의 단장 자격으로 특별 법정을 주관했으며 경우에 따라서는 독자적인 군사작전도 수행했다. 법정관직은 집정관이 되고 이어서 원로원에 들어가기 위한 발판 노릇을 했다. 전직 법정관(propraetor)도 전직 집정관과 마찬가지로 속주의 총독이 될 수 있었다.

조영관(造營官 aedilis)

조영관은 일종의 경찰 업무를 맡아보는 관리로, 평민 집회에서 2명씩 선출되었다. 관직의 순서에서 조영관직은 필수 과정은 아니었지만 적어도 조영관을 지낸 사람이라야 원로원에 진입할 수 있었다. 조영관의 라틴어 aedilis(복수형 aediles)는 평민들이 즐겨 모이는 곳인 케레스 여신의 신전(aedes Cereris)에 보관되어 있던 평민계급의 기록을 그들이 관장한 데서 유래한 것으로 추정된다. 그들의 업무는 도로, 신전, 시장, 급수, 급량(給糧), 공공 경기를 감독하는 일이었다.

조영관들은 평민 중에서 선출되었으나 기원전 367년부터는 귀족 중에서 2명이 추가로 선출되었다. 평민 출신 조영관들이 아이딜레스 플레베이(aediles plebei)라고 불렸던 데 반해 이들은 쿠룰레스 아이딜레스(curules aediles 단수형 curulis aedilis)라고 한다. 쿠룰리스는 '고관이 앉는 상아를 박은 안락의자'라는 뜻의 sella curulis에서 유래한 것이다.

재정관(quaestor)

재정관은 공화정 초기에는 집정관이 임명하는 2명의 관리로, 법무 행정에서 집정관들을 보좌했다. 그러나 기원전 447년부터는 트리부스 민회에서 매년 선출되었으며 주로 귀중한 문서를 관장하고 조세와 벌금을 징수하고 전리품을 매각함으로써 재정을 맡아보았다. 기원전 421년에는 4명으로 늘어났는데, 그중 2명은 국고(國庫)를 책임지고 나머지 2명은 집정관과 함께 출전해 집정관의 업무 수행을 보좌했다.

로마의 영토가 확장되면서 속주에도 재정관이 필요해지자 술라는 그들의 수를 20명으로 늘렸다. 술라는 또 재정관직을 관직 순서에 필수 과정으로 포함시키고 재정관의 최저 연령을 30세로 정했으며 재정관을 지낸 사람은 자동적으로 원로원에 진입하게 했다.

호민관(tribunus plebis)

호민관은 평민의 이익을 대변하는 관리로, 기원전 494년부터 매년 평민 집회에서 선출되었으며 평민들의 집회를 소집할 수 있었다. 기원전 450년 그 수는 10명으로 늘어났다. 그들은 신성불가침했고(sacrosanctus) 반드시 평민 출신이어야 했다. 귀족은 평민 가정에 입양된 후에야 호민관이 될 수 있었다. 호민관의 임무는 독재관을 제외한 다른 관리들의 조처와 원로원의 결의에 맞서 평민의 생명과 재산을 보호하기 위해 거부권을 행사하는 것이었다. 기원전 287년부터는 그들에게 법안을 발의하고 원로원을 소집할 수 있는 권한이 주어졌다. 그락쿠스 형제 때부터 그들의 거부권은 축소되었다. 술라는 일단 호민관이 된 자는 더이상 고위 관직에 취임하지 못하게 하고 그들의 입법권과 사법권을 제한했다.

그러나 기원전 70년대에 이러한 특권들이 부활해, 카이사르가 갈리아 총독으로 가 있는 동안 호민관들은 로마에서 그의 이익을 옹호하는 역할을 했다. 제정 시대에는 황제가 호민관의 권한을 행사한 까닭에 실제 호민관들은 유명무실한 존재가 되었다.

3. 사제

로마의 왕정이 공화정으로 바뀌면서 왕이 행사하던 명령권, 즉 통수권과 사법권은 집정관들이 맡고, 왕이 주관하던 종교의식은 사제들이 맡았다. 세속적인 관리들이 맡던 사제직은 기원전 300년까지는 귀족들의 몫이었다. 그 뒤 4명의 평민 출신 사제(pontifex)와 5명의 평민 출신 복점관(卜占官 augur)이 추가되어 사제는 모두 8명이 되고 복점관은 9명이 되었다. 또 원로원의 명을 받아 시빌라(sibylla)의 예언서에 조언을 구하는 특별 사제들도 있었는데, 그들의 수는 2명에서 기원전 367년에는 10명으로, 술라 시대에는 15명으로 늘어났다. 그 밖에 귀족 중에서 선출되는 페티알레스(fetiales)라는 사제들은 종신직으로, 외국과 조약을 체결하거나 선전 포고할 때 전통적인 의식을 주관했다.

기원전 3세기까지 사제와 복점관들은 저마다 자신들의 조합에서 선출되었으나, 나중에는 35개 부족 중 제비에 뽑힌 17개 부족에 의해 선출되었다. 사제에는 플라멘(flamen)도 포함되는데, 이들은 제우스의 플라멘(flamen Dialis), 마르스의 플라멘(flamen Martialis), 퀴리누스(로물루스의 다른 이름)의 플라멘(flamen Quirinalis) 같은 주요 플라멘을 위시해 모두 15명으로 귀족 중에서 임명되었다.

대사제(pontifex maximus)는 사제 조합의 수장으로서 국가 종교를 통할할 뿐 아니라 태양력에 맞추기 위해 로마의 태음년(太陰年)에 윤달을 삽입하는 일을 맡아보았다. 한 해가 시작되면 대사제는 그해의 각종 행사를 적어서 자신의 관저 밖에 게시했다.

복점관은 종신직으로 처음에는 세 명이었으나 나중에는 9명으로, 술라 시대에는 15명으로 늘어났다. 복점관들만이 전조(auspicium)를 읽을 자격이 있었는데, 전조를 읽는 것은 미래사를 밝히려는 것이 아니라 어떤 계획을 신들이 승인하느냐 아니냐를 알기 위해서였다. 전조는 꿈, 우연히 들은 말, 천둥 번개 같은 기상 현상, 제물로 바친 가축의 내장 생김새, 독수리 같은 맹금류가 날아가는 방향이나 울음소리 등에서 읽었다. 새들이 날아가는 방향의 경우 그리스인들은 오른쪽을 길한 방향으로, 왼쪽을 불길한 방향으로 여긴 데 반해 로마인들은 대개 왼쪽을 길한 방향으로, 오른쪽을 불길한 방향으로 여겼다.

4. 기사 계급(ordo equester)

참고로, 기사 계급은 로마 육군의 기병대를 구성한 부유한 시민들로 말(馬)은 공급으로 지급받았다. 기사가 되려면 40만 세스테르티우스(sestertius)의 재산이 있어야 했다. 경우에 따라 그들은 원로원의 하위 그룹으로 진입할 수도 있었다. 그러나 기원전 218년 호민관 퀸투스 클라우디우스(Quintus Claudius)의 발의로 통과된 클라우디우스 법(lex Claudia)에 따라 원로원 의원의 상행위를 금지하자, 많은 기사들이 속주에서 공공사업을 위한 계약을 체결하고 조세 징수 업무를 맡는 등 이권 사업에 뛰어들어 재력가가 되었다. 기원전 1세기 초 이탈리아인들에게도 로마 시민권이 주어지면서 기사 계급의 수는 급속히 늘어났다.

그리스 연대표
별도 표시가 없는 한 모두 기원전임

776년	올륌피아 경기의 창설
8세기	스파르테가 멧세니아를 정복하다
594/93	솔론이 아르콘에 취임하여 개헌을 하다
561/10	페이시스트라토스가 아테나이의 참주가 되려는 야욕을 드러내다
544?	뤼디아 왕 크로이소스가 페르시아 왕 대(大) 퀴로스에게 패하다
528/27	페이시스트라토스가 아테나이에서 죽다
510년	페이시스트라토스 일족이 아테나이에서 추방되다
490년	아테나이 육군이 마라톤에서 페르시아 육군을 패퇴시키다
480년	페르시아가 테르모퓔라이 고갯길과 아르테미시온곶에서 승리하다
	페르시아 해군이 살라미스 해전에서 아테나이 해군에 참패하다
479년	그리스 육군이 플라타이아이에서 페르시아 육군에 완승하다
478년	아테나이가 델로스 동맹을 결성하다
471년?	테미스토클레스가 도편추방(陶片追放)당하다
466년?	키몬이 에우뤼메돈강 변에서 페르시아군에 승리하다
462년	에피알테스와 페리클레스가 아레이오스 파고스의 권력을 제한하다

461년	키몬이 도편추방당하다
457년	타나그라에서 스파르테군과 아테나이군이 싸우다
450년 ?	키몬이 퀴프로스에서 죽다
446년	스파르테가 아테나이를 침공하다; 30년간의 평화조약
443년	멜레시아스의 아들 투퀴디데스가 도편추방당하다
431년 봄	펠로폰네소스전쟁의 발발
430년 봄	역병(疫病)이 아테나이를 엄습하다
429년 가을	페리클레스가 죽다
425년	클레온 휘하의 아테나이인들이 스팍테리아에서 스파르테인들을 생포하다
421년 4월	아테나이와 스파르테 사이의 니키아스 평화
416년 ?	민중선동가 휘페르볼로스가 도편추방당하다
415~413년	아테나이 함대의 시켈리아 원정
415년	알키비아데스가 법정에 소환되자 스파르테로 도주하다
413년	니키아스가 죽다
407년	알키비아데스가 아테나이로 돌아오다
404년	아테나이가 스파르테에 항복하다; 펠로폰네소스전쟁 종결
400년	아게실라오스가 스파르테의 두 왕 가운데 한 명의 왕이 되다
399년	소크라테스가 죽다
396~395년	아게실라오스가 소아시아에서 전쟁을 수행하다
396~386년	코린토스전쟁
394년	아게실라오스가 소환되다; 코로네이아 전투
386년	스파르테인 안탈키데스가 페르시아와 굴욕적인 평화조약을 체결하다
371년	테바이의 연합군이 레욱트라에서 스파르테를 패퇴시키다
369년	멧세니아의 독립국가 탄생
362년	테바이군이 만티네이아에서 스파르테군에 승리하다; 에파미논다스가 전사하다
356년	알렉산드로스가 태어나다

347년	플라톤이 죽다
338년	필립포스 2세와 알렉산드로스가 카이로네이아에서 그리스군에 승리하다
336년	필립포스 2세가 암살되고, 알렉산드로스가 왕위에 오르다
334년 봄	알렉산드로스가 아시아로 건너가다; 그라니코스강 변에서의 전투
333년 11월	잇소스 전투
331년 10월 1일 ?	가우가멜라 전투
330년	필로타스가 죽다
326년	알렉산드로스가 휘다스페스강 변에서 인도 왕 포로스와 싸우다
325년	알렉산드로스가 인더스강의 하구에 도착하다
323년 6월 13일	알렉산드로스가 바빌론에서 죽다

로마 연대표
별도 표시가 없는 한 모두 기원전임

753년	로마 건국
509년	로마 공화정 시작
450년	12표법 공표
340~264년	로마의 이탈리아반도 정복
264~241년	제1차 포이니전쟁
218~202년	제2차 포이니전쟁
202년	대(大) 스키피오가 북아프리카의 자마에서 한니발에게 승리하다
184년	대(大) 카토가 감찰관에 선출되다
185년	소(小) 스키피오가 태어나다
149~146년	제3차 포이니전쟁
146년	소 스키피오가 카르타고를 함락하다
133년	티베리우스 그락쿠스가 호민관으로 선출되어 개혁을 주도하다 살해되다
129년	소 스키피오가 죽다
123~122년	가이유스 그락쿠스가 호민관으로 선출되어 개혁을 주도하다 살해되다
107년	마리우스가 처음으로 집정관에 선출되다
105년	유구르타가 술라에게 항복하다
104~100년	마리우스가 5년 연속 집정관으로 선출되다
88년	술라가 집정관에 선출되다; 마리우스가 공민권을 박탈당

	하다
87년	킨나가 집정관에 선출되다; 마리우스가 로마로 돌아오다
82년	술라가 로마에 쳐들어와 독재관에 임명되다
79년	술라가 죽다
70년	크랏수스와 폼페이유스가 처음으로 집정관에 선출되다
63년	키케로가 집정관에 선출되어 카틸리나 음모를 적발하여 처벌하다
60년	폼페이유스와 크랏수스와 카이사르의 '제1차 삼두정치'
59년	카이사르가 집정관에 선출되다
58~51년	카이사르가 전(前) 집정관 자격으로 갈리아에 머물다
55년	폼페이유스와 크랏수스가 집정관에 선출되다
54년	크랏수스가 파르티아 원정에서 전사하다
49년	카이사르가 루비콘강을 건너다; 폼페이유스와의 내전
48년	카이사르가 파르살로스에서 폼페이유스에게 승리하다; 폼페이유스가 이집트에서 살해되다
46년	카이사르가 탑수스에서 소 카토에게 승리하다; 소 카토가 자살하다
44년 3월 15일	카이사르가 브루투스, 캇시우스 등에 의해 암살되다; 5월 카이사르 옥타비아누스가 로마에 도착하다
43년 11월	안토니우스와 옥타비아누스와 레피두스의 '제2차 삼두정치'
42년 10월	안토니우스와 옥타비아누스가 필립포이에서 브루투스와 캇시우스에게 승리하다
41년	클레오파트라가 타르소스에서 안토니우스를 만나다
40년	안토니우스와 옥타비아누스의 브룬디시움 협정; 안토니우스가 옥타비아와 결혼하다
39년	안토니우스와 옥타비아누스와 섹스투스 폼페이유스가 미세눔곶에서 협약을 체결하다
36년	안토니우스의 파르티아 원정이 실패로 끝나다

32년	안토니우스와 옥타비아누스가 갈라서다; 안토니우스가 옥타비아와 이혼하다
31년 9월 2일	악티온 해전; 옥타비아누스가 안토니우스와 클레오파트라의 연합군에 승리하다
30년	8월 안토니우스와 클레오파트라가 알렉산드레이아에서 죽다
28년	카이사르 옥타비아누스가 아우구스투스(Augustus '존엄한 자'라는뜻)란 칭호를 받다
기원후 14년	아우구스투스가 죽다

찾아보기

'뤼' '솔' '테' '페' '알'은 각각 뤼쿠르고스, 솔론, 테미스토클레스, 페리클레스, 알렉산드로스의 약자이며, '티' '그' '카' '안'은 각각 티베리우스 그락쿠스, 가이유스 그락쿠스, 카이사르, 안토니우스의 약자다. 카토는 카이사르와의 혼동을 피하기 위하여 약자를 쓰지 않았다. 그 뒤의 아라비아 숫자는 장(章) 수를 나타낸다.

(ㄱ)

가비니우스(Aulus Gabinius 기원전 58년도 집정관)_안 3, 7

가우가멜라(Gaugamela 아시리아 지방의 마을)_알 31~34

가이유스 율리우스 카이사르(Gaius Iulius Caesar 일명 Caligula 로마 황제)_안 87

가자(Gaza 팔레스타인 지방의 도시)_알 25

간다리타이족(Gandaritai 인도의 부족)_알 62

갈라티아(Galatia 아르메니아 서쪽의 소아시아 내륙지방)_안 61

갈루스(Gaius Cornelius Gallus 옥타비아누스의 부하)_안 79

갈리아(Gallia 지금의 북이탈리아와 프랑스), 갈리아의, 갈리아인들_카토 17; 가 36; 카 15, 18~27, 29, 32, 55, 58; 안 5, 37, 41

강게스(Ganges 인도 갠지스강의 그리스어 이름)_알 62

거문고자리(Lyra 별자리)_카 59

게누키우스(Genucius 호민관)_가 3

게드로시아(Gedrosia 아시아의 한 지역)_알 66~67

게르마니아(Germania), 게르마니족(Germani)_카 18, 22, 23, 58

게르마니쿠스(Germanicus 네로의 여러 이름 중 하나)_안 87

게미니우스(Gaius Geminius 안토니우스의 친구)_안 59

게타이족(Getae 도나우강 우안, 지금의 불가리아에 살던 트라케 부족)_안 63

겔리우스(Lucius Gellius Publicola 안토니우스의 장군)_안 65, 66

고르고(Gorgo 레오니다스의 아내)_뤼 14

고르뒤아이아(Gordyaia 티그리스강의 상류 지방)_알 31

고르디온(Gordion 소아시아 중부 지방의 도시)_알 18

곰포이(Gomphoi 라/Gomphi 그리스 텟살리아 지방의 요새)_카 41

관용의 여신(Clementia)의 신전_카 57

귈립포스(Gylippos 스파르테의 장군)_뤼 30, 페 22

그라니우스 페트로(Granius Petro 재정관)_카 16

그라니코스(Granikos 소아시아 북서 지방의 강)_알 16~17

그락쿠스(Gaius Sempronius Gracchus 차남)_티와 가 도처에

그락쿠스(Tiberius Sempronius Gracchus 아버지)_카토 12; 티 1, 4, 7

그락쿠스(Tiberius Sempronius Gracchus 장남)_티와 가 도처에

글라우코스(Glaukos) ①아테나이인_페 31 ②의사_알 72 ③의사_안 59

글라우콘(Glaukon 아테나이인)_페 31

(ㄴ)

나무의 요정(dryas)_카 9

낙소스(Naxos 에게해의 섬)_페 11

네로(Nero Claudius Caesar Germanicus 본명 Lucius Domitius Ahenobarbus 로마 황제)_안 87

네메아(Nemea 펠로폰네소스반도의 도시)_페 19, 알 16

네스토르(Nestor 호메로스 시에 나오는 영웅)_카토 15

네아르코스(Nearchos) ①알렉산드로스의 측근 겸 제독_알 10, 66, 68, 73, 75, 76 ②타렌툼 출신의 철학자_카토 2

네안테스(Neanthes 소아시아 퀴지코스 출신의 역사가)_테 1, 29

네오클레스(Neokles) ①테미스토클레스의 아버지_테 32 ②테미스토클레스의 아들_테 32

네옵톨레모스(Neoptolemos 아킬레우스의 아들)_알 2

네일로스(Neilos 나일강의 그리스어 이름)_솔 26; 알 26, 36

노나크리스(Nonakris 아르카디아 지방의 도시)_알 77

노붐 코뭄(Novum Comum 북이탈리아의 도시, 지금의 Como)_카 29

누마(Numa 로마 제2대 왕)_카 59

누만티아(Numantia 에스파냐의 도시), 누만티아인들_티 5~7, 13, 21; 가 15

누미디아(Numidia 지금의 동알제리와 튀니스), 누미디아인들_카토 26; 카 52,

53, 55

뉘사(Nysa 인도의 도시)_알 58

니게르(Niger 안토니우스의 측근)_안 53

니사이아(Nisaia 메가라의 항구)_솔 12

니카고라스(Nikagoras 트로이젠인)_테 10

니카르코스(Nikarchos 플루타르코스의 증조부)_안 68

니코게네스(Nikogenes 마케도니아인)_테 26, 28

니코마케(Nikomache 테미스토클레스의 딸)_테 32

니코마코스(Nikomachos 알렉산드로스의 병사)_알 49

니코메데스 ①테미스토클레스의 사위(Nikomedes)_테 32 ②소아시아 비튀니아 왕(Nicomedes IV)_카 1

니코크레온(Nikokreon 퀴프로스섬 살라미스시의 왕)_알 29

니코폴리스(Nicopolis 악티온곶 맞은편 도시)_안 62_

니콘(Nikon 노예)_알 42

니파테스(Niphates 아르메니아 지방의 산)_알 31

(ㄷ)

다레이오스(Dareios 페르시아 왕) ①1세_테 4 ②3세_알 15~21, 29~30, 31~34, 37~39, 42, 43, 48, 56, 70

다마스코스(Damaskos 시리아 지방의 도시)_알 20, 21, 24, 48

다모니데스(Damonides 아테나이인)_페 9

다몬(Damon) ①페리클레스의 친구_페 4 ②마케도니아인_알 22

단다미스(Dandamis 인도의 현자)_알 8, 65

대서양_카 23, 안 61

대양(Okeanos)_알 66

데르케타이우스(Dercetaeus 안토니우스의 호위병)_안 78

데르퀼리다스(Derkyllidas 스파르테의 장군)_뤼 15

데마데스(Demades 아테나이의 정치가)_솔 17

데마라토스(Demaratos) ①스파르테인_테 29 ②코린토스인_알 9, 37, 56

데메테르(Demeter 그리스의 여신)_뤼 27; 솔 8

데메트리오스(Demetrios) ①아테나이의 정치가 겸 철학자_뤼 23; 솔 23 ②일명 Pheidon_알 54

데모스테네스(Demosthenes 아테나이의 웅변가)_알 11; 카토 2

데모폰(Demophon 테세우스의 아들)_솔 26

데모폴리스(Demopolis 테미스토클레스의 가상적 아들)_테 32

데이디우스(Deidius 폼페이유스의 장남의 수급을 갖고 온 사람)_카 56

데이아네이라(Deianeira 헤라클레스의 아내)_페 24

데이오타로스(Deiotaros Philadelphos 소아시아 파플라고니아 지방의 왕)_안 61, 63

데켈레이아(Dekeleia 앗티케의 한 구역)_테 14

델로스(Delos 에게해의 섬)_페 12

델리우스(Quintus Dellius 안토니우스의 전령)_안 25, 59

델포이(Delphoi 아폴론의 신탁소가 있는 포키스 지방의 도시)_뤼 5, 6, 29; 솔 25; 페 21; 알 3, 14, 40, 74

도도네(Dodone 제우스의 신탁소가 있던 에페이로스 지방의 도시)_테 28

도리스(Doris 그리스의 중동부 지방)_테 9

도리에이스족(Dorieis 고대 그리스 민족을 구성한 4대 부족 가운데 하나)_뤼 11; 페 17

도미티우스(Gnaeus Domitius Ahenobarbus) ①기원전 54년도 집정관_카 34, 35, 42, 44, 50 ②기원전 32년도 집정관_안 40, 56, 63, 87 ③대 안토니아의 남편_안 87

돌라벨라(Gnaeus Cornelius Dolabella) ①기원전 81년도 집정관_카 4 ②기원전 44년도 집정관 보궐선거 당선자_카 51, 62; 안 9~11, 84

두리스(Douris 사모스섬 출신의 역사가)_페 28; 알 15, 46

뒤르라키온(Dyrrhachion 라/Dyrrhachium 일뤼리콘 지방의 도시)_카 16, 35

드라콘(Drakon 아테나이의 입법자)_솔 17, 18, 25

드라콘티데스(Drakontides 아테나이인)_페 32

드루수스 ①기원전 112년도 집정관(Marcus Livius Drusus)_티 2; 가 8~11 ②소 안토니아의 남편(Nero Claudius Drusus)_안 87

디논(Dinon 역사가)_테 27, 알 36

디뒤모스(Didymos 학자)_솔 1

디아나(Diana) 여신의 신전_가 16

디에우튀키다스(Dieutychidas 역사가)_뤼 1

디오게네스(Diogenes) ①시노페 출신 견유학파 철학자_뤼 31; 알 14, 65 ②스토아 철학자_카토 22

디오낫사(Dionassa 뤼쿠르고스의 어머니)_뤼 1

디오뉘소스(Dionysos 일명 Bakchos 라/Bacchus 주신)_솔 31; 테 13; 알 13, 67; 카 9; 안 24, 26, 56, 57, 60, 75

디오뉘시오스(Dionysios) ①시켈리아 쉬라쿠사이의 참주_솔 20; 카토 24 ②멧세니아인_알 73~74

디오도로스(Diodoros 지지학자)_테 32

디오메데스(Diomedes 클레오파트라의 비서)_안 76

디오스코리데스(Dioskorides 작가)_뤼 11

디오스쿠로이(Dioskouroi 라/Dioscuri 쌍둥이 신 카스토르와 폴뤼데우케스 '제우스의 아들들'이라는 뜻)_알 50; 티 2

디오클레스(Diokles 테미스토클레스의 아들)_테 32

디오파네스(Diophanes 뮈틸레네 출신의 망명객)_티 8, 20

디오페이테스(Diopeithes 아테나이인)_페 32

디코메스(Dicomes 게타이족의 왕)_안 63

딘뒤메네(Dindymene 소아시아의 지모신 퀴벨레의 다른 이름)_테 30

딤노스(Dimnos 마케도니아인)_알 49

(ㄹ)

라릿사(Larissa 시리아 지방의 도시)_안 37

라마코스(Lamachos 아테나이의 장군)_페 20

라비에누스 ①카이사르의 장군이었다가 폼페이유스 편이 됨(Titus Labienus)_카 18, 34 ②티투스 라비에누스의 아들(Quintus Labienus)_안 28, 30, 33

라오디케이아(Laodikeia 시리아 지방의 도시?)_안 72

라우레이온(Laureion 앗티케의 은광)_테 4

라일리우스(Gaius Laelius Sapiens 기원전 140년도 집정관)_티 8

라카레스(Lachares 에우뤼클레스의 아버지)_안 67

라케다이모니오스(Lakedaimonios 키몬의 아들)_페 29

라케다이몬(Lakedaimon 스파르테 또는 그 주변 지역)_도처에

라케타니족(Lacetani 에스파냐 북동부에 살던 부족)_카토 11

라코니케(Lakonike 스파르테의 영토)_뤼 8, 9, 28

라티움(Latium 로마 주변 지역), 라티움인들_가 8, 9

람누스(Rhamnus 안토니우스의 해방노예)_안 48

람폰(Lampon 아테나이의 예언자)_페 6

람프리아스(Lamprias 플루타르코스의 조부)_안 28

람프사코스(Lampsakos 소아시아 북서부의 도시)_테 27, 29

레누스(Rhenus 라인강의 라틴어 이름)_카 19, 22

레스보스(Lesbos 에게해의 섬)_페 17; 알 61

레오니다스(Leonidas) ①스파르테 왕_뤼 14, 20; 테 9 ②알렉산드로스의 개인 교사_알 5, 22, 25 ③스파르테인_뤼 3

레오보테스(Leobotes 아테나이인)_테 23

레오카레스(Leochares 조각가)_알 40

레오크라테스(Leokrates 아테나이의 장군)_페 16

레온나토스(Leonnatos 알렉산드로스의 측근)_알 21, 40

레우카스(Leukas 이오니아해의 섬)_테 24

레이베트라(Leibethra 마케도니아 지방의 도시)_알 14

레토(Leto 그리스의 여신)_테 21

레피두스(Marcus Aemilius Lepidus 제2차 삼두정치의 주역 중 한 명)_카 63, 67; 안 6, 10, 14, 18, 21, 30, 55

렌툴루스(Lucius Cornelius Lentulus Crus 기원전 49년도 집정관)_카 29; 안 5

렌툴루스 ①기원전 71년도 집정관(Publius Cornelius Lentulus Sura)_카 7; 안 2 ②기원전 57년도 집정관(Publius Cornelius Lentulus Spinther)_카 42 ③암살자?(Publius Cornelius Lentulus Spinther)_카 67

렘노스(Lemnos 에게해의 섬)_페 25

로다노스(Rhodanos 라/Rhodanus 지금의 프랑스 론강)_솔 2; 카 17

로도스(Rhodos 동지중해의 섬)_페 17; 알 32; 카 3

로돈(Rhodon 개인 교사)_알 81

로마(Roma)_페 1

로이사케스(Rhoisakes 페르시아의 장수)_알 16

로크리스(Lokris 그리스 중부 지방)_페 17

록사네(Roxane 알렉산드로스의 아내)_알 47, 77

록사네스(Rhoxanes 페르시아인)_테 29

루브리우스(Rubrius 호민관)_가 10

루비콘(Rubicon 갈리아와 이탈리아의 경계에 있는 강)_카 20, 32

루시타니족(Lusitani 지금의 포르투갈에 살던 부족)_티 21; 카 12

루카(Luca 토스카나 지방의 도시)_카 21

루쿨루스 ①기원전 74년도 집정관(Lucius Licinius Lucullus)_카토 24 ②기원전 73년도 집정관(Marcus Terentius Varro Lucullus)_카 4, 15

루킬리우스(Lucilius 브루투스의 친구)_안 69

루페르칼리아(Lupercalia 로마의 축제 중 하나)_카 61; 안 12

루푸스(Lucius Rufus 티베리우스 그락쿠스를 때려죽였다고 자랑하고 다닌 사람)_티 19

뤼디아(Lydia 소아시아의 중서부 지방)_솔 27; 테 31; 안 30

뤼산드로스(Lysandros) ①아테나이인_테 32 ②스파르테인_뤼 30; 페 22

뤼시마코스(Lysimachos) ①알렉산드로스의 개인 교사_알 5, 24 ②알렉산드로스의 호위병_알 46, 55

뤼시아스(Lysias 아테나이의 웅변가)_카토 7

뤼시클레스(Lysikles 아테나이인)_페 24

뤼십포스(Lysippos 조각가)_알 4, 16, 40

뤼카오니아(Lycaonia 킬리키아 서북쪽에 있는 소아시아 내륙지방)_안 61

뤼카이아(Lykaia 그리스 아르카디아 지방의 축제)_카 61

뤼코메데스(Lykomedes 아테나이의 함장)_테 15

뤼코미다이가(Lykomidai 아테나이의 가문 이름)_테 1

뤼콘(Lykon 배우)_알 29

뤼쿠르고스(Lykourgos) ①스파르테의 입법자_뤼 도처에; 솔 16, 22 ②아테나이인_솔 29

뤼키아(Lykia 소아시아의 서남 지방)_알 17

리보(Lucius Scribonius Libo 폼페이우스 휘하의 장수)_안 7

리뷔에(Libye=북아프리카 또는 아프리카)_뤼 4; 알 68

리비아(Livia 옥타비아누스의 아내)_안 83, 87

리비우스(Titus Livius)_카토 17

리키니아(Licinia 가이유스 그락쿠스의 아내)_티 21; 가 15, 17

리키니우스(Licinius) ①가이유스 그락쿠스의 노예_가 2 ②가이유스 그락쿠스의 친구_가 16

림나이오스(Limnaios 알렉산드로스의 장교)_알 63

릿소스(Lissos 아드리아해 연안의 도시)_안 7

링고네스족(Lingones 켈트족의 일부)_카 26

(ㅁ)

마고스(Magos 복수형 Magoi 페르시아의 사제계급)들_테 29; 알 3, 18

마그네시아(Magnesia 소아시아 카리아 지방의 도시)_테 29~32; 안 24

마닐리우스(Manilius 원로원 의원)_카토 17

마라톤(Marathon 앗티케의 한 구역)_테 3

마룰루스(Gaius Epidius Marullus 호민관)_카 61

마르도니오스(Mardonios 페르시아 장군)_테 4

마르도이족(Mardoi 카스피해 남쪽에 살던 부족)_안 41, 47, 48

마르디온(Mardion 내시)_안 60

마르스 들판(campus Martius 티베리스강 변의 로마 평지)_가 3, 8; 카 23

마르켈라(Marcella=대 마르켈라)_안 87

마르켈루스(Gaius Claudius Marcellus) ①기원전 51년도 집정관_카 29 ②기원전 50년도 집정관_안 5, 31, 87 ③옥타비아의 아들(Marcellus)_안 87

마리우스파_카 6

마리우스(Gaius Marius) ①일곱 번 집정관을 지낸 '대 마리우스'_카 1, 5, 6, 15; 안 1 ②'대 마리우스'의 아들_카 1, 19

마시닛사(Masinissa 누미디아 왕)_카토 26

마이도이족(Maidoi 트라케의 한 부족)_알 9

마이오티스(Maiotis 지금의 아조프해) 알 44; 안 56

마이케나스(Gaius Maecenas 옥타비아누스의 측근)_안 35

마자이오스(Mazaios 페르시아인)_알 32, 39

마케도니아(Makedonia 그리스의 북쪽에 있는 나라), 마케도니아의, 마케도니아인들_뤼 31; 알 도처에; 카토 12, 15; 카 4, 39; 안 7, 21~23, 54, 63, 67

만리우스 ①로마의 집정관(Manlius)_티 11 ②로마의 병사(Lucius Manlius)_카토 13

말리아(Mallia 인도의 도시)_알 63, 68

말코스(Malchos 아라비아 왕)_안 61

맛살리아(Massalia 라/Massilia 지금의 프랑스 마르세유)_솔 2; 카 16

망키우스(Gaius Hostilius Mancius 기원전 137년도 집정관)_티 5, 7

메가라(Megara 아테나이 서쪽에 있는 도시), 메가라의, 메가라인들_솔 8~10; 테 13; 페 19, 22, 29, 30, 34; 카 43; 안 23

메가클레스(Megakles) ①아테나이의 아르콘_솔 12 ②알크마이온의 아들_솔 29, 30

메나스(Menas 해적)_안 32

메난드로스(Menandros) ①희극시인_알 17 ②알렉산드로스의 측근_알 57

메네크라테스(Menecrates 해적)_안 32

메논(Menon 조각가 페이디아스의 조수)_페 31

메닙포스(Menippos 페리클레스의 친구)_페 13

메데이아(Medeia 이아손의 아내)_알 10, 35

메디아(Media 카스피해 동남쪽 지방), 메디아인들_테 6, 20, 21; 알 45, 49, 51, 72; 안 27, 34, 38, 39, 46, 49, 50, 52, 61

메디오스(Medios 마케도니아인)_알 75, 76

메디올라눔(Mediolanum 지금의 밀라노)_카 17

메르케도니우스(Mercedonius 윤달)_카 59

메소포타미아(Mesopotamia 에우프라테스강과 티그리스강 사이에 있는 지역)_안 28, 34

메타게네스(Metagenes 건축가)_페 13

메텔루스 ①누미디아 왕 유구르타에게 이긴 장군(Quintus Caecilius Metellus

Numidicus)_카 15 ②호민관(Metellus)_카 35

메트로도로스(Metrodoros 무용수)_안 24

멜리스만(Melis 보이오티아 지방 북쪽에 있는 만)_페 17

멜리테(Melite 앗티케의 한 구역)_솔 10; 테 22

멜릿소스(Melissos 사모스 출신의 철학자)_테 2; 페 26~27

멤논(Memnon 페르시아의 장군)_알 18, 21

멧세니아(Messenia 펠로폰네소스반도의 서남 지역)_뤼 7, 28; 알 73

모나이세스(Monaeses 파르티아인)_안 37, 46

몰론(Molon 아폴로니오스의 아버지)_카 3

몰롯시아(Molossia 북서 그리스의 한 지역)_테 24

무뉘키아(Mounychia 아테나이의 외항 페이라이에우스의 아크로폴리스)_솔 12

무키우스 ①법률가(Mucius Scaevola)_티 9 ②호민관(Mucius?)_티 13, 18

무티나(Mutina 북이탈리아의 도시. 지금의 Modena)_안 17

문다(Munda 에스파냐의 도시)_카 56

뮈로니데스(Myronides 아테나이의 장군)_페 16, 24

뮈론(Myron 아테나이인)_솔 12

뮈우스(Myous 소아시아 카리아 지방의 도시)_테 29

뮈칼레(Mykale 사모스섬 맞은편의 곶)_페 3

므네시클레스(Mnesikles 건축가)_페 13

므네시프톨레마(Mnesiptolema 테미스토클레스의 딸)_테 30, 32

므네시필로스(Mnesiphilos 철학자)_테 2

미노스(Minos 크레테의 전설상의 왕)_카토 23

미다스(Midas 프뤼기아의 왕)_알 18; 카 9

미세눔(Misenum 나폴리만의 곶)_가 19; 안 32

미에자(Mieza 마케도니아의 도시)_알 7

미킵사(Micipsa 누미디아 왕)_가 2

미튈레네(Mitylene 또는 Mytilene 에게해 레스보스섬의 도시)_솔 14; 티 8

미트라스(Mithras 페르시아의 신)_알 30

미트로파우스테스(Mithropaustes 페르시아인)_테 29

미트리다테스(Mithridates) ①소아시아 폰토스 지방의 왕(Mithridates VI)_카 50

②콤마게네의 왕_안 61 ③파르티아인_안 46~48

밀레토스(Miletos 소아시아 이오니아 지방의 항구)_솔 4, 6, 12; 페 24, 28, 알 17; 카 2

밀토(Milto 소 퀴로스의 첩)_페 24

밀티아데스(Miltiades 아테나이의 장군)_테 3, 4

(ㅂ)

바고아스(Bagoas) ①페르시아의 부자_알 39 ②페르시아의 젊은이_알 67

바르로(Varro 폼페이유스의 부관)_카 36

바르시네(Barsine 알렉산드로스의 첩)_알 21

바리우스(Varius Cotylo 안토니우스 휘하의 장군)_안 18

바뷔카(Babyka 에우로타스강의 지류?)_뤼 6

바뷜론(Babylon 바뷜로니아 지방의 수도)_알 37; 안 45

바이티스(Baetis 남에스파냐에 있는 지금의 과달퀴비르강)_카토 10

바튀클레스(Bathykles 조각가)_솔 4

박코스(Bakchos 라/Bacchus 주신 디오뉘소스의 다른 이름)_카 41, 56

박트리아(Baktria 또는 Baktra 지금의 북아프가니스탄)_알 32; 안 37

발레리우스 ①기원전 195년도 집정관(Lucius Valerius Flaccus)_카토 3, 10, 16, 17 ②카이사르를 접대한 사람(Valerius Leo)_카 17

발테(Balte 요정)_솔 12

베뤼투스(Berytus 지금의 레바논 수도 베이루트)_안 51

베르겐토릭스(Vergentorix 갈리아인들의 왕)_카 25~27

베스타(Vesta 여신의 여사제들)_카토 20; 안 21, 58

베투리우스(Gaius Veturius 호민관에게 길을 비켜주지 않은 사람)_가 3

베투스(Gaius Antistius Vetus 법정관)_카 5

벤티디우스(Publius Ventidius 안토니우스 휘하의 장군)_안 33, 34

벨가이족(Belgae 프랑스 센강과 독일의 라인강 사이에 살던 게르만계 켈트족)_카 20

벨로스(Belos 바빌로니아의 최고신 바알의 그리스어 이름)_알 18

벳소스(Bessos 페르시아의 왕위 요구자)_알 42, 43

벳티우스(Vettius 가이우스 그락쿠스의 친구)_가 1

보나 데아(Bona Dea '선한 여신'이라는 뜻의 이탈리아 여신)_카 9

보이오티아(Boiotia 그리스의 중동부 지방)_뤼 13; 테 7, 9; 페 17, 18, 33

복수의 여신들의 원림(園林)_가 17

복쿠스(Bocchus 아프리카의 왕)_안 61

부케팔라스(Boukephalas 알렉산드로스의 애마)_알 6, 16, 32, 44, 61

부케팔리아(Boukephalia 인도의 도시)_알 61

뷔잔티온(Byzantion 지금의 이스탄불)_페 17; 알 9

브라시다스(Brasidas 스파르테의 장군)_뤼 25; 30

브라우론(Brauron 앗티케의 고을)_솔 10

브루투스 ①기원전 509년도 집정관(Lucius Iunius Brutus)_카 60, 61 ②기원전 138년도 집정관(Decimus Iunius Brutus Callaecus)_티 21 ③카이사르의 암살자(Marcus Iunius Brutus Albinus)_카 46, 54, 57, 62, 64~69; 안 11~15, 21, 22, 69 ④카이사르 암살 가담자(Decimus Iunius Brutus Albinus)_카 64, 66; 안 11

브룬디시움(Brundisium 이탈리아 남동부의 항구, 지금의 브린디시)_카토 14; 카 35, 37~39; 안 7, 35, 62

브리탄니아(Britannia 브리튼의 라틴어 이름)_카 16, 23

블롯시우스(Blossius 티베리우스 가이우스의 측근)_테 8, 17, 20

비불루스(Marcus Calpurnius Bibulus 기원전 59년도 집정관)_안 5

비살타이족(Bisaltai 트라케의 부족)_페 11

비아스(Bias 일곱 현인 중 한 명)_솔 4

비톤(Bithon 아르고스의 효자)_솔 27

비튀니아(Bithynia 소아시아의 북서 지방)_알 29, 37; 카토 9; 카 1, 50

빌리우스(Villius 티베리우스 그락쿠스의 추종자)_티 20

(ㅅ)

사달라스(Sadalas 트라케 왕)_안 61

사라피스(Sarapis 이집트의 신)_알 73, 76

사르데이스(Sardeis 소아시아 뤼디아 지방의 수도)_솔 27~28; 테 29, 31; 알 17

사르디니아(Sardinia 이탈리아반도 서쪽에 있는 섬)_카토 6; 가 1, 2; 카 21; 안 32

사르멘투스(Sarmentus 옥타비아누스의 시동)_안 59

사모사타(Samosata 에우프라테스강 우안의 도시)_안 34

사모스(Samos 소아시아 이오니아 지방 앞바다의 섬)_솔 11; 테 2; 페 24~28; 알 28; 안 56

사모트라케 (Samothraike 에게해의 섬)_알 2

사비니족(Sabini 로마 북동부 산악 지대에 살던 호전적인 부족)_카토 1; 카 1

사이스(Sais 나일강 삼각주에 있는 도시)_솔 26, 31

사자머리(Leontokephalos 소아시아의 마을)_테 30

사투르누스(Saturnus=그리스신화의 크로노스) 신전_티 10

사튀레이유스(Publius Satyreius 호민관)_티 19

산다케 (Sandake 크세르크세스의 누이)_테 13

살라미스(Salamis) ①아테나이 근처의 섬_솔 8~10, 12, 32; 테 10~16; 알 34; 카토 5 ②퀴프로스섬의 도시_알 29

살로니우스(Salonius 카토의 예민)_카토 24

삼니움(Samnium 이탈리아의 중부 지방)인들_카 2; 티 7

삽바스(Sabbas 인도의 왕)_알 64

세라피온(Serapion 알렉산드로스의 측근)_알 39

세르기우스(Sergius 배우)_안 9

세르보니스(Serbonis 포트사이드 동쪽의 염호)_안 3

세르빌리우스(Servilius Caepio 폼페이유스의 사위)_카 14

세르빌리이가(Servilii 로마의 명문가)_카 62

세리포스(Seriphos 에게해의 섬)_테 18

세콰니족(Sequani 켈트족)_카 20, 26

세티아(Setia 라티움 지방의 도시)_카 58

셀레우코스(Seleukos 알렉산드로스의 측근으로 나중에 왕이 됨)_알 62, 76

셀레우쿠스 니카토르(Seleucus Nicator 셀레우키아 왕조의 창시자)_카토 12

셀레우쿠스(Seleucus) ①지휘관_안 74 ②집사_안 83

셀리누스(Selinous 시켈리아의 도시)_뤼 20

셉티물레이유스(Septimuleius 루키우스 오피미우스의 친구)_가 17

소오스(Soos 스파르테의 왕)_뤼 1, 2

소크라테스(Sokrates 철학자)_페 13, 24; 알 65; 카토 7, 19, 23

소클레스(Sokles 아테나이인)_테 14

소티온(Sotion 작가)_알 61

소포클레스(Sophokles 그리스 비극시인)_솔 1; 페 8; 알 7, 8; 안 24

솔로이(Soloi 퀴프로스섬의 도시)_솔 26; 알 29

솔론(Solon 아테나이의 입법자)_솔 도처에; 테 2; 안 36

솟시우스(Gaius Sossius 안토니우스의 장군)_안 34

송키스(Sonchis 이집트의 사제)_솔 26

수감브리족(Sugambri 게르만족)_카 22

수사(Sousa 페르시아 제국의 수도)_알 18, 36, 37, 70

수에비족(Suebi 게르만족)_카 23

술라파_카 6

술라(Lucius Cornelius Sulla 독재관)_카 1, 3, 5, 14, 15, 37; 안 1

쉬르모스(Syrmos 트리발로이족의 왕)_알 11

쉬리아(Syria 지금의 시리아), 쉬리아인들_알 20, 25; 카 49, 50; 안 3, 5, 27, 28, 30, 34, 36, 46, 53, 54, 56, 66, 74, 84

쉬바리스(Sybaris) ①남이탈리아의 도시_페 11 ②테미스토클레스의 딸_테 32

스카르페(Skarphe 중부 그리스의 소도시)_알 29

스켈리우스(Scellius 안토니우스의 부하)_안 66

스코톳사(Skotoussa 그리스 텟살리아 지방의 도시)_카 43

스코파스(Skopas 텟살리아 지방의 참주)_카토 18

스퀴타이족(Skythai 아시아 초원지대에 살던 부족)_알 45, 46

스퀴티아(Scythia 기마유목민족 스퀴타이족의 나라)_카 58

스키라디온(Skiradion 살라미스섬의 곶)_솔 9

스키아토스(Skiathos 에게해의 섬)_테 7

스키피오 ① '대 스키피오'(Publius Cornelius Scipio Africanus)_카토 3, 11, 15, 18, 24, 26; 티 1, 4, 17; 카 15 ② '소 스키피오'(Publius Cornelius Scipio Aemilianus Africanus)_카토 9, 15, 20, 24, 26, 27; 티 1, 4, 7, 8, 13, 21; 가 10 ③기원전 190년도 집정관(Lucius Cornelius Scipio Asisticus)_카토 15, 18

④기원전 162년도 집정관(Publius Cornelius Scipio Nasica Corculum)_카토 27 ⑤기원전 138년도 집정관(Scipio Nasica Serapio)_티 13, 19~21 ⑥카이사르가 군대의 선두에 세운 무능한 인물(Scipio Salustio)_카 52

스킬루스티스(Skilloustis 인도양의 섬)_알 66

스타게이라(Stageira 북그리스의 도시)_알 7

스타시크라테스(Stasikrates 건축가)_알 72

스타테이라(Stateira) ①다레이오스 3세의 아내_알 21, 22, 30, 43 ②다레이오스 3세의 딸_알 21, 30, 70, 77

스타티아누스(Statiaus 안토니우스 휘하의 장군)_안 38

스타틸리우스(Titus Taurus Statilius 옥타비아누스 휘하의 장군)_안 65

스테실라오스(Stesilaos 코스인)_테 3

스테심브로토스(Stesimbrotos 타소스 출신의 작가)_테 2, 4, 24; 페 8, 13, 26, 36

스테파노스(Stephanos 알렉산드로스의 노예)_알 35

스트라본(Strabon 라/Strabo 그리스의 역사가)_카 63

스트라토니코스(Stratonikos 키타라 연주자)_뤼 30

스트로이보스(Stroibos 아리스토텔레스의 친구)_알 54

스파르테(Sparte 라/Sparta 펠로폰네소스반도의 강력한 도시)_도처에

스파이로스(Sphairos 철학자)_뤼 5

스펜돈(Spendon 라케다이몬의 시인)_뤼 28

스피네스(Sphines 칼라노스의 본명)_알 65

스피트리다테스(Spithridates 페르시아의 장군)_알 16, 50

승리의 여신(Victoria)_카 6, 47

시노페(Sinope 흑해 남안의 도시)_페 20; 알 14

시돈(Sidon 레바논의 도시로 지금의 사이다)_알 51

시마이타(Simaitha 창녀)_페 30

시모니데스(Simonides 케오스섬 출신 시인)_뤼 1; 테 1, 5, 8, 15

시뷜라(Sibylla)의 신탁집_카 60

시시미트레스(Sisimithres 페르시아인)_알 58

시퀴온(Sikyon 펠로폰네소스반도의 도시)_페 19; 카토 22; 안 30

시킨노스(Sikinnos 페르시아인)_테 12

시킬리아(Sicilia 시칠리아의 라틴어 이름)_카토 3; 카 52; 안 35, 55, 63
시킬리아 해전_안 63
시킬리아해_안 61
실라누스(Marcus Iunius Silanus 안토니우스의 측근)_안 59
심미아스(Simmias 아테나이인)_페 35

(ㅇ)

아가리스테(Agariste 페리클레스의 어머니)_페 3
아가멤논(Agamemnon 트로이아전쟁의 영웅)_페 28
아가타르코스(Agatharchos 화가)_페 13
아그륄레(Agryle 앗티케의 한 구역)_테 23
아그립파(Marcus Agrippa 옥타비아누스의 측근)_안 35, 65, 66, 73, 87
아그립피나(Agrippina minor '소 아그립피나' 네로 황제의 어머니)_안 87
아기스(Agis IV 스파르테 왕)_티 1
아나카르시스(Anacharsis 스퀴타이족 출신의 현인)_솔 5
아나크레온(Anakreon 서정시인)_페 2
아낙사고라스(Anaxagoras 철학자)_테 2; 페 4~6, 8, 16, 32
아낙사르코스(Anaxarchos 철학자)_알 8, 28, 52
아낙세노르(Anaxenor 현악기 연주자)_안 24
아니에누스(Anienus 운하 공사 감독관)_카 58
아다(Ada 카리아의 여왕)_알 22
아데이만토스(Adeimantos 아테나이의 아르콘)_테 5
아드리아스해(Adrias 아드리아해의 그리스어 이름)_안 60
아드메토스(Admetos 몰롯시아의 왕)_테 24
아라르(Arar 지금의 프랑스 손강)_카 18, 26
아라비아(Arabia), 아라비아인들(=나바타이이족)_알 24, 68; 안 27, 36, 37, 61
아라비아만_안 69
아락세스(Araxes 아르메니아와 메디아의 경계를 이루는 강)_안 49, 52
아레스(Ares 그리스신화에서 전쟁의 신)_뤼 20
아레이오스 파고스(Areios pagos 아테나이의 법정)_솔 19, 22, 31; 테 10; 페 7, 9

아레이오스(Areios Didymos 스토아 철학자)_안 80

아레투사(Arethousa) ①마케도니아의 도시_뤼 31 ②시리아 지방의 도시_안 37

아륌바스(Arymbas 올륌피아스의 오라비)_알 2

아르고스(Argos 펠로폰네소스반도의 한 지역)_뤼 7; 테 23; 페 2

아르기누사이(Arginousai 소아시아 앞바다의 섬들)_페 37

아르길레오니스(Argileonis 브라시다스의 어머니)_뤼 25

이르나케스(Arnakes 페르시아인)_테 16

아르룬티우스(Lucius Arruntius 기원전 22년도 집정관)_안 66

아르리다이오스(Arrhidaios 알렉산드로스의 이복동생)_알 10, 77

아르메니아(Armenia), 아르메니아인들 ①소아르메니아, 아르메니아 중에서 에우프라테스강 서쪽 지역_카 50 ②소아시아 동부 지방_안 34, 37~39, 41, 49, 50, 52, 54~56, 61

아르벨라(Arbela 아시리아의 도시)_알 31

아르카디아(Arkadia 라/Arcadia 펠로폰네소스반도의 내륙지방)_테 6; 페 29; 카 61

아르켈라오스(Archelaos) ①스파르테의 왕_뤼 5 ②이집트의 왕_안 3 ③캅파도키아 왕_안 61

아르켑톨리스(Archeptolis 테미스토클레스의 딸)_테 32

아르키다미다스(Archidamidas 스파르테인)_뤼 20

아르키비오스(Archibios 클레오파트라의 측근)_안 86

아르키텔레스(Architeles 아테나이인)_테 7

아르킬로코스(Archilochos 서정시인)_페 2, 28

아르킵페(Archippe 테미스토클레스의 아내)_테 32

아르타바노스(Artabanos 페르시아인)_테 27

아르타바스데스(Artavasdes 아르메니아 왕)_안 37, 39, 50

아르타바조스(Artabazos 바르시네의 아버지)_알 21

아르타위크테스(Artayktes 페르시아인)_테 13

아르타크세르크세스(Artaxerxes 페르시아의 왕) ①1세_테 26~29, 31 ②3세 일명 오코스_알 5, 69

아르테몬(Artemon 클라조메나이인)_페 27

아르테미도로스(Artemidoros 그리스 철학 교사)_카 65

아르테미스(Artemis 그리스의 여신)_뤼 18; 테 8, 22, 31; 알 3

아르테미시아(Artemisia 카리아의 여왕)_테 14

아르테미시온(Artemision 에우보이아섬의 곶)_테 7~9

아르테미오스(Artemios 콜로폰인)_알 51

아르트미아다스(Arthmiadas 스파르테인)_뤼 5

아르트미오스(Artmios 젤레이아인)_테 6

아리마니오스(Arimanios 페르시아의 신)_테 28

아리스탄드로스(Aristandros 예언자)_알 2, 14, 25, 31, 33, 50

아리스테이데스(Aristeides 아테나이의 정치가)_뤼 1; 테 3, 5, 7, 11, 12, 16, 20

아리스토니코스(Aristonikos 앗탈로스의 서제〔庶弟〕로 로마에 반란을 일으킴)_티 20

아리스토다모스(Aristodamos 스파르테의 왕)_뤼 1

아리스토디코스(Aristodikos 타나그라인)_페 10

아리스토불로스(Aristboulos 유대인 지도자)_안 3

아리스토크라테스(Aristkrates) ①역사가_뤼 4, 31 ②수사학자_안 69

아리스토크리토스(Aristokritos 픽소다로스의 대리인)_알 10

아리스토크세노스(Aristoxenos 작가)_뤼 31; 알 4

아리스토텔레스(Aristoteles 철학자)_뤼 1, 5, 6, 14, 28, 31; 솔론 11, 32; 테 10; 알 7, 8, 17, 52, 54, 55, 74, 77

아리스토파네스(Aristophanes) ①희극시인_테 19; 페 8, 26, 30; 안 70 ②마케도니아인 호위병_알 51

아리스톤(Ariston) ①아테나이인_솔 30 ②케오스 출신의 철학자_테 3 ③철학자_카토 18

아리아메네스(Ariamenes 크세르크세스의 아우)_테 14

아리오비스투스(Ariovistus 게르만족의 왕)_카 19

아마조네스족(Amazones 전설적인 여인족)_알 46

아만티우스(Amantius 카이사르의 친구)_카 50, 51

아메이니아스(Ameinias 살라미스의 전사)_테 14

아몸파레토스(Amompharetos 스파르테인)_솔 10

아뮌타스(Amyntas) ①마케도니아인_알 20 ②소아시아 뤼카오니아인들과 갈라티아인들의 왕_안 61, 63

아베르니족(Averni 지금의 프랑스 오베르뉴 지방에 살던 부족)_카 25, 26

아벤티눔(Aventinum 로마의 일곱 언덕 중 하나)_가 15

아불레테스(Abouletes 페르시아의 태수)_알 68

아뷔도스(Abydos 다르다넬스 해협에 면한 소아시아 쪽 도시)_카 69

아브라(Abra 폼페이아의 하녀)_카 10

아브리오릭스(Abriorix 갈리아군 지휘관)_카 24

아소피아(Asopia 보이오티아 아소포스강의 계곡)_솔 9

아스파시아(Aspasia) ①페리클레스의 정부_페 24, 25, 30, 32 ②포카이아 출신으로 소 퀴로스의 정부_페 24

아시니우스 폴리오(Gaius Asinius Pollio 기원전 40년도 집정관)_카 32, 46, 52; 안 9, 69

아시아(Asia) ①대륙, 대개 소아시아_테 16, 24, 25, 31; 페 17; 알 도처에; 카토 12; 티 20, 21; 카 2, 48, 50; 안 24, 26, 30, 33, 35, 67, 69, 72 ②테미스토클레스의 딸_테 32

아오오스(Aoios 라/Aous 일뤼리콘 지방의 강)_카 38

아우렐리아(Aurelia 카이사르의 어머니)_카 9, 10

아이가이(Aigai) ①마케도니아의 도시_알 41 ②소아시아 북서 지방의 도시_테 26 ③코린토스만에 있는 아카이아 지방의 도시_카토 12

아이귑토스(Aigyptos 라/Aegyptus 이집트의 그리스어 이름), 아이귑토스의, 아이귑토스인_솔 2, 26; 페 20, 37; 알 26, 27, 40, 59; 카 45, 48, 49, 55; 안 3, 27, 37, 50, 54, 56, 58, 59, 64, 69, 71~73

아이기나(Aigina 사로니코스만의 섬)_테 4, 15, 17; 페 8, 29, 34, 38

아이두이족(Aedui 켈트족)_카 26

아이밀리아(Aemilia Tertia 아이밀리우스 파울루스의 딸)_카토 20

아이밀리우스(Lucius Aemilius Paullus) ①기원전 182, 168년도 집정관_카토 15, 20 ②기원전 50년도 집정관_안 19

아이소포스(Aisopos 우화 작가)_솔 6, 28

아이스퀼로스(Aischylos 비극시인)_테 14; 알 8

아이스키네스(Aischines 아테나이의 웅변가)_솔 11

아이아스(Aias 트로이아전쟁 때 그리스군 영웅)_솔 10

아이아코스(Aiakos 그리스신화의 영웅)_테 15; 알 2

아이올리스(Aiolis 소아시아 서북 지방)_테 26

아이톨리아(Aitolia 그리스의 중서부 지방) 알 49; 카토 13

아이티오피아(Aithiopia 에티오피아의 그리스어 이름), 아이티오피아인들_안 27, 61, 81

아이페이아(Aipeia 퀴프로스섬의 도시)_솔 26

아카데메이아(Akademeia 아테나이의 작은 숲)_솔 1

아카르나니아(Akarnania 그리스의 서부 지방)_페 17, 19; 알 5, 19

아카르나이(Acharnai 앗티케의 한 구역)_테 24; 페 33

아카만티스(Akamantis 아테나이의 부족)_페 3

아카이아(Achaia 펠로폰네소스반도 북부의 해안 지방)_페 19; 카토 19

아케스토도로스(Akestodoros 작가)_테 13

아쿠피스(Akouphis 인도인)_알 58

아크로폴리스(Akropolis 아테나이의 성채)_카토 5

아킬라스(Achillas 이집트인)_카 49

아킬레우스(Achilleus 트로이아전쟁의 영웅)_알 5, 15

아킬리우스 ①역사가(Gaius Acilius)_카토 22 ②기원전 191년도 집정관(Manius Acilius Glabrio)_카토 12, 14 ③카이사르의 병사(Acilius)_카 16

아테나(Athena 그리스의 여신)_뤼 5, 6, 11; 솔 12; 테 10, 19; 페 13, 31; 알 15

아테나이(Athenai 라/Athenae 앗티케 지방의 수도), 아테나이인들_그리스 편 도처에; 카토 5, 8, 12, 22; 카 43; 안 23, 33, 53, 54, 57, 60, 68, 72

아테노도로스(Athenodoros 배우)_알 29

아테노파네스(Athenophanes 아테나이인)_알 35

아토스(Athos 북그리스의 산)_알 72

아트로파테네(Atropatene 메디아 지방의 최북단)_안 38

아틀란티스(Atlantis 전설상의 대륙)_솔 26, 31, 32

아티아(Atia 카이사르 옥타비아누스의 어머니)_안 31

아페만토스(Apemantos 티몬의 친구)_안 70

아페타이(Aphetai 아르테미시온 맞은편의 곳)_테 7

아펠레스(Apelles 화가)_알 4

아폴로니아(Apollonia 일뤼리콘 지방의 도시)_카 37, 38

아폴로니오스(Apollonios 수사학자)_카 3

아폴로도로스(Apollodoros) ①역사가_뤼 1 ②바뷜론의 장군_알 73 ③시칠리아 인_카 49

아폴로테미스(Apollothemis 역사가)_뤼 31

아폴론(Apollon 그리스의 신)_뤼 5, 6, 13, 29; 솔 4, 9; 테 19; 알 3, 4, 24; 안 23

아프라니우스(Lucius Afranius 기원전 60년도 집정관)_카 36, 41, 53

아프로디테(Aphrodite 그리스의 여신)_안 26

아프리카(Africa 그/Libye)_카토 3, 27; 티 4; 가 2, 10, 11; 카 16, 28, 52, 55; 안 10, 30, 54, 61, 67, 69, 74

악시오스(Axios 아스파시아의 아버지)_페 24

악티온(Aktion 라/Actium 그리스 중서부 지방의 곳)_안 62, 63, 68, 69, 71

안니우스(Titus Annius Luscus 기원전 153년도 집정관)_티 14

안도키데스(Andokides 웅변가)_테 32

안드로스(Andros 에게해의 섬)_페 11

안드로콧토스(Androkottos 인도의 왕 찬드라굽타)_알 62

안드로티온(Androtion 역사가)_솔 15

안테모크리토스(Anthemokritos 아테나이인)_페 30

안토니아(Antonia) ①'대 안토니아' 루키우스 도미티우스 아헤노바르부스의 아내_안 87 ②'소 안토니아' 네로 드루수스의 아내_안 87

안토니아스(Antonias 클레오파트라의 배 이름)_안 60

안토니우스 율루스(Antonius Iullus 안토니우스와 풀비아의 아들)_안 87

안토니우스 ①제2차 삼두정치의 주역 중 한 명(Marcus Antonius)_카 30, 31, 39, 44, 51, 61~63, 66, 67, 69; 안 도처에 ②마르쿠스 안토니우스의 아버지(Marcus Antonius Creticus)_안 1 ③기원전 99년도 집정관(Marcus Antonius)_안 1 ④기원전 63년도 집정관(Publius 사실은 Gaius Antonius Hybrida)_카 4, 안 9 ⑤기원전 44년도 법정관(Gaius Antonius)_안 15, 22 ⑥기원전 41년도 집정관(Lucius Antonius)_안 15, 30

안톤(Anton 헤라클레스의 아들)_안 4

안튈루스(Marcus Antonius Antyllus 안토니우스와 풀비아의 아들)_안 28, 71, 81, 87

안튈리우스(Quintus Antyllius 릭토르)_가 13

안티게네스(Antigenes) ①역사가_알 46 ②외눈박이 장수_알 70

안티고네(Antigone 필로타스의 첩)_알 48, 49

안티고노스(Antigonos 외눈박이 장군으로 나중에 왕이 됨)_알 77

안티고누스(Antigonus 유대인)_안 36

안티스테네스(Antisthenes 철학자)_페 1

안티스티아(Antistia 압피우스 클라우디우스의 아내)_티 4

안티오코스(Antiochos 대왕)_카토 12~14

안티오쿠스(Antiochus 콤마게네의 왕)_안 34

안티퀴라(Antikyra 코린토스만의 도시)_안 68

안티클레이데스(Antikleides 작가)_알 46

안티파테스(Antiphates 테미스토클레스의 동성 애인)_테 18

안티파트로스(Antipatros) ①마케도니아의 장군_알 11, 20, 39, 46, 47, 55, 57, 68, 71, 74, 77 ②스토아 철학자_티 8

안티폰(Antiphon 소피스트)_안 28

알레시아(Alesia 프랑스 부르고뉴 지방의 요새)_카 27

알렉사스(Alexas 시리아인)_안 66, 72

알렉산드레이아(Alexandreia 라/Alexandria 이집트의 도시) 알 26; 카 48; 안 3, 28, 29, 50, 53, 54, 69, 71, 80

알렉산드로스(Alexandros) ①대왕_알 도처에; 카 11; 안 6, 54, 80 ②안토니우스와 클레오파트라의 아들(Alexandros Helios)_안 36, 54 ③안티오케이아 출신_안 46, 48 ④트로이아 왕자 파리스_알 15 ⑤마케도니아인_알 58

알렉산드로폴리스(Alexandropolis 트라케의 도시)_알 9

알렉십포스(Alexippos 의사)_알 41

알로페케(Alopeke 앗티케 지방의 한 구역)_테 32; 페 11

알바(Alba 로마 근교의 고도 알바 롱가)_카 60; 안 60

알바니족(Albani 카스피해 연안에 살던 부족)_안 34

알칸드로스(Alkandros 스파르테인)_뤼 11

알케타스(Alketas 마케도니아인)_알 55

알크마이오니다이(Alkmaionidai 아테나이의 가문)_솔 30

알크마이온(Alkmaion 메가클레스의 아버지)_솔 11, 29

알크만(Alkman 시인)_뤼 28

알키모스(Alkimos 페이라이에우스 항의 한 장소)_테 32

알키비아데스(Alkibiades 아테나이의 정치가)_페 20, 37; 안 70

'알페스 이쪽 갈리아'(Gallia cisalpia 지금의 북이탈리아)_카 14, 20, 31, 32

'알페스 저쪽 갈리아'(Gallis transalpina 지금의 프랑스)_카 14

알페스(Alpes 알프스의 라틴어 이름)_카 11, 32; 안 17, 18

암모니오스(Ammonios 철학자)_테 30

암몬(Ammon 이집트의 신)_알 3, 26, 27, 47, 50, 72, 75

암브라키아(Ambrakia 그리스 중서부 지방의 도시)_페 17

암비오릭스(Ambiorix 사실은 Abriorix 갈리아군 장수)_카 24

암피크튀오니아(Amphiktyonia) 동맹_솔 11; 테 20

암핏사(Amphissa 그리스 로크리스 지방의 도시)_안 28

압피아 가도(Via Appia 로마와 카푸아를 잇는 로마 최초의 가도)_카 5

앗탈로스(Attalos) ①마케도니아의 귀족_알 9, 10, 55 ②페르가몬의 왕(Attalos Philometor)_티 14

앗탈루스(Attalus I 페르가몬의 왕)_안 60

앗티케(Attike 아테나이의 주변 지역)_솔 10, 13, 15, 22; 테 9, 12, 13; 페 10, 22, 30, 33

앙카리아(Ancharia 옥타비아의 어머니)_안 31

에날리오스(Enalios 그리스신화에서 전쟁의 신)_솔 9

에라토스테네스(Eratosthenes 학자 겸 시인)_뤼 1; 테 27; 알 3, 31

에레소스(Eresos 레스보스의 도시)_솔 32

에레트리아(Eretria 에우보이아섬의 도시)_테 11, 27

에로스(Eros) ①그리스신화에서 사랑의 신_솔 1; 안 26 ②안토니우스의 노예_안 76

에르고텔레스(Ergoteles 테미스토클레스의 추적자)_테 26

에리귀이오스(Erigyios 마케도니아인)_알 10

에우노모스(Eunomos 스파르테인)_뤼 1, 2

에우데모스(Eudemos 페르가몬인)_티 14

에우로타스(Eurotas 스파르테의 강)_뤼 12, 15, 16

에우로페(Europe 대륙)_테 16; 페 7; 알 9

에우뤼비아데스(Eurybiades 스파르테의 장군)_테 7, 11

에우뤼사케스(Eurysakes 아이아스의 아들)_솔 10

에우뤼클레스(Eurykles 라케다이몬인)_안 67

에우뤼폰가(Eurypontidai 에우뤼폰의 자손들)_뤼 2, 24, 30

에우뤼폰(Eurypon 스파르테의 왕)_뤼 1, 2

에우륄로코스(Eurylochos 마케도니아인)_알 41

에우립톨레모스(Euryptolemos 페리클레스의 친척)_페 7

에우리피데스(Euripides 비극시인)_뤼 31; 솔 22; 알 8, 10, 35, 51, 53

에우메네스(Eumenes II 페르가몬의 왕)_카토 8; 안 60

에우보이아(Euboia 에게해의 섬)_테 8, 59; 페 22, 23

에우안테스(Euanthes 사모스섬 출신의 역사가)_솔 11

에우앙겔로스(Euangelos 페리클레스의 하인)_페 16

에우테르페(Euterpe 테미스토클레스의 아내)_테 1

에우폴리스(Eupolis 희극시인)_페 3, 24

에우프라테스(Euphrates 아시아의 강)_알 29, 31, 68, 73; 안 30, 61

에우프란테스(Euphrantes 예언자)_테 13

에우프로니오스(Euphronios 개인 교사)_안 72

에이라스(Eiras 미용사)_안 60, 85

에크레그마(Ekregma 호수)_안 3

에트루리아(Etruria 로마의 북서 지방)_티 8

에파메이논다스(Epameinondas 테바이의 장군)_카토 8

에파프로디토스(Epaphroditos 해방노예)_안 79

에페소스(Ephesos 소아시아 이오니아 지방의 도시), 에페소스인들_알 3; 안 24, 56, 58

에페이로스(Epeiros 그리스의 북서 지방)_테 24; 알 9, 68; 카 37; 안 62

에포로스(Ephoros 역사가)_테 27
에피다우로스(Epidauros 펠로폰네소스반도의 도시)_페 35
에피메니데스(Epimenides 크레테의 현인)_솔 12
에피알테스(Ephialtes 마케도니아인)_알 41
에피쿠로스(Epikouros 그리스 철학자)_카 66
에피퀴데스(Epikydes 아테나이인)_테 6
에피크라테스(Epikrates 아테나이인)_테 24
에피클레스(Epikles 키타라 연주자)_테 5
에피티모스(Epitimos 파르살로스인)_페 36
에픽쉬에스(Epixyes 페르시아인)_테 30
엑바타나(Ekbatana 메디아 지방의 수도)_알 72
엑사트레스(Exathres 페르시아인)_알 43
엑세케스티데스(Exekestides 솔론의 아버지)_솔론 1, 2
엘라토스(Elatos 스파르테의 감독관)_뤼 7
엘레우시스(Eleusis 앗티케 지방의 도시)_테 15; 페 13
엘레이오스(Eleios 키몬의 아들)_페 29
엘리스(Elis 펠로폰네소스반도의 서북 지방)_뤼 20, 30, 31
엘피니케(Elpinike 키몬의 누이)_페 10, 28
오네시크리토스(Onesikritos 역사가)_알 8, 15, 46, 60, 61, 65, 66
오데이온(Oideion 아테나이의 연주회장)_페 13
오뒷세우스(Odysseus 그리스신화의 영웅)_카토 9
오레스테스(Lucius Aurelius Orestes 기원전 126년도 집정관)_가 1, 2
오레이타이족(Oreitai 아시아의 부족)_알 66
오렉사르테스(Orexartes 아시아의 강)_알 45
오로마스데스(Oromasdes 페르시아의 신)_알 30
오로포스(Oropos 그리스 앗티케 지방의 도시)인들_카토 22
오르소다테스(Orsodates 페르시아인)_알 57
오르페우스(Orpheus 전설적 가인)_알 14
오르페우스 비의(秘儀)_카 9
오리코스(Orikos 일뤼리콘 지방의 도시)_카 37

오스티아(Ostia 티베리스강 하구에 있는 로마의 항구)_카 58

오아(Oa 앗티케 지방의 한 구역)_페 9

오이누스(Oinous 라케다이몬 지방의 강)_뤼 6

오이니아다이(Oiniadai 그리스 중서부 지방의 도시)_페 19; 알 49

오이테(Oite 남텟살리아의 산)_페 17

오케아노스(Okeanos 대지를 감돌아 흐르는 강)_카 23, 58

오코스(Ochos)_아르타크세르크세스 3세 참조.

오피미우스(Lucius Opimius 기원전 121년도 집정관)_가 11, 13, 14, 16~18

옥소스(Oxos 아시아의 강)_알 57

옥쉬아르테스(Oxyartes) ①록사네의 아버지_알 58 ②아불레테스의 아들_알 68

옥타비아(Octavia 옥타비아누스의 손위 누이)_안 31, 33, 35, 53, 54, 56, 57, 59, 72, 83, 87

옥타비아누스(Gaius Iulius Caesar Octavianus 후일의 Augustus)_카 67, 69; 안 11, 16, 17, 19~24, 28, 30~35, 53~56, 58, 60~63, 65~68, 71~87

옥타비우스 ①옥타비아누스(Octavius)_안 11 ②기원전 133년도 호민관(Marcus Octavius)_티 10~12, 15, 25 ③안토니우스 휘하의 장군(Marcus Octavius)_안 65 ④카이사르 암살자들을 따라다니다 처형됨(Gaius Octavius Balbus)_카 67

올륌포스(Olympos 클레오파트라의 시의)_안 82

올륌피아(Olympia 펠로폰네소스반도의 성역)_뤼 23; 테 5; 알 3, 4

올륌피아스(Olympias 알렉산드로스의 어머니)_알 2, 3, 5, 9, 10, 16, 22, 25, 27, 39, 68, 77

올리존(Olizon 아르테미시온의 바다 건너 맞은편 도시)_테 8

올비오스(Olbios 개인 교사)_테 26

옴팔레(Omphale 뤼디아의 전설적인 여왕)_페 26

옵피우스(Oppius 카이사르의 시동)_카 17

우시피족(Usipi 게르만족)_카 22

우티카(Utica 카르타고 북쪽의 도시)_카 54

유구르타(Iugurtha 누미디아 왕)_가 18

유노니아(Iunonia 카르타고가 있던 자리에 새로 세운 식민시)_가 11

유니우스(Iunius 아시아의 총독)_카 2

유다이아(Ioudaia 라/Iudaea 유대의 그리스어 이름)_안 36, 61, 71

유대인_안 3, 36

유바 ①누미디아 왕(Iuba I)_카 52, 53, 55 ②마우레타니아 왕(Iuba II)_카 55; 안 87

율리아(Iulia) ①카이사르의 딸_카 14, 23, 55 ②마리우스의 아내_카 1, 5 ③마르쿠스 안토니우스의 어머니_안 1~2 ④카이사르 옥타비아누스의 딸_안 87

윱피테르(Iuppiter 그/Zeus 최고신)_카토 21

이도메네우스(Idomeneus 람프사코스시 출신의 작가)_페 10, 35

이베리아(Iberia 카우카수스산 남쪽 지방), 이베리아인들_뤼 4; 안 34

이사우리쿠스(Publius Servilius Vatia Isauricus) ①기원전 79년도 집정관_카 7 ②기원전 48년도 집정관_카 37

이소크라테스(Isokrates 그리스의 웅변가)_카토 23

이스메니아스(Ismenias 테바이인)_페 1

이스트로스(Istros) ①지금의 도나우강 하류_알 11, 36 ②역사가_알 46

이스트모스(Isthmos 코린토스의 지협)_테 9, 11, 21; 알 14

이시스(Isis 이집트의 여신)_안 54, 74

이악코스(Iakchos 그리스의 신)_테 15

이알뤼소스(Ialysos 로도스섬의 도시)_테 21

이오니아(Ionia 소아시아 서해안 지역)_뤼 4; 테 9, 26; 페 17, 24, 28

이오니오스해(Ionios pontos 라/Ionium 이오니아해의 그리스어 이름)_카 37; 안 7, 30, 61, 62

이오폰(Iophon 참주 페이시스트라토스의 아들)_카토 24

이온(Ion) ①이오네스족의 선조_솔 23 ②키오스섬 출신의 시인 겸 작가_페 5, 28

이올라스(Iolas 안티파트로스의 아들)_알 77

이크티노스(Iktinos 건축가)_페 13

이탈리아(Italia) ①나라_페 11; 알 34; 카토 1, 2, 14; 안 2, 6, 18, 30, 33, 35, 55, 58, 61, 84 ②테미스토클레스의 딸_테 32

이피토스(Iphitos 엘리스의 왕)_뤼 1, 23

인디아(India 인도의 그리스어 이름)_뤼 4; 알 13, 47, 55, 57, 59, 62, 63, 66, 69;

카토 1, 2, 14; 안 2, 6, 18, 30, 33, 35, 55, 58, 61, 84
인스테이유스(Marcus Insteius 안토니우스 휘하의 장군)_안 65
일뤼리콘(Illyrikon 라/Illyricum 지금의 달마티아와 알바니아 지방)_알 9, 11; 카 14, 31; 안 56, 61
잇소스(Issos 소아시아 남동 지방의 도시)_알 20, 24, 32

(ㅈ)

'젊은 카이사르'(=옥타비아누스)_카 67, 69; 안 16
제논(Zenon) ①퀴프로스섬 키티온시 출신의 철학자로 스토아학파의 창시자_뤼 31 ②남이탈리아 엘레아시 출신의 철학자_페 4, 5
제우스(Zeus 그리스신화의 최고신)_뤼 6; 술 3, 32; 테 27, 28, 33, 65
제욱시스(Zeuxis 화가)_페 13
젤라(Zela 소아시아 폰토스 지방의 도시)_카 50
젤레이아(Zeleia 소아시아 북서부의 도시)_테 6
조퓌로스(Zopyros 알키비아데스의 개인 교사)_뤼 16

(ㅊ)

최선의 조언자(Aristboule 아르테미스 여신의 별명)_테 22

(ㅋ)

카노보스(Kanobos 나일강 서쪽 하구 옆에 있는 도시)_솔 26; 알 26; 안 29
카니니우스 레빌리우스(Gaius Caninius Rebilius 기원전 45년도 보궐선거 당선 집정관)_카 58
카니디우스(Publius Canidius Crassus 안토니우스 휘하의 장군)_안 34, 42, 56, 63, 65, 67, 68, 71
카드메이아(Kadmeia 테바이시의 성채)_알 11
카라노스(Karanos 헤라클레스의 자손)_알 2
카레스(Chares 역사가)_알 20, 24, 46, 54, 55, 70
카론(Charon 람프사코스 출신의 역사가)_테 27
카르네아데스(Karneades 아카데메이아학파 철학자)_카토 22, 23

카르누테스족(Carnutes 켈트족)_카 25

카르디아(Kardia 트라케의 케르소네소스에 있는 도시)_알 51

카르마니아(Karmania 중앙아시아의 한 지역)_알 67

카르미온(Charmion 클레오파트라의 시종)_안 60, 85

카르케돈(Karchedon 카르타고의 그리스어 이름)_페 20

카르타고(Carthago 북아프리카의 도시), 카르타고인들_카토 26, 27; 가 10, 11, 13; 카 57

카리노스(Charinos 아테나이인)_페 30

카리아(Karia 소아시아의 서남 지방)_테 1; 알 10, 22

카릴라오스(Charilaos 스파르테의 왕)_뤼 3, 5, 20

카스카(Gaius Servilius Casca Longus 카이사르의 암살자)_카 66

카스토르(Kastor 스파르테의 신)_뤼 22

카스피온해(Kaspion pelagos 또는 Kaspie thalassa 라/mare Caspium 지금의 카스피해)_알 44

카스피움해(mare Caspium 카스피해의 라틴어 이름)_카 58

카우카수스(Caucasus 캅카스산의 라틴어 이름)_카 58; 안 34

카이로네이아(Chaironeia 보이오티아 지방의 도시)_알 12

카이론(Chairon 메갈로폴리스인)_알 3

카이사르 ①독재관(Gaius Iulius Caesar)_알 1; 카 도처에; 안 5~8, 10~16, 18, 25, 33, 54, 71, 81 ②Augustus_페 1; 알 69 ③기원전 64년도 집정관(Lucius Iulius Caesar)_안 19, 20

카이사리온(Caesarion 율리우스 카이사르와 클레오파트라의 아들)_카 49; 안 54, 81

카이킬리우스 ①기원전 143년도 집정관(Quintus Caecilius Metellus Macedonicus)_티 14 ②기원전 109년도 집정관(Quintus Caecilius Metellus Numidicus)_카 15 ③기원전 80년도 집정관(Quintus Caecilius Metellus Pius)_카토 24; 카 7 ④기원전 57년도 집정관(Caecilius Metellus Nepos)_카 21 ⑤기원전 52년도 집정관(Quintus Caecilius Metellus Pius Scipio)_카 30, 44 ⑥기원전 49년도 호민관(Lucius Caecilius Metellus)_카 35 ⑦폼페이우스 휘하의 장군(Quintus Caecilius Metellus Scipio Nasica)_카 16, 39, 42, 52, 53, 55

카토 ①감찰관 일명 '대 카토'(Marcus Porcius Cato)_카토 도처에 ②감찰관의 아버지(Marcus Porcius Cato)_카토 1 ③감찰관의 아들(Marcus Porcius Cato Licinianus)_카토 20, 24 ④감찰관의 아들(Marcus Porcius Cato Salonius)_카토 24, 27 ⑤감찰관의 증손(Marcus Porcius Cato Uticensis 일명 '소 카토')_카토 27; 카 8, 13, 14, 21, 22, 28, 41, 52, 54, 62; 안 5

카툴루스(Quintus Lutatius Catulus 기원전 78년도 집정관)_카 6~8

카틸리나(Lucius Sergius Catilina 반역자)_카 7

카푸아(Capua 이탈리아 캄파니아 지방의 수도)_가 8

카피톨리움(Capitolium 로마의 일곱 언덕 중 하나)_티 15, 17, 19, 20; 가 3, 13, 14; 카 6, 61, 67

칼다이오이족(Chaldaioi 바빌로니아의 사제계급)_알 73

칼라노스(Kalanos 인도의 철학자)_알 8, 65, 69

칼라이스트라(Chalaistra 마케도니아의 도시)_알 49

칼라이키족(Callaici 에스파냐 북서부에 살던 부족)_카 12

칼레누스(Calenus 카이사르의 부관)_카 43

칼리드로모스(Kallidromos 그리스의 산)_카토 13

칼리마코스(Kallimachos 그리스의 시인)_안 70

칼리스테네스(Kallisthenes 역사가)_알 27, 33

칼리크라테스(Kallikrates 아테나이 출신의 건축가)_페 13

칼리크라티데스(Kallikratides 스파르테의 제독)_뤼 30

칼비시우스(Gaius Calvisius Sabinus 옥타비아누스의 측근)_안 58, 59

칼키디케(Chalkidike 북그리스의 한 지역)_뤼 30

칼키스(Chalkis 에우보이아섬의 도시)_페 23; 알 46

칼푸르니아(Calpurnia 카이사르의 아내)_카 14, 63, 64; 안 15

칼푸르니우스(Marcus Calpurnius Bibulus 기원전 59년도 집정관)_카 14

캄뷔세스(Kambyses 페르시아 왕)_알 26

캅파도키아(Kappadokia 소아시아의 내륙지방)_알 18; 카 50; 안 61

캇시우스 ①카이사르의 암살자(Gaius Cassius Longinus)_카 57, 62, 64, 66, 68, 69; 안 11~15, 21, 22, 25 ②기원전 49년도 호민관(Quintus Cassius Longinus)_안 5, 6 ③카이사르의 병사(Cassius Scaeva)_카 16

케르퀴라(Kerkyra 이오니아해의 섬)_테 24; 페 29

케발리노스(Kebalinos 마케도니아인)_알 49

케오스(Keos 에게해의 섬)_테 3, 5

케이론(Cheiron 켄타우로스)_페 4

케일레오스(Cheileos 아르카디아인)_테 6

케크롭스(Kekrops 아테나이의 전설적인 왕)_솔 4

케테구스(Gaius Cornelius Cethegus 카틸리나의 추종자)_카 7

케피소스(Kephisos 보이오티아 지방의 강)_알 9

켄소리누스(Lucius Censorinus 안토니우스의 측근)_안 24

켈토이족(Keltoi 켈트족의 그리스어 이름)_솔 2

켈트이베리족(Celtiberi 에스파냐에 살던 부족과 켈트족의 혼혈족)_카토 10

코논(Konon 솔론의 친구)_솔 15

코드로스(Kodros 아테나이의 전설적인 왕)_솔 1

코로네이아(Koroneia 보이오티아 지방의 도시)_페 18

코로이보스(Koroibos 아테나이의 건축가)_페 13

코르넬리아(Cornelia) ①그락쿠스 형제의 어머니_티 1, 4, 8; 가 4, 13, 19 ②카이사르의 아내_카 1, 5

코르넬리우스 ①로마의 전기 작가(Cornelius Nepos)_티 21 ②예언자(Gaius Cornelius)_카 47 ③카이사르를 쫓던 수색대장_카 1 ④카이사르의 아첨꾼(Lucius Cornelius Balbus)_카 60

코르두바(Corduba 에스파냐의 도시, 지금의 Cordoba)_카 17

코르피니우스(Corfinius 카이사르의 재정관 Quintus Cornificius의 오기?)_카 43

코르피니움(Corfinium 로마 동쪽의 도시)_카 34

코린토스(Korinthos 라/Corinthos 펠로폰네소스반도 입구에 있는 도시)_뤼 13; 솔 1; 테 5, 24; 페 29; 알 9, 10, 14, 37, 56; 카토 12; 카 57, 58; 안 67

코미아스(Komias 아테나이의 아르콘)_솔 32

코스(Kos 에게해의 섬)_솔 4

코스코니우스(Cosconius 전 법정관)_카 51

코이노스(Koinos 알렉산드로스의 측근)_알 60

코일리우스(Coelius 안토니우스 휘하의 장군)_안 65

콘시디우스(Considius 원로원 의원)_카 14

콜라르고스(Cholargos 앗티케 지방의 한 구역)_페 3, 13

콜로폰(Kolophon 소아시아 이오니아 지방의 도시)_알 51

콜리아스(Kolias 앗티케 지방의 곳)_솔 8

콤마게네(Commagene 소아시아의 소왕국)_안 34, 61

콧사이오이족(Kossaioi 아시아의 산악 부족)_알 72

콧타(Lucius Cotta Arunculeius 로마의 장군)_카 24

쿠레스(Koures 현인 에피메니데스의 별명)_솔 12

쿠리오(Gaius Scribonius Curio) ①기원전 76년도 집정관_카 8; 안 2, 5 ②기원전 50년도 호민관_카 29~31

쿠리우스(Maniua Curius Dentatus 기원전 290, 284, 275, 274년도 집정관)_카토 2, 8

쿠마이(Cumae 나폴리만 북쪽의 해안도시)_티 8, 17, 20

퀴노사르게스(Kynosarges 아테나이의 체육관)_테 1

퀴드노스(Kydnos 소아시아 킬리키아 지방의 강)_알 19; 안 26

퀴레네(Kyrene 북아프리카의 도시)_안 61

퀴로스(Kyros 페르시아 제국의 창건자)_안 6

퀴로스(Kyros) ①대, 페르시아의 왕_솔 28; 알 30, 69 ②소, 페르시아의 왕자_페 24

퀴르레스티카(Cyrrhestica 시리아의 한 지역)_안 34

퀴메(Kyme 소아시아 서해안의 도시)_테 26; 카 61

퀴비스토스(Kybisthos 탈레스의 양자)_솔 7

퀴지코스(Kyzikos 소아시아 북서부의 도시)_테 29

퀴크레우스(Kychreus 살라미스의 전설적 영웅)_솔 9

퀴클롭스(Kyklops 호메로스에 따르면 외눈박이 식인 거한)_카토 10

퀴테리스(Cytheris 여배우-)_안 9

퀴프로스(Kypros 동지중해의 섬)_솔 26; 테 31; 페 10, 26; 알 24, 29; 카 21; 안 36, 54

퀴프리스(Kypris 그리스 여신 아프로디테의 별명)_솔 26, 31

퀸티오(Quintio 카토의 해방노예)_카토 21

퀼론(Kylon 아테나이인)_솔 12, 13

크나키온(Knakion 스파르테의 강)_뤼 6

크니도스(Knidos 소아시아 카리아 지방의 도시)_카 48, 65

크라네이온(Kraneion 코린토스시의 교외)_알 14

크라테로스(Krateros 알렉산드로스 휘하의 장군)_알 40, 41, 42, 47, 48, 55

크라티노스(Kratinos 희극시인)_솔 25

크랏수스 ①기원전 70년, 55년도 집정관(Marcus Licinius Crassus)_카 11, 13, 14, 21, 28; 안 34, 37, 46 ②기원전 131년도 집정관(Publius Licinius Crassus Dives Mucianus)_티 9, 21

크랏시니우스(Crassinius 카이사르 휘하의 백인대장)_카 44

크레오퓔로스(Kreophylos 호메로스의 인척)_뤼 4

크레테(Krete 지중해의 섬)_뤼 4, 31; 솔 12; 가 16

크로노스(Kronos 그리스의 신)_솔 3; 페 3, 24

크로뷜로스(Krobylos 코린토스인)_알 22

크로이소스(Kroisos 뤼디아 왕)_솔 4, 27, 28

크로톤(Kroton 남이탈리아의 도시)_알 34

크리톨라오스(Kritolaos 뤼키아 파셀리스시 출신의 철학자)_페 7

크리톨라이다스(Kritolaidas 스파르테인)_솔 10

크리티아스(Kritias 아테나이의 작가로 30인 참주 중 한 명)_뤼 8

크산토스(Xanthos) ①소아시아 남부 지방의 도시_알 17 ②피리 연주자_안 24

크산팁포스(Xanthippos) ①페리클레스의 아버지_테 10, 21; 페 3 ②페리클레스의 아들_페 13, 24, 36 ③아테나이의 해군 제독_카토 5

크세노도코스(Xenodochos 카르디아인)_알 51

크세노크라테스(Xenokrates 철학자)_알 8

크세노클레스(Xenokles 아테나이 출신의 건축가)_페 13

크세노폰(Xenophon 아테나이의 역사가 겸 철학자)_뤼 2; 안 45

크세르크세스(Xerxes 페르시아 왕)_테 4, 6, 9, 12~14, 16, 20, 27; 알 37~38

크쉬파테(Xypate 앗티케의 한 구역)_페 13

클라리오스(Klarios 퀴프로스섬의 강)_솔 26

클라우디아(Claudia 압피우스 클라우디우스의 딸)_티 4

클라우디우스 ①로마 황제(Tiberius Claudius Caesar)_안 87 ②기원전 143년도 집정관(Appius Claudius Pulcher)_티 4, 9, 13 ③기원전 54년도 집정관(Appius Claudius Pulcher)_카 21

클라조메나이(Klazomenai 소아시아 서부 지방의 도시)_페 4

클레안드리다스(Kleandridas 스파르테인)_페 22

클레오메네스(Kleomenes) ①라케다이몬의 예언자_알 50 ②스파르테인_솔 10

클레오비스(Kleobis) ①아르고스인_솔 27 ②스파르테 왕_티 1

클레오파트라(Cleopatra 그/Kleopatra) ①이집트의 여왕_카 48, 49; 안 10, 25~33, 36, 37, 50, 51, 53, 54, 56~60, 62, 63, 66, 67, 69, 71~74, 76~79, 81, 82, 84~87 ②안토니우스와 클레오파트라의 딸(Cleopatra Selene)_안 36, 87 ③마케도니아 왕 필립포스의 아내_알 9, 10 ④알렉산드로스의 누이_알 25, 68

클레오판토스(Kleophantos 테미스토클레스의 아들)_테 32

클레온(Kleon 아테나이의 정치가)_페 33, 35; 티 2

클레이니아스(Kleinias 솔론의 친구)_솔 15

클레이데모스(Kleidemos 역사가)_테 10

클레이스테네스(Kleisthenes 아테나이의 개혁가)_페 3

클레이타르코스(Kleitarchos 역사가)_테 27; 알 46

클레이토스(Kleitos '검은' 클레이토스, 알렉산드로스의 측근)_알 13, 16, 50~52

클로디아(Clodia 카이사르 옥타비아누스의 아내)_안 20

클로디우스(Publius Clodius Pulcher 저질 정치인)_카 9, 10, 14; 안 2, 10

키르라(Kirrha 델포이 근처의 도시)_뤼 31; 솔 11

키르케이이(Circeii 라티움 지방의 곶)_카 58

키몬(Kimon 아테나이의 정치가 겸 장군)_테 5, 20, 24, 31; 페 5, 7, 9~11, 16, 28, 29; 카토 5

키오스(Chios 에게해의 섬)_테 32

키케로(Marcus Tullius Cicero) ①웅변가_카토 17; 가 1; 카 3, 4, 7, 8, 14, 31, 54, 57~59; 안 2, 6, 9, 16, 17, 19, 20, 22 ②웅변가의 아우(Quintus Tullius Cicero)_카 24

키티온(Kition 퀴프로스섬의 도시)_알 32

킨나 ①기원전 87~84년도 집정관(Lucius Cornelius Cinna)_카 1 ②카이사르의 측

근(Gaius Helvius Cinna)_카 68

킬로(Chilo 카토의 노예)_카토 20

킬리키아(Kilikia 소아시아의 남동 지방)_테 31; 알 17, 19, 20, 42, 48; 카 2, 31; 안 25, 36, 54, 61

킴브리족(Cimbri 게르만족)_카 18, 19, 26

킷소스(Kissos 마케도니아인)_알 41

(ㅌ)

타나그라(Tanagra 보이오티아 지방의 도시)_페 10

타나이스(Tanais 지금의 돈강)_알 45

타누시우스(Tanusius 역사가)_안 67

타라스(Taras 라/Tarentum 남이탈리아의 항구도시, 타렌툼의 그리스어 이름)_알 22

타렌툼(Tarentum 남이탈리아의 항구도시, 지금의 Taranto)_카토 2, 14; 가 7; 안 35, 62

타르겔리아(Thargelia 창녀)_페 24

타르라키나(Tarracina 라티움 지방의 항구도시)_카 58

타르콘데모스(Tarkondemos 상부 킬리키아의 왕)_안 61

타르퀴니우스(Tarquinius 로마의 마지막 왕)_티 15

타소스(Thasos 에게해의 섬)_테 25; 페 13

타위게토스(Taygetos 펠로폰네소스의 산맥)_뤼 15, 16

타이나론(Taenaron 펠로폰네소스반도 최남단의 곶)_안 67

타이스(Thais 창녀)_알 38

탁실레스(Taxiles 인도 왕)_알 59, 65

탈레스(Thales) ①크레테의 입법자 겸 시인_뤼 4 ②밀레토스 출신의 철학자_솔 2~7, 12

탑사코스(Thapsakos 시리아의 도시)_알 68

탑수스(Thapsus 북아프리카의 도시)_카 53

테르모퓔라이(Thermopylai 그리스 중북부 지방의 고갯길)_테 9; 알 11; 카토 13

테르십포스(Thersippos 아테나이인)_솔 31

테르판드로스(Terpandros 시인)_뤼 21, 28

테미스토클레스(Themistokles) ①아테나이의 정치가 겸 장군_테 도처에; 페 7; 안 37 ②1의 후손_테 32

테바이(Thebai 보이오티아 지방의 수도)_뤼 9, 13, 28, 30; 솔 4; 테 20; 알 9, 11~13, 46

테스피스(Thespis 비극시인)_솔 29

테아게네스(Theagenes 테바이인)_알 12

테앙겔라(Theangela 소아시아 서남부의 도시)_알 46

테오덱테스(Theodektes 파셀리스시 출신의 시인)_알 17

테오도로스(Theodoros 노예 상인)_알 22

테오도토스(Theodotos 키오스섬 출신의 수사학자)_카 48

테오폼포스(Theopompos) ①스파르테의 왕_뤼 6, 7, 20, 30 ②키오스섬 출신의 역사가_테 19, 25, 31 ③우화 작가_카 48

테오프라스토스(Theophrastos 에레소스시 출신의 철학자)_뤼 10; 솔 4, 31; 페 23, 38; 테 25; 알 4

테오필로스(Theophilos) ①무구 제작자_알 32 ②안토니우스의 집사_안 67

테우토니족(Teutoni 게르만족)_카 18

테이레오스(Teireos 페르시아의 내시)_알 30

텔레스(Teles 아테나이인)_페 33

텔레스테스(Telestes 시인)_알 8

텔레십파(Telesippa 창녀)_알 41

텔레클레이데스(Telekleides 희극시인)_페 3, 16

텔로스(Tellos 아테나이인)_솔 27

텔멧소스(Telmessos 뤼키아 지방의 도시)_알 2

템페(Tempe 텟살리아 지방의 계곡)_테 7

텟살로스(Thessalos) ①배우_알 10, 29 ②참주 페이시스트라토스의 아들_카토 24

텟살리아(Thessalia 그리스의 북동 지방)_테 7, 20; 알 11, 33, 42; 카 39, 41, 48

탱크테리족(Tencteri 게르만족)_카 22

토뤼네(Toryne 에페이로스 지방의 마을 '국자'라는 뜻)_안 62

톨미데스(Tolmides 아테나이의 장군)_페 16, 18~19

투리오이(Thourioi 남이탈리아의 도시)_페 11

투스쿨룸(Tusculum 로마 근처의 소도시)_카토 1; 카 41

투퀴디데스(Thoukydides) ①올로로스의 아들, 아테나이의 역사가_뤼 27, 28; 테 25, 27; 페 9, 15, 16, 28, 33; 카토 2 ②멜레시아스의 아들, 아테나이의 정치가_페 6, 8, 11, 14, 16

튀로스(Tyros 페니키아 지방의 도시)_알 24, 25

튀르레니아(Tyrrhenia 이탈리아 에트루리아 지방의 그리스어 이름)_페 20

튀르소스(Thyrsos 옥타비아누스의 해방노예)_안 73

튀르타이오스(Tyrtaios 스파르테의 시인)_뤼 6

튄논다스(Tynnondas 에우보이아섬의 참주)_솔 14

트라기아이(Tragiai 에게해의 섬)_페 25

트라케(Thraike 그리스의 북쪽 지방)_테 1; 페 11, 17, 19; 알 12, 72; 카토 12; 안 61, 63

트랄레스(Tralles 소아시아 카리아 지방의 도시)_카 47

트레벨리우스(Lucius Trebellius Fides 호민관)_안 9

트레보니우스(Gaius Trebonius 기원전 45년도 집정관)_안 13

트로글로뒤타이족(Troglodytai 홍해 연안에 살던 부족)_안 27

트로이아(Troia 소아시아 북서부의 도시)_솔 4

트로이젠(Troizen 펠로폰네소스반도의 도시)_테 10

트리발로이족(Triballoi 도나우강 하류에 살던 부족)_알 11

티구리니족(Tigurini 스위스에 살던 부족)_카 18

티마게네스(Timagenes 배신자)_안 72

티메실라오스(Timesilaos 시노페의 참주)_페 20

티모낫사(Timonassa 참주 페이시스트라토스의 아내)_카토 24

티모크레온(Timokreon 로도스섬 출신의 시인)_테 21

티모클레이아(Timokleia 테바이의 귀부인)_알 12

티모테오스(Timotheos 마케도니아인)_알 22

티몬(Timon) ①플레이우스인_페 4 ②아테나이의 염세가_안 69, 70

티베리스(Tiberis 로마를 관류하는 강)_카 58

티투리우스(Titurius 로마의 장군)_카 24

티티우스(Marcus Titius 재정관)_안 42, 58

틸리우스(Lucius Tillius Cimber 카이사르의 암살에 가담)_카 66

(ㅍ)

파가사이(Pagasai 텟살리아 지방의 항구)_테 20

파나이티오스(Panaitios 테노스인)_테 12

파노데모스(Phanodemos 역사가)_테 13

파니아스(Phanias 레스보스섬 출신의 역사가)_솔 14, 32; 테 1, 7, 13, 27, 29

파두스(Padus 지금의 Po강)_카 20, 21, 25

파라이토니온(Paraitonion 알렉산드레이아 근처의 도시)_안 69

파랄로스(Paralos 페리클레스의 아들)_페 24, 36

파로스(Pharos 알렉산드레이아 앞바다의 섬)_알 26; 카 49; 안 29, 69

파르나케스(Pharnakes 미트리다테스 4세의 아들)_카 50

파르나파테스(Pharnapates 파르티아의 장군)_안 33

파르마쿳사(Phamakoussa 소아시아 밀레토스 항 앞바다의 섬)_카 1

파르메니데스(Parmenides 철학자)_페 4

파르메니온(Parmenion 알렉산드로스 휘하의 장군)_알 3, 10, 16, 19, 21, 22, 29, 31~33, 39, 48~50

파르살로스(Pharsalos 라/Pharsalus 그리스 텟살리아 지방의 도시)_페 36; 카 42, 52, 62; 안 8, 62

파르테논(Parthenon 아테네 여신의 신전)_카토 5

파르티아전쟁_안 35

파르티아(Parthia 카스피해 남쪽에 있던 나라)_알 45; 카 28, 58, 60; 안 5, 25, 27, 28, 30, 33~35, 37~42, 45~50, 52~55

파보니우스(Marcus Favonius '소 카토'의 추종자)_카 21, 33, 41

파비우스 막시무스(Fabius Maximus 로마의 장군)_페 2

파비우스(Quintus Fabius Maximus) ①기원전 121년도 집정관_가 6 ②기원전 45년도 집정관_카 58 ③'지연자'(Quintus Fabius Maximus Verrucosus Cunctator)_카토 2, 3

파셀리스(Phaselis 소아시아 남부 지방의 도시)_알 17

파시크라테스(Pasikrates 퀴프로스섬 솔로이시의 왕)_알 29

파우누스(Faunus 로마의 가축떼와 농촌의 신)_카 9

파우사니아스(Pausanias) ①스파르테의 섭정_테 21, 23 ②의사_알 41

파우스투스(Lucius Cornelius Faustus 술라의 아들)_카 14

파울루스(Lucius Aemilius Paullus 기원전 50년도 집정관)_카 29

파윌로스(Phayllos 크로톤인)_알 34

파이나레토스(Paidarctos 스파르테인)_뤼 25

파이스토스(Phaistos 크레테의 도시)_솔 12

파이오니아(Paionia 트라케의 한 지역)_알 39

파코루스(Pacorus 파르티아의 왕자)_안 34

파타비움(Patavium 북이탈리아의 도시, 지금의 Padova)_카 47

파타이코스(Pataikos 우화 작가)_솔 6

파트라이(Patrai 그리스 아카이아 지방의 도시)_카토 12

파트로클로스(Patroklos 아킬레우스의 죽마고우)_알 54

파플라고니아(Paphlagonia 소아시아의 북부 지방)_알 18; 안 61

팍키우스(Paccius 카토의 시종)_카토 10

판니우스(Gaius Fannius 기원전 122년도 집정관)_티 4; 가 8, 11, 12

판사(Gaius Vibius Pansa Caetronianus 기원전 43년도 집정관)_안 17

판토이데스(Panthoides 키오스인)_테 32

팔라이스켑시스(Palaiskepsis 소아시아 서부 지방의 도시)_테 29

팔라티움(Palatium 로마의 일곱 언덕 중 하나)_가 12

팔레론(Phaleron 아테나이의 옛 항구)_테 12

팔레리이(Falerii 로마 북쪽의 도시)_가 3

팜퓔리아(Pamphylia 소아시아의 남부 지방)_알 17

페가이(Pegai 메가라의 항구)_페 19

페르가몬(Pergamon 라/Pergamum 소아시아 뮈시아 지방의 도시)_티 14, 21; 카 2; 안 58

페르가미아(Pergamia 크레테섬의 한 지역)_뤼 31

페르딕카스(Perdikkas 알렉산드로스 휘하의 장군)_알 15, 41, 77

페르세우스(Perseus 마케도니아의 왕)_카토 15, 20

페르세포네(Persephone 그리스신화의 여신)_카토 1

페르세폴리스(Persepolis 페르시아의 도시)_알 37, 38

페르시아(Persia 아시아의 한 지역 및 왕국)_뤼 25; 솔 28; 테 4, 12, 16, 26~31; 페 17, 28; 알 도처에(때로는 '페르시스'로도 번역); 카토 13, 23; 안6, 37

페르코테(Perkote 소아시아 서부 지방의 도시)_테 29

페리안드로스(Periandros 코린토스의 참주)_솔 4, 12

페리클레스(Perikles 아테나이의 정치가)_뤼 16; 테 2, 10; 페 도처에; 카토 8

페리타스(Peritas 알렉산드로스의 애견)_알 61

페리페모스(Periphemos 영웅)_솔 9

페린토스(Perinthos 소아시아 북서 지방의 도시)_알 70

페우케스타스(Peukestas 알렉산드로스의 측근)_알 41, 42, 63

페이디아스(Pheidias 조각가)_페 2, 13, 31, 32

페이라이에우스(Peiraieus 아테나이의 외항)_테 10, 19, 32; 페 8

페이시스트라토스 일족(Peisistratidai)_솔 3, 16

페이시스트라토스(Peisistratos 아테나이의 참주)_솔 1, 8, 10, 29~32; 페 7; 카토 24

페트라(Petra 나바타이이족이 살던 아라비아 지역의 수도)_안 69

페틸리우스(Petilius '대 스키피오'를 고발한 호민관)_카토 15

펠라(Pella 마케도니아의 도시)_알 69

펠라곤(Pelagon 에우보이아인)_테 7

펠레우스(Peleus 아킬레우스의 아버지)_알 5

펠로폰네소스전쟁(기원전 431~404년 아테나이와 스파르테 연합군의 전쟁)_안 70

펠로폰네소스(Peloponnesos 그리스 남부의 반도)_도처에

펠루시온(Pelousion 라/Pelusium 나일강 맨 동쪽 하구에 있는 해안도시)_안 3, 74

포로스(Poros 인도 왕)_알 60~62

포메티아(Pometia 라티움 지방의 도시)_카 58

포세이돈(Poseidon 그리스의 신)_테 19

포스투미우스 ①로마의 역사가(Aulus Postumius Albinus)_카토 12 ②티베리우스 그락쿠스의 경쟁자(Spurius Postumius)_티 8

포이니케(Phoinike 라/Phoenice 페니키아의 그리스어 이름)_페 28; 알 17, 24, 29; 안 30, 36, 54, 64

포이닉스(Phoinix) ①아킬레우스의 개인 교사_알 5, 24 ②테바이인_알 11

포이보스(Phoibos 아폴론 신의 별명)_뤼 6

포카이아(Phokaia 소아시아 서부 지방의 도시)_페 24

포코스(Phokos 아테나이인)_솔 14

포키스(Phokis 그리스의 중부 지방)_테 9; 페 17, 21; 알 11

포키온(Phokion 아테나이의 정치가)_알 39

포타몬(Potamon 레스보스섬 출신의 역사가)_알 61

포테이노스(Potheinos) ①내시_카 48, 49 ②안토니우스의 추종자_안 60

포티다이아(Potidaia 그리스 북부 지방의 도시)_페 29; 알 3

포필리우스 ①기원전 132년도 집정관(Publius Popilius Laenas)_가 4 ②카이사르의 경쟁자(Gaius Popilius)_카 5

폰테이우스(Gaius Fonteius Capito 안토니우스의 측근)_안 36

폰토스(Pontos 소아시아 흑해 남안 지역) 뤼 12; 카 50, 55; 안 61

폴레몬(Polemon 소아시아 폰토스 지방의 왕)_안 38, 61

폴뤼덱토스(Polydektes 뤼쿠르고스의 배다른 형)_뤼 1~3

폴뤼도로스(Polydoros 스파르테의 왕)_뤼 6, 8

폴뤼비오스(Polybios 그리스 출신의 역사가)_카토 9, 10; 티 4

폴뤼스트라토스(Polystratos 알렉산드로스 휘하의 병사)_알 43

폴뤼아르코스(Polyarchos 아이기나인)_테 19

폴뤼알케스(Polyalkes 스파르테인)_페 30

폴뤼에욱토스(Polyeuktos 테미스토클레스의 아들)_테 32

폴뤼젤로스(Polyzelos 로도스섬 출신의 역사가)_솔 15

폴뤼크라테스(Polykrates 사모스섬의 참주)_페 26

폴뤼클레이토스(Polykleitos) ①조각가_페 2 ②역사가_알 46

폼페이야(Pompeia 카이사르의 아내)_카 5, 9, 10

폼페이유스 ①'대 폼페이유스'(Gnaeus Pompeius Magnus)_카 5, 11, 13~15, 20, 21, 23, 25, 28~31, 33~37, 39~46, 48, 51, 56, 57, 62, 66, 69; 안 5, 6, 8, 10, 21 ②'대 폼페이유스'의 아들(Gnaeus Pompeius)_안 25 ③'대 폼페이유스'의

아들(Sextus Pompeius)_안 32, 35, 55, 62 ④기원전 141년도 집정관(Quintus Pompeius)_티 14

폼포니우스(Marcus Pomponius 가이우스 그락쿠스의 측근)_가 16

푸르니우스(Gaius Furnius 웅변가)_안 58

풀로마코스(Poulomachos 마케도니아인)_알 69

풀비아(Fulvia 안토니우스의 아내)_안 10, 20, 28, 30~32, 35, 54, 57, 71, 81

풀비아 바실리카(Fulvia Basilica)_카 29

풀비우스 ①기원전 125년도 집정관(Marcus Fulvius Flaccus)_티 18, 21; 가 11, 13~18 ②전 집정관(Fulvius)_티 11

퓌드나(Pydna 마케도니아의 도시)_테 25; 알 48

퓌로니데스(Pyronides 아테나이인)_페 24

퓌르로스(Pyrrhos 그리스 에페이로스 지방의 왕)_카토 2

퓌릴람페스(Pyrilampes 아테나이인)_페 13

퓌타고라스(Pythagoras) ①철학자_알 65 ②예언자_알 73

퓌토(Pytho 델포이의 다른 이름)_뤼 6; 솔 14

퓌토도로스(Pythodoros 테미스토클레스의 추적자)_테 26

퓌토클레이데스(Pythokleides 음악 이론가)_페 4

퓌톤(Python 알렉산드로스의 측근)_알 76

퓌티아(Pythia 델포이에 있는 아폴론 신전의 예언녀)_뤼 5; 솔 4, 10; 알 14, 37

퓔라르코스(Phylarchos 역사가)_테 32

프뉙스(Pnyx 아테나이의 회의장)_테 19

프라니코스(Pranichos 시인)_알 50

프라시오이족(Prasioi 인도의 부족)_알 62

프라시클레스(Phrasikles 테미스토클레스의 조카)_테 32

프라아타(Phraata 메디아 지방의 수도)_안 33

프라아테스(Phraates IV 파르티아 왕)_안 37, 38, 40, 41, 52

프레겔라이(Fregellae 라티움 지방의 도시)_가 3

프레아르로이(Phrearrhoi 앗티케의 한 구역)_테 1, 2, 5

프로마코스(Promachos 알렉산드로스의 측근)_알 70

프로쿨레이유스(Gaius Proculeius 옥타비아누스의 측근)_안 77~79

프로크세노스(Proxenos 마케도니아인)_알 57

프로클레스(Prokles 뤼쿠르고스의 선조)_뤼 1

프로테아스(Proteas 알렉산드로스의 친구)_알 39

프로튀테스(Prothytes 테바이인)_알 11

프로티스(Protis 맛살리아시의 창건자)_솔 2

프뤼기아(Phrygia 소아시아의 서북 지방)_테 30; 알 18; 카 9

프뤼니코스(Phrynikos 비극시인)_테 5

프뤼타니스(Prytanis 뤼쿠르고스의 아버지?)_뤼 1

프리에네(Priene 소아시아 이오니아 지방의 도시)_솔 4; 페 25; 안 57

프삼몬(Psammon 이집트의 철학자)_알 27

프세노피스(Psenopis 이집트의 사제)_솔 26

프실투키스(Psiltoukis 인도양의 섬)_알 66

프톨레마이오스 ①이집트 왕, 역사가(Ptolemaios I)_알 10, 38, 46 ②이집트 왕?(Ptolemaios VIII)_티 1 ③Ptolemaios XII Auletes_안 3 ④안토니우스와 클레오파트라의 아들(Ptolemaios Philadelphos)_안 54

프티아(Phthia 몰롯시아의 여왕)_테 24

플라미니우스 ①기원전 198년도 집정관(Titus Quinctius Flaminius)_카토 12 ②기원전 192년도 집정관(Lucius Quinctius Flaminius)_카토 17

플라비우스 ①호민관(Lucius Caesetius Flavius)_카 61 ②안토니우스 휘하의 장군(Flavius Gallus)_안 42, 43

플라타이아이(Plataiai 보이오티아 지방의 도시)_테 16; 알 11, 34

플라톤(Platon) ①철학자_뤼 5, 7, 15, 16, 28, 29; 솔 26, 31; 테 2, 4; 페 7, 8, 13, 15, 24; 카토 2, 7; 안 29, 36 ②희극시인_테 32; 페 4; 안 70

플랑쿠스(Lucius Munatius Plancus 기원전 42년도 집정관)_안 18, 58

플레이스토낙스(Pleistonax 스파르테의 왕)_뤼 20; 페 22

플뤼아(Phlya 앗티케 지방의 한 구역)_테 1, 15

피나로스(Pinaros 소아시아의 강)_알 20

피르뭄(Firmum 이탈리아 중동부 지방의 도시)_카토 13

피사(Pisa 펠로폰네소스반도의 도시)_페 2

피사우룸(Pisaurum 이탈리아반도 북동부 움브리아 지방의 해안도시, 지금의

Pesaro)_안 60

피소 ①기원전 67년도 집정관(Gaius Calpurnius Piso)_카 7 ②기원전 58년도 집정관(Lucius Calpurnius Piso Caesoninus)_카 14, 37

피시다이족(Pisidai 소아시아의 부족)_테 30; 알 18

피에리온(Pierion 시인)_알 50

픽소다로스(Pixodaros 페르시아의 카리아 태수)_알 10

핀다로스(Pindaros) ①서정시인_뤼 21; 테 8; 알 11 ②캇시우스의 해방노예_안 22

필라이다이(Philaidai 앗티케 지방의 한 구역)_솔 10

필라이오스(Philaios 아이아스의 아들)_솔 10

필레몬(Philemon 희극시인)_페 2

필로니코스(Philonikos 텟살리아인)_알 6

필로스테파노스(Philostephanos 역사가)_뤼 23

필로스트라토스(Philostratos 소피스트)_안 80

필로퀴프로스(Philokypros 퀴프로스섬의 왕)_솔 26

필로크라테스(Philokrates 가이우스 그락쿠스의 노예)_가 17

필로크세노스(Philoxenos) ①마케도니아인_알 22 ②시인_알 8

필로클레스(Philokles 작가)_솔 1

필로타스(Philotas) ①알렉산드로스 휘하의 장군_알 10, 11, 31, 40, 48~50 ②암핏사 출신의 의사_안 28

필록테테스(Philoktetes 트로이아전쟁 때 그리스군 영웅)_테 8

필론(Philon 테바이 출신의 역사가)_알 46

필롬브로토스(Philombrotos 아테나이인)_솔 14

필리스토스(Philistos 쉬라쿠사이 출신의 역사가)_알 8

필린나(Philinna 아르리다이오스의 어머니)_알 77

필립포스(Phillipos) ①2세, 알렉산드로스의 아버지_페 1; 알 2, 3, 6, 7, 9~12, 16, 27, 28, 37, 45, 49, 50, 53, 70 ②칼키스 출신의 역사가_알 46 ③테앙겔라 출신의 역사가_알 46 ④마케도니아인_알 60 ⑤마케도니아 왕(Philippos V)_카토 12, 17

필립포이(Philippoi 라/Philippi 마케도니아 지방의 도시)_카 69; 안 69

핏수트네스(Pissouthnes 페르시아의 사르데이스 태수)_페 25
핏타코스(Pittakos 미틸레네시의 참주)_솔 14

(ㅎ)

하그노테미스(Hagnothemis 안티고노스의 대리인)_알 77
하그논(Hagnon) ①아테나이인_페 32 ②테오스인_알 22, 40, 52
하데스(Hades 그리스신화에서 저승의 신)_페 3
하르팔로스(Harpalos 알렉산드로스의 측근)_알 10, 35, 41
하밀카르(Hamilcar Barca 한니발의 아버지, 카르타고의 장군)_카토 8
하브로토논(Habrotonon 테미스토클레스의 어머니)_테 1~2
'하얀 마을'(Leuke Kome)_안 51
하이모스(Haimos 트라케 지방의 산)_알 2
한니발(Hannibal 카르타고의 장군)_페 2; 카토 1, 12; 티 1
할라이(Halai 앗티케 지방의 구역)_안 70
헤게스트라토스(Hegestratos 아테나이인)_솔 32
헤게시아스(Hegesias 마그네시아인)_알 3
헤라(Hera 그리스의 여신)_솔 27; 페 2, 24; 알 3
헤라클레스(Herakles 그리스의 영웅)_뤼 30; 테 1, 13; 알 2, 24, 75; 안 4, 36, 60, 61
헤라클레스 신전(파트라이에 있던)_안 60
헤라클레스의 기둥들(stelai Herakleiai 지금의 지브롤터 해협)_알 68; 안 61
헤라클레스의 자손들(Herakleidai)_뤼 1
헤라클레이데스(Herakleides) ①폰토스 출신의 철학자_솔 1, 22, 31, 32; 페 27, 35 ②퀴메 출신의 역사가_테 27
헤레아스(Hereas 메가라 출신의 역사가)_솔 10
헤로(Hero 칼리스테네스의 어머니)_알 55
헤로데스(Herodes 유대 왕)_안 61, 71, 72
헤로도토스(Herodotos 역사가)_테 7, 17, 21
헤르메스(Hermes 그리스의 신)_알 20
헤르몰라오스(Hermolaos 알렉산드로스의 시종)_알 55

헤르미오네(Hermione 펠로폰네소스반도의 도시)_테 5; 알 36

헤르밉포스(Hermippos) ①역사가_뤼 5, 23 ②희극시인_페 32, 33

헤브라이오스(Hebraios 헤브라이인의 그리스어)_안 27

헤스티아이아(Hestiaia 에우보이아섬의 도시)_테 8; 페 23

헤시오도스(Hesiodos 교훈시인)_솔 2

헤카타이오스(Hekataios) ①소피스트_뤼 20 ②에레트리아 출신의 역사가_알 46

헤파이스티온(Hephaistion 알렉산드로스의 측근)_알 28, 39, 41, 47, 49, 54, 55, 72

헬라스(Hellas 그리스의 그리스어 이름)_그리스 편 도처에; 카토 8, 9, 12, 13, 20, 22, 23; 카 49, 55; 안 2, 23, 24, 33, 59, 62, 68, 69, 72

헬레네(Helene 메넬라오스의 아내)_솔 4

헬레스폰토스(Hellespontos 지금의 다르다넬스 해협)_테 16; 페 17; 알 15, 16

헬리우 폴리스(Heliou polis 이집트의 도시)_솔 26

헬리콘(Helikon 직조공)_알 32

헬베티이족(Helvetii 스위스 고산 지대에 살던 부족)_카 18

호르텐시우스(Quintus Hortensius Hortalus 카이사르의 장수)_카 32; 안 22

호메로스(Homeros 그리스의 서사시인)_뤼 1, 4; 솔 10, 25, 30; 페 39; 알 8, 26, 28, 54; 티 21

홍해_안 3, 69

화합의 여신(Concordia)의 신전_가 17

휘다스페스(Hydaspes 인도의 강)_알 60, 61

휘로데스(Hyrodes 파르티아 왕)_안 37

휘르카니아(Hyrcania 카스피해 남동 해안에 있던 나라) 알 44, 47; 카 58

휘르카니아해(Hyrkanion pelagos 지금의 카스피해)_알 44

휘브레아스(Hybreas 소아시아 뮐라사시를 통치한 웅변가)_안 24

휩시키다스(Hypsichidas 스파르테인)_솔 10

흑해(Pontos ⟨euxeinos⟩)_페 20; 알 44; 카 58

히르티우스(Aulus Hirtius 기원전 43년도 집정관)_안 17

히스테르(Hister 또는 Ister 그/Istros 도나우강 하류)_카토 12

히스파니아(Hispania 에스파냐의 라틴어 이름)_카토 5, 10, 11; 티 5; 가 6; 카 5,

11, 12, 21, 28, 36, 41, 56; 안 37, 61
히에라폴리스(Hierapolis 시리아 지방의 도시, 구명 Bambyke)_안 37
힙파르코스(Hipparchos 해방노예)_안 67, 73
힙포니코스(Hipponikos) ①솔론의 친구_솔 15 ②칼리아스의 아버지_페 24
힙포크라테스(Hippokrates) ①수학자_솔 2 ②의사_카토 23
힙피아스(Hippias) ①엘리스 출신의 소피스트_뤼 23 ②배우_안 9

그리스 지도 1

그리스 지도 2

- 아르테미시온 곶
- 스퀴로스
- 아이가이온 해
- 에우보이아
- 코파이스 호
- 칼키스
- 아울리스
- 에레트리아
- 보이오티아
- 아스크라
- 테바이
- 스페이아
- 아소포스 강
- 플라타이아이
- 파르네스 산
- 펜텔리콘 산
- 마라톤
- 엘레우시스
- 아티케
- 메가라
- 아테나이
- 브라우론
- 카뤼스토스
- 살라미스
- 페이라이에우스
- 휘메토스 산
- 이스트모스
- 사로니코스 만
- 아이기나
- 안드로스
- 테노스
- 아르골리스
- 라우레이온 산
- 에피다우로스
- 수니온 곶
- 케오스
- 뮈코노스
- 트로이젠
- 칼라우레이아
- 퀴트노스
- 쉬로스
- 델로스
- 헤르미오네
- 퀴클라데스 군도
- 뮈르토온 해
- 세리포스
- 파로스
- 낙소스
- 시프노스
- 아르골리스 만
- 이오스
- 에피다우로스 항
- 멜로스
- 말레아 곶
- 테라
- 퀴테라
- 크레테

에게해의 세계 1

알렉산드로스의 행군로

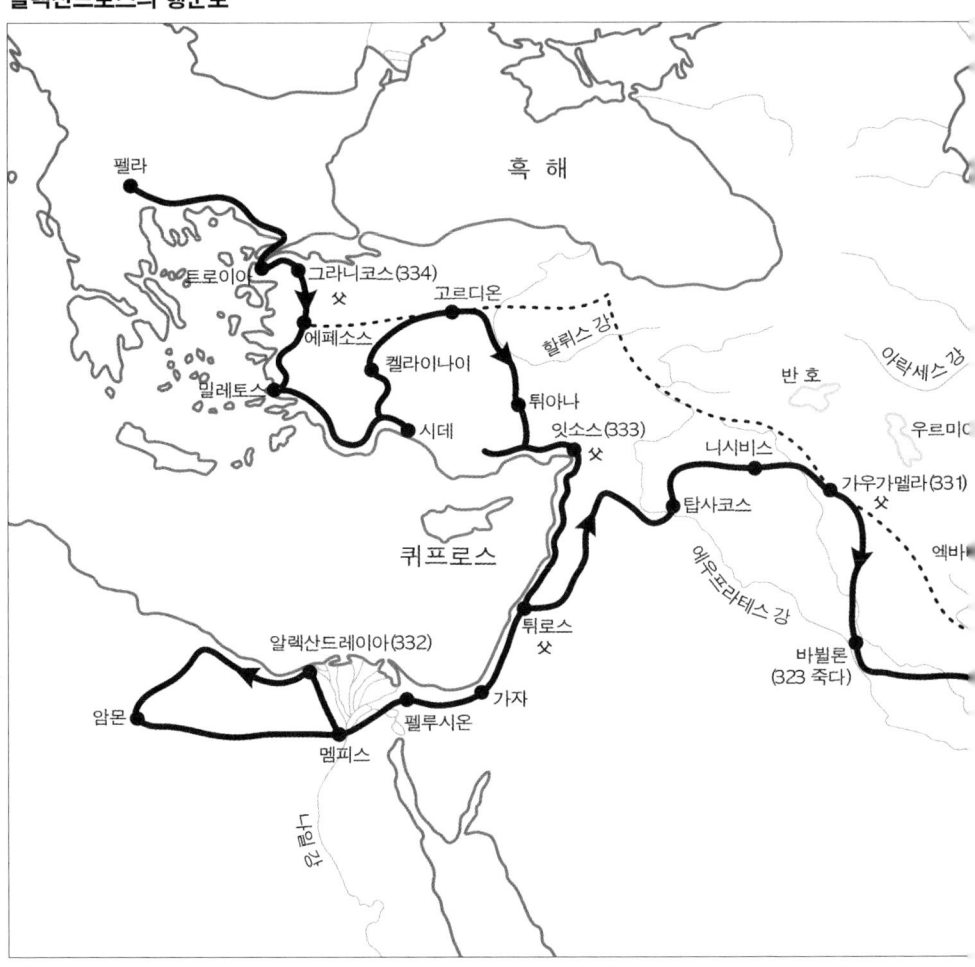

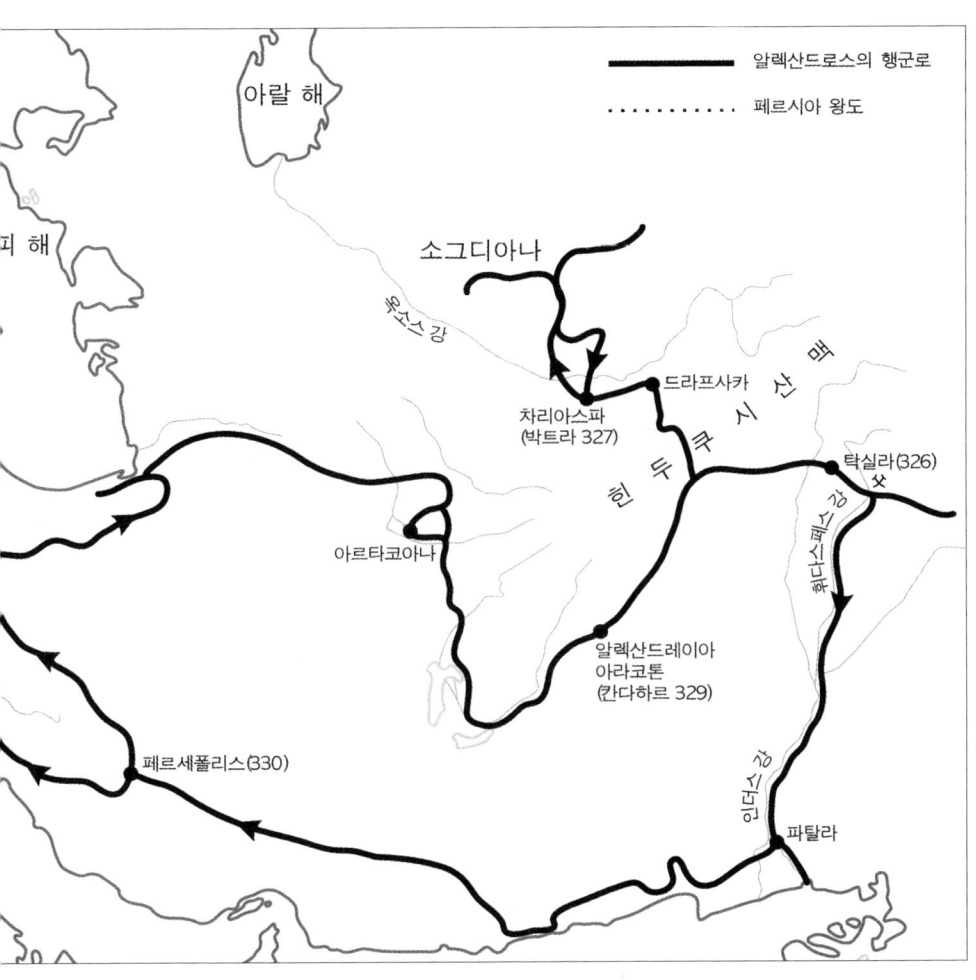

이탈리아 지도 1

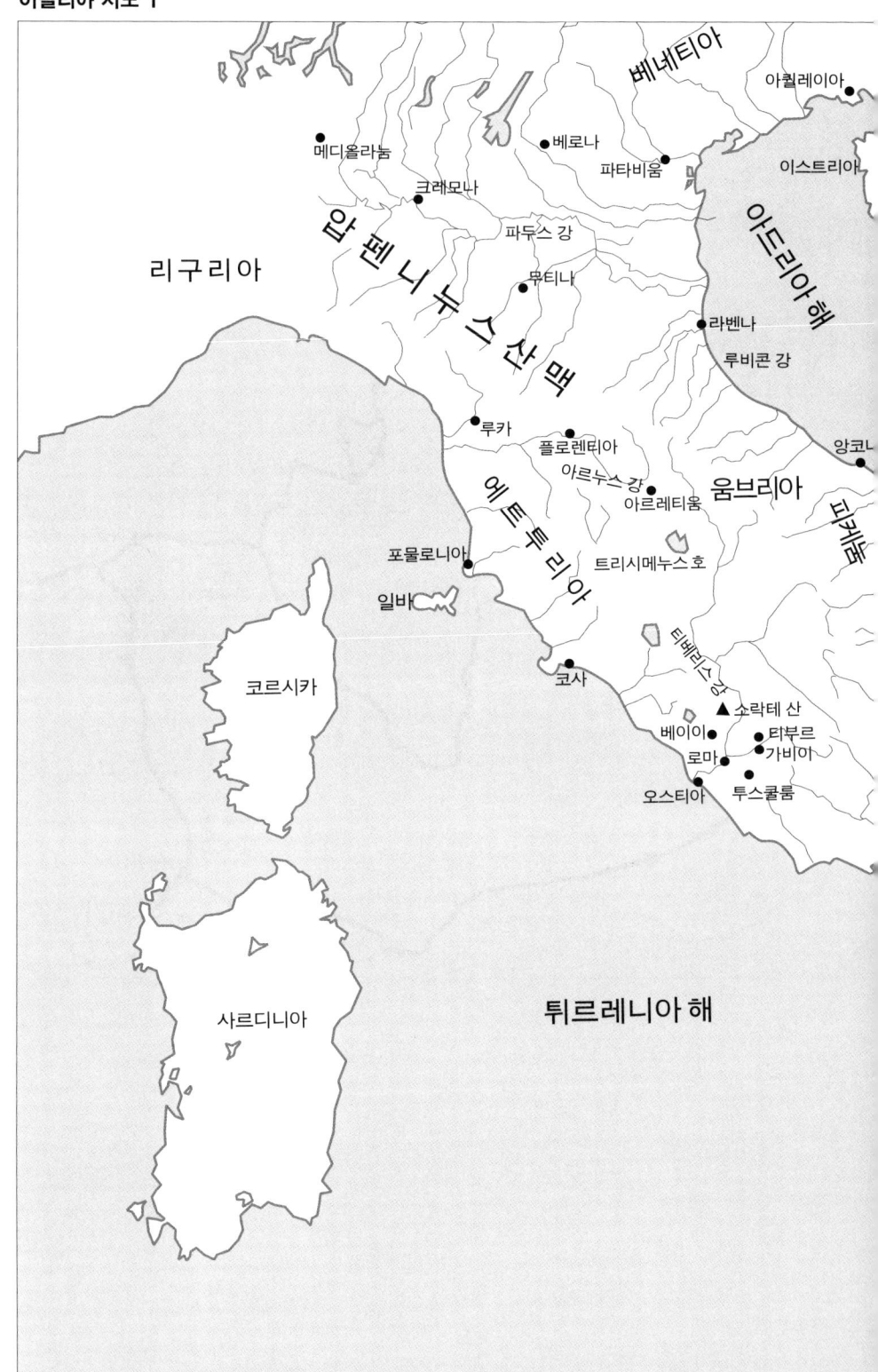

이탈리아 지도 2

아펜니누스

아드리아 해

술모

프라이네스테

라티움

삼니움

루케리아

칸나이

바리움

카푸아

쿠마이 베스비우스산

바이아이 헤라쿨라네움

피테쿠사이 폼페이

미세누스 카프레아이

네아폴리스 파이스툼

캄파니아

아폴리아

브룬디시움

칼라브리아

타렌툼

메타폰툼

루카니아

엘레아

튀르레니아 해

쉬바리스 투리오이

브룻티움

크로토나

리파레

아이올루스의 섬들

레기움 로크리

에륵스산

세게스타

장클레 또는 멧사나

히메라

아이트나 산

타우로메니움

릴뤼바이움

시킬리아

쉬마이투스 강

셀리누스

헨나

카티나

아그리겐툼

레온티니

겔라

아나푸스 강

쉬라쿠사이

카마리나

지중 해

이탈리아 지도 1

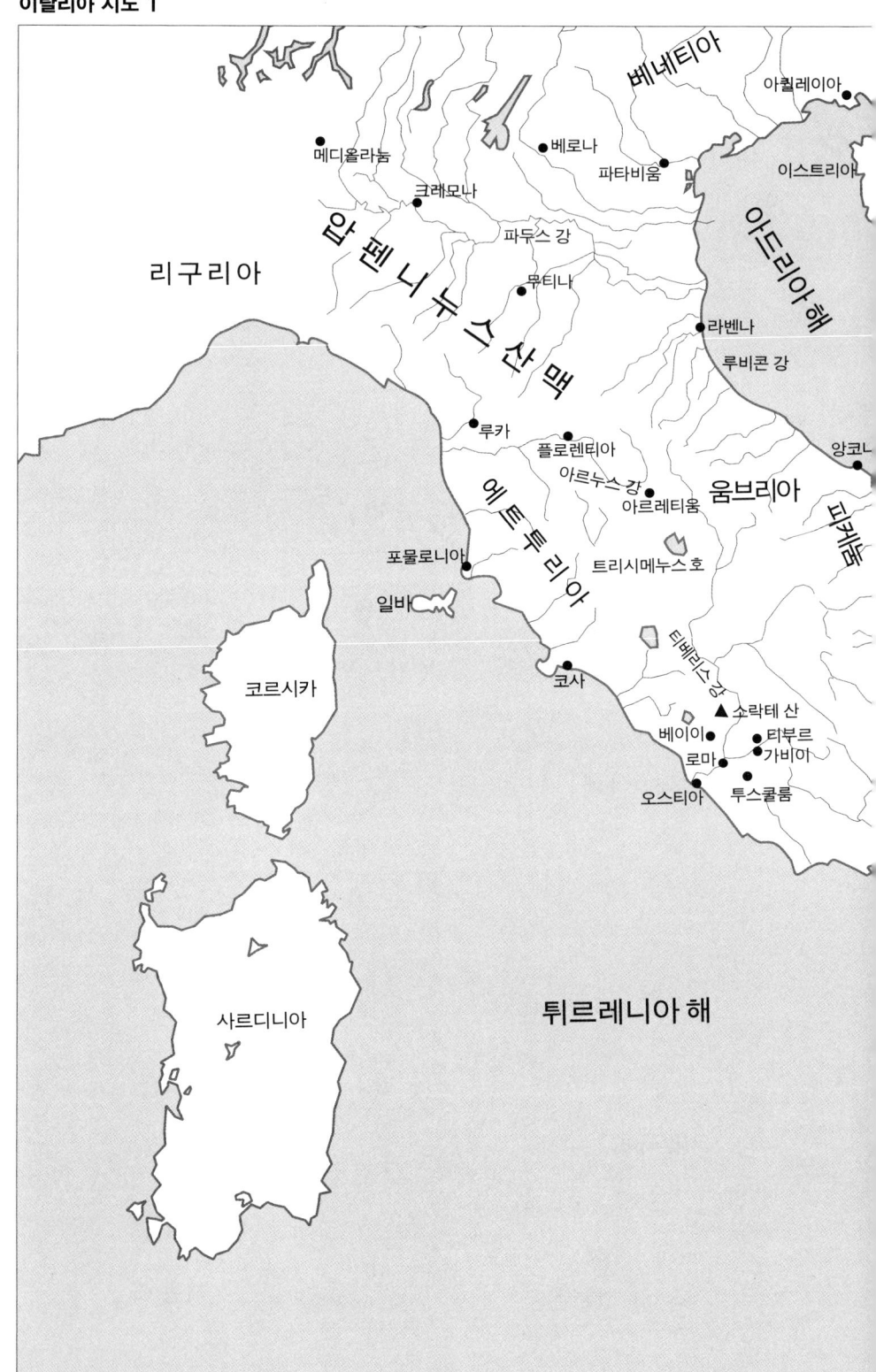

이탈리아 지도 2

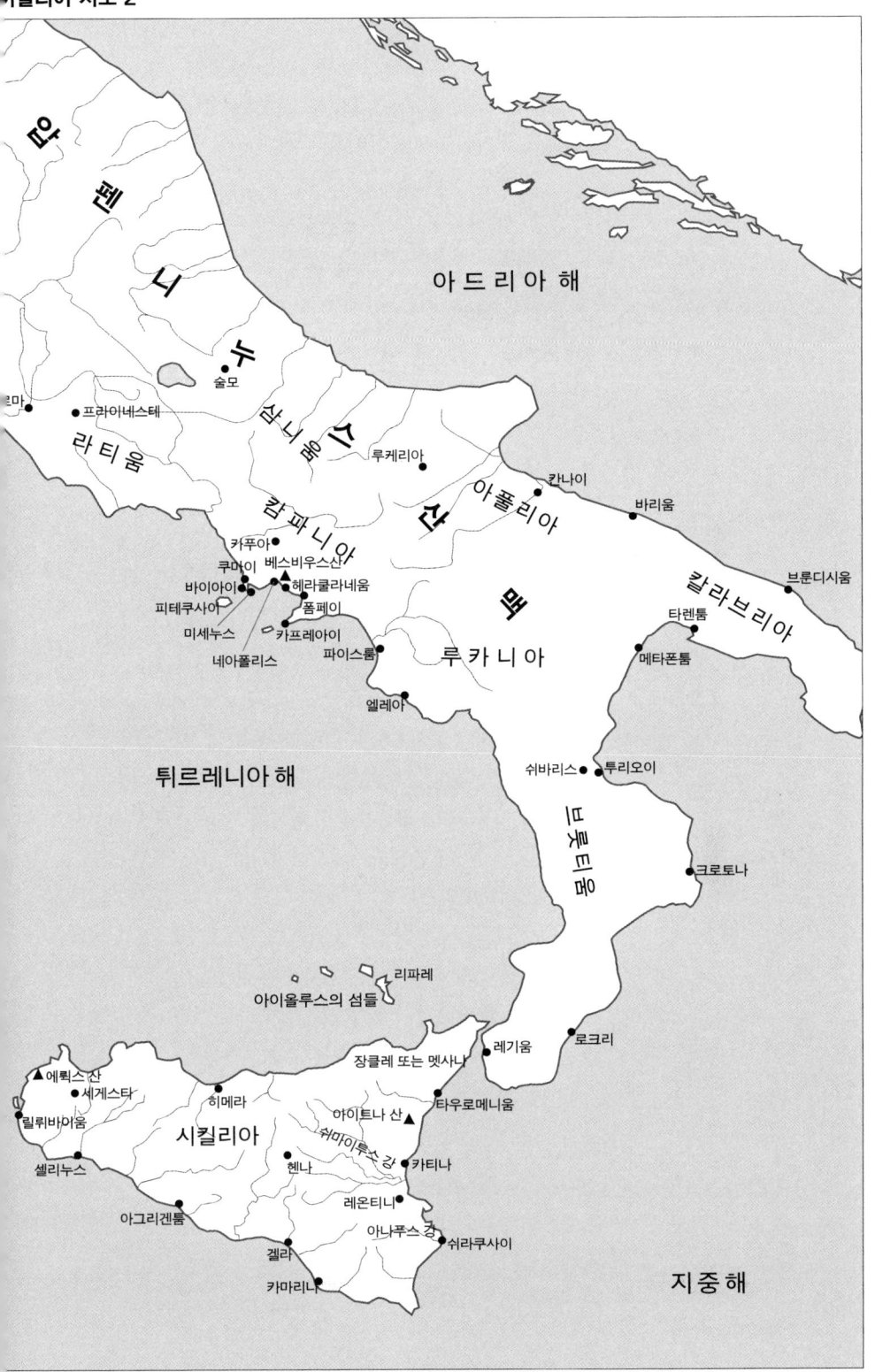

로마 제국 지도 1

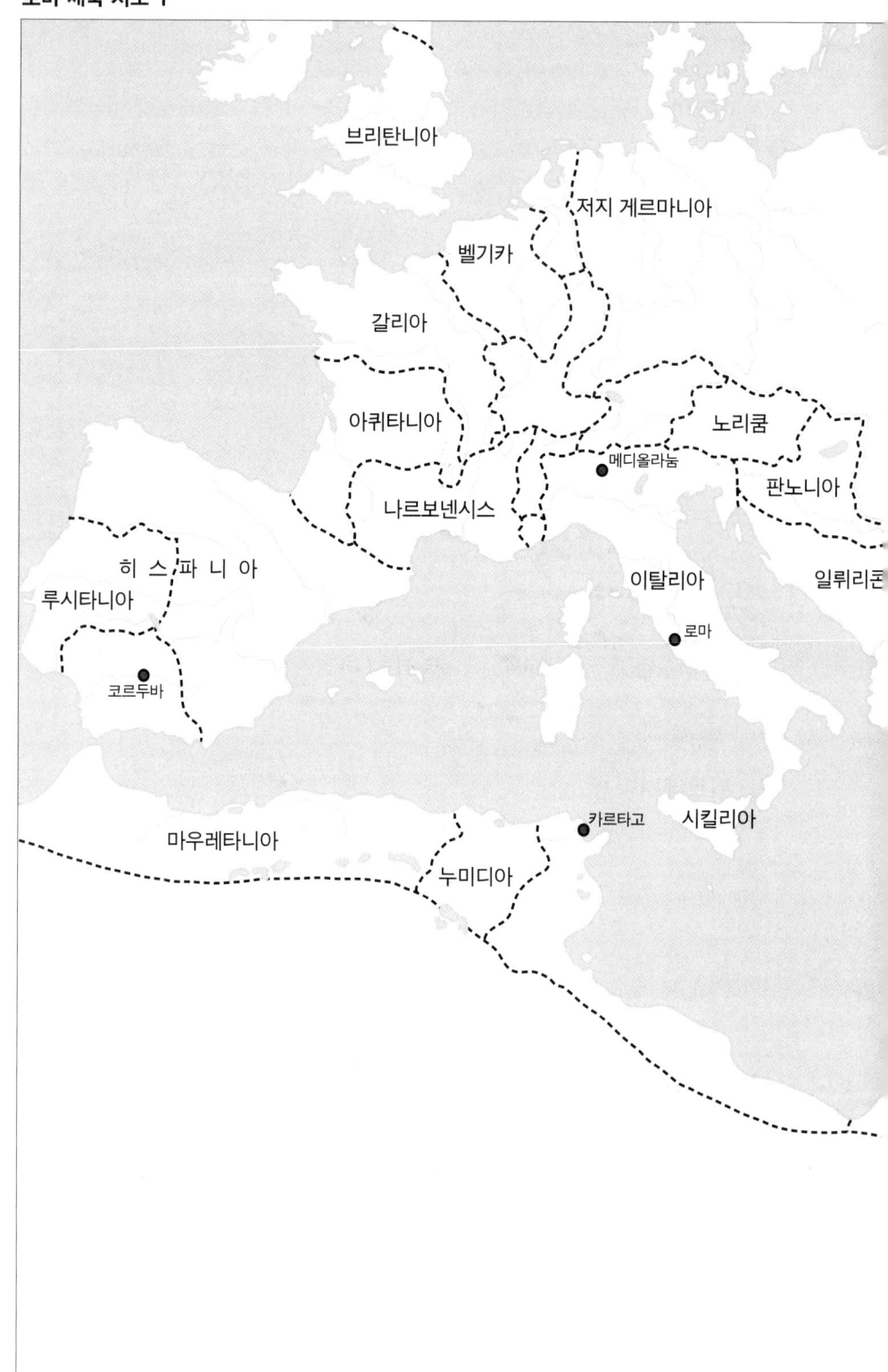

로마 제국 지도 2